JAHRBUCH
DER DEUTSCHEN SCHILLERGESELLSCHAFT

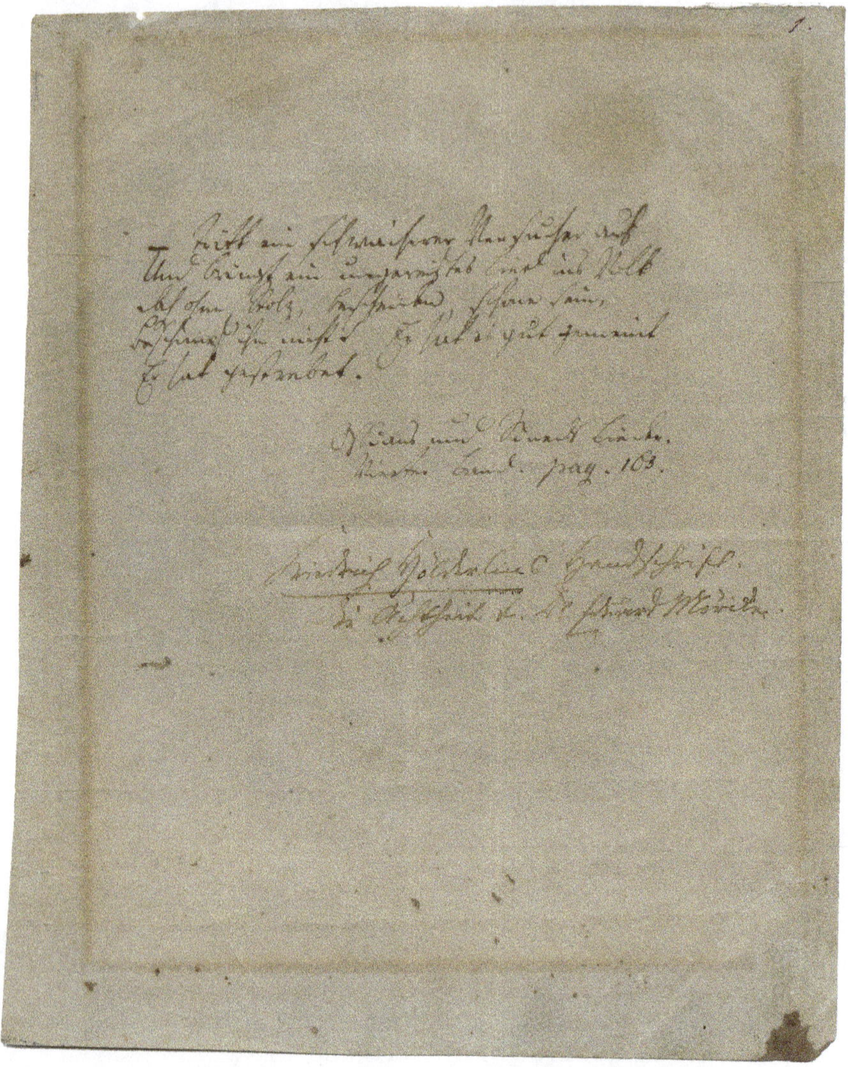

Friedrich Hölderlin: Motto zum *Marbacher Quartheft*

JAHRBUCH DER DEUTSCHEN SCHILLERGESELLSCHAFT

INTERNATIONALES ORGAN
FÜR NEUERE DEUTSCHE LITERATUR

IM AUFTRAG DES VORSTANDS
HERAUSGEGEBEN VON
ALEXANDER HONOLD · CHRISTINE LUBKOLL
STEFFEN MARTUS · SANDRA RICHTER

64. JAHRGANG 2020

DE GRUYTER

ISBN 978-3-11-068691-3
e-ISBN (PDF) 978-3-11-068805-4
e-ISBN (EPUB) 978-3-11-068807-8
ISSN 0070-4318

Bibliografische Information der Deutschen Nationalbibliothek
Die Deutsche Nationalbibliothek verzeichnet diese Publikation in der
Deutschen Nationalbibliografie; detaillierte bibliografische Daten sind im Internet über
http://dnb.dnb.de abrufbar

© 2020 Walter de Gruyter GmbH, Berlin/Boston
Satz: Dörlemann Satz GmbH & Co. KG., Lemförde
Druck und Bindung: Pustet, Regensburg
∞ Gedruckt auf säurefreiem Papier
Printed in Germany

www.degruyter.com

INHALT

SCHWERPUNKT

MARBACHER VORTRÄGE

TEXTE UND DOKUMENTE

RONNY TEUSCHER

»WIR STADTLIEBHABER WERDEN GEHEISSEN, DEN LANDLIEBHABER KNEBEL ZU GRÜSSEN.«[1]

Aus den Tagebüchern und Briefen Karl Ludwig von Knebels

Seyd mir Zeugen, wenn je in Bäumen Liebe gewohnt hat,
Ihr, o Buchen, und du, von dem arkadischen Gott
Freundin, o Pinie! Wie oft ertönet Cynthiens Nahme
Euren Schatten, wie oft grab' ich den Rinden ihn ein!
Properz, Übersetzung Karl Ludwig von Knebel (Horen, 1. Stück, 1796)

Die Tagebücher Karl Ludwig von Knebels[2], nicht nur Goethes, sondern vor allem auch Herders Weimarer »Urfreund«, werden für editorische Projekte, welche die Goethezeit betreffen, stets herangezogen. Sie bilden jedoch nicht nur eine Referenzquelle für Goethes Biografie, sondern bieten in erster Linie Einblicke in das Leben Knebels selbst, welches seit den lebensnahen, doch veralteten Knebel-Biografien von Hugo von Knebel-Doeberitz, Heinrich Düntzer und Hellmuth von Maltzahn fast in Vergessenheit geraten zu sein schien. Die bisher unedierten Tagebücher Knebels[3] bilden darüber hinaus eine reiche, noch auszuwertende Quelle hinsichtlich der Geselligkeitsgeschichte Weimars und dabei vor allem der

1 Nach der Übersetzung eines lateinischen Verses von Auguste Duvau (nach Horaz) durch die Herausgeber des Briefwechsels Duvaus mit Karl August Böttiger (vgl. Anm. 100).
2 Ich danke Dr. Bernhard Fischer, Dr. Manfred Koltes und Christiana Herrgott vom Goethe- und Schiller-Archiv für die unkomplizierte Bereitstellung der Scans vom Mikrofilm. Bei der Redaktion am Original unterstützte mich freundlicherweise Claudia Häfner. Herzlich danke ich Dr. Jens-Jörg Riederer (Stadtarchiv Weimar) für die geselligen Anregungen zum Thema.
3 Eine eigene Edition der von 1780 bis 1834 reichenden 53 Schreibkalender Knebels existiert bislang nicht, obwohl schon 1955 Willy Flach vorschlug, diese in den »Zweiten Fünfjahresplan« im Goethe- und Schiller-Archiv aufzunehmen, vgl. Volker Wahl, Die Überwindung des Labyrinths. Der Beginn der Reorganisation des Goethe- und Schillerarchivs unter Willy Flach und die Vorgeschichte seines Direktorats (1954–1958), in: Das Goethe- und Schiller-Archiv 1896–1996, hg. von Jochen Golz, Weimar, Köln und Wien 1996, S. 93.

vielen von Frauen initiierten Zirkel, die die Weimarer Klassik nicht minder mit-
bestimmt haben als ihre großen bekannten Dichter.[4]

Exemplarisch soll der philologische Wert der Knebel'schen Tagebücher hier
am Beispiel des Jahres 1795 gezeigt werden. Damit wird erstmals eine gänzlich auf
Knebels Person fokussierte Folge seiner Tagebuchaufzeichnungen, wenn auch in
ausgewählter und teils gekürzter Form, vorgelegt. Durch ihre eher nüchterne Art,
die allerdings an die Tagebücher Goethes vor 1817 erinnert, sind Knebels Aufzeichnungen nicht ohne eine Kommentierung lesbar. Zur Gänze lassen sich die
Schreibkalender erst durch eine Kombination mit Knebels Briefwechsel erschließen.[5] In diesem spiegelt sich weniger eine »schaffende, als aufnehmende,
anempfindende, in sich verarbeitende«[6] Natur des heute noch als Übersetzer
und »Urfreund« des Goethe-Kreises bekannten Karl Ludwig von Knebel, der in
seinen Briefen stets teilnehmend-tröstliche Worte für den Leser bereithält. Dass
Caroline Herder nicht Unrecht hatte, indem sie behauptet, »wenn Knebel nicht
zum Dichter gesalbt ist, so kenne ich keinen«[7], zeigen exemplarisch einige im
Jahr 1795 in elegischen Distichen verfasste Gedichte und Aphorismen, die sich als
Entwurf in einem Notizheft Knebels fanden und an den entsprechenden Stellen
im Tagebuch eingeschaltet wurden.[8]

Mit 1795 wird ein Jahr herausgegriffen, das in biografischer Hinsicht einerseits eine Lücke schließt (neuere Arbeiten zu Knebel beziehen sich auf die Zeit bis
1790 oder setzen ab 1798 ein)[9], andererseits Knebels späte Weimarer Jahre exem-

---

4   Zum Beispiel zu den Teegesellschaften, vgl. Jens-Jörg Riederer, »Ich bin wieder in Thee-
     noth.« Wie der Tee als geselliges Getränk im 18. Jahrhundert Weimar eroberte, in: Medien –
     Kommunikation – Öffentlichkeit: Vom Spätmittelalter bis zur Gegenwart. Festschrift für
     Werner Greiling zum 65. Geburtstag, hg. von Holger Böning, Hans-Werner Hahn, Alexander
     Krünes und Uwe Schirmer, Veröff. d. Hist. Komm. f. Thüringen, Kleine Reihe Bd. 58, Wien,
     Köln und Weimar 2019, S. 131–151.
5   An verschiedenen Stellen publiziert.
6   Zit. nach Heinrich Düntzer, Freundesbilder aus Goethe's Leben. Studien zum Leben des
     Dichters, Leipzig 1853, S. 416.
7   Johann Gottfried Herder, Briefe. Gesamtausgabe 1763–1803, Bd. 8: Januar 1799–November
     1803, bearb. von Wilhelm Dobbek und Günter Arnold, Weimar 1984, S. 362.
8   Der Schreibkalender 1795 trägt die Signatur GSA 54/372. Daneben werden hier an den
     passenden Tagebuchstellen Notizen und Entwürfe aus einem zwischen 1793 und 1799
     geführten Notizheft Knebels teilweise mit aufgenommen (GSA 54/412).
9   Annette Mönnich, Karl Ludwig von Knebel. Gedichte (1762–1790), Dissertation, Wien
     2016; Dies., Charlotte von Stein im Briefwechsel mit Carl Ludwig von Knebel, in: Charlotte
     von Stein. Schriftstellerin, Freundin und Mentorin, hg. von Elke Richter und Alexander
     Rosenbaum, Berlin 2018, S. 199–218.; Charlotte Kurbjuhn, Knebels Autonomie. Elegien
     und Epikureismus im klassischen Weimar (1798–1800), in: Jahrbuch der Deutschen Schil-
     lergesellschaft 60 (2016) S. 243–275.; Zu Knebel als Übersetzer siehe: Uwe Hentschel, Lukrez

plarisch beschreibt. Literaturhistorisch bedeutend ist jenes Jahr, weil Knebel hier die ersten Elegien des Properz für Schillers *Horen* ausarbeitet.

Das Jahr 1795 steht anfangs noch ganz unter dem Eindruck des Schicksalsschlags, der die Familie von Knebel Ende 1794 ereilt hatte. Am 5. Dezember 1794 war Knebels Bruder, der Militär Johann Leberecht von Knebel, in Frankfurt am Main am »hitzigen Gallenfieber« gestorben[10] – eines der vielen Opfer der Epidemien während der Koalitionskriege, denen zwei Jahre zuvor auch Prinz Constantin erlag, für den Knebel als Gouverneur nach Weimar berufen worden war. Die Auswirkungen der Französischen Revolution werden in Knebels Tagebüchern vor allem an den zahlreichen Namen französischer Emigrierter sichtbar, die spätestens seit 1795 in Weimar Zuflucht fanden.

Neben dem Tod seines Bruders drückte Knebel das ungeliebte Hofleben. Denn die Zeilen, mit denen er wenige Jahre zuvor klagte, konnten auch 1795 noch gelten: »Das Mittagsmahl bei Hofe machte mich sehr unglücklich. Ich kann nichts weniger vertragen, als rohe Grobheit und öde Langeweile dazu mit Respekt aufgestutzt, ist eine Situation der Hölle. – So eine Hofgesellschaft ist etwas Abscheuliches.«[11] Die Pflichten bei Hofe nahmen ihm »die Stunden des stillen Genusses« weg, »weil man sich mittheilen muß, ohne etwas zu theilen zu haben«[12].

Knebel entfloh dem in seinen Garten vor der Stadt. Das Grundstück befand sich im Südwesten Weimars, unweit des Erfurter Tores, am ›Wilden Graben‹, ungefähr dort, wo von der heutigen Steubenstraße die Prellerstraße abzweigt (Abb. 1, unten). Hier hielt sich Knebel, bei jedem Wetter, die meiste Zeit des Jahres auf. Hier übersetzte er den Lukrez und den Properz. Seit dem 26. April schlief er auch im zum Garten gehörenden Häuschen und wohnte dort bis weit in die kalte Jahreszeit hinein, um »dadurch dem langen Winter etwas von seiner Länge abschneiden« zu können. Seine Stadtwohnung suchte er derweilen nur selten auf. Früchte, Blumen und Kräuter aus seinem Garten ließ er gelegentlich den Freunden zukommen. Die von Herder und Duvau für ihren Freund verfassten Verse schildern ein lebendiges Bild des »Landliebhabers« Knebel. Neben den Notizen aus Knebels Schreibkalender erhalten wir vom Vorbesitzer einen Ein-

auf dem deutschen Buchmarkt im 18. und frühen 19. Jahrhundert, in: Leipziger Jahrbuch zur Buchgeschichte 27 (2019), S. 107–149.

10   Vgl. GSA 54/335,1, Brief Knebels an Schückher vom 25. Dezember 1794: »Dieser Fall hat uns sehr weh gethan. Er ist auf eine sehr gute Art und mit ganz gefaßten Sinne aus der Welt gegangen; gesund an Geist und Kräften – und, wenn ich sagen darf, in der Mitte seines militärischen Glückes.«

11   Zit. nach Hugo von Knebel Doeberitz, Karl Ludwig von Knebel. Ein Lebensbild, Weimar 1890, S. 84.

12   Zit. nach Heinrich Düntzer, Freundesbilder, S. 513.

druck, wie der Garten ungefähr ausgesehen hat. Seit 1776 hatte das Gartengrundstück Christoph Martin Wieland gehört. Dieser hatte dort neben einer Menge Rosen auch 110 Apfel-, Birnen und Kirschbäume gepflanzt, auf einer Fläche, die etwa einem Drittel von Goethes Garten an der Ilm entsprach. Von Knebel wissen wir, dass er die Anpflanzungen wenigstens um zwei Nussbäume vermehrt hat. Der Garten verfügte über ein einstöckiges Haus.[13] Seine Lage ist in einer späteren Stadtansicht von Eduard Lobe zu erahnen (Abb. 1, oben).

Knebels Einsiedlerleben unterbrachen nur Besuche der engsten Bekannten wie Herders, die Familie des englischen Aquarellmalers Gore, Fritz Stein und Knebels Schwester Henriette. Als Erzieherin der Prinzessin Caroline brachte sie die fürstlichen Kinder zuweilen mit. Um für solche Besuche vorbereitet zu sein, ließ sich Knebel etwas »eßbares gutes Zuckerwerk«[14] von seiner Nürnberger Freundin Katharina von Schückher schicken, mit der er einen häufigen und herzlichen Briefwechsel pflegte, wie die Tagebücher zeigen. Die zwei aus dem Jahr 1795 erhaltenen Briefe an Frau von Schückher seien hier erstmals mitgeteilt.[15] Zuweilen kam sogar die Herzogin Mutter in Knebels Garten zu einem geselligen Tee.

Im Frühjahr findet sich gehäuft der Name Gerning in Knebels Schreibkalender. Der Frankfurter Kunstsammler und dilettierende Poet Johann Isaac von Gerning verweilte 1795 und in den folgenden Jahren die Wintermonate über in Weimar und Jena, um sich bei Knebel in den antiken Versmaßen weiterzubilden.[16]

Verbrachte Knebel den Abend nicht im Garten oder bei Hof, so traf man ihn meist bei der Familie Herder (an fast 80 Tagen im Jahr sind wechselseitige Besuche vermerkt), zu deren Kindern er ein fast väterliches Verhältnis hatte, sowie auch bei Gores oder der Frau von Schardt. Noch öfter sind Besuche von und bei einer weiblichen Person verzeichnet (anfänglich nur mit M. R. abgekürzt), manchmal in Begleitung ihrer Mutter (an über 110 Tagen im Jahr 1795). Aus den Tagebüchern geht zu jener Person des Weiteren nur ein unmittelbarer Bezug zu Tiefurt und zur Herzoginmutter hervor. Neben dieser Namensabkürzung kommen noch R., L. oder L. R. vor, bei denen es sich mutmaßlich um Abkürzungsvarianten ein

---

13   Zum Garten siehe Karl Bechstein, Häuser und Gassen in Altweimar, in: Neue Beiträge zur Geschichte der Stadt Weimar, Bd. 2, H. 1, hg. von Fritz Fink, Weimar 1938, S. 197–202.; Heinrich Bock und Hans Radspieler, Gärten in Wielands Welt, Marbacher Magazin, Sonderheft 40 (1986), S. 27–33.

14   Zit. nach GSA 54/335,1 Bl. 9, Brief Knebels an Schückher, 19. Feb. 1796.

15   Dem GSA wurde der Briefwechsel, der aus 94 erhaltenen Briefen Knebels an Frau von Schückher (geb. Merkel) besteht, im Jahr 1917 von Prof. Dr. Merkel (Göttingen) geschenkt (vgl. Jahrbuch der Goethe-Gesellschaft 4. Bd. (1917), S. 311).

16   Vgl. Franz Götting, Johann Isaac von Gerning (1767–1837), in: Nassauische Lebensbilder 5 (1955), S. 114 ff.

und derselben Person handelt. Es ist nicht unwahrscheinlich, hinter M. R. die Mademoiselle Luise Rudorf zu vermuten, Kammersängerin Anna Amalias, die zu dieser Zeit gerade mit einem Kind des Herzogs schwanger war.[17] Zumindest für L. R. ist diese Identifizierung mit Blick auf Knebels Schreibkalender von 1794 belegbar, da L. R. am 7. Juni Geschenke von Knebel zu ihrem Geburtstag erhält – es ist der Geburtstag Luise Rudorfs. Mehr zwischen den Zeilen erahnt man das schon zu dieser Zeit nahe Verhältnis Knebels zur 32 Jahre jüngeren Luise Rudorf, die schließlich 1798 in eine Ehe mit Knebel einwilligte, um ihrem Sohn einen ehrbaren Namen geben zu können.

Richtig frei fühlte sich Knebel trotz seiner Weimarer Garteneinsamkeit hingegen nur in Jena, das er aus gesundheitlichen Gründen[18] und der landschaftlichen Reize wegen regelmäßig für mehrere Tage besuchte. Gelegentlich ging es dann auch zu Fuß nach Lobeda, wo er wohl die in den Tagebüchern nur als die *Burgemeistern* bezeichnete Johanna Susanna Bohl, die von Goethe und Knebel sehr geschätzte Dichterin, Frau des Bürgermeisters von Lobeda, besuchte.

Knebels hohes Interesse für naturwissenschaftliche Studien – wodurch er umso mehr die Kenntnisse besaß, den römischen Lehrdichter Lukrez treffend zu übersetzen – zeigt auch ein herzlicher Briefwechsel mit dem Jenaer Professor und Direktor des botanischen Gartens Karl Batsch, von dem zwei sehr aufschlussreiche Briefe in das Jahr 1795 fallen. So sandte Knebel beispielsweise Pflanzensamen aus Jamaika nach Jena, die er durch die britischen Beziehungen der Familie Gore erhalten hatte. Einen großen Raum innerhalb der Tagebücher nehmen bei Knebel Wetteraufzeichnungen ein. Sie wurden im Folgenden für ein Gesamtverständnis der Tagebücher zumindest teilweise mit aufgenommen. Unter den Wetterbeobachtungen stechen der 17. und der 30. Oktober heraus. Knebels Tagebücher notieren für diese Tage die Sichtung von Nordlichtern (Polarlichter). Tatsächlich können seine Beobachtungen zutreffen. Auch in Mitteleuropa sind, wenn auch selten, diese Naturphänomene zu sehen. Besonders häufig waren ihre Sichtungen in unseren Breiten gerade in der Goethezeit. Für den 17. Oktober 1795 ist jedenfalls für Paris, das sogar noch zwei Breitengrade südlicher liegt als Weimar, die Sichtung von Nordlichtern ebenfalls dokumentiert.[19]

Am 30. November 1795 beging Knebel seinen 51. Geburtstag. Von diesem Tag sind einzigartige Glückwunschverse Herders an Knebel erhalten, mit denen er

---

17 Knebels Tagebuch verzeichnet für den Januar 1795 nur Briefe der M. R., zunächst aus Berlin, dann aus Halle. Ein Halle-Aufenthalt der Luise Rudorf ist immerhin für 1795 belegt, vgl. Thomas C. Starnes, Christoph Martin Wieland. Leben und Werk. Aus zeitgenössischen Quellen chronologisch dargestellt, Bd. 2, Sigmaringen 1987, S. 446.

18 Vgl. Heinrich Düntzer, Freundesbilder, S. 511.

19 Vgl. Hermann Fritz, Verzeichniss beobachteter Polarlichter, Wien 1873, S. 109.

das zurückgelegte Lebensjahr seines Freundes dichterisch Revue passieren ließ – von Knebels Krankheit im Frühjahr des Jahres über die unbequeme Hofuniform bis hin schließlich zu Knebels abgesondertem Gartenidyll, durch das er wie ein antiker römischer Landmann *per otium* die Übersetzung von Lukrez und Properz vorantreiben konnte. Sogar Knebels Lektüre der französischen Revolutionszeitung *Moniteur*[20] wird von Herder reflektiert.

Eine alte Handschrift kann nie identisch in eine Druckschrift übertragen werden (Abb. 2). Knebel kürzt im Schreibkalender (nicht in Briefen) einige Wortendungen bogenförmig nach unten laufend ab (so *Gartn* für Garten). Auch spart er sich oft in Wörtern mit ›ie‹ das ›e‹. Beispielsweise sieht man bei ›spazieren‹ im Schreibkalender meistens nur ein einfaches ›i‹. Die Endung ist hier rudimentiert und sehr flott geschrieben. Um dem Original so nahe wie möglich zu kommen, wird die durch Knebel flüchtig ausgeführte Wortendung daher hier auf ›n‹ endend nachempfunden (Beispiel: *spazirn*). Knebel macht auch keinen Unterschied zwischen ›z‹ und ›tz‹. Der Lesbarkeit halber wurde sich hier für die übliche Schreibung entschieden.

Ergänzungen und Hinzusetzungen Knebels sind in <...> wiedergegeben. Lateinische Schrift ist *kursiviert*. Bei manchen Tagen findet sich ein kreuzförmiges Zeichen. Eine Deutung steht noch aus. Auffällig ist aber, dass dieses Zeichen bis auf eine Ausnahme immer mit der Person M. R. in Verbindung steht.

Der von Knebel genutzte Schreibkalender besaß eine nach dem Hundertjährigen Kalender vorgedruckte Wetterprognose. Knebel hat mitunter mittels Unter- und Durchstreichen das Zu- bzw. Nichtzutreffen des Hundertjährigen Kalenders angezeigt. Durch mehrere Korrekturen mancher Tagesabläufe ist ersichtlich, dass Knebel seine Schreibkalender eher aus der rückwärtigen Erinnerung wenige Tage später ausfüllte.

---

20   Gazette national, ou le Moniteur universel, hg. von Charles Joseph Panckoucke, Paris 1789–1869.

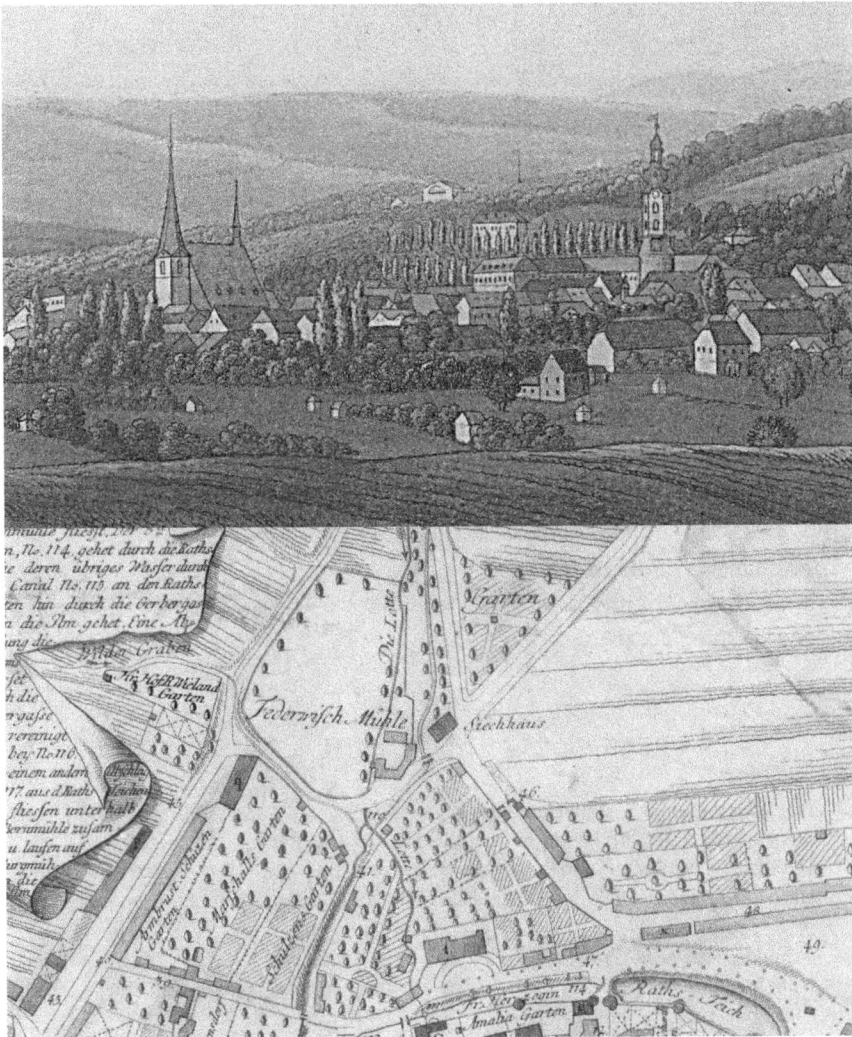

Abb. 1, Oben: Knebels Gartenhaus lag hinter dem farbig hervorgehobenen (zu seiner Zeit noch nicht errichteten) Haus. Die zahlreichen Bäume markieren ungefähr die Lage des Gartens; im Hintergrund links die Stadtkirche St. Peter und Paul (*Herderkirche*), rechts das Schloss; Ausschnitt *Weimar von der Südwestseite*, Künstler *Eduard Lobe*, Farblithographie um 1850, Stadtarchiv Weimar 67 0/123. – *Unten*: Ausschnitt des Weimarer Stadtplans von *Güssefeld 1782*, mit Markierung des Wieland'schen, später Knebel'schen Gartens; Stadtarchiv Weimar 71/7.

1795

1.1. Donnerstag

Therm. 11.°[21] unter Eis. Dunstig. Verse[22] an Herder an Frl. Wolfskeel[23]. Mittags Gottfried[24] hier u. Gerning. Abends Zauberflöte.

2.1. Freitag – ~~rauhe Luft~~

[...] Hl. Hofr. Loder u. Rath Hufeland hier. [...] Lieber Brief. Briefe von meinem Bruder aus Carlsruh. Von Rindlaub[25] aus F[rank]furth. Abends in der Vorlesung[26] bey Göthe. Supirt da.

3.1. Sonnabend – ~~Schneegestöber~~

Kälte Morgens 16 ½ °. Heller Sonnenschein. Mit Hl. Gerning spaziren, nachher auch [mit] dem Herzog. Ilm gefrorn. Duftbluhmn in der Höhle. Abends bey Herzog[in] M[utter]. Käs' von August[27].

17.1. Sonnabend – ~~stürmisch~~

Morgens 9 ½°. unter 0. Abends bey Herzogin Luise. Thee, und Wiel[ands] Wasserkufe[28] vorgelesen.

---

21 Temperaturen wohl in *Réaumur* angegeben (1 °R = 1,25 °C).

22 Neujahr 1795: »Jahr' auf Jahren entfliehn, es bricht der Winter des Lebens stürmend herein, es droht fern der Eroberer Wuth; laßt uns im engeren Kreis die Stützen des Lebens erhalten, Liebe, die Alles beseelt, Zutrauen, Vorsicht und Muth!«. Gedruckt im Göttinger Musenalmanach 1796, S. 257.

23 Henriette v. Wolfskeel (1776–1859), Hofdame Anna Amalias.

24 Wilhelm Christian Gottfried v. Herder (1774–1806), im Jahr 1795 noch Student der Medizin in Jena, später Arzt in Weimar.

25 Wohl ein Kamerad von Knebels verstorbenem Bruder.

26 Die sog. *Freitagsgesellschaft*. Im Winter 1794/95 wurde die Voßische Übersetzung der Ilias gelesen und besprochen.

27 August Herder hatte von Neuchâtel aus Johann Georg Müller damit beauftragt, der Herzogin Mutter einen Schweizer Käse anlässlich ihres Geburtstages zu senden. Müller betrachtete ein solches Geschenk aber als Verstoß gegen die Etikette und schickte den Käse an Herder (Siehe Johann Gottfried Herder, Briefe. Gesamtausgabe 1763–1803, Bd. 14: Kommentar zu Bd. 7, bearb. von Günter Arnold, Weimar 2009, Nr. 127, S. 147,12 f.).

28 Christoph Martin Wieland, Die Wasserkufe oder der Einsiedler und die Seneschallin von Aquilegia, 1795. Wieland hat aus dem Manuskript des gerade erst fertig gestellten Werkes vorgelesen, vgl. Hans-Peter Nowitzki,»Die Wasserkufe«, in: Wieland-Handbuch, hg. von Jutta Heinz, Stuttgart/Weimar 2008, S. 226.

18.1. Sonntag
Leichter Schnee in der Nacht. [...] Morgens im Gartn Rebhüner gefüttert[29].
Abends Herders, Wieland, Frau v. Kalb hier supirt.

21.1. Mittwoch
Kälte 13°. An Hl. Gerning. An die Burgemeistern [Bezug▾1] nebst Pfefferkuchen. Mittags bey Herz[ogin] M[utter]. Abends bey Frl. Göchhausen, die
unbas ist.

▶1. Brief von Johanna Susanna Bohl aus Lobeda[30]
[...] Aber wissen Sie wohl, mein guter Knebel, daß mir Ihr letzter Brief sehr
bange gemacht hat, ich beklage innig mit Ihnen den Verlust Ihres geliebten
Bruders, und stimme hertzlich in Ihre [...] wehmüthige Klagen ein, denn ich
kenne und fühlte sie selbst, solche Hertzens Wunden; aber Sie selbst, mein
edler Freund, sprachen so lebensmüde in Ihren Brief, [...], daß ich gantz weh-
mütig wurde und würcklich hätte mich nicht die Verbindung meiner Tochter
zurückgehalten, ich wäre den Augenblick zu meinen lieben schwermütigen
Freunde hingereist und hätte tröstend gesagt, was ich duldete und litte, hast
Du wohl auch nicht stärker getragen und gelitten, und ich bin nur ein schwa-
ches Weib, und Du bist ein Mann, ergreif stärkere Waffen als bloße Natur-
und Vernunfftskräfte. [...] Verzeyhen Sie [...] einen gutmüthigen Weibe, daß
Ihn so hochschätzt, was es hier schreibt, daß Ihnen aber gern die Hälffte von
den Lebensmuth geben möchte, den es selbst hat. Kommen Sie zu uns, mein
theurer Freund, wir wollen zusammen klagen, aber auch wieder froh werden,
ich will Ihnen meine Stärckungs Quelle zeigen, auß der ich schöpffte, wenn
ich müde bin, und da sie mir so offt Linderung und Trost gewährt hat, so muß
es wohl die rechte seyn. [...] bleiben Sie mein Freund, so wie ich ewig bin Ihre
redliche Freundin J. S. Bohlin.

22.1. Donnerstag – ~~Schnee~~
Kälte 16.°. Mittags bey Hof. Brief von M. R. <aus Halle>. Bey Herzog. M. Abends
zu Haus. Kälte 15.°

---

29 Knebels Garten grenzte an Acker- und Feldfluren an, neben buschbestandenden Feldrainen
und Gräben (siehe den ›Wilden Graben‹) Lebensraum des Rebhuhns, ein sog. Kulturfolger.
30 Zit. nach Herbert Koch, Johanna Susanna Bohl, eine Dichterin des Goethekreises, in:
Wissenschaftliche Zeitschrift der Friedrich-Schiller-Universität Jena 4 (1954/55), gesell-
schafts- und sprachwissenschaftliche Reihe, H. 5/6, S. 524.

27.1. Dienstag

Thermometer steigt nach u. nach bis auf 5.° über o. Sehr gelinde. <u>Thauwetter</u> im vollen <Bar. tief>. Verse zum Geburtstag der Herzogin an Frl. Wolfskeel. Mittags wieder bey Hof. Bey Gores Thee. Abends bey M. R.

30.1. Freitag – ~~Schnee~~

[...] Nachmittags bey M. R. An Frau v. Blomberg[31] nach Lemgo. Abends auf der Redoute, gegen 2. Uhr. Morgens zurück. Kalt.

31.1. Sonnabend

Kälte 5.° Morgens Hofrath Schütz[32] hier. In der Komödie, schlecht. Abends Hofr. Schütz, seine Frau u. Kinder, u. Hl. Gerning nach der Comödie bey mir supirt.

2.2. Montag – <u>trübe</u> Luft

Regen. 4.° über o. An Hl. Kriegsrath Madeweis[33] nach Halle. Mittags bey Herz. M. zum [zwölften] Geburtstag des Prinzn [Carl Friedrich]. Abends Konzert u. supirt da. [...]

3.2. Dienstag

Nachts u. gegen Morgn Schnee. Nachher Sonne unter Wolkn. Therm. über o. Pistoln u. Schnallen von Wi[lhe]lm erhalten. Bey Gräfin Werther zum Thee. Nachher bey <u>Gore</u> – Bey Herder spät.

5.2. Donnerstag

Sanftes Thauwetter. Mittags bey Eglofstein, Schlachtschüssel. Abends bey Herz. M.

8.2. Sonntag

Glatteis. Mittags bey Hof. Herz. M. besucht, die krank ist. Von da nach Hof wieder. Selbst krank. ~~Heftiges~~ Fieber.

9.2. Montag

Lau und naß Wetter. Etwas erträglicher. Mittags bey M. R. gegessn. Gegen Abend äusserst heftig Fieber und trockne Hitze. Die Nacht nicht geschlafen.

---

31   Katharina Sophie Friederike v. Blomberg (1753–1819).
32   Christian Gottfried Schütz (1747–1832), Hrsg. der Allgemeinen Literaturzeitung.
33   Matthias Wilhelm v. Madeweiß (1745–1830).

11.2. Mittwoch – ~~Schnee~~
[...] Schweiß in der Nacht. Kopfweh. Mättigkeit. Meine Schwester hier.

21.2. Sonnabend – ~~unbeständig~~
[...] Morgens Göthe – meine Schwester hier. Zu Haus. Schwächlich. Abends M.
R. hier.

28.2. Sonnabend – ~~Schneegestöber~~
[...] Gerning hier. Mittags mit den fürstl Kindern bey Herz. M. Abends *Don
Juan.*

3.3. Dienstag
Starker Nachtfrost. 4°. Heiter. Nachmittags mit meiner Schwester nach Belvedere gefahrn. Nachher die fürstl. Kinder u. Fr. v. Imhoff zum Thee hier. [...]

5.3. Donnerstag
Morgens Regn. Klärt sich auf. Lukrez. Abends bey Herz. M. Clara du Plessis[34]
vorgelesn. Herders da.

8.3. Sonntag
[...] Stallmeister Seidler[35] Mittags hier. Stürmischer Schnee. Spazieren Nachmittags um den Webicht. Abends bey M. R.

13.3. Freitag
Helleres Wetter. Schnee u. Regn. Zu Haus. Aus dem Lukrez. Abends M. R. bey
mir supirt. <+>

14.3. Sonnabend – ~~angenehm~~
[...] Nachmittags Visiten gemacht. Bey Gräf. Bernstorf, Werther, Bachof[36] p.
Bey Herder. Abends zu Haus. Kälte steigt.

15.3. Sonntag
[...] Fenster in Stube u. Kammer gefroren. Heiterer Ostwind. Abends nach Hof.
Dann bey Herders, wo Gores. Dann noch bey M. R.

---

34 August Heinrich Julius Lafontaine, Klara du Plessis und Klairant. Eine Familiengeschichte
    französischer Emigrirten, 1795. Siehe hierzu auch Goethe – Begegnungen und Gespräche
    Bd. IV (1793–1799), hg. von Renate Grumach, S. 135.
35 August Gottfried Ludwig Seidler (1759–1825), Vater von Luise Seidler.
36 Bachoff v. Echt.

16.3. Montag
[...] Mittags bey Gore. Abends bey Herz. M. Das Ende von <u>Clara du Plessis</u>
gelesen und supirt.

18.3. Mittwoch
Abwechselnd schlecht. An <u>Batsch</u> <nebst Samen> [▾2]. An <u>Gerning</u>. Abends
bey Frau v. Kalb.

▸2. Brief an Professor Batsch in Jena, Weimar, 18.3.[37]
Keine Entschuldigung, Lieber! Ich bin eine zeitlang krank gewesen, dann hat
mir der traurige langwührige Winter fast alle Freude benommen, mich den
Entferntern mitzutheilen – und was sind Briefe, wann sie nicht irgend eine
bessere Empfindung in uns erwecken mögen?
Noch ist mein Leben gleichsam wie mit einem zähen Schleim umwickelt. Die
bessern Tage werden bessers bringen, und dann eil' ich auch zu Ihnen, in Ihr
beseelenderes Thal! Ich lobe nicht nur, ich bewundere Ihren Fleiß. Halten Sie
Sich nicht für weniger glücklich, als andre. Glücklich ist der, der auf dieser
Welt seine Neigungen und Kräfte auf ein bestimmtes Ziel wenden kann; und
ein Ziel, wie die Kenntniß der Natur, ist immer neu durch sich beglückend.
Lieber Freund, alles physische und moralische Glück besteht in dem richti-
gen Gebrauch unsrer Kräfte. [...] Was macht Ihre liebe und gute Frau! Sagen
Sie Ihr was recht gutes und liebes von mir.
Ich schicke Ihnen hier ein Päckchen ausländischer Sämereyen, die von
Jamaika kommen, und die mir <u>Gores</u> hier gegeben haben. Haben Sie doch die
Güte Sorgfalt dafür zu tragen, und sie besonders auszuzeichnen, damit ich
den Geberinnen, wenn sie einmal nach Jena kommen sollten, Rechenschaft
davon geben kann. Sollte, wie ich nicht zweifle, etwas für meinen eignen
Gartengebrauch darunter seyn, so bitte ich mir etwas davon wieder zurück –
in Samen oder Pflanzen, nebst einer kleinen Nachricht über die gehörige
Wartung.
Adieu, lieber Freund! Leben Sie recht wohl, und freuen Sich des Lebens, so
lange es währt!

23.3. Montag
[...] Briefe von August aus Neufchatel. Von Gerning. Abends im Konzert bey
Herz. M.

---

37 GSA 54/302, Bl. 22 f.

26.3. Donnerstag – ~~unbeständig~~
Schön Wetter. Morgens halb 8. Uhr mit Hl. v. Wendel[38] u. Dering[39] nach Jena gefahren. Bey Hl. Göttling[40] pp. Abends 8. Uhr wieder zurück.

27.3. Freitag
[...] Abends bey Herzogin Mutter. Capellmeistr <u>Himmel</u> da, von Berlin. Gespielt. Supirt.

3.4. Karfreitag
Rauh u. unfreundlich. Morgens in der Kirche bey Herder. Etwas spazirn. Abends mit Gerning bey Herder. Nachher noch bey M. R.

6.4. Ostermontag
[...] Bey Gore zum Thee. Bey Herder supirt mit Gerning. Bis Mitternacht.

9.4. Donnerstag – ~~regnerisch~~
Bey M. R. Holder Frühlingsmorgn. Im Stern. Brief an [s. Bruder] Christian[41] fortgeschickt. Nachmittags mit Wieland u. Gerning spazieren. Zu Haus Abends.

10.4. Freitag
Sehr schön. Nach Tiefurth zu Fuß gegangn. Mit Herz. M. zurückgefahren. Daselbst zu Mittag gegessen. Bey Herder. Abends bey M. R.

12.4. Sonntag
Sonnenschein. [...] Spazirn. Nachmittags mit Herder, Wieland, M. Baggesen[42] pp spaziren. Thee bey ersterem.

13.4. Montag
Morgens trüb u. regnerisch. [...] <+> Bey M. R. Bey Hl. Cunningham[43] pp. Abends Ball. Supirt da, bis Mitternacht.

---

38 Francois Ignace de Wendel (1741–1795), Emigrant.
39 Ein junger Engländer (siehe auch Anm. 47).
40 Johann Friedrich August Göttling (1753–1809), Chemiker.
41 Christian Friedrich v. Knebel (1743–1802).
42 Charlotte Sophie Baggesen (1767–1797), Frau des dänischen Schriftstellers Jens Baggesen.
43 Rijklof Michael van Goens, genannt Cuninghame (1748–1810).

14.4. Dienstag

Sehr kühl Nachts <Frost>. Heiter. Zu Haus den ganzen Tag. Geschriebn.

Zwischen Notizen zu einer Ausgabe des *Moniteurs* vom Februar und dem 10. Mai finden sich in Knebels Notizheft folgende Verse:

Schönheit und Tugend sind Eins. Die Schönheit ist sichtbare Tugend;
(findest du die nicht in ihr, glaube der Schönheit auch nicht!)
Wo du diese nicht siehst, glaube du jener auch nicht!

___

Glückliche Gabe des Geistes! Du schaffst uns Welten! Du setzest,
Wenn es dir hier nicht gefällt, uns ans entfernteste Kap![44]

17.4. Freitag

Mittags bey Herz[ogin] L[uise]. Brief von Frau v. Schückher. Abends bey M. R. +.

19.4. Sonntag

[...] Dejeuner im Sallon von Fr. v. Wendel. Fritz Stein besucht, der von England wieder kommt[45]. Mittags im Gartn mit M. R. Abends bey Hof. Nachher bey M. R.

20.4. Montag

Abwechselnd Gewitterregen. Nachmittags mit Donner. *Ms. Duvau* hier. Im Gartn den Nachmittag.

25.4. Sonnabend

Morgens etwas kühler Wind. Sachen u. Pflanzn von Jena. Morgens bei meiner Schwester. Nachmittags bey Herders <*Abbè Charpentier*[46]>. Abends bey Gore.

26.4. Sonntag

Etwas Regen. Mittags bey Hof. *Abbé Surre*[47]. Gespielt mit Herz. L. Abends im Gartn supirt mit M. R. Allda geschlafen.

44 GSA 54/412 Bl. 13.
45 Gottlob Friedrich (Fritz) Konstantin von Stein (1772–1844), Sohn Charlotte von Steins, bricht am 18. April 1794 zu einer Englandreise auf.
46 Wohl Germain André Charpentier, franz. Schulrektor, Emigrant, später Sprachlehrer an der Universität Jena, vgl. Friedemann Prestel, Weimar als Exil. Erfahrungsräume französischer Revolutionsemigranten 1792–1803, Leipzig 2009, S. 344.
47 Jacques Pierre Joseph Surre (1763–1844), Priester, Emigrant, Hofmeister beim Engländer Dering. Siehe Friedemann Prestel, Weimar als Exil, S. 218–223. – Siehe auch Thomas C. Starnes, Wieland – Leben und Werk, S. 444.

27.4. Montag – Im Gartn.
Warm. An Frau v. Schückher [▾3]. Abends bey Herz. M. Konzert und Souper.

▸3. Brief an Katharina v. Schückher in Nürnberg, Weimar, 27.4.[48]
Haben Sie Dank, beste Frau von Schückher, für Ihren letzten lieben Brief. Er hat mich erstaunt, so wie alles was mir von Ihnen kommt. Sollten Sie mir die [...] Melankolie, so wie Sie Sich ausdrücken, in meinem letzten Briefe angesehen haben, so konnten es die Umstände wohl mit sich bringen [...]. Sonst suche ich die Traurigkeit so weit möglich von meinem Gemüthe entfernt zu halten. Sie ist eigentlich barer Verlust, und hilft im Leben zu nichts; bringt uns auch nirgend weiter. Kommt sie von selbst, durch dringen die Umstände; so muß man suchen sie bald zum besten zu wenden. Dies ist ihre Maxime auch, so wie mich dünkt; und ich freue mich über die gleiche Stimmung und Heiterkeit Ihrer Seele.
Den Anschein zum wahren allgemeinen Frieden kann uns, nebst der Ankunft des holden Frühlings, anjetzt gegründeten Stoff zur Heiterkeit und zum Vergnügen geben. Sie sind durch den Frieden mit Preussen, in Ihrem Franken für den drohenden Elend doch wenigstens fürs erste geschützt, und ich hoffe wir sollen es auch bald werden. Dieser allgemeine Krieg war wohl gewiß auch mir allgemeine wichtige Sorge u. Noth.
Ich selbst befinde mich übrigens dermalen ziemlich wohl, und wohne nun seit gestern in meinem kleinen Garten vor der Stadt, wo ich der grünen Saaten, und der freyen Luft mit Zufriedenheit geniesse. Von unserem guten August Herder in der Schweiz erhalten seine lieben Eltern und Freunde zuweilen recht artige und angenehme Briefe. Vor ein paar Wochen habe ich auch einen von ihm erhalten, worinnen er mir gegenwärtigen an Sie als Einschluß beylegt. Da er sich dermalen in einer französl Pension befindet, so ist ihm nicht wohl erlaubt anders als französisch zu schreiben [...].
Die Avertyssements[49] des neuen Journals der bildenden Künste[50] habe ich hier und da ausgetheilt. [...] Ich wollte es wohl mit einem halben oder ganzen Jahrgang für meine Person versuchen wann mir Hl. von Haller[51] solchen durch Sie übermachen will. Darf ich Sie bitten, beste Frau von Schückher, mir ohnehin u. balden wieder einen kleinen Transport von weissen und braunen

---

48 GSA 54/335,1 Bl. 3 f.
49 Bekanntmachungen.
50 Journal der bildenden Künste [hg. von der Gesellschaft für Künstler und Kunstfreunde zu Nürnberg], in Commission der Grattenauerschen Buchhandlung zu Nürnberg und der Fleischerschen Buchhandlung zu Leipzig, 1795–1797.
51 Wohl Haller von Hallerstein.

Lebkuchen, in der Zahl und dem Verhältniß wie ohngefehr der letztre war, zu übermachen?
Ich bin [...] Ihr treuer Freund v. Knebel.

29.4. Mittwoch
Wenig Regen in der Nacht. Trüb. Brief von *Ch^lier Du Vau*[52] aus Erfurth [▼4].
Antwort. Gartn gegessn. Abends M. R. hier.

▶4. Brief von Auguste Duvau, Erfurt, 27.4. [Regest]
D. dankt K., da er in dessen »Gesellschaft so viel Vergnügen genoßen habe«.
Er bezeichnet K. als seinen Wohltäter. [...] »Im litterarischen, im moralischen Fache war ihre Unterhaltung für mich überaus wichtig; und all ihre Lehren [...] werden in meinem Tagebuche, so wie auch in meinem Herzen sorgfältig aufbewahrt werden«. D. dankt ebenso für die Einladung bei der Herzogin. Berichtet von der baldigen Abreise. D. hofft, »daß Sie ihre dem Publiko so nützliche Unterhaltungen mit den Schönen Geistern des Alterthums auf einen Augenblick versäumen«, um gelegentliche Nachricht von ihm zu erhalten.[53]

30.4. Donnerstag
Breites dunstiges Gewölk u. Sonne. Mit der Herzogin nach Tiefurth gefahren.
Schön. Mittags bey Herz. L. Abends meine Schwester u. die fürstl Kinder hier bey mir im Garten.

1.5. Freitag
Warm u. schön. Gegen Mittag bey Eglofsteins zum dejeuner, wegn Geburtstag der Frl. Wolfskeel [▼5]. Gewitter. Etwas Regen. Abends bey Herz. M. gespielt.

▶5. An Frl. v. W[olfskeel] d. 1. Mai 1795.[54]
Wie der erblühe May, der Schöpfer der Freud und des Lebens,
  Als er auf Rosengewölk nieder sich senkte zur Flur,
Ganz mit Kränzen umlaubt, und unter Nachtigalliedern,
  Dich, die liebliche Blüth; hauchte mit Anmuth zur Welt;

---

52 Zur Person siehe Friedrich Michael, Auguste Duvau. Ein französischer Freund der Weimarer Gesellschaft, in: Jahrbuch der Sammlung Kippenberg 4 (1924), S. 191–248, zum Jahr 1795 siehe dort S. 194 f.

53 Vollständig abgedruckt bei: Karl August Böttiger. Briefwechsel mit Auguste Duvau. Mit einem Anhang der Briefe Auguste Duvaus an Karl Ludwig von Knebel, hg. von Klaus Gerlach und René Sternke, Berlin 2004, Anhang, Brief 1, S. 177 f.

54 GSA 54/412 Bl. 14.

So begleite er dich, im Tanze fröhlicher Horen,
Durch dein Leben hindurch, bis in die späteste Zeit!
Siehe sie lächlen dir hold, die nahen und ferneren Stunden!
Fächer von Rosen gewebt wehen die Freuden dir zu.
Meinen, sie erwarten schon dein, die Bluhmen mancherley Arten;
Pflücke mit sanfter Hand sie von dem Pfade hinweg!
Binde geschickt ~~sie zum~~ <den> Strauß, <u>der blühe den fernsten Tagen</u> <daß er noch späterhin dufte>
Und im Alter dir noch Kränze <Blüthe> der Jugend vergönnt.

2.5. Sonnabend – ~~Regen~~
Morgens trüb, nachher aufgeheitert. Frl. Göchh. Morgens hier. Hl. Scherer[55] aus Jena. Nachmittags die Herz. M. hier, nebst Damen u. Einsiedel. Abends bey Gore.

4.5. Montag
<Tod von <u>Wendel</u> erfahrn.> Warm, mehr als gewöhnlich. 18°. in der Stadt Morgens. Mittags bey Gore. Abends Thee von Herz. L. im Sallon.

5.5. Dienstag – ~~windig~~
Warm. Mittags im Sallon gespeißt, mit Göthe ppp. Abends spazirn mit Emilie Gore p.

8.5. Freitag – <u>kalte Luft</u>
Morgens nach 7. Uhr mit mein Schwester u. Prinzeß nach Schwanensee[56] gefahrn. nach 9. Uhr da. Gefrühstückt. Auf dem See. Fischerey. Nachmittags spazirn. Abends 7. Uhr wieder hier. Thee bey mein Schwester. Eingeheizt kalt.

9.5. Sonnabend
Kalter häßlicher Wind. Etwas Schneegraupeln. Eingeheizt. Zum dejeuner bey mir im Gartn, Frl. v. Göchh, v. Wolfskeel, Msll Rudorf. Hl. Gerning. Bey mein Schwester. Therm. 3.° über 0. Abends M. R. noch hier.

---

55   Alexander Nikolaus Scherer (1771–1824), Chemiker und Physiker.
56   Schwansee bei Großrudestedt, etwa 25 km nordöstlich von Weimar, nördlich von Erfurt. Ehemaliges Jagdschloss, vor allem für die winterliche Enten- und Hasenjagd. Der namensgebende Fischteich verschilfte allmählich und wurde ab 1795 für die Aufforstung trockengelegt.

10.5. Sonntag

[...] <Verse auf Wendels Tod. [▾6]> Gegen Mittag u. nachher etwas Regen. <von Mittag an> M. R. den ganzen Tag hier im Gartn vergnügt. Antwort von Herder.

▸6. Wendels Tod. d. 1. Mai 1795[57]

Heil <u. Friede> dem ~~edleren~~ Mann, der ~~statt des~~ <für ein> niedriges Lebens, Ohne Genuß und Gebrauch, wählte den eigenen Tod![58]
Thiere hat die Natur dem Leben untergeordnet,
Ueber das Leben selbst ~~spricht~~ <siegt> und ~~entscheidet~~ <gebietet> der Mensch.
~~(herrscht der Freyere)~~

16.5. Sonnabend

Etwas gelindere Luft. Brief von Lobeda, von Jena, von Fr. v. Schückher, nebst Pfefferkuchen. Antwort. Nachmittags meine Schwester, nebst Prinzess, Fr. v. Stein, v. Imhoff, Msell Schröter p hier bey mir zum Thee. Mährchen[59] gelesn. Abends spät noch M. R. nebst Mutter. +.

21.5. Donnerstag

Etwas kühl doch heiter. Kraus Morgens hier, wegen Reise von Gore nach Italien. In der Stadt bey Fr. v. Schardt. Bey M. R. Bey meiner Schwester u. den Hofdamen. – Handel auf Crysoprasring mit Hendrich in der Stadt. Zum Thee bey mir Gores, Frau v. Schardt, Herders, Göthe, Frl. Seebach, Döring.

29.5. Freitag

Kalt wie Gestern und trüb. An August nach Neufchatel. An Herder[60] [Bezug▾7]. An Murr[61] [...]. Abends bey Herder. Em[ilie] Gore da.

---

57 GSA 54/412 Bl. 13. – Gedruckt in: Poetische Blumenlese für das Jahr 1797 [Göttinger Musenalmanach], S. 250.

58 Es handelt sich eigentlich nicht um einen Selbstmord, sondern um einen Unfall infolge einer Überdosis Opium, das Wendel gegen seine Depressionen einzunehmen pflegte (vgl. Hans Tümmler, Die Tragödie des Emigranten de Wendel in Ilmenau (1795), in: Viermonatsschr. d. Goethe-Ges. 14./15. Bd. (1952/1953), S. 245–261, insbes. s. 257 f.).

59 Vielleicht das von Anna Amalia verfasste Märchen, welches zuvor Wieland zur Begutachtung erhalten hatte.

60 Von und an Herder. Ungedruckte Briefe aus Herders Nachlaß, Bd. 3, hg. von Heinrich Düntzer und Ferdinand Gottfried von Herder, Leipzig 1862, Nr. 69, S. 94 f.

61 Christian Gottlieb v. Murr (1733–1811), Nürnberger Kunst- und Autografensammler.

▶7. Brief von Johann Gottfried Herder[62]
Weimar, 29. Mai 1795
Ich habe Sie nur 1) an August erinnern wollen; vergeßen Sie den Brief an ihn nicht.
2) habe ich um das Elogium bitten wollen, das Sie in mein Buch geschrieben; es ist mir so werther, je seltner ich Elogia von Ihnen erhalte.
3) schicke ich *Stück* 79. Notice sur la Vie de Sieyes, u. zur Abkühlung *Stück* 78. Zimmermanns ernste Hinsicht. Vale.
Sonst weiß ich nichts vom wunderbaren Rehbock[63].

30.5. Sonnabend
[...] In die Stadt. Pr. Bernhard Geburtstag. Meine Schwester. Bey <u>Kraus</u>. Bey Hl<u>n</u> <u>Tischbein</u> von Arolsen[64]. Bey Frl. Göchhausen Abschied. Geht nach dem Karlsbad. Mittags bey Hof. In der Komödie Claudine von Villa Bella. Mit Herz. M. spazirn. Moniteurs gelesn[65].

2.6. Dienstag
[...] Mittags bey Gore mit Gräfin Bernstorf pp. Von da zu Frau v. Schardt Thee. Abends *la vie de <l'abbé> Syeyes*[66] [siehe▼7].

3.6. Mittwoch
Schön u. warm. ~~Von~~ Nachmittags M. R. hier, bis Abend. Traurig.

4.6. Donnerstag
Warm 15°. Grad Morgens. 22°. Mittags. An M. R. Bey mein Schwester. Bey Mayer[67] mit Frau v. Schardt u. Frl. Seebach. Bey Fritz Stein. Abends im Stern bey mein Schwester Thee. – R. noch spät hier. Dering reißt ab nachher.

---

62 Johann Gottfried Herder, Briefe. Gesamtausgabe 1763–1803, Bd. 7: Januar 1793–Dezember 1798, bearb. von Wilhelm Dobbek und Günter Arnold, Weimar 1982, Nr. 156, S. 164.

63 Zum metaphorischen Gebrauch des *Rehbocks* für den Begriff *Kuriosität* vgl. Johann Gottfried Herder, Briefe – Kommentar der Gesamtausgabe, Nr. 156, S. 188,9.

64 Johann Friedrich August Tischbein (1750–1812), bis 1795 Hofmaler des Fürsten v. Waldeck in Arolsen.

65 In Knebels Notizheft finden sich Aufzeichnungen zur Ausgabe vom 9. Mai des *Moniteur* (GSA 54/412, Bl. 15).

66 Notice sur la vie de Sieyes, membre de la première Assemblée Nationale et de la Convention, Paris 1794.

67 Wohl Johann Heinrich Meyer, Goethes Kunstberater, oder Herders Freund, der Kulturhistoriker Friedrich Majer..

8.6. Montag

Herzogin M. reißt früh 5. Uhr ab nach Meiningen. Sehr warm gegen Mittag. Allein im Gartn. Lynker gegen Abend hier.

13.6. Sonnabend

Wolkicht mit Sonnenblicken u. kühl. Morgens bey Mahler Tischbein, Chladni[68] p. Abends Herder allein hier.

16.6. Dienstag

22.° Wärme. Gewittricht, doch regnets nicht. Im Gartn Lukrez – Abends meine Schwester u. Herder hier. Sehr trocken.

17.6. Mittwoch

<Der alte Gore reißt ab nach Italien> Morgens etwas windig. Vertreibt die Wolken. Mayer hier. Regen. Zur Taufe bey Frau v. Kalb. Bey Herder. Herzogin Mutter kommt wieder von Meiningen.

20.6. Sonnabend

Morgens bey Frau v. Stein mit Chladni. Mittags bey Hof mit Canzler Hofmann[69]. Abends bey Frau v. Stein Thee, mit Gores.

23.6. Dienstag

[...] Abends bey M. R. die zur Ader gelassn.

25.6. Donnerstag

Mittags etwas Regen. Luft ändert und wird schwül. Im Konzert[70] bey Chladni. Bey Gräfin Bernstorf zum Thee.

27.6. Sonnabend – <u>Regen</u>

Nach Tiefurth Schachtel mit Obst. [...] Mittags bey Hof. Abends bey Frl. Riedesel[71] Thee.

---

68   Ernst Florens Friedrich Chladni (1756–1827), Wittenberger Physiker.
69   Wohl der ehemalige Kanzler der Universität Halle, Karl Christoph Hoffmann (1735–1801).
70   Es handelt sich wohl um eine Vorführung des Chladnischen *Euphons* oder der *Klangfiguren*, vgl. Shu Ching Ho, Chladni, Ernst Florens Friedrich (1756–1827), in: Goethe-Handbuch, Supplemente Bd. 2, hg. von Manfred Wenzel, Stuttgart und Weimar 2012, S. 354 f.
71   Friedericke v. Riedesel (1751–1820), Hofdame Anna Amalias.

29.6. Montag
[...] An meine Schwester nebst zwey gläsernen Gefässen mit Bluhmen.[72] [...]

30.6. Dienstag – ~~lieblich~~ – Tiefurth. +.
Schwül u. schwer u. Regn. Morgens Brief von M. R. aus Tiefurth. Gegen 11.
Uhr zu Fuß dahin. Allein. Gelesen. M. R. in Osmannstedt[73]. Kommt wieder.

2.7. Donnerstag – [TIEFURT]
Abwechselnd Regn u. Sonnenschein. Morgens übersetzt. Spazieren. Mittags
Einsiedel wieder da. Sehr kühl. Pr. Hohenlohe Nachmittags mit dem Herzog.
Gespielt, verlohrn. Abends noch spät bey M. R. +.

3.7. Freitag – ~~schwülig~~
Kühl. Morgens 9. Uhr aus Tiefurth wieder zurückgekehrt. Briefe von Gerning.
Abends bey Gores zur Theegesellschaft.

4.7. Sonnabend
Abwechselnd. Barom. fällt. Morgens M. R. hier ein Augenblick. Durchmarsch
des Hohenlohischn Regt. Geschrieben. Nachmittags bey Herder – mit ihm Hl[n]
Tischbein nach Tiefurth – Abends noch bey Herder.

8.7. Mittwoch – ~~Jena~~
Leidlich Wetter. Morgens nach 9. Uhr nach Jena gefahrn. Besuche – bey
Griesbachs p. Abends Hofr. Büttner hier u. G[ottfried] Herder.

9.7. Donnerstag – [Jena]
[...] Morgens Batsch hier. Göriz p. Nachmittags beym jungn Herder. im Bota-
nischn Gartn. Abends jungr Herder.

10.7. Freitag – ~~sehr warm~~ – [Jena]
[...] Nachmittags im Botanischen Gartn. Bey Griesbachs im Gartn supirt.

---

72   Zum Geburtstag seiner Schwester Henriette.
73   Johann Gottlieb Fichte floh vor den Studentenunruhen und Angriffen gegen seine Person
     von April bis September 1795 auf das spätere Wielandgut Oßmannstedt, vgl. Klaus Manger,
     Rückzug aufs Land: Oßmannstedt (1797–1803), in: Wieland-Handbuch, S. 17.

11.7. Sonnabend – [Jena]

[...] An Elise Gore, nebst 7. Blumentöpfen. An meine Schwester u. Frl. Wolfs-keel Kirchn. Mittags Gottfried hier. Bey Voigt pp. Frl. Göchhausen kommt 8. Uhr Abends an vom Carlsbad. Noch im Club[74]. Werner sehr krank.

12.7. Sonntag – [Jena]

Heitrer Morgen. Auf dem Dache[75]. [...] Werner wird etwas besser. Reisen nach 12. Uhr ab nach Weimar. Mit Hufeland nach Kunitz und daselbst auf die Glei-senburg. [siehe▾8]

13.7. Montag – [Jena]

Zu Haus. Abends M. R. mit Mutter einen Augenblick zum Besuch hier. Altr Büttner supirt hier.

14.7. Dienstag – [Jena]

Morgens nach Lobeda. Angenehm. 1. Uhr zurück. An Herder [▾8]. An M. R. nebst Kirschn. An meine Schwester.

▸8. Brief an Johann Gottfried Herder, Jena, 12. [14.] Juli[76]

[...] Ich fange jetzt erst an hier wieder etwas zu leben. Einige Rückbleibsel von Weimar, der lieblose Himmel [...] versagten mir den heitern Genuß. Sonntags machte ich in Gesellschaft eine Promenade auf die Gleisenburg bei Kunitz. Da wurde mir durch Natur und Ermüdung merklich wohler. [...] diesen Morgen bin ich zu Fuß nach Lobeda gegangen, auf welchem Wege ich meinen Zustand gar oft schon ewig bleibend hätte machen mögen. Ueber-haupt befinde ich mich hier sehr oft in einem Zustande der Menschheit, den ich nirgends so finde. Mein Inneres begiebt sich alsdann ganz nach außen, und das Aeußere wirkt in so vollkommener Harmonie auf das Innere, daß daraus das beste Glück des Lebens entsteht.

Lassen Sie mir, Lieber, meinen ewigen Land- und Hüttentraum, und spotten Sie nicht darüber! Nur so bin ich glücklich [...]. Wären Sie doch Landpfarrer [...] in Lobeda oder auf irgend einem der Berge hier herum! Am Fuße des-selben wollte ich mir eine Hütte bauen. Ich wollte die besten Blumen und

---

74 Wohl der sog. Jenaer Professorenklub, der sich eigentlich sonntags traf, mit Ausnahmen aber auch an einem Montag oder Samstag abgehalten wurde, vgl. die Daten bei Hermann F. Weiss, Der Mittwochs- und der Professorenklub. Zur Geselligkeit in Jena am Ausgang des achtzehnten Jahrhunderts, in: Jahrbuch des Freien Deutschen Hochstifts (1999), S. 105.

75 Wohl das Dach des Jenaer Stadtschlosses.

76 Zit. nach Heinrich Düntzer und Ferdinand Gottfried von Herder, Von und an Herder, 3. Bd., Nr. 70, S. 95–97.

Früchte, die ich an meinem niedrigen Flecke erziehen könnte, Ihnen in der Höhe bringen [...].

Doch genug Lieber! Sie sehn, ich komme schon wieder zur Ordnung und guten Vernunft, und zu dem wahren nützlichen Leben! Ich habe die Studia so ganz nicht versäumt, und bin viel mit Gelehrten gewesen. Der gute Gottfried kommt auch zuweilen zu mir und sagt mir mehr, als ich ihm lehren kann. [...][77]

Was soll ich Ihnen von den andern gelehrten Campagnen hier sagen? [...] Batschens botanischer Garten hat mir viel Vergnügen gemacht. Der angebrachten Lauferei ungeachtet, lacht einem Ordnung und Wissenschaft geistig entgegen. Und am meisten die liebe, hohe, weiche Natur! [...][78]

So mancherlei, Lieber, sind die Dinge in der Welt, die uns in Bewegung setzen können! Wir leben innigst mit allem verbunden, und sind nur die auf- und absteigende Wünschelruthe in der Hand der Natur. Wo keine geistigen Materien verborgen sind, mag sie auch nicht zucken. Lassen Sie uns aus den lieblosen Gegenden in bessere eilen, oder wenigstens die Regsamkeit des Herzens nie verlieren!

15.7. Mittwoch – ~~hell und schön~~ – [Jena]
Morgens passabel. Abends regnerisch. Bey Prof. Hufeland zum Kränzchen.

17.7. Freitag – <u>Gewitter</u> – Weimar
Regen. Morgens bey Pr. Fischer[79]. In der Naturforscher Gesellschaft[80]. Stallmeister. Nach 2. Uhr weg von Jena. In Tiefurth. Zu Fuß herein unter beständigem Regen. Kalt. Eingeheizt im Garten.

18.7. Sonnabend
Kalt 10.° Eingeheizt. Abwechselnd windig u. regnerisch. Mit Einsiedel, Kranz[81] p um 11 Uhr nach Ettersburg gefahren, daselbst Mittags bey der Herzogin mit den fürstl. Kindern. Komödie gespielt, wegn des Geburtstags der Prinzeß. Um 8. zurück.

---

77 Weiterer Inhalt des Briefes: K. hat das Buch über das Recht des Volks zu einer Revolution von Erhard aus Nürnberg erhalten, welches gut geschrieben sei. Über Louvets Schicksal von Carl Friedrich Cramer.

78 Weiterer Inhalt des Briefes: Erwähnt Hufelands Pathogenie. Über einen Wünschelrutengänger in der Schweiz und diesbezügliche elektrische Experimente bei Prof. Voigt.

79 Johann Karl Fischer (1760–1833), Mathematiker.

80 Knebel war aktives Mitglied in der 1793 gegr. Naturforschenden Gesellschaft.

81 Vmtl. Johann Friedrich Kranz (1754–1807), Konzertmeister.

21.7. Dienstag

[...] Morgens Hl. Tischbein hier. Mittags mit Einsiedel nach Tiefurth gefahren. Gores daselbst. Lärmen in Jena.[82] Zu Fuß mit Böttiger u. Tischbein zurück.

22.7. Mittwoch

Morgens spazirn im Webicht. M. R. da. Mittags zu Fuß nach Tiefurth. Herder p da, meine Schwester p. Abends zu Fuß mit Einsiedel u. den jungn Wolfskeel zurück.

23.7. Donnerstag

[...] Morgens nach 7. Uhr mit mein Schwester u. Prinzeß. W. Herder, nach Jena. Daselbst im Griesbachl Gartn gespeißt. Von da nach Dornburg. Abends halb 10. zurück.

24.7. Freitag – ~~Schöne~~ Witterung

Abwechselnd, doch zieht sich gegen Abend der Himmel zusammen. <Saignetten-Salz[83] genommen.> Junger Stein hier. Seinen Aufsatz gelesen. Gegen Abend die Wielandschen u. Kalbschen hier. Gespielt bis 11. Uhr. Verlohrn.

26.7. Sonntag

Der Regen dauert immer fort und macht betrübtes Wetter. An Fr. v. Imhof. Zu ihrem Geburtstag nebst Blumenstöcken. Allein im Gartn bei trübn Wetter.

29.7. Mittwoch – ~~trocken~~ – [Tiefurt]

Morgens Eger Bronn getrunken. [...] Bey M. R. +. [...] Abends Schwärmer[84].

8.8. Sonnabend

Kalt die Nacht. 5.° Leichte Wolken u. Sonnenschein. Nelken von Klippstein[85]. Meine Schwester mit Prinzeß Nachmittags hier zum Thee, u. Fr. v. Imhoff. Abends noch bey Herder.

9.8. Sonntag

Abwechselnd warm. Morgens Pyrmonter Wasser. Im Gartn. Junger Stein hier. Geßner Abschied. Abends Herderische Familie im Gartn.

---

82 Jenaer Studentenunruhen 1795.
83 Seignettesalz: Zur Anwendung bei Darmbeschwerden und auch bei Gicht.
84 Knebel meint entweder Falter aus der Familie der Schmetterlinge oder gebraucht den Begriff für ein Lustfeuerwerk.
85 Der Universitätsgärtner Johann Dietrich Klippstein (1715–1808).

10.8. Montag
Den Morgn M. R. hier im Gartn und den übrigen Tag. +. Abends 10. Uhr sie
nach T. begleitet zu Fuß.

15.8. Sonnabend
[...] Mittags Frau v. Berg und die Fritschische Familie da. – schwül. Nachher
starkes Gewitter u. Regn. Gespielt.

16.8. Sonntag
Die vorige Nacht und den ganzen Tag fürchterlicher Regen, dabey schwül.
Properz gearbeitet [...]

17.8. Montag – Weim.
Etwas aufgeheitert. Morgens noch bey M. R. Gegen Mittag herein in die Stadt.
In mein Haus daselbst, und da gebliebn. Meine Schwester hier.

20.8. Donnerstag
Trüb u. warm. In der Stadt. Properz.

22.8. Sonnabend
Properz übersetzt. Abend bey Herder.

23.8. Sonntag
Properz übers. Mittags im Gartn gegessen mit M. R. Auch Abends da.
Geschlafn in der Stadt.

25.8. Dienstag – Gartn
Bey M. R. Morgens. [...] An Herder, nebst Versen zu sein Geburtstag. Abends
mit mein Schwester da, und mit Frau v. Kalb da supirt. Elegien aus dem
Properz gelesn.

26.8. Mittwoch
Pyrm[onter Wasser]. Schöner Tag. Abends Herders u. Wielands hier, mit dem
klein Prinz B.

27.8. Donnerstag
[...] Meine Schwester Abends hier, mit Fr. v. Imhoff. Nach 10. Uhr Abends
gegen Tiefurth. Daselbst mit M. R. herein u. wieder hinaus. Schöner Mondschein. Nach Mitternacht zu Hause.

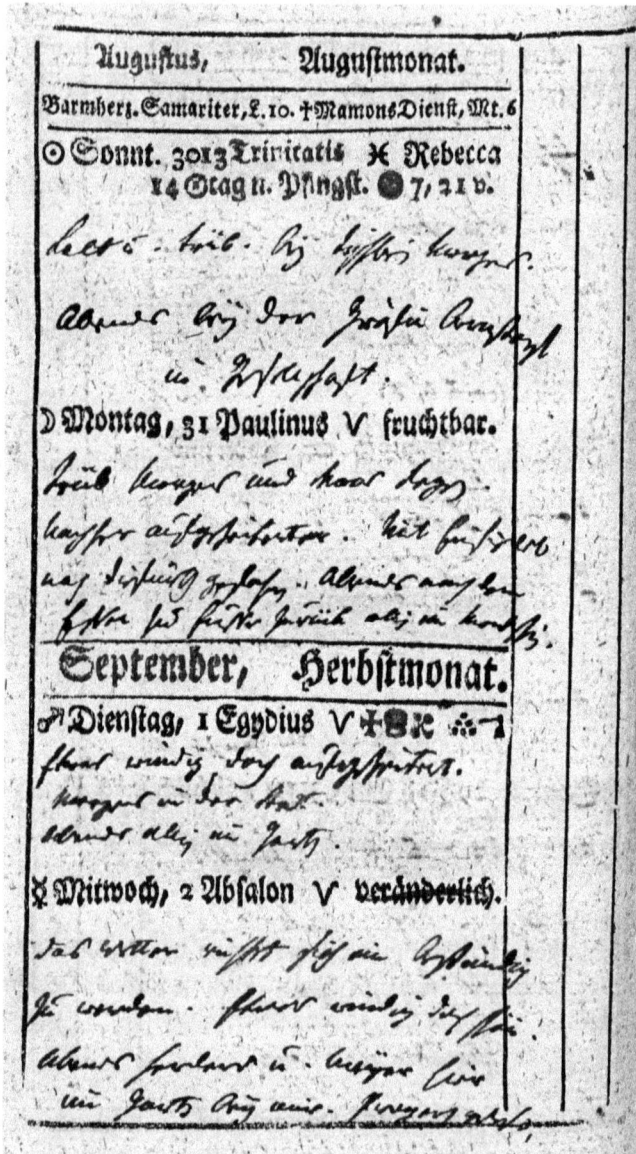

Abb. 2: Seite aus Knebels Schreib-Almanach 1795, GSA 54/372.

2.9. Mittwoch – ~~veränderlich~~
Das Wetter richtet sich ein beständig zu werden. Etwas windig doch schön.
Abends Herders u. Meyer hier im Gartn bey mir. Properz gelesn.

3.9. Donnerstag – ~~windig~~
Morgens ganz heiter. Allein im Gartn. Abends mein Schwester und Frau v.
Imhoff hier. Nachts M. R. Etwas hypochonder.

16.9. Mittwoch
Gegen Abend M. R. hier +. Geht Morgn nach Halle.

19.9. Sonnabend
[...] Von Jena Trauben. Dahin geschrieben. Mittags nach Tiefurth gefahren.
Herzog, *Cte Dumanoir* daselbst. [...] Mit Egloffstein nachher hereingefahrn.

26.9. Sonnabend
<Regen Abends> Morgens bey Göthe einige Elegien des Prop[erz] vorgelesn.
Mittags mit Eglofstein nach Tiefurth gefahrn. Nachts mit ihm, Wieland p
zurückgefahrn. Etwas Regen.

1.10. Donnerstag
[...] <Properz geendigt>. Mittags im Sallon, Herzog p nachher bey Herz. M.
Thee. Abends M. R. hier. +.

2.10. Freitag
Wenig Reif. Warm am Tag. Hl. Meyer reißt ab nach Italien. Brief an Frau v.
Schückher mitgegebn. Jagemann hier. Ludekus hier. Mittags M. R. Bey Herz.
M. Abends. Kuchn u. Trauben von Msell Wunderlich aus Jena.

6.10. Dienstag
[...] G[oethe] schickt mir die Horen[86]. Nachmittags hier. Abends M. R.

11.10. Sonntag
[...] August Herder kommt wieder. Abends bey Herder. Zu Haus.

---

86 RA 1/1427.

15.10. Donnerstag

Chev. Du Vaux kommt Morgens an. Hl. Cammerpräsident v. Schuckmann aus Bayreuth hier Morgens. Nachmittags mit ihm spazirn. Bey Herders. In Komödie. Abends bey Herzogin Mutter.

16.10. Freitag – ~~kalte~~ Nächte

[...] Morgens mit Hl. v. Schuckmann in Göthes Haus. [...] Mittags bey Bergrath Buchholz mit Loder. [...]

17.10. Sonnabend

Morgens etwas trüb u. Regen. Dann vermischter Sonnenschein. *Ch. Du Vaux* hier. Mittags mit Wieland bey Herz. L. Bey Frau v. Stein. Abends M. R. hier. Helles Nordlicht Abends 9 Uhr.

19.10. Montag

[...] Nachmittags Frau v. Berg, Herzogin Mutter, Herders pp hier im Gartn zum Thee.

20.10. Dienstag

Etwas dunstig Morgens. Sehr warm. 18.° Mittags. Spazirn Morgens u. Pyrmonter Wasser getrunken. *Du Vau* hier. Nach 2. Uhr Nachmittag Wärme 20.° Reaumur. Abends bey Gore, der wiedergekommen [...].

24.10. Sonnabend

Sturm mit Sonnenschein, wahrscheinlich Folge vom Nordlicht jüngst. Bey der Herz. M. Morgens, zum Geburtstag. Bey mein Schwester, Hofdamn p. Im Gartn bey Paulsn[87]. Meine 20. Elegie des Properz fertig gemacht. Abends bey Herder.

25.10. Sonntag – <u>Jena</u>

[...] Mit Herders nach 1. Uhr nach Jena gefahrn. Hl. u. Fr. v. Einsiedel da. Abends zusammn.

26.10. Montag – [JENA]

Früh nach Lobeda, zu Fuß gegangn. Gegn 11. Uhr wieder zurück. Mittags Frau v. Berg. Nebst Tochter u. August. Abends zusammen. Elegien gelesn.

---

87 Christian Heinrich Paulsen (1734–1803), Advokat und Steuerprokurator.

27.10. Dienstag – <u>regnerisch</u> – [JENA]/Weim
Morgens bey Griesbachs, im Buchladn p. Regen. Nachmittags gegen 5. Uhr
mit Herder u. Einsiedel herüber nach Weimar gefahrn im Regn. Abends bey
Herder supirt. Noch bey M. R.

30.10. Freitag – <u>windig</u>
[...] Mittags bey Hof. An Frau v. Schückher [▸9]. Abends bey Herz. M. Nordlicht und Blitze am Himmel.

▸9. An Katharina von Schückher in Nürnberg[88]
Weimar, den 29. [30.] Okt. 1795
Ich danke Ihnen, liebe Freundin, für alle die Güte und Freundschaft, womit
Sie mich und diejenigen die ich Ihrer Güte empfehl, bisher beehret haben. Die
beyden Söhne unsres Herders sind glücklich und vergnügt wieder zurückgekehrt, und rühmen sich vor allem der ausgezeichneten Liebe, die Sie für
sie gehabt. Es ist schön, wenn man auf den Stationen des Lebens so wahre,
gefühlvolle und sichere Freunde antrifft. [...]
Auch den Sp[anischen] Toback hat mir August richtig überbracht. Ich werde
die kleine Rechnung zu seiner Zeit schon abtragen. Geben Sie mir – oder
vielmehr uns allen – nur auch einmal Gelegenheit, Ihnen unsre Bereitwil-
ligkeit zu zeigen. Gegenwärtig ist nun <u>August</u> auf die Academie Jena abge-
gangen, und wird sich daselbst, nach seinem Vorsatz, zum cameralistischen
Bergbau bilden. Er hat wieder Eifer dazu, und die Eltern haben ihn hierin
gänzlich seinem Willen überlassen. <u>Wilhelm</u>[89] wird sich in diesen ersten
Tagen nach Hamburg begeben, wo er in einem ansehnlichen Handlungshaus
unterkommt. Er zeigt viel Geschick zu diesem Wesen. [...] Ich nehme herzlichen Antheil an dem Glück der Eltern, die keines ihrer Kinder missrathen
sehen [...] Mich freut es, das auch Ihnen der Herbst angenehmer und holder
geworden ist, als der unerträglich nasse Sommer. Ich befinde mich noch
immer hier in meinem Garten vor der Stadt recht wohl, und will dadurch dem
langen Winter etwas von seiner Länge abschneiden, indem ich später zur
Stadt zurückkehre. à propos, man hat mir hier gesagt Hl. v. Holzschuher[90],
mein guter Freund, befände sich in einem kränklichen Seelenzustande seit
einiger Zeit. Haben Sie doch die Güte, mir hierüber etwas wahres zu sagen!
Ich bedaure den guten Mann, und die gute Frau!

---

88 GSA 54/335,1 Bl. 5 f.
89 Wilhelm Ludwig Ernst Herder (1778–1842), Kaufmann.
90 Johann Karl Siegmund Holzschuher (1749–1824), Nürnberger Senator.

Eben schickt mir <u>Göthe</u> beyliegendes Blatt, um meinen Freund in Nbg zu ersuchen von angezeigten Blättern Acquisition zu machen.[91] Ich ersuche Sie darum! Sie werden Mittel und Wege besser wissen als ich, um solche, im Fall sie noch zu haben sind, zu erstehen. Und nun leben Sie recht wohl! Meine Schwester sagt Ihnen viel Gutes. Sagen Sie gleiches Ihrem lieben Gemahl, wann er anders von seiner Reise schon wieder zurück ist.
Ich bin mit aufrichtiger Seele
Ihr treuer Freund Knebel

31.10. Sonnabend – ~~Regen~~

Sehr stürmisch u. abwechselnd. Mittags bey Herzogin Mutter mit Gore, Gr. *Dumanoir* p. Nachher bey Herder. Abends bey M. R. +.

8.11. Sonntag

Wetterglas fällt Morgens und steigt Abends. Sturm u. Regen den ganzn Tag. Im Gartn. Die Eleg. des Properz [...] für die <u>Horen</u> abgeschrieben. Abends bey M. R.

13.11. Freitag

Gewaltiger Sturm, den ganzen Tag. Hl. Scherer aus Jena hier. Brief und Buch von Batsch. Mineralogie[92]. Zu Haus geblieben im Gartn, obgleich Konzert bey der Herz. M. war.

14.11. Sonnabend

Früh heller Himmel. abwechselnde Stürme nachher. Abends Schnee, der liegn bleibt. Mittags bey Hof, wo unter andern Hl. *Mounier* nebst dem Engländer, den er führt. Abends bey M. R. Meine letzte Elegie von Properz abgeschrieben und an Herder geschickt.

---

91 Es handelt sich mutmaßlich um einen Grafikankauf. Durch Knebels Vermittlung hatte Goethe schon 1783 in Regensburg und später 1798 in Nürnberg an Kunstauktionen teilgenommen. In Knebels Brief an Katharina von Schückher vom 9. Januar 1796 heißt es: »Die Kupferstiche sind zu großer Freude angekommen, und haben das größte Gefallen erregt!« (GSA 54/335,1 Bl. 7).

92 Es handelt sich vielleicht um: Versuch einer Mineralogie für Vorlesungen und für anfangende Sammler von Mineralien, entworfen von A. J. G. C. Batsch, Jena 1796. [Vorwort datiert 4. Okt. 1795].

16.11. Montag – ~~rauhe~~ Luft

Sehr heiter. 5.° Hl. *Blackford*[93], aus Irland hier, nebst einem Brief von Hl. Blumenbach. Mit solchem Nachmittags Göthes Steinsammlung besehn. Bey Herder. Bey <u>Gore</u>. – Abends bey M. R.

17.11. Dienstag

[...] <u>Lukrez</u> von <u>Meineke</u>[94] durch Hl. Böttiger erhaltn. Nachmittags bey meiner Schwester. Abends bey Herz. M. Später noch bey L. R.

18.11. Mittwoch – ~~stürmisch~~

[...] L. R. reißt ab um halb 6. Uhr. [...] An <u>Batsch</u> [▾10]. – Abends bey Herz. M. wo *Du Vau* die *Phedre* des Racine vorgelesen.

▸10. Brief an Professor Batsch in Jena[95]

Ich darf es nicht anstehen lassen, Lieber, Ihnen wenigstens heute mit ein paar Zeilen für Ihr gütiges Andenken durch Hl^n Scherer zu danken. Sehen Sie, mit zwey schönen Produkten des Naturreiches bereichern Sie diese Welt auf einmal! Glauben Sie nur an kein Uebel, Lieber! Es ist nicht da, wenn man es nicht dafür hält. Sie sind gewiß ein glücklicher Mann; und worinn Sie es nicht vollkommen sind, werden es Ihre Kinder künftig! Das ist der Segen, den ich Ihnen und Ihrer herzlichen Frau, zu Ihrem beyderseitigen neuen Kindersegen gebe! Ueber das neue Produkt Ihrer naturhistorischen Muse[96], kann ich noch nichts sagen. Ich werde es aber bald etwas genauer ansehen. Wir leben hier in einem so politischem Zufluß, daß man seiner und seiner Zeit kaum mächtig wird. Hl^n Scherers Schicksal liegt mir recht am Herzen. Ich unterlasse nicht unsern Geh. R. Göthe seinethalber auszubohren. Sagen Sie ihm viel Gutes von mir. Und grüssen Sie die liebe Kindbettnerin, und leben Sie Selbst so wohl und heiter als es Ihrer Seele gebührt. Ich bin und bleibe Ihr Knebel

W. d. 18. 9br. 1795

24.11. Dienstag

[...] *Du Vau* Morgens hier. Wilh[elm] M[eister] 3. T. gelesen. Allein. Heller Mondschein.

---

93 Siehe Norbert Klatt, Wer ist Herr Blackford?, in: Goethe-Jahrbuch 125 (2008), S. 239–242.

94 Titus Lucretius Carus, Von der Natur. Ein Lehrgedicht in sechs Büchern, uebers. und erläutert von Johann Heinrich Meineke, Leipzig 1795.

95 GSA 54/302, Bl. 20.

96 Siehe Anm. 92.

26.11. Donnerstag

Um 1. Uhr in der Nacht unter fürchterlichem Sturm, und Jagen der Wolken, wobey doch einige einzelne groß u. schwer da lagen, zu dreymalen eine sehr fühlbare Erschütterung an Erdbeben. Der Wind heulte dabey wie eine fürchterliche Musik. [...]

30.11. Montag – S̶c̶h̶n̶e̶e̶ – [Knebels Geburtstag]

[...] Nachts gewaltiger Sturm. Die Sonne geht unter vergoldeten Wolken auf. Geschenke von meiner Schwester. Nachher von L. Meine Schwester u. Prinz. besuchen mich. Verse von Herder [▼11]. [...]

▶11. Verse von Johann Gottfried von Herder, Weimar, 30.11.[97]

Weh Dir daß Du gebohren bist!
Du solltest im vergangnen Jahr
Manch Ungemach erdulden. Erst
Ereilt' ein böses Fieber Dich;
Dann trieb Dich das Alcaicum[98]
Hinaus zur Stadt u. sandte Dich
In einen ungerechten Krieg
Mit Raupen u. unschuldigen
Ameisen, Elstern, Krähen und
Der Steinwerfer Diebeszunft;
Also daß deine Gartenthür
Mit blassem Munde jammerte
Verschlossen: »wer hinein begehrt
Der stehle hinten sich hinein.«
Da stahlen sich in Haufen dann
Auf grau-republikanischem
Papier gedruckte Moniteurs
Zum Augen- Dir u. Seelenweh.
Bald tritt Dein Friedrich auch herbei:
»Der Herr Major sind eingeladen.« Ab
Die leichten Sansculotten nun,
Gezogen an die HofLivrei
Sammt einem höflichen Gesicht;
Marquis und Comtés und Barons –
Die mitten in der Winterzeit

---

97 Johann Gottfried Herder, Briefe – Gesamtausgabe, Nr. 200, S. 201–203.
98 Antike Strophenform.

Den Herrn Major von Haus u. Hof
Verbannet halten; weh Dir! Weh! –

Wohl Dir daß Du gebohren bist!
Auch im vergangnen Lebensjahr
Wie manche süße Stunde ward
Durch Dich den Freunden, die zu Dir
Wie zu der Muse Heiligthum
Wallfahrteten. Du labtest sie
Mit süßen Früchten, die Lukrez
Dein alter Römerfreund, mit ihm
Propertius Dir zugebracht; – [...]

4.12. Freitag
[...] An L. Nʳᵒ 1.) – Nachmittags bey mein Schwester. Abends bey Herz. M. Wieland vorgelesen Agathodämon[99]. Supirt da.

7.12. Montag
[...] An L. bis Nro 6., abgeschickt. Abends bey Herz. M. Wieland ließt das zweyte Buch seines Agathodämon vor. Supirt da.

10.12. Donnerstag
Halb Schnee halb Regen. Zu Haus im Gartn. Verse von *Du Vau* [▾12] an mich. Einladung von Fr. Herder. Antwort. Brief an L. Nʳᵒ 7. mit dem Einschluß von der Herzogin.

▸12. Verse von Auguste Duvau, Weimar, 10.12.[100]
Wir Stadtliebhaber werden geheißen,
den Landliebhaber Knebel zu grüßen.
So wollen Sie denn, all unseren Bitten
entgegen,
die Sie zurückrufen in die Stadt,
in ihrem einsamen Asyl,
fern unseren Freuden, unseren
Spielen,

---

99 Wieland begann seinen Roman Mitte 1795, vgl. Jutta Heinz, s. v. »Agathodämon«, in: Wieland-Handbuch, S. 315.
100 Zit. nach Klaus Gerlach und René Sternke, Böttiger – Briefwechsel mit Duvau, Brief Nr. 5, S. 184–187.

wenn alles seufzt in der Natur,
das Land und die Schriftsteller flieht,
der Kälte Trotz bietend,
die Toten den Lebenden vorziehen?
[...]

11.12. Freitag

[...] An Wieland[101] mit dem Bild in Schwefel von Apollonius. Antwort von diesem[102]. An meine Mutter, Dank für die Servietten.

13.12. Sonntag

Morgens angezogen u. schöner Himmel. Spazieren im Gartn. *Viola tricolor*[103] blüht noch da. Mittags bey Göthe, mit den fürstl. Kindern. Abends bey Frau v. Kalb. [...]

14.12. Montag

Weiches u. helles Wetter, wie Frühjahr. Sachen, Schinken, Bratwürste, Pfefferkuchn von Nürnberg. Herumgeschickt. An Herder. Mittags bey Hof. Abends bey Herz. M. *Mounier*[104] da u. *Du Vau* vorgelesn.

15.12. Dienstag

[...] Kritik über die 9. Prop[erzischen] Elegien von Schiller[105], von G. zuge-schickt [...]. Antwort[106] u. Verbesserung. [...]

23.12. Mittwoch

[...] Regenbogen gerade gegn Mitternacht <stehend>, um 11. Uhr Mittags. *Du Vau* hier. Zu Haus allein im Garten. *Moniteurs* gelesen.

24.12. Donnerstag

[...] Mittags bey Hof, mit Herder p. Bey Herz. M. Abends. Kinder Heil Christ. Nach 9. Uhr kommt der Pr. v. Br. aus Halle.

---

101 Wielands Briefwechsel, hg. von Siegfried Scheibe, Bd. 13.1 (Juli 1795–Juni 1797), bearb. von Klaus Gerlach, Berlin 1999, Nr. 143, S. 147.
102 Siehe ebd. Nr. 144, S. 147 (siehe auch Nr. 145, S. 148).
103 Wildes Stiefmütterchen.
104 Jean-Joseph Mounier (1758–1806), Emigrant, Gründer des Erziehungsinstitutes in Belvedere.
105 RA1/1512.
106 Briefwechsel zwischen Goethe und Knebel (1774–1832), 1. Teil, hg. von Gottschalk Eduard Guhrauer, Leipzig 1851, Nr. 124, S. 121–123.

25.12. Freitag
Dicke Regenwolken u. Dunkel. Regen u. Wind. Gegen Mittag Sonnenschein.
August hier. Mittags Fr. Geh. K[irchen] Räthin Griesbach aus Jena bey mir.
Gartensalat mit Kräutern noch aus dem Garten. Abends auch nach Hof tragen
lassen. [...]

26.12. Sonnabend
[...] Den ganzen Tag allein im Garten. Nachmittags der Min[eralien] Händler
Takates aus Spanien bey mir.

27.12. Sonntag
Morgens bey dem Mineral-Händler Tarakes aus Spanien. Bey Göthe. Bey
Mounier. [...] Mittags bey Herz. M. mit. Pr. Wilhelm v. Br[aunschweig][107] und
Herzog. Abends bey Wieland, mit Herders u. Gr. Purgstall[108]. >Wieland las
sein 3. Buch des Agathodämon<

---

107 Friedrich Wilhelm von Braunschweig (1771–1815).
108 Gottfried Wenzel Graf. v. Purgstall (1773–1812), österr. Beamter, hatte 1793 in Jena bei Rein-
     hold Philosophie studiert; im Winter 1795/96 erneut in Jena, um Fichte und Schiller zu
     sehen.

MORITZ STROHSCHNEIDER

HERMANN HAUFFS PROGRAMMATISCHE AUFSÄTZE ÜBER DAS *MORGENBLATT FÜR GEBILDETE STÄNDE* VON 1827[1]

Mit einer Edition der Texte

1. Kontinuität und Medienwandel

Der 24. Dezember 1865 ist das Ende einer Ära. Nach 59 Jahrgängen stellt an diesem Tag das *Morgenblatt für gebildete Leser*, bis 1837 *für gebildete Stände*, sein Erscheinen ein. Nach dem Tod des langjährigen Redakteurs Hermann Hauff im August 1865 hatte Julius Klaiber ein halbes Jahr lang die Redaktionsgeschäfte interimistisch geführt.[2] Die am Heiligen Abend erscheinende letzte Ausgabe eröffnet er mit dem Aufsatz »An die Leser«, in dem er Rückschau auf die vergangenen Jahrzehnte des *Morgenblatts* hält und eine Begründung für dessen Ende zu geben versucht. Das Journal sei eine »alte Matrone«, die

sich nicht mehr entschließen [könne], einem neuen Manne ihre Hand zu reichen [...]. Gleich einer ehrsamen Handwerkerswittwe, hat sie mit Hülfe eines Gesellen, der schon zuvor den Verstorbenen dann und wann vertreten durfte, das Geschäft so lange fortgeführt, als die schickliche Rücksicht auf die Kunden es gebot. Jetzt ruft sie ihnen und allen denen, die sie freundlich unterstützt haben, ein herzliches Lebewohl zu und zieht sich in die stille Verborgenheit zurück[.][3]

1   Ich danke dem Deutschen Literaturarchiv Marbach, das meine Forschungen durch ein dreimonatiges Cotta-Postdoktorandenstipendium gefördert hat, insbesondere Prof. Dr. Helmuth Mojem, dem Leiter des Cotta-Archivs, für seine große Gesprächsbereitschaft sowie wertvolle Ratschläge und Hinweise.
2   Klaiber übernimmt die Redaktion am 18. August, zwei Tage nach Hauffs Tod, wie aus einem Brief an die J. G. Cotta'sche Buchhandlung vom 28.12.1865 hervorgeht (Deutsches Literaturarchiv Marbach, Cotta-Archiv [Stiftung der Stuttgarter Zeitung]).
3   [Julius Klaiber:] »An die Leser«, in: *Morgenblatt* vom 24.12.1865, 52 (1865), S. 1225–1231, hier S. 1231. In einem Brief vom 23.11.1865 bittet Klaiber die Buchhandlung, ihm Materialien zur Geschichte des *Morgenblatts* zukommen zu lassen, die er in Vorbereitung auf den Schlussaufsatz im letzten Heft brauche, den er als »länger[e] Chronik der alten Zeitschrift« anlegen

Es war aber wohl nicht nur Hermann Hauffs Tod, der den Entschluss zur Einstellung des *Morgenblatts* herbeiführte. Denn die Zeitschrift erwirtschaftete in den letzten Jahren einen Verlust von etwa 1800 Gulden pro Jahr und ließ sich nicht mehr wirtschaftlich vertreiben.[4] Zurückzuführen ist der sich darin spiegelnde Bedeutungsverlust auf veränderte Lesegewohnheiten des Publikums und das Aufkommen neuer populärer Zeitschriftenformate wie der ›Familienzeitschrift‹: So erreichte die 1853 gegründete *Gartenlaube* bereits in den 1860er Jahren eine Auflage von mehr als 200.000 Exemplaren.[5] Während das *Morgenblatt* als ›belletristisches Journal‹ einen nicht nur unterhaltenden sondern auch belehrenden Anspruch zu verwirklichen versuchte, entwickeln die entstehenden Familienzeitschriften neue mediale Präsentationsformen. Sie greifen in zunehmendem Maße auf Illustrationen zurück, die im *Morgenblatt* nur eine marginale Rolle spielen. Für dessen Ende war so die Distanz zu einem Medienwandel mitursächlich, der sich seit der Mitte des 19. Jahrhunderts vollzog. Trotz einer im Vergleich zur *Gartenlaube* verschwindenden Auflagenhöhe von stets unter 2000 Exemplaren,[6] muss das *Morgenblatt*, das 1807 von Johann Friedrich Cotta gegründet wurde, in den beinahe sechs Jahrzehnten seines Erscheinens zu den einflussreichsten Literatur- und Kulturzeitschriften im deutschen Raum gerechnet werden. Hier publizierten fast alle wichtigen Schriftsteller der Zeit und für manche – wie beispielsweise Theodor Fontane – wurde das *Morgenblatt* zum Ausgangspunkt literarischen Ruhms.[7] Dementsprechend bedeutsam

will; der Brief liegt im Deutschen Literaturarchiv Marbach, Cotta-Archiv (Stiftung der Stuttgarter Zeitung).

4   Sabine Peek, Cottas Morgenblatt für gebildete Stände. Seine Entwicklung und Bedeutung unter der Redaktion der Brüder Hauff (1827–1865), in: Archiv für Geschichte des Buchwesens 6 (1966), Sp. 1427–1659, hier Sp. 1548 f.

5   Vgl. Andreas Graf, Familien- und Unterhaltungszeitschriften, in: Geschichte des deutschen Buchhandels im 19. und 20. Jahrhundert, im Auftrag des Börsenvereins des Deutschen Buchhandels hg. von der Historischen Kommission. Bd. 1, Teil 2: Das Kaiserreich 1871–1918, Frankfurt a.M. 2003, S. 409–522, die Auflagenentwicklung der *Gartenlaube* ebd., S. 427–429.

6   Da das Blatt aber kaum privat abonniert wurde, sondern in Lesezirkeln und -clubs auslag, war die Anzahl der täglichen Leser höher; vgl. Helmuth Mojem, Über H. Clauren, das römische Kulturleben und die Meuterer der ›Bounty‹. Zum ›Morgenblatt für gebildete Stände‹, in: Johann Friedrich Cotta. Verleger – Unternehmer – Technikpionier, hg. von Helmuth Mojem und Barbara Potthast, Heidelberg 2017, S. 231–249, hier S. 246 f.

7   Fontane veröffentlichte zwischen 1843 und 1865 sowohl Gedichte als auch Prosaarbeiten im *Morgenblatt*. In Briefen bezieht er sich wiederholt auf die Aufnahme seiner Texte in das Journal, sieht er darin doch einen Beweis seines dichterischen Potentials, beispielsweise in einem Schreiben an Wilhelm Wolfsohn vom 10.11.1847; vgl. Liselotte Lohrer, Fontane und Cotta, in: Festgabe für Eduard Berend zum 75. Geburtstag am 5. Dezember 1958, hg. von Hans Werner Seiffert und Bernhard Zeller, Weimar 1959, S. 439–466, hier S. 442.

war das Journal für den Verlag als Möglichkeit, neue Autoren zu entdecken und an das Haus zu binden.[8]

Obwohl also Julius Klaibers Aufsatz nicht die ganze Wahrheit zum Ende des *Morgenblatts* berichtet, ist die von ihm behauptete enge Bindung des Blatts an Hermann Hauff nicht von der Hand zu weisen.[9] Und dies allein schon wegen der Dauer seiner Redaktionsperiode, übernahm er doch die Stelle im Winter 1827 von seinem am 18. November verstorbenen Bruder Wilhelm, der sie seit Anfang desselben Jahres innehatte. Der Einfluss, den Hauff in den 38 Jahren seiner Tätigkeit auf die Gestalt des Blattes ausüben konnte, ist aber nicht das zufällige Ergebnis einer langjährigen Tätigkeit, sondern muss in zweifacher Hinsicht als bewusst gestalteter Prozess verstanden werden. Zum einen gelang es ihm, sich im Gegensatz zu seinen Vorgängern mit dem Verleger zu arrangieren, indem er dessen Wünsche kontinuierlich abfragte und bei seiner Arbeit berücksichtigte.[10] Zum anderen hatte Hauff von Anfang an konkrete Vorstellungen von seiner Tätigkeit als Redakteur ebenso wie von Auftritt und Inhalt des Journals. Sie lassen sich in mehreren Texten greifen, die im Verlauf des Jahres 1827 entstanden und im Verlagsarchiv erhalten blieben. Offenbar hat Johann Friedrich Cotta seinen neuen Mitarbeiter bei mehreren Gelegenheiten aufgefordert, sich über die Frage zu äußern, wie er sich seine redaktionelle Tätigkeit vorstelle.[11]

Auf diese Weise entstehen mindestens drei Texte, die eine Programmatik des *Morgenblatts* als Leitbild für Hauffs eigene Arbeit entwerfen – ich werde sie im Folgenden besprechen und am Schluss meines Beitrags vollständig abdrucken: Es handelt sich um einen vermutlich in das Frühjahr 1827 zu datierenden handschriftlichen Aufsatz auf neun Seiten,[12] der *Ueber Redaction des M[orgen]Blatts* überschrieben ist, sowie um ein siebenseitiges Manuskript, das mit den Worten

---

8   Sabine Peek, Cottas Morgenblatt für gebildete Stände, Sp. 1437–1439. Friedrich Haug wie Therese Huber beispielsweise scheiden im Streit aus der Redaktion aus.

9   Zur Publikationsgeschichte des Journals vgl. Sabine Peek, Cottas Morgenblatt für gebildete Stände.

10 Viele der im Cotta-Archiv erhaltenen Briefe Hauffs an die Verlagsleitung, v. a. an Johann Friedrich Cotta und nach dessen Tod 1832 an seinen Sohn Georg, fragen nach den Wünschen des Verlegers oder ersuchen dessen Zustimmung für bestimmte Vorhaben. Ich werde im Verlauf meines Beitrags einzelne Beispiele zitieren.

11 Diese Praxis scheint nicht unüblich gewesen zu sein. Auch Wilhelm Hauff wurde von Cotta über seine Ansichten zum *Morgenblatt* befragt, wie aus einem entsprechenden Antwortbrief Wilhelms vom 29.07.1826 hervorgeht; abgedruckt in: Die Ehre des Redaktors. Wilhelm Hauffs Briefe an Johann Friedrich Cotta, hg. von Helmuth Mojem. Mit einem Nachwort des Herausgebers, Marbach a.N. 2017, S. 9–16.

12 Das Manuskript ist undatiert. Von fremder Hand ist auf der ersten Seite »lag im Brief an H. Hauff vom Febr. 1827« eingetragen; es war mir nicht möglich, das Datum oder den angesprochenen Brief zu verifizieren.

»In gegenwärtiger Zeit ...« beginnt und am 10. Dezember 1827 von Hauff mit einem kurzen Begleitschreiben an Cotta geschickt wurde,[13] in dem eine mündliche Unterredung am Abend des 11. Dezembers vorgeschlagen wird.[14] Mithin lässt sich ein auf den 12. Dezember datierter Brief an Cotta, in dem Hauff erneut redaktionelle Prinzipien skizziert und auf seine Gehaltsvorstellungen zu sprechen kommt, als Antwort auf am Vorabend diskutierte Fragen verstehen.[15] Die poetologische Ausrichtung dieser Texte wird in ihrem normativen Anspruch deutlich, der sich in Wendungen wie »dürfen [...] nicht vernachläßigt werden«, »Grundsatz [...] sollte es bleiben« oder »kann und muß« ausdrückt.[16]

Was die auf diese Weise diskutierten Ziele, Inhalte oder Adressatenkreise des *Morgenblatts* angeht, orientiert sich Hauff weitgehend an den Vorstellungen, die Johann Friedrich Cotta im Dezember 1806 in einem Vorankündigungstext entwickelt hatte.[17] Die implizite Bezugnahme ist vermutlich nicht nur der Versuch des jungen Mitarbeiters, sich des Wohlwollens seines neuen Arbeitgebers zu versichern. Sie kann auch als das Bemühen interpretiert werden, die Kontinuität des *Morgenblatts* trotz der zwischen 1807 und 1827 häufigen Wechsel an der Spitze der Redaktion zu garantieren.[18] Es fällt auf, dass die wesentlichen Leitbegriffe

---

13 Hermann Hauff, »Ueber Redaction des MBlatts«; Ders., o.T. Aufsatz, das Morgenblatt betreffend; Ders. an Cotta, 10.12.1827 (Deutsches Literaturarchiv Marbach, Cotta-Archiv [Stiftung der Stuttgarter Zeitung]). Die Texte sind – bis auf den Brief – undatiert und sämtlich unpaginiert, weshalb ich im Folgenden eine Blattzählung einfüge.

14 Hermann Hauff an Cotta, 10.12.1827 (Deutsches Literaturarchiv Marbach, Cotta-Archiv [Stiftung der Stuttgarter Zeitung]): »Morgen Vormittag werde ich mich mit Ihrem Herrn Sohn besprechen und da zugleich vernehmen, ob ich Ihnen morgen Abend meine Aufwartung machen darf; heute macht es mir eine Unpäßlichkeit noch unmöglich, weßhalb ich sehr um Entschuldigung bitte«.

15 Vgl. Hermann Hauff an Cotta, 12.12.1827 (Deutsches Literaturarchiv Marbach, Cotta-Archiv [Stiftung der Stuttgarter Zeitung]).

16 Das erste Beispiel stammt aus »Ueber Redaction des MBlatts«, S. 1v, das zweite ist »In gegenwärtiger Zeit ...«, S. 3v entnommen, das dritte schließlich findet sich im Brief an Cotta vom 12.12.1827, S. 2r.

17 Abgedruckt in: Morgenblatt für gebildete Stände / gebildete Leser 1807–1865. Nach dem Redaktionsexemplar im Cotta-Archiv (Stiftung ›Stuttgarter Zeitung‹). Register der Honorarempfänger / Autoren und Kollationsprotokolle, hg. von Bernhard Fischer, München 2000, S. 10 f.

18 Vor Hermann Hauff wechselten die Redakteure regelmäßig bereits nach wenigen Jahren: Karl Grüneisen war 1807/08 Redakteur und wurde dann von Georg Reinbeck beerbt (1808–1811), dem Friedrich Haug (1811–1817) folgte. Zunächst dessen Mitarbeiterin und dann von 1817–1823 Hauptredakteurin war Therese Huber, nach der Johann Friedrich Cotta zusammen mit seinem Sohn Georg von 1823–1826 die Redaktion führte, bevor Wilhelm Hauff 1827 die Geschäfte übernahm; vgl. Sabine Peek, Cottas Morgenblatt für gebildete Stände, Sp. 1438 f.

wie ›Überparteilichkeit‹, ›Mannigfaltigkeit‹, ›Politiklosigkeit‹ oder ›Geschmack‹ seit Gründung des *Morgenblatts* immer wieder Verwendung finden und noch in Julius Klaibers Artikel *An die Leser* das publizistische Profil der Zeitschrift konturieren. Insofern ist es die Kontinuität der die Redaktion leitenden Prinzipien, die zunächst zum langjährigen Erfolg, dann aber auch zum Niedergang der Zeitschrift beitrug.

Obgleich Hauffs programmatische Texte in dem kurzen Zeitraum zwischen Frühjahr und Winter 1827 entstanden sind, zeichnet sich in ihnen eine zunehmend präzisere Vorstellung der Redaktionsgeschäfte ab. So ist der erste Aufsatz *Ueber Redaction des M[orgen]Blatts* anders als die späteren Texte, die sich stets an Cotta persönlich wenden, nicht an einen Adressaten gerichtet und verzichtet weitgehend auf konkrete Vorschläge. Auch spricht Hauff hier nicht nur über das *Morgenblatt*, sondern will Grundsätze aufstellen, die für »[d]ie Redaction eines jeden Blatts ähnlicher Art« gültig sein sollen.[19] Damit rekurriert er auf die zahlreichen Literatur- und Kulturjournale, die in der ersten Hälfte des 19. Jahrhunderts entstehen und sich, wie Hauff an anderer Stelle formuliert, »zum großen Theil das M[orgen]Blatt selbst zum Vorbild genommen haben«.[20] Zugleich kann die weitgehende Unbestimmtheit des Textes als Reflex auf das problematische Verhältnis zwischen Johann Friedrich Cotta und Wilhelm Hauff gelesen werden, das es unsicher erscheinen ließ, wie lange die beiden Brüder noch mit dem *Morgenblatt* verbunden sein würden. Denn Wilhelm, der seine redaktionelle Tätigkeit von vornherein im Zusammenspiel mit dem Bruder ausüben wollte,[21] kündigte Cotta Ende Februar 1827 vorübergehend, da er sich durch eigenmächtige Entscheidungen des Verlegers übergangen und in seiner bürgerlichen Ehre gekränkt fühlte.[22] Allerdings konnte der endgültige Bruch unter anderem dadurch verhindert werden, dass Hermann ab März mit der seinem Bruder lästigen Aufgabe betraut wurde, die tägliche Korrektur durchzuführen, wofür er auch bezahlt wurde.[23] Als Hermann Hauff daher nach dem Tod seines Bruders Ende Novem-

---

19 Hauff, »Ueber Redaction des MBlatts«, S. 3v.

20 Hauff, »In gegenwärtiger Zeit …«, S. 2r.

21 Vgl. Sabine Peek, Cottas Morgenblatt für gebildete Stände, Sp. 1441. Wilhelm Hauffs Redaktionstätigkeit wird bei Ulrich Kittstein, Wilhelm Hauff, Hannover 2018, S. 65–73 zusammenfassend dargestellt.

22 Vgl. Wilhelm Hauff an Cotta, 27.02.1827; abgedruckt in: Die Ehre des Redaktors, hg. von Helmuth Mojem, S. 40–45.

23 Vgl. Hermann Hauffs Brief an Cotta, 08.04.1827: »Was mein Verhältniß zu meinem Bruder betrifft, so bin ich mit den von ihm vorgeschlagenen und von Ihnen gebilligten Bedingungen vollkommen zufrieden. Je mehr wir, mein Bruder und ich, den Geist des Morgenblatts kennen lernen, desto besser wird es gewiß gehen; ob ich gleich nicht Redacteur bin, so sehe ich doch, daß meine Mitwirkung nützlich seyn kann, und ich habe diese Sache zu meines

ber oder Anfang Dezember die Abhandlung »In gegenwärtiger Zeit …« und kurz darauf den Brief vom 12. Dezember schreibt, war er mit den redaktionellen Aufgaben gut vertraut. Daher kann er explizit Defizite benennen und konkrete Lösungsvorschläge unterbreiten. Auch sieht er das *Morgenblatt* nicht mehr nur als eine unter mehreren gleichartigen Zeitschriften, sondern sucht nach einem wirtschaftlich relevanten Alleinstellungsmerkmal.

In diesem Sinne beginnt der Aufsatz »In gegenwärtiger Zeit …« mit einer Analyse des Zeitschriftenmarktes, der als Resultat einer sich zunehmend ausbreitenden Bildung seit 1807 stark angewachsen sei:

> Der natürliche und völlig lobenswerthe Zwek, den sich diese Journale zur Bildung und Unterhaltung vorsetzen, ist, dem Publikum aus dem Gebiete der Literatur und Kunst, Deutschland oder Europa, meist aber die Welt umfassend, das Interessanteste und Neueste schnell, richtig und schön vor Augen zu führen; ferner, einerseits als Blumenbeete schöner Literatur, erfreuliche Proben derselben zu sammeln, andernseits, was die Geschichte des Menschen und seiner Erfindungen Großes und Anziehendes darbietet, was in der Natur vorgieng und noch vorgeht, in gelungenen Gemälden darzustellen; die meisten dieser Anstalten ziehen auch noch, mehr um der Schriftsteller und Künstler als um der Kunst willen, die kleinen Interessen jener in ihren Kreis. Da nun periodische Blätter dieser Art ein natürliches Bedürfniß nicht nur unseres Landes, sondern unserer Zeit sind, so kann man fragen: leisten diese vielen Blätter was sie versprechen, und können sie es leisten?[24]

Hauff macht eine große Zahl weitgehend ähnlicher Journale aus, die alle wie das *Morgenblatt* einen gleichermaßen belehrenden und unterhaltenden Anspruch erhöben, dabei aber vor einem gemeinsamen Problem stünden, weswegen er die am Ende des zitierten Absatzes gestellte Frage zunächst negativ beantwortet. Denn während sich die deutschsprachigen Kulturjournale die französischen als Vorbild nähmen, hätten sie eine ganz andere Ausgangslage, da ihnen der »weite[] Uebungsplatz geistiger Kraft, die Politik«, verschlossen sei.[25] Daher würden sie sich zumeist auf Klatschgeschichten konzentrieren. Der Ausschluss des Politischen, den Johann Friedrich Cotta bei der Gründung des *Morgenblatts* bewusst

---

Bruders und des Instituts Ehre zu der meinigen gemacht.« (zitiert nach Die Ehre des Redaktors, hg. von Helmuth Mojem, S. 60–62, das Zitat ebd., S. 62).

24 Hauff, »In gegenwärtiger Zeit …«, S. 1r f.
25 Ebd., S. 1v.

eingefordert hatte,[26] wird von Hauff als grundsätzliches Phänomen der deutschen Restaurationszeit und zugleich als Problem für die journalistische Qualität ausgemacht. Auf dem überschwemmten Markt könne das *Morgenblatt* nur bestehen, wenn es seinen Anspruch verteidige, einen allgemeingültigen Blick auf die Welt zu werfen. Denn es ist Hauffs »innigste Ueberzeugung, daß das M[orgen] Blatt im Allgemeinen bei dem bis jetzt befolgten Plane, der sich seit so langer Zeit als richtig berechnet bewährt hat, beharren muß.«[27]

2. Der Anspruch vielfältiger Wissensvermittlung

Trotz des Verzichts auf politische Beiträge, macht Hauff im ersten Teil des Aufsatzes *Ueber Redaction des M[orgen]Blatts* ein breites Spektrum von Themen und Gattungen aus, die im Journal Platz finden sollten: »Aufsätze[] und Notizen« über Reisen, Erfindungen und Entdeckungen, »biographische Notizen und Sittenschilderungen«, »Novellen, Erzählungen u. s. w.«, »Gedichte und ihre niedrigeren Verwandten, Charaden, Räthsel u. s. w.« sowie die »Correspondenz« als Berichterstattung aus verschiedenen Städten weltweit.[28] Dabei handelt es sich um das weitgehend unbestrittene Repertoire des *Morgenblatts*,[29] wie Hauffs Brief vom 12. Dezember zeigt. Hier werden ebenfalls – wenn auch in anderer Reihenfolge – »die Korrespondenz«, »naturhistorische, geographische, statistische u. s. w.« Beiträge, »raisonnirende Aufsätze«, »Erzählungen, Novellen, Romane« sowie »Gedichte[]« genannt.[30]

Mit der Vielfalt der Textsorten verbindet Hauff in *Ueber Redaction des M[orgen]Blatts* drei Ziele: Zum einen »beurkundet« das *Morgenblatt* in den Berichten beispielsweise von neuen Erfindungen den »Fortschritt[]« der Civilisation« und präsentiert damit zum anderen seinen Lesern neues Wissen, wodurch es selbst an der Fortentwicklung von Bildung und Kultur mitwirkt. Eher am Rande wird drittens die »Unterhaltung[]« der Leser durch wissenschaftliche Aufsätze *und* poetische Texte genannt.[31] Damit variiert Hauff die in Cottas Ankün-

---

26 Vgl. Morgenblatt für gebildete Stände / gebildete Leser 1807–1865, hg. von Bernhard Fischer, S. 14.
27 Hauff an Cotta, 12.12.1827, S. 1r.
28 Hauff, »Ueber Redaction des MBlatts«, S. 1r–2r.
29 Dies verdeutlichen auch die monatlichen Inhaltsverzeichnisse des *Morgenblatts*, die eine allgemeine Übersicht der möglichen Themengebiete bieten. Genannt werden: Literatur, Kunst, Sitten- und Kulturgeschichte, Biographie, Reisebeschreibungen, Gedichte, Miszellen und Korrespondenzberichte; vgl. *Morgenblatt*, 19. Jg., Januar 1825, Inhaltsverzeichnis.
30 Hauff an Cotta, 12.12.1827, S. 1v f.
31 Hauff, »Ueber Redaction des MBlatts«, S. 1r f.

digungstext vom Dezember 1806 benannte Stoßrichtung, »diejenigen Kenntnisse zu verbreiten, welche zur geistigen und sittlichen Kultur nothwendig sind, und auf dem Wege der Unterhaltung die angenehmste Belehrung gewähren.«[32] Das Bemühen um die Kontinuität des publizistischen Profils schließt Veränderungen im Alltagsgeschäft allerdings keineswegs aus. So regt Hauff beispielsweise an, die »kleinen deutschen Residenzen« bei der Berichterstattung stärker zu berücksichtigen, um in diesen Städten neue Leserkreise zu erschließen, oder schlägt vor, einen zweiten Berliner Korrespondenten zu rekrutieren.[33] Begründet wird dies mit der Breite des dort zu beobachtenden Kulturlebens: »Berlin maßt sich so ziemlich das Supremat in der schönen Literatur an, ist dabei in Partheien getheilt und jede derselben hat ihre Schreier. Ein zweiter Korrespondent würde daher die Unpartheilichkeit des M[orgen]Blatts in ein gutes Licht setzen.«[34]

Mit der ›Unparteilichkeit‹ ist ein entscheidendes Kriterium benannt, das in Hauffs programmatischen Texten vielfach variiert wird. Es greift nicht nur eine Forderung bereits Wilhelm Hauffs auf,[35] sondern soll Hermanns Position als möglicher Redakteur stärken. In dem Aufsatz »In gegenwärtiger Zeit…« thematisiert er ausführlich die Frage, warum nicht ein einzelner Schriftsteller oder eine Gruppe befreundeter Schriftsteller die Redaktion übernehmen sollten. Zwei Argumente führt er gegen ein solches Arrangement an. Zum einen mache es die kulturelle Zersplitterung Deutschlands unmöglich, einen Literaten zu finden, der nicht selbst zu einer parteiischen Autorengruppe gehöre:

[B]ei der vielfältigen Spaltung der Deutschen in ihren Ansichten von Philosophie und Poesie, die noch viel weiter geht als die äußere politische, kann ein Schriftsteller, er müßte denn ein übermächtiger Genius seyn, nicht neutral bleiben, selbst wenn er es aufrichtig wünscht, er nimmt Parthei, und die Partheien scheiden sich bei uns durchaus nicht in ein Paar große Gruppen, wie z. B. in Frankreich, denn wenn man sich etwa blos wie dort für die Romantik oder den Klassizismus zu erklären hätte, möchte es noch angehen. Die Schriftsteller, die sich dem M[orgen]Blatt gewidmet haben, werden nun nicht ihre Geistes- sondern ihre Meinungs Verwandten herbeiziehen, nicht

32   Zitiert nach Morgenblatt für gebildete Stände / gebildete Leser 1807–1865, hg. von Bernhard Fischer, S. 10. Auch an anderen Stellen des Aufsatzes »Ueber Redaktion des MBlatts« verrät Hauff, dass er den Ankündigungstext sorgfältig studiert hat.

33   Vgl. Hauff an Cotta, 12.12.1827, S. 1v, das Zitat ebd.

34   Ebd. (Hervorhebung im Original).

35   Ende Dezember 1826 schreibt Wilhelm Hauff an Cotta: »Das Morgenblatt hat einen so guten Namen daß es über den Parteien schweben, nicht in ihnen sich umtreiben muß.« (zitiert nach: Die Ehre des Redaktors, hg. von Helmuth Mojem, S. 28; Hervorhebung im Original).

die Summe des Geistes im Blatt wird gemehrt, sondern der Farbe, die es trägt, so viel Glanz als möglich gegeben.[36]

Dass redigierende Schriftsteller Partei sind, war Johann Friedrich Cotta im Frühjahr 1827 klar geworden. Denn im Februar, kurz vor Wilhelm Hauffs vorübergehender Kündigung, sieht sich Cotta genötigt, diesen in einem Brief schriftlich zu vermahnen, seine Pflichten ernster zu nehmen. Der Redakteur habe »immer im Auge zu haben, daß die Rüksicht, die man dem Blatte schuldig ist, unbedingt über der steht, die man etwa dem Verfasser der Aufsätze schuldig seyn möchte.«[37] Dass Wilhelm Hauff zu wenig redigiere, weil er sich seiner literarischen Schule gegenüber verpflichtet fühle, sieht Cotta als Grund für die in seinen Augen mangelhafte Qualität der jüngsten Morgenblatt-Hefte.[38]

Hermann Hauffs Aufsatz Ueber Redaction des M[orgen]Blatts führt neben der Unparteilichkeit noch ein zweites, implizites Argument gegen den Schriftsteller-Redakteur an, wenn er das zeitraubende Tätigkeitsprofil des Redakteurs entwirft: Zunächst gehe es um die »Herbeischaffung des Materials« durch die Anwerbung von neuen Beiträgern, die Sichtung der fremdsprachigen Zeitungen und Zeitschriften und die Übersetzung der darin gefundenen Artikel. Daran schließe sich die »Sichtung und Eintheilung der Materialien« an, wozu Hauff die inhaltliche und stilistische Überarbeitung sämtlicher Beiträge rechnet, die drittens in die abschließende »Korrektur« der zum Druck vorbereiteten Lieferungen münde.[39] Dieses Pensum lässt sich bei einem sechs Mal in der Woche[40] erscheinenden Journal wie dem Morgenblatt nicht nebenbei bewältigen. Hauff plädiert damit für eine Professionalisierung der Redaktion, die nicht durch eigene literarische Ambitionen abgelenkt sein sollte. Zwar hat er selbst nicht von seinem Gehalt als Redakteur gelebt, das ihm stets viel zu niedrig war,[41] weshalb er auf Vorschüsse und seine Position als Stuttgarter Hofbibliothekar angewiesen war. Dennoch ist das Argument charakteristisch für die Umbruchsituation, in der sich der Journalismus im frühen 19. Jahrhundert befindet. Denn in den 1820er und 1830er Jahren wurden die Redaktionen von Zeitungen und Zeitschriften zunehmend nicht mehr von Literaten, Professoren, Lehrern oder Bibliotekaren neben anderen Beschäftigungen geführt, sondern hauptberuflichen Journalisten übertragen. Bei dieser

---

36 Hauff, »In gegenwärtiger Zeit ...«, S. 2v f.
37 Zitiert nach: Die Ehre des Redaktors, hg. von Helmuth Mojem, S. 36.
38 Hermann Hauff hat diesen Vorfall gekannt, denn Cottas Brief ist nur in einer (Teil-)Abschrift von seiner Hand im Verlagsarchiv erhalten.
39 Hauff, »Ueber Redaction des MBlatts«, S. 3v–5r.
40 1851 wurde zwar auf wöchentliche Erscheinung umgestellt, die Seitenzahl pro Monat aber nicht reduziert.
41 Sabine Peek, Cottas Morgenblatt für gebildete Stände, Sp. 1453 f.

Entwicklung nahm Cottas *Allgemeine Zeitung* mit seit 1833 vier festen Redakteuren eine Vorreiterrolle ein.[42]

Hermann Hauff argumentiert derart facettenreich gegen Schriftsteller als mögliche Zeitschriftenredakteure, dass es sich vermutlich um mehr als eine rein akademische Fragestellung gehandelt haben wird. Relevant wird sie durch Hauffs vergleichsweise schwache Position im literarischen Feld, hatte er doch erst im Verlauf des Jahres 1827 seine medizinische Laufbahn aufgegeben und war kein bekannter Autor – anders als sein Bruder, den zu beerben er sich anschickte. Dazu kam, dass sich mit Eduard Mörike, Karl Leberecht Immermann und Wilhelm Waiblinger mindestens drei weitere Männer brieflich um die durch Wilhelms Tod frei gewordene Stelle bewarben,[43] die alle bereits mehrere Werke publiziert hatten – Waiblinger sogar als *Morgenblatt*-Autor. Hauffs doppeltes Argument gegen bekannte Schriftsteller als Redakteure lässt sich so im Kontext der zunehmenden Professionalisierung des Journalismus als einen Versuch verstehen, seine eigene Position gegenüber den Mitbewerbern zu stärken und seine Unerfahrenheit im literarischen Betrieb zu einem Vorteil umzudeuten.

Die eingeforderte Unparteilichkeit will Hauff durch die »Mannigfaltigkeit« der Beiträge, Stoffe, Korrespondenten und Textsorten einlösen,[44] um auf diese Weise die »Universalität« des Blatts zu erreichen.[45] In der täglichen Redaktionsarbeit wird dies zum Kriterium für die Bewertung der eingesandten Manuskripte. So lehnt Hauff am 16. August 1834 mehrere Romane des Schriftstellers und Juristen Karl Baldamus (1784–1852) ab und begründet dies mit ihrer Länge:

---

42 Vgl. Jörg Requate, Journalismus als Beruf. Entstehung und Entwicklung des Journalistenberufs im 19. Jahrhundert. Deutschland im internationalen Vergleich, Göttingen 1995, S. 125–131, zur *Allgemeinen Zeitung* ebd., S. 129.

43 Immermann wandte sich am 25. November 1827 aus Düsseldorf an Cotta, nachdem er in der Zeitung von Wilhelm Hauffs Tod gelesen hatte, und fragte an, ob der Verleger geneigt sei, ihm die Redaktion zu übertragen: »Unter diesen Verhältnissen halte ich daher die Erfüllung meines Wunsches [ein Journal zu redigieren, MS] nur für möglich, wenn es mir gelingt, die Redaction eines schon bestehenden, wohlbegründeten Institutes zu erlangen, und ich erlaube mir, Ew. Hochwohlgeboren ganz ergebenst zu befragen, ob Sie geneigt sind, mir die des Morgenblatts anzuvertrauen?« Wenig später, am 04. Dezember, wandte sich Wilhelm Waiblinger, seit 1824 Beiträger des *Morgenblatts*, aus Rom ebenfalls an Cotta, um auf Anregung seiner Freunde, namentlich August von Platen, sich, »da mein Universitätsfreund zu meiner traurigsten Ueberraschung gestorben, zum Redacteur des Morgenblatts anzubieten.« Beide Briefe befinden sich im Deutschen Literaturarchiv Marbach, Cotta-Archiv (Stiftung der Stuttgarter Zeitung). Zu Mörikes Bewerbung siehe Sabine Peek, Cottas Morgenblatt für gebildete Stände, Sp. 1452 f.

44 Hauff, »Ueber Redaction des MBlatts«, S. 3r, 4r.

45 Ebd., S. 3r.

Eine der vornemsten Rücksichten, welche wir zu beobachten haben, ist Mannigfaltigkeit, und deßhalb entschließen wir uns schon schwer, eine Erzählung zu geben, welche ein ganzes Monatsheft füllt; dieses Maaß zu überschreiten, könnten wir uns vollends kaum je entschließen. Nun würde aber jeder Ihrer Romane nach ungefährer Berechnung 130 – 150 Spalten unser Blätter, d. h. etliche und fünfzig Nummern füllen[.][46]

Vom Prinzip der Vielfalt wurde, soweit ich sehe, nur eine einzige Ausnahme gemacht. Denn das Heft vom 28. August 1848 war ganz Goethes 99. Geburtstag gewidmet, der an diesem Tag begangen wurde. Diese thematische Einschränkung sprach Hauff im Vorfeld mit Georg von Cotta ab, der den Verlag 1832 übernommen hatte, und fragte am 23. August brieflich an:

Es liegt mir ein Aufsatz vor von Dr. Clemens[47] in Frankfurt über Goethe, den der Verfasser gleichfalls für den 28. August bestimmt hat. Könnten wir nicht die betreffende Nummer ganz oder, da der Clemenssche Aufsatz nicht groß ist, fast ganz Goethen widmen, etwa mit der Ueberschrift des D[ingelstedt]'schen Gedichtes: »Zu Goethes 99tem Geburtstag?«[48] Die Disposition hiezu wäre spätestens bis Mittag zu treffen. Erhalte ich bis dahin keine Weisung von Ihnen, so setze ich Ihre Beistimmung voraus.[49]

Offenbar hat Cotta nicht widersprochen und das Heft erschien mit den von Hauff vorgeschlagenen Texten, einem Gedicht Franz von Dingelstedts und dem Aufsatz über *Goethe's geognostische Ansichten* des Philologen Aloysius Clemens. Diese thematische Homogenität ist für das *Morgenblatt* bemerkenswert. Man entschloss sich wohl nicht nur aufgrund der literaturhistorischen Bedeutung Goethes für das 19. Jahrhundert zu diesem Schritt, sondern auch, weil das wirtschaftliche Zugpferd der J. G. Cotta'schen Verlagsbuchhandlung die Ausgaben der Werke Schillers und Goethes waren. Das Heft zu Goethes 99. Geburtstag würdigte so einen Hausautor des Verlags und machte zugleich Werbung für dessen Bücher. Diese doppelte Aufgabe ist charakteristisch für das *Morgenblatt*, in dem man zahlreiche

---

46 Der Brief ist im Briefwechsel Hauffs mit Cotta überliefert (Deutsches Literaturarchiv Marbach, Cotta-Archiv [Stiftung der Stuttgarter Zeitung]).

47 D. i. Aloysius Clemens (1793–1869), Mediziner und Philologe; regelmäßiger Beiträger des *Morgenblatts* zwischen 1846 und 1859. Der fragliche Aufsatz trägt den Titel *Goethe's geognostische Ansichten*.

48 Gemeint ist das Gedicht *Zu Goethes neunundneunzigstem Geburtstag. Geister der Paulskirche* von Franz von Dingelstedt (1814–1881).

49 Hauff an Cotta, 23.08.1848 (Deutsches Literaturarchiv Marbach, Cotta-Archiv [Stiftung der Stuttgarter Zeitung]).

Vorabdrucke von Werken finden kann, die zeitgleich oder wenig später bei Cotta veröffentlich wurden.

3. ›Geschmack‹ an schöner Literatur

Die Verbindung eines Gedichts mit einem philologischen Aufsatz im Heft zu Goethes Geburtstag zeigt die charakteristische Mischung wissenschaftlicher und poetischer Textsorten im *Morgenblatt* während der Redaktionszeit von Hermann Hauff. Während der Abdruck von Abhandlungen und Korrespondenzberichten keiner besonderen Begründung bedurfte, legte Hauff auf die »Werke der Einbildungskraft« in seinen Arbeiten zur Programmatik des Journals von 1827 ein besonderes argumentatives Gewicht. So heißt es in *Ueber Redaction des M[orgen] Blatts*:

> Was Werke der Einbildungskraft betrifft, so dürfen Novellen, Erzählungen u. s. w. schon als Dichtungen nicht vernachläßigt werden; denn Dichtung, die höchste Blüthe des menschlichen Geistes, darf ein Institut, das diesem Geiste Nahrung geben will, nicht vernachläßigen; [...] die Leute wollen gerne etwas Nützliches, Wissenswürdiges lesen, sie wollen sich aber auch unterhalten[.][50]

Zwar sei die ästhetische Qualität des eingesandten poetischen Materials häufig zweifelhaft, so dass man eigentlich kaum etwas abdrucken dürfte,[51] dennoch könne die Belletristik zum Bildungsziel des Blatts beitragen. Daher schlägt Hauff eine über das bisherige Maß hinausgehende Aufnahme literarischer Texte vor: »Wenn der Monat eine größere, oder 2–3 kleinere Erzählungen u. s. w. enthielte, könnte das Publikum und der Geist des Blatts zugleich befriedigt seyn«.[52]

Die Anregung, vollständige Erzähltexte im *Morgenblatt* abzudrucken, geht über das ursprüngliche Konzept des Journals hinaus, wie ein Blick in die Liste der möglichen Themen verrät, die den monatlich ausgelieferten Inhaltsverzeichnissen vorangestellt war. So gibt es im Jahrgang 1825 zwar die Rubrik »Schöne Literatur«; unter den anvisierten Inhalten aber spielt der Abdruck von Novellen keine Rolle. Vielmehr geht es um die

---

50 Hauff, »Ueber Redaction des MBlatts«, S. 1v f.
51 Vgl. Hauff an Cotta, 12.12.1827, S. 2r: »Wollte man blos aufnehmen was durch seine wahre Schönheit allen außer den Kritikern gefällt, so dürfte das M[orgen]Blatt nicht viel erzählen.«
52 Hauff, »Ueber Redaction des MBlatts«, S. 2r.

Uebersicht des Zustandes derselben [der ›schönen Literatur‹, MS] in Deutschland, Frankreich, Großbritannien, etc. – Kleine Aufsätze über schöne Wissenschaften überhaupt. Kurze beurtheilende Anzeigen der neuesten belletristischen Schriften: der Romane, Schauspiele, Almanache, Gedichte. – Gedrängte Auszüge aus seltenen interessanten Werken. – Revision einzelner Recensionen aus den besten kritischen Blättern. – Nachricht vom Zustande der ausländischen schönen Literatur, besonders der Französischen, Englischen, Italienischen, Holländischen, etc. – Uebersetzungen als Proben.[53]

Im Sinne des belehrenden Anspruchs soll Belletristik als Kulturgut eine Rolle spielen, dessen Entwicklung man nachzeichnen will. Daher können deutschsprachige oder ins Deutsche übersetzte Erzähltexte aufgenommen werden, aber nur auszugsweise und insofern sie exemplarischen Charakter für die Darstellung der literarischen Kultur haben. Trotz dieser Einschränkung werden bereits 1825 im *Morgenblatt* novellistische Texte vollständig abgedruckt, beispielsweise eine trotz des Titels nicht von Dostojewskij stammende Erzählung »Schuld und Strafe«.[54]

Mit seinem Eintreten für poetische Werke greift Hauff ein Anliegen auf, das bereits seinen Bruder Wilhelm beschäftigte. Noch bevor diesem die Redaktion angetragen wurde,[55] hatte er am 29. Juli 1826 brieflich Johann Friedrich Cottas Frage zu beantworten, was er über das *Morgenblatt* denke. In diesem Rahmen kommt er auch auf die Literatur zu sprechen:

Wie aber nach und nach für jeden Theil des Wissens eigene Institute entstanden, da fragte man sich, warum gibt das Morgenblatt der allgemeinen Naturkunde, warum selbst der Theaterchronik einen so großen Raum, warum läßt es die heitere Kunst der Erzählung, die oft auch den ernster denkenden Mann zu feßeln weiß, so spärlich, nur hin und wieder auftreten? Ich gestehe, diese leztere Frage theile ich; weit entfernt den schönen Zwek des Instituts, für allgemeine Bildung, tadeln zu wollen, glaube ich nur, [...] wenn man der erzählenden Dichtung ein größeres Feld, eine öftere Wiederkehr einräumte, würde das Blatt an wahrem, innerem Gehalt nicht verlieren, es würde seinen allgemeinen Zweck wie zuvor verfolgen und dennoch eine

---

53 *Morgenblatt*, 19. Jg., Januar 1825, Inhaltsverzeichnis.
54 Vgl. *Morgenblatt* vom 29.03.–02.04., 04.–05.04.1825, 75–81 (1825).
55 Wilhelm Hauff kommt in seinem Brief an Johann Friedrich Cotta vom 17. September 1826 auf dessen – als Brief nicht erhaltenes – Angebot zu sprechen, das *Morgenblatt* redaktionell zu betreuen; abgedruckt in: Die Ehre des Redaktors, hg. von Helmuth Mojem, S. 16–20.

freundlichere, lockendere Aussenseite, ein, ich möchte sagen, zeitgemäßeres Gewand erhalten.[56]

Der Abdruck von Novellen, denen Wilhelm Hauff in dem knappen Jahr seiner Redaktionstätigkeit auch mit der Aufnahme eigener Texte eine größere Präsenz zu verschaffen versuchte,[57] wird zum Prüfstein der Modernität des *Morgenblatts*: Die bei der Gründung des Journals beliebten Textsorten seien 20 Jahre später für die Leser nicht mehr von Interesse, weshalb man bei gleichbleibenden Zielen neue Gattungen aufgreifen müsse. Beide Hauffs sehen in den literarischen Texten eine Möglichkeit, den Anspruch eines Bildungs- und Kulturorgans mit dem wirtschaftlichen Interesse an einer möglichst breiten Leserschaft zu verbinden. Zumal, darauf weist Wilhelm Hauff im Fortgang seines Briefes hin, für Cotta als Verleger namhafter Schriftsteller die Aufnahme qualitätvoller Belletristik nicht nur leicht zu bewerkstelligen, sondern auch verlegerisch interessant sein könnte.

Zur Unterstützung seiner Argumentation gebraucht Wilhelm Hauff, wenn er auf den »Geschmak des Publikums« hinweist,[58] eine Vokabel, die zum Schlüsselbegriff für die programmatischen Überlegungen seines Bruders Hermann wird.[59] Geschmack meint bei diesem zum einen die Erwartungshaltung der Rezipienten, die das Journal befriedigen müsse, ohne dass Hauff genauere Auskünfte über die anvisierten Adressaten träfe. Eher nebenbei ist die Rede davon, dass der Großteil des Publikums weiblich sei und sich die Beiträge an die »höheren Classen der deutschen Lesewelt« richten sollten.[60] Diese Konzentration auf anspruchsvolle Leser ist weder im Hinblick auf den Namen des Journals, das sich bis 1837 an *gebildete Stände* richtete, noch angesichts seiner inhaltlichen Gestaltung überraschend – beides weist das *Morgenblatt* als Lektüre der gehobenen und wohlhabenden Bürgerschaft aus. In Hermann Hauffs Texten aber wird die Rücksichtnahme auf den Geschmack nicht nur auf Seiten des Publikums gefordert. Vielmehr wird er daneben zu einer produktionsseitigen Kategorie, die die Perspektive des Redakteurs beschreibt, der aus dem ihm gebotenen Material »mit Einsicht und Geschmak das Zweckmäßigste auslesen« solle.[61]

56　Zitiert nach ebd., S. 13.

57　Vgl. z. B. Wilhelm Hauff, Die Bücher und die Lesewelt, in: *Morgenblatt* vom 09.04.–14.04.1827, 85–90 (1827).

58　Die Wendung fällt in Wilhelm Hauffs Brief an Cotta vom 29. Juli 1826 in unterschiedlichen Schreibweisen gleich mehrfach; abgedruckt in: Die Ehre des Redaktors, hg. von Helmuth Mojem, S. 9–16.

59　Vgl. Hauff, »Ueber Redaction des MBlatts«, S. 2r, 3r, 4r sowie Ders., »In gegenwärtiger Zeit ...«, S. 3r.

60　Hauff, »Ueber Redaction des MBlatts«, S. 1r.

61　Ebd., S. 3r.

Mit der Rede vom Geschmack greifen die Brüder Hauff auf ein Modewort des 18. und frühen 19. Jahrhunderts zurück, das trotz oder gerade wegen intensiver Diskussionen in der Aufklärung konzeptuell keinesfalls scharf gefasst war.[62] Dass sich Hermann Hauff der Komplexität des Begriffs bewusst war, wird in seinem Aufsatz »In gegenwärtiger Zeit ...« deutlich:

Geschmak ist ein oft mißbrauchtes, verrufenes Wort. So Viele läugnen seine Rechte, ja seine Existenz überhaupt, und doch will ihn jeder besitzen; aber so wenig er einem Volke oder einer Parthei angehört, so gewiß er indefiniffabel ist, so wenig ist er eine Chimäre. Der bisherige Grundsatz des M[orgen]Blatts war, und sollte es bleiben, aufzunehmen was schön ist, es mag sich darin ein System aussprechen, welches will, wenn es sich nur anziehend und gut ausspricht.[63]

Hauff will »Geschmak« nicht als Distinktionsbegriff verstanden wissen, mit dem sich partikulare Ansichten unterscheiden ließen, sondern als eine intersubjektive Kategorie, die das überparteiliche Gefallen am Schönen schlechthin meint. Hier klingt als popularisiertes Substrat der in der Aufklärung und dann bei Friedrich Schiller zentrale Gedanke einer ›ästhetischen Erziehung‹ an: Der gute Geschmack soll sich als Bildungsgut unter den Lesern des *Morgenblatts* verbreiten und deren Kultur und Geschmack verbessern helfen.

Auf diese Weise artikuliert der Geschmacks-Begriff das Spannungsverhältnis zwischen dem ästhetischen Anspruch des Journals und den wirtschaftlichen Interessen des Verlags. Im redaktionellen Tagesgeschäft zeichnet sich dies als komplexer und häufig konfliktreicher Aushandlungsprozess ab, der sich beispielhaft an den Diskussionen zeigen lässt, die dem Abdruck der Novelle *Die Petersinsel* im Spätsommer 1838 vorangingen. Hauff hatte den Text der schweizerischen Erfolgsschriftstellerin Anna Rothpletz (1786–1841) bereits 1837 erhalten, ihn aber aufgrund ästhetischer Einwände über ein halbes Jahr liegen lassen, ohne auch nur den Eingang zu bestätigen. Erst als die Autorin bei Georg von Cotta persönlich das Verhalten des Redakteurs anprangert[64] und der Verleger auf die Annahme des Textes dringt, weil er die Autorin an sein Haus binden will, beginnt Hauff

---

62 Vgl. die Darstellung von Wilhelm Amann, »Die stille Arbeit des Geschmacks«. Die Kategorie des Geschmacks in der Ästhetik Schillers und in den Debatten der Aufklärung, Würzburg 1999.

63 Hauff, »In gegenwärtiger Zeit ...«, S. 3r f.

64 Vgl. die drei Briefe von Anna Rothpletz an Cotta, vom 10., 13. und 19.08.1838 (Deutsches Literaturarchiv Marbach, Cotta-Archiv [Stiftung der Stuttgarter Zeitung]).

den Abdruck, nicht ohne zuvor den Text stilistisch zu überarbeiten.[65] An diesem Fall – dem sich leicht zahlreiche vergleichbare Vorgänge anfügen ließen – wird die Differenz zwischen Hauffs ästhetischem Anspruch als Redakteur einer ›belletristischen Zeitschrift‹ und den verlegerischen Interessen an einer beim Publikum beliebten Autorin deutlich. In diesem Spannungsverhältnis war es Hauff daran gelegen, seinen literarischen Geschmack als Redakteur soweit wie möglich zu verwirklichen. Die Absatzzahlen in den letzten Jahren vor seinem Tod zeigen aber, dass die Zeitschrift, die dabei entstand, dem Geschmack des Publikums zunehmend nicht mehr entsprach. Dessen Bedürfnisse konnten Formate wie die 1853 gegründete *Gartenlaube* offensichtlich sehr viel besser befriedigen, während sich das *Morgenblatt* seit seiner Gründung 1807 programmatisch nur wenig verändert hatte. Seine Einstellung zum Jahresende 1865 war daher nicht nur im Hinblick auf den Tod des langjährigen Redakteurs Hauff im August desselben Jahres eine konsequente Entscheidung, sondern auch angesichts eines Zeitschriftenmarktes, der sich deutlich gewandelt hatte und beispielsweise zunehmend auf Illustrationen setzte.

4. Edition der Texte

Im Folgenden kommen die drei programmatischen Schriften Hermann Hauffs zum Abdruck: die beiden Aufsätze *Ueber Redaction des MBlatts* und »In gegenwärtiger Zeit ...« sowie der Brief an Cotta vom 12. Dezember 1827. Die Wiedergabe folgt möglichst genau den im Cotta-Archiv (Stiftung der Stuttgarter Zeitung) im Deutschen Literaturarchiv Marbach aufbewahrten Handschriften,[66] allerdings wurden die von Hauff regelmäßig verwendeten Reduplikationsstriche über Doppelkonsonanten aufgelöst. Unter- oder Durchstreichungen werden als solche wiedergegeben, nachträgliche Eintragungen oberhalb einer Zeile durch < >, Eintragungen am seitlichen Rand der Handschrift durch > < angezeigt, unlesbare Worte sind durch xxx wiedergegeben. Meine editorischen Hinzufügungen stehen ebenso in eckigen Klammern wie die Blattzählung der unpaginierten Handschriften.

---

65 Vgl. die beiden Briefe Hauffs an Cotta, der eine undatiert, aber nach dem 10.08., der andere vom 24.08. In diesem heißt es: »Sie müssen mir aber erlauben, das eigentlich Widerwärtige darin [gemeint ist die Novelle *Die Petersinsel*, MS], die an Thiere [...] geknüpfte Sentimentalität möglichst zu verwischen, und die Geschichte dadurch, wie ich überzeugt bin, einem größern Kreise angenehm zu machen.« (Deutsches Literaturarchiv Marbach, Cotta-Archiv [Stiftung der Stuttgarter-Zeitung]).

66 Sehr herzlich danke ich dem Archiv für die freundliche Genehmigung, die Texte hier vollständig zum Abdruck bringen zu dürfen.

Hermann Hauff: *Ueber Redaction des M[orgen]Blatts*

[1r] Ueber Redaction des MBlatts.

Wenn im Allgemeinen vom Geiste die Rede ist, in dem das MBlatt am würdigsten redigirt werden möchte, so wird zum Voraus Jedermann damit einverstanden seyn, daß, seiner bisherigen Tendenz nach, längere und kürzere Aufsätze und Notizen aus dem weiten Gebiete des Wissenswürdigen, der Naturkunde im weitesten Sinne, aus merkwürdigen Reisen, aus der Geschichte der Entdekungen und Erfindungen, kurz allem, was den Fortschritte der Civilisation beurkundet, und dem Leser selbst das Geschäfte seiner Civilisation erleichtert, ein Haupttheil und ein Hauptschmuck dieses Instituts sind. – Ebensoweit entfernt von eigentlich gelehrter Abstraction und Präcision, als vom kindischen Tone bloser Erzählungen von Merkwürdigkeiten, müssen diese Artikel in dem Tone gehalten seyn, der den höheren Classen der deutschen Lesewelt zusagt,

[1v] in denen über Gegenstände dieser Art heutzutage gerne conversirt wird; und, wenn dieß auch vielfältig blos der Mode wegen geschieht, so muß doch ein Blatt willkommen seyn, das Kost zu Unterhaltungen der Art bietet, und dabei zum Denken und zum Vergleichen von Thatsachen und Ansichten Anlaß gibt. – In diese Categorie gehören auch biographische Notizen und Sittenschilderungen. Bei der Mannigfaltigkeit der Mittel des Morgenblatts in diesem Fache, kann eine geschmakvolle Auswahl und ein verständiges Abwechseln nicht schwer fallen.

Was Werke der Einbildungskraft betrifft, so dürfen Novellen, Erzählungen u. s. w. schon als Dichtungen nicht vernachläßigt werden; denn Dichtung, die höchste Blüthe des menschlichen Geistes, darf ein Institut, das diesem Geiste Nahrung geben will, nicht vernachläßigen; wollte man aber auch diesen Artikel deshalb mehr einschränken, weil es so schwer ist, viel dergleichen habhaft zu werden, was sich über das Mittelmäßige erhebt, [2r] so darf man, meiner Meinung nach, doch nicht vergessen, daß der Geschmak des Publikums einmal zu dieser Art von Lectüre neigt, und dabei nicht übermäßig diffizil ist; die Leute wollen gerne etwas Nützliches, Wissenswürdiges lesen, sie wollen sich aber auch unterhalten d. h. in xxx ein Produkt der Einbildungskraft lesen, und nachdem sie diese Entdekkung bewundert, sich über dieses Naturereigniß gewundert, über diese humoristische Skizze gelacht, vielleicht sogar einer großen That eine Thräne gezollt haben, ist es ihnen lieb einmal auch über eine erfundene Situation zu lachen, und über Liebes Schmerz und Freude eine Thräne zu vergießen. Wenn der Monat eine größere, oder 2–3 kleinere Erzählungen u. s. w. enthielte, könnte das Publikum und der Geist des Blatts zugleich befriedigt seyn.

Eigentliche Gedichte und ihre niedrigeren Verwandten, Charaden, Räthsel u. s. w. sind mit Maaß gebraucht angenehme und zur Schattirung nothwendige Blumen in dem Kranze des Schönen und Nützlichen. Abgesehen davon, daß in diesem Genre wirklich nicht selten Gutes sich darbietet, ist auch hier der Geschmak

[2v] des Publikums nicht zu vergessen, das einem großen, namentlich dem weiblichen Theile nach, besonders an Charaden etc. Gefallen findet; die befriedigte Eigenliebe derjenigen, denen es gelingt sie zu lösen, weiß es einem Blatte Dank, das ihnen Gelegenheit gibt zu zeigen, daß sie Geist haben, und wem die Knoten zu fest zugezogen sind, will ihm darum nicht böse.

Die ausgebreitete Correspondenz, ein Hauptvorzug des Blatts, soll sich zwar über so viele Punkte als möglich erstreken, doch nicht auf Kosten der Hauptpunkte, auf welche die Neugier des Publikums doch vornemlich gerichtet ist. Eigene Ansichten und Erörterungen der Korrespondenten sollten so viel möglich daraus wegbleiben, und die Briefe sich auf das interessanteste aus der Kunst und Literatur des Tags, auf Notizen über lebende oder eben gestorbene Männer von Bedeutung beschränken.

———————————

Was die Redaction des Blatts an sich betrifft, so ist bei einem Institute, das blos dazu bestimmt ist, einem großen Publikum Unterhaltung und Belehrung zu gewähren, und das immer aus einer reichen Quelle von Beiträgen aller [3r] Art schöpfen kann, das Geschäft eines Redacteurs leicht und schwer zugleich. Jene Reichhaltigkeit der Mittel bietet ihm ein offenes Feld, auf dem er mit Einsicht und Geschmak das Zwekmäßigste auslesen kann und überhebt ihn dem Verdrusse bei kargem Stoffe zu übereilten oder geringeren Arbeiten seine Zuflucht nehmen zu müssen; andernseits aber kann ihn gerade dieser Reichthum in Verlegenheit setzen, zumal wenn er mit Autoritäten zu kämpfen hat, die nicht so groß sind, daß sie seine individuelle Ansicht vollkommen überwiegen und ihn vor dem Publikum rechtfertigen; auch macht der Umstand, daß das MBlatt durchaus kein belletristisches oder literarisches Parteiblatt seyn soll, sein Verhältniß eher schwieriger als leichter, einmal wegen der größern Universalität, die die Folge davon ist, und dann weil es leichter ist, blos in einem gewißen Sinne und nach einer Richtung, und zwar meist mit Leidenschaft für die Menschen druken zu lassen, als aus dem ganzen großen Gebiete des Schönen und Wissenswürdigen mit Geschmak und Mannigfaltigkeit Auswahl zu treffen.

[3v] Die Redaction eines jeden Blatts ähnlicher Art zerfällt in drei Haupttheile:

Der erste ist derjenige, der sich mit Herbeischaffung des Materials im Allgemeinen beschäftigt; hieher gehört, daß er Schriftsteller jeden einschlagenden Fachs, wenn es nothwendig ist, zu Beiträgen auffordert; sich in einheimischen, namentlich aber in fremden Werken nach interessantem Stoffe umsieht, und dafür sorgt, daß derselbe nach seinen Absichten bearbeitet oder übersetzt werde; daß er von den Korrespondenten Hilfsmittel verlangt, auf die sie ihn selbst oder seine eigene Lectüre ihn aufmerksam gemacht haben, daß er für Korrespondenz von Orten her sorgt, von wo noch keine vorhanden ist, und dem allgemeinen oder temporären Interesse der Orte gemäß doch bestehen sollte; daß er die Korrespondenten zu größerer Thätigkeit auffordert, oder, was seltener nöthig und nützlich seyn dürfte, ihre Schreibseligkeit beschränkt.

Dieser Theil wird ihm die meiste allgemeine, zugleich aber meistens wohl angenehmste und am wenigsten drükende Beschäftigung machen.

[4r] Der zweite Theil besteht in Sichtung und Eintheilung der Materialien.

Unbrauchbare Aufsätzee müssen ganz, oder wenigstens dem unbrauchbaren Theile nach, zurükgesendet werden; die brauchbarsten und anziehendsten werden dem Grundsatze nach den geringeren, unbedeutenderen vorgezogen, und die Beiträge in die verschiedenen Blätter so vertheilt, daß immer eine gewiße Mannigfaltigkeit des Stoffs hervorgebracht wird, und der Leser durch die Häufung von Gegenständen Einer Art nicht ermüdet. Dieß ist das Feld, auf dem ihm Geschmak und Kenntnisse am nothwendigsten sind. Bei alle dem kommt viel darauf an, in wie weit er seinen Geschmak und sein Gutbefinden anderen Verhältnissen z. B. dem der Autorität entgegensetzen oder vorsetzen kann oder will.

Vor allem aber ist nöthig, Bearbeitung sämmtlicher zum Druck bestimmter Stüke von seiner eigenen Hand.

Uebereinstimmung des Styls und der Sprache ist bei einer Sammlung der mannigfaltigsten Gegenstände, der verschiedensten Produkte einer Menge von Verfassern, weder [4v] möglich noch wünschenswerth; eigentliche Sprachunrichtigkeiten und fehlerhafte oder unschikliche Wendungen müssen indessen immer ausgemerzt werden, und dieser Punkt dürfte namentlich bei den Korrespondenten Aufmerksamkeit verdienen, die ihre Worte nicht immer abwägen können noch mögen. Noch größere Aufmerksamkeit ist darauf zu wenden, daß keine Außdrüke oder Sätze, die gegen Schiklickeit, politische Rüksichten, oder, was das Schlimmste ist, den Menschenverstand verstoßen, sich einschleichen. In wie weit er hierin den Verfassern die Stirne bieten darf, hängt von seiner Stellung ab, und ist bei dem Schwankenden aller menschlichen Ansichten, gewiß nicht dasjenige, was ihm am wenigsten Anfechtung machen wird. Uebersetzungen und Bearbeitungen leiden häufig an Undeutlichkeit, undeutschen Ausdrüken, oder gar an Non-sens; sein Gefühl wird ihn leiten, ob er sie unterdrüken muß oder ihnen aufhelfen kann. Was in der Korrespondenz insipid, langweilig oder schon gesagt ist, muß unterdrükt, zu große Längen müßen abgekürzt und nichts beibehalten werden, was von dem bisherigen Geiste dieser Bericht[5r]erstattung auffallend abweicht.

Der Redacteur wird bei diesem, allerdings schwierigen und verdrißlichen, Revisionsgeschäfte nie vergessen, daß grobe Inconvenienzen in einem Institute dieser Art in den Augen des gebildeten Publikums doppelte Fehler sind, einmal vom Verfasser begangen und dann vom Redacteur geduldet ~~sind~~ wurden.

Dieser Theil seiner Obliegenheiten möchte wohl der schwierigste seyn, denn er nimmt ihn in intellektueller, in moralischer und in technischer Hinsicht in Anspruch.

Der dritte Theil begreift die Korrektur, von der nichts weiter zu sagen ist, als daß sie natürlich genau seyn muß, und ihm desto leichter werden wird, je weniger er die Revision der Stüke versäumt hat.

Hermann Hauff: »In gegenwärtiger Zeit …«

[1r] In gegenwärtiger Zeit ist es gleich schwer ein belletristisches Blatt in Deutschland zu gründen und ein schon bestehendes mit Ehre und Vortheil fort-zuführen. – Mit der Richtung, welche der Gang der Bildung neuerlich in Deutsch-land genommen hat, sind Institute der Art ins Unendliche vervielfältigt worden. Halb Früchte spekulirender Buchhändler und Schriftsteller, halb nothwendige Ergebnisse der besondern Form der neuern Bildung, sind sie Träger dieser Form und äußern den unmittelbarsten Einfluß auf die schöne Literatur, wie sie andern-seits Folgen der Gestaltung derselben sind. Darum läßt sich auch nicht streiten, ob ein Arm des großen Wasserstroms deutscher Literatur aus diesem großen Reservoir <der Journale> wirkt, oder ob die Literatur fortwährend ihr Wasser in sie ausgießet, denn bei der Wechselwirkung beider auf einander ist ohne Zweifel beides der Fall. – Der natürliche und völlig lobenswerthe Zwek, den sich diese Journale zur Bildung und Unterhaltung vorsetzen, ist, dem Publikum aus dem Gebiete der Literatur und Kunst, Deutschland oder Europa, meist aber die Welt umfassend, das Interessanteste und Neueste schnell, richtig und schön vor Augen zu führen; ferner, einerseits als Blumenbeete schöner Literatur, erfreuliche Proben derselben zu sammeln, andernseits, was die Geschichte des Menschen und seiner Erfindungen Großes und Anziehendes darbietet, was in der Natur vorgieng und noch vorgeht, in gelungenen Gemälden darzustellen; die meisten dieser Anstalten ziehen auch noch, mehr um der Schriftsteller und Künstler [1v] als um der Kunst willen, die kleinen Interessen jener in ihren Kreis. Da nun perio-dische Blätter dieser Art ein natürliches Bedürfniß nicht nur unseres Landes, sondern unserer Zeit sind, so kann man fragen: leisten diese vielen Blätter was sie versprechen, und können sie es leisten?

Wenn die Menge der Leute, die sich mit Poesie und Schriftstellerei überhaupt abgeben, und die Menge der Journale in Wechselwirkung mit einander stehen, so läßt sich sogleich eine natürliche Folge dieses Verhältnisses ahnen, nemlich verhältnißmäßige Verdummung des in den Blättern befindlichen Geistes, der, auch eine gleiche Anzahl von Autoren angenommen, in wenigeren Journalen sich mehr concentriren würde, weil das Schlechtere, zurükgewiesen, Kanäle

niedrigerer Ordnung suchte und fände. Die Folge davon ist, daß die meisten
dieser Blätter, neben dem Totaleindruk von Leerheit und Seichtigkeit, einen
Anstrich von Gezwungenheit haben, weil sie, genöthigt geistreich zu seyn, auch
Geist fassen, der sich bekanntlich nicht nach Willkühr fassen läßt. Sie wollen
natürlich, namentlich ihre Articles de circonstance ihrem Publikum so pikant
als möglich vorlegen, sie sind aber für die Art von Geist, die der Franzose Esprit
nennt, verdorben; doch davon sieht man, wenn man billig ist, einen Hauptgrund sogleich in unsern Institutionen, die uns einen weiten Uebungsplatz
geistiger Kraft, die Politik, verschließen, und uns z. B. den Franzosen gegenüber
in großen Nachtheil setzen. Die Vergleichung der alltäglichen Vorfälle im gesellschaftlichen Leben, in Kunst und Wissenschaft mit dem Gang der Weltgeschichte
und den Folgen der Institutionen ist die natürlichste und fruchtbarste Quelle
des Witzes und daher ist die Politik ein integrirender Theil der neuern französischen Literatur. Diese Art von Witz ist nun so zeitgemäß, ja ein Bedürfniß
geworden, daß die deutschen Journalisten, die neue Blätter [2r] gründen wollen,
blos durch seinen Reiz ein Publikum bilden zu können meinen; da sie aber
das Gebiet der Politik nur verstohlen betreten dürfen, da der Streit der Könige
in Deutschland nicht kritisirt werden darf, so schlagen sie das Kriegstheater
anderswo auf, und werfen sich ganz auf den kleinen Krieg und die Klatscherei in
Literatur und Kunst, bleiben aber dabei dem deutschen Nationalcharakter treu,
denn sie wagen es nicht den philosophischen Nebel ganz vom Schlachtfelde zu
jagen, durch den des Geistes Blitze nur matt leuchten können. Einige Blätter
nun tragen Eine Farbe als Feldzeichen, andere tragen alle zu einer Harlekins-
jake vereint und beklatschen Alles, wenige sind dem Beispiele des Morgenblatts
gefolgt und haben sich so viel möglich unpartheiisch und in einem würdigen
Tone erhalten; und das Ansehen, in dem sich das MBlatt erhalten hat, trotz dem
fast gänzlichen Mangel an jener Lokspeise und trotz dem Anstrich von Nüch-
ternheit, den es dadurch bei dem durch die Klatschblätter verdorbenen großen
Publikum bekommen muß, zeugt unbestreitbar von seinem innern Werth und
von der Festigkeit der Basis, auf der es ruht. Daß es aber nicht mehr die weitver-
breitete, einflußreiche Zeitung des Schönen und Angenehmen ist, wie in einer
frühern, günstigeren Periode, rührt meiner Meinung nach, eben nothwendig von
jener unverhältnißmäßigen Vermehrung ähnlicher Journale her, die sich zum
großen Theil das MBlatt selbst zum Vorbild genommen haben; denn so seicht
und gehaltlos auch viele dieser Blätter seyn mögen, so hat doch jedes derselben durch den Einfluß der Bluts- und Meinungsverwandtschaft, der Protektion,
der Lokalnachrichten, der Bequemlichkeit, oft auch der Wohlfeilheit, einen
Werbedistrikt, der sein Daseyn fristet, <wodurch sie> aber andern Journalen,
die mehr fürs Allgemeine berechnet, auf Lokalitäten keine Rüksicht nehmen,
manchen Theilnehmer entziehen; ist es ja so Vielen nicht darum [2v] zu thun,

was sie lesen, sondern nur daß sie etwas lesen, und diese greifen natürlich nach etwas, wobei sie auch lachen können, und wenn es nur über den Unverstand des Schreibers [ist].

Fragt man nun, wie sich das MBlatt (abgesehen vom Literatur- und Kunstblatt) <als belletristisches Blatt> in dieser Fluht von Nebenbuhlern auf einer achtungswerthen Höhe erhalten und sich noch mehr erheben solle, so möchte einfach die Frage zu beantworten seyn: soll das MBlatt im Alter die Manieren seiner Kinder annehmen, d. h. soll es auch raisonnirendes Partheiblatt werden? – oder soll es unter verständiger Leitung bei seinem gegenwärtigen System verharren?

Es dürfte als sehr wünschenswerth erscheinen, wenn ein ausgezeichneter Mann, oder mehrere bedeutende Männer, von übereinstimmendem oder wenigstens nicht sehr verschiedenem poetischem und philosophischem Glaubensbekenntniß das MBlatt zur Hauptniederlage ihrer Ansichten machten und es förmlich redigirten. Es ließen sich die Resultate für das Institut sowohl als für die Literatur groß und schön denken, unzweifelhaft aber wären sie durchaus nicht; die unmittelbare Folge einer solchen Einrichtung müßte dagegen seyn, daß das MBlatt, Partheiblatt würde; denn bei der vielfältigen Spaltung der Deutschen in ihren Ansichten von Philosophie und Poesie, die noch viel weiter geht als die äußere politische, kann ein Schriftsteller, er müßte denn ein übermächtiger Genius seyn, nicht neutral bleiben, selbst wenn er es aufrichtig wünscht, er nimmt Parthei, und die Partheien scheiden sich bei uns durchaus nicht in ein Paar große Gruppen, wie z. B. in Frankreich, denn wenn man sich etwa blos wie dort für die Romantik oder den Klassizismus zu erklären hätte, möchte es noch angehen. Die Schriftsteller, die sich dem MBlatt gewidmet haben, werden nun nicht ihre Geistes- sondern ihre Meinungs Verwandten herbeiziehen, nicht die Summe des Geistes im Blatt wird gemehrt, sondern der [3r] Farbe, die es trägt, so viel Glanz als möglich gegeben. Es wäre hiebei zu fürchten, daß Arbeiten, an sich schön und interessant, zurückgewiesen werden, blos weil sie gewiße Grundsätze aussprechen, diese z. B. weil der Verfasser in der Verehrung, die er Goethen zollt, keine Grenze kennt, jene, blos weil in ihr Hegels Geist weht. So anziehend ferner raisonnirende, polemische Aufsätze seyn mögen, ja so sehr sie ein Bedürfniß der Lesewelt sind, so müßte es doch leicht, sobald das MBlatt zum Kampfplatz würde, dahin kommen, daß Artikel, welche das anfängliche Publikum seit Jahren darin sucht und findet, wenn auch nur der Masse nach, darunter litten, und auf jeden Fall würde es dann das Loos aller Partheiblätter theilen, von andern angefeindet und verschrieen und manchem Schwachen entleidet zu werden. Es könnte überhaupt auffallend erscheinen, daß, soviel ich weiß, wenigstens gegenwärtig kein bedeutender Kopf auf irgend ein belletristisches Journal großen unmittelbaren Einfluß übt, sondern daß sie blos unter andern, ihren Namen, sonst nichts oder wenig hergeben; wie Tiek der Dresdner

Morgenzeitung;[67] bedenkt man aber einerseits die geistige Trägheit, an der hochpoetische Geister häufig leiden, anderseits, welche Kraft dazu gehört, die Widersacher alle, die man ~~sich~~ unfehlbar aufregt, zu bekämpfen oder ihnen zu trotzen – der Dictator, der sie niederhält, ist noch nicht geboren – so wird man es begreiflich finden. – Soll nun das MBlatt dieses Wagniß bestehen, oder soll es ohne wesentliche Veränderung bei seinem bisherigen Plane verharren? Soll es >d. Redakt.< forthin ~~nicht~~ die Masse des ihm Gebotenen <mit Geschmak> eklektisch benützen? Geschmak ist ein oft mißbrauchtes, verrufenes Wort. So Viele läugnen seine Rechte, ja seine Existenz überhaupt, und doch will ihn jeder besitzen; aber so wenig er einem Volke oder einer Parthei angehört, so gewiß er indefiniffabel ist, so wenig ist er eine Chimäre. Der bisherige Grundsatz des MBlatts war, und [3v] sollte es bleiben, aufzunehmen was schön ist, es mag sich darin ein System aussprechen, welches will, wenn es sich nur anziehend und gut ausspricht. Der laufende Fonds des MBlatts, namentlich was die Korrespondenz betrifft, ist so reich, daß sich bis jetzt noch kein Blatt mit ihm messen kann, und es muß Ihnen bei der Menge und der Art Ihrer Verbindungen leichter werden ihn zu bereichern, als jedem Schriftsteller, schon deßhalb weil vor einem Schriftsteller Jedermann eher Achtung hat als andere Schriftsteller. Was den erzählenden Theil betrifft, so muß ich allerdings gestehen, daß dem Blatte im Laufe dieses Jahrs nur sehr wenig Gutes geboten worden ist, es theilt eben darin das Loos aller seiner Neben- buhler, denn es ist wirklich auffallend, wie darin die Waare immer schlechter wird, je mehr davon auf den Markt kommt. Die gegenwärtige Novellensucht hat, meiner Meinung nach, für das MBlatt, wie für andere Blätter, noch den schädli- chen Einfluß, daß mancher gute Kopf, der sich in eigenthümlichen Formen, in humoristischen, philosophischen Skizzen u. s. w. versucht haben würde, von der allgemeinen Sucht angesteckt, sein Heil blos in der Modeform sucht. Vorzüglich aber scheint mit im MBlatt der Mangel an anziehenden raisonnirenden Artikeln über Volksleben, über Natur, Kunst, Philosophie und Literatur, Geschichte im All- gemeinen, fühlbar, und dieß mag theils daher rühren, daß die philosophische Schwerfälligkeit der Deutschen es in dieser Form, in der die Leichtigkeit der Franzosen so glüklich ist, noch nicht weit gebracht hat, theils daher, daß Gegen- stände der Art leicht als Partheisache behandelt und bei dem bekannten Plane des MBlatts seiner Redaktion nicht angeboten werden. Aber auch hier ist Ihr

---

67 Die von Friedrich Kind und Karl Constantin Kraukling herausgegebene *Dresdner Morgen-*
    zeitung erschien zwischen Januar 1827 und Ende Juli 1828 im Verlag der Wagner'schen
    Buchhandlung in Dresden. Ludwig Tieck publizierte hier nicht nur eine Reihe von Artikeln
    und gab das Beiblatt *Dresdner Theaterzeitung* heraus, sondern unterzeichnete teilweise
    auch als Herausgeber, vgl. z.B. *Dresdner Morgenzeitung* vom 10.12.1827, 197 (1827). Hauff
    könnte genau diese Ausgabe im Kopf gehabt haben, schickte er seinen Aufsatz doch am
    selben Tag postalisch an Cotta.

Einfluß auf die schriftstellerische Welt wenigstens verbreiteter als der jedes [4r] andern Mannes, und indem ich Ihnen diesen Punkt ganz besonders empfehle, brauche ich den vielerfahrenen Mann nicht zu erinnern, daß bei dem bekannten Charakter der Schriftsteller gute Bezahlung und prompte Bedienung die Hauptfabel sind und bleiben.

Hermann Hauff an J. F. Cotta, 12.12.1827

[1r] Ew. Hochwohlgeboren

fordern mich auf Ihnen meine Meinung über die fernere Redaktion des Morgenblatts, namentlich auch in pecuniärer Hinsicht zu sagen; geschmeichelt von dem Zutrauen, das Sie mir zu schenken scheinen, nehme ich mir daher die Freiheit in Bezug auf meine früher gemachten Mittheilungen Ihnen folgende Punkte vor Augen zu legen:

1.) ist es meine innigste Ueberzeugung, daß das MBlatt im Allgemeinen bei dem bis jetzt befolgten Plane, der sich seit so langer Zeit als richtig berechnet bewährt hat, beharren muß. Das Publikum ist an diesen Cadre[68], in den alles Schöne und Wissenswürdige paßt, einmal so gewöhnt, daß jede wesentliche Veränderung desselben wenigstens gewagt seyn würde. Das Blatt steht auch fortwährend beim Publikum in großer Achtung; Blätter, welche sich mit Journalkritik befassen, z. B. der Eremit[69] theilen Nachrichten daraus mit, ohne, wenigstens gegen das <u>Ganze</u>, sich unfreundlich und feindselig auszusprechen, und was die Menschlichkeiten betrifft, die bei jedem Werke mit unter laufen, so glaube ich versichern zu dürfen, daß keine Journalredaktion in Deutschland sich dem MBlatt ge[g]enüber hochpreisen kann. Ausfälle, wie Müllners, machen, weil sie immer den Stempel der Partheilichkeit und des bösen Willens tragen, nie großen Eindruk, denn wenn er z. B., über die <u>Gedankenschnitzel</u> aus Jean Pauls Nachlaß eifernd, diese Inspektion vorzüglich gegen das MBlatt richtet, so entgeht

[1v] es Niemand, daß andere Blätter ähnliche und schlechtere Proben aus Jean Pauls Nachlaß gegeben haben und noch geben. – Das MBlatt hat, wie Sie am Besten wissen, Ressourcen, wie sie ein anderes Blatt nicht wohl haben kann. Namentlich ist die Korrespondenz an Umfang und Gediegenheit der Korrespondenz jedes andern Instituts, wo die Redaktoren sehr häufig Nachschriften aus

---

68   Franz. ›Rahmen‹.

69   *Der Eremit in Deutschland. Eine Schrift über Sitten und Gebräuche des 19. Jahrhunderts in Monatsheften* war eine zwischen 1826 und 1828 erschienene Zeitschrift, die als eine Art Pressespiegel der breit gefächerten Journallandschaft angelegt war und den Lesern Auszüge und Exzerpte aus anderen Zeitschriftenpublikationen bot.

fremden Ländern phantasieren müssen, so weit überlegen und genießt einer solchen Glaubwürdigkeit, daß dieser Theil als eine Hauptstütze des Instituts zu betrachten und auf seine Vervollkommnung vorzüglich zu sehen ist. Am ersten wäre freilich zu wünschen, daß alle Korrespondenten den gesunden Verstand und den Geschmak der besseren derselben besäßen; dahin wird es aber das MBlatt so wenig als jedes andere Blatt bringen. Es könnte der Verbreitung des Blatts förderlich scheinen, wenn der kleinen deutschen Residenzen in der Korresp. mehr Erwähnung geschehe, aber abgesehen davon, daß dieß den Raum schmälern würde, sehe ich ganz die Schwierigkeit ein Leute zu finden, die Geschmak genug haben um <blos> zu berichten, was Deutschland interessirt, und Takt genug um sich zu mäßigen. Eine Lüke aber, dürfte, meiner Meinung nach, nicht zu übersehen seyn, ich meine den Mangel eines zweiten Berliner Korrespondenten aus einer andern Schule als der jetzige, der, etwas Breite abgerechnet, ganz gut ist. Berlin maßt sich so ziemlich das Supremat in der schönen Literatur an, ist dabei in Partheien getheilt und jede derselben hat ihre Schreier. Ein zweiter Korrespondent würde daher die Unpartheilichkeit des MBlatts in ein gutes Licht setzen.

Der naturhistorische, geographische, statistische u. s. w. Theil ist allerdings einer Verbesserung fähig; aber auch schon wie er bisher war, steht er auf einer ganz ehrenwerthen Stufe; namentlich die [2r] Berichte aus London, Edinburgh, Paris werden es ihm nie an Stoff fehlen lassen; ich behalte mir übrigens vor, was hier in Kürze nicht möglich ist, mich darüber noch weiter zu äußern.

Ueber humoristische, raisonnirende Aufsätze, – ein Feld, das einem Unterhaltungsblatte den Hauptreiz und den Hauptwerth gibt – habe ich mich schon gegen Ew. Hochwohlgeboren geäußert und werde es noch ferner thun.

Was den Artikel der Erzählungen, Novellen, Romane betrifft, die Lokspeise eines großen Theils des Publikums, so gestehe ich, daß mir dieser Theil am meisten Kummer verursacht. Nirgends wie hier kommen die Gediegenheit des Blatts und seine Popularität in <schärfere> Collision. Hätte ich ganz frei zu wählen, so würde ich nie eine Arbeit der Art aufnehmen, die meinem Urtheil nach nicht weit über dem Mittelmäßigen stände, auf die Gefahr hin, etwas zurükzuweisen, was einem größern oder kleinern Theil des Publikums Seelenspeise seyn könnte; allein darf man dem großen Publikum, will man anders der Verbreitung des Blatts nicht schaden, die leichte Lektüre ganz entziehen? Wollte man blos aufnehmen was durch seine wahre Schönheit, allen außer den Kritikern gefällt, so dürfte das MBlatt nicht viel erzählen.

Etwas Ähnliches findet bei den Gedichten statt; in der Masse des Gebotenen ist so wenig wahrhaft Poetisches, daß das Blatt, wollte es blos recht Gutes geben, seinen Plan schwerlich verfolgen könnte; doch ist dieser Uebelstand weit geringer; da hier die Form so viel ausmacht, so ist manches brauchbar, was dieser Form entkleidet kaum erträglich wäre, und überdieß richtet hierin das Publikum auch nicht so streng, schon darum, weil gerade die <u>Reichlichkeit</u> die meisten vom Urtheile ausschließt.

Ich wiederhole es, das MBlatt kann und muß bei seinem [2v] schönen Plane bleiben, wenn Fleiß, Verstand und Geschmack über Einen Fonds verfügen, die freilich bei der Schwäche der menschlichen Natur hier wie überall mehr oder minder Ideale bleiben werden[.]

2.) Was den pecuniären Theil betrifft, so fühle ich mit Ew. Hochwohlgeboren recht gut, daß die Stellung, in die Sie sich zu meinem verstorbenen Bruder gesetzt hatten, keine ganz richtige war. Ich erkannte und achtete das Zartgefühl, das Sie bei dem mit meinem Bruder getroffenen Uebereinkommen geleitet hatte, und oft schmerzte es mich sehr, daß <er> ~~mein Bruder~~ in der Zerstreuung seiner Lebensart und dem Taumel eines aufkeimenden Ruhms es nicht gehörig erkennen wollte; sowohl im Interesse meines Bruders, als weil ich wirklich Liebe zu der Sache gefaßt hatte, habe ich, ich kann es mit voller Ueberzeugung sagen, im Laufe dieses Jahres vieles gethan, wenn mich vielleicht hier und da Kraft und Besonnenheit verließ, so verließ mich doch nie der gute Wille und die Freude an der Sache. Soviel auch vielleicht das MBlatt durch meinen Bruder verloren hat, besonders wenn er sich demselben in der Folge mehr zugewandt hätte, so wissen Sie doch, daß die materielle Redaktion, wenn ich mich so ausdrüken darf, für die er einmal nicht taugte, durch seinen Tod nichts verloren hat. – Wenn Ew. Hochwohlgeboren in Zukunft etwa die Hälfte des meinem Bruder ausgesetzten Gehalts für die Redaktion bestimmten, die andere Hälfte aber am <u>rechten Ort</u> und zur <u>rechten Zeit</u> zur Vermehrung gediegener Aufsätze wirken ließen, so glaube ich ein günstiges Resultat voraussagen zu dürfen, vorausgesetzt, daß die Redaktion fortwährend auch im <u>Kleinen</u> sorgfältig und umsichtig geführt wird. – Sollten Sie mir zu Fortsetzung des Geschäftes Ihr Zutrauen schenken, so braucht es keiner weiteren Vorführung meines Eifers und das Tiefere kann noch besprochen werden, sollte dieß aber auch nicht der Fall seyn, so werde ich nie aufhören voll Hochachtung zu bleiben

Ew. Hochwohlgeboren

St. d. 12 Dec 27

ergebenster

Hermann Hauff

PAUL KAHL

DAS GESCHEITERTE *MUSEUM DER DEUTSCHEN NATIONALLITERATUR* (1953–1967) IN WEIMAR

Kapitel einer künftigen Geschichte deutscher Literaturmuseen

Die Geschichte der Musealisierung Weimars ist unerschlossen und ungeschrieben. Sie bildet ein Kapitel einer künftigen Geschichte deutschsprachiger Literaturmuseen, welche erst jüngst wieder als Desiderat beschrieben wurde,[1] trotz vielfältigster Forschungen zum Themenfeld Literaturmuseum.[2] Ebenso wenig gibt es eine Geschichte der Museen aus dem Umkreis des klassischen Weimar, also der musealisierten ehemaligen Wohn- und Wirkungsstätten Goethes und Schillers, Wielands und Herders, aber auch der Herzogin Anna Amalia, welche im neunzehnten, teils erst im zwanzigsten Jahrhundert eingerichtet wurden. Desgleichen fehlt eine Geschichte der Weimarer Museen der nachklassischen Zeit, die von der sogenannten Permanenten Kunstausstellung am Karlsplatz seit 1880 bis zu den Neueröffnungen der jüngsten Zeit reicht, darunter das neue Bauhausmuseum (2019) in räumlicher Nachbarschaft zum Gauforum – dem ehemaligen Sitz der NS-Gauleitung – und das Haus der Weimarer Republik (2019) am Theaterplatz, die gemeinsam Eckpunkte eines neuen »Quartiers der Moderne«

---

1 Anna Rebecca Hoffmann, An Literatur Erinnern. Zur Erinnerungsarbeit literarischer Museen und Gedenkstätten, Bielefeld 2018, S. 21–48, hier 25.

2 Schon 1930 hat Ernst Beutler das Literaturmuseum als historischen Gegenstand beschrieben, vgl. ders., Die literarhistorischen Museen und Archive. Ihre Voraussetzung, Geschichte und Bedeutung, in: Forschungsinstitute. Ihre Geschichte, Organisation und Ziele. Unter Mitwirkung zahlreicher Gelehrter hg. von Ludolph Brauer, Albrecht Mendelssohn Bartholdy und Adolf Meyer. Erster Bd., Hamburg 1930, S. 227–259; vgl. zum neueren Stand der Forschung Constanze Breuer, Literarische Museen und Gedenkstätten im deutschsprachigen Bereich, in: Handbuch Kanon und Wertung. Theorien, Instanzen, Geschichte, hg. von Gabriele Rippl und Simone Winko, Stuttgart und Weimar 2013, S. 205 f., und: Christiane Holm, Ausstellung, Dichterhaus, Literaturmuseum, in: Handbuch der Medien der Literatur, hg. von Natalie Binczek, Till Dembeck und Jörgen Schäfer, Berlin und Boston 2013, S. 569–581; vgl. außerdem: Lernort Literatur-Museum. Beiträge zur kulturellen Bildung, hrsg. v. Burckhard Dücker und Thomas Schmidt, Göttingen 2011.

bilden.[3] Eine künftige Gesamtschau der Musealisierungsgeschichte Weimars müsste, um umfassend zu sein, neben den verwirklichten und heute noch bestehenden Museen und Gedenkstätten auch diejenigen einbeziehen, die wohl geplant und vorbereitet, aber nie gegründet wurden und dann in Vergessenheit geraten sind. Unter diesen stechen zwei Museumsprojekte heraus: 1842 und 1953 haben auswärtige – nicht Weimarer – politische Entscheidungsträger beschlossen, in Weimar ein Nationalmuseum zu gründen, das einen gesamtdeutschen Anspruch hätte haben sollen, und zwar jeweils, je unterschiedlich, wie zur Kompensation fehlender politischer Einheit. 1842 haben die deutschen Fürsten, die im Deutschen Bund vereinigt waren, darunter namentlich Friedrich Wilhelm IV. von Preußen, die Gründung einer Weimarer Nationalstiftung beschlossen und das Vorhaben formuliert, das dortige Goethehaus zu kaufen und zum ersten Nationalmuseum der Deutschen zu machen.[4] Goethe erschien dabei als Repräsentant der Nation und hätte eine immerhin kulturelle Einheit der Deutschen verkörpern sollen.[5] Das Vorhaben wurde von allen Fürsten des Deutschen Bundes getragen, bekräftigt durch einen Beschluss des Deutschen Bundestages in Frankfurt am Main.[6] Der spektakuläre Plan wurde in Programmschriften ausgearbeitet und ist genau überliefert.[7] Er scheiterte, geschichtlich eher zufällig, an der mangelnden Bereitschaft der Enkel Goethes, ihr Stammhaus, eben das Goethehaus, zu verkaufen. 1953 hat die Regierung der DDR beschlossen, zusätzlich zum Goethe-Nationalmuseum – denn ein solches kam 1885 in sachsen-weimarischer Trägerschaft doch noch zustande – in Weimar ein »Museum der deutschen Nationalliteratur« zu gründen, das der deutschen Literatur insgesamt, mindestens aber doch der bürgerlichen und der sozialistischen Literatur bis zur damaligen Gegenwart, hätte gewidmet werden sollen.

Beide Pläne sind gescheitert, und beide sind symptomatisch für den politischen Zugriff auf den kulturellen Symbolort. So gut wie unbekannt ist der zweite Plan, das »Museum der deutschen Nationalliteratur«. Die Gründung dieses

---

3   Vgl. Bauhaus Museum Weimar. Das Bauhaus kommt aus Weimar!, hg. von Ute Ackermann, Ulrike Bestgen und Wolfgang Holler, München 2019. Zum Haus der Weimarer Republik liegt noch keine Publikation vor.

4   Vgl. Paul Kahl, Die Erfindung des Dichterhauses. Das Goethe-Nationalmuseum in Weimar. Eine Kulturgeschichte, Göttingen 2015, S. 55–103.

5   Vgl. Die Musealisierung der Nation. Ein kulturpolitisches Gestaltungsmodell des 19. Jahrhunderts, hg. von Constanze Breuer, Bärbel Holtz und Paul Kahl, Berlin 2015; und: Deutscher Bund und innere Nationsbildung im Vormärz (1815–1848), hg. von Jürgen Müller, Göttingen 2018.

6   Vgl. Das Goethe-Nationalmuseum in Weimar. Bd. 1: Das Goethehaus im 19. Jahrhundert. Dokumente, hg. von Paul Kahl und Hendrik Kalvelage, Göttingen 2015, Dok. 254.

7   Vgl. nochmals Paul Kahl / Hendrik Kalvelage, Goethehaus im 19. Jahrhundert.

Museums wurde 1953 von der Regierung der DDR bestimmt, und zwar mit der Verordnung zur Errichtung der Nationalen Forschungs- und Gedenkstätten der klassischen deutschen Literatur in Weimar (NFG), in denen alle klassischen Stätten einschließlich des Goethe- und Schiller-Archivs zusammengefasst wurden. Im Gesetzestext heißt es lakonisch:»Für die Errichtung eines Museums der deutschen Nationalliteratur sind die Voraussetzungen zu schaffen.«[8] Diese Wendung geht offenbar auf Helmut Holtzhauer zurück,[9] der damals Vorsitzender der Staatlichen Kommission für Kunstangelegenheiten der DDR – und also zunächst ein Berliner, kein Weimarer Akteur – war und wenig später Gründungsdirektor der NFG geworden ist.[10] Als solcher betrieb er die Museumsgründung. Holtzhauers Vorhaben – ebenfalls spektakulär und vermutlich nicht mit Berliner Stellen abgestimmt – war es, nicht den von der DDR hochgeschätzten, inzwischen verstorbenen Heinrich Mann an den Anfang dieses neuen Museums zu stellen, sondern den damals noch lebenden Thomas Mann, ja diesen selbst zur Mitwirkung zu gewinnen.[11] Am 29. März 1955 schrieb Holtzhauer aus Weimar an den fast achtzigjährigen Thomas Mann in Kilchberg:

---

8   Vgl. Das Goethe-Nationalmuseum in Weimar. Bd. 2: Goethehaus und Goethe-Museum im
     20. Jahrhundert. Dokumente, hg. von Paul Kahl, Göttingen 2019, Dok. 1678 (hiernach alle
     folgenden nur als »Dok.« zzgl. Nummer bezeichneten Belege).

9   Dies ist allerdings nur bekannt durch ein fünf Jahre späteres Protokoll der Sitzung des
     Präsidiums der Deutschen Akademie der Künste am 4. November 1958 in Weimar vom
     10. November 1958 (= Dok. 1732), wo es heißt:»Die Schaffung des Museums der deutschen
     Nationalliteratur ist auch ein Wunsch von Direktor Holtzhauer. Die Gründungsverordnung
     der Forschungsstätten hat auf seine Anregung hin den diesbezüglichen Absatz erhalten
     und es bestanden auch bereits konkrete Vorstellungen, wie ein solches Museum zunächst
     von einigen Teilen aus zum Ganzen gestaltet werden könnte.«

10   Die Rolle Holtzhauers als Kulturpolitiker der frühen DDR ist noch nicht aufgearbeitet
     worden, es sind allerdings jüngst mehrere Editionen durch Holtzhauers Sohn Martin
     herausgebracht worden, vgl. Helmut Holtzhauer, Weimarer Tagesnotizen 1958–1973, hg. u.
     mit Anm. vers. von Martin Holtzhauer, Konrad Kratzsch u. Rainer Krauß, Hamburg 2017;
     Helmut Holtzhauer, Literarische Revolution. Aufsätze zur Literatur der deutschen Klassik,
     hg. von Martin Holtzhauer, Hamburg 2017; Helmut Holtzhauer, Biographisches. Zusammen-
     gestellt v. Martin Holtzhauer, Berlin 2017; vgl. außerdem: Wilfried Lehrke, Die Weimarer
     Klassikerstätten als Nationale Forschungs- und Gedenkstätten der klassischen deutschen
     Literatur in Weimar. Ereignisse und Gestalten. Eine Chronik 1954–1957. (Schriftenreihe des
     Freundeskreises des Goethe-Nationalmuseums e.V. 7.3), Bucha bei Jena 2017.

11   Dieser Zusammenhang und auch die beiden folgenden Briefe wurden erstmals mitgeteilt
     in: Paul Kahl, Die gescheiterte Heimholung. Ein jüngst entdeckter Brief zeigt, wie Thomas
     Mann der Vereinnahmung durch die DDR widerstand, in: Neue Zürcher Zeitung, Interna-
     tionale Ausgabe, 24. Januar 2018, S. 25 (Schweizer Ausgabe, 23. Januar, S. 39). Sie finden sich
     außerdem als Dok. 1695, 1696 in Paul Kahl, Goethehaus und Goethe-Museum im 20. Jahr-
     hundert, Wiedergabe hiernach.

Hochverehrter Herr Professor Thomas Mann!
Die Forschungs- und Gedenkstätten in Weimar bereiten seit längerem den Aufbau eines »Museums der deutschen Literatur« vor. In diesem Museum soll die Entwicklung der deutschen Literatur durch Darstellung von Leben und Werk der für die Ausbildung des deutschen Geisteslebens folgenreichsten Dichter anschaulich gemacht werden. Aus guten Gründen ist von dem allmählichen Aufbau eines solchen Museums von den Anfängen der Literatur an abgesehen worden. Es sollen von der Gegenwart ausgehend zunächst die entscheidenden Perioden und Knotenpunkte der Literaturgeschichte behandelt und nach und nach zu einem vollständigen Ganzen vereinigt werden.
Es würde nun einen verheißungsvollen Anfang bedeuten, wenn am Beginn dieser Arbeit die Darstellung Ihres Werkes und Ihres Lebens als des größten deutschen Dichters unseres Jahrhunderts auf Grund gedruckter Bücher, Handschriften, Korrespondenzen und anderer Zeugnisse stehen könnte, die Auskunft über Entstehung, Gehalt und Wirkung Ihres Schaffens gibt. Dazu Ihre helfende Hand zu gewinnen ist der Wunsch, mit dem wir an Sie, verehrter Meister, herantreten. (am Schluss gekürzt)

Thomas Mann antwortete aus Kilchberg am Karfreitag, 8. April 1955:

Sehr verehrter Herr Direktor,
Mit bestem Dank bestätige ich den Empfang Ihres Schreibens vom 29. März und habe mit lebhaftem Interesse von dem »Museum der Deutschen Literatur« gehört, welches von Ihrem Institut vorbereitet wird. Was aber mich persönlich betrifft, so widerstrebt es mir, schon zu Lebzeiten Gegenstand musealer Betreuung zu werden[,] viel zu unsicher bin ich mir über den Rang, den die Nachwelt meiner Lebensarbeit zuerkennen mag, und ihre Einordnung in das geplante Museum betrachte ich als eine posthume Angelegenheit.
Mit verbindlichsten Grüssen
Ihr ergebener Thomas Mann.

Holtzhauer lässt geschickt den für den frühen SED-Staat wichtigen Begriff des »Nationalen« fort. Aus einem »Museum der deutschen Nationalliteratur« macht er kurzerhand ein solches der »deutschen Literatur«, und die Unterscheidung von »bürgerlich« und »sozialistisch« ist ganz verwischt, genau darauf bedacht, jede ideologische Tönung zu vermeiden, die Thomas Mann hätte verstimmen können. Dennoch: Thomas Mann brauchte keine lange Bedenkzeit, und zwar gewiss nicht, weil er sich, wie er hier vorgibt, über seinen »Rang« unsicher gewesen wäre. Mann hatte vielmehr zunehmende Vorbehalte der DDR gegenüber, deren totalitäre Staatsidee er durchschaute und deren Vereinnahmungsversuchen er auswich. Die DDR hatte ihrerseits Mann, dem »Bürgerlichen«, Vorbehalte gegenüber, und umwarb ihn doch.[12] Im Mai 1955, kurz nach dem Briefwechsel mit Holtzhauer, besuchte Mann Weimar ein letztes Mal – als Staatsgast gefeiert –, zum 150. Todestag Friedrich Schillers.[13] Ob auch Holtzhauer insgeheim erleichtert war, dass sein kühner Vorstoß misslang, mit Thomas Mann in Weimar ein Museum zu eröffnen? Noch gut zehn Jahre lang taucht das Vorhaben regelmäßig in den Weimarer Akten auf, bis Holtzhauer 1967 endgültig darauf verzichtete.[14]

Doch zunächst ein Rückblick. Die Lage der »klassischen Stätten« nach 1945 war unübersichtlich. Bis 1949 verkörperte Hans Wahl als wichtigster Akteur eine Kontinuität über die Epochenübergänge hinweg.[15] Wahl war 1918 noch unter dem letzten Weimarer Großherzog Wilhelm Ernst Museumsdirektor geworden und hatte das Amt unangefochten in den Jahren der Republik wie im Nationalsozialismus inne. Trotz seiner engen Verbindung mit dem Nationalsozialismus blieb er im Amt, »er ist besonders mit Hinblick auf die bevorstehenden Veranstaltungen zum Goethe-Jahr 1949 unentbehrlich erschienen, obwohl er politisch nicht gerade unbelastet war«, so die zeitgenössische Einschätzung Walther Scheidigs im Privatbrief,[16] die durch zahlreiche Dokumente gestützt wird. Nach Wahls überraschendem Tod am 18. Februar 1949 übernahm mit Gerhard Scholz ein marxistischer Germanist zunächst das Goethe- und Schiller-Archiv und dann auch das Museum.[17] Scholz' Projekt war das sog. »Goethezeit-Museum«, eine weitreichende museale Unternehmung, die in der Trägerschaft des Goethe- und Schiller-Archivs, nicht des Museums stand: zunächst eine Ausstellung im Weimarer Stadtschloss unter dem

---

12 Vgl. Georg Wenzel, Gab es das überhaupt? Thomas Mann in der Kultur der DDR, Gransee 2011.

13 Zu Thomas Manns Verhältnis zu Weimar vgl. Volker Wahl, Thomas Mann in Weimar und Jena von 1910 bis 1955. Eine Chronik, in: Die große Stadt. Das kulturhistorische Archiv von Weimar-Jena 1 (2008), H. 4, S. 239–261; Volker Wahl, Thomas Manns Weimarer Ehrenbürgerschaft von 1949 und der schwierige Weg dorthin, in: Thomas Mann Jahrbuch 22 (2009), S. 99–115. Marcus Müggenburg und Rita Seifert, Die »Deutsche Schiller-Ehrung« in Jena und Weimar 1955. – Die Kontroverse um die Ehrenpromotion von Thomas Mann, in: Patron Schiller. Friedrich Schiller und die Universität Jena, hg. von Joachim Bauer, Klaus Dicke und Stefan Matuschek, Jena 2009, S. 112–124; Volker Wahl, Ein »unterschriftenreiches Dankschreiben« aus Weimar. Die Thomas-Mann-Spende für die Stadtkirche St. Peter und Paul von 1949, in: Weimar-Jena. Die große Stadt. Das kulturhistorische Archiv 10 (2017), H. 1, S. 60–93.

14 Protokoll der Leitungssitzung der NFG am 11. April und am 30. Mai 1967, Niederschrift, 8. Juni 1967 (Dok. 1814).

15 Wie zu Holtzhauer liegt auch zu Wahl keine biografische Aufarbeitung vor; Wahls Wirken im Nationalsozialismus ist allerdings untersucht worden, vgl. Hans Wahl im Kontext. Weimarer Kultureliten im Nationalsozialismus, hg. von Franziska Bomski, Rüdiger Haufe u. W. Daniel Wilson. Sonderheft Publications of the English Goethe Society 84 (2015), H. 3.

16 Walther Scheidig an Wilhelm Köhler, 11. Oktober 1948, Dok. 1552.

17 Vgl. Dok. 1608.

Titel »Gesellschaft und Kultur der Goethezeit«, eine marxistische Lehrschau zur Kultur der Goethezeit, die von Scholz und einem Kreis sehr junger Germanisten erarbeitet und am 24. August 1949 eröffnet wurde. Am 28. August 1951 wurde die Ausstellung um zusätzliche Räume, darunter den Festsaal, zu einem »Goethe-zeit-Museum« erweitert.[18] Das 1949 wie 1951 in den Blick tretende Zeit-Panorama wurde später für die gesamte DDR-Germanistik entscheidend und beruhte auf der Vorstellung, dass die deutsche Literatur »ihren Höhepunkt in der Periode von Lessing bis Heine zur Zeit Goethes« erreichte, so Scholz selbst im *Mitteilungsblatt des Ministeriums für Volksbildung* im Jahre 1951.[19] Zunächst als eine »Pioniertat« begrüßt,[20] hätte es als ein »Modellmuseum [...] der Mittelpunkt der gesamten Literaturforschung in der DDR« werden sollen.[21] Das Goethezeit-Museum wurde aber schon 1953 als ungeeignet geschlossen, die zahlreichen Dauerleihgaben aus anderen Museen kehrten zurück. Es bestand »in den Anfangsjahren der NFG die paradoxe Situation, dass der erste Versuch eines marxistischen literarhistorischen Goethe-Museums scheiterte, die Ausstellung von Hans Wahl aus den dreißiger Jahren hingegen zugänglich blieb«.[22] An die Stelle des Goethezeit-Museums trat dann das Vorhaben eines Museums der deutschen Nationalliteratur.

Ein solches taucht schon vor der Verordnung zur Gründung der NFG in den Dokumenten auf. In einer Niederschrift Willy Flachs über eine Besprechung mit Berliner Kulturpolitikern vom 24. April 1953 wird die »Errichtung eines Literatur-museums« unter den »speziellen Aufgaben« erwähnt.[23] Auch die Diskussion über ein sowjetisches Nationalmuseum zur Literaturgeschichte spielt in die Weimarer Debatte hinein. Am 4. Juni 1953 sandte Scholz ebenso an Johannes R. Becher wie an Alexander Abusch einen russischen Artikel unter dem Titel »Ein Museum der Geschichte der Literatur«; Scholz allerdings noch mit dem Anliegen, so in Berlin für sein Goethezeit-Museum zu werben. Der Artikel ist am 21. Mai 1953 in *Literaturnaja Gaseta* erschienen und in Übersetzung in den Akten des Goethe-zeit-Museums erhalten; er wirbt dafür, »in Moskau ein Museum der Geschichte

---

18 Vgl. Paul Kahl, Erfindung des Dichterhauses, S. 218–224.

19 Dok. 1635.

20 So nach Theo Pianas Denkschrift »Lage und Aufgaben der Nationalen Forschungs- und Gedenkstätten der klassischen deutschen Literatur in Weimar«, Berlin, August 1953, GSA 150/193a (= Dok. 1680).

21 Ebd.

22 So Lothar Ehrlich, »Aneignung des klassischen Erbes«. Die Weimarer Goethe-Museen von 1960 bis 1982, in: Jahrbuch der Klassik Stiftung Weimar. Literatur ausstellen: Museale In-szenierungen der Weimarer Klassik, Göttingen 2012, S. 207–226, hier S. 207 f.

23 Nach Volker Wahl, Das Goethe- und Schiller-Archiv Weimar 1949 bis 1958. Festgabe der Aka-demie gemeinnütziger Wissenschaften zu Erfurt zum 125jährigen Bestehen des Literatur-archivs, Erfurt 2010, S. 119–121, hier 120.

der vaterländischen Literatur zu schaffen – kein Archiv, keine kurzfristigen Ausstellungen, sondern vielmehr ein Museum, das ständig seine reichen Schätze
demonstriert. [...] Die Aufgabe des Museums besteht nicht nur in der Sammlung
und Bewahrung der Materialien, sondern darin, diese Materialien zum tatsäch-
lichen nationalen Besitz zu machen«.[24]

Auch die von Theo Piana im Auftrag der Deutschen Akademie der Künste verfasste umfangreiche Denkschrift *Lage und Aufgaben der Nationalen Forschungs-
und Gedenkstätten der klassischen deutschen Literatur in Weimar*, der Masterplan
für die künftigen NFG, erwähnt das Vorhaben und setzt es an die Stelle des ihm
ungeeignet erscheinenden bisherigen Goethezeit-Museums.[25] Piana fordert,
»ein Memorandum über das neu zu schaffende ›Museum der deutschen Nationalliteratur‹ herauszugeben, damit einmal der Aufbau dieses wichtigen Museums
nicht Angelegenheit eines kleinen Kreises von Fachleuten bleibt«, und spricht
dem künftigen Museum »nationale Bedeutung« zu, das »zu einer Angelegenheit
breiter wissenschaftlicher Diskussion« gemacht werden solle.[26] Dafür ist ein
eigenes Museumsgebäude vorgesehen – erwogen wird das ehemalige Landes-
museum (sog. Neues Museum) – und eine genaue Trennung von den »eigentlichen Memorialstätten«.[27]

Ähnlich argumentiert Piana wenig später – von Berlin aus und während die
NFG bereits ihre Arbeit aufgenommen haben – gegenüber den Anhängern des
Goethezeit-Museums, indem er die Schließung des einen und den Neuaufbau
des anderen Museums miteinander verbindet.[28] Als Vorbild nennt Piana das
Museum der tschechischen und slowakischen Nationalliteratur in Prag, das, wie
auch die NFG, kurz zuvor gegründet worden war; es könne sich für die beteiligten
Stellen »nur darum handeln, ebenfalls ein nach Form und Inhalt gleichermaßen
bedeutendes Museum der deutschen Nationalliteratur zu schaffen«.[29] Laut

---

24   GSA 150/V 135.
25   Dok. 1680.
26   Ebd.
27   Ebd.
28   Piana an die Schulleiter der Berufsschulen des Kreises Sömmerda am 17. Mai 1954, Dok. 1687:
     »Als der Ministerrat der Deutschen Demokratischen Republik am 6. August 1953 die Bildung
     der ›Nationalen Forschungs- und Gedenkstätten der klassischen deutschen Literatur in
     Weimar‹ beschloß, entschied er sich gleichzeitig [...] für die Neueinrichtung eines *Museums
     der deutschen Nationalliteratur* unter gleichzeitigem Abbau des Goethezeit-Museums«.
29   Ebd. zum Prager Museum vgl. Jaroslav Dvoracek, Das Museum des tschechischen Schrifttums,
     zweite, ergänzte Aufl., Prag 1959, S. 6: »Dieses im Jahre 1953 eröffnete Literaturmuseum
     bietet – als einziges Museum dieser Art auf der ganzen Welt – eine Gesamtübersicht über die
     Entwicklung der tschechischen Literatur und eine anschauliche Vorstellung von der Kultur
     des tschechischen Volkes«. Vgl. außerdem: https://www.prague.eu/de/objekt/orte/598/
     denkmal-des-nationalen-schrifttums-pamatnik-narodniho-pisemnictvi (08.11.2019).

Piana haben sich an den »Beratungen über die Neuerrichtung des Museums der deutschen Nationalliteratur bei gleichzeitigem Abbau des Goethezeit-Museums« auch Vertreter des ZKs und »alle in Betracht kommenden Staatsorgane und wissenschaftliche Institute« beteiligt:[30] »Hierbei wurden auch alle gutachtlichen Äußerungen sowjetischer Literaturwissenschaftler über ihre Besuche in Weimar ausgewertet. Das Ergebnis dieser äußerst sorgfältigen und jedes Moment in Betracht ziehenden Beratungen führte zu dem eingangs erwähnten Ministerratsbeschluß vom 6. August 1953.«[31]

Das Ziel sei deshalb ein Museum, »das der großen Bedeutung unserer großen Dichter, Denker und Schriftsteller auch würdig ist«.[32] Auch auf Seiten der ihre Arbeit aufnehmenden NFG selbst wird der Museumsplan erörtert. Ursula Wertheim, Heinz Stolpe und Käthe Eckstein, das kollektive Leitungskollegium der NFG vor Holtzhauers Amtsantritt, empfehlen am 30. Dezember 1953 eine personelle und sachliche Kontinuität, nämlich durch die Verwendung der »eingearbeitete[n] Mitarbeiter, die in der Vergangenheit wertvolle Erfahrungen beim Aufbau des Goethezeit-Museums sammeln konnten«.[33] Es werde zweckmäßig sein, »den entscheidenden Schwerpunkt in der Entwicklung unserer deutschen Nationalliteratur zu wählen, die deutsche Klassik«.[34] So werde das Goethezeit-Museum »fraglos den Kern der künftigen Arbeit für die Schaffung des Museums der deutschen Nationalliteratur bilden«.[35] Doch diese Kontinuität wird wenig später von Holtzhauer aufgebrochen, auch in der Frage des Standorts. Zwischenzeitlich wurde in der Akademie der Wissenschaften sogar erwogen, das künftige Museum »nicht in der mit Museen überfüllten Stadt Weimar, sondern in Berlin zu errichten, wo ein solches Museum fehlt«.[36] Doch für Holtzhauer kam nur Weimar in Betracht. Erörtert wird ebenso ein Neubau auf der damals unbebauten Nordseite des Marktplatzes wie die Umnutzung des Wittumspalais und des Kirms-Krackow-Hauses,[37] ja das *Thüringer Volk* verkündet den Museumsneubau bereits

---

30 So laut Pianas vorgenanntem Schreiben, nach: GSA 150/V 135 (als Dok. 1687 nicht in voller Länge wiedergegeben).
31 Ebd.
32 Ebd.
33 Zur Magazinierung des Goethezeit-Museums, 30. Dezember 1953, Dok. 1684.
34 Ebd.
35 Ebd.
36 Protokoll der Sitzung der Deutschen Kommission an der Akademie der Wissenschaften, Berlin, 12. Februar 1954, Landesarchiv Thüringen – Hauptstaatsarchiv Weimar, Nachlass Willy Flach, Teil I Goethe- und Schiller-Archiv (1).
37 Zum Vorhaben eines Museumsneubaus am Markt vgl. Holtzhauer an Oberbürgermeister Hans Wiedemann, 29. März 1955, GSA 150/390; vgl. ebd. bereits einen »Entwurf für ein Raumprogramm« vom 25. August 1955.

und kündigt für 1956 »größere Teilausstellungen« im Wittumspalais an.[38] In den folgenden Jahren erscheint das Museumsvorhaben immer wieder in den Akten der NFG, und zwar als ›im Aufbau befindlich‹, so im dreißigseitigen »Arbeitsplan 1956–1960« der NFG von Ende 1955, welcher dem Vorhaben einen eigenen Abschnitt widmet:

> Das Museum [der deutschen Literatur] hat die Aufgabe, die Entstehung, Entwicklung und Wirkung der Haupterscheinungen der deutschen Literatur anschaulich zu machen. Das literarhistorische Museum ist ein besonderer Typus, für den es in Deutschland bisher nur wenige und unzulängliche Beispiele gibt. Es müssen deshalb parallel zum Aufbau einzelner Abteilungen die Grundsätze für diesen Museumstyp entwickelt werden. [...] Es ist vorgesehen, zunächst mit sozialistischen und bürgerlichen Dichtern am Ausgang der kapitalistischen Gesellschaftsordnung in Deutschland und dem Beginn der sozialistischen zu beginnen.[39]

Genannt werden vier Abteilungen, die »Abteilung sozialistische Dichtung in der ersten Hälfte des 20. Jahrhunderts« (dazu gehören Friedrich Wolf, Erich Weinert, Johannes R. Becher), die »Abteilung bürgerliche Dichtung in der ersten Hälfte des 20. Jahrhunderts« (dazu gehört – nur? – Heinrich Mann), die »Abteilung Dichtung der dreißiger und vierziger Jahre des 19. Jahrhunderts« (dazu gehört Heinrich Heine) und die »Abteilung Dichtung der zwanziger und dreißiger Jahre des 19. Jahrhunderts« (genannt werden Johann Carl August Musäus, Ludwig Bechstein, die Brüder Grimm, Wilhelm Hauff und weitere »Märchendichter und -sammler«).[40] Der »Aufbau« dieses Museums ist laut Arbeitsplan für 1959/60 »vorgesehen«.[41] Hinter diesem unscheinbaren Begriff verbirgt sich die Einsicht, dass anders als für das Goethe-Museum (und für die 1960 eröffnete große Dauerausstellung) noch keine eigene Sammlung zur Verfügung stand, sondern vielmehr erst ›aufgebaut‹ werden musste. Wie die Vorbereitungen zumindest in

---

38 Weitere großzügige kulturelle Maßnahmen. Weimar soll als Zentrum der deutschen Kultur noch würdiger gestaltet werden, in: Thüringer Volk, Weimar, 22. September 1955 (= Dok. 1706). Im *Thüringer Tageblatt* hieß es später: »Das Kirms-Krackow-Haus soll ein Zentrum der Märchen- und Sagenforschung werden, das Wittumspalais wird vorübergehend moderne Dichter aufnehmen (Weinert, Wolf u. a.), um später dann Heimstätte von Dichtern der klassischen Zeit, wie Jean Paul, Herder, Falk u. a. zu werden«; vgl. Neugestaltung des Goethe-Nationalmuseums, in: Thüringer Tageblatt, Weimar, 23. Dezember 1955 (= Dok. 1707).

39 Dok. 1708.

40 Vgl. ebd.

41 Vgl. ebd.

den allerersten Jahren der NFG verliefen, belegen die Schriftwechsel der NFG. Im Sommer 1954 gab Holtzhauer bei dem Bildhauer Johannes Friedrich Rogge den Bronze-Guss einer Heine-Büste, 1955 den einer Lessing-Büste für das künftige Museum in Auftrag.[42] In einem Schreiben Holtzhauers an Piana vom 22. Juni 1955, also nur wenige Monate nach dem Versuch, Thomas Mann einzubeziehen, heißt es: Die Vorbereitungen seien »nun soweit gediehen, daß wir einige ganz konkrete Aufgaben noch in diesem Jahr oder wenigstens im Frühjahr des nächsten Jahres lösen möchten«.[43] Holtzhauer unterscheidet dabei »zeitgenössische« und »klassische« Dichter: »Was die zeitgenössischen Dichter angeht, so seien die Namen Heinrich [handschriftlich berichtigt aus: Thomas] Mann, Johannes R. Becher, Friedrich Wolf und Erich Weinert genannt.«[44] Das Angebot, hierbei mit einem »Dichterbild« mitzuwirken, schlug Piana am 3. August 1955 mit Verweis auf seine Akademietätigkeit jedoch aus.[45]

Wie ein solches »Dichterbild« hätte aussehen sollen, ist schwer zu rekonstruieren. Holtzhauer war (mit Thomas Thiemeyer zu sprechen) ein »auktorialer Kurator« mit einer spezifischen Absicht, sein Anliegen war das »pädagogische Lesemuseum«[46] sozialistischer Prägung. Nimmt man die von Holtzhauer tatsächlich geschaffene Ausstellung zum Vergleich – nämlich die Goethe-Ausstellung von 1960 –, dann war es seine Überzeugung, dass es sich im Literaturmuseum »um

---

42 1957 folgte der Auftrag einer Kleist-Büste, aber nicht ausdrücklich für das Museum der deutschen Nationalliteratur. Vgl. den umfangreichen Schriftwechsel mit Rogge in GSA 150/6, darunter besonders Holtzhauers Schreiben vom 28. Mai 1955: »Ich bestätige Ihnen den Auftrag, eine Büste Lessings zu schaffen, die in ihren Abmessungen der Heine-Büste entspricht. Auch dieses Bildwerk ist für das künftige Museum der deutschen National-literatur bestimmt«. Rogge hatte 1949 die Puschkin-Büste für den Weimarer Park geschaffen und sich von seinem Wirken in der NS-Zeit (Führerbüsten) abgesetzt. Im Goethe- und Schiller-Archiv erhalten ist eine umfangreiche Auflistung von ihm selbst über sein Wirken nach 1949, um sich für weitere Aufträge zu empfehlen. Für die drei Büsten bezahlten die NFG jeweils 5.000 Mark. Die Genehmigung zum Bronze-Guss musste Holtzhauer eigens beim Ministerium für Kultur erwirken (»Ersatzmaterial, wie Leichtmetallguss, scheint mir für das National-Museum nicht würdig«, Holtzhauer an Fritz Dähn, Ministerium für Kultur, 13. Juli 1955). Alle drei Büsten sind im Depot der Klassik Stiftung Weimar erhalten.

43 Dok. 1701.

44 Ebd.

45 Ebd.

46 Thomas Thiemeyer: Zwischen Aura und Szenografie. Das (Literatur-)Museum im Wandel, in: Lernort Literatur-Museum, Göttingen 2011, S. 60–71, hier 61 und 63. Vgl. außerdem: Thomas Thiemeyer, Inszenierung und Szenografie. Auf den Spuren eines Grundbegriffs des Museums und seines Herausforderers, in: Zeitschrift für Volkskunde. Halbjahresschrift der Deutschen Gesellschaft für Volkskunde 108 (2012), H. 2, S. 199–214.

begriffliche Dinge handelt, die erst in anschaubare umgesetzt werden müssen«.[47] Insofern gehört Holtzhauers Anliegen zur Vorgeschichte dessen, was heute unter dem Stichwort »das Immaterielle ausstellen« diskutiert wird.[48] Ob Holtzhauer dabei, um Begriffe von Peter Seibert und Christiane Holm aufzugreifen, eher eine autor- und werkzentrierte Ausstellung vorgesehen hätte (die zum Umkreis des Dichterhauses gehört) oder eine thematisch-kontextorientierte (die eher mit dem Archiv verbunden ist), ist schwer zu entscheiden.[49] Für ersteres spricht der Begriff »Dichterbild« und die Gliederung nach Autoren, für das zweite der übergreifende Ansatz des gesamten Unternehmens. Welche Rolle dabei literaturgeschichtliche Objekte gespielt hätten, ist freilich ebenso unklar wie die Rolle von Werken der Gegenwartskunst – nämlich Rogges Dichterbüsten – und ihre ›Inszenierung‹ im Museumsraum.

Trotz Pianas Absage betrieb Holtzhauer die Sache weiter und stellte sie den Weimarer Stadtverordneten vor.[50] Konkrete Schritte erfolgten kaum. Am 4. November 1958 sprach das Präsidium der Deutschen Akademie der Künste über den Plan. Laut Sitzungsprotokoll sprach sich Wilhelm Girnus dafür aus, diesen nach dem Prager Vorbild als »Aufgabe« der NFG beizubehalten, »weil von solch einem Zentrum der Geschichte der Nationalliteratur eine große mobilisierende Kraft für die Entwicklung des Nationalbewußtseins ausgehen kann«.[51] Auch Bodo Uhse unterstützte den Plan und regte an, es könne, »ähnlich wie bei den literarischen Archiven, eine Teilung erfolgen, die vorsozialistische Literatur in Weimar, die sozialistische Literatur in Berlin ihren Platz finden«.[52]

In einem Konzeptpapier des Jahres 1963 werden, um »dem rasch ansteigenden Besucherstrom« gerecht zu werden, der Bau eines »Vortragshauses« auf dem

---

47 Helmut Holtzhauer, Bericht und Pläne. Aufgaben der Nationalen Forschungs- und Gedenkstätten der klassischen deutschen Literatur in Weimar, Weimar 1958, Dok. 1731.

48 Das Immaterielle ausstellen. Zur Musealisierung von Literatur und performativer Kunst, hrsg. v. Lis Hansen, Janneke Schoene u. Levke Teßmann, Bielefeld 2017, vgl. darin besonders Heike Gfrereis, Immaterialität / Materialität. Über ein Gegensatzpaar, bei dem im Fall der Literaturausstellung die Lage klar scheint, S. 35–64.

49 In Anlehnung an Peter Seibert, Literaturausstellungen und ihre Geschichte, in: Wort-Räume – Zeichen-Wechsel – Augen-Poesie. Zur Theorie und Praxis von Literaturausstellungen. Mit einer Dokumentation der Ausstellung »Wie stellt man Literatur aus? Sieben Positionen zu Goethes ›Wilhelm Meister‹«, hg. von Anne Bohnenkamp und Sonja Vandenrath, Göttingen 2011, S. 15–37, sowie Christiane Holm, Ausstellung / Dichterhaus / Literaturmuseum, S. 573.

50 Vgl. Wurde das kulturelle Niveau der Werktätigen gehoben? Direktor Holtzhauer berichtete vor den Stadtverordneten, in: Das Volk, Weimar, 1. März 1956 (= Dok. 1715).

51 Protokoll der Sitzung des Präsidiums der Deutschen Akademie der Künste am 4. November 1958 in Weimar, 10. November 1958 (Dok. 1732).

52 Ebd.

Frauenplan und »der Aufbau eines Museums der deutschen Literatur ab 1970«
gefordert.[53] Letztmalig am 25. Juni 1965 wird das Vorhaben, nun jeweils unter
dem einfacheren Titel »Museum für deutsche Literatur«, behandelt, und zwar
in den »Gedanken zu einem Plan zur weiteren Entwicklung der NFG bis zum
Jahre 1980« von Museumsdirektor Willi Ehrlich. Ehrlich sieht die Konzeption des
Museums als »ein Kernstück der wissenschaftlichen Arbeit der NFG«:

> Begonnen werden sollte die Arbeit mit der Epoche der deutschen Klassik,
> also der Darstellung der Zeit von 1750 bis 1850. Das Vorhandensein des
> Goethe-Museums, der Museen für Herder und Wieland und später des
> Schiller-Museums machen bereits deutlich, daß es darauf ankommen wird,
> nicht so sehr das Werk im einzelnen und das Leben des einzelnen zu ver-
> anschaulichen, sondern die materiellen und geistigen Grundlagen der jewei-
> ligen Literaturepoche. Notwendig ist die Klärung, ob dieses Museum für
> deutsche Literatur bis zur Gegenwart führen soll. Obwohl das anzustreben
> ist, darf nicht außer acht gelassen werden, daß nach der gegenwärtigen
> Arbeitsteilung in unserem GSA nur die Nachlässe bis etwa 1900 gesammelt
> werden.[54]

Der letzte Fürsprecher des Plans war Wilhelm Girnus, der am 18. März 1974 gegenüber Horst Laude vom ZK der SED sechs Punkte zur »Weimar-Problematik« aus-
führte und dabei den Spannungsbogen des künftigen Museums gar auf die Zeit
von ca. 1100 bis 1900 ausdehnte:

> Thüringen ist nicht nur die Stätte des Wirkens von Schiller, Goethe, Wieland,
> Herder usw., sondern auch des Minnesanges im weitesten Sinne des Wortes
> (Sänger-Wettstreit auf der Wartburg usf.) und der Schaffung des modernen
> Schriftdeutschs (Luther auf der Wartburg). Das alles sollte nach den Prinzipien
> des historischen Materialismus als Gesamtprozeß sichtbar gemacht werden
> (also nicht nur um Marbach den Wind aus den Segeln zu nehmen), sondern
> um die große Linie darzustellen, in der dann die Weimarer Klassik nicht
> mehr als eine Sondererscheinung sondern als der Höhepunkt einer langen
> Entwicklungskette erscheint, die in Hölderlin, Kleist, Heine, Fontane ihre
> Fortsetzung findet – in Berlin müßte dann eine entsprechende Show [sic] für
> die Entwicklung der sozialistischen Literatur aufgebaut werden.[55]

---

53 Niederschrift vom 24. Mai 1963 über eine Beratung von Partei- und Institutsleitung der NFG
   am 21. Mai 1963 (Dok. 1782).
54 GSA 150/2523.
55 Dok. 1845.

Damit bediente Girnus, möglicherweise ohne es zu wissen, eine Gedankenfigur des Weimarer Großherzogs Carl Alexander aus dem neunzehnten Jahrhundert, die Verbindung des »klassischen« Weimar mit dem Eisenach des Landgrafen Hermann (»Sänger-Wettstreit«), welche Thüringen als kulturelles Mittelland der deutschen Geschichte und damit als Projektionsfläche einer künftigen deutschen Einheit hervorheben sollte.[56] Girnus trägt also – anders als Carl Alexander ist er ein externer (Berliner) Akteur – ein nationales Identifikationsanliegen an die Weimarer Museen heran; er wusste offenbar nicht, dass der Vorgang in Weimar selbst inzwischen jedoch abgeschlossen war. In den Weimarer Institutsakten erscheint das Museum der deutschen Nationalliteratur letztmals 1967, wohl als Ausdruck der langsam zurücktretenden nationalen Funktion Weimars zu Gunsten seiner touristischen Nutzung. Es wurde einmal mehr eine Konkurrenz sichtbar zwischen den leichter zugänglichen Dichterhäusern in ihrer ›Materialität‹ und den Literaturmuseen für die einzelnen Autoren mit einem literaturgeschichtlichen Gesamtüberblick, für welchen kein attraktiver Sammlungsbestand vorhanden war, so dass Holtzhauer nun schließlich bestimmte, »auf die Errichtung des Museums für deutsche Literatur zu verzichten«.[57] Dieses war damit Geschichte und ist bald in Vergessenheit geraten.

Stattdessen rückte ein künftiges, neu zu errichtendes Schillermuseum schrittweise in die Aufmerksamkeit der NFG (ein kleines Schillermuseum befand sich bis dahin im ersten Stock des Schillerhauses). Willi Ehrlich hatte kurz zuvor, nämlich am 30. März 1966, in seinen *Vorschlägen für die Entwicklung des Goethe-Nationalmuseums in den Jahren 1967–1975* (mit Goethe-Nationalmuseum ist der Verbund der klassischen Stätten gemeint) die »Errichtung eines Schiller-Museums im Anschluß an das Schillerhaus« als Aufgabe formuliert.[58] Ein solches sei

mit dem Bestehen der beiden deutschen Staaten zu einer Frage der nationalen Repräsentanz geworden. Die alte Arbeitsteilung zwischen Marbach und Weimar in der Schillerpflege läßt sich bei den gegensätzlichen wissenschaftlichen Auffassungen nicht länger aufrechterhalten. Immer wieder stellen – auf Grund des Vorhandenseins des Goethe-, des Herder- und des Wieland-Museums – Besucher des In- und Auslandes die Frage, warum in Weimar verhältnismäßig wenig über Schiller ausgesagt wird.

---

56 Vgl. Jahrbuch der Klassik Stiftung Weimar. Das Zeitalter der Enkel: Kulturpolitik und Klassikrezeption unter Carl Alexander, Göttingen 2010.
57 Protokoll der Leitungssitzung der NFG am 11. April und am 30. Mai 1967, Niederschrift, 8. Juni 1967 (Dok. 1814).
58 GSA 150/2523 (dort auch das folgende Zitat).

Ein baulich eigenständiges Schillermuseum in Weimar wurde, anders als das Museum der deutschen Nationalliteratur, tatsächlich verwirklicht, allerdings erst viel später, lange nach Holtzhauers Tod, im Jahr 1988.[59] Es bildet gewissermaßen den Schlusspunkt der Geschichte der NFG, kurz vor dem Untergang der DDR – d. h. kurz vor dem Fortfall der ihm zugesprochenen »nationalen Repräsentanz« – und kurz vor der Errichtung der Stiftung Weimarer Klassik (heute Klassik Stiftung Weimar); es verkörperte, soweit rekonstruierbar, am ehesten das, was man ein Literaturmuseum nennen würde.[60] Mit dem Schillermuseum von 1988 hatte, wenn auch nur kurzzeitig, jeder der vier ›Weimarer Klassiker‹ ein eigenes Museum – ein Herdermuseum gab es im Kirms-Krackow-Haus, ein Wielandmuseum im Wittumspalais der Herzogin Anna Amalia und im Wielandgut in Oßmannstedt –,[61] ein kontextualisierendes Gesamtmuseum der Literaturgeschichte musste unverwirklicht bleiben. Lediglich die 1999 eröffnete Dauerausstellung im Goethe-Museum »Wiederholte Spiegelungen. Weimarer Klassik 1759–1832« unternahm noch einmal den Versuch einer Zusammenführung – konnte sich aber nicht dauerhaft behaupten.[62] Demgegenüber scheint heute das Marbacher Literaturmuseum der Moderne der einzige übergreifende Ansatz zu sein, eine literaturgeschichtliche Großepoche museal darzubieten: die Literatur des zwanzigsten Jahrhunderts bis zur Gegenwart.[63] Es beruht seinem Anspruch nach nicht auf einem Kanon, sondern auf dem Archiv und versteht sich damit als »subversiv«,[64] als »heiß«.[65] Holtzhauers eins-

---

59 Jochen Golz und Rosalinde Gothe, Das Schillermuseum in Weimar. NFG. Weimar 1989, und: Jochen Golz, Eine Episode ohne Folgen? Das Weimarer Schiller-Museum, in: Jahrbuch der Klassik Stiftung Weimar. Literatur ausstellen. Museale Inszenierungen der Weimarer Klassik, Göttingen 2012, S. 227–242.

60 Vgl. neben den vorgenannten Titeln Folker Metzger, Warum hat Weimar kein Literaturmuseum? In: Das Immaterielle ausstellen, S. 65–80, hier S. 75.

61 Die Dauerausstellung zu Schiller wurde 1995 geschlossen, das Museumsgebäude wird seitdem für Wechselausstellungen verwendet; das Herder-Museum im Kirms-Krackow-Haus 1996; ein Wieland-Museum befindet sich nicht mehr im Wittumspalais, sondern nur noch im Wielandgut Oßmannstedt.

62 Wiederholte Spiegelungen. Weimarer Klassik 1759–1832. Ständige Ausstellung des Goethe-Nationalmuseums, hg. von Gerhard Schuster u. Caroline Gille. 2 Bde., München 1999. Die Debatte um die »Wiederholten Spiegelungen« wird dokumentiert in: Paul Kahl, Goethehaus und Goethe-Museum im 20. Jahrhundert.

63 Denkbilder und Schaustücke. Das Literaturmuseum der Moderne. Hg. vom Deutschen Literaturarchiv Marbach (Marbacher Katalog 60), Marbach a. N. 2008. Sowie: Die Seele. Die Dauerausstellung im Literaturmuseum der Moderne, hg. von Heike Gfrereis und Ulrich Raulff (Marbacher Katalog 68), Marbach a. N. 2015.

64 Heike Gfrereis und Ulrich Raulff, »Seiner Natur nach weiß das Archiv nichts vom Kanon, es ist grundsätzlich subversiv«, Prolog, in: Denkbilder und Schaustücke, S. 8–11, hier 9.

65 Vgl. Heike Gfrereis: Ausstellung, in: Handbuch Archiv. Geschichte, Aufgaben, Perspektiven, hg. von Marcel Lepper und Ulrich Raulff, Stuttgart 2016, S. 225–235, hier 225: »Das Archiv

tiges Vorhaben stand ohne eigene Sammlung da, die es ›trug‹,[66] – vermutlich ist dies ein Grund seines Scheiterns – und war vielmehr vom Kanon aus gedacht, nämlich von dem sozialistischen. Weimar war, anders als etwa Berlin, aber kein Ort der sozialistischen Literatur,[67] so dass die Überlegung von 1954 folgerichtig erscheint, das Museum der deutschen Nationalliteratur in (Ost-)Berlin zu errichten. Dass Weimar heute, folgt man Folker Metzger, gar kein Literaturmuseum hat – »es gibt in Weimar derzeit keine dauerhafte Präsentation und nur selten Wechselausstellungen, die Literatur zum Thema haben«[68], – ist eine Ironie der Geschichte.

Das einstige Schillermuseum von 1988 ist inzwischen Gegenstand einer Museumsdebatte geworden. Erst jüngst haben die Akteure der letzten NFG-Generation den Neubau des Schiller-Museums als Ausdruck der »Ostmoderne« verklärt und dabei die häufig ausgesprochene Vorstellung neu aufgelegt, die »besonderen Weimarer Verhältnisse« hätten in der DDR »eine Art Nische, ein ›Biotop‹ im doktrinär ausgerichteten sozialistischen Staat« gebildet.[69] Diese Entlastungsrhetorik geht hervor aus einer methodisch unzulässigen Vermischung von Zeitzeugenperspektive und wissenschaftlicher Aufarbeitung. Unter den Weimarer Einrichtungen waren es, wie die umfassende Auswertung von Dokumenten zeigt,[70] im Gegenteil besonders die Museen, die mit dem doktrinär ausgerichteten Staat verflochten waren und seiner Legitimierung dienten, weil vor allem sie, die Museen, von Hunderttausenden besucht, symbolisches Kapital für eine sozialistisch-deutsche Identität versprachen. Die DDR stand dabei in der Tradition des

---

drängt nach außen und lebt nur, wenn es benutzt wird. Es wird heiß, wenn man es aus seiner Ordnung in neue, les- oder sichtbare Ordnungen bringt«; zur Geschichte des Ausstellens ›aus dem Archiv‹ vgl. S. 227–233.

66   Zum Verhältnis von Museum und Archivbestand vgl. neben dem vorgenannten Titel: Ernst Osterkamp, Die Literatur und das Leben. Das Literaturmuseum der Moderne in Marbach, in: Denkbilder und Schaustücke, S. 14–28, hier 16.

67   Zum Ortsbezug des Literaturmuseums vgl. Thomas Schmidt: Das Literaturmuseum als Lernort. Eine Provokation, in: Lernort Literatur-Museum, S. 13–37, hier besonders 18.

68   Folker Metzger, Warum hat Weimar kein Literaturmuseum?, S. 67.

69   So Klaus Aschenbach, Jürgen Beyer und Jürgen Seifert im Vorwort (S. 14) zu: Das Schillermuseum in Weimar. Ein Stadtbaustein der Ostmoderne, hg. von Klaus Aschenbach, Jürgen Beyer und Jürgen Seifert, Weimar 2018. Ähnlich heißt es über das Umfeld der Museumsplanung in den 80er Jahren: »Vormals geltende ideologische Schranken in der wissenschaftlichen Auseinandersetzung der Klassik-Forschung mit Literatur und Geschichte waren gefallen.« (S. 168) Mit diesem Band versuchen die einstigen Akteure – nämlich die, die für die Erbauung des Museums verantwortlich waren – das Bauprojekt als letztes großes Vorhaben der NFG in ein bestimmtes Licht zu rücken; sie stilisieren den Bau als einzigen Museumsneubau der DDR (S. 25, 71), ja sogar als »erste[n] Neubau für ein Literaturmuseum in Deutschland« (S. 14). Älter sind freilich das Schiller-Nationalmuseum in Marbach a.N. (erbaut 1903) und das Weimarer Goethe-Museum (erbaut 1935).

70   Vgl. nochmals Paul Kahl, Goethehaus und Goethe-Museum im 20. Jahrhundert.

neunzehnten Jahrhunderts, in welchem der Zugriff politischer Akteure auf die Weimarer Museen schon vorbereitet war, auch wenn er, wie im Fall des Museumsplans von 1842 – und dann auch im Fall des Museums der deutschen Nationalliteratur –, scheiterte.

Eine künftige kritische Weimarer Museumsforschung, will sie die Musealisierung der Stadt in ihrer Vielschichtigkeit erschließen und vor dem Hintergrund der gegenwärtigen Transformationsprozesse reflektieren, muss insofern neben den tatsächlich gebauten und noch bestehenden Museen die nicht verwirklichten Vorhaben einbeziehen und nach ihren Akteuren und deren Anliegen fragen: Beide, das Vorhaben von 1842 wie auch das von 1953, sind, je unterschiedlich, Ausdruck eines politischen (»Berliner«) Anliegens an das literarische Erbe Weimars; sie sind Ausdruck einer politisch bestimmten Kanonisierung. Dieser Kanonisierung konnte sich wohl der lebende Thomas Mann entziehen, nicht aber die toten Klassiker. Es ist dies ein Kapitel einer künftigen Geschichte deutschsprachiger Literaturmuseen.

AUFSÄTZE

JÖRG ROBERT

KLASSISCHE ROMANTIK UND ÄSTHETIK DER TIEFE.

Schillers Ballade *Der Taucher* und
Athanasius Kirchers *Mundus subterraneus*

>»Wenn Taucher sich unter dem Meere befinden
und das Sonnenlicht in ihre Glocke scheint, so
ist alles Beleuchtete, was sie umgibt, purpur-
farbig (wovon künftig die Ursache anzugeben
ist); die Schatten dagegen sehen grün aus.«[1]

1. Popularität – populäre Klassik

In seiner viel gelesenen Schiller-Biografie findet Rüdiger Safranski lobende Worte
für eine Gruppe von Texten, die in der Schiller-Rezeption eine überragende,
aber auch höchst ambivalente Rolle gespielt haben – die Balladen. *Der Taucher*
wie auch *Der Handschuh* zählten zu jenen Texten, »mit denen Schiller bewies, daß
hoher geistiger Anspruch und Volkstümlichkeit sich durchaus miteinander verbinden ließen«[2]. Es seien »Werke von solch wunderbarer Deutlichkeit, daß man sie
nicht zu kommentieren braucht«[3]. Volkstümlichkeit und Deutlichkeit – Safranski
benennt damit pointiert zwei Schlüsselaspekte der Produktion wie Rezeption der
Schiller'schen Balladen: »Volkstümlichkeit« – »Popularität«[4] – bezeichnet ein
poetologisches Leitkonzept, das für Schillers Balladenprojekt und für das literarische Feld ›vor der Klassik‹ von zentraler Bedeutung ist.[5] Denn in den Früchten

---

1   Johann Wolfgang Goethe. Sämtliche Werke, Briefe, Tagebücher und Gespräche, Bd. 23,I, hg.
    von Manfred Wenzel, Frankfurt a.M. 1991, S. 56 (Zu Faust II, S. 247, v. 6009 f.).
2   Rüdiger Safranski, Friedrich Schiller oder Die Erfindung des Deutschen Idealismus, Wien
    2004, S. 464.
3   Ebd., S. 465.
4   Schillers Werke. Nationalausgabe, Bd. 22: Vermischte Schriften, hg. von Herbert Meyer,
    Weimar 1991, S. 247–251 (Im Folgenden zitiert: NA Bandnummer, Seitenzahl).
5   Jörg Robert, Vor der Klassik. Die Ästhetik Schillers zwischen Karlsschule und Kant-
    Rezeption, Berlin und Boston 2011.

des ›Balladenjahres‹ 1797 konvergiert jene Schlacht um das Populäre, die Schiller durch seine Rezension *Ueber Bürgers Gedichte* in der *Allgemeinen Literatur-Zeitung* 1791 (Nr. 13 und Nr. 14) angezettelt hatte.[6] Diese Schlacht um das Populäre bzw. um eine populäre Klassik schloss an die Kontroversen um die »Volkspoesie« an, die sich im Vor- und Umfeld von Herders *Volksliedern* (1778/1779) zwischen Stürmern und Drängern auf der einen und Klassizisten wie Friedrich Nicolai[7] auf der anderen Seite entzündet hatten.[8] In Bürger traf Schiller jenen Autor, der u. a. durch seinen Aufsatz *Aus Daniel Wunderlichs Buch* (1776; hier der Abschnitt *Herzensausguß über Volks-Poesie*[9]) die Polemik um Volkslied, Volkspoesie und Popularität entscheidend befeuert hatte. Bürger, der Autor der *Lenore*, sprach hier vom »Zauberschalle der Balladen und Gassenhauer« und forderte: »Und alles Lyrische und Epischlyrische sollte Ballade oder Volkslied sein!«[10] Es möge »ein deutscher Percy aufstehen, die Überbleibsel unserer alten Volkslieder sammeln«[11]. In der Vorrede zu seinen *Gedichten* (1789) nahm Bürger diese Gedanken auf: »Popularität eines poetischen Werkes ist das Siegel seiner Vollkommenheit.«[12] Daher erhebe er den Anspruch, »Volksdichter, oder lieber ein populärer Dichter zu sein«[13]. Bürger, dem Übersetzer Homers und Vergils, ging es bei aller Kritik an bloßer »Nachäffung«[14] der Alten nicht um ein Ende der *imitatio veterum*, im Gegenteil. Die Zeichen der Zeit standen 1789 auf Synthese des Klassischen und des Romantischen. Homer blieb der Leitstern, aber Vergil behielt ebenso seine Stellung.[15] Bürger hatte beide

---

6   Die zeitgenössische Rezeption und Diskussion dokumentiert die Anthologie: Ein Jahrhundert deutscher Literaturkritik (1750–1850), Bd. 3: Der Aufstieg zur Klassik in der Kritik der Zeit, hg. von Oscar Fambach, Berlin 1959, hier S. 458–489.

7   Vgl. Frieder von Ammon, Kampfplätze der Literatur. Friedrich Nicolai und die Streitkultur des 18. Jahrhunderts, in: Friedrich Nicolai im Kontext der kritischen Kultur der Aufklärung, hg. von Stefanie Stockhorst. Göttingen 2013, S. 23–49.

8   Vgl. Johann Gottfried Herder, Volkslieder. Stimmen der Völker in Liedern, zwei Teile, hg. von Heinz Rölleke, Stuttgart 1975 (Nachwort S. 463–496); Johann Gottfried Herder, Werke in 10 Bänden, Bd. 3: Volkslieder. Übertragungen. Dichtungen, hg. von Ulrich Gaier, Frankfurt a.M. 1990, hier der Kommentar von Ulrich Gaier, S. 848–924.

9   Gottfried August Bürger, Sämtliche Werke, hg. von Günter und Hiltrud Häntzschel, München 1987, S. 685–697, hier S. 687–697.

10   Ebd., S. 691.

11   Ebd., S. 693.

12   Ebd., S. 14.

13   Ebd., S. 15.

14   Ebd., S. 16.

15   Zur langen Geschichte der Querelle d'Homère vgl. Gregor Vogt-Spira, Warum Vergil statt Homer? Der frühneuzeitliche Vorzugsstreit zwischen Homer und Vergil im Spannungsfeld von Autorität und Historisierung, in: Poetica 34 (2002), S. 323–344; Carsten Zelle, Die doppelte Ästhetik der Moderne. Revisionen des Schönen von Boileau bis Nietzsche, Stuttgart und Weimar 1995, S. 100–103.

Klassiker übersetzt und dabei in mehreren Beiträgen (z. B. *Bürger an einen Freund über seine teutsche Ilias*, erschienen in Wielands *Teutschem Merkur* 1776) zu Fragen der Übersetzungspoetik, insbesondere zu deutscher Prosodie und Metrik, Stellung bezogen. Schiller folgte ihm und dem Trend zur Popularisierung der Klassiker durch Übersetzung. Seine Übertragungen des zweiten und vierten Buches der *Aeneis* in der *Thalia* standen im Kontext eines geplanten Übersetzungswettstreits mit Bürger.[16] Die Verbindung von Popularität und Klassizität war denn auch für die »Journalpoetik«[17] der *Thalia* entscheidend.

Die Polemik, die Schiller gegen Bürger vom Zaun brach, muss hier nicht im Einzelnen nachvollzogen werden.[18] Dass sie vor allem werk- und literaturpolitische Ziele verfolgte, ist sofort gesehen worden.[19] Schiller bekämpfte seinen Kontrahenten weniger wegen abweichender als wegen konvergierender Ziele. Schiller ging es in der Bürger-Rezension nicht um eine »Austreibung des Populären«[20], sondern um dessen Okkupation für eigene Zwecke, d. h. für das Konzept ›ästhetische Erziehung‹. Dies erklärt einen befremdlichen Befund: Vergleicht man nämlich Bürgers Positionen in der Vorrede zur Gedichtsammlung von 1789 mit Schillers Kritikpunkten, so stellt man eine frappierende Überein-

16 Jörg Robert, Klassizität in der Modernität. Schillers Antike(n) und der Beginn der Klassik, in: Schiller im philosophischen Kontext, hg. von Cordula Burtscher und Markus Hien, Würzburg 2011, S. 165–180, hier bes. S. 174–177; Astrid Dröse und Jörg Robert, Editoriale Aneignung und usurpierte Autorschaft. Schillers »Thalia«-Projekt, in: Zeitschrift für Germanistik N.F. 27 (2017), H. 1, S. 108–131, hier S. 119–125.

17 Zum Begriff Astrid Dröse und Jörg Robert, Editoriale Aneignung und usurpierte Autorschaft sowie Astrid Dröse und Jörg Robert, Journalpoetik. Kleists »Erdbeben in Chili« und Cottas »Morgenblatt für gebildete Stände«, in: Jahrbuch der deutschen Schiller-Gesellschaft 63 (2019), S. 197–216.

18 Walter Müller-Seidel, Schillers Kontroverse mit Bürger und ihr geschichtlicher Sinn, in: Formenwandel. Festschrift für Paul Böckmann, hg. von dems. und Wolfgang Preisendanz Hamburg 1964, S. 294–318; Walter Hinderer, Die ästhetische Kontroverse zwischen Schiller und Bürger, in: Von der Idee des Menschen. Über Friedrich Schiller, hg. von dems., Würzburg 1998, S. 76–93; Walter Hinderer, Schiller und Bürger. Die ästhetische Kontroverse als Paradigma, in: Jahrbuch des Freien Deutschen Hochstifts (1986), S. 130–154; Gerhard Köpf, Friedrich Schiller: ›Über Bürgers Gedichte‹. Historizität als Norm einer Theorie des Lesers, in: Jahrbuch des Wiener Goethe-Vereins 81–83 (1977–1979), S. 263–273; Klaus F. Gille, Schillers Rezension ›Über Bürgers Gedichte‹ im Lichte der zeitgenössischen Bürger-Kritik, in: Konstellationen. Gesammelte Aufsätze zur Literatur der Goethe-Zeit, hg. von dems., Berlin 2002, S. 41–61; Günter Oesterle, Friedrich Schillers Polemik gegen die Gedichte Gottfried August Bürgers und die Antwort der romantischen Schriftsteller, in: Positive Dialektik, Oxford u. a. 2007, S. 101–115.

19 Zum Konzept ›Werkpolitik‹ Steffen Martus, Werkpolitik. Zur Literaturgeschichte kritischer Kommunikation vom 17. ins 20. Jahrhundert, Berlin 2007, bes. S. 168 f. zu Schiller und Bürger.

20 Hans Richard Brittnacher, Die Austreibung des Populären. Schillers Bürger-Kritik, in: Goethe Yearbook 25 (2018), H. 1, S. 97–107.

stimmung[21] fest. Schiller bediente sich bis in den Wortlaut hinein (»Hopp Hopp, Hurre Hurre«[22]) bei Bürgers Selbstkritik. Auch Bürger wollte Prinzipien des Sturm und Drang und des Klassizismus mit der neuen Mode des Romantischen verbinden, wie sie sich seit den 1770er Jahren im ›Zweiten Petrarkismus‹[23], in der Ariost- und Tasso-Rezeption[24] (man denke an Wielands *Oberon*) sowie in der Produktion von Romanzen (z. B. Herders *Volkslieder*) niederschlug. Schillers Strategie gegenüber Bürger beruhte darauf, ›Volk‹ und ›Popularität‹ nicht als Stilproblem, sondern einerseits als soziale Kategorie (im Sinne von *vulgus*) und andererseits als Charakterzug zu behandeln. In der Rezension floss beides auf eine für den Rezensierten verletzende Art und Weise zusammen: Die Kritik an den Gedichten wurde zur Kritik an Bürgers Person.[25] Dagegen führte Schiller ein Programm ins Feld, das in den *Künstlern* formuliert worden war und wenig später unter dem Schlagwort ›ästhetische Erziehung‹ firmieren sollte. Insbesondere der Lyrik kam für dieses Projekt große Bedeutung zu.[26] Schiller verband mit dem Schlagwort ›Popularität‹ andere Absichten als Bürger oder Herder. ›Popularität‹ war kein Selbstzweck, sondern diente der Popularisierung, ganz im Sinne einer lyrischen ›Popularphilosophie‹[27], welche »die Geheimnisse des Denkers in leicht zu entziffernder Bildersprache dem Kindersinn zu erraten geben«[28] sollte. Der »Volksdichter für unsere Zeiten« müsse wesentlich Erzieher seines Volkes auf dem Weg zum »ganze[n] Menschen« sein. Angesichts der »*Auswahl* einer Nation und der *Masse*«[29] müsse er sich hüten, sich einfach »der Fassungskraft des großen

---

21 Vgl. Jörg Robert, Vor der Klassik, S. 315–319.

22 Gottfried August Bürger, Sämtliche Werke, S. 13; vgl. NA 22, S. 254.

23 Katrin Korch, Der zweite Petrarkismus. Francesco Petrarca in der deutschen Dichtung des 18. und 19. Jahrhunderts, Aachen 2000; Francesco Petrarca in Deutschland. Seine Wirkung in Literatur, Kunst und Musik, hg. von Achim Aurnhammer, Tübingen 2006; Petrarca in Deutschland. (Katalog zur) Ausstellung zum 700. Geburtstag (20. Juli 2004), hg. von Achim Aurnhammer, Heidelberg 2004.

24 Achim Aurnhammer, Torquato Tasso in Deutschland. Seine Wirkung in Literatur, Kunst und Musik seit der Mitte des 18. Jahrhunderts, Berlin und New York 1995.

25 Entsprechend urteilt Schiller anlässlich eines Besuchs Bürgers in Jena (April 1789): »Der Karakter von Popularität, der in seinen Gedichten herrscht, verläugnet sich auch nicht in seinem persönlichen Umgang, und hier, wie dort verliert er sich zuweilen in das Platte.« An Charlotte von Lengefeld, 30. April 1789; NA 25, S. 251.

26 Friedrich Schiller. Werke und Briefe in zwölf Bänden, Bd. 1: Gedichte, hg. von Georg Kurscheidt, Frankfurt a.M. 1992, S. 813 (Im Folgenden zitiert: FA Bandnummer, Seitenzahl).

27 Zum Überblick Helmuth Holzhey, Art. Popularphilosophie, in: Historisches Wörterbuch der Philosophie, hg. von Joachim Ritter und Karlfried Gründer, Bd. 7: P–Q, Basel 1989, Sp. 1093–1110.

28 NA 22, S. 249.

29 NA 22, S. 247.

Haufens zu bequemen«[30], sondern vielmehr »als der aufgeklärte, verfeinerte *Wortführer der Volksgefühle*«[31] auftreten.

Im Kalkül der Volksbildung und der ästhetischen Erziehung spielten die Balladen eine wichtige Rolle. Mit ihnen griff Schiller eine populäre Gattung der 1770er Jahre auf, um sie einem aktuellen Programm einzuschreiben (eben: der ästhetischen Erziehung). Für die Zeitgenossen war die Ballade prototypisch durch Bürger, Goethe und Herder geprägt. Bürgers *Lenore* erschien 1773 (im selben Jahr wie Herders Aufsatz über *Ossian*), Herders Sammlung *Volkslieder* 1778/79, 1782 verfasste Goethe den *Erlkönig*. Schiller hatte sich an dieser ersten Balladen-Mode nicht beteiligt. In den 1780er Jahren vollzog sich – ausgehend von Goethe und Wieland – gleichzeitig mit der Volkslied-Welle eine Wende zum Klassizismus, die auch Schiller in der Zeit des *Geistersehers* und des *Don Karlos* reflektiert. In einem Brief an Körner vom 20. August 1788 schreibt er: »Du wirst finden, daß mir ein Vertrauter Umgang mit den Alten äuserst wohl thun – vielleicht Classicität geben wird.«[32] Zehn Jahre später boten die Balladen ein Experimentierfeld an, auf dem sich populäre Synthesen zwischen dem Antiken und dem Modernen, dem Klassischen und dem Romantischen erproben ließen. Schiller hatte diese Synthese praktisch in seinen Vergil-Übersetzungen (Buch 2 und 4 der *Aeneis*) erprobt. Die lateinischen Hexameter wurden in die *ottavarima*, die Form des *romanzo* in der Tradition Ariosts und Tassos, übertragen. Schiller romantisierte Vergil. Die »Vereinigung des Wesentlich-Modernen mit dem Wesentlich-Antiken«[33], die Friedrich Schlegel 1794 theoretisch beschwor, findet sich in Übersetzungskultur und ›Journalpoetik‹ der 1780er Jahre bereits praktisch verwirklicht.

2. Klassische Romantik – Ballade und Romanze

An die Vergil-Übersetzung als erstes Experiment einer Romantisierung des Klassischen schlossen die Balladen wenige Jahre später unmittelbar an – in Verfahren, Stoff und Form. Wieder arbeitete Schiller mit stilistischen Anachronismen und Verfremdungseffekten, die nun an der ›modernen‹ Form der Stanze (*ottavarima*) ansetzten. Viele der von Schiller geprägten Balladenstrophen gehen von der *ottavarima* aus, ohne sie als solche unverändert zu übernehmen. Damit

---

30 NA 22, S. 248.
31 NA 22, S. 249.
32 NA 25, S. 97.
33 Kritische Friedrich-Schlegel-Ausgabe, Bd. 23: Briefe von und an Friedrich und Dorothea Schlegel, hg. von Ernst Behler, Paderborn u.a. 1987, S. 185; Dorit Messlin, Antike und Moderne. Friedrich Schlegels Poetik, Philosophie und Lebenskunst, Berlin und New York 2011.

ergibt sich ein dialektischer Dreischritt, der Antike *und* Renaissance in der sentimentalischen Perspektive der Gegenwart aufhebt: Auch das Ritterromantische wird durch »hybride Kombination«[34] historisiert und verfremdet. Daraus lässt sich eine Grundregel ableiten: Schiller macht den Chiasmus zwischen Stoff und Form zum poetologischen Leitprinzip: Klassische Stoffe, wie sie *Die Kraniche des Ibycus, Der Ring des Polykrates, Die Klage der Ceres, Die Bürgschaft, Hero und Leander* usw. bieten, wurden in die moderne Form der Ballade übersetzt, während in den Dramen seit dem *Wallenstein* moderne (d. h. frühneuzeitliche) Stoffe in klassische Formen und Sprachgebärden gefasst wurden. Zudem wurden romantische Stoffe wie Carlo Gozzis *Turandot* klassizistisch umgearbeitet.[35] Hinzu kommt die Affinität zwischen Ballade und Romanze: Stücke wie *Der Taucher, Der Handschuh, Der Graf von Habsburg* und *Der Gang nach dem Eisenhammer* sind aufgrund ihrer ritterromantischen Sujets als Romanzen zu bezeichnen. Dasselbe gilt aufgrund der formalen Behandlung aber auch für Texte des antiken Stoffkreises wie *Hero und Leander*. Diese Durchlässigkeit zwischen Ballade und Romanze ist in den klassischen gattungsgeschichtlichen Studien immer wieder beschrieben worden.[36] Im Rückblick lässt sich erkennen, »daß die ›Romanzen‹ Gleims (und seiner Nachfolger) die ›Balladen‹ Bürgers (und Goethes) nur vorbereitet haben«[37]. Im Kontext der Romantik ließ sich dann unmittelbar an die spanischen Romanzen in Herders *Volksliedern* anschließen (auch Schiller versuchte sich am *Don Juan*-Stoff[38]). In den Kompendien der Aufklärungsästhetik werden Ballade und Romanze unterschiedlich eingeordnet. In Sulzers *Allgemeiner Theorie der Schönen Künste* findet sich ein Artikel zur ›Romanze‹, nicht aber zur Ballade.

---

34 Karl Pestalozzi, Die suggestive Wirkung der Kunst, in: Interpretationen. Gedichte von Friedrich Schiller, hg. von Norbert Oellers, Stuttgart 1996, S. 223–236, hier S. 227. Pestalozzi untersucht exemplarisch für die *Kraniche des Ibycus* Schillers Technik, antike ›Spolien‹ in die moderne Form der Ballade einzubauen. Das Griechische wird dabei durch das Medium der lateinischen Dichtung rekonstruiert: »Schiller war sichtlich bemüht, antike Sprachfiguren, wie er sie aus dem Lateinischen kannte, nachzuahmen« (ebd., S. 225).

35 Astrid Dröse, Klassische Romantik. Schiller bearbeitet Carlo Gozzis Turandot, in: Schiller und die Romantik, hg. von Helmut Hühn, Nikolas Immer und Ariane Ludwig im Auftrag des Schillervereins Weimar-Jena, Weimar 2018, S. 47–70.

36 Winfried Freund, Die deutsche Ballade. Theorien, Analysen, Didaktik, Paderborn 1978; Hartmut Laufhütte, Die deutsche Kunstballade. Grundlegung einer Gattungsgeschichte, Heidelberg 1979; Deutsche Balladen, hg. von Hartmut Laufhütte, Stuttgart 1991; Balladenforschung, hg. von Walter Müller-Seidel, Königstein 1980.

37 Christian Wagenknecht, Ballade, in: Reallexikon der deutschen Literaturwissenschaft, Bd. 1: A–G, hg. von Klaus Weimar gemeinsam mit Harald Fricke, Klaus Grubmüller und Jan-Dirk Müller, Berlin und New York 1997, S. 192–196, hier S. 193.

38 FA 1, S. 727–730.

In Eschenburgs *Entwurf einer Theorie und Literatur der schönen Wissenschaften* werden dagegen Gattungsmerkmale der Ballade auf die Romanze übertragen.[39] Schiller hat keine Poetik der Ballade vorgelegt. In den Briefwechseln mit Goethe, Humboldt oder Körner werden Details einzelner Texte diskutiert; die Rede vom »Balladenjahr«[40] ist – wie viele andere Erwähnungen der entstehenden Balladen[41] – nicht mehr als launiges Aperçu. Gattungspoetisch bietet der Blick in die Erstpublikationen in den *Musen-Almanachen für das Jahr 1798* bzw. *1799* einen gewissen Aufschluss.[42] Hier finden sich fast durchweg Gattungsbezeichnungen: Im Jahrgang 1798 wird *Der Handschuh* als »Erzählung«[43] bezeichnet, als »Balladen« sind *Ritter Toggenburg* (1798, S. 105), *Der Taucher* (1798, S. 119), *Die Kraniche des Ibycus* (1798, S. 267) und *Der Gang nach dem Eisenhammer* (1798, S. 306) klassifiziert. Goethes *Die Braut von Corinth* (1798, S. 88) trägt die Gattungsbezeichnung »Romanze«. Im *Musen-Almanach für das Jahr 1799* zeigt sich ein anderes Bild: Hier erscheint der ritterromantische *Kampf mit dem Drachen* passend als »Romanze« eingeordnet (1799, S. 157) – aber auch die in keiner Weise ›romantische‹ *Bürgschaft* (1799, S. 176; allerdings nur im Inhaltsverzeichnis, nicht im Text selbst). Der Befund zeigt, dass die Gattungsbezeichnungen ›Ballade‹ und ›Romanze‹ für Schiller und seine Leser durchlässig waren. Auch die Unterscheidung zwischen ›nordischen‹ und ›südlichen‹ Stoffen spielt keine entscheidende Rolle. In der Ausgabe der Gedichte letzter Hand (Crusius, Leipzig ²1804) hat Schiller die Gattungsbezeichnungen aus den Almanach-Publikationen weitgehend übernommen und damit bestätigt.[44]

39 Gottfried Weißert, Ballade, Stuttgart u.a. ²1993, S. 4. Zur problematischen Differenzierung beider Formen siehe Sven-Aage Jørgensen, Romanze, in: Reallexikon der deutschen Literaturwissenschaft, Bd. 3: P–Z, hg. von Jan-Dirk Müller u.a., Berlin und New York 2003, S. 331–333.

40 Brief an Goethe vom 22. September 1797: »Auch ist dieses einmal das Balladenjahr, und das nächste hat schon ziemlich den Anschein das Liederjahr zu werden.« NA 29, S. 137.

41 Angelika Reimann, »Leben Sie recht wohl und lassen Ihren ›Taucher‹ je eher je lieber ersaufen«. Ein Blick in die Dichterwerkstatt Goethes und Schillers im Balladenjahr 1797, in: Palmbaum 5 (1997), H. 2, S. 6–21.

42 Zu den Almanachen FA 1, S. 814–817.

43 Musen-Almanach für das Jahr 1798, hg. von Friedrich Schiller, Tübingen 1797, S. 41.

44 Die Gattungen spielen jedoch als Ordnungsschemata keine Rolle; sie treten zurück hinter Datierungen, die auf eine Empfehlung Körners hin aufgenommen werden. Sie sollten gerade Schillers ältere Texte »als historische Zeugnisse seiner poetischen Entwicklung« rechtfertigen (FA 1, S. 819). Zu Entstehung und Disposition der Gedichtausgabe siehe FA 1, S. 817–827, hier S. 823: »Was die Anordnung [des ersten Teils; J.R.] betrifft, so ist entgegen anderer Auffassung [...] kein vorherrschendes Prinzip festzustellen, außer dem der Abwechslung.«

Schillers Balladen haben – wie die Gattung Ballade insgesamt[45] – nach wie vor einen schweren Stand in der Forschung. Es war Hans Magnus Enzensberger, der 1966 in einer berühmten Polemik gegen das *Lied von der Glocke*[46] die Deautorisierung der Klassik reflexartig auf die Balladen bezog. Der Angriff zeigte Wirkung, die ideologiekritische Entzauberung der Weimarer Klassik begann. Allenfalls ließ sich die Schiller-Forschung nach der Epochenscheide 1968 noch als »Abschied von der Klassizität«[47] begründen, die den »Hofpoet[en] des deutschen Idealismus«[48] dialektisch gegen den Strich bürstete oder kritisch-korrigierend an seiner ästhetischen Theorie ansetzte.[49] Als »überdeutliche Moralgedichte«[50], deren altertümliche Sprachgeste und »typisierende Tendenz die Grenze zum unfreiwillig Komischen«[51] überschritten, rückten die Balladen zunehmend an den Rand des Forschungsinteresses. Diese ›Deautorisierung‹ ist im Gefolge der Schiller- und Klassik-Renaissance seit 2005 immerhin teilweise revidiert worden. Peter-André Alt hob in seiner Schiller-Biografie von 2000, die den Balladen ein eigenes Kapitel widmete,[52] die »skeptische Auseinandersetzung mit den vielschichtigen Bedingungen menschlicher Autonomie«[53] als thematisches Zentrum hervor. Dennoch widmete sich zuletzt nur Rahel Beelers Studie zur »Poetologie von Schillers Balladendichtung« in monografischer Form diesem Themenkomplex.[54] Innerhalb des Korpus galt das Interesse vor allem einigen alten Bekannten: den *Kranichen des*

---

45 Christian Wagenknecht stellt am Ende seines Artikels ›Ballade‹ im *Reallexikon der deutschen Literaturwissenschaft* fest (S. 195): »Die künftige Forschung wird insbesondere Laufhüttes ›Grundlegung einer Gattungsgeschichte‹ [Erscheinungsjahr 1979!; J.R.] zu überprüfen und fortzuführen haben.« Die letzte systematische Publikation zur Ballade ist die zweite Auflage der zuerst 1980 erschienenen Einführung von Gottfried Weißert (²1993).

46 Hans Magnus Enzensberger, Festgemauert aber entbehrlich. Warum ich Schillers berühmte Balladen weglöß, in: Schiller – Zeitgenosse aller Epochen. Dokumente zur Wirkungsgeschichte Schillers in Deutschland, Bd. 2: 1860–1966, hg. von Norbert Oellers, Frankfurt a.M. 1976, S. 467–472.

47 Herbert Kraft, Um Schiller betrogen, Pfullingen 1978, S. 9.

48 Theodor W. Adorno, Ist die Kunst heiter? Gesammelte Schriften, hg. von Rolf Tiedemann unter Mitwirkung von Gretel Adorno, Susan Buck-Mors und Klaus Schultz, Bd. 11: Noten zur Literatur, Frankfurt a.M. 2003, S. 599–606, hier S. 599.

49 Vgl. Michael Hofmann u. a., Wirkung, in: Schiller-Handbuch. Leben – Werk – Wirkung, hg. von Matthias Luserke-Jaqui, Stuttgart 2005, S. 561–604, hier S. 579 f.

50 Rahel B. Beeler, »dunkel war der Rede Sinn«. Zur Poetologie von Schillers Balladendichtung, Würzburg 2014, S. 15.

51 Peter-André Alt, Schiller. Leben – Werk – Zeit. Eine Biographie, 2 Bde., München 2000, hier Bd. 2, S. 350.

52 Ebd., S. 344–360.

53 Ebd., S. 350.

54 Rahel B. Beeler, »dunkel war der Rede Sinn«.

Ibycus[55] oder dem *Taucher*, während die ritterromantischen Sujets eher randständig blieben. Dass im Fall der Balladen »höchste Simplizität«[56] nicht mit geistiger Schlichtheit und literarischer Unterkomplexität verwechselt werden darf, scheint in den meisten jüngeren Beiträgen auf. Safranskis – lobend gemeinte – Schlagworte »Volkstümlichkeit« und »Deutlichkeit« sind immerhin relativiert worden. In den rezenten Interpretationen erscheinen die Schiller'schen Balladen als vielstimmige, offene und provozierende Texte, in denen sich eine ›andere‹ Klassik artikuliert. Polyphonie und Deutungsoffenheit zeigen sich insbesondere an der Ballade *Der Taucher*, der sich zuletzt mehrere Beiträge zugewandt haben. Dabei stand immer wieder Schillers Darstellung des Abgründigen, der Tiefe[57] und damit des Unheimlichen im Mittelpunkt, die psychoanalytischen Deutungsansätzen Nahrung gab.[58] Ungebrochen bleibt daneben das Interesse der Literaturdidaktik.[59]

Die folgenden Überlegungen zum *Taucher* gehen von den eingangs skizzierten literatur- und werkpolitischen Kontexten des ›Balladenjahres‹ aus. *Der Taucher* ist exemplarisch für das, was man als ›Klassische Romantik‹ bezeichnen

---

55 Bernhard Greiner, Das Theater als Ort der Präsentation »ganzer« Natur (Die Kraniche des Ibycus, Die Jungfrau von Orleans), in: Schillers Natur. Leben, Denken und literarisches Schaffen, hg. von dems. und Georg Braungart, Hamburg 2005, S. 191–205; Achim Geisenhanslüke, Kranich und Albatros. Schillers klassische Lyrik, in: Schiller neu denken. Beiträge zur Literatur-, Kultur- und Kunstgeschichte, hg. von Peter Philipp Riedl, Regensburg 2006, S. 31–41; Dirk von Petersdorff, »Als ob die Gottheit nahe wär«. Schillers Ballade »Die Kraniche des Ibycus« und das Verhältnis von Kunst und Religion in der Moderne, in: Wirkendes Wort 57 (2007), H. 1, S. 1–10.

56 NA 22, S. 248.

57 Exemplarisch Vera Bachmann, Stille Wasser – tiefe Texte? Zur Ästhetik der Oberfläche in der Literatur des 19. Jahrhunderts, Bielefeld 2013, S. 91–123, die den *Taucher* als »poetologische Ballade« liest: »was hier verhandelt wird, ist nicht nur der Grund des Meeres, sondern auch die Tiefe der Kunst« (ebd., S. 92). Die Tiefe steht »hier als Metapher für den Bedeutungsüberschuss der literarischen Rede« (ebd., S. 121); Maren Conrad, Aufbrüche der Ordnung, Anfänge der Phantastik. Ein Modell zur methodischen Balladenanalyse, entwickelt am Beispiel der phantastischen Kunstballade, Heidelberg 2014, S. 245–268; Wolfgang Struck, Über die wirbelreichen Tiefen des Meeres. Momentaufnahmen einer literarischen Hydrographie, in: Die Werkstatt des Kartographen. Materialien und Praktiken visueller Welterzeugung, hg. von Steffen Siegel und Petra Weigel, München 2011, S. 123–142.

58 Dominic Angeloch, Reißende Mutter Natur. Zur Dialektik des Unheimlichen: Schillers ›Der Taucher‹ und ›Der Handschuh‹, in: Friedrich Schiller, hg. von Astrid Lange-Kirchheim, Joachim Pfeiffer und Carl Pietzcker, Würzburg 2016, S. 111–147; Alexandra Pontzen, Psychoanalytischer Blick auf die Balladen ›Der Taucher‹ und ›Der Handschuh‹ – eine Miniatur, in: Friedrich Schiller, hg. von Astrid Lange-Kirchheim, Joachim Pfeiffer und Carl Pietzcker, Würzburg 2016, S. 149–170.

59 Maren Ladehoff, »Wer ist der Beherzte, ich frag wieder, zu tauchen in diese Tiefe nieder?« Schillers Ballade »Der Taucher« als Gegenstand eines symmedialen Deutschunterrichts in der Grundschule, 2013.

kann.[60] Schiller nutzt den ritterromantischen Rahmen, um eine wilde und archaische Antike zu Tage zu fördern. Wie die Erinnyen in den *Kranichen des Ibycus* zeigt sich im wütenden Meeresstrom der Charybde, mit der eine Gestalt der homerischen Welt auf dämonische Weise wieder auflebt, zugleich eine »Nachtseite der Antike«[61] und die Wiederkehr des verdrängten Mythos.[62] Wie viele andere Balladen Schillers ist auch der *Taucher* um Schwellenszenarien herum angelegt, in denen sich die menschliche Autonomie im Angesicht physischer Bedrohungen und Grenzerfahrungen bewähren muss. Diese Herausforderung geht einerseits von der Gesellschaft, andererseits von der Natur aus, die dem Menschen heteronom und feindlich als das Andere der Vernunft[63] selbst gegenübersteht. Der »Sprung ins Bewußtsein«[64] erweist sich dabei hermeneutisch als Tauchfahrt ins Ungewisse. *Der Taucher* ist eine klassisch-romantische Heldenballade; eine idealistische Ideenballade von »wunderbarer Deutlichkeit«, wie Safranski behauptet, ist der Text sicher nicht. Seine Deutungsoffenheit liegt in der Bodenlosigkeit der Erfahrung selbst, die er thematisiert. Der *descensus* des Tauchers rührt an eine Transzendenz, ein Tabu, das unaussprechbar bleibt und daher nur als Leerstelle beschworen werden kann. An »des Meers tiefunterstem Grunde«[65] findet auch die Ästhetik der Tiefe ihre Grenze.

Am Beispiel des *Tauchers* soll im Folgenden das Bild einer ›anderen‹ Klassik[66] gezeichnet werden, die den beiden eben skizzierten Schlagworten ›Popularität‹ und ›klassische Romantik‹ zugeordnet ist. Um die besonderen Signaturen dieses Projekts nachzuzeichnen, wird zunächst (3.) Schillers Stellung in der langen Stoffgeschichte der Taucher-Legende neu kartiert.[67] Alle modernen Bearbeitungen

60 Der Begriff geht zurück auf eine Tagung zum Thema »Klassische Romantik – Schiller und Italien« (Villa Vigoni, 7.–10. November 2016), organisiert von Francesco Rossi (Pisa) und Jörg Robert (Tübingen).

61 Karl Pestalozzi, Die suggestive Wirkung der Kunst, S. 228.

62 Im Medium der Literatur wird so jener Prozess der Aufklärung umgekehrt, den Adorno und Horkheimer an Odysseus' Entzauberung der Fabelwesen in der *Odyssee* herausgearbeitet hatten. Max Horkheimer und Theodor W. Adorno, Dialektik der Aufklärung. Philosophische Fragmente, Frankfurt a.M. 1988 (1. Auflage 1969; zuerst engl., 1944) S. 50–87.

63 Gernot Böhme und Hartmut Böhme, Das Andere der Vernunft. Zur Entwicklung von Rationalitätsstrukturen am Beispiel Kants, Frankfurt a.M. 1985; Christian Begemann, Furcht und Angst im Prozeß der Aufklärung. Zu Literatur und Bewußtseinsgeschichte des 18. Jahrhunderts, Frankfurt a.M. 1987.

64 Gerhard Kaiser, Sprung ins Bewußtsein, in: Gedichte von Friedrich Schiller, hg. von Norbert Oellers, Stuttgart 1996, S. 201–216.

65 *Der Taucher* NA 2,I, S. 271, v. 138. Im Folgenden zitiert nach dieser Ausgabe.

66 Künftig Anne-Sophie Renner, Lyrik und Klassizität. Schillers ›Andere Ästhetik‹, Diss, Tübingen 2020.

67 Die Stoffgeschichte des *Tauchers* ist in den vergangenen Jahren kaum durch neue Forschungen bereichert worden. Grundlegend für die Tradition ist weiterhin Klaus J. Heinisch, Der Wassermensch. Entwicklungsgeschichte eines Sagenmotivs, Stuttgart 1981, hier S. 269–281.

des Taucher-Stoffes gehen auf einen Text zurück: Das zweibändige Kompendium *Mundus subterraneus* (1665) des Jesuiten Athanasius Kircher, des bedeutendsten und fruchtbarsten Gelehrten des Barockzeitalters. Kircher bietet eine Fassung der Erzählung vom Taucher Cola Pesce, in der dieser als amphibischer Grenzgänger zwischen Land und Meer, als *monstrum marinum*, erscheint. Im Vergleich mit dieser zentralen stoffgeschichtlichen Folie zeichnet sich (4.) bei Schiller eine anthropologische Wende ab. Der Taucher ist als Mensch einer Natur ausgesetzt, die ihm als das Andere der Vernunft feindlich gegenübersteht. Der erste Sprung in die Charybde erweist sich als erotisch codierte Grenzerfahrung im Rahmen eines sozialen Übergangs- und Initiationsritual, das durch den zweiten Sprung radikal in Frage gestellt wird. Der physischen wie sozialen Grenzerfahrung korrespondiert (5.) eine ästhetische, die vom Bericht des Tauchers ausgeht. Seine Ambivalenz liegt darin, dass er zugleich den *delightful horror* weckt und die Grenze der Darstellung markiert. Diese Konstellation hat ihren Ort in den ästhetischen Reflexionen der 1790er Jahre: Die Ästhetik der Tiefe erweist sich als Seitenstück zur Theorie des Erhabenen und als Reflexion auf die Grenzen des Darstellbaren.

3. Kirchers Taucher – Cola Pesce als *monstrum marinum*

Die folgende Abbildung (Abb. 1) zeigt eine Illustration aus einer der bemerkenswertesten Enzyklopädien des siebzehnten Jahrhunderts:

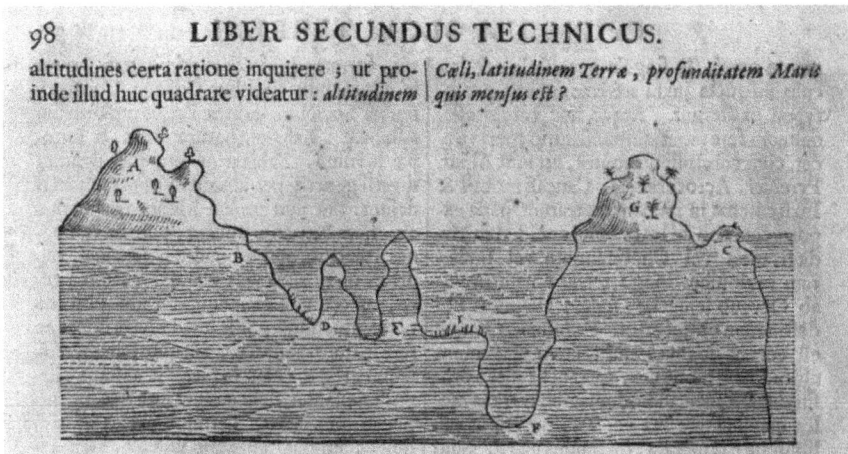

Abb. 1: Athanasius Kircher, Mundus subterraneus, in XII libros digestos [...], 2 Bde., Amsterdam 1665, Bd. 1, S. 98 (Buch II, Kap. 14). Exemplar der Staats- und Stadtbibliothek Augsburg, 2 Nat 78–1, S. 98, urn:nbn:de:bvb:12-bsb11200287–3.

Sie entstammt dem monumentalen zweibändigen *Mundus subterraneus* (Amsterdam 1665) des Jesuiten und Universalgelehrten Athanasius Kircher; dort findet sie sich im zweiten Buch (»liber secundus technicus«) am Ende des 14. Kapitels,[68] welches sich der umstrittenen Frage widmet, »ob die Tiefe des Meeres der Höhe der Berge auf der Erde entspreche«[69]. Kircher betont, dass beides nichts miteinander zu tun habe; jede geologische Formation im »Geocosmos«[70] (so Kirchers Neologismus) habe ihrer eigenen Natur entsprechend ihre gottgewollte Funktion. Der Meeresboden sei eine faszinierende, vielgestaltige Landschaft, in der sich – analog zur Landfläche – Berge unterschiedlicher Höhe, untersee-ische Wälder und Wiesen mit Unterwasserblumen fänden, die den jesuitischen Brüdern in Karthago sogar als Altarschmuck dienten, so Kircher.[71] Für Kircher steht fest, dass »der Meeresboden nicht anders als die Erde uneben, rau und

68   Athanasius Kircher, Mundus subterraneus in XII libros digestos [...], Bd. 1, Amsterdam 1665, S. 98 f. *Mundus subterraneus* dürfte zu Kirchers einfluss- und wirkmächtigsten Schriften zählen. Noch Jules Verne dient das Kompendium als Quelle für seinen *Voyage au centre de la terre*. Dazu Irene Zanot, Per una geografia del meraviglioso: il ›Mundus subterraneus‹ di Athanasius Kircher come fonte del ›Voyage au centre de la terre‹ di Verne, in: Rivista di letterature moderne e comparate 64 (2011), S. 115–139. Einen Zugang zum Gesamtwerk über die Methodik bietet Thomas Leinkauf, Mundus combinatus. Studien zur Struktur der barocken Universalwissenschaft am Beispiel Athanasius Kirchers SJ (1602–1680), Berlin 1993; eine populäre aber profunde Übersicht über die Themenbereiche vermittelt der Katalog Magie des Wissens. Athanasius Kircher 1602–1680. Universalgelehrter – Sammler – Visionär. Katalog zur Ausstellung im Martin von Wagner Museum der Univ. Würzburg (1. Oktober – 14. Dezember 2002) und im Vonderau Museum Fulda (24. Januar – 16. März 2003), hg. von Horst Beinlich, Christoph Daxelmüller, Hans-Joachim Vollrath und Klaus Wittstadt, Dettelbach 2002. Weiterhin Tina Asmussen, Lucas Burkart und Hole Rößler, Schleier des Wissens. Athanasius Kirchers Strategien der Sichtbarmachung in Stadt, Museum und Buch, in: Lo Sguardo. Rivista di filosofia 6 (2011), S. 47–72; Theatrum Kircherianum. Wissenskulturen und Bücherwelten im 17. Jahrhundert, hg. von Tina Asmussen, Lucas Burkart und Hole Rößler, Wiesbaden 2013; Tina Asmussen, Scientia Kircheriana. Die Fabrikation von Wissen bei Athanasius Kircher, Affalterbach 2016; Athanasius Kircher und seine Beziehungen zum gelehrten Europa seiner Zeit, hg. von John Edward Fletcher, Wiesbaden 1988; John Edward Fletcher, A Study of the Life and Works of Athanasius Kircher, ›Germanus Incredibilis‹. With a Selection of His Unpublished Correspondence and an Annotated Translation of His Autobiography, Leiden und Boston 2011.
69   Athanasius Kircher, Mundus subterraneus, Bd. 1, S. 96: »Utrum maris sive Oceani profunditas altitudinibus montium respondeat.«
70   Ebd., S. 55: »Globus Terrenus, quem Geocosmum sive Mundum Terrestrem appellamus, uti est universae Creaturae finis & Centrum, ita ea quoque à Divina Sapientia rerum opifice, arte & industria dispositus est, ut quicquid in universo virium, quicquid in particularibus stellarum globis proprietatum abditarum latet, id totum in hunc veluti in epitomen quandam congestum videatur [...].«
71   Ebd., S. 97.

zerklüftet ist, voller Berge und unzugänglicher Täler bzw. Abgründe« (»vallibus seu abyssis impenetrabilibus refertum«): »Wer hätte«, ruft der Jesuit Kircher mit Jesus Sirach (1,3) aus, »je die Höhe des Himmels, die Breite der Erde, die Tiefe des Meeres ermessen (bzw. ausgemessen)«?[72]

Um die These von der zerklüfteten Struktur des Meeresbodens zu erhärten, schaltet Kircher im 15. Kapitel den Fall einer solchen »curiösen« Vermessung der submarinen Unterwelt ein. Die »denkwürdige Geschichte« des Tauchers *Cola Pesce* (»Nikolaus der Fisch«) wurde das wirkmächtigste Kapitel des *Mundus subterraneus*, vielleicht in Kirchers Werk überhaupt. Kirchers Version dieser Wandersage vom Wassermenschen[73] erfährt durch den barocken Universalgelehrten ihre für die Folgezeit verbindliche Form. Dies gilt auch und zumal für Schillers Ballade *Der Taucher* aus dem ›Balladenjahr‹ 1797. Schon bei Kircher ist das Gerüst der Taucher-Handlung im Wesentlichen angelegt: Der Schauplatz ist Sizilien, die Meerenge von Messina mit dem gefährlichen Strudel der Charybdis (Abb. 2).

Der König fordert den bekannten Taucher Cola Pesce auf, eine goldene Schale aus dem Meer zu holen; ihn, den König, treibt der Wunsch, »die inneren Eigenheiten der Charybdis«[74] zu erkunden. Der Auftrag ist keine Mutprobe, sondern ein Befehl (»jussus«). Der Taucher leistet dem Befehl Folge, bringt die Schale triumphierend zurück, um sogleich zu bekennen: »Ich habe eine große Unbesonnenheit (»temeritatem«) begangen, weil ich es für Unbesonnenheit hielt, dem Befehl meines Königs nicht zu gehorchen.«[75] Befragt nach seinen Erlebnissen unter Wasser, gibt der Taucher einen umfassenden Bericht über die submarinen Verhältnisse, der erkennbar an Kirchers eigene Ausführungen im vorangehenden Kapitel anschließt. Der Taucher berichtet von unterirdischen Flüssen, die an dieser Stelle entspringen, von reißenden Wirbeln, Strudeln und Strömungen. Er spricht von »Schwärmen von Riesenpolypen, die an den Hängen der Riffe hingen

---

72 Ebd., S. 98: »Altitudinem Coeli, latitudinem Terrae, profunditatem Maris quis mensus est?«

73 Die umfangreichen Studien zur Stoffgeschichte der Tauchersage und zu Schillers Quellen sollen hier nicht resümiert werden. Die wichtigste Zusammenfassung bietet die Monographie von Klaus J. Heinisch, Der Wassermensch (mit umfangreichen Literaturhinweisen), hier bes. S. 159–169 (u. ö.); flankierend Reinhard Breymayer, Der endlich gefundene Autor einer Vorlage von Schillers »Taucher«. Christian Gottlieb Göz (1746–1803), Pfarrer in Plieningen und Hohenheim, Freund von Philipp Matthäus Hahn?, in: Blätter für württembergische Kirchengeschichte 83/84 (1983/1984), S. 54–96 mit neuem Quellenfund. Den weiteren Kontext der »Unterwasser-Literatur« erschließt Beate Otto, Unterwasser-Literatur. Von Wasserfrauen und Wassermännern, Würzburg 2001. Für Einzelnes s. den Kommentar der Nationalausgabe Schillers Werke: NA 2/IIA, S. 608–613.

74 Athanasius Kircher, Mundus subterraneus, Bd. 1, S. 98: »interiorem Charybdis constitutionem explorandum duxit«.

75 Ebd.: »Temeritatem magnam commisi, dum temeritatem putavi, Regis jussui non parere.«

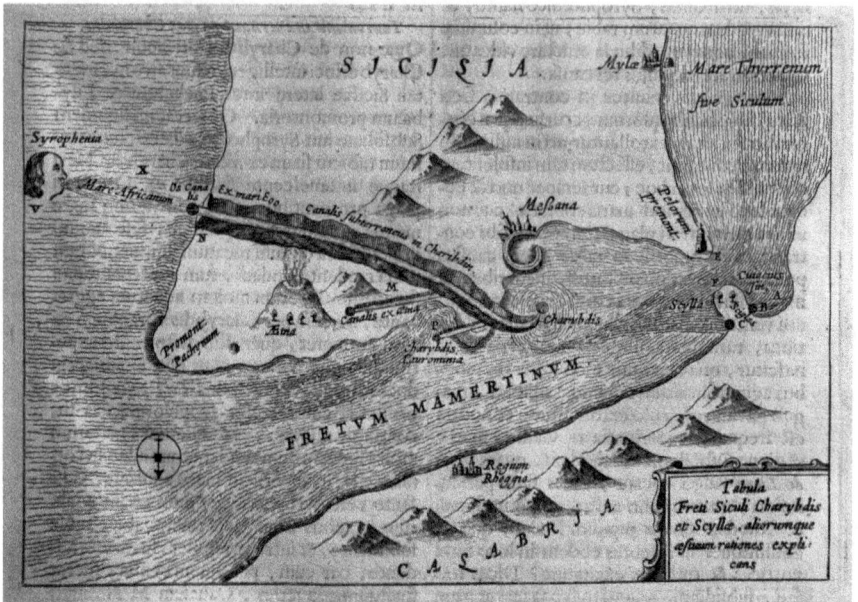

Abb. 2: Athanasius Kircher, Mundus subterraneus, Bd. 1, S. 101. Exemplar der Staats- und Stadtbibliothek Augsburg, 2 Nat 78–1, S. 101, urn:nbn:de:bvb:12-bsb11200287–3.

und ihre Tentakel weit und breit streckten, ein Anblick des Schauderns«[76], ferner von Haien (»canes marini«) und anderen schrecklichen Meeresbewohnern. Von den Umstehenden befragt, gibt der Taucher weitere Auskunft über die geologischen Verhältnisse vor Ort. Die Bergung des Bechers wird dabei zum Beweis für Kirchers These vom zerklüfteten und alpinen Profil des Meeresbodens. Die wechselnden Strömungen hätten den Becher auf ein Riff getragen; andernfalls wäre er unweigerlich im unendlich tiefen Abgrund versunken. Der Ausgang der Geschichte ist bekannt: Der Taucher lässt sich durch Gold verleiten, noch einmal in die Tiefe hinabzusinken, die ihn dann jedoch für immer aufnimmt – er wird Opfer der unterseeischen Strömungen, die ihn ins »Labyrinth der (unterirdischen) Gebirge«[77] verschlagen.

Für Kircher ist die Geschichte des Tauchers *Cola Pesce*, die er vom Archivsekretär des Ordens erfahren haben will, von entscheidender Bedeutung. Sie hat emblematische Funktion für *Mundus subterraneus* insgesamt. Kircher nutzt

---

76 Ebd., S. 99: »Ingentium Polyporum greges, qui scopulorum lateribus adhaerescentes cirris longè lateque exporrectis summum mihi horrorem incutiebant.«
77 Ebd.: »intra montium labyrinthos abductus.«

beide, den König und den Taucher, als Reflexionsfiguren.[78] Als »curiöser« Natur-forschender ähnelt Kircher selbst dem König, als Unterweltsgänger, der die Charybdis wissenschaftlich ausleuchtet,[79] gleicht er dem Taucher, dessen wissenschaftliche Explorationen und Auskünfte ja lediglich Kirchers eigenen Text belegen und umspielen. In der Vorrede inszeniert Kircher seine Studie dementsprechend als wissenschaftlichen Unterweltsgang, für den sich der Dichter die Legitimation seines großen Mentors, Papst Alexanders VII. (Fabio Chigi), einholen muss. Kircher wollte mit der Hilfe des Papstes »unerschrocken den Schritt in die unterirdischen Heiligtümer einer Welt setzen, die uns verborgen und verschlossen sei«[80]. Nur dem Priester – also Kircher selbst – ist der Eintritt in das »geheime Innere, das Heiligtum« erlaubt.[81] Die Kircher'sche Personalunion von Priester und Naturforscher legitimiert eine Wissenschaft der Tiefe, die sich an der Schwelle zur Hybris bewegt. Die Unterwasserwelt ist eine Anderwelt, die dem Menschen verschlossen bleiben muss; das Eindringen in die *terra inviolata*[82], stellt einen Akt der Tempelschändung dar, der nur durch die religiöse Fundierung der Forschung selbst geheilt werden kann.

4. Schillers *Taucher* – Liminale Anthropologie

Kircher, »der Kronzeuge aller Taucher-Erzählungen«[83], war mittelbar oder unmittelbar die Quelle für Schillers Ballade. Denkbar ist, dass Schiller ihn aus einem Werk des Gottorfer Bibliothekars und Paul Fleming-Freundes Adam Olearius (*Gottorfische Kunst-Kammer*, Schleswig 1666 und öfter) kannte.[84] Daneben kommen andere Quellen in Frage: wissenschaftliche wie Johann Friedrich Wilhelm Ottos

---

78 Zu Begriff und Konzept ›Reflexionsfigur‹ vgl. Annette Gerok-Reiter und Jörg Robert, Reflexionsfiguren der Künste in der Vormoderne. Ansätze – Fragestellungen – Perspektiven, in: Reflexionsfiguren der Künste. Formen, Typen, Topoi, hg. von Annette Gerok-Reiter, Anja Wolkenhauer, Stefanie Gropper und Jörg Robert, Heidelberg 2019, S. 11–33.

79 Athanasius Kircher, Mundus subterraneus, Bd. 1, S. 102 ff.

80 Ebd., Dedicatio unpag. [S. 2]: »in subterranea disclusi à nobis & reconditioris Mundi adyta, mihi pedem intrepidè liceat introferre.«

81 Ebd.: »Enimverò cùm olim in arcanum templi penetrale, seu adytum, nemini aditus, nisi Sacerdoti patuerit.«

82 Hans Blumenberg, Geistesgeschichte der Technik, hg. von Alexander Schmitz und Bernd Stiegler, Frankfurt a. M. 2009, S. 29.

83 Klaus J. Heinisch, Der Wassermensch, S. 162.

84 Dierk Puls, Schillers Quelle für den »Taucher«. In: Muttersprache 69 (1959), S. 353–356, hier S. 355: »Doch scheint mir das Schillersche Gedicht so sehr von der Athmosphäre der Übersetzung des Olearius getragen, daß ich zu der Ansicht zuneige, daß er dessen Buch gekannt haben muß.«

Abriß einer Naturgeschichte des Meeres (1792) oder die Romanze *Nicolaus der Taucher* des Franz Alexander von Kleist (ebenfalls 1792), die sich ihrerseits auf den Bericht Kirchers in *Mundus subterraneus* zurückführen lassen.[85] Angesichts dieser Ausgangslage verspricht ein Vergleich der Ballade mit Kirchers Fassung Aufschluss über Schillers Interessen und Akzente. Schiller hat den Bericht im Wesentlichen in folgenden vier Aspekten verändert:

1. Klassische Romantik: Schiller transponiert den Stoff in die Sphäre des Ritter-romantischen. Aus Kirchers curiöser Tauchfahrt wird ein Beispiel »klassischer Romantik« im oben skizzierten Sinne.

2. Enthistorisierung und Typisierung: Die Namen der historischen Figuren (Friedrich II., Cola Pesce) werden getilgt. Die handelnden Personen werden gattungs-gemäß typisiert (der König, ein Edelknecht, die Knappen).

3. Motivationen: Die Grundstruktur der Handlung ist bei Kircher angelegt. Sie entspricht dem »Doppelweg«-Schema des Artus-Romans.[86] Schiller ändert jedoch Motivation und Charakter der Prüfung. Bei Kircher begründet die *curiositas* des Königs beide Tauchgänge. Bei Schiller ist der erste ein soziales Übergangs-ritual (Mutprobe bzw. Bewährungsprobe), erst der zweite ist durch die Neugier des Königs motiviert: »Versuchst du's noch einmal und bringst mir Kunde, / Was du sahst auf des Meer's tief unterstem Grunde« (v. 137 f.). Neu eingeführt wird die Figur der Königstochter als Movens zum zweiten Sprung. Auf die Mutprobe (1. Sprung) folgt die Brautwerbung (2. Sprung) als neues Motiv.[87] Die Liebe des

---

85   Mit der Kultur Unteritaliens und Siziliens zur Zeit der Staufer hatte sich Schiller bereits 1790 in seiner *Universalhistorischen Übersicht der merkwürdigsten Staatsbegebenheiten zu den Zeiten Kaiser Friedrichs I.*, der Einleitung zum dritten Band der *Sammlung historischer Memoires*, beschäftigt. Vgl. Peter-André Alt, Schiller, Bd. 2, S. 351. In der Vorrede zur *Braut von Messina* werden die interkulturelle Gemengelage und das Nebeneinander der Religionen am Spielort Messina besonders hervorgehoben: »Aber der Schauplatz der Handlung ist Messina, wo diese drey Religionen theils lebendig, theils in Denkmälern fortwirkten und zu den Sinnen sprachen.« NA 10, S. 15.

86   Armin Schulz, Erzähltheorie in mediävistischer Perspektive, Berlin 2012, S. 241–244. Die mediävistische Kritik am Doppelweg sei hier nicht verschwiegen: Prominent ist dazu Elisabeth Schmid, Weg mit dem Doppelweg. Wider eine Selbstverständlichkeit der germanistischen Artusforschung, in: Erzählstrukturen der Artusliteratur. Forschungsgeschichte und neue Ansätze, hg. von Friedrich Wolfzettel und Peter Ihring, Tübingen 1999, S. 69–86.

87   Vera Bachmann, Stille Wasser – Tiefe Texte?, S. 102: »Der Übergangsritus wird nachträg-lich in ein Brautwerbungsschema umgedeutet.« Bedenkenswert ist auch der Hinweis auf das Märchenschema der drei Bewährungen, das hier durch den Tod des Knappen fragmentarisch bleibt.

Knappen zu ihr unterstreicht das Element des Ritterromantischen und macht aus dem *Taucher* eine Romanze im Sinne der »klassischen Romantik«. Bei Kircher hatte der »verfluchte Hunger nach dem Gold«[88] beide Tauchgänge motiviert. Schiller erwähnt die Habgier des Tauchers, die in allen zeitgenössischen Verarbeitungen – z. B. in Franz Alexander von Kleists Romanze – eine Rolle spielt, nur am Rande.

4. Vorgeschichte: Die wichtigste Änderung gegenüber der Stofftradition betrifft die Figur des Tauchers selbst, die Kircher zu Beginn seines Kapitels eingehend beschreibt. Schiller hat diese Kircher'sche Vorgeschichte, die äußere Beschreibung des Tauchers, ganz ausgelassen. Die Frage ist, warum?

4.1. Vom *monstrum marinum* zum Edelknappen

Der Beginn der Ballade gibt Aufschluss. Der Auftakt ist – wie auch in der *Bürgschaft* – dramatisch; dies gilt auch für die Struktur des Gedichts, die sich nicht unpassend mit dem »Aufbau einer griechischen Tragödie« vergleichen lässt.[89] Die beiden Tauchgänge werden durch die bekannten Refrain-Strophen (v. 31 f. und v. 67 f.: »Und es wallet und siedet und brauset und zischt, / Wie wenn Wasser mit Feuer sich mengt«) abgehoben, welche die Brandung der Charybdis ›malend‹ darstellen; bekanntlich faszinierten schon Goethe diese Verse.[90] Dramatischer Einstieg und dramatische Struktur können also durchaus das formal-ästhetische Motiv für die Auslassung der Vorgeschichte sein. Möglich ist jedoch auch eine andere Erklärung. Zunächst einmal fällt auf, dass der Titel der Ballade (»Der Taucher«) eigentlich irreführend ist. Denn Schillers Taucher ist gar kein Taucher. Ein Taucher ist, so Adelung, »ein Mensch welcher Fertigkeit besitzt, sich unter das Wasser zu tauchen, und eine Zeitlang auf dem Grunde desselben auszuhalten«[91].

88 Athanasius Kircher, Mundus subterraneus, Bd. 1, S. 99: »aurique sacra fame allectus.« Nach Vergil, Aeneis 3, 357.

89 Peter-André Alt, Schiller, Bd. 2, S. 352.

90 Briefwechsel zwischen Schiller und Goethe in den Jahren 1794 bis 1805, in: J.W. Goethe: Sämtliche Werke nach Epochen seines Schaffens, Münchner Ausgabe, Bd. 8.1, hg. von Manfred Beetz, München 1990, S. 425 (Brief an Schiller vom 25. und 26. September 1792): »Bald hätte ich vergessen Ihnen zu sagen daß der Vers: *es wallet und siedet und brauset und zischt* pp. sich bei dem Rheinfall trefflich legitimiert hat; es war mir sehr merkwürdig wie er die Hauptmomente der ungeheuern Erscheinung in sich begreift.« Vgl. den Kommentar in NA 2,II/A, S. 611.

91 Johann Christoph Adelung, Grammatisch-kritisches Wörterbuch der Hochdeutschen Mundart, mit beständiger Vergleichung der übrigen Mundarten, besonders aber der Oberdeutschen, Bd. 4, Leipzig 1801, S. 542.

Auf Schillers »Edelknappen« bezogen ist dies gleich doppelt verfehlt: Er taucht nicht (aktiv), sondern lässt sich fallen und treiben; sein Verhalten unter Wasser ist ganz passiv, bis hin zu seinem Flehen zu Gott *ex profundis* (v. 103: »Gott, zu dem ich rief«). Auch den Grund des Meeres, die »purpurne[] Finsterniß« (v. 110), erreicht er gerade *nicht*. ›Taucher‹ ist eine Berufsbezeichnung, ein Handwerk (lat. *urinator*). Auf Kirchers Nicola Pesce trifft sie zweifellos zu. Er ist in jeder Hinsicht für das Wasser geboren, hier ist er in seinem Element. Aus dieser Eigenschaft erklärt sich sein Name – »Nicolaus Pesce« oder *Colapesce*, also etwa »Fisch-nickel«[92], »Nikolaus, der Fisch«. Laut Kircher ist er von Kindheit an das Leben im Meer gewohnt, er ernährt sich von Muscheln, Korallen und rohen Fischen[93]. Den Fischern erscheint er daher als eine »Art Meeresungeheuer« (»marinum quoddam monstrum«)[94], das seinen Lebensraum zwischen Land und Meer wechselt. Der lange Aufenthalt im Wasser verändert jedoch seine Physis derart, dass er »einem Amphibium ähnlicher sieht als einem Menschen«.[95] Dies zeigten die »Schwimmhäute, die ihm – wie bei den Gänsen – zwischen den Fingern (und Zehen) wachsen und ihm das Schwimmen erleichtern«, aber »auch seine Lunge, die sich so vergrößert habe, dass er einen ganzen Tag ohne zu atmen unter Wasser bleiben könne«[96]. Kurz: Kircher schildert den Taucher als ein Hybridwesen an der Schwelle zwischen Mensch und Tier.

Alle rezenten Quellen bzw. Vorläufer, z. B. Ottos *Abriß einer Naturgeschichte des Meeres* (1792) und auch Kleists Romanze (1792), heben diese amphibische Existenz des Tauchers, seine Zugehörigkeit zum Element Wasser, eigens hervor. In solchen theriomorphen Zügen spiegelt sich eine lange Tradition zoomythologischer Spekulationen um Wassermänner, Mönchsfische u. ä.[97] Kirchers Fassung der Taucher-Sage nimmt diese Erzählungen rationalisierend auf, appelliert aber doch an den Geist der »Monstrengeschichte« (*Monstrorum historia*) eines Ulisse Aldrovandi[98]

92 So Johann Friedrich Wilhelm Otto, Abriß einer Naturgeschichte des Meeres. Ein Beytrag zur physischen Erdbeschreibung, Berlin 1792, S. 23 Anm. (unter Verweis auf Kirchers Fassung).
93 Athanasius Kircher, Mundus subterraneus, Bd. 1, S. 98.
94 Ebd.
95 Alle Zitate Athanasius Kircher, Mundus subterraneus, Bd. 1, S. 98.
96 Athanasius Kircher, Mundus subterraneus, Bd. 1, S. 98: »[...] ut amphibio, quam homini similior esset, excrescente inter digitos in formam pedum anseris cartilagine ad natandum necessaria.«
97 Zum Begriff ›Zoomythologie‹: Jörg Robert, Grenzen der Menschheit. Menschenwissen und Mythologie im Zeitalter der Aufklärung (Voltaire, Linné, Goethe), in: Liminale Anthropologien. Zwischenzeiten, Schwellenphänomene, Zwischenräume in Literatur und Philosophie, hg. von Jochen Achilles, Roland Borgards und Brigitte Burrichter, Würzburg 2012, S. 105–130.
98 Ulisse Aldrovandi, Monstrorum historia cum Paralipomenis historiae omnium animalium [...], Bologna 1642, S. 26–30. Umfassend die brillante Arbeit von Bernd Roling, Drachen

oder an die *mirabilia* der barocken Wunder- und Kunstkammern, von denen Kircher ebenfalls eine berühmte unterhielt.[99] Kirchers Taucher geht unter, weil er *sein* Element (das Wasser) verlässt und sich den Menschen und ihrer Wissbegierde ausliefert, die dem Tier fremd sein muss. Der Tauchgang in die »kimmerische« Tiefe widerspricht dem Instinkt des Fisches, der die Tiefe meidet – im Gegensatz zum Menschen, d. h. dem König, den die naturwissenschaftliche *curiositas* gleich doppelt antreibt. Insofern wird Nicola Pesce seinem Element, dem Meer, und damit seiner tierischen Natur untreu. Genau anders stehen die Dinge bei Schiller: Er tilgt alle Hinweise auf ein amphibisches Wesen seines Tauchers; die Amphibien – »Salamander[] und Molche[] und Drachen« (v. 113) – werden dagegen in den »Höllenrachen« (v. 114) der Tiefsee verbannt, was Wilhelm von Humboldt sogleich zu einer zoologischen Kritik herausforderte.[100] Schiller unternimmt alles, um seinen Taucher von den Meeresbewohnern abzusetzen. Sein Protagonist ist ganz Mensch, der im Sprung nunmehr *sein* Element aufgibt.

4.2. Ästhetik der Tiefe und Grenzen der Menschheit

Indem der Taucher mit dem ganz Anderen, einer radikal heteronomen Natur, konfrontiert wird, erfährt er die Grenzen seiner Menschheit, und dies in doppelter Richtung:[101] Nach unten grenzt er sich von den fühllosen »Larven« (v. 123) der Tiefseefische ab, nach oben von den Göttern, in deren Arkana sich der Mensch

und Sirenen. Die Rationalisierung und Abwicklung der Mythologie an den europäischen Universitäten, Leiden und Boston 2010, der die wissenschaftsgeschichtliche Rezeption der mythologischen Hybridwesen (Satyrn, Meerjungfrauen, Drachen) von der Antike bis ins achtzehnte Jahrhundert verfolgt.

99 Aus der vielfältigen Literatur zu den barocken Kunst- und Wunderkammern zitiere ich nur exemplarisch Patrick Mauriès, Das Kuriositätenkabinett, Köln 2011; Horst Bredekamp, Antikensehnsucht und Maschinenglauben. Die Geschichte der Kunstkammer und die Zukunft der Kunstgeschichte, 4. Auflage, Berlin 2012 sowie Gabriele Beßler, Wunderkammern – Weltmodelle von der Renaissance bis zur Kunst der Gegenwart. 2., leicht veränderte Auflage, Berlin 2012; zum wissens- und kulturgeschichtlichen Rahmen vgl. Lorraine Daston und Katherine Park: Wonders and the Order of Nature. 1150–1750, New York 2001.

100 NA 37,I, S. 63. Brief vom 9. Juli 1797: »Da alle Schilderungen in ihrem Taucher eine so große Wahrheit haben, so wollte ich, daß Sie die Molche und Salamander aus dem Grunde des Meers wegbrächten. Sie sind zwar Amphibien, wohnen indeß nie in der Tiefe und mehr nur in Sümpfen. Mit den Drachen kann man schon liberaler umgehen, da sie mehr ein Geschöpf der Fabel und der Phantasie sind.«

101 Zum Aspekt der Grenzerfahrung vgl. Jan-Oliver Decker, Problematisierte Grenzen – begrenzte Probleme. Grenzerfahrungen in Schillers »Der Taucher« und Goethes »Die Braut von Corinth«, in: Weltentwürfe in Literatur und Medien. Phantastische Wirklichkeiten – Realistische Imaginationen, hg. von Hans Krah und Claus-Michael Ort, Kiel 2002, S. 71–94.

nicht zu drängen habe. Die Tiefsee ist eine radikale Dystopie, eine geokosmische Hölle und Unterwelt, die der Topik des Schreckensortes (vgl. v. 126: »traurige[] Oede«) folgt. Schillers andere Ästhetik der Tiefe lässt sich in vier Aspekten zusammenfassen:

1. Die Tiefsee ist eine Welt des Hässlichen, der verflossenen Formen, der A-Morphie.[102] Die Wesen der Tiefsee verbinden sich scheinbar »in grausem Gemisch, / zu scheußlichen Klumpen geballt« (v. 115 f.); sie sind, wie z. B. der Hammerhai, »greuliche Ungestalt« (v. 118), wo das Ideal der klassischen Ästhetik eben »lebende Gestalt«[103] heißt. Hier herrscht geisterhafte Stille (v. 111: »und ob's hier dem Ohre gleich ewig schlief«). Die Ästhetik der Tiefe beruht auf dem Fehlen von *Aisthesis*.

2. Für den Erzähler wie für den Taucher selbst stellt sich die Unterwelt als »Höllenraum« (v. 40) dar. Der Lebensraum Tiefsee ist ein Totenreich, auf das Schiller die Szenerie und Semantik des Unterweltsganges überträgt.[104] Die Lebewesen der Tiefsee, die den »furchtbaren Höllenrachen« (v. 114) besiedeln, sind die biologischen Nachfolger der klassischen Unterwelts- und Höllenbewohner.[105] Wie diese bleiben sie schemenhaft, sie gleichen »Larven« (v. 123). Der Unterweltsgänger reagiert ›ästhetisch‹ auf sie, ohne dass sie ihn unmittelbar anzugreifen scheinen: Da »dacht ich's, da kroch's heran« (v. 127). Sind sie überhaupt real oder Angstphantasmen? Zunächst einmal scheinen sie Projektionen des Knappen zu sein, Interpretationen seines abergläubischen Vorwissens über die Fauna der Tiefsee. Die Furcht verzerrt die jugendliche Wahrnehmung; bezeichnenderweise ist von des »Schreckens Wahn« (v. 129) die Rede.

---

102 Ähnlich der Befund im Entwurf einer Ballade mit dem Titel *Orpheus in der Unterwelt*. NA 2,I, S. 425. Die Beschreibung des Lokals erinnert frappierend an den *Taucher*: auch hier »eindrängende Larven«. Die Unterwelt ist eine Welt ohne Wahrnehmung, ohne Farben und Klang. Tod bedeutet Amorphie und Anästhesie: »Beschreibung des Locals, alles geisterhaft, gierig, farb und gestaltlos.« Dagegen zieht Orpheus' Musik einen »Lebenskreis« um ihn her. Sein Lied auf die »Macht« des Gesangs hebt die sinnliche Erfahrung hervor: »Das Licht, die Farbe, die Wärme, die Gestalt, die Fülle, die Schönheit.«

103 NA 20, S. 355 (15. Brief).

104 Unterwelten. Modelle und Transformationen, hg. von Joachim Hamm und Jörg Robert, Würzburg 2014; Höllen-Fahrten. Geschichte und Aktualität eines Mythos, hg. von Markwart Herzog, Stuttgart 2006; Rosalind Williams, Notes on the Underground. An Essay on Technology, Society, and the Imagination. New Edition, Cambridge/MA und London 2008; Isabel Platthaus, Höllenfahrten: Die epische katábasis und die Unterwelten der Moderne, München 2004; Evans Lansing Smith, The Descent to The Underworld in Literature, Painting, and Film. 1895–1950: The Modernist Nekyia, New York 2001.

105 Vgl. die monströsen Personifikationen im *vestibulum* der Unterwelt in Aeneis VI, S. 274–289.

3. Ähnlich verhält es sich mit dem Eingreifen Gottes. Wenn der Taucher berichtet, »Da zeigte mir Gott, zu dem ich rief, / In der höchsten schrecklichen Noth, / Aus der Tiefe ragend ein Felsenriff« (v. 103–105), dann beweist dieses *de profundis* nur die Kenntnis von Psalm 130; damit wird eine religiöse Erwartung geformt, der dann wiederum die Ereignisse – zufällig? – entsprechen. Kurz: Der Taucher ist ein subjektiver, ein unzuverlässiger Erzähler, der gar nicht anders kann, als das Fremde der Tiefe durch Übertragung ins Bekannte zu semantisieren. Schon die Zoologie belegt dies. Alle Benennungen der Tiefseetiere gehen metaphorisch aus Landtieren hervor. Der »entsetzliche Hay« ist »des Meeres Hyäne« (v. 120), die Tiefsee der »Höllenrachen« (v. 114), die Tiere sind »Larven« (v. 123). Der Erzähler ist da vorsichtiger und betont den metaphorischen Charakter der Gleichsetzung: »Grundlos als gieng's in den Höllenraum« (v. 40).

4. Natur erscheint bei Schiller als das Andere der Vernunft. Dabei wird eine kartesische Biologie vorausgesetzt, die im Tier nicht den lebenden Organismus, sondern den fühl- und seelenlosen Automaten sieht.[106] Der Humanist Schiller bleibt in biologischen Fragen Mechanist. Das Tier ist das Andere des Menschen und umgekehrt. In der Tiefe findet der Taucher das ›Offene‹. Der Sprung ins Bewusstsein ist ein Sprung in die Humanität, die »aus der Zäsur und der Gliederung zwischen Humanem und Animalischem [resultiert]«. Diese Zäsur, die »allererst im Inneren des Menschen« verläuft, bildet auch die Zäsur innerhalb des Textes.[107]

Man kann, um diese Aspekte zusammenzufassen, den *Taucher* als Beitrag zu einer liminalen Anthropologie auffassen. Denn der Taucher erlebt eine doppelte Grenzerfahrung. Er berührt die Schwelle des Todes und die Sphäre des Inhumanen. Wo Kirchers Taucher Amphibium ist, das sich vom Menschen zur Überschreitung der Grenze überreden lässt, da ist Schillers Held ganz Mensch, der in Berührung mit dem ganz Anderen der Natur kommt. Nicht er ist das Mischwesen, sondern die Charybde, in die er sich stürzt. Schiller konnte also die amphibische Natur des Kircher'schen Tauchers, die sich so sehr in seinem Namen verdichtet, in keiner Weise brauchen, im Gegenteil. Er hat sie daher aus der Ballade ausgeschlossen, man möchte sagen: verdrängt. Herder, dem Schiller die Ballade übersandt hatte, muss in dem oben erwähnten Brief auf das Vorbild Cola Pesce hinweisen (28. Juli

---

106 Ilse Jahn, Naturphilosophie und Empirie in der Frühaufklärung (17. Jh.), in: Geschichte der Biologie. Theorien, Methoden, Institutionen, Kurzbiographien, hg. von ders., Berlin ³2000, S. 196–212. Zum Komplex vgl. Giorgio Agamben, Das Offene. Der Mensch und das Tier, Frankfurt a.M. 2003 (zuerst it., Turin 2002), S. 33–41.

107 Ebd., S. 87.

1797): »Mich hat mein alter Nic*olaus* Pesce in dieser veredelnden Umarbeitung sehr erfreuet.«[108] Schiller interpretiert dies in einem Brief an Goethe so, als habe er »in dem Taucher bloß einen gewißen Nicolaus Pesce[,] der dieselbe Geschichte entweder erzählt oder besungen haben muß«[109], umgearbeitet. So fragt er Goethe nach einem Autor dieses Namens, mit dem er, also Schiller, »da so unvermuthet in Concurrenz gesetzt werde«[110]. Goethe schließlich rückt die Dinge zurecht: »Der Nikolaus Pesce ist, so viel ich mich erinnere, der Held des Mährchens das Sie behandelt haben, ein Taucher von Handwerk.«[111]

Es ist aufgrund des leicht unpassenden Titels und vieler Einzelwendungen (v. a. der Beschreibung der Strudel und des Absinkens in die Unterwelt), die ganz auf Kircher verweisen, sehr unwahrscheinlich, dass Schiller der Name des »Fischmannes« und dieser Teil der Geschichte unbekannt geblieben sein kann. Eher wird man annehmen, dass er ihn – bewusst oder unbewusst – unterdrückt hat, um im *Taucher* eine Anthropologie zu entfalten, die dergleichen *monstra* und Mitteldinge zwischen tierischer und menschlicher Natur, wie sie die Cola Pesce-Figur darstellte, ausschloss. *Der Taucher* wird zu einer anthropologischen Inversion der Stofftradition im Zeichen einer gefährdeten Humanität. Der ganze Mensch war für Schiller eben ganz Mensch, nicht Hybridwesen und *monstrum marinum*. Der Sprung in die Charybdis ist daher nicht nur ein »Sprung ins Bewußtsein«[112], sondern in jenen Abgrund, der unversöhnlich zwischen Natur und Mensch klafft.

4.3. Übergangsriten und gescheiterte Initiation

Das Unheimliche der Natur zeigt sich daher gerade dort, wo ihr menschliche oder halbmenschliche Züge verliehen werden. Dies gilt vor allem für die Figur der Charybde. Sie wird von einem Naturphänomen (das sie bei Kircher ist und zwar ausschließlich[113]) in jene Frauengestalt zurückverwandelt, die sie in der klassischen Mythologie und bei Homer war.[114] Wo Kircher Entzauberung im

---

108 NA 37,I, S. 83.
109 NA 29, S. 115.
110 Ebd., S. 115.
111 NA 37,I, S. 97.
112 Gerhard Kaiser, Sprung ins Bewußtsein, S. 201–216.
113 Athanasius Kircher, Mundus subterraneus, Bd. 1, S. 102: »Charybdis, quae quidem nihil aliud, quàm absorptio maris.«
114 Konkret steht hinter Schillers Versen die Beschreibung der Charybdis in Homers *Odyssee* 12, S. 237–243 (in der Übersetzung von Heinrich Voss). Vera Bachmann, Stille Wasser – Tiefe Texte?, S. 95 f.; Gerhard Kaiser, Sprung ins Bewußtsein, S. 208. Den Stand des mythographischen Wissens spiegelt Benjamin Hederichs *Gründliches mythologisches Lexicon*

Namen der Wissenschaft betreibt, geht es Schiller um eine Wiederverzauberung im Namen der Dichtung. Diese Operation der Wiederverzauberung ist ein wichtiger Aspekt von Schillers klassischer Romantik. Die Ballade spiegelt eine archaische Weltsicht, in der die Natur keineswegs entgöttert ist. Der Erzähler der Ballade steht – zumindest teilweise – bewusstseinsgeschichtlich auf der Stufe dieses mythisch-animistischen Zeitalters, in dem Natur als beseelt aber auch als dämonisch besetzt gedacht ist. Anders als in den *Göttern Griechenlandes* ist diese beseelte Natur jedoch keine »schöne Welt«, sondern eine dunkle Zone bedrohlicher Naturgottheiten und toter Monstren. In Benjamin Hederichs *Gründlichem mythologischem Lexicon* ist Charybde »ein ungemein gefräßiges Weibesstück, welches dem Herkules einige von des Gerpons Rindern entführete, und verzehrete, allein dafür auch von dem Jupiter mit dem Blitze erschlagen und in das Meer gestürzet wurde«[115]. Auch im *Taucher* hat die Charybde Züge dämonischer Weiblichkeit. Dies zeigen der »schwarze Mund« (v. 4), ihr »Geheul« (v. 10) und Brüllen (v. 28); die Wasser »entstürzen […] schäumend dem finstern Schoße« (v. 30), aus dem »das Meer noch ein Meer gebähren« (v. 36) wolle. Im Angesicht der Tiefe werden die Geister der alten Mythologie lebendig. Die Charybde ist dabei zugleich eine Sirene. Der Tauchgang steht also nicht nur in der Tradition des Gangs in die Unterwelt, sondern auch in der literarischen Nachfolge jener erotischen Meer- und Flussfahrten, die – wie in der galanten Lyrik Hofmann von Hofmannswaldaus[116] und später in Goethes Gedicht *Der Fischer* oder Heines Loreley-Lied – das Scheitern der Liebesekstase an den Klippen der Weiblichkeit schildern. In diesem Sinne erwähnt auch Schiller symbolisch das Kentern von »wohl manche[m] Fahrzeug« im »alles verschlingenden Grab« der Charybde (v. 61 bzw. 64). Der Sturz ins Meer ist ein Sturz in den verschlingenden Schoß des Weiblichen.[117] Der Taucher wird zum Opfer seiner Triebnatur. Er kann dem »schwindelnde[n] Drehen […]

---

wider, das s. v. Charybdis erklärt: »Neptuns und der Erde Tochter, ein ungemein gefräßiges Weibesstück, welches dem Herkules einige von des Geryons Rindern entführete, und verzehrete, allein dafür auch von dem Jupiter mit dem Blitze erschlagen und in das Meer gestürzet wurde. Serv. ad Virg. Aen. III. v. 420. Es war aber solche nichts mehr, als eine Meergegend zwischen Italien und Sicilien, unfern von Messina, welche die Alten besonders gefährlich vorstellen, Homer. Odyss. M. v. 101. die heutigen Seefahrer aber gar nicht achten. Der Namen soll einen Schlund bedeuten. Bochart. Chan. L. I. c. 28.« Benjamin Hederich, Gründliches mythologisches Lexicon, Leipzig 1770, S. 700.

115 Benjamin Hederich, Gründliches mythologisches Lexicon, S. 700.
116 Exemplarisch das Gedicht »So soll der purpur deiner lippen/ Itzt meiner freyheit bahre seyn?«, in: Herrn von Hoffmannswaldau und anderer Deutschen auserlesener und bißher ungedruckter Gedichte erster Teil, Bd. 1 (1. Aufl. 1695), hg. von Angelo George de Capua und Ernst Alfred Philippson, Tübingen 1961, S. 449.
117 Dominic Angeloch, Reißende Mutter Natur, S. 125–136; Vera Bachmann, Stille Wasser – Tiefe Texte?, S. 98–107.

nicht widerstehen« (v. 101 f.). Dieser Schwindel ist eine »Erfahrung des Selbstverlusts«[118]. Es handelt sich um eine ambivalente, ›vermischte‹ Empfindung, wie sie Roger Caillois beschreibt: »Certes, le vertige suppose la peur, plus précisément un sentiment panique, mais ce dernier attire, fascine: il est un plaisir.«[119] Der Taucher treibt im Meer seines (Todes-)Triebes. Die Tiefsee ist, wie die See überhaupt, bei Schiller das »Lokal des Ausnahmezustands«[120].

Man erkennt jetzt, warum Kirchers Berufstaucher bei Schiller gegen die gesamte Stofftradition zum »Edelknappen« werden musste und warum Schiller die erotische Motivation auf der Handlungs- wie auf der Bild- und Symbolebene eingeführt hat. Beide Elemente sind Schillers eigene Erfindung, beide hängen eng mit der Transformation der Taucherlegende im Sinne einer ›klassischen Romantik‹ zusammen. Dies gilt nun auch für die Variation der bei Kircher schon angelegten ›Doppelweg‹-Struktur. Der erste Sprung in die Tiefe – die Bewährungsprobe – ist nicht nur ein Sprung ins Bewusstsein, sondern ein Sprung in die Männlichkeit.[121] Daher wird die Nacktheit des Knappen vor und nach dem Akt der Verwandlung betont. »Den Gürtel wirft er, den Mantel weg«, so dass die »Männer umher und Frauen / Auf den herrlichen Jüngling verwundert schauen« (v. 22–24). Mit erotischen Konnotationen wird nach dem Auftauchen vom »glänzende[n] Nacken«, der sich »schwanenweiß« erhebt, gesprochen (v. 75 bzw. 74). Die Schilderung des Strudels ist voller »sexual- und natursymbolischer Konnotation[en]«[122]. Für den jungen Mann bedeutet das Eintauchen in die Charybde

---

118 Haru Hamanaka, Rhetorik des Erhabenen. Das Meer in Schillers Ballade »Der Taucher«, in: Goethe-Jahrbuch der Japanischen Goethe-Gesellschaft 48 (2006), S. 49–62, hier S. 55.

119 So Roger Caillois, Les jeux et les hommes, Gallimard 1967, S. 327; vgl. seine Klassifikation des Spiels, in der auch der Wirbel und Schwindel (»Ilinx«) eine zentrale Rolle spielen. Ebd. S. 67–75.

120 Gerhard Neumann, Ausnahmezustand. Antike und Moderne in Schillers Balladen, in: Schiller und die Antike, hg. von Paolo Chiarini und Walter Hinderer, Würzburg 2008, S. 91–109, hier S. 99. Neumann weist in diesem Zusammenhang auf die Verbreitung des Meeresmotivs in den Balladen (*Ring des Polykrates, Hero und Leander*) oder in den Dramenfragmenten (*Seestücke*) hin. Auf den *Taucher* hin wäre v. a. die Ballade *Hero und Leander* neu zu bedenken, die in mancher Hinsicht vergleichbare Konstellationen (der Schwimmer am Abgrund, die Liebe als »heil'ge Göttermacht«, v. 13) enthält. Hier ist das Meer jedoch ein männliches und eifersüchtiges Element (»Schöner Gott«, v. 104, d. h. Pontus/Poseidon), das den bzw. die Liebenden zu sich in die Tiefe reißt.

121 Zum *Taucher* als ›Initiationsgedicht‹ Sebastian Zilles, »Wer wagt es, Rittersmann oder Knapp, / Zu tauchen in diesen Schlund?«. Männlichkeit in Schillers Balladen »Der Taucher« und »Der Handschuh«, in: Die Ballade. Neue Perspektiven auf eine traditionsreiche Gattung, hg. von Andrea Bartl, Corina Erk, Annika Hanauska und Martin Kraus, Würzburg 2017, S. 129–144, hier S. 132–139.

122 Gerhard Kaiser, Sprung ins Bewußtsein, S. 209.

eine »Initiation zur Liebeserfüllung«[123], die alle Züge einer Neugeburt trägt. Versinkt der Jüngling zunächst im Strudel des Geschlechts, so wird er schließlich aus eben dem »finster flutenden Schooß« neu und »schwanenweiß« (v. 73 f.) geboren. Dieser Schoß ist symbolisch überdeterminiert: er ist ein Ort des Verschlingens, der Vereinigung, der Verwandlung und der Wiedergeburt.[124] Der Taucher wird von Schiller beschrieben wie der Myste und Neophyt einer Mysterienreligion. Wie bei dieser ist Initiation gleichbedeutend mit einem symbolischen und transitorischen Tod. Doch erst die Erfahrung verschlingender Weiblichkeit hat ihn reif gemacht für die »liebliche[] Tochter« (v. 88). Der dunkle Eros (Charybde) ist Vorbedingung des hellen und lichten (Königstochter).[125] In der Logik des Gedichts ist es daher zwingend, dass die Königstochter erst jetzt und hier ihren Auftritt im Text hat, während wir am Anfang nur den König und die »Ritter, die Knappen um ihn her« (v. 13), sehen. Der Erzähler hat zu Beginn ebenso wenig Augen für sie wie der Knappe selbst.

Natürlich handelt es sich bei der dargestellten Erfahrung um eine klassisch-romantische Männerphantasie[126] vom Typus Undine, Melusine, Loreley, ›schöne Lau‹ usw.[127] Doch hinter ihr steht ein sozio-anthropologisches Modell, das des Übergangsritus (»rite de passage«), wie ihn Arnold van Gennep und Victor Turner beschrieben haben.[128] Die Ballade lässt idealtypisch die drei konstitutiven

---

123 Ebd.

124 Vera Bachmann, Stille Wasser – Tiefe Texte?, S. 99 stellt zu Recht fest: »Die Tiefe in Schillers *Taucher* ist überdeterminiert, sie ist Schlund und Schoß, Grab und Grund, Höhle und Höllenraum, und so ist auch der Sprung des Knappen in die Tiefe mehrfach motiviert. Er changiert zwischen inzestuöser Fantasie und Übergangsritus, Brautwerbungsschema und Tabuübertretung, Unterwerfung und Selbstermächtigung.«

125 Alexandra Pontzen, Psychoanalytischer Blick auf die Balladen »Der Taucher« und »Der Handschuh«, S. 160.

126 Vgl. Klaus Theweleit, Männerphantasien, Bd. 1: Frauen, Fluten, Körper, Geschichte, München 1995, S. 292 f.: »die Frau als Wasser, als brausendes, spielendes, kühles Meer, als reißender Strom, als Wasserfall, als unbegrenzte Gewässer [...] die Frau als lockende (oder gefährliche) Tiefe, als Becher, in dem der Saft sprudelt, als Vagina der Welle, als Schaum, als dunkler Ort, umrahmt von Pazifikkränen. [...] Die Vagina als Eingang in den Ozean, als Teil aller Ozeane, die Ozeane als Teil jeder Vagina.«

127 Inge Stephan, Weiblichkeit, Wasser und Tod. Undinen, Melusinen und Wasserfrauen bei Eichendorff und Fouqué, in: Kulturgeschichte des Wassers, hg. von Hartmut Böhme, Frankfurt a.M. 1988, S. 234–262.

128 Arnold van Gennep, Übergangsriten (Les rites de passage). Aus dem Französischen von Klaus Schomburg (1. Aufl. 1981), Frankfurt a.M. und New York 1999; Victor W. Turner, Das Ritual. Struktur und Anti-Struktur (1. Aufl. 1969), Frankfurt a.M. 2005 und Victor W. Turner, Vom Ritual zum Theater. Der Ernst des menschlichen Spiels. Aus dem Englischen von Sylvia M. Schomburg-Scherff, Frankfurt a.M. u.a. 2009. Zur Anwendung auf den *Taucher* Vera Bachmann, Stille Wasser – Tiefe Texte?, S. 101–104.

Stadien von Trennung (von der Gemeinschaft der Ritter), Schwellen- oder Transitionsphase (Untertauchen, hier mit dem Aspekt der Initiation und Katharsis) und Angliederung[129] (Wiederaufnahme durch die Gemeinschaft der »jubelnde[n] Schaar« (v. 85)) erkennen. Der erste Sprung des Tauchers verweist auf den Aspekt der sozialen Pubertät. Hier zeigt sich, dass der König keineswegs nur Despot und »Versucher«[130] ist. Die Auslobung des Bechers ist weder ein »frevelhafte[s] Spiel des Menschen mit dem Menschen«[131], noch ein Akt beargwöhnter *curiosita* und *temeritas*, wie bei Athanasius Kircher. Der erste Sprung ist vielmehr ein Angliederungsritual, sozial legitim in einer vormodernen Gesellschaft und poetisch gerechtfertigt im ritterromantischen Kontext von Auszug, Bewährung und Probe. Mit keinem Wort wird es vom Erzähler kritisch kommentiert; wir hören von den Anwesenden keine warnende Stimme. Der König ist durchaus im Recht, die Bewährungsprobe zu fordern (»Wer wagt es« (v. 1), »Wer ist der Beherzte« (v. 11)). Es geht um die Bewährung und Einübung ritterlicher Verhaltensweisen, zunächst also darum, Loyalität und »Dienst« gegenüber dem König zu demonstrieren. Der Jüngling nimmt die Herausforderung »sanft und keck« (v. 20), aber nicht im Bewusstsein einer hybriden Tat, an. Nach der rituellen Trias von Trennung, symbolischem (Nah-)Tod und Wiederaufnahme in die Gemeinschaft müsste die Geschichte ihr Ende haben, und so scheint es auch zunächst: Der König winkt der Tochter, füllt den Becher mit Wein – scheinbar bereit, die Verbindung zu vollziehen.

Der Vortrag des Tauchers wendet jedoch die Geschichte. Die Erzählung in der Erzählung ist Zentrum und Peripetie des Gedichts.[132] Der Übergangsritus missglückt, weil die legitime soziale Praxis ohne Absicht *aller* Beteiligten plötzlich und unerwartet an ein Tabu stößt: »Und der Mensch versuche die Götter nicht, / Und begehre nimmer und nimmer zu schauen, / Was sie gnädig bedecken mit Nacht und Grauen« (v. 94–96).[133] Die Tragik des Tauchers liegt darin, dass er, der doch vor der Hybris der *curiosita* warnt, zugleich durch den *delightful horror*

---

129 Vgl. Arnold van Gennep, Übergangsriten, S. 25–33; vgl. ebd. S. 21: Trennungsriten, Schwellen- und Umwandlungsriten, Angliederungsriten.

130 Benno von Wiese, Friedrich Schiller, Stuttgart 1959, S. 614.

131 Gerhard Kaiser, Sprung ins Bewußtsein, S. 211; Peter-André Alt, Schiller, Bd. 2, S. 353 spricht von einem »heimtückisch und egoistisch handelnden König«. Benno von Wiese, Friedrich Schiller, S. 613 schreibt: »Der König ist eine einzige Verkörperung von Willkür und Tyrannis.« Diese politische Auslegung findet sich in nahezu allen Beiträgen; siehe v. a. Wulf Segebrecht, Die tödliche Losung »Lang lebe der König«. Zu Schillers Ballade »Der Taucher«, in: Gedichte und Interpretationen – Deutsche Balladen, hg. von Gunter E. Grimm, Stuttgart 1988, S. 108–132; Hans-Günther Thalheim, »Und der Mensch versuche die Götter nicht...«. Zum Kernmotiv in Schillers »Taucher«, in: Goethe-Jahrbuch 98 (1981), S. 62–71, hier S. 70 f.

132 Maren Conrad, Aufbrüche der Ordnung, Anfänge der Phantastik, S. 257–265.

133 Hans-Günther Thalheim, »Und der Mensch versuche die Götter nicht...«, S. 62–71.

seiner phantastischen Tiefseereise die Wissbegierde des Königs allererst entzündet. Dieser ist nicht mehr der Führer der Gruppe, der den *rite de passage* anordnet und routiniert vollzieht, sondern faszinierter Zuhörer, der sich wie elektrisiert vom Bericht aus der Tiefe zum interessierten Naturforscher wandelt (v. 137 f.: »bringst mir Kunde, / Was du sahst auf des Meer's tief unterstem Grunde«) – das, was er bei Kircher von Anfang an war und durchgehend bleibt. Erst hier beginnt der Bereich seiner Schuld. Der zweite Sprung zerstört die Logik der Initiation, weil sie der legitim vollzogenen die Anerkennung verweigert. »Er hat euch bestanden, was keiner besteht«, ruft die Tochter (v. 142). Der tragische Ausgang des Gedichts besteht also nicht darin, dass der Taucher mit dem ersten Sprung »aus dem Paradies der Unschuld gefallen ist«[134]. Es ist die Kunst des Erzählens, die den Untergang des Erzählers *und* das Desaster des sozialen Ritus herbeiführt. Damit gerät ein tragendes Fundament der Autopoiesis einer archaischen Gesellschaft ins Wanken, die ihre Reproduktion an die rituelle Vereinigung mit der See als Instanz dämonischer Weiblichkeit bindet. Indem ihrem rechtmäßig zum Mann initiierten Mitglied die Aufnahme verweigert wird, legt der König, von der Erzählkunst geblendet, die Axt an die Wurzeln der Gemeinschaft, ohne sich dessen bewusst zu sein.[135] Durch das Ansinnen des Königs ist der Taucher ein sozial Unmöglicher und Ortloser geworden, nicht Knappe und nicht Ritter, nicht Jüngling und nicht Mann – ein soziales Amphibium, kein biologisches. Der zweite Sprung »auf Leben und Sterben« (v. 156) kommt daher einer Selbstauslöschung gleich. Sie führt von der himmlischen zurück zur höllischen Weiblichkeit, von der Königstochter zur Charybde-Sirene, dem mythologischen Hybridwesen, dem sich der ganze Mensch um seiner Humanität willen nicht hingeben darf. Wo der König zum wissbegierigen Naturforscher wird, scheitert der Knappe, weil er sich dem dunklen Trieb bzw. dem Trieb zum Dunklen anheimgibt. »Da treibt's ihn, den köstlichen Preis zu erwerben« (v. 155). Die »Himmelsgewalt« (v. 151) der Liebe erweist sich als eine zutiefst ambivalente Kraft. König *und* Knappe tragen die Schuld, wenn die Angliederung an die »communitas«[136] der Lebenden misslingt. Nach der Erzählung in der Erzählung ist nichts mehr wie zuvor. Mit und durch sie ereignet sich, schicksalhaft für den Helden wie die Gruppe, der Einbruch der Neuzeit. Mit dem zweiten Tauchgang beginnt die Ausforschung des »innerweltlich Unsichtbaren«[137].

---

134 Gerhard Kaiser, Sprung ins Bewußtsein, S. 215.
135 Insofern ist Jan-Oliver Decker, Problematisierte Grenzen – begrenzte Probleme, S. 91 zu widersprechen, der betont, »dass der Untergang des Tauchers nichts an der bestehenden gesellschaftlichen Ordnung ändert.«
136 So der Begriff Victor Turners; vgl. Victor W. Turner, Das Ritual, S. 96 f.
137 Hans Blumenberg, Die Legitimität der Neuzeit (1. Aufl. 1966), Frankfurt a.M. 1988, S. 422–439.

5. Das Erhabene – Ästhetische Grenzerfahrungen

Der Taucher ist ein Text, der auf verschiedenen Ebenen Grenzerfahrungen umkreist. Die Begegnung mit und der symbolische Durchgang durch den Tod im *descensus*-gleichen Tauchgang spielen hier eine zentrale Rolle. Der anthropologischen entspricht eine ästhetische Grenzerfahrung. Der Bericht des *Tauchers* erfasst lediglich eine Ahnung dessen, was sich »Bergetief, / In purpurner Finsterniß« verbirgt (v. 109 f.). Das »Bodenlose« (v. 108), »des Meer's tiefunterste[r] Grund[]« (v. 138) ist für den Menschen undurchdringlich, ein *valde aliud*. Die Meerestiefe ist – wie oben gesagt – als *locus desertus* ein Ort der *An-Aisthesis* in akustischer (v. 125: »unter dem Schall der menschlichen Rede«) wie optischer Hinsicht (v. 110: »in purpurner Finsterniß«). Die ästhetische Deprivation ist der eigentlich unmenschliche, Schaudern erregende Aspekt der Erfahrung des Tauchers. Es ist die »Einsamkeit«, die »gräßlich[]« ist (v. 124). Die Forschung hat für Schillers Imaginationen der Meerestiefe die Kategorie des Erhabenen in Anschlag gebracht.[138] Einzelne Passagen aus den ästhetischen Schriften der Kant-Rezeption lassen sich geradezu als vorgreifende Reflexionen auf die Ballade lesen. Über den Sog der Tiefe und die »unwiderstehliche Macht der Natur«, die uns »unsre Ohnmacht zu erkennen« gibt, reflektiert der Aufsatz *Vom Erhabenen* (1793), der über weite Strecken ein kommentierendes Exzerpt aus Kants *Kritik der Urteilskraft* darstellt und daher von der Forschung weniger beachtet wurde. Schiller geht von Kants Bestimmung des Erhabenen aus: »Die unwiderstehliche Macht der Natur [...] giebt uns, als Sinnenwesen betrachtet, zwar unsre Ohnmacht zu erkennen, aber entdeckt zugleich in uns ein Vermögen, uns als von ihr unabhängig zu beurtheilen.«[139] Dies entspricht der Erfahrung des Tauchers, der das »Vermögen« zum Widerstand gegen die Macht der Natur am Ende nicht aufbringen kann. Mit seiner moralischen Autonomie verliert er zugleich sein Leben. Wie er beim ersten Sprung vom Strudel getragen wird (v. 101 f.: »mit schwindelndem Drehen / Trieb mich's um«), so trägt ihn am Ende die »Himmelskraft« der Liebe (v. 155: »Da treibt's ihn«). Der Strudel der Charybde symbolisiert den Strudel der Leidenschaft, der die »moralische Sicherheit«[140] auslöscht und am Ende zu ohnmächtiger Selbstauslöschung führt. Darüber hinaus nimmt die Schrift *Vom Erhabenen*, wieder von Kant ausgehend[141], alle Elemente der Naturschilderung

---

138   Vor allem Haru Hamanaka, Rhetorik des Erhabenen.

139   NA 20, S. 175.

140   Ebd., S. 182.

141   Immanuel Kant, Kritik der Urteilskraft, in: Immanuel Kant. Werk in zwölf Bänden, Bd. 8, Schriften zur Ethik und Religionsphilosophie 2, hg. von Wilhelm Weischedel, Frankfurt a.M. 1968, S. 359 (KdU § 29): »Die *Verwunderung*, die an Schreck grenzt, das Grausen und der heilige Schauer, welcher den Zuschauer bei dem Anblicke himmelansteigender Gebirgs-

im *Taucher* vorweg: Den »reissende[n] Strom«[142], das »Schiff auf dem Meere«[143], aber auch den »Abgrund«[144]. Schiller setzt jedoch auch eigene Akzente. Im Zusammenhang des »Kontemplativerhabene[n] der Macht«[145] werden durch Klassikerlektüre gestützte Reflexionen über eine Ästhetik des Dunklen und der Unterwelt vorgetragen, die ohne jedes Pendant bei Kant sind. Wie der *Taucher* umkreisen sie den Indifferenzpunkt von Kunst und Religion. Zunächst werden Elemente des »Furchtbaren« zusammengetragen, die unmittelbar an den *Taucher* erinnern. Vor allem sind dies »eine tiefe Stille, eine große Leere«, die in der ästhetischen Betrachtung »ein Gefühl des Schreckens« erregen.[146] Als erstes Beispiel nennt Schiller Vergils Beschreibung der Unterwelt, Buch VI der *Aeneis*:

> Wenn uns Virgil mit Grausen über das Höllenreich erfüllen will, so macht er uns vorzüglich auf die Leerheit und Stille desselben aufmerksam. Er nennt es *loca nocte late tacentia* [Aen. VI, 265; J.R.], weitschweigende Gefilde der Nacht, *domos vacuas Ditis et inania regna* [Aen. VI, 269; J.R.] leere Behausungen und hohle Reiche des Pluto.[147]

Wieder spielt also Vergil eine entscheidende Rolle für eine ›andere‹ Romantik, die sich aus dem Klassischen speist. Dort, wo sich *Der Taucher* der Schauerballade nähert, speist er sich aus den Nachtseiten der Antike, die sowohl durch die griechische Tradition (Charybde) als auch durch die lateinische (Vergil) repräsentiert werden. Vor allem aber bei Vergil und in der von ihm ausgehenden *descensus*-Linie konnte Schiller ein Motivrepertoire für eine Ästhetik der Tiefe bzw. der Tiefsee finden. Immer schon ist die Grenze zur Unterwelt dabei mit einem Tabu belegt. Auch diese enge Verbindung von Unterwelt, Tabu und Religion findet sich in *Vom Erhabenen* reflektiert: »Bey den Einweihungen in die Mysterien der Alten wurde vorzüglich auf einen furchtbaren feyerlichen Eindruck gesehen, und dazu bediente man sich besonders auch des Stillschweigens.«[148] Die weiteren Aus-

---

massen, tiefer Schlünde und darin tobender Gewässer, tiefbeschatteter, zum schwermütigen
Nachdenken einladender Einöden u.s.w. ergreift, ist, bei der Sicherheit, worin er sich weiß,
nicht wirkliche Furcht, sondern nur ein Versuch, uns mit der Einbildungskraft darauf ein-
zulassen.«

142 NA 20, S. 176.
143 Ebd.
144 Ebd., S. 187.
145 Ebd., S. 186.
146 Ebd., S. 189.
147 Ebd.
148 Ebd.

führungen in *Vom Erhabenen* bestätigen den Eindruck: Die Finsternis der Unterwelt (etwa der Tiefsee) ist eine numinose Erfahrung, das Numinose wiederum (in Gestalt der Isis-Religion) ist eine Erfahrung der Unterwelt, des Todes, der Finsternis und der Tiefe. Ähnliches gilt für die Kategorie des »Unbestimmte[n]«[149]. Im *Taucher* realisiert sie sich im Bodenlosen einer Tiefe, die sich den Blicken entzieht: »Alles was *verhüllt* ist, alles *Geheimnißvolle*, trägt zum Schrecklichen bey«, schreibt Schiller. »Alle Religionen haben ihre Mysterien, welche ein heiliges Grauen unterhalten.«[150] Dies gilt vor allem für die Mysterien der Isis, denen Schiller bereits im Jahr 1790 eine universalhistorische Schrift – *Die Sendung Moses* – gewidmet hatte.[151] »Von dieser Art ist die Aufschrift, welche man zu Sais in Egypten über dem Tempel der Isis las. ›Ich bin alles was ist, was gewesen ist, und was seyn wird. Kein sterblicher Mensch hat meinen Schleyer aufgehoben‹.«[152] Die fatalen Konsequenzen eines solchen Tabubruchs schildert *Das verschleierte Bild zu Sais*. Auch hier rückt *curiositas* der Wahrheit zu Leibe und die »dünne Scheidewand« zwischen dem Menschen und der »Wahrheit« reißt.[153]

Zusammen mit dem *Taucher* oder dem *Eleusinischen Fest* aber auch dem *Geisterseher* zeichnet sich hier ein Reflexionszusammenhang ab, der religiöse und ästhetische (Grenz-)Erfahrungen eng aneinanderbindet. Man könnte von einem Mysterienkomplex im Werk des klassischen Schiller sprechen. Er steht unter den Vorzeichen einer skeptischen, metaphysikkritischen Wende. *Der Taucher* und *Das verschleierte Bild zu Sais* thematisieren sie ausdrücklich. Immer wieder geht es um Grenzen des Wissbaren. Nicht mehr (wie in *Resignation*) in offener, an Hume geschulter Religionskritik[154], sondern in einer metaphysischen Verzichtsgeste. Das entscheidende Dokument dieser Krise ist das Philosophische Gespräch des *Geistersehers*.[155] Einer seiner Höhepunkte ist eine »Allegorie vom Vorhange«[156], die schon Körner faszinierte. Der Prinz betont hier, dass der Mensch Begriffe wie »Zukunft«[157] und »ewige Ordnung«[158] lediglich »aus seiner eigenen Brust genom-

---

149 Ebd., S. 191.
150 Ebd.
151 Jörg Robert, Die Sendung Moses – Ägyptische und ästhetische Erziehung bei Lessing, Reinhold, Schiller, in: Würzburger Schiller-Vorträge 2009, hg. von Wolfgang Riedel, Würzburg 2011, S. 109–174.
152 NA 20, S. 191.
153 NA 1, S. 255, v. 36 f.
154 Vgl. Wolfgang Riedel, Abschied von der Ewigkeit. Zu Schillers Resignation, in: Gedichte von Friedrich Schiller. Interpretationen, hg. von Norbert Oellers, Stuttgart 1996, S. 51–63; Jörg Robert, Vor der Klassik, S. 201–205.
155 Jörg Robert, Vor der Klassik, S. 190–206.
156 NA 33,I, S. 313 (Körner); die Stelle in NA 16, S. 166 f.
157 NA 16, S. 166.
158 Ebd., S. 161.

men und seiner eingebildeten Gottheit als Zweck, der Natur als Gesetz unter-
geschoben hat«.[159] Religion ist – hier wirken Hume und Lukrez fort – Projektion,
Ausdruck von »hopes and fears«[160]. Jede Hoffnung auf und Spekulation über ein
Jenseits muss vergeblich bleiben:

> Was mir vorherging und was mir folgen wird, sehe ich als zwei schwarze
> undurchdringliche Decken an, die an beiden Grenzen des menschlichen
> Lebens herunterhängen und welche noch kein Lebender aufgezogen hat.
> Schon viele hundert Generationen stehen mit der Fackel davor und raten und
> raten, was etwa dahinter sein möchte. Viele sehen ihren eigenen Schatten,
> die Gestalten ihrer Leidenschaft, vergrößert auf der Decke der Zukunft
> sich bewegen und fahren schaudernd vor ihrem eigenen Bilde zusammen.
> Dichter, Philosophen und Staatenstifter haben sie mit ihren Träumen bemalt,
> lachender oder finstrer, wie der Himmel über ihnen trüber oder heiterer
> war.[161]

Das Dunkel jenseits der Decke entspricht der »purpurnen Finsterniß« und dem
»Bodenlosen«, in das der Taucher beim ersten Tauchgang blickt: »Eine tiefe Stille
herrscht hinter dieser Decke, keiner, der einmal dahinter ist, antwortet hinter ihr
hervor; alles was man hörte, war ein hohler Widerhall der Frage, als ob man in
eine Gruft gerufen hätte.«[162] Eben diese Erfahrung macht der Taucher. Wer hinter
die Decke zu blicken versucht, der kehrt nicht wieder. Die Tiefe des Meeres ist
ein Reich des Todes, ein *mundus subterraneus*, der im Doppel- oder Gegensinn
des lateinischen *sacer* zugleich ein heiliger und verfluchter, jedenfalls tabuierter
Raum ist.[163]

Schillers Erkundungen im Grenzgebiet von Religion und Ästhetik konfigurieren das Verhältnis von Kunst und Religion neu. Für den Schiller der 1790er Jahre
ist Religion nur noch als ästhetisches Phänomen gerechtfertigt, gewissermaßen:
Religion in den Grenzen der bloßen Kunst. Der Essay *Vom Erhabenen* berührt die

---

159 Ebd.
160 Die berühmte Stelle in David Humaes *Dialogues Concerning Natural Religion* (1779) lautet:
»Agitated by hopes and fears of this nature, especially the latter, men scrutinize, with a
trembling curiosity [...] events of human life. And in this disordered scene, with eyes still
more disordered and astonished, they see the first obscure traces of divinity«, David Hume,
The Natural History of Religion. Edited with an introduction by H.E. Root. Stanford 1956,
S. 28.
161 NA 16, S. 166.
162 Ebd., S. 167.
163 Giorgio Agamben, Homo sacer. Die Souveränität der Macht und das nackte Leben, Frankfurt
a.M. 1995 (zuerst it., Turin 1995), S. 85–91.

Erfahrungen der Unterwelt, des Mysteriums und der Initiation nicht als genuin religiöse, sondern als ästhetische. Blickt man auf den *Taucher*, so erweist sich diese Differenz als lebensentscheidend. Schiller hat sie geradezu in die Ballade selbst eingezogen. Es ist der Taucher, der in der Tiefe die Erfahrung eines *valde aliud* macht und an ein Tabu rührt. Die Grenzerfahrung bringt auch die Sprache an ihre Grenzen. Im Angesicht des Unbeschreiblichen hilft nur der Sprung in alte Topiken und Semantiken: die Sprache der Psalmen oder die Figuren der klassischen Unterwelt. Der Bericht des Tauchers ist aber auch in anderer Hinsicht der Logik des Erhabenen unterworfen. Damit die physische Grenzerfahrung zu einer ästhetischen werden kann, bedarf es zuerst eines festen Standpunktes »physische[r] Sicherheit«[164], der durch den Standort der Gruppe, die Klippe, repräsentiert wird.[165] Es hat also auch einen guten ästhetischen Sinn, wenn Schiller »den Sprung des Tauchers als theatrale Situation«[166] inszeniert und – gegen seine Quellen – den Part der zuschauenden Ritter und Knappen ausbaut. Diese sind zusammen mit dem König das primäre Publikum des Tauchers, in dessen Reaktionen sich das sekundäre, der Leser von Schillers Ballade, spiegeln kann. Wo der Taucher physisch der Gefahr ausgesetzt wird, erleben die Zuhörer das »gemischte Gefühl« eines *delightful horror*, das dann die – verhängnisvolle – Lust auf weitere Erzählungen aus der Tiefe weckt. Das Spiel mit dem ästhetischen Schauder und Schrecken hat fatale Effekte, zumal für den Erzählenden selbst. Der Taucher kehrt zwar aus der Tiefe zurück, einen Einblick in die Beschaffenheit der »purpurnen Finsterniß« hat er jedoch nicht gewonnen. Insofern hat die *vox populi* Recht: »Was die heulende Tiefe da unten verhehle, / Das erzählt keine lebende, glückliche Seele« (v. 59f.). Das ganz Andere lässt sich nicht erzählen, allenfalls die Schwelle. *Der Taucher* steht mit dieser Haltung in einer Reihe von Texten, in denen Schiller »die Verheißungen der Metaphysik mit Skepsis« betrachtet.[167] Beginnend mit dem philosophischen Gespräch aus dem *Geisterseher*, über die *Sendung Moses* bis zur philosophischen Ballade *Das verschleierte Bild zu Sais* tritt die Spannung zwischen Religion (Mysterium), Kunst und Wissenschaft ins Zentrum von Schillers Ästhetik.

---

164   NA 20, S. 182 und öfter.
165   Vgl. Hans Blumenberg, Schiffbruch mit Zuschauer. Paradigma einer Daseinsmetapher (1. Aufl. 1979), Frankfurt a.M. 1997 und Ralph Häfner, Konkrete Figuration. Goethes ›Seefahrt‹ und die anthropologische Grundierung der Meeresdichtung im 18. Jahrhundert, Tübingen 2002 (zur Meeres- und Seefahrtsthematik im achtzehnten Jahrhundert).
166   Vera Bachmann, Stille Wasser – Tiefe Texte?, S. 108.
167   Peter-André Alt, Schiller, Bd. 2, S. 355.

ERIKA THOMALLA

SENDESCHLUSS

Freundschaften beenden im 18. Jahrhundert

Die Beendigung einer Freundschaft ist im 18. Jahrhundert nicht vorgesehen. In den theoretischen Abhandlungen zur Freundschaft wird fehlende Beständigkeit als schweres Delikt behandelt: »[M]it einem Freunde brechen, ihn verrathen« gilt als »Verbrechen« gegen die Freundschaft.[1] Selbst einen »ungetreuen Freund« – also einen Freund, der seinerseits gegen die Pflichten der Freundschaft verstoßen hat – darf man nicht hassen.[2] Man sollte sich vielmehr in Nachsicht üben und versuchen, ihn zu bekehren. Denn eine Person, die man »einmal werthgeschätzt ha[t], kann nicht ohne alle Verdienste seyn. Sie muß werth seyn gebessert und wiedergewonnen zu werden.«[3] Justus Möser fordert 1769 in einem kurzen Beitrag mit dem Titel *Politick der Freundschaft* aus diesem Grund sogar, einem untreuen Freund zu verheimlichen, dass man von seinem Verrat wisse. Denn ein rechtmäßig Beschuldigter, so Möser, »flieht uns« aus eigener Scham erst recht und »haßt uns leicht«.[4] Er müsse daher im Glauben bleiben, »daß wir sein Verbrechen nicht wissen. Hierdurch wird er allmählich sicher; bemüht sich erst etwas wieder gut zu machen, wird immer eifriger, und zuletzt, nachdem er uns viele neue Beweise von seiner Redlichkeit gegeben, wagt er es, Verzeihung für das vergangene zu erwarten und zu bitten.«[5] Wer eine Freundschaft schließt, verpflichtet sich zur dauerhaften Aufrechterhaltung der Beziehung, selbst wenn das zeitweise nur einseitig geschieht. Ein Freund, der den Titel einmal tragen durfte, bleibt ein Freund – ob er will oder nicht.

Auch in den zeitgenössischen Briefstellern bildet die Kündigung von Freundschaften eine Leerstelle. Muster für Abschiedsschreiben an Freunde gehen in

---

1 François-Vincent Toussaint, Die Sitten, aus dem Französichsen [sic] übersetzt, Frankfurt und Leipzig 1751, S. 289.

2 Ebd.

3 Justus Möser, Politick der Freundschaft, in: Patriotische Phantasien. Erster Theil (zuerst erschienen in *Nützliche Beylagen zum Osnabrückischen Intelligenz-Blate* vom 8. April 1769), hg. von seiner Tochter J.W.J. v. Voigt, geb. Möser, Berlin 1775, S. 213–216, hier S. 214.

4 Ebd.

5 Ebd. S. 215 f.

der Regel von einer räumlichen, nicht von einer emotionalen Trennung aus: Es handelt sich um Texte, die »Freunde bey ihrer Abreise einander zuschicken«.[6] Selbst sogenannte »Abmahnungs-Schreiben«, denen ein Konflikt oder ein Zerwürfnis vorangegangen ist, enden oft mit dem Versprechen, trotz allem »lebenslang« als »wohlmeynender« Freund und Ratgeber zur Verfügung zu stehen.[7] Musterbriefe, in denen eine Beziehung endgültig beendet wird, gibt es allenfalls in amourösen Zusammenhängen – etwa, wenn eine umworbene Frau kein Interesse an ihrem Verehrer zeigt und dieser sich höflich zurückzieht.[8] Der bewusst vollzogene Abbruch von Kommunikation unter Freunden erscheint offenbar als ein so wenig erstrebenswerter oder sogar undenkbarer Fall, dass er nicht einmal hypothetisch vollzogen wird.

Diese theoretische Zurückhaltung bedeutet allerdings keineswegs, dass Freundschaften im 18. Jahrhundert nicht in die Brüche gegangen und beendet worden wären. Daran ändert auch die Emotionalisierung und Individualisierung des Freundschaftskonzepts um die Mitte des Jahrhunderts nichts. Im Gegenteil: Die hohen Erwartungen, die mit dem emphatischen Freundschaftsbegriff an das Gegenüber gerichtet werden, bergen ein umso größeres Enttäuschungspotenzial.[9] Es ist deshalb kein Zufall, dass gerade ein zentraler Proponent des empfindsamen Freundschaftsdiskurses wie Johann Wilhelm Ludwig Gleim am Ende seines Lebens auf erstaunlich viele gescheiterte Freundschaften zurückblickt und sich beklagt, dass »einige [s]einer alten vertrautesten Freunde, [s]eine Haßer geworden« seien.[10]

Die brieflichen Kündigungsschreiben, die Gleim und seine von der Freundschaft enttäuschten Zeitgenossen verfasst haben, verdeutlichen die theoretische Schwierigkeit, das Ende von Freundschaften zu vollziehen, insofern, als sich der Akt des Kommunikationsabbruchs für die Beteiligten als höchst problematisch und prekär erweist. Wie sich im Folgenden zeigen wird, gibt es selbst nach der Beendigung einer Freundschaft häufig Angebote, die Kommunikation nicht ganz

---

6   August Bohse, Gründliche Einleitung zu Teutschen Briefen, Jena 1703, S. 309.

7   Christian Friedrich Hunold, Die Allerneueste Art höflich und galant zu Schreiben, Oder Auserlesene Briefe, In Allen vorfallenden, auch curieusen Angelegenheiten, nützlich zu gebrauchen, Hamburg 1703, S. 613 und S. 615.

8   Vgl. z. B. ebd., S. 337.

9   In literarischen Texten zeigt sich das vor allem daran, dass die Freundschaft hier unentwegt auf die Probe gestellt wird und sich als wahre Freundschaft beweisen muss. Vgl. Eckhardt Meyer-Krentler, Freundschaft im 18. Jahrhundert. Zur Einführung in die Forschungsdiskussion, in: Frauenfreundschaft – Männerfreundschaft. Literarische Diskurse im 18. Jahrhundert, hg. von Wolfram Mauser und Barbara Becker-Cantarino, Tübingen 1991, S. 1–22, hier S. 14.

10   Brief von Gleim an Wilhelm Heinse vom 4. Februar 1772, in: Briefwechsel zwischen Gleim und Heinse, hg. von Carl Schüddekopf, Erste Hälfte, Weimar 1894, S. 47.

abbrechen zu lassen, sondern gleichsam in einen alternativen Beziehungsmodus zu überführen. Wo die Trennung hingegen endgültig vollzogen wird, besteht ein erheblicher Erklärungs- und Rechtfertigungsbedarf – und zwar nicht nur gegenüber dem einstigen Freund, sondern auch gegenüber gemeinsamen Freunden, die von dem Beziehungsende betroffen sind, nicht selten sogar gegenüber einer breiteren Öffentlichkeit. Gerade deshalb erweisen sich Freundschaftskündigungen als besonders aufschlussreich, um die semantischen Leistungen sowie die sozialen und politischen Funktionen von Freundschaft im 18. Jahrhundert nachzuvollziehen.

Mit dem Ende einer Freundschaft steht nicht nur die Beziehung zwischen zwei Individuen, sondern zugleich das Leistungsversprechen einer sozialethischen Kategorie auf dem Spiel. Als eine Nahbeziehung, in der die Sphären des Privaten und der Öffentlichkeit nicht ausdifferenziert sind, fungiert die Freundschaft seit der Antike als eine Gründungsfigur des Sozialen.[11] Auch in den gesellschaftstheoretischen Entwürfen der Frühaufklärung wird an diese politische Dimension der Freundschaftssemantik angeschlossen.[12] Als Garant sozialer Stabilität soll die Freundschaft ein Gegenmodell zur Flüchtigkeit strategischer Allianzen bilden. Allerdings werden Freundschaften zunehmend als Beziehungsformen konzipiert, die »nur zwischen jeweils wenigen Personen realisierbar« sind.[13] Freundschaft stellt zwar die »Perfektionsform des Sozialen« dar, wird aber immer weniger für geeignet gehalten, »das soziale Ganze [zu] repräsentieren«.[14] Im Maße, wie die Freundschaft sich der ganzen Person und deren Individualität widmet, muss ihre willkürliche Beendigung ausgeschlossen werden. Denn das Prinzip der Freundschaft soll Kontingenz und Beliebigkeit gerade unterbinden und stattdessen Verlässlichkeit und Vertrauen stiften. Die Option, dass sich Neigungen oder Charaktere plötzlich ändern, ist daher nicht vorgesehen.[15]

11 Vgl. Jacques Derrida, Die Politik der Freundschaft, aus dem Französischen von Stefan Lorenzer, Frankfurt a.M. 2002.

12 Vgl. Meyer-Krentler, Freundschaft im 18. Jahrhundert, S. 8; Wolfram Mauser, Geselligkeit. Eine sozialethische Utopie des 18. Jahrhunderts, in: ders., Konzepte aufgeklärter Lebensführung. Literarische Kultur im frühmodernen Deutschland, Würzburg 2000, S. 17–49; Friedrich Vollhardt, Freundschaft und Pflicht. Naturrechtliches Denken und literarisches Freundschaftsideal im 18. Jahrhundert, in: Frauenfreundschaft – Männerfreundschaft. Literarische Diskurse im 18. Jahrhundert, hg. von Wolfram Mauser und Barbara Becker-Cantarino, Tübingen 1991, S. 293–309.

13 Niklas Luhmann, Interaktion in Oberschichten: Zur Transformation ihrer Semantik im 17. und 18. Jahrhundert, in: ders., Gesellschaftsstruktur und Semantik Bd. 1, Frankfurt a.M. 1980, S. 72–161, hier S. 148.

14 Ebd.

15 Zu dem Konflikt zwischen Trieb und Vernunft im Freundschaftskonzept siehe Wolfram Mauser, Freundschaft und Verführung. Zur inneren Widersprüchlichkeit von Glücksphan-

Damit erhellt die Beendigung von Freundschaften auch einen Aspekt der *Politik der Freundschaft*, der sich Jacques Derrida in seiner gleichnamigen Studie gewidmet hat. Derrida problematisiert die Freundschaft als sozialethische Kategorie vor allem wegen der »unerbittlichen Arithmetik«, die dadurch entstehe, dass man Freunde »wählen«, »auswählen«, »bevorzugen« müsse.[16] Dieser Prozess des Auswählens ist niemals vollständig abgeschlossen, sondern kann immer wieder neu und anders getroffen werden. Mösers Beitrag zur *Politick der Freundschaft*, den Derrida nicht erwähnt, weist auf ein analoges Problem hin: Die Utopie eines stabilen Sozialzusammenhangs zwischen zwei Individuen wird weniger durch ihre Fehlbarkeit, sondern vor allem durch ihre fehlende Standhaftigkeit gefährdet. Als privatisierte Perfektion des Sozialen bezeichnet die Freundschaft einen Beziehungstyp, der frei gewählt ist und auf persönlichen Neigungen beruht, sich aber dennoch oder gerade deshalb der Kontingenz zeitlich wandelbarer Gefühlslagen widersetzen muss. Freundschaften gehen vor diesem Hintergrund im 18. Jahrhundert mit hohen Anforderungen an den Einzelnen einher, die im Endstadium der Beziehung zur Sprache kommen. Im Moment des Scheiterns werden die Bedingungen des Befreundetseins und die Erwartungen an die Freundschaft, die zuvor häufig bloß implizit vorausgesetzt wurden, offen thematisiert. Nach ihrem Ende klärt sich, was die Freundschaft eigentlich von Beginn an hätte sein sollen.

I. Freundschaftliche Pragmatik

Wo der Zweck der Freundschaft darin bestimmt wird, dass sich zwei »tugendhaffte Leute« gegenseitigen »Nutzen« bringen, kennt dieser Beziehungstyp klare Funktionen und Grenzen. Noch für *Zedlers Universal-Lexicon* ist ausgemacht, dass eine »Freundschafft aufhöret, sobald man etwas mehr von einem Freund fordert« als einander gesellschaftliche »Pflichten und Gefälligkeiten« zu erweisen.[17] Wer zu viel von der Freundschaft verlangt oder aber seinen Pflichten nicht nachkommt, hat sich als Freund diskreditiert. Nach der Bestimmung des *Zedler*-Lexikons handelt es sich bei Freundschaften um zweckgerichtete Assoziationen, die zwar eine »Übereinstimmung der Gemüther« zur Voraussetzung haben,[18]

tasien im 18. Jahrhundert. Ein Versuch, in: Frauenfreundschaft – Männerfreundschaft. Literarische Diskurse im 18. Jahrhundert, hg. von Wolfram Mauser und Barbara Becker-Cantarino, Tübingen 1991, S. 213–235, hier S. 214.

16 Derrida, Die Politik der Freundschaft, S. 43 und S. 46.

17 Art. »Freundschafft«, in: Grosses vollständiges Universal-Lexicon aller Wissenschaften und Künste, hg. von Johann Heinrich Zedler, Neunter Band, Halle und Leipzig 1735, Sp. 1837 f.

18 Ebd., Sp. 1838.

ihre Funktion aber vor allem darin erfüllen, dass die Beteiligten gegenseitig Vorteile aus ihr ziehen. Das eigene Leben oder eine Geliebte für den Freund aufzuopfern – ein Motiv, das seit Christian Fürchtegott Gellerts *Leben der schwedischen Gräfin von G** (1747) literarisch Karriere gemacht hat –,[19] ist aus der Perspektive des *Zedler*-Artikels »einer wahren Freundschafft gantz zuwieder«.[20]

Dieses Verständnis der Nutzenfreundschaft, in der die Bezeichnung »Freund« mitunter auch als Synonym für »Gönner« oder »Patron« fungiert,[21] wird bereits in Montaignes wirkmächtigem Essay *Von der Freundschaft* (1580) der ›idealen‹ und ›wahren‹ Freundschaft entgegengesetzt, die bloß selten zu finden sei. Bei alltäglichen, strategisch gewählten Beziehungen, so Montaigne, müsse man stets »wachsam bleiben und auf der Hut sein«, weil jederzeit die Möglichkeit bestehe, dass der Freund zum Feind werde. Bloß in der »höchsten Freundschaft« herrsche vorbehaltlose Offenheit.[22] Es gibt demnach einen Freundschaftstypus, bei dem das potenzielle Ende bereits im Moment der Anbahnung der Beziehung immer schon mitgedacht wird und das Verhalten bestimmt.

Tatsächlich ist das Ende einer Freundschaft auch in solchen strategischen Konstellationen nicht unproblematisch, es kann allerdings sehr viel pragmatischer vollzogen werden. Als es im April 1730 zum Bruch zwischen Johann Christoph Gottsched und seinem Gönner, dem Dresdener Hofdichter Johann Ulrich König, kommt, erhält Gottsched einen Brief von dessen Bruder Jakob Bernhard, der darlegt, weshalb er künftig nicht mehr auf Königs Freundschaft und Unterstützung zählen könne. Einerseits seien König Gerüchte zu Ohren gekommen, dass Gottsched sich in Leipziger Kreisen negativ über ihn geäußert habe, andererseits störe er sich an einigen Passagen der *Critischen Dichtkunst*, die er als Angriff auf seine eigenen poetischen Projekte verstehen müsse. Dieses illoyale Verhalten, so Jakob Bernhard, habe bei seinem Bruder zunächst »einige Kaltsinnigkeit« erweckt, zuletzt aber dazu geführt, dass Gottsched sich dessen Freundschaft end-

---

19 Mit diesem Motiv der Dreiecksbeziehung befasst sich die Studie von Eckhardt Meyer-Krentler, Der Bürger als Freund. Ein sozialethisches Programm und seine Kritik in der neueren deutschen Erzählliteratur, München 1984, S. 89: »Es gibt im 18. und 19. Jahrhundert keinen Erzähltext eines deutschen (männlichen!) Autors, wo der Begriff ›Freundschaft‹ oder ›Freund‹ irgendwie im Titel auftaucht und dann nicht die Dreieckskonstellation ›Zwei Freunde und eine Frau‹ thematisiert wird.«

20 Art. »Freundschafft«, in: Grosses vollständiges Universal-Lexicon aller Wissenschaften und Künste, Sp. 1838.

21 Vgl. Erdmut Jost, Eintrittskarte ins Netzwerk. Prolog zu einer Erforschung des Empfehlungsbriefes, in: Briefwechsel. Zur Netzwerkbildung in der Aufklärung (= Kleine Schriften des IZEA 4/2012), hg. von Erdmut Jost und Daniel Fulda, Halle 2012, S. 103–143, hier S. 109.

22 Michel de Montaigne, Essais. Erste moderne Gesamtübersetzung von Hans Stilett, Frankfurt a.M. 1998, S. 102.

gültig »verscherz[t]« habe.[23] Die »aufrichtigste Freundschafft«, die König seinem Klienten noch wenige Monate zuvor versichert hatte, wird stellvertretend durch den Bruder beendet.[24]

Neben seinem sachlichen Ton ist an diesem in Vertretung abgefassten Trennungsbrief auch bemerkenswert, welche weitreichenden Folgen er nach sich gezogen hat. Gottsched verzichtet, entgegen der Forderung Jakob Bernhard Königs, auf eine schriftliche Entschuldigung bei dessen Bruder. Daraufhin wächst sich der Streit zu einer öffentlichen Angelegenheit aus. Es kommt zur literarischen Parteienbildung: König macht in Dresden gegen Gottsched Stimmung und koaliert Ende der 1730er Jahre im Literaturstreit mit den Schweizern Johann Jacob Bodmer und Johann Jakob Breitinger; Gottsched wiederum findet vor allem in Leipzig Unterstützer, die bereit sind, seine persönlichen Feindschaften publizistisch stellvertretend für ihn auszutragen. In seinen Schriften fallen polemische Spitzen über die Sippe der Hofdichter im Allgemeinen oder über König im Besonderen.[25] Zusätzlich verkompliziert wird der Sachverhalt durch ein drittes Lager um den Hamburger Dichter Barthold Heinrich Brockes, das in den Gefechten zwischen Dresden, Leipzig und Zürich in wechselnden Allianzen mitmischt.[26] Der Fall macht deutlich, dass Freundschaft innerhalb von gelehrten Netzwerken niemals bloß eine Sache zwischen zwei Einzelpersonen ist, sondern üblicherweise eine ganze Reihe weiterer Sozialkontakte einschließt und tangiert.[27] Johann Bernhard König weist auf diesen Umstand ganz dezidiert hin, wenn er Gottsched prophezeit, dass sein Verhalten bei allen »besondere[n] Freund[en]« seines Bruders eine solche »Abscheu« erwecken werde, dass seine Karrieremöglichkeiten an der Universität davon empfindlich gestört werden dürften.[28] Eine kurze Liste mit Namen, auf deren Freundschaft Gottsched künftig nicht mehr zählen könne, fügt König direkt mit an.

23   Brief von Jakob Bernhard König an Gottsched vom 21. April 1730, in: Johann Christoph Gottsched: Briefwechsel unter Einschluß des Briefwechsels von Luise Adelgunde Gottsched, Bd. 1, hg. und bearbeitet von Detlef Döring, Rüdiger Otto und Michael Schlott, Berlin und New York 2007, S. 359 und S. 361.

24   Brief von Johann Ulrich König an Gottsched vom 9. Januar 1730, in: ebd., S. 290.

25   Vgl. zu Gottscheds Polemik gegen die »Hofpoeten« etwa seine Vorrede, in: Herrn Benjamin Neukirchs, weiland Marggräfl. Brandenburg-Anspachischen Hofraths, auserlesene Gedichte aus verschiedenen poetischen Schriften, gesammlet und mit einer Vorrede von dem Leben des Dichters begleitet von Johann Christoph Gottscheden, Regenspurg 1744, o.S.

26   Vgl. Steffen Martus, Aufklärung. Das deutsche 18. Jahrhundert. Ein Epochenbild, Berlin 2015, S. 507 ff.

27   Diesen Punkt betont Wilfried Barner, Gelehrte Freundschaft im 18. Jahrhundert. Zu ihren traditionalen Voraussetzungen, in: Frauenfreundschaft – Männerfreundschaft. Literarische Diskurse im 18. Jahrhundert, hg. von Wolfram Mauser und Barbara Becker-Cantarino, Tübingen 1991, S. 23–45.

28   Brief von Jakob Bernhard König an Gottsched vom 21. April 1730, S. 361.

Kommt es in der Gelehrtenrepublik zum öffentlichen Bruch zwischen zwei Freunden, sind die gemeinsamen Bekannten gezwungen, sich zu positionieren und Stellung für die eine oder andere Partei zu beziehen. Diese Dynamik ist nicht bloß charakteristisch für sogenannte »Nutzenfreundschaften«,[29] sondern setzt sich in literarischen Kreisen auch unter den Bedingungen eines empfindsamen Freundschaftsdiskurses, der sich um die Mitte des 18. Jahrhunderts als Gegenentwurf zu den als pragmatisch eingestuften Allianzen herausbildet, fort.[30] Obwohl viele Autoren des mittleren und späten 18. Jahrhunderts auf der Intimität und Einzigartigkeit ihrer Freundschaften insistieren, verdankt sich bereits deren Anbahnung häufig einer transitiven Logik: »Wenn x der Freund von y und y der Freund von z ist, dann ist auch x der Freund von z.«[31] Freundschaft ist in der Regel keine binäre, sondern mindestens eine trianguläre Sozialform. Dementsprechend haben auch am Bestehen einer Freundschaft weit mehr Personen ein Interesse als die beiden Hauptakteure. Die gemeinsamen Verbindungen können sich positiv auf das Fortbestehen einer Beziehung auswirken oder aber deren Scheitern befördern.

Letzteres gilt für eine Freundschaft, von der im Nachhinein kaum noch bekannt ist, dass sie einmal existierte: die Beziehung zwischen Friedrich Nicolai und Christian Adolph Klotz. Bis zu dem Zeitpunkt, als Klotz sein Konkurrenzprojekt zu Nicolais *Allgemeiner Deutscher Bibliothek* gründete – die Rezensionszeitschrift *Deutsche Bibliothek der schönen Wissenschaften* –, und bevor der antiquarische Streit zwischen Lessing und Klotz ausbrach, standen die beiden in einem freundschaftlichen Briefverkehr.[32] Sie teilten mehrere Bekannte, unter anderem Gleim, Christian Felix Weiße und auch Lessing. Anfangs ist der Briefwechsel zwischen Klotz und Nicolai von einem emphatischen Ton geprägt. Erst 1768, nachdem sich der Hallenser Kreis um Klotz immer stärker als kritische Gegenstimme zu den Berliner Aufklärern profiliert und in Nicolais *Bibliothek* umgekehrt kritische Rezensionen zu Klotz erscheinen, kommt es zum offenen Bruch.[33] Klotz

---

29 Vgl. Barner: Gelehrte Freundschaft im 18. Jahrhundert, S. 42.

30 Zu diesem Diskurswechsel siehe Nikolaus Wegmann, Diskurse der Empfindsamkeit. Zur Geschichte eines Gefühls in der Literatur des 18. Jahrhunderts, Stuttgart 1988, bes. s. 56–70.

31 Carlos Spoerhase, Das Format der Literatur, Göttingen 2018, S. 76.

32 Vgl. zu dem Ende der Beziehung zwischen Nicolai und Klotz auch Rainer Falk, »nach meinem System von der Freundschaft«: Gleim, Nicolai, Klotz und der Stil ihrer Briefe, in: Rituale der Freundschaft, hg. von Klaus Manger und Ute Pott, Heidelberg 2006, S. 101–116.

33 Vgl. Antoine Magen, »Ewr: hochwohlgeboren ganz gehorsamster Diener Klotz«. Christian Adolf Klotz (1738–1771) und sein gelehrtes Netzwerk, dargestellt anhand eines Briefes, in: Zeitschriften, Journalismus und gelehrte Kommunikation im 18. Jahrhundert. Festschrift für Thomas Habel, hg. von Claire Gantet und Flemming Schock, Bremen 2014, S. 77–87, hier S. 78 f.

verlangt von Nicolai schriftlich, er solle ihm alle seine Briefe zurückschicken, damit »nicht die geringste Spuhr« ihrer einstigen Freundschaft »übrig sey«.[34] Die Rückgabe der Briefe soll das freundschaftliche Bündnis nicht nur aufheben, sondern gleichsam ungeschehen machen.

Nicolai attestiert Klotz in seinem Antwortschreiben prompt, seine »ganze Freundschaft« habe von jeher bloß darin bestanden, »daß Sie anstatt Hochedler Hochgeehrter Herr zu schreiben der Mode wegen, den Brief anfingen: Werther Freund Verehrungswürdiger Freund liebster Freund!«[35] Als Klotz ihm versprach, seine Freundschaft werde »trotz aller gelehrten Zwistigkeiten ewig dauern«, habe er lediglich die Rhetorik der Empfindsamkeit bedient.[36] Damit zieht Nicolai in Zweifel, dass es sich bei dem Verhältnis überhaupt um eine echte Freundschaft gehandelt habe. Die »alzugroße Süßigkeit« von Klotz' frühen Briefen sei bloße Heuchelei gewesen, die nie mit wahrer Zuneigung und Verbindlichkeit korrespondierte.[37] Vor diesem Hintergrund macht Nicolai Klotz einen pragmatischen Vorschlag. Da die Korrespondenz zwischen den beiden »noch nicht geendigt sey«, könne man nun zu einem unpersönlicheren Kommunikationsmodus übergehen: »Da wir nicht mehr Freunde sind, muß itzt bey uns alles nach der Etiquette gehen. Sie wissen, wenn große Herren sich entzweyen, so hören die vertraulichen Handschreiben auf, und erfolgen Canzleyschreiben.«[38]

Nach dieser Episode bricht die Korrespondenz zwischen Nicolai und Klotz endgültig ab. Das Angebot einer Fortsetzung des Briefverkehrs auf einer anderen, formelleren Ebene ist offenbar weder für den Absender noch für den Empfänger eine ernsthafte Option. Dennoch ist der Verweis auf die »Etiquette« mehr als bloßer Zynismus. Nicolais Brief ist ein Plädoyer dafür, unverbindliche, strategische Beziehungen mit einem Klienten nicht – wie er es Klotz unterstellt – durch eine enthusiastische, emotionalisierte Rhetorik als intime Freundschaften zu tarnen. Von dieser empfindsamen »Mode« distanziert sich der Berliner Aufklärer und votiert stattdessen für einen »moralischen Pragmatismus«,[39] der es erlaubt, bei der Adressierung von intimen Freunden, flüchtigen Bekannten und rein geschäftlichen Korrespondenzen im Ton stärker zu differenzieren. Aus dieser Perspektive müssen auch Unstimmigkeiten zwischen zwei Personen nicht notwendig das Ende jeglicher Kommunikation bedeuten. Ebenso wie der Zweck

---

34 Brief von Klotz an Nicolai vom 9. Oktober 1768, Staatsbibliothek zu Berlin, Nachlass Nicolai, Bd. 39.

35 Einwurf eines Briefs von Nicolai an Klotz vom 4. November 1768, Staatsbibliothek zu Berlin, Nachlass Nicolai, Bd. 39.

36 Ebd.

37 Ebd.

38 Ebd.

39 Rainer Falk, »nach meinem System von der Freundschaft«, S. 113.

einer Freundschaft für Nicolai nicht darin besteht, »zu wetteifern, wer seinem Freunde schmeichelndere Complimente machen könte«, müsse nicht jeder direkt zum »Feind« erklärt werden, der die eigenen Ansichten nicht teilt und »nicht mit ähnlichen Enthusiasmus, des geliebten Gönners Werke als Meisterstücke anpreisen kann«.[40] Es gibt vielmehr eine pragmatische Ebene des Austauschs, die jenseits von enthusiastischer Freundschaft und erbitterter Feindschaft angesiedelt ist und die trotz inhaltlicher Differenzen aufrechterhalten werden kann.

II. Das Netzwerk der Freundschaft

Tatsächlich gibt es im 18. Jahrhundert mehrere Fälle, bei denen die Kündigung der Freundschaft nicht zum vollständigen Kontaktabbruch geführt hat. Die Chance, dass eine Beziehung auch nach dem Ende der Freundschaft fortgeführt wird, hängt wesentlich von der Stabilität des gemeinsamen Netzwerks ab. Gibt es eine hohe Anzahl gemeinsamer Sozialkontakte, können auch zerbrochene Freundschaften mitunter als alternative Beziehungsformen weitergeführt werden oder sich sogar nach und nach wieder regenerieren. Dabei muss es sich nicht notwendig um enge Freundschaften handeln. Gerade die sogenannten »schwachen« Beziehungen – also flüchtige Bekannte, zu denen keine intensive emotionale Bindung besteht[41] – tragen häufig wesentlich zur Stabilität eines Netzwerks bei.[42]

Im Jahr 1768 kommt es zwischen Gleim und Anna Louisa Karsch zu einer schweren Auseinandersetzung, weil Karsch – wie viele Personen in Gleims Umfeld – dessen publizierten Briefwechsel mit dem einundzwanzig Jahre jüngeren Johann Georg Jacobi als anstößig empfindet. Nach Karschs Ansicht werden in den Briefen »zu viel Küße« und zu viele »Tändeleyen« ausgetauscht, die zwar »im geschriebnen briefe angingen«, in »gedrukten« aber »unaußstehlich« seien.[43] Gleim ist von Karschs Kritik, die auch eine implizite Unterstellung homosexueller

---

40 Friedrich Nicolai, Vorrede, in: Thomas Abbts vermischte Werke. Dritter Theil, welcher einen Theil seiner freundschaftlichen Correspondenz enthält, neue und mit Anmerkungen Moses Mendelssohns vermehrte Auflage, Berlin und Stettin 1782, o.P.

41 Vgl. zum Konzept der starken und schwachen Verbindungen den grundlegenden Aufsatz von Marc Granovetter, The Strength of Weak Ties, in: American Journal of Sociology, 78 (1973), H. 6, S. 1360–1380.

42 Vgl. Christine B. Avenarius: Starke und schwache Beziehungen, in: Handbuch Netzwerkforschung, hg. von Christian Stegbauer und Roger Häußling, Wiesbaden 2010, S. 99–111, hier S. 107.

43 Brief von Anna Louisa Karsch an Johann Wilhelm Ludwig Gleim vom 18.07.1768, in: »Mein Bruder in Apoll«. Briefwechsel zwischen Anna Louisa Karsch und Johann Wilhelm Ludwig Gleim, hg. von Regina Nörtemann und Ute Pott, Bd. 1, Göttingen 1996, S. 312 und S. 314.

Neigungen enthält, so entrüstet, dass er ihr kurzerhand die Freundschaft kündigt: »Madame, wir sind beyde keine Freunde mehr, und können es nie wieder seyn!«[44] Dennoch bricht der Briefverkehr an diesem Punkt nicht ab. Obwohl Gleim seiner Briefpartnerin mitteilt, dass nach seiner Auffassung zwei »entzweyete Freunde nimmer wieder zu dem höchsten Grade der Freundschaft gelangen« können, bleiben die beiden in Kontakt.[45] Allerdings geht Gleim zu einem anderen Ton, einer veränderten Anrede (»Madame«) und einer neuen Form der Unterzeichnung über: »[I]ch bin nur, und kan nichts anderes seyn, Madame, Ihr ergebenster dienstwilliger Diener Gleim«.[46]

Gleim bringt die Möglichkeit, dass »wir uns selten oder gar nicht« mehr schreiben, durchaus ins Spiel, ohne allerdings die Korrespondenz einseitig aufzukündigen.[47] Der Ton ist in der Folgezeit distanziert, aber der Austausch bleibt regelmäßig. Dass sich die Beziehung zwischen Karsch und Gleim nach einiger Zeit doch wieder erholt, ist vor allem dem Umstand geschuldet, dass Karsch sich über Monate hinweg gezielt bemüht, Anknüpfungspunkte zu finden. Dies geschieht vor allem über die Bezugnahme auf gemeinsame Freunde und Bekannte. In der Zeit des Zerwürfnisses »wimmeln die Briefe der Karschin nur von Episoden über die verschiedensten Personen.«[48] So erwähnt Karsch nicht nur wiederholt gemeinsame Freunde wie Johann Georg Sulzer oder Heinrich Wilhelm Bachmann, sondern richtet auch Grüße und Empfehlungen von Personen aus den höfischen und adligen Berliner Kreisen aus.[49] Die Nennung von Personen aus dem gemeinsamen Netzwerk dient offenbar dazu, »Anhaltspunkte zu finden«, die eine Wiederannäherung mit Gleim ermöglichen sollen.[50] Diese Strategie erweist sich langfristig als erfolgreich: Die Verbindung zwischen Gleim und Karsch bleibt auch über eine längere Phase des distanzierten Briefverkehrs erhalten und nimmt nach einer persönlichen Aussprache schließlich sogar wieder einen freundschaftlichen Ton an.[51]

---

44 Brief von Gleim an Karsch vom 8. Oktober 1768, in: »Mein Bruder in Apoll«, Bd. 1, S. 331.
45 Brief von Gleim an Karsch vom 7. September 1768, in: »Mein Bruder in Apoll«, Bd. 1, S. 326.
46 Brief von Gleim an Karsch vom 8. Oktober 1768, in: »Mein Bruder in Apoll«, Bd. 1, S. 332.
47 Ebd., S. 331.
48 Regina Nörtemann: Nachwort, in: »Mein Bruder in Apoll«. Briefwechsel zwischen Anna Louisa Karsch und Johann Wilhelm Ludwig Gleim, hg. von Regina Nörtemann und Ute Pott, Bd. 2, Göttingen 1996, S. 523–555, hier S. 534.
49 Vgl. etwa Karschs Briefe vom 14. Februar und vom 17. August. 1769, in: »Mein Bruder in Apoll«, Bd. 2, S. 6 und S. 10.
50 Nörtemann: Nachwort, S. 534.
51 Erst nach längerer Zeit adressiert Gleim Karsch wieder als »Freundin«, kehrt allerdings auch danach bei Unstimmigkeiten immer wieder zur Anrede »Madame« zurück. Vgl. etwa die Briefe von Gleim an Karsch vom 27. Juni 1770 und vom 23. Januar 1773, in: »Mein Bruder in Apoll«, Bd. 2, S. 14 und S. 33.

Für Klotz und Nicolai, deren Freundeskreise Ende der sechziger Jahre immer mehr den Charakter zweier entgegengesetzter Lager annehmen, gibt es diese Option nicht. In dem Moment, in dem Nicolai und Lessing öffentlich eine »Kriegserklärung« an Klotz formulieren und jeden persönlichen Kontakt mit ihm beenden,[52] werden die gemeinsamen Freunde und Bekannte in die Auseinandersetzung mit hineingezogen. Das Zerwürfnis ist nun keine private Angelegenheit mehr, sondern ein publizistisches Ereignis. Gleim, der die Absicht hat, sich neutral zu verhalten, wird dafür von Nicolai und Lessing scharf kritisiert. Lessing wirft ihm vor, in der Angelegenheit ein »allzugeflissendliches Stillschweigen« an den Tag zu legen und bedeutet ihm, dass ein neuer Freund wie Klotz die alten Freunde niemals »abrogiren« dürfe: »Wenn ich Ihre Freundschaft jemals gehabt habe, und ich bin überzeugt, daß ich sie gehabt habe: so habe ich sie noch.«[53] Gleim wird im Namen der Freundschaft genötigt, Stellung zu beziehen und sich loyal zu verhalten. Lessing erinnert ihn unmissverständlich daran, dass eine wahre Freundschaft nicht beendet oder von einer neuen verdrängt werden könne. Während Gleim sich bemüht, Lessings Vorwürfe zu beschwichtigen, kommt es mit Nicolai, der Gleim ähnliche Vorwürfe macht, zu einer fast zwanzigjährigen Briefpause.[54]

Auch andere Freunde Lessings und Nicolais sind mit Loyalitätskonflikten konfrontiert: Christian Gottlob Heyne etwa zeigt sich besorgt, dass Lessing ihm infolge einer Stellungnahme in den *Göttingischen Gelehrten Anzeigen*, die Lessings Positionen widerspricht und Klotz in einem Punkt recht gibt, seine »Achtung und Freundschaft entziehen« werde.[55] Ähnliche Befürchtungen teilt auch Lessings Studienfreund Christian Felix Weiße.[56] Das Ende einer literarischen Freundschaft tangiert, gerade wenn es öffentlich ausgetragen wird, nicht bloß zwei Personen, sondern gleichermaßen deren soziales Umfeld. Freundschaften unter Gelehrten, auch solche, die von den beteiligten Akteuren als intime Zweierbeziehung charakterisiert werden, sind weder exklusiv noch gänzlich privat. Die empfindsame Freundschaft, die sich von der pragmatischen Nutzenfreundschaft programmatisch abgrenzt, hat von ihrem Ende her betrachtet mehr mit den traditionellen,

---

52 Brief von Lessing an Nicolai vom 5. Juli 1768, in: Gotthold Ephraim Lessing, Werke und Briefe in zwölf Bänden, Band 11/1: Briefe von und an Lessing 1743–1770, hg. von Helmuth Kiesel unter Mitwirkung von Georg Braungart und Klaus Fischer, Frankfurt a.M. 1987, S. 526.

53 Brief von Lessing an Gleim, in: Gotthold Ephraim Lessing, Werke und Briefe in zwölf Bänden, Band 11/1: Briefe von und an Lessing 1743–1770, S. 664 f.

54 Vgl. Falk, »nach meinem System von der Freundschaft«, S. 109.

55 Brief von Heyne an Lessing vom 17. Oktober 1768, in: Gotthold Ephraim Lessing: Werke und Briefe in zwölf Bänden, Band 11/1: Briefe von und an Lessing 1743–1770, S. 550.

56 Vgl. Barner, Gelehrte Freundschaft im 18. Jahrhundert, S. 42.

»zweckorientierten literarisch-gelehrten Freundschafts-Netze[n]« gemeinsam als die Protagonisten selbst zuweilen behaupten.[57]

Dies führt auch das Ende der Freundschaft zwischen Gleim und Karl Wilhelm Ramler vor Augen, das in die Mitte der 1760er Jahre fällt. Vorausgegangen sind der Trennung mehrere Unstimmigkeiten und wechselseitige Kränkungen: Gleim gingen Ramlers Eingriffe bei der Herausgabe der Gedichte des 1759 verstorbenen gemeinsamen Freundes Ewald Christian von Kleist sowie der Werke von Johann Nikolaus Götz zu weit, zudem fühlte er sich von den beiden Editionsprojekten ausgeschlossen.[58] Den eigentlichen Ausgangspunkt der Trennung bildet allerdings eine minutiöse Kritik Gleims an einer alkäischen Ode, die Ramler kurze Zeit später durch eine ebenso schonungslose Kritik von Gleims Fabeln erwidert. Die Praxis der freundschaftlichen Kritik, die zwischen Gleim und Ramler über Jahre etabliert worden war, kommt hier an ihre Grenzen: Während Gleim an keiner Zeile von Ramlers Ode ein gutes Haar lässt und seinen Anmerkungen eine Länge verleiht, die in keiner Proportion mehr zu dem Gedicht steht, belässt Ramler es umgekehrt nicht mehr bei ästhetischen Argumenten, sondern wirft Gleim fehlenden Fleiß, mangelnde Originalität und Heuchelei vor: Er bescheinigt seinem Freund, »erbettelte Reime« und »abgenutzte Erfindungen« zu gebrauchen, eine falsche »Miene der Frömmigkeit« aufzusetzen und sich in den Fabeln »allzusehr« als »Schmeichler« zu offenbaren.[59]

Gleim ist von dem »beleidigende[n] Ton« dieser Kritik schwer getroffen,[60] Ramler hingegen wirft seinem Freund übermäßige Sensibilität vor: »[W]erden Sie wohl einen Wink von Ihrem Ramler leiden? ach nein, Sie leiden nichts! sie sind wirklich zu –«.[61] Für Gleim schlägt dies »dem Faß den Boden aus«. Er erklärt die Freundschaft für beendet: »So ganz abscheulich zeigt mein so sehr von mir geliebter Ramler sich [...], daß ich's nicht ertragen kann, daß ich die Augen wegwenden muß, tief im Herzen betrübt über das abscheuliche Bild dessen, der mein

---

57 Ebd., S. 40. Dass die emphatische Freundschaftssemantik des 18. Jahrhunderts dazu verführt, Abhängigkeiten und pragmatische Aspekte der Beziehungen zu übersehen, betont aus einer netzwerktheoretischen Perspektive Nacim Ghanbari, Netzwerktheorie und Aufklärungsforschung, in: iasl 38/2 (2013), S. 315–335.

58 Vgl. David Lee: Karl Wilhelm Ramler, in: »Sie sind ein ungestümer Freund«. Menschen um Gleim I, hg. von Gerlinde Wappler, Oschersleben 1998, S. 152–165, hier S. 161 ff.

59 Brief von Ramler an Gleim, Anfang Oktober 1764, online verfügbar unter http://digishelf.de/ppnresolver?id=676573126 (10.11.2019).

60 Brief von Gleim an Ramler vom 26. Oktober 1764, online verfügbar unter http://digishelf.de/ppnresolver?id=676602908 (10.11.2019).

61 Brief von Ramler an Gleim vom 22. Dezember 1764, online verfügbar unter http://digishelf.de/ppnresolver?id=676573150 (10.11.2019).

Freund war.«[62] Nach diesem Abschiedsbrief tauschen die beiden im Jahr 1765 noch zwei Briefe aus, in denen sie sich – ähnlich wie bei dem Bruch zwischen Karsch und Ramler – nicht mehr als »Freunde«, sondern als »Herren« adressieren und als »Diener« unterzeichnen. Danach ist der Briefwechsel vorläufig beendet.

Doch das Ende der Freundschaft zwischen Gleim und Ramler hat ein öffentliches Nachspiel. Karsch, die vergeblich versucht, das »mißverständniß« zwischen den beiden aus dem Weg zu räumen,[63] berichtet Gleim im Februar 1768, dass das Zerwürfnis zunehmend durch Stellvertreter ausgetragen werde und sich zu einem publizistischen Streit entwickle. Anlass ist eine negative Besprechung von Ramlers Anthologie *Lieder der Deutschen* (1766) in Klotz' *Deutscher Bibliothek*, die sich in derselben Ausgabe lobend über Gleims *Neue Lieder* (1767) äußert.[64] Das Berliner Publikum, so Karsch, sei aufgrund dieser eindeutigen Parteinahme davon überzeugt, dass Gleim »wenigstens an der Verurteilung der Rammlerischen Muse ohngefähr so viel Antheil« habe »als Cäsar an dem Morde Seines großen Nebenbuhlers [...].« Denn die Rezensionen würden aus Sicht der Leser den Eindruck vermitteln, dass die *Bibliothek* im Streit zwischen Gleim und Ramler »de[m] ersten ein Opfer durch den Angriff des andern [...] bringen« möchte.[65]

Gleim begegnet dem Verdacht, öffentlich gegen Ramler Stimmung zu machen, indem er dem ehemaligen Freund einen vollständig in der dritten Person abgefassten Brief schreibt, in dem er beteuert, dass der »alte Freund« Gleim sich niemals der üblen Nachrede schuldig gemacht habe: »Ramler der Dichter wird noch immer von Gleim dem alten Freunde hochgeschätzt und bewundert!« Auch von »Ramler dem Kunstrichter und Ramler dem Freunde« habe der »Freund« Gleim immer »mit der äußersten Behutsamkeit« gesprochen. »Gegen keinen Menschen sprach er mit Falschheit [...]. Ramler ist glücklich wenn er ebenfalls ein so gutes Gewißen hat wie Gleim!«[66] Durch die distanzierte Rede von sich selbst als »altem Freund« Ramlers nimmt Gleim eine Trennung zwischen der Gegenwart und der Vergangenheit der eigenen Person vor – mit der Pointe, dass der Teil Gleims, der einmal Ramlers Freund war, zwar nicht mehr existent ist, aber dennoch das Verhalten gegenüber Ramler weiterhin bestimmt. Gleim handelt,

---

62 Brief von Gleim an Ramler vom 4. Januar 1765, online verfügbar unter http://www.digishelf. de/piresolver?id=676602924 (10.11.2019).

63 Brief von Karsch an Gleim vom 27. Februar 1768, in: »Mein Bruder in Apoll«, Bd. 1, S. 299.

64 Vgl. dazu die Rezensionen zu Ramlers *Liedern der Deutschen* und zu Gleims *Neuen Liedern* in der Deutschen Bibliothek der schönen Wissenschaften, Erster Band, Zweytes Stück (1767), S. 108–140 und S. 176–178.

65 Brief von Karsch an Gleim vom 27. Februar 1768, in: »Mein Bruder in Apoll«, Bd. 1, S. 299.

66 Brief von Gleim an Ramler vom 27. April 1769, online verfügbar unter http://digishelf.de/ ppnresolver?id=676602959 (10.11.2019).

mit anderen Worten, immer als Freund, der er einmal war, ohne sich aber gegenwärtig als Freund Ramlers zu verstehen. Durch dieses kommunikative Paradox
wird die Verbindlichkeit und Verlässlichkeit der aufgekündigten Freundschaft
gegen die aktuelle Sachlage noch einmal bestätigt. Die Pflicht, als »Freund« zu
handeln, so kann man Gleims Brief verstehen, endet niemals, sondern ist unauf-
hebbar – selbst wenn die Freundschaft keinen Bestand mehr hat.

III. Die zwei Körper des Freundes

Damit ist eine zentrale Problematik des empfindsamen Freundschaftsdiskurses
angesprochen: Wer eine Freundschaft beendet, setzt sich damit dem Verdacht
aus, nie ein wahrer Freund gewesen zu sein. Denn ein wahrer Freund darf seine
Freundschaft – wie Mösers eingangs zitierte *Politick der Freundschaft* darlegt –
unter keinen Umständen entziehen. Wie wirkmächtig diese Vorstellung im
18. Jahrhundert war, zeigt sich insbesondere daran, wie oft sie zum Gegenstand
literarischer Darstellungen gemacht wurde.[67] Lessings Lustspiel *Damon oder
die wahre Freundschaft* (1747) etwa bildet zu der von Möser formulierten Regel
das dramatische Paradigma in Reinform. Die Ausgangssituation des Dramas ist
eine unfreiwillige Konkurrenzsituation: Der Protagonist Damon und sein Freund
Leander sind beide in eine junge Witwe verliebt, die sich zwischen den beiden
Bewerbern noch nicht entschieden hat.

Als Damon und Leander sich dieser Lage bewusst werden, geraten sie in einen
Konflikt zwischen Liebe und Freundschaft, der zunächst zugunsten der Freundschaft auszufallen scheint. Sie werden »in ihrem Bestreben«, der Witwe zu gefallen,
»nachlässiger« und reden gegenseitig »dem andern das Wort, Damon dem Leander,
und Leander dem Damon«.[68] Als die Witwe jedoch den Entschluss fasst, denjenigen der beiden Freunde zum Ehemann zu wählen, dessen Handelsschiffe mit
größerem Profit das Festland erreichen, vergisst Leander seine Prinzipien und hin-
tergeht seinen Freund. Im Glauben, seine eigenen Schiffe wären gesunken, bringt
er den nichtsahnenden Damon dazu, »Schaden und Gewinn« seines Handels mit
ihm zu teilen, um dadurch vorgeblich das perfide Zufallsprinzip, das die Witwe zur
Grundlage ihrer Entscheidung gemacht hat, zu durchkreuzen.[69] Auf diese Weise
hofft Leander, am Ende mit Frau und Reichtümern nach Hause zu ziehen. Doch

---

67 Vgl. dazu Meyer-Krentler, Der Bürger als Freund.
68 Gotthold Ephraim Lessing, Damon, oder Die wahre Freundschaft. Ein Lustspiel in einem
    Aufzuge, in: ders., Werke, Erster Band. Gedichte, Fabeln, Lustspiele, hg. von Herbert G.
    Göpfert, München 1970, S. 705–732, hier S. 708.
69 Ebd., S. 722.

sein Plan scheitert: Als die Witwe von der »Falschheit« Leanders erfährt, entscheidet sie sich gegen ihren ursprünglichen Plan für den treuen Damon.[70] Entscheidend ist allerdings weniger diese misslungene Probe auf die Freundschaft als die Art und Weise, wie Damon mit dem Betrug seines Freundes umgeht, als er davon erfährt. Während Leander Damon »vor Scham« »fliehen« möchte und eine Vergebung für »unmöglich« hält, ist Damon sofort bereit, Leander zu verzeihen: »Es ist Ihnen schon alles verziehen. Bleiben Sie da, mein Freund. Sie haben sich übereilet. Und diese Übereilung hat der Mensch, und nicht der Freund, begangen.«[71] Der »Mensch« Leander, nicht der »Freund«, hat eine moralische Schwäche gezeigt. Ähnlich wie bei Gleim kommt es auch bei Lessing zur Spaltung der Person in den »Freund« und einen anderen Teil. Der Freund hat gleichsam zwei Körper: einen ideellen, unsterblichen und einen fehlbaren, endlichen. Während Gleim diese Hilfskonstruktion allerdings dazu nutzt, um sich selbst als Freund zu präsentieren, der auch nach dem Ende der Beziehung noch seine freundschaftlichen Pflichten erfüllt, ermöglicht die Differenz zwischen dem Freund und dem Menschen in Lessings Drama den Akt der Vergebung. Der einzige Makel des Freundes besteht darin, dass er auch »Mensch« ist. Aus eben diesem Grund trifft ihn als Freund aber nur bedingte Schuld.

In realen Freundschaften ist die Lage allerdings etwas komplexer. Selbst wenn man die Unterscheidung zwischen dem perfekten Freund und dem imperfekten Menschen akzeptiert, scheint die Bereitschaft zu verzeihen nicht immer so leicht gegeben zu sein wie in Lessings Drama. Dennoch ist bemerkenswert, dass selbst die endgültige Beendigung einer Freundschaft häufig nicht ohne diese Unterscheidung auskommt. Ein weiteres Beispiel dafür bietet die Freundschaft zwischen Johann Heinrich Voß und Friedrich Leopold zu Stolberg, die im Jahr 1800 aufgrund von Stolbergs Konversion zum Katholizismus zerbricht.[72] Vorausgegangen ist dieser Trennung bereits eine längere Phase der Entfremdung aufgrund unterschiedlicher Haltungen zur Französischen Revolution, die von Voß begrüßt, von Stolberg hingegen höchst kritisch bewertet wurde.[73] Die Konversion Stolbergs zum

---

70 Ebd., S. 731.

71 Ebd.

72 Für eine ausführliche Darstellung zum Ende dieser Freundschaft vgl. Frank Baudach, »Also kein mündliches Lebewohl ...«. Das Ende der Freundschaft zwischen Johann Heinrich Voß und Friedrich Leopold Graf zu Stolberg, in: Letzte Briefe. Neue Perspektiven auf das Ende von Kommunikation, hg. von Arnd Beise und Jochen Strobel in Zusammenarbeit mit Ute Pott, St. Ingbert 2015, S. 95–116.

73 Zu diesem Konflikt siehe Jürgen Behrens, Whig und Jacobiner – zur Freund-Feindschaft von Friedrich Leopold Graf zu Stolberg und Johann Heinrich Voß, in: Johann Heinrich Voß (1751–1826). Beiträge zum Eutiner Symposium im Oktober 1994, hg. von Frank Baudach und Günter Häntzschel, Eutin 1997, S. 163–175.

Katholizismus ist für den überzeugten Protestanten Voß schließlich der Beleg, dass sein Freund endgültig das freiheitlich-aufklärerische Denken aufgegeben haben müsse, von dem seine Jugendgedichte im Göttinger Hainbund zeugten.

Während Stolberg nach seiner Konversion das Gespräch mit Voß und dessen Ehefrau Ernestine sucht, ihnen verspricht, ganz »der alte« geblieben zu sein, und beteuert, dass ihm nach seiner Taufe »kein alter Freund [...] weniger werth« sei,[74] ist für das Ehepaar Voß eine Fortsetzung der Beziehung unvorstellbar. Den Abschiedsbrief an Stolberg schreibt nicht der »völlig abgespannt[e]« Voß selbst, sondern Ernestine in beider Namen. Ein »mündliches Lebewohl«, so teilt sie Stolberg mit, sei ihr und ihrem Mann unmöglich, weil dies der »bitterste Abschied« wäre, »den wir je genommen« haben. Die schriftliche Form des Abschieds scheint die Trennung allerdings nicht nur deshalb zu erleichtern, weil sie größere Distanz ermöglicht, sondern vor allem, weil sie es erlaubt, der zerbrochenen Freundschaft eine imaginäre Fortführung zu verleihen. So wie es für Gleim den ›alten‹ Freund Ramler gibt, dem er sich nach wie vor verpflichtet fühlt, existiert auch für das Ehepaar Voß ein ›alter‹ Freund Stolberg: »Wer kann den alten Stolberg so innig lieben, als wir? [...] Diesen alten Stolberg werden wir, so lange wir leben mit der innigsten Anhänglichkeit lieben! Wir werden sein Andenken, wie das Andenken eines Geschiedenen rein in unsern Herzen zu erhalten suchen, und es auch so in den Herzen unserer Kinder fortpflanzen.«[75]

Damit eine Freundschaft unsterblich werden kann, muss der Freund paradoxerweise für tot erklärt werden. Auf diese Weise kann er in idealisierter Form fortexistieren. Zugleich aber entlasten Johann Heinrich und Ernestine Voß sich mit dieser Erzählung von dem Vorwurf, ihren Freund verlassen und verraten zu haben. Die Freundschaft mit dem alten, ›toten‹ Stolberg hat unverbrüchlichen Bestand. Gegenüber dem neuen, lebendigen Stolberg, der ein Anderer geworden ist, bestehen hingegen keine Verbindlichkeiten mehr. Voß' Groll gegen diesen lebendigen Stolberg ging letztlich so weit, dass er ihm kurz vor dessen Tod im Jahr 1832 in einer Reihe von Streitschriften noch einmal in aller Öffentlichkeit die Freundschaft gekündigt hat.[76]

Die Schwierigkeit, die mit der Beendigung einer Freundschaft im 18. Jahrhundert verbunden ist, macht eine doppelte Paradoxie des Freundschaftskon-

---

74   Brief von Friedrich Leopold zu Stolberg an Johann Heinrich und Ernestine Voß, ohne Datum, in: Briefe Friedrich Leopolds Grafen zu Stolberg und der Seinigen an Johann Heinrich Voß, hg. von Otto Hellinghaus, Münster 1891, S. 294 f.

75   Brief von Ernestine Voß an Stolberg, zit. nach: Johann Heinrich Voß, Wie ward Fritz Stolberg ein Unfreier?, in: Sophronizon oder unpartheyisch freymüthige Beyträge zur neuern Geschichte, Gesetzgebung und Statistik, Viertes Heft, Frankfurt a.M.1819, S. 1–113, hier S. 91.

76   Vgl. Behrens, Whig und Jacobiner; Erika Thomalla, Die Erfindung des Dichterbundes. Die Medienpraktiken des Göttinger Hains, Göttingen 2018, S. 101.

zepts ersichtlich: Erstens zeigt sich, dass Freundschaften Beziehungstypen sind, die in der Regel mehr als zwei Personen involvieren: Man ist kaum je nur ›zu zweit‹ befreundet. Bei literarischen Freundschaften hat dies zur Folge, dass die Differenz zwischen der Sphäre des Privaten und jener der Öffentlichkeit tendenziell unterlaufen wird. Bei der Beendigung der Freundschaft spaltet sich der Freund in eine öffentliche und eine private Version. Es kommt zu einem Re-Entry der Unterscheidung öffentlich/privat auf der Seite des Privaten: Gleim etwa muss nach dem Ende seiner Freundschaft mit Ramler nicht nur gegenüber dem einstigen Freund, sondern auch gegenüber dem Kunstrichter und Dichter Ramler eine neue Haltung finden. Er insistiert auf der Standhaftigkeit der eigenen Person, die nach wie vor als Freund agiere. Die Koordination der beiden Ebenen erweist sich in dem Moment, in dem die Freundschaft endet, als Herausforderung – insbesondere, wenn wie bei Gleim, Nicolai oder Lessing ein ganzes Freundschaftsnetzwerk betroffen ist. Zweitens liegt ein zentrales Problem der empfindsamen Freundschaft darin, dass sie von der Konstanz der Person und der Kalkulierbarkeit von deren Handlungen ausgeht. Wer eine Freundschaft eingeht, knüpft daran »die generalisierte Forderung, daß der andere seine Freiheit, das unheimliche Potential seiner Handlungsmöglichkeiten im Sinne seiner Persönlichkeit handhaben wird – oder genauer, im Sinne der Persönlichkeit, die er als die seine dargestellt und sozial sichtbar gemacht hat.«[77] Diese Forderung findet in der Aufspaltung des Freundes in einen ideellen, unsterblichen und einen fehlbaren, menschlichen Teil ihren Ausdruck, wie sie etwa Johann Heinrich und Ernestine Voß vornehmen. Weil die Wahrscheinlichkeit, dass der Erwartung charakterlicher Konstanz jederzeit nachgekommen werden kann, relativ gering ist, sind das Risiko und die Enttäuschungsanfälligkeit empfindsamer Freundschaften entsprechend hoch.

Gegen Ende des 18. Jahrhunderts lässt sich daher in einigen literarischen Texten die Reaktivierung eines pragmatischeren Freundschaftskonzepts beobachten. Bei Autoren wie Jakob Michael Reinhold Lenz oder Johann Karl Wezel ist der Freund nicht mehr »die vollendete Gegenseitigkeit eines ›anderen Ich‹«.[78] Vielmehr werden Enttäuschungserfahrungen und sogar Verrat unter Freunden normalisiert, müssen gerade deshalb aber nicht mehr automatisch zum Ende der Freundschaft führen. In Wezels Roman *Belphegor* (1776) etwa zeichnen sich die Beziehungen der drei Hauptfiguren Medardus, Fromal und Belphegor dadurch aus, dass jeder der drei irgendwann einmal einen Vorteil für sich zu nutzen weiß,

---

77 Niklas Luhmann, Vertrauen. Ein Mechanismus der Reduktion sozialer Komplexität, Stuttgart 1968, S. 37.

78 Martin Kagel, Verzicht und Verrat. Begriff und Problematik der Freundschaft bei J.M.R. Lenz, in: »Die Wunde Lenz«. J.M.R. Lenz. Leben, Werk und Rezeption, hg. von Inge Stephan und Hans-Gerd Winter, Bern u. a. 2003, S. 322–338, hier S. 337.

mit dem er einem seiner Freunde schadet: Fromal stiehlt Belphegor die Geliebte, Belphegor beteiligt sich an einer politischen Intrige gegen Fromal und Medardus errichtet als Herrscher des Königreichs Nieamaye ein despotisches Unrechtsregime, das auf Freundschaften keine Rücksicht nimmt. Eine Freundschaft, die nie aus »Neid« oder »Interesse« betrogen wird, kann es bei Wezel nur in »der Einsamkeit oder beständigem Elende« geben.[79] Am Ende des Romans leben die drei Protagonisten daher vergnügt zusammen in einer einsamen amerikanischen Kolonie und haben sich alle Verfehlungen gegenseitig vergeben: »Verzeihung geben und empfangen«, so lautet Belphegors Feststellung, »ist die Geschichte des Menschen«.[80] Für Belphegor und seine Freunde ist allerdings nicht mehr Mösers moralisches Gebot leitend, nach dem ein untreuer Freund nicht verlassen werden darf, weil dies gegen die freundschaftlichen Pflichten verstößt. Die Lektion, die die drei Figuren im Laufe des Romans lernen, besteht vielmehr darin, die Freundschaft von vornherein nicht mit falschen Idealen zu überfrachten.

Diese Konsequenz hat offenbar auch Gleim aus seinen gescheiterten Freundschaften gezogen. Als er mit Johann Heinrich Voß in den neunziger Jahren des 18. Jahrhunderts in eine Auseinandersetzung über die französische Revolution und die Idee der Volkssouveränität gerät, plädiert der preußische Monarchist Gleim dafür, das Thema künftig schlicht auszusparen: »Jeder sollte meynen und meynen lassen, alle streitige Politik sollte man, wie die Streittheologie bey Seit setzen; besser freylich wäre es, wenn man mit allen alles reden könnte, das ist nun aber einmal nicht!«[81] Diese ernüchterten Sätze, die Gleim formuliert, nachdem viele seiner engsten Beziehungen zerbrochen sind, beruhen nicht mehr auf der Vorstellung, dass in einer wahren Freundschaft jederzeit die »Sprache des Herzens und der Vertraulichkeit« herrschen müsse, die keine Zurückhaltung oder falsche Höflichkeit kennt.[82] Die neue Devise lautet vielmehr, dass man potenzielle Streitthemen als Gegenstand des gemeinsamen Austauschs gezielt ausschließen sollte. Freunde müssen nicht alles teilen. Solche kommunikativen »Kompromißkonstruktionen«[83] nehmen der Freundschaft ein wenig von ihrem Idealismus und ihrer Emphase, machen sie aber möglicherweise langlebiger. Voß zumindest musste Gleim nie die Freundschaft kündigen.

---

79   Johann Karl Wezel, Belphegor oder Die wahrscheinlichste Geschichte unter der Sonne, Erster Theil, Leipzig 1776, S. 221 f.
80   Ebd., Zweyter Theil, Leipzig 1776, S. 291.
81   Brief von Gleim an Voß vom 16. März 1795, Bayerische Staatsbibliothek, Vossiana 53 (39).
82   Freundschaftliche Briefe, herausgegeben von G***, Berlin und Stralsund 1765, Vorrede, o.S.
83   Frank Baudach, Die Freundschaft zwischen Johann Heinrich Voß und Johann Wilhelm Ludwig Gleim, in: Rituale der Freundschaft, hg. von Klaus Manger und Ute Pott, Heidelberg 2006, S. 131–146, hier S. 144.

KORBINIAN LINDEL

WISSENSDRANG UND SCHWÄRMERTUM IM *BERLINER SZENAR*, LESSINGS FRÜHEM FAUST-FRAGMENT

1. Wissensdrang?

Die Urteile darüber, was uns an Lessings Faust verloren gegangen ist, gehen in der Forschung nach wie vor weit auseinander. Mathias Mayer rechnet im *Faust-Handbuch* Lessings (entweder unvollendeten oder uns nicht erhalten gebliebenen) Faust bedauernd »zu den schmerzlichsten Verlusten der deutschen Literaturgeschichte«[1]. Ungleich zurückhaltender fällt das Fazit Gunter Grimms im Kommentarteil der *DKV*-Ausgabe[2] aus: »Ob das Werk eine ›Großtat‹ geworden wäre und ›weltliterarischen Rang‹ erreicht hätte, bleibt, angesichts einer gewissen Sprödigkeit der überlieferten Szenen, mehr als fraglich.«[3] Grund dieser anhaltenden Uneinigkeit ist aber kaum mangelndes Forschungsinteresse. Tatsächlich existiert eine lange Reihe an Fachpublikationen allein aus den letzten Jahrzehnten zum Thema. Über ein Desinteresse der Germanistik an seinem Faust-Projekt könnte sich Lessing also schwerlich beklagen.[4]

Die *curiositas* – darüber besteht weitgehender Konsens – bildet das Leitthema der Lessingschen Faustfragmente, genauer – hier ist man sich schon nicht mehr ganz so einig – ihre aufklärerische Rehabilitation im Motiv der Rettung

1   Mathias Mayer, Literatur, in: Faust-Handbuch. Konstellationen – Diskurse – Medien, hg. von Carsten Rohde, Thorsten Valk und Mathias Mayer, Stuttgart 2018, S. 146–153, S. 146.
2   Gotthold Ephraim Lessing, Gesamte Werkausgabe in 12 Bänden, hg. von Wilfried Barner et al., Frankfurt am Main 1985 ff. (Im Folgenden zitiert als DKV Band, Seite.)
3   DKV IV, 832.
4   Trotzdem tut das die Germanistik immer wieder selbst. Noch im Lessing-Jahrbuch von 2008/09 liest man: »There is not much written about Lessing's Faust-plans and -fragments. A survey of the critical literature yields meager results.« (J.M. van der Laan, »Lessing's ›Lost‹ Faust« and Faustus Socinus, in: Lessing Yearbook 38 (2008/2009), S. 53–65, S. 53.) Ähnlich monierte schon Silke Opitz 1994, dass bei aller Bedeutung des Projekts für Lessing selbst dessen »Faustdichtungen [...] bisher [...] wenig von der Forschung beachtet wurden« (Silke Opitz, Lessings Fragment einer Faustdichtung im 17. Literaturbrief – oder doch ein »alter Entwurf dieses Trauerspiels«?, in: Zeitschrift für Germanistik 4 (1994), S. 99–103, S. 99.).

Fausts. Dabei wiesen bereits ältere Forschungsansätze in eine andere Richtung; und zwar nicht nur, was den projektierten Handlungsausgang (Rettung Fausts), sondern den thematischen Ideenkeim selbst anbelangt. In seiner immer noch maßgeblichen Studie[5] von 1960 stellt Karl Guthke die *curiositas* als das Kern-»Problem«[6] von Lessings Faust-Dichtung ins Zentrum seiner Analyse. Lessing führe nicht Fausts Wissensstreben überhaupt, sondern die spezifische Art seines Strebens als problematisch vor. Problematisch auch noch für die Aufklärung sei der Wunsch Fausts, die Wahrheit sofort und vollkommen zu besitzen, und, wie der Schwärmer, nicht den Aufschluss darüber im Jenseits abwarten zu können. Leider nur angedeutet (und auch von der Anschlussforschung nicht weiter verfolgt) wird der Zusammenhang des Faustischen Wissensstrebens mit der Schwärmer-Debatte der Aufklärung; hier möchte mein Aufsatz ansetzen.

Einschlägige Beiträge aus der neueren Forschung haben bereits die Rehabilitation der *curiositas* als vordringlichstes Intentum der Faust-Pläne Lessings infrage gestellt.[7] Es muss nachdenklich stimmen, dass das die Interpretationen leitende *curiositas*-Axiom fast immer den späten Berichten Dritter, fast nie den Texten aus Lessings eigener Feder abgenommen wurde.[8] Während erst aus der jüngsten Forschung eine eingehende Analyse des Faust-Fragments aus dem 17.

---

5   Karl S. Guthke, Problem und Problematik von Lessings Faust-Dichtung, in: Zeitschrift für deutsche Philologie 79 (1960), S. 141–149.

6   Ebd., S. 141.

7   Als erster hat Günther Mahal mit Nachdruck bestritten, dass Lessing eine Errettung des Wissenssuchers Faust vorgesehen habe, in der Goethes Aneignung des Stoffes vorbereitet worden sei. (Günther Mahal, Lessings Faust. Planen, Ringen, Scheitern, in: Faust. Untersuchungen zu einem zeitlosen Thema, hg. von Günther Mahal, Neuried 1998, S. 321–346.) Wie tief die Brüche in Lessings keineswegs einheitlicher Bewertung der *curiositas* sind, macht die noch jüngere thematisch weitgespannte Studie von Friedrich Vollhardt deutlich. Vollhardt erbringt neue Argumente dafür, dass der frühe Lessing wohl keine Rettung Fausts im Sinn hatte, indem er eine ideelle Linie rekonstruiert, die von den Faust-Fragmenten zu der Schrift *Leibniz von den ewigen Strafen* führt. (Friedrich Vollhardt, Lessings Lektüre. Anmerkungen zu den »Rettungen«, zum »Faust«-Fragment, zu der Schrift über »Leibniz von den ewigen Strafen« und zur »Erziehung des Menschengeschlechts«, in: Euphorion 100 (2006), S. 359–393.)

8   Vgl. dafür den Aufsatz Hans Hennings: Im Zentrum von Lessings Faust-Projekt steht für Henning das »Wissensthema der Aufklärung« (Hans Henning, Lessings Faust-Pläne und -Fragmente, in: Faust through Four Centuries: Retrospect and Analysis, hg. von Peter Boerner und Sidney Johnson, Tübingen 1989, S. 79–90, S. 86.). Konkreter: eine Rehabilitation der Wissbegierde, die der Aufklärer Lessing mit der Rettung Fausts vornehme. Um dies zu untermauern, bezieht Henning sich aber lediglich auf die späteren Berichte von Engel und Blanckenburg, die in diesem Punkt übereinstimmen, ohne Lessings eigene Frühfragmente angemessen zu berücksichtigen.

Literaturbrief existiert[9], steht eine Detailanalyse des *Berliner Szenars* weiterhin aus. Das nie publizierte Berliner Szenar bildet aber nicht nur den einzigen von Lessing selbst stammenden Faust-Text; im Unterschied zum Literaturbrief-Fragment ist das Szenar auch von keinem, dem Publikationskontext geschuldeten strategischen Anti-Gottschedianismus getragen. Von daher verspricht es eine unverstellte Antwort auf die Frage nach Lessings Motivation hinter der Bearbeitung des Fauststoffs. Im Folgenden möchte ich den sehr überschaubaren Text – in der Nachlass-Handschrift nimmt er kaum eine Seite ein[10] – analytisch durchschreiten. Die Untersuchungsergebnisse sollen dann eine Betrachtungsweise grundlegen, die, unter Zuziehung eines bislang vernachlässigten Frühtextes von Lessing, das Faust-Projekt aus einer anderen Leitproblematik heraus als der des Wissensstrebens verstehen will.

Lessings frühe Anverwandlung des Fauststoffs, so ließe sich mit Blick auf den *17. Literaturbrief* vermuten, verdankt sich lediglich einem antigottschedianischen Reflex:

>»Niemand«, sagen die Verfasser der Bibliothek, »wird leugnen, daß die deutsche Schaubühne einen großen Teil ihrer ersten Verbesserung dem Herrn Professor *Gottsched* zu danken habe.«
>Ich bin dieser Niemand; ich leugne es gerade zu. Es wäre zu wünschen, daß sich Herr *Gottsched* niemals mit dem Theater vermengt hätte.[11]

Im Anschluss an die berühmte Gottsched-Polemik folgt der Abdruck der Szene mit Faust und den sieben Geistern. Sicherlich hat der literaturpolitisch interessierte Lessing die Szene in den *Literaturbriefen* nicht zuletzt deshalb veröffentlichen lassen, um den Faust-Verächter Gottsched zu ärgern. Jedoch ist Lessings Beschäftigung mit dem Stoff älter. Erstes Zeugnis der Auseinandersetzung gibt eine Äußerung des Dieners Anton im *Jungen Gelehrten* ab, den Lessing schon 1747 verfasst und 1748 aufgeführt gesehen hat. Dies war eine Zeit, in der sich Lessing selbst noch Gottscheds Theaterreform ausdrücklich verpflichtet fühlte. Die von Lessing mitherausgegebene Zeitschrift *Beiträge zur Historie und Aufnahme des Theaters* sollte, so die programmatische Vorrede von 1749, Gottscheds Unternehmen einer ›Bereinigung‹ der deutschen Bühne unterstützend zuarbeiten:

---

9   Gerhard Sauder, »Teuflische Geschwindigkeit« in der *Historia von D. Johann Fausten*, den Puppenspielen, Lessings *Faust*-Fragment und bei Maler Müller, in: Gebundene Zeit. Zeitlichkeit in Literatur, Philologie und Wissenschaftsgeschichte, hg. von Jan Standke, Heidelberg 2014, S. 113–127.

10   Siehe den Abdruck der Handschrift in: Robert Petsch, Lessings Faustdichtung. Mit erläuternden Beigaben, Heidelberg 1911, S. 59.

11   DKV IV, 499. [Herv. im Original]

Es sind nun vier Jahr, daß uns bei dem Beschlüsse der deutschen Schaubühne, der Herr Professor Gottsched Hoffnung zu einer Historie des Theaters machte. Es ist gewiß, wir sind nicht die einzigen, die der Erfüllung dieses Versprechens mit Vergnügen und mit einem unruhigen Verlangen entgegen gesehen haben. Man muß gestehen, daß er sehr geschickt dazu sein würde, und daß seine Verdienste, die er unwidersprechlich um das deutsche Theater hat, dadurch zu ihrer vollkommnen Größe anwachsen würden. [...] Sollte es aber nicht möglich sein, dieses schwere Werk zu erleichtern?[12]

Ein Interesse am Fauststoff war für den jungen Lessing durchaus vereinbar mit der Affirmation der Theaterreform Gottscheds und einer allgemeinen Ausrichtung an dessen Regelpoetik. Noch eine Rezension von 1753 kennt einen »Gelehrte[n,] dem die deutsche Bühne so viel zu danken hat, und dem sie immer so schlecht gedankt hat, der Hr. Prof. Gottsched«[13]. Robert Petsch datierte das *Berliner Szenar* anhand der Nachlass-Handschrift auf die Mitte der 1750er-Jahre.[14] Nur folgerichtig wäre es vor diesem Hintergrund, ein Nachwirken Gottscheds auch in die frühesten Bearbeitungsphasen von Lessings Faust-Projekt hinein zu vermuten. Ein Durchlauf durch den Text des *Berliner Szenars* wird diese Vermutung bestätigen:

Indem Lessing das *Berliner Szenar* mit einem Vorspiel eröffnet, schreibt er sich in die Tradition des Volks- und Puppenschauspiels ein. Bereits das Faust-Spiel des Ulmer Puppentheaters, das aufs 17. Jahrhundert zurückdatiert, beginnt mit einem Vorspiel, das einen Dialog zwischen Charon, Pluto und verschiedenen Unterteufeln inszeniert. Auch wandernde Schauspielertruppen im Deutschland des 18. Jahrhunderts stellten ihren Stücken, namentlich dem *Doktor Faust*, in der Regel ein Vorspiel voran.[15] In krassem Gegensatz zum damit aufgerufenen Genrevorbild steht jedoch die Inhaltsskizze für das Vorspiel selbst. Diese setzt bereits eine Literarisierung des Theaters voraus, wie sie Gottsched für die deutsche Bühne geleistet hatte. Das Vorspiel eröffnet mit nicht weniger als drei aufeinander folgenden Botenberichten der verschiedenen Unterteufel, die »Rechenschaft von ihren Verrichtungen geben«[16]. Die Technik des Botenberichts jedoch ist dem Volkstheater und, in noch höherem Grad, dem Puppenspiel fremd. Alle Handlung wird hier nach Möglichkeit auf die Bühne gebracht; was sich außerhalb der

---

12 DKV I, 731f.
13 DKV II, 521. Die Rezension stammt wahrscheinlich von Lessing.
14 Vgl. Petsch, Lessings Faustdichtung, S. 16.
15 Klaus Haberkamm, Vorspiel, in: Reallexikon der deutschen Literaturwissenschaft, Bd. 3, hg. von Jan-Dirk Müller, Berlin / New York 2003, S. 807ff., S. 808.
16 DKV IV, 59.

Bühne zuträgt, wird erwähnt, nicht berichtet. Auch Freiräume für Improvisationen, durch die sich das Volksdrama vom literarisierten Theater unterscheidet, beschneidet das *Berliner Szenar* bereits durch eine klimaktisch straff organisierte Folge der Botenberichte: Der erste Teufel brachte Vernichtung (»eine Stadt in Flammen gesetzt«[17]), der zweite sicheren Tod (»in einem Sturme eine ganze Flotte begraben«[18]), der dritte bewirkte Seelenverderbnis (»einen Heiligen verführt«[19]), wobei seinen Bericht wiederum eine Klimax von Trunkenheit, Ehebruch und Mord strukturiert.

Noch deutlicher, und ebenfalls in Abkehr vom Stegreiftheater, lässt sich dem Text seine Orientierung an den Vorgaben aristotelischer Regelpoetiken ablesen. Geradezu pedantisch pocht der dritte Teufel auf die Einhaltung der Zeiteinheit, wenn er sich fest vornimmt, Faust in nicht mehr als »vier und zwanzig Stunden der Hölle zu überliefern«[20]. Und wirklich, die Regiebemerkung über dem Ersten Auftritt wird diesen ambitioniert gesetzten Zeitrahmen absegnen: »Dauer des Stücks, von Mitternacht zu Mitternacht«[21]. Zugleich eröffnen, was die Einheit der Handlung anbelangt, die konspirierenden Teufel keinen parallelen Plotstrang. Die Teufelshandlung dient als Vorbereitung und zugleich Einsatz der einen Haupthandlung um Faust. Symptomatisch für die Traditionsbindung des *Berliner Szenars* ist dann nicht zuletzt die Erscheinung des Geistes im Ersten Aufzug, mit der immerhin die gemeinsame Berufungsinstanz klassizistischer Poetiken schlechthin auf die Bühne geholt wird: »Aristoteles«[22].

Am bezeichnendsten jedoch ist der Kern-»Satz[]«[23] am Ende des Vorspiel-Entwurfs, der eine Ausrichtung Lessings an einer sehr zeitgenössischen Autorität verrät:

Zu viel Wißbegierde ist ein Fehler; und aus einem Fehler können alle Laster entspringen, wenn man ihm zu sehr nachhängt.
Nach diesem Satze entwirft der Teufel, der ihn verführen will, seinen Plan.[24]

Gottscheds Leitvorgabe zur Verfertigung eines Trauerspiels in der *Critischen Dichtkunst* lautete:

17 Ebd.
18 Ebd.
19 Ebd.
20 Ebd.
21 DKV IV, 60.
22 DKV IV, 61.
23 DKV IV, 59.
24 Ebd.

Zu allererst wehle man sich einen lehrreichen moralischen Satz, der dem
gantzen Gedichte zum Grunde liegen soll, nach Beschaffenheit der Absichten,
die man sich zu erlangen vorgenommen.[25]

Über Gottscheds Forderung, jedes Trauerspiel ausgehend von einem moralischen Lehrsatz zu konzipieren, hat sich Lessing 1755 in seiner Seneca-Abhand-
lung lustig gemacht.[26] Das *Berliner Szenar* verrät nichtsdestotrotz eine Schulung
am gottschedschen Lehrsatz-Postulat. Vieles spricht dafür, dass der »Satz« am
Ende des Vorspiels im *Berliner Szenar* den Plan nicht nur des Teufels, sondern
auch des Dramatikers Lessing bezeichnet, das heißt: den Ideennukleus, um den
herum das projektierte Faust-Drama keimen sollte. Der Satz ist in der Handschrift
Lessings von der vorangegangenen Rede des Teufels durch eine deutliche Ein-
rückung abgesetzt (ebenso in den Ausgaben von Guthke und des DKV). Es ist
fraglich, ob der Satz noch der Rede des Teufels zugehört oder nicht. Dagegen
spricht, dass der Satz, auch unabhängig von der Wertung des Teufels, produk-
tionsfunktional zentral ist: Für den planenden Dramatiker bezeichnet er, wie es
ja im Text wörtlich heißt, den »Fehler« Fausts, dramentheoretisch gesprochen
also seine *hamartia*, den Handlungsmotor für das nachfolgende Drama. Damit
stellt sich jedoch die Anschlussfrage, ob allein dieser Fehler Faust zum Verhängnis werden sollte. Die Faust-Forschung stellte zu Recht fest, dass die Betonung
hier nicht auf der Wissbegierde überhaupt, sondern auf dem Zuviel liegt.[27] Doch
während der erste Teilsatz lediglich die *hamartia* als solche bezeichnet, leistet
erst die abschließende Wendung die Komplettierung zur potentiell katastropha-
len *hamartia*, indem sie eine spezifische Charakterdisposition Fausts benennt:
»Zu viel Wißbegierde ist ein Fehler; und aus einem Fehler können alle Laster entspringen, *wenn man ihm zu sehr nachhängt*.«[28]

Im letzten Satzteil, dafür möchte ich im zweiten Teil meines Aufsatzes argu-
mentieren, ist das eigentliche Sinnzentrum des *Berliner Szenars* und Lessings
früher Faust-Pläne angezeigt: Fausts Handeln grundiert weniger das Movens
neuzeitlicher Wissenssuche als die Veranlagung eines melancholischen Schwär-
mertums.

Zurück zum *Berliner Szenar*: Zwischen dem Ende des Vorspiels und dem
Einsatz des Ersten Aufzugs besteht ein auf den ersten Blick unauflöslicher Wider-

---

25 Johann Christoph Gottsched, Versuch einer Critischen Dichtkunst vor die Deutschen,
    Leipzig 1730, S. 133.
26 Vgl. DKV III, 563.
27 Vgl. Michael Multhammer und Carsten Rohde, Kritik, in: Faust-Handbuch. Konstellationen –
    Diskurse – Medien, hg. von Carsten Rohde, Thorsten Valk und Mathias Mayer, Stuttgart
    2018, S. 194–201, S. 196.
28 DKV IV, 59. [Herv. von mir]

spruch. Hieß es im Vorspiel noch von Faust, er sei schwerer der Hölle zu gewinnen als selbst ein Heiliger, so ruft der Faust des Ersten Auftritts die Teufel schon von selbst. Noch mehr, er habe dies, wie es heißt, sogar »schon mehrere Male versucht, aber vergebens«[29]. Ein schon länger bestehendes Interesse zieht Faust zum Unterweltlichen; nur von der Unterwelt ihrerseits scheint dieses Interesse bislang unerwidert geblieben zu sein. Zwar nicht beheben, doch teilweise abbauen lässt sich der Widerspruch, wenn man in Rechnung stellt, wie stark hier die Wissenssuche der Faustfigur hinter die im Vorspiel vorbereitete Verführungshandlung zurückgestellt wird. Eine immer wieder behauptete Nähe von Lessings Faust zum Sturm und Drang[30] lässt sich damit für das *Berliner Szenar* eher bestreiten als bestätigen. Denn die vielleicht wesentlichste strukturelle Neuerung des Sturm und Drang im Drama, der Vorrang der Figur vor der Handlung (und nicht mehr, wie zuvor, der Handlung vor der Figur), kennzeichnet das *Berliner Szenar* gerade nicht. Der feststehende »Plan«[31] gibt der Faustfigur den Handlungsspielraum vor. In der Tat enthält der Text eine Reihe von Signalen, die darauf hinweisen, dass das Erscheinen des Geistes weniger durch Faust erzwungen als vielmehr notwendige Handlungsfolge des im Vorspiel gefassten Verführungsvorhabens ist. Zunächst einmal bleibt offen, warum die schon wiederholt fehlgeschlagenen Beschwörungsversuche Fausts gerade jetzt Erfolg haben sollten. Faust selbst wundert sich darüber, »erschrickt«[32] und erbittet vom Geist eine Rückversicherung: »Auf wessen Befehl erscheinst du?«[33] Zudem spricht der Teufel selbst die ihn bindenden Zauberworte aus, mit deren drittem er sich, bezeichnenderweise in einem performativen Sprechakt, vor Faust präsentiert: »Bahall! Bahall! hörte ich; und mit dem dritten Bahall stehe ich hier!«[34] Auch der Regietext unterstellt eine teuflische Handlungsinitiative: »Dieser Geist ist der Teufel, der den Faust zu verführen unternommen.«[35] Ebenfalls ins Verführungsnarrativ passt sich die bemerkenswerte Darstellung der Hölle im Botenbericht des Geistes ein. Ein Ort, an dem er, der Geist, »lag und schlummerte und träumte«[36], wo ihm »nicht wohl, nicht übel«[37] gewesen sei, ist ein Ort, der scharf absticht gegen traditionelle Höllenvorstellungen. Eine solche eher antik-pagane Unterwelts- als christliche

---

29 DKV IV, 60.
30 Vgl. Monika Fick, Lessing-Handbuch. Leben – Werk – Wirkung, 3. Auflage, Stuttgart 2010,
    S. 215.
31 DKV IV, 59.
32 DKV IV, 60.
33 Ebd.
34 Ebd.
35 DKV IV, 61.
36 DKV IV, 60.
37 Ebd.

Höllenschilderung kann einen humanistischen Gelehrten weit weniger vom Paktschluss abschrecken als der Schauplatz ewiger Qualen, von dem die älteren Faustbearbeitungen wissen wollen.

Doch nicht allein die Hintanstellung der Figur hinter die Handlung verändert das Bild vom vermeintlich selbstbestimmten Wissenssucher Faust. Schon der moderne Charakter seines Erkenntnisstrebens ist mehr als fraglich, wenn Fausts Erkenntnisdrang sich in den Bahnen einer »scholastischen«[38] Büchergelehrsamkeit bewegt. Noch grundsätzlicher aber scheint es mit Fausts Wissenssuche selbst nicht weit her zu sein. Die »Freude«[39], die Faust im Dritten Auftritt verspürt, rührt nicht von neuen Einsichten in die Seelenunsterblichkeit her, die der Teufel ihm verschafft hätte. Faust freut sich, dass ihm die Grenzüberschreitung selbst geglückt ist. Bestärkt durch diese seine *gegenstandsindifferente* »Freude, daß die Beschwörung ihre Kraft gehabt, schreitet er zu einer anderen, einen Dämon heraufzubringen«[40]. Ein irgendwie ersichtliches Erkenntnisziel verfolgt er dabei nicht mehr. Überdies entpuppt sich Faust im Verlauf der ersten Beschwörung kaum als der zielstrebige Wissenssucher, den man immer wieder in ihm hat sehen wollen. Der Zweite Auftritt führt uns einen Erkenntnisgang nicht wie zu erwarten wäre des Beschwörers Faust, sondern, gerade umgekehrt, des beschworenen Teufels vor. Dieser prätendiert, einen mäeutischen Erkenntnisprozess zu durchlaufen, indem er auf die unsicheren Fragen Fausts zweifelhafte Antworten gibt:

> GEIST. Was sagst du mir? Ja, nun schießt es mir ein – Ich habe schon einmal ähnliche Vorstellungen gehabt. Warte, warte, ob ich den Faden zurückfinden kann.
> FAUST. Ich will dir zu helfen suchen. Wie hießest du?
> GEIST. Ich hieß – Aristoteles. Ja, so hieß ich. Wie ist mir?
> Er tut als ob er sich nun völlig erinnerte und antwortet dem Faust auf seine spitzigsten Fragen.[41]

Plante Lessing mit seinem Faustdrama nun also eine Apologie des menschlichen Wissensstrebens? Eine positive Antwort wäre hier schon deshalb ungedeckt, weil fragwürdig bleibt, inwieweit nicht nur ein neuzeitliches Wissenschaftsverständnis, sondern die Wissensthematik überhaupt im Zentrum der frühen Faust-Pläne Lessings stand.

---

38   DKV IV, 59.
39   DKV IV, 61.
40   Ebd.
41   Ebd.

Musste aber, so ließe sich einwenden, Lessing das Motiv der *curiositas* nicht notwendigerweise schon der Tradition des Fauststoffs selbst entnehmen? Aus zwei Gründen trifft dies nicht unbedingt zu. Zum Einen büßte die Faustfigur bereits in der deutschen Frühaufklärung *vor* Lessing Charakterzüge eines nach sinnlicher Erkenntnis trachtenden Wissenssuchers ein. Zum Anderen steht Lessings Faust in der Peripherie der Geschichte des Stoffes; andere Einflüsse sind mindestens ebenso sehr in Rechnung zu stellen wie die nur schwache Anbindung an die Fausttradition. Nimmt man diese anderen Einflüsse zur Kenntnis, erschließt sich ein neuer, gegenüber der Wissensthematik eigenständiger Ideenkreis im Zentrum der Faust-Pläne Lessings.

Gegenüber ihrer frühneuzeitlichen Version musste die Faustfigur bereits einschneidende Umgestaltungen erfahren haben, damit sich der Aufklärer Lessing überhaupt für sie interessieren konnte. Um Lessing künstlerische Anschlussmöglichkeiten zu bieten, musste die Figur schon hochgradig entsinnlicht und, im Wortverständnis Lessings, ›vermenschlicht‹, d. h. vom Prototyp des Bösen abgekommen sein. Für die erste Hälfte des 18. Jahrhunderts ist (1) die Tendenz zur Exkulpation Fausts zu verzeichnen sowie (2) ein Abbau der der Figur traditionell zugeschriebenen starken Sexualität.

(1) Waren schon in den Texten älterer Bearbeiter (z. B. Marlowe) Sympathien für die Faustfigur latent, drängen in der Frühaufklärung die Entlastungstendenzen zur Textoberfläche durch. (a) Die volkskundlichen Quellen auf der einen Seite verurteilen zwar das Treiben des Zauberkünstlers in der Regel harsch. Doch auch sie gelangen zu einer moralischen Neubewertung von Fausts Handeln durch die Einnahme neuer Standpunkte. Eine (proto-)soziologische Sichtweise etwa enthält im Verweis auf Herkommen und frühen Entwicklungsgang des Teufelsbündlers bereits dessen partielle Entschuldigung.[42] Dadurch bleibt zwar der negative Charakter seiner Untaten unbestritten, der moralisch belastbare Eigenanteil daran jedoch reduziert sich. (b) Thematisierungen Gelehrter auf der anderen Seite stellen das Untaten-Verdikt selbst mitunter infrage. Zum Verhängnis sei Faust die Unaufgeklärtheit seiner Zeitgenossen geworden. Diese hätten revolutionäre Erfindungen wie den Buchdruck aus Unverständnis nur als schwarze Magie fehlinterpretieren können. Damit sei der Nachwelt ein pervertiertes Faust-Bild vorgeprägt worden. So erhält Faust von dem ihn aufrichtig bemitleidenden Daniel

---

42 Beispielhaft nimmt der Autor einer Lebensbeschreibung des Herzogs von Luxemburg diese Wertungsperspektive ein, dessen um 1700 populäre Geschichte deutliche Parallelen zur Faust-Vita hat. Dort heißt es über Teufelsbündler, dass, wären sie nicht »im Unverstande auf[ge]wachsen«, sie sich kaum auf einen Pakt mit dem Teufel eingelassen hätten. (Die Faustsplitter in der Literatur des 16. bis 18. Jahrhunderts, hg. von Alexander Tille, Berlin 1900, Faustsplitter 211, S. 507.).

Defoe das Beiwort »poor«[43]; in der deutschen Übersetzung wird daraus gar »der gute Faustus«[44]. Züge abnormer Selbstsucht trägt Faust immer seltener.

(2) Die Faustsplitter aus der ersten Jahrhunderthälfte sparen Schilderungen von Fausts Lustleben durchgehend aus. Allenfalls findet man einen verschämten und wohl bewusst vage gehaltenen Fingerzeig auf »allerhand Uppigkeiten«[45], mit denen Faust sein Vermögen durchgebracht habe. Kulinarische Bedürfnisbefriedigung darf, im Gegensatz zur zunehmend tabuisierten sexuellen, auch weiterhin erzählt werden. Allerdings begnügt man sich selbst hier in der Regel mit Andeutungen (Faust, der auf einem Weinfass aus Auerbachs Keller reitet[46] u. ä.). Relevant für die Thematik der Wissenssuche ist diese Tendenz zur Entsinnlichung deshalb, weil von der Transformation der Faustfigur deren einzelne Triebe notwendig mitbetroffen sind. So muss auch der Wissenstrieb in letzter Konsequenz die notwendige Bindung an die Sinnlichkeit verlieren, die der *curiositas* ja im traditionellen Wortsinn inhäriert. Der Wandel in den Vorstellungen, die man sich von Faust macht, ist Ermöglichungsbedingung dafür, dass uns im *Berliner Szenar* ein sinnlich total desinteressierter Faust begegnet.

2. Schwärmer-Diskurs

Doch weitergetrieben werden sollten derartige Konstruktionen, die eine Kontinuitätsspur vom frühaufklärerischen Faustbild zur Faustfigur im *Berliner Szenar* behaupten, keinesfalls. Zu schwach nämlich ist die Verhaftung des Lessingschen Projekts in der Geschichte des Fauststoffs. Wahrscheinlich kannte Lessing die *Historia* ebenso wenig wie Widmans Faustbuch, dessen Bearbeitung durch Pfitzer oder das *Faustbuch des Christlich Meynenden*.[47] Sicher ist lediglich seine Kenntnis der Volksdrama- und Puppenspieltradition.[48] Kam Lessing aber nur mit diesem Traditionsstrang in Berührung, muss der besondere Charakter seiner Faust-Bearbeitung umso mehr frappieren, fehlt hier doch ein stoffkonstitutives

---

43 Faustsplitter 214, S. 515.
44 Faustsplitter 234, S. 543.
45 Faustsplitter 236, S. 550.
46 Vgl. Faustsplitter 171, S. 396.
47 Vgl. Henning, Lessings Faust-Pläne und -Fragmente, S. 85.
48 In seiner Materialsammlung macht Robert Petsch eine konkrete Aufführung des Faust durch die Theatertruppe um Madame Schuch namhaft, die Lessing am 16. Juni 1754 in Berlin miterlebt haben könnte. (Vgl. Petsch, Lessings Faustdichtung, S. 11.) Im Fall der Puppenspieltradition geht Petsch sogar noch weiter: sein Versuch, Parallelen zwischen dem Faust-Fragment aus dem Literaturbrief und dem Augsburger Puppenspiel herauszuarbeiten und selbst im Wortmaterial nachzuweisen, verdient nach wie vor Beachtung. (Vgl. ebd., S. 17.)

Element in allen Projektphasen zur Gänze, das aber gerade Volksdrama und Puppenspiel vor allen anderen Überlieferungstraditionen des Fauststoffs auszeichnet: das Komische.

Lessings Faust-Projekt lässt sich also nicht allein vor dem Hintergrund der Geschichte des Fauststoffs verstehen. Für die Eigenheit des Projekts ist vielmehr noch eine andere Einflussgröße in Rechnung zu stellen, die Lessing im 17. Literaturbrief auch ausdrücklich benennt. Es ist die Englands und seiner Literatur, oder vielmehr das, was Lessing und seine Zeitgenossen darunter verstanden. England war dem literarisch interessierten Deutschland der Jahrhundertmitte der Ursprungsort der *graveyard poetry* und, spätestens seit Eberts Übersetzung von Youngs *Nachtgedanken* (ab 1751), einer Literatur des *delightful horror*. Selbst an Shakespeare interessierten Lessing in erster Linie die schaurigen Züge von dessen Werk. Noch die ausführliche Diskussion des Hamletschen Gespenstes im 11. Stück der *Hamburgischen Dramaturgie* legt Zeugnis davon ab. Im 17. Literaturbrief indiziert die Berufung auf ein »Shakespearsches Genie«[49] hinter dem Fauststoff diese Interessenrichtung. Dass dem Werk Shakespeares, wie bekannt, eine allenfalls randständige Bedeutung für Lessings eigene Dramenpraxis zukommt, spielt dabei keine Rolle: Nicht die Dramatik Shakespeares, sondern das gängige Shakespeare-Bild und populäre England-Stereotype sind für Lessings Faust-Projekt als inspirative Faktoren relevant. Dem gelehrten Deutschland des 18. Jahrhunderts galt England als Brutstätte der Melancholie[50]; sein Klima brachte Hypochondristen und Schwärmer wie den Quäkervater George Fox hervor. Komplement dieser pathologischen Wirkung aber war die Befähigung zur Bearbeitung geeigneter Stoffe durch den entsprechend affizierten Künstler. In die Position eines solchen Künstlers sollte Lessing seine geplante Englandreise manövrieren, wie die Selbststilisierung in einem Brief an Georg August von Breitenbauch vom 12. Dezember 1755 belegt:

> Merken Sie es mir nun bald an, daß ich an meinem D. Faust arbeite? Sie sollten mich in einer mitternächtlichen Stunde darüber brüten sehen! Ich muss zum Entsetzen aussehen, wenn sich die schrecklichen Bilder, die mir im Kopf herumschwärmen, nur halb auf meinem Gesichte ausdrücken. Wenn ich selbst darüber zum Zauberer oder zum Fanatiker würde! Könnten Sie mir nicht ihre [sic] melancholische Einbildungskraft manchmal leihen, damit ich die meine nicht zu sehr anstrengen dürfte? [...] Ich verspare die Ausarbeitung der schrecklichsten Scenen auf *England*. Wenn sie mir dort, wo

---

49 DKV IV, 501.
50 Vgl. Hans-Jürgen Schings, Melancholie und Aufklärung. Melancholiker und ihre Kritiker in der Erfahrungsseelenkunde und Literatur des 18. Jahrhunderts, Stuttgart 1977, S. 57.

die *überlegende Verzweiflung* zu Hause ist [...] nicht gelingen, so gelingen sie mir nirgends.[51]

Die Berichte über den Tod von Christlob Mylius in London 1754 mussten Lessing in diesem England-Bild bestärkt haben. Lessing lernte Mylius bereits als 17-jähriger Student kurz nach seiner Ankunft in Leipzig kennen. Der anpassungsunwillige und seine Umwelt genüsslich brüskierende Mylius wurde in der Folgezeit zum wichtigsten publizistischen Weggefährten des jungen Lessing.[52] Zugleich verkörperte Mylius ein schriftstellerisches Außenseiterdasein, in das Lessing selbst auf keinen Fall abgleiten wollte.[53] Im Fall Mylius erkennt Hugh Barr Nisbet eine konkret lebensweltliche Motivation Lessings für seine Aufnahme des Fauststoffs[54]: Nach Mylius' Tod schrieb Lessing der abnormen »Wißbegierde«[55] des Freundes die Schuld für dessen Scheitern zu; ganz ähnlich wird es auch ein Zuviel an »Wißbegierde«[56] sein, das nach dem Plan der Teufel Lessings frühen Faust der Hölle gewinnen soll. Im Horizont der *causa* Mylius ist zu vermuten, dass es nicht zufällig England war, wo allein Lessing seinen Faust vollenden zu können glaubte. Dem Unternehmen sollte dabei wohl auch auto-kathartische Funktion zukommen. Lessings Verhältnis zu Mylius war in dessen letzten Lebensjahren bereits untergründig zerrüttet, fußend auf der Angst davor, selbst das zu werden, was der Freund vorstellte. Ein für alle Mal überwunden werden sollte diese Gefahr durch die bewusste Konfrontation mit England, um dort, gerade im Unterschied zu Mylius, nicht zu scheitern.

Bisher, auch von Nisbet, nicht notiert wurde jedoch die offenkundige Parallelität, die zwischen der Selbststilisierung im Brief an Breitenbauch und noch älteren Formulierungen Lessings in der postumen Vorrede zur Ausgabe einiger Werke von Mylius besteht:

Ich will aufhören, Sie mit diesen traurigangenehmen Ideen [über den Tod von Mylius] zu beschäftigen. Ich will aufhören, um mich ihnen desto lebhafter überlassen zu können. Es ist bereits Mitternacht, und die herrschende Stille ladet mich dazu ein. Leben Sie wohl.[57]

---

51   DKV 11/1, 79 f. [Herv. im Original]
52   Vgl. Hugh Barr Nisbet, Lessing. Eine Biographie, München 2008, S. 50–54.
53   Vgl. ebd., S. 214–223.
54   Vgl. ebd., S. 531–536.
55   DKV III, 331.
56   DKV IV, 59.
57   DKV III, 334.

Schon in diesem Kunstbrief aus der Werkvorrede von 1754 und den im Zitat enthaltenen Anleihen aus der zeitgenössischen *joy of grief*-Debatte erprobt Lessing
ein alternatives Modell von Autorschaft. Gegenüber Nisbet ist damit zu präzisieren, dass Lessing mit seinem Faust nicht nur eigene Erfahrungen verarbeiten
und persönliche Ängste bewältigen wollte. Lessings Ausruf im Brief an Breitenbauch, er möge über seiner Arbeit »zum Zauberer oder zum Fanatiker«[58] werden,
ist mehr Wunsch als Ausdruck einer Betroffenheitsangst. Die Engführung von
Melancholie und schöpferischem Künstlertum musste dem klassisch gebildeten
Lessing bestens vertraut sein. Wahrscheinlich kannte er das Diktum, dass »alle
außergewöhnlichen Männer in Philosophie oder Politik oder Dichtung oder in
den Künsten Melancholiker«[59] seien, aus der antiken Quelle, den pseudoaristote-
lischen *Problemata*, selbst. So orientierte sich Lessing bei seinen frühen Faust-
Entwürfen weniger oder allenfalls sekundär an der Persönlichkeit des verstorbenen Mylius. Die Texte dokumentieren vielmehr, wie Lessing den Tod von Mylius
als inspirativen Schreibanlass zu verwerten beabsichtigte. Dann aber war Lessings Plan zu einer Englandreise nicht nur biografisch motiviert, sondern ästhetisch interessiert. Der Tod des Gefährten selbst war kaum Anlass, eher Anstoß zur
Aufnahme eines Projekts, mit dem kein Denkmal gesetzt, sondern ein Selbstver-
such unternommen werden sollte. Die augenfälligen Korrespondenzen von Brei-
tenbauch-Brief, Mylius-Vorrede und *Berliner Szenar* belegen Lessings Vorhaben,
Schritte auf dem Weg eines melancholischen Künstlertums zu unternehmen.

Für Lessings schriftstellerischen Werdegang freilich blieb dieses Vorhaben
von ephemerer Bedeutung. Der Faustfigur des in dieser Zeit entstandenen *Berliner Szenars* prägte sich das Denkkonzept der Melancholie dafür umso stärker auf;
zu erinnern ist, dass schließlich auch Faust mitternächtlich an seinem Schreibtisch brütet. Tatsächlich begegnete Lessing das Faustthema schon im Kontext
der Melancholie-Debatte, bevor er seine eigene Bearbeitung aufnahm. Bereits
seine frühe Tätigkeit als Zeitungs- und Zeitschriftenautor nämlich konfrontierte
Lessing mit einem vom Melancholie-Diskurs überformten Faust.

Lessings berühmter Einsatz für den Fauststoff findet sich bekanntermaßen
im 1757 gedruckten ersten Teil der *Briefe, die neueste Literatur betreffend*. Jedoch
schon sechs Jahre zuvor, 1751, hat Lessing, wenn auch indirekt, zum ersten Mal
die Partei Fausts ergriffen. In diesem Artikel, der dem eigenen kurzlebigen Bei-
lagenprojekt *Das Neueste aus dem Reiche des Witzes* entstammt, zitiert Lessing
den Arzt[60] und Gottsched-Anhänger Daniel Wilhelm Triller. Lessing lässt Triller

---

58 DKV 11/1, 79 f.
59 Problemata XXX, 1. [zit. n. Schings, Melancholie und Aufklärung, S. 1.]
60 Als Mediziner, der seit den 1720er-Jahren in regem Briefkontakt mit Herman Boerhaave
    stand, musste Trillers Haltung zur Melancholie eine ambivalente sein. Boerhaave ist für

sehr ausführlich zu Wort kommen. Dem langen Fremdzitat komme, so die Begründung, selbstentlarvende Funktion zu: »Man darf gewisse Leute nur an dem gehörigen Orte reden lassen, wenn sie ihre eigne Satyre reden sollen.«[61] Für Lessing besteht die Selbstentlarvung Trillers in dessen grandios verfehlter Dichtungsauffassung. Triller spricht sich gegen eine Art zu dichten aus, wie sie die Verfasser der »bekannten Faustischen und Wagnerischen Lebensbeschreibungen«[62] praktizierten. An dieser Art von Poesie missbilligt Triller zweierlei: das sie fundierende Postulat vom schöpferischen Poeten und ihren melancholischen Charakter. Letztgenannter Aspekt dient zur Pathologisierung des erstgenannten. Beide Aspekte kehren in dieser Verschränkung in Lessings 17. Literaturbrief wieder, und auch dort sind sie mit dem Faustsujet verbunden. Im Literaturbrief aber ist die Wertung die genau entgegengesetzte: was Triller als ästhetisch (und moralisch) verdammungswürdig listet, wird unter den Händen Lessings zum apologetischen Material. Den Melancholie-Topos, den Triller zur Verurteilung des Faustsujets bedient, verwendet Lessing zur positiven Charakterisierung einer Dichtungsart, die das Faustfragment exemplifizieren soll.

Trillers reichlich naive Polemik richtet sich zunächst gegen ein neu erstarkendes ›Schöpfertum‹ in der literarischen Landschaft seiner Zeit; die eigene Dichtungsart will er davon strikt unterschieden wissen:

Wir haben diejenige natürliche, leichte, fließende und mit einem Worte menschliche Art zu dichten, auch in unserm Alter nicht verlassen wollen, welche wir vormals in der blühenden Jugend wohlbedächtig angenommen haben — Sie hat ganzer dreißig Jahr bei vielen gelehrten und ungelehrten Lesern Beifall erhalten — Man wird auch in diesem Teile keine dunklen,

---

Schings der »Initiator [...] eine[r] großangelegte[n] Rettungsaktion zugunsten der schwarzen Galle« (Schings, Melancholie und Aufklärung, S. 61.). Die von Boerhaave angeregte Entdeckung der Melancholie als *flagellum eruditorum* – als Krankheit, die speziell Gelehrte ob ihrer sitzenden Arbeitsweise befällt – musste der Teilrehabilitation eines Phänomens zuarbeiten, dessen Theoretiker ja selbst Partei waren. Dagegen hat Harald Neumeyer, Schings präzisierend, die ungebrochen starke Verhaftung von Boerhaave in der Humoralpathologie und ihren rein negativistischen Beschreibungen der *bilis atra* nachgewiesen. (Vgl. Harald Neumeyer, »Wir nennen aber jetzt Melancholie« (Adolph Henke). Chateaubriand, Goethe, Tieck und die Medizin um 1800, in: Kunst und Wissenschaft um 1800, hg. von Thomas Lange und Harald Neumeyer, Würzburg 2000, S. 63–88, S. 69–71.) Die Negativierung der Melancholie, die sich in den von Lessing angeführten Triller-Zitaten ausspricht, dürfte nicht zuletzt auf Einflüsse des Briefpartners Boerhaave zurückzuführen sein.

61   DKV II, 99.
62   DKV II, 101.

schweren und Rätselvollen Ausdrücke [...] viel minder aber so genannte nur schöpfrische Erfindungen antreffen.[63]

Abzulehnen sei so eine anti-imitatorische Poesie nicht nur aus Vernunftrücksichten (»zum Trotz der gesunden Vernunft«[64]) und aus ästhetischen Gründen (»Beleidigung des Wohlklangs«[65]), sondern auch, weil sie im Kern immoralisch sei:

»Schöpferisch schreiben, schöpferisch dichten sind strafbare und *unchristliche* Ausdrücke – Wir wissen aus der Schrift, Vernunft und Natur, daß nur ein *einiger* Schöpfer ist.«[66]

Die Dante'sche Hölle und die »Gespenster«[67] der englischen Literatur werden verworfen. Die verabscheute Tendenz kondensiert sich für Triller aber im Faustsujet:

Wenn diejenigen Schöpfergeister sind, die ein paar Dutzend neue und zum Teil gar fromme und büßende Teufel ersinnen können, wie sie in den bekannten Faustischen und Wagnerischen Lebensbeschreibungen stehen [...] so müssen alle Trunkene, Träumende und Mondsüchtige auch in die seltne Classe der schöpferischen Geister zu setzen sein.[68]

Der Verweis auf »Mondsüchtige« wird erst verständlich, registriert man die anderen Textsignale, die im Kontext der Melancholie-Debatte stehen. Denn den Melancholie-Vorwurf nutzt Triller als *ad-hominem*-Argument nicht nur gegen die Schöpfer der von ihm befehdeten neuen Kunstrichtung, sondern auch gegen deren Rezipienten. Die Produkte dieser Dichtungsart nämlich »sind nur für die rauhen und schwermütigen Einwohner des Saturnus«[69]. Damit ist der Topos vom planetarischen Einfluss des Melancholie-Sterns aufgerufen, der hier auf die Verunglimpfung einer ganzen Leserschaft als Melancholiker abzielt. So eine iatroastrologische Erklärung der Melancholie allein dürfte das aufgeklärte Publikum kaum von der Expertise des schreibenden Autors überzeugt haben. Deshalb schickt Triller auch gleich die zeitgenössische wissenschaftliche Standardmeinung hinterher: »dieses jetzige fast allgemeine Sinnenfieber«[70] (siehe dazu

63 DKV II, 100.
64 Ebd.
65 Ebd.
66 Ebd. [Herv. im Original]
67 Ebd.
68 DKV II, 101.
69 DKV II, 100.
70 DKV II, 101.

weiter unten). Wiederum an die Adresse der Literaten gerichtet ist die Schmähung der »afrikanischen Wundergeburten«[71]. Dieser Angriff geht zurück auf die historischen Wurzeln der Melancholie, von denen die deutsche Aufklärung seit dem Philosophiehistoriker Jakob Brucker weiß, dass sie in Afrika, genauer in der neuplatonischen Philosophie Alexandriens liegen.[72]

Lessing seinerseits wendet das Melancholie-Verdikt im 17. Literaturbrief ins Positive. An sein Plädoyer für eine melancholische Kunst nach englischem Vorbild schließt der bekannte Ruf nach dem »Genie«[73] an, das diese Vision in Wirklichkeit zu überführen habe. Wenn Lessing an der Faustszene zeigen will, »daß das Große, das Schreckliche, das Melancholische, besser auf uns wirkt als das Artige, das Zärtliche, das Verliebte«[74], so dürfte das seine negative Grundlage bei Triller haben. Die affirmative Verbindung von Faustsujet und Melancholie im Literaturbrief könnte nicht zuletzt sogar eine direkte Reaktion auf den Text des bekennenden Gottsched-Schülers Triller sein, den Lessing wenige Jahre zuvor rezensiert hat.

So wird im Werk Lessings das Thema des *Berliner Szenars* durch die zeitnahe Konfrontation mit dem Faustsujet unter den Vorzeichen der Melancholie in mindestens diesem einen Zusammenhang vorbereitet. Als wahrscheinlich erster Faust-Bearbeiter verbiegt Lessing aber die Mentalität seines Melancholicus ins Schwärmerische. Der Faust des *Berliner Szenars* wechselt, wie gesehen, sprunghaft von einem Ziel zum anderen, von einer Beschwörung zur nächsten. Triebkraft seines Handelns und Grund seiner Unstetigkeit ist nicht die Unvereinbarkeit von körperlichem und seelischem Heil, die Leidensquelle des Fausts der *Historia*[75]. Lessings Faust treibt, wie den Schwärmer, eine innerweltlich verstetigte Diskrepanz von Erlebtem und Erstrebtem, der Schwärmer will die Kluft zwischen Gelebtem und Gewolltem, zwischen erfahrener Wirklichkeit und erstrebtem Ideal schon im Diesseits überbrücken, indem er gedanklich das heranholt, was faktisch noch unerreichbar ist. In den Worten Lessings: »Der Schwärmer tut oft sehr richtige Blicke in die Zukunft: aber er kann diese Zukunft nur nicht erwarten.«[76]

71 Ebd.
72 Vgl. Schings, Melancholie und Aufklärung, S. 169 f.
73 DKV IV, 500.
74 Ebd.
75 Dass den Forderungen des Körpers und denen der Seele nicht zugleich stattgegeben werden kann, ist Ursache der Melancholie des Fausts der *Historia*. Dieser Faust geht seinen körperlichen Trieben und seinen körperlich gedachten Wissenstrieben, seiner *curiositas*, nach – und ist dabei auch zufrieden, aber nur solange er über seiner körperlichen Lustbefriedigung (und Erkenntnislustbefriedigung) die Sorge ums Seelenheil ausblendet. Konfrontiert ihn der Teufel mit seinem verwirkten Seelenheil, geht Faust »gantz Melancholisch vom Geist hinweg« (Historia von D. Johann Fausten. Kritische Ausgabe, hg. von Stephan Füssel und Hans Joachim Kreutzer, Stuttgart 1988, S. 42.).
76 DKV X, 97.

Grundsätzlicher, als hier geschehen kann, wäre die Frage nach einer prinzipiellen Affinität von Fauststoff und Schwärmer-Diskurs in der Spätaufklärung zu stellen. Konkret hieße das: ob die Faustfigur im Zuge ihrer historischen Aufwertung Eigenschaften des Melancholikers einbüßt und solche des Schwärmers hinzugewinnt. Noch für Goethes *Faust* lohnte die Untersuchung, inwieweit eine Schwärmer-Attitüde seinen Erkenntnisdrang (Szene *Nacht*) wie seinen Liebesdrang (Szene *Abend*) nicht nur grundiert, sondern gerade deren Unerfüllbarkeit auch zu kompensieren versucht. Ansätze zu genannter Tendenz keimen aber auch schon im *Berliner Szenar*. Das Folgende soll dafür den Nachweis erbringen, indem es zeigt, wie sich in der Figur von Lessings Faust die Qualitäten des Schwärmers gegenüber denen des Melancholikers zu verselbstständigen beginnen.

Dafür ist zunächst zu fragen: Was wusste Lessing zur Abfassungszeit des *Berliner Szenars* über den Schwärmer, und was konnte er schon über ihn wissen? 1752 markiert in der deutschen Aufklärung den historischen Einsatzpunkt einer Debatte um Schwärmerei, die anthropologisch fundiert ist.[77] In diesem Jahr erscheint unter dem Titel *Warnung vor dem Fanaticismus* die Übersetzung eines Traktats des holländischen Mennonitenpredigers Johann Stinstra. Verlegt wird der Text in Berlin, wohin auch Lessing im selben Jahr zurückkehrt, in der Buchhandlung Christoph Gottlieb Nicolais, dem Vater Friedrich Nicolais. Obwohl ich keinen Hinweis auf eine direkte Rezeption im Frühwerk finden konnte, ist Stinstras wirkmächtiger Traktat kaum, und noch weniger seine Folgen, spurlos an Lessing vorübergegangen. In Lessings Werk aus dieser Zeit beginnt der Schwärmer-Begriff virulent zu werden. Der Rezensent Lessing verbaut diskursspezifische Topoi wie den von der »schwärmerischen«[78] Erhitzung der Einbildungskraft in seine Zeitschriftenartikel, er weiß um die »Schwärmereien des erleuchteten

---

77   Die begriffsgeschichtlichen Wurzeln der Debatte liegen freilich tiefer in der Vergangenheit und leiten zurück in reformatorische Quellgründe, namentlich zu den weitwirkenden Schwärmer-Polemiken Luthers. (Vgl. Alois Maria Haas, Der Kampf um den Heiligen Geist – Luther und die Schwärmer, Berlin 1997.) Als Fehlfunktion einzelner Seelenvermögen, konkret der Einbildungskraft, kommt das Schwärmer-Syndrom aber erst der Anthropologie der Hochaufklärung ab etwa 1750 in den Blick. Die Stinstra-Übersetzung kann im deutschen Sprachraum als ältester Text von Einfluss gelten, der eine nicht mehr primär moralisierende, sondern anthropologisierende Behandlung des Schwärmers unternimmt. (Vgl. Schings, Melancholie und Aufklärung, S. 185.) Auch Manfred Engel, dessen Studie sich auf den Schwärmer-Diskurs der Spätaufklärung konzentriert, liefert in seiner enorm hilfreichen Schwärmer-Bibliografie keine älteren Belege für diese anthropologische Blickrichtung. (Vgl. Manfred Engel, Die Rehabilitation des Schwärmers. Theorie und Darstellung des Schwärmens in Spätaufklärung und früher Goethezeit, in: Der ganze Mensch. Anthropologie und Literatur im 18. Jahrhundert, hg. von Hans-Jürgen Schings, Stuttgart / Weimar 1994, S. 469–498, S. 495–497.)

78   DKV III, 393.

Schusters von Görlitz«[79] (Jakob Böhme) und in seinen Übersetzungen begegnet man religiösen »Schwärmern«[80] im Gefolge des Propheten Mahomet. Lessings Frühwerk steht bereits unter dem Einfluss ebenjenes Diskurses, in dessen Zuge die Schwärmerei sich gegenüber der Melancholie als Sonderphänomen herauszukristallisieren beginnt. Trennscharf voneinander abheben lassen sich Melancholie und Schwärmertum für die Jahrhundertmitte zwar nicht.[81] Dennoch binden an beide Phänomene (1) Wertungstendenzen, (2) Erklärungsansätze, (3) Psychologisierungsversuche und (4) Bilder, welche eine näherungsweise Unterscheidung im Großen zulassen. Alle genannten Aspekte sind wichtig für die Darstellung Fausts im *Berliner Szenar*.

(1) Rettung: Bewertungen der Melancholie kennzeichnet, bis weit über die Jahrhundertmitte hinaus, ihre reine Negativität. Geht es nicht um die Selbstzuschreibung durch einen Künstler, sondern um Fremdzuschreibungen an einen Menschen oder eine literarische Figur, sind sich die Aufklärer einig. Noch Wieland ist das Melancholie-Verdikt einer der schlimmsten Vorwürfe, die er gegen seine Gegner und unliebsame literarische Figuren zur Hand hat.[82] ›Schwärmerei‹ hingegen hat zur Jahrhundertmitte die rein negative Bedeutungslast abgestreift.[83] Rettungen von Schwärmern werden möglich und haben seit Gottfried Arnolds *Kirchen- und Ketzerhistorie* (1699) im deutschen Sprachraum auch Tradition.

In dieser Tradition steht auch Lessing mit seinen *Rettungen* (1755), die historische Gestalten gegen die Vorwürfe von Zeitgenossen verteidigen. So weit wie Arnold, über den es einmal beiläufig heißt, er habe »sich *aller* Ketzer«[84] unterschiedslos angenommen, will Lessing zwar nicht gehen. In einer journalistischen Stellungnahme zu den Herrnhutern aber etwa verteidigt Lessing deren »schwärmerisch[e]«[85] Konstitution gegen die Angriffe der Orthodoxie. Treffend hat man die Rettung weniger als Gattung denn als Gestus im Frühwerk von Lessing beschrieben, mit dem Sonderlingsfiguren gegen eine rigide Aufklärung in Schutz

---

79 DKV III, 239.
80 DKV II, 587.
81 Denn Schwärmerei diente den Aufklärern nicht als Klassifikations-, sondern in erster Linie als Kampfbegriff, der seine Konjunktur gerade seiner Deutungsoffenheit verdankte. (Vgl. Norbert Hinske, Die Aufklärung und die Schwärmer – Sinn und Funktionen einer Kampfidee, in: Aufklärung 3 (1988), H. 1, S. 3–6.)
82 Vgl. Schings, Melancholie und Aufklärung, S. 199.
83 Für 1754 belegt dies eine Titelübersetzung der Gottschedin. In diesem Jahr gaben sie und ihr Mann eine deutschsprachige Ausgabe der englischen Wochenschrift *The Rambler* in zwei Teilen unter dem Titel *Der Schwärmer* heraus. Lessing rezensiert sie. (Vgl. DKV III, 50 ff.)
84 DKV VII, 18. [Herv. im Original]
85 DKV II, 39.

genommen werden.[86] Lessings frühe Rettungsversuche von Heterodoxen und Außenseitergestalten sind sicherlich in Rechnung zu stellen, ist er in der frühen Faust-Projektphase je mit dem Gedanken einer Rettung Fausts umgegangen.

(2) Einbildungskraft: Aber jenseits von Lessings – immer gebrochenen – Sympathien für Sonderlinge sind Einflüsse des Schwärmer-Diskurses auf das *Berliner Szenar* in der Gestaltung der Figurenpsychologie textuell fixierbar. Der sich neu herausbildende anthropologische Merkmalskatalog zur Charakterisierung des Schwärmers verleiht auch der Faustfigur Lessings ihre Konturen. Melancholie ist den Aufklärern ein pathologisches Phänomen und als solches wesentlich physiologisch erklärbar.[87] Ihren konkreten Sitz hat sie in Milz oder Leber. Schwärmerei hingegen ist zwar nicht gegen physiologische Erklärungen resistent, aber sie transzendiert sie. Den Schwärmer charakterisiert seine überbordende Einbildungskraft.[88] Mit der Einbildungskraft aber ist das zwischen Sinnlichkeit und Vernunft vermittelnde Erkenntnisvermögen bezeichnet, dessen Mittelstellung sowohl somatopsychologische als auch psychosomatische Beschreibungen des Schwärmers zulässt. Einer so verstandenen Einbildungskraft kommt in Lessings poetologischen[89] Überlegungen aus der Mitte der 1750er-Jahre eine Schlüsselfunktion zu. In den *Rettungen des Horaz* heißt es über sie:

Diese [die Einbildungskraft], durch welche er [der Dichter] seinem geschmeidigen Geiste alle mögliche Formen auf kurze Zeit zu geben, und ihn in alle Leidenschaften zu setzen weiß, ist eben das, was seinen Vorzug vor andern Sterblichen ausmacht; allein es ist gleich auch das, wovon sich diejenigen, denen er versagt ist, ganz und gar keinen Begriff machen können. Sie können sich nicht vorstellen, wie ein Dichter zornig sein könne, ohne zu zürnen; wie er von Liebe seufzen könne, ohne sie zu fühlen. Sie, die alle Leidenschaften nur durch Wirklichkeiten in sich erwecken lassen,

---

86 Vgl. Albert M. Reh, Das Motiv der Rettung in Lessings Tragödie und ›ernster Komödie‹, in: Lessing Yearbook 11 (1979), S. 35–58.

87 Vgl. Schings, Melancholie und Aufklärung, S. 143–184.

88 Dass den Schwärmer seine ›lebhafte‹, ›erhitzte‹, ›irre‹ etc. Einbildungskraft vom normalen Menschen unterscheide, ist Gemeinplatz in der anthropologisch gegründeten Schwärmer-Kritik schon für Stinstra und seine Übersetzer.

89 Die poetologische Tragweite von Lessings Hereinnahme der Imaginationsthematik in seine Faust-Bearbeitung kann hier nur angezeigt, kaum erschöpft werden: Dafür wären die Selbstaussagen über den Schreibprozess am Faust und die Aristoteles-Erscheinung mit Lessings anderen zeitnahen Aristoteles-Beschwörungen im *Briefwechsel über das Trauerspiel* in Konstellation zu bringen; dieser Verflechtung von Faust-Projekt und früher Poetologie nachzugehen böte genug Stoff für eine eigene Untersuchung.

wissen von dem Geheimnisse nichts, sie durch willkürliche Vorstellungen rege zu machen.[90]

Das Zitat belegt Lessings überaus starken Begriff von den Möglichkeiten der Einbildungskraft. Diese wirkt nicht nur reproduktiv, indem sie aus dem Erinnerungsfundus gemachter Erfahrungen schöpft, sondern durchaus produktiv als poetisches Vermögen, das dem »Geiste alle mögliche Formen« verleihen, also erfahrungsunabhängig etwas genuin Neues schaffen kann. In Lessings Faust-Bearbeitung spielt die produktive Einbildungskraft sowohl in produktionsästhetischer wie figurenpsychologischer Hinsicht hinein. Nicht nur weiß der Werkstattbericht an Breitenbauch von Anstrengungen der »Einbildungskraft«[91] über der Arbeit am Faust. Auch Lessings Faust-Drama selbst war nicht zuletzt als ein Drama über die produktive Einbildungskraft geplant:

Lessings *Collectanea* nennen als Vorbild für die geplante Faustfigur den antiken kynischen Philosophen Menedemos in der Überlieferung von Diogenes Laertios. Anknüpfungspunkt biete dessen »Schwärmerey«[92], die Lessing definiert als »die Schwachheit des Geistes [...], daß man lauter τέρατα portenta zu sehen glaubt«[93]. Schwärmerei benennt damit eine Selbsttäuschung, bei der Phantasiebilder (*terateia*) der Einbildungskraft sinnlich gewonnene Vorstellungen ersetzen. Glaubt man den Berichten von Engel und Blanckenburg, war ja die gesamte Handlung von Lessings Faust um eine solche Sinnestäuschung herum aufgebaut; ihnen zufolge sollte sich schließlich die gesamte Verführungshandlung in der Einbildung Fausts zutragen. Selbst die Teufel, im Sinne der aufklärerischen Anthropologie überaus menschlich gedacht, werden durch Täuschungen ihrer Einbildungskraft, durch »ein Phantom«[94], hintergangen. Damit enthält Lessings Bearbeitung aber auch eine Pointe gegenüber den aufklärerischen Schwärmer-Polemiken. Diese sprechen den inneren Erlebnissen des Schwärmers jeden übernatürlichen Charakter ab und erklären dessen Vorstellungen aus einer Selbstaffizierung seiner erhitzten Einbildungskraft. Demgegenüber entspricht Lessings Bearbeitung insofern dem Selbstverständnis des Schwärmers, als Fausts Visionen ironischerweise tatsächlich himmlischen Ursprungs sind.

(3) Stimmungslabilität: Angezeigt wird, wie schon erwähnt, das Kernthema des geplanten Frühdramas durch den im Vorspiel ausgegebenen »Satz[]«[95]: zum

---

90   DKV III, 170.
91   DKV 11/1, 79.
92   DKV X, 529.
93   Ebd.
94   DKV IV, 65 bzw. 68.
95   DKV IV, 59.

praktischen Problem werde der Fehler der Wissenshybris nur, »wenn man ihm zu sehr nachhängt«[96]. Fausts Eigenart, seinen Gedanken übermäßig nachzuhängen und darüber in Isolation zu geraten, stempelt ihn zum Melancholiker. Tiefsinnigkeit und, in deren Folge, Einsamkeit verraten, nach der Überzeugung der Aufklärer, eine melancholische Veranlagung.[97] Bei Lessing und seinen gebildeten Zeitgenossen ist das als Weltwissen vorauszusetzen. Vom Standpunkt des aufklärerischen Gesellschaftsideologems aus muss dieses isolierte Grübeln aber vehement abgelehnt werden. Denn indem der Sinnierende sich seiner Umwelt entfremdet, wird er auch für die Gesellschaft nutzlos. Kann aber der Melancholicus innerhalb der aufklärerischen Trias der Pflichten (gegen sich selbst, gegen Gott und gegen Andere) denen gegen die Mitmenschen nicht mehr nachkommen, darf ein melancholisches Temperament aus ganz pragmatischen Gründen keinerlei Rücksichtnahme erfahren. Dieser Verfügungsanspruch, den das aufklärerische Kollektiv auf den Einzelnen erhebt, bildet die ideologische Folie des moralischen Lehrsatzes aus dem Vorspiel des *Berliner Szenars*.

Wiederum jedoch erfährt der Melancholie-Topos auch hier eine Abänderung. Wenn der tiefsinnige Melancholiker hartnäckig sein Erkenntnisziel verfolgt, fehlt dem Faust des *Berliner Szenars* ein solcher Zielpunkt: sein unsteter Drang zur Grenzüberschreitung schließt wiederholte Richtungsänderungen ein. Evident wird die Differenz zum traditionellen Melancholicus in Fausts Reaktion, die der Regietext im Anschluss an die Geisterbeschwörung notiert. Faust zeigt »Freude, daß die Beschwörung ihre Kraft gehabt«[98]. Fausts Freude markiert einen abrupten Stimmungsumschlag. Stimmungswechsel auch ins Positive aber gehören, nach dem Dafürhalten aufklärerischer Anthropologen, vielmehr in die Symptomatologie des Schwärmers als in die des Melancholikers.[99] Schon der von Stinstra und seinen Übersetzern beschriebene Typus, wechselweise Fanatiker und Schwärmer genannt, weist sich durch seine emotionale Labilität aus. Kurzlebige »Freude«[100] entspringt dabei einem zeitweilig aussetzenden und dann wiederkehrenden Skeptizismus. Zweifel bilden auch die Ausgangslage von Lessings Faust im ersten Aufzug; seine Freude entspringt dann einer momentanen Betäubung dieser Zweifel.

(4) Lukubration: Ausgebildet hat das 18. Jahrhundert auch ein eigenes Register an Bildern zur Darstellung des Schwärmers. Aus diesem Arsenal schöpft auch

96 Ebd.
97 Vgl. Schings, Melancholie und Aufklärung, S. 218.
98 DKV IV, 61.
99 Manfred Engel spricht von »radikalen psychologischen wie weltanschaulichen Wechselbäder[n], denen der Schwärmer ausgesetzt ist« (Engel, Die Rehabilitation des Schwärmers, S. 484.)
100 Johann Stinstra, Warnung vor dem Fanaticismus, Berlin 1752, S. 52.

Lessing bei seiner Einführung der Faustfigur im *Berliner Szenar*. Der Erste Auftritt des *Berliner Szenars* präsentiert Faust in einer schon etablierten Bildsprache
als idealtypischen Melancholicus. Mitternächtliche Lektüreanstrengungen bei
künstlicher Beleuchtung kennzeichnen aber auch den Schwärmer: Die Lukubration gilt noch Kant als Äußerungsform einer schwärmenden Einbildungskraft.[101]
Die Nacht ist die Zeit des Schwärmers, denn je weniger die Dunkelheit die Dinge
der Außenwelt unterscheiden lässt, desto mehr Raum ist der Einbildungskraft
gegeben, auszuschweifen.[102] Schließlich existiert auch bereits ein eigenes Reservoir an rekurrenten Exempelgestalten (Jakob Böhme, George Fox, Antoinette
Bourignon u. a.), die als prototypische Vergleichsfiguren für den Schwärmer
fungieren. Bezeichnend ist in diesem Zusammenhang eine Regieanweisung,
die, ob ihrer Undarstellbarkeit auf der Bühne, einzig der Psychologisierung der
Faustfigur für den planenden Lessing dient (für den Druck und damit für eine
Leserschaft war der Szenenentwurf in dieser Form ja nicht gedacht): »Erinnert
sich, daß ein Gelehrter den Teufel über des Aristoteles Entelechie zitieret haben
soll.«[103] Mit seinem eigenen Beschwörungsversuch imitiert der sich erinnernde
Faust dann diesen Gelehrten. Angespielt ist hier auf den venezianischen Huma-
nisten Hermolaus Barbarus, über den Lessing in Bayles *Dictionnaire* (in der Übersetzung Gottscheds) die fragliche Anekdote lesen konnte.[104] Hermolaus Barbarus
aber zählte die deutsche Aufklärung zu der genannten Gruppe jener prototypi-
schen Schwärmer: Mit derselben Anekdote wie bei Lessing figuriert er als Para-
debeispiel noch in Leonhard Meisters *Vorlesungen über die Schwärmerey*, und
hat als solches auch Eingang in die Schwärmer-Debatte des *Deutschen Merkur*
gefunden.[105]

Das Wichtigste nochmal in Kürze. Mit der Rehabilitation der *curiositas* ist
kaum das Intentum des *Berliner Szenars* benannt. Weder wird in Faust die theoretische Neugier exemplarisch rehabilitiert, noch ist ein Erkenntnistrieb als
durchgängiger Beweggrund seines Handelns auszumachen. Man kommt Les-

---

101 Vgl. Immanuel Kant, Werke in 12 Bänden, hg. von Wilhelm Weischedel, Bd. 12, Schriften zur
     Anthropologie, Geschichtsphilosophie, Politik und Pädagogik 2, Frankfurt am Main 1977,
     S. 484. Der Bezugstext ist die *Anthropologie in pragmatischer Hinsicht*.
102 Den Konnex von Nacht und Schwärmertum wird Wieland in seiner *Aspasia* mit weiteren
     Begründungen unterfüttern. (Vgl. Der Deutsche Merkur, hg. von Christoph Martin Wieland,
     Weimar 1773, Bd. 2, S. 131.)
103 DKV IV, 60.
104 Vgl. Petsch, Lessings Faustdichtung, S. 24.
105 In Meisters *Auszügen aus einer Vorlesung über die Schwärmerei*, die der *Merkur* abdruckt,
     heißt es: »Hermolaus Barbarus pflegte in seinem Enthusiasmus für die griechische Sprache
     damit zu prahlen, daß er den Teufel gerufen, um ihm den Aristotelischen Ausdruck
     ἐντελέχεια (*entelechia*) erklären zu helfen.« (Der Deutsche Merkur 1775, Bd. 4, S. 141.)

sings Absichten wohl näher, wenn man das *Berliner Szenar* von der Melancholie-Thematik her angeht. Unter Zuzug weiterer Textzeugnisse ergibt sich dann ein in sich stimmigeres Bild von einer Arbeit am schriftstellerischen Selbstverständnis in der Einflusssphäre der zeitgenössischen Debatte um Melancholie und ihrer modifizierten Form, der Schwärmerei.

Wegweisend für die Rehabilitation des Schwärmers in der zweiten Jahrhunderthälfte schließlich wird die Neuentdeckung und Emanzipation einer ›süßen‹, weltzugewandten Schwärmerei gegenüber der verzweiflungsvollen, weltabgekehrten Spielart sein. Auch Lessings späteres Werk kennt diese gefühlsaffirmative Alternative zur melancholischen Schwärmerei der Faustfigur des *Berliner Szenars*, verdichtet und Dichtung geworden in der Figur Rechas im *Nathan*:

Da müssen Herz und Kopf sich lange zanken, / Ob Menschenhaß, ob Schwermut siegen sol. / Oft siegt auch keines, und die Phantasie, / Die in den Streit sich mengt, macht Schwärmer, / Bei welchen bald der Kopf das Herz und bald / Das Herz den Kopf muß spielen. Schlimmer Tausch! / Das letztere, verkenn ich Recha nicht, / Ist Rechas Fall: sie schwärmt.[106]

106 DKV IX, 489 f.

MICHAEL MULTHAMMER

»NOCTE PLUIT TOTA ...«

Georg Christoph Lichtenbergs *Noctes* und ihre Tradition

»Die Stadt Göttingen, berühmt durch ihre Würste und Universität, gehört dem Könige von Hannover, und enthält 999 Feuerstellen, diverse Kirchen, eine Entbindungsanstalt, eine Sternwarte, einen Karzer, eine Bibliothek und einen Ratskeller, wo das Bier sehr gut ist.«[1] Mit diesem Satz beginnt der erste Teil von Heinrich Heines *Harzreise* aus dem Jahre 1824. Nach einigen weiteren Bemerkungen zur Topografie und Lage der Stadt kommt er sogleich auf die Bevölkerung zu sprechen:

> Im allgemeinen werden die Bewohner Göttingens eingeteilt in Studenten, Professoren, Philister und Vieh; welche vier Stände doch nichts weniger als streng geschieden sind. Der Viehstand ist der bedeutendste. Die Namen aller Studenten und aller ordentlichen und unordentlichen Professoren hier herzuzählen, wäre zu weitläufig; auch sind mir in diesem Augenblick nicht alle Studentennamen im Gedächtnisse, und unter den Professoren sind manche, die noch gar keinen Namen haben. Die Zahl der Göttinger Philister muß sehr groß sein, wie Sand, oder besser gesagt, wie Kot am Meer; wahrlich, wenn ich sie des Morgens, mit ihren schmutzigen Gesichtern und weißen Rechnungen, vor den Pforten des akademischen Gerichtes aufgepflanzt sah, so mochte ich kaum begreifen, wie Gott nur so viel Lumpenpack erschaffen konnte.[2]

Für Heine ist Göttingen kein Ort, um zu verweilen. Die Qualität des Bieres kann die schlechte Gesellschaft der Gelehrten und Studenten nicht kompensieren und so beschreibt er sogleich seinen Abschied aus der Universitätsstadt:

> Es war noch sehr früh, als ich Göttingen verließ, und der gelehrte ** lag gewiß noch im Bette und träumte wie gewöhnlich: er wandle in einem schönen

---

1 Heinrich Heine, Die Harzreise, in: Sämtliche Schriften in zwölf Bänden, Bd. 3, hg. von Klaus Briegleb, München 1976, S. 101–166, hier S. 103.
2 Heinrich Heine, Die Harzreise, S. 104.

Garten, auf dessen Beeten lauter weiße, mit Zitaten beschriebene Papierchen
wachsen, die im Sonnenlichte lieblich glänzen, und von denen er hier und
da mehrere pflückt, und mühsam in ein neues Beet verpflanzt, während die
Nachtigallen mit ihren süßesten Tönen sein altes Herz erfreuen.[3]

Diese Schilderungen einer Gelehrtenkultur, die hier bei Heinrich Heine schon zur
Karikatur geronnen sind, entbehren – wie vielleicht bei jeder guten Satire – nicht
der Grundlage. Was Heine hier aufs Korn nimmt, lässt sich beschreiben als eine
Publikationskultur des Sichtens, Sammelns und neu Edierens. Mithin also florilegische, anekdotische und bibliografische Literatur, wie sie seit dem Humanismus
in zahlreichen Spielarten der Buntschriftstellerei[4] aus dem Geist des Polyhistorismus oder vielmehr der Polymathie hervorgegangen ist.[5] Das Züchten der
Blumen, oder vielmehr Papierchen, und deren Ernte – um im Bild zu bleiben –
ist für ein Florilegium natürlich unentbehrlich. Ohne Blüten keine Blütenlese.
Man sieht schon an dieser kleinen Einschätzung Heinrich Heines, dass hier eine
ganze Tradition in Verruf geraten sein muss und der Lächerlichkeit preisgegeben
wird. Wilhelm Kühlmann macht ganz zurecht darauf aufmerksam, dass der weite
Bereich der Buntschriftstellerei in der frühen Neuzeit aber gerade eben nicht
diskreditiert war, sondern hohes Ansehen genoss. Schlösse man sich der Sichtweise Heines an, verlöre man nicht nur einen wesentlichen und überaus reichen
Bestand der deutschsprachigen Literatur des 16., vornehmlich aber des 17. Jahrhunderts, sondern man mache es sich schlichtweg auch zu leicht. Eine »satirische Verabschiedung des Polyhistorismus«[6] vorzuschieben, um sich sperriger
und voluminöser Werke mit dem Verweis auf ihre Lächerlichkeit zu entledigen,
geht an der Realität der Sache vorbei und macht sich selbst eine historische Sichtweise zu Eigen. Es mag »angesichts der genrespezifischen Einschüchterung und
der Lesemühen«[7] verlockend sein, sich dieser Option hinzugeben, oder aber

---

3   Heinrich Heine, Die Harzreise, S. 105.
4   Einen Problemaufriss und weiterführende Literaturhinweise gibt Flemming Schock,
     Wissensliteratur und ›Buntschriftstellerei‹ in der Frühen Neuzeit: Unordnung, Zeitkürzung,
     Konversation, in: Polyhistorismus und Buntschriftstellerei. Populäre Wissensformen und
     Wissenskultur in der Frühen Neuzeit, hg. von Flemming Schock, Berlin und Boston 2012,
     S. 1–20.
5   Zu den Konzepten siehe Helmut Zedelmaier, Von den Wundermännern des Gedächt-
     nisses. Begriffsgeschichtliche Anmerkungen zu ›Polyhistor‹ und ›Polyhistorie‹, in: Die
     Enzyklopädie im Wandel vom Hochmittelalter zur Frühen Neuzeit, hg. von Christel Meier,
     München 2002, S. 421–450.
6   Wilhelm Kühlmann, Polyhistorie jenseits der Systeme. Zur funktionellen Pragmatik und
     publizistischen Typologie frühneuzeitlicher ›Buntschriftstellerei‹, in: Polyhistorismus und
     Buntschriftstellerei, S. 21–42, hier. S. 42, FN 53.
7   Ebd.

man kann versuchen, Zugriffe zu entwickeln, um dieser reichhaltigen Art von Literatur zumindest ein wenig den Schrecken nehmen zu können. Als Belohnung dafür bekommt man sicherlich den einen oder anderen Schatz zu Gesicht oder kann zumindest ein Kleinod bergen. Einen möglichen Weg, wie man sich diesen Textgebirgen in einem ersten Schritt nähern kann, soll unter Zuhilfenahme von Konzepten der ›Muße‹ als heuristischem Zugriff versucht werden. Denn es sind häufig gelehrte und literarische Produkte der ›Nebenstunden‹, wie das zeitgenössisch genannt wird, die abgekoppelt von den Erwerbstätigkeiten (der ›Geschäfte‹ im antiken Sinne) entstehen. Das trifft auch auf Georg Christoph Lichtenbergs literarisches Werk zu, das vornehmlich aus den später so genannten *Sudelbüchern* besteht. Auch diese entstehen neben seiner akademischen Tätigkeit als Naturforscher in Nebenstunden, in Besoldung war er ab 1770 als Professor für Physik, Mathematik und Astronomie an der Universität Göttingen.

Die These, oder vielleicht vorsichtiger Hypothese, die dabei leitend werden soll, zielt in mindestens zwei Richtungen: zum einem wird davon ausgegangen, dass in den genannten Literaturformen eine Denkfigur eines durch ›otium studiosum‹ (Muße) geschaffenen imaginären Kommunikationsraums manifest wird. Diesem liegt der Gedanke zugrunde, dass gelehrte Bibliografien, Florilegien und Sammlungen von Anekdoten[8] Räume imaginärer Kommunikation begründen, für die sich ein wesentliches Element von Räumen der Muße eignet: die diskursive Aufhebung von Zeit. Es entsteht dergestalt eine angenommene Gleichzeitigkeit des Ungleichzeitigen. Diese Haltung wird von Cicero in seinen Briefen an die Familie vielleicht am prägnantesten benannt: als ›vivas in Litteris‹[9] – als ein Leben mit und auch in den Büchern.

Die eingangs erwähnte Charakterisierung Göttingens und seiner Gelehrten soll hier aber nicht im Stand einer zwar amüsanten, aber letztlich funktionslosen Anekdote im Stil des *New Historicism* verbleiben, vielmehr führt sie ins Zentrum der nachfolgenden Überlegungen. Denn der Göttinger Professor, der sich längst auf dem Gebiet der Naturerkenntnis und Physik einen Namen gemacht hatte, praktizierte die von Heine dem Spott preisgegebenen Methoden des Exzerpierens und Collagierens auch noch ausgangs des 18. Jahrhunderts und partizipiert damit an einer gelehrten Praxis, die spätestens seit der Zeit der Reformation feste Konturen hatte und deren Tradition bis in die Antike zurückreicht.[10] Im Zentrum

---

8   Siehe hierzu Francine Wild, Naissance du genre des ana (1574–1712), Paris 2001.

9   Marcus Tullius Cicero, Epistulae, Bd. 1, hg. von Louis Claude Purser, Oxford, London und New York 1982, IX, 26, 1.

10 Siehe hierzu den Sammelband Praktiken der Gelehrsamkeit in der Frühen Neuzeit, hg. von Martin Mulsow und Helmut Zedelmaier, Tübingen 2001. Ferner Ann Blair, Note-Taking as an Art of Transmission, in: Critical Inquiry 31 (2004), S. 85–107. Siehe jetzt auch Exzerpt,

meiner Ausführungen steht ein kleines Notizbuch Lichtenbergs, das er selbst mit dem Titel *Noctes* überschrieben hat.[11] Diese für den Ideenhaushalt Lichtenbergs aufschlussreichen Notate will ich ins Verhältnis zu seinen erst posthum veröffentlichten *Sudelbüchern* setzen.[12] Zuvor jedoch sollen Überlegungen zur Ökonomie der Muße angestellt und einige wenige Stationen der Gattungstradition skizziert werden, in die sich Lichtenbergs *Noctes* stellen lassen.[13]

1. Wissenschaft leben: Zur Ökonomie der Muße

So wie Zeit schlechthin, im Sinne von Lebenszeit, limitiert ist, trifft das auf Muße in besonderer Weise zu. Sie ist eine begrenzte Ressource, die dadurch an Wert gewinnt, ja überhaupt vielleicht als Wert erst taxierbar wird. *Otium* wird so als das andere des *negotium* bestimmt und in eine zeitliche Reihenfolge gesetzt – erst die Arbeit, dann die Muße. Das wahlweise Aristoteles oder Sokrates zugeschriebene Zitat ›Das Ziel der Arbeit sei Muße‹ bringt diese Reihenfolge auf den Punkt.

Dergestalt kommt der Nacht eine besondere Bedeutung zu, sie ist diejenige Zeit des Tages, die in der Regel von den Geschäften befreit ist (das geht in der antiken, allen voran aber dann mittelalterlichen und frühneuzeitlichen Vorstellung so weit, dass man nachts keine Geschäfte abwickeln kann oder Gerichts-

---

Plagiat, Archiv. Untersuchungen zur neuzeitlichen Schriftkultur, hg. von Elisabeth Décultot und Helmut Zedelmaier, Halle a.d.S. 2017.

11   Georg Christoph Lichtenberg, Noctes. Ein Notizbuch, Faksimile mit einem Nachwort und Erläuterungen hg. von Ulrich Joost. 2., durchgesehene Auflage, Göttingen 1992.

12   Zur Verortung im 18. Jahrhundert siehe Dieter Martin, Muße, Autonomie und Kreativität in der deutschen Dichtung des 18. Jahrhunderts, in: Muße im kulturellen Wandel. Semantisierungen, Ähnlichkeiten, Umbesetzungen, hg. von Burkhard Hasebrink und Peter Philipp Riedl, Berlin, Boston 2014, 167–179.

13   Dass sich dieses Vorgehen – die Weiterentwicklung von spezifischen Schreibweisen aus der Tradition heraus – als sinnvoll erweist, hat nicht zuletzt Wolfgang Harms deutlich benannt: »Die Komplexität der Frühen Neuzeit, ihrer Denkformen, ihrer Prämissen, ihrer Funktionalisierung literarischer Genera, wird auch schwer durchschaubar und wird ungeeignet, auf einfache Entwicklungslinien gebracht zu werden, insofern für sie als generelle Einsicht gilt: ihre Bewegungen und Neuerungen schafft sie sich vor allem durch positive und negative Selektion aus der Tradition. Neben Kriterien, die die Wirkung, Anerkennung oder Wichtigkeit in ihrem Entstehungszeitrum selbst unterstreichen, kann auch die Einbeziehung des gesamten, nicht durch Selektion reduzierten Potentials zur Feststellung von Zeittypik führen.« Wolfgang Harms, Zur Problematik der Festlegung von Epochensignaturen aus literaturwissenschaftlicher Sicht. Konkurrenzen von Heterogenem im Zeitraum der Frühen Neuzeit, in: Mitteilungen des deutschen Germanistenverbandes 49: Epochen (2002), H. 3, S. 278–293, hier S. 281.

prozesse führen darf und dergleichen mehr; diese Verbote waren sogar gesetzlich geregelt). In *Zedlers Universallexikon* findet sich diese Sonderstellung der Nacht im entsprechenden Eintrag ausbuchstabiert, dort heißt es:

> Es ist aber die Nacht von dem allerweisesten Schöpfer denen Menschen so wohl als Thieren zum Nutzen und Vergnügen erschaffen, damit sie in solcher ihre durch Tages-Last und Hitze abgematteten Glieder wiederum vermittelst der süssen Ruhe im Schlaf erquicken, und sich auf die folgende Tages-Arbeit stärcken können. Und es hat GOtt der HErr verheissen, daß die Nacht samt dem Tage nicht soll aufhören, so lange die Erde stehen wird.[14]

Sodann folgt auch gleich die biblische Belegstelle, 1 Mos. 8, 22: »Solange die Erde steht, soll nicht aufhören Saat und Ernte, Frost und Hitze, Sommer und Winter, Tag und Nacht.« Es muss hier doch die Ambivalenz dieser Passage in Hinblick auf die Funktion der Nacht – *prodesse et delectare* – betont werden, die Nacht soll sowohl erfreuen als auch nutzen. Wie soll das möglich sein? Ist es die Erholung im Schlaf, also dieser Nutzen, der erfreut oder muss man sich das anders denken? Wäre es ebenso möglich, dass dem Vergnügen der Nutzen, damit also die Erholung, nachgängig ist? Oder kann man die beiden Sphären gar nicht hierarchisieren – sind sie am Ende zwei Seiten einer Medaille, die nur zusammen ein Ganzes ergeben? Nähme man die Horazsche Vorlage beim Wort, wäre eine Gleichzeitigkeit in erster Instanz nicht gegeben, aber schon das 18. Jahrhundert hat dieses Verhältnis bekanntlich anders interpretiert.[15]

Gleichsam im Brennglas fokussieren lässt sich dieses Problem anhand der Tätigkeiten des Gelehrten – oder vielleicht auch in der Neuzeit noch gültig, des Wissenschaftlers. Denn wissenschaftliche Betätigung umfasst das Leben in Gänze, wie nicht erst seit Max Webers *Wissenschaft als Beruf* bekannt ist[16] – Cicero wurde bereits zitiert. Eine Trennung zwischen eigentlichem Broterwerb – im Sinne des *negotium* – und einer darüber hinausgehenden Zeit, die zur freien Verfügung steht – *otium* – ist zwar vor der Hand sinnvoll, stößt aber alsbald

---

14 Großes vollständiges Universal-Lexicon aller Wissenschaften und Künste, hg. von Johann Heinrich Zedler, 64 Bde., 4 Suppl.-Bde. Halle a.d.S. 1732–1754 [Nachdruck 1961–1964], hier Bd. 23, Sp. 252.

15 Burghard Damerau, Horaz oder Die Wahrheit der Literatur. Eine Anmerkung zum Umgang mit Horaz im 18. Jahrhundert, in: Gegen den Strich. Aufsätze zur Literatur, hg. von Burghard Damerau, Würzburg 2000, S. 125–132. Wolfram Mauser, Konzepte aufgeklärter Lebensführung. Literarische Kultur im frühmodernen Deutschland, Würzburg 2000 [Kapitel ›Horaz in Halle‹].

16 Max Weber, Wissenschaft als Beruf [EA 1919], in: Gesammelte Aufsätze zur Wissenschaftslehre, hg. von Johannes Winckelmann, 7. Aufl., Tübingen 1988, S. 582–613.

auch an ihre Grenzen. Eine inhaltliche Trennung der Tätigkeiten erweist sich im frühneuzeitlichen Kontext oftmals als schlicht unmöglich. Ich habe andernorts anhand der drei *Otia*-Bände von Nicolaus Hieronymus Gundling (1671–1729) versucht,[17] eine Distinktion zu treffen, die die jeweilige Haltung des Gelehrten zu seiner Arbeit zum Ausgangspunkt nimmt. Geht die Arbeit leicht von der Hand, so fällt sie in den Bereich der Tätigkeiten in Mußestunden.[18] Allzu präzise ist Gundling da selbst nicht – und der Camouflage oder gar Koketterie sind Tür und Tor geöffnet. Ausgehend von der zitierten Beschreibung im *Zedler* könnte man vielleicht die beiden Kategorien des Vergnügens und der Erholung weiter fruchtbar machen – ich werde gleich auf ein konkretes Textbeispiel zurückkommen.

Versuchsweise lässt sich eine Merkmalsmatrix aufstellen, die die Bedingungen der Möglichkeit für eine sinnstiftende Betätigung in Mußestunden nennt:

1) Man hat Zeit zur freien Verfügung, was keine Selbstverständlichkeit darstellt.

2) Arbeit in diesen Zeiten ist vergnüglich oder kann zumindest dergestalt als dem Vergnügen zuträglich aufgefasst werden (es ist ja auch denkbar, dass man sich vom Ergebnis der Arbeit her motiviert und dieses dann als vergnüglich begreift).

3) Diese Arbeit steht der notwendigen Erholung nicht kategorisch entgegen, der Mehrwert, der sich aus dieser Tätigkeit ergibt, schlägt sich nicht auf der Kostenseite nieder.

4) In der Rezeption lässt sich diese Mußesituation erneut herstellen.

Insbesondere der vorletzte Punkt scheint heikel, gerade wenn man sich das Arbeitspensum ansieht, dass sich frühneuzeitliche Gelehrte bisweilen zugemutet haben – nicht wenige von ihnen haben sich sprichwörtlich zu Tode gearbeitet. Johann Albert Fabricius, Nicolaus Hieronymus Gundling, Burkhard Gotthelf

---

17 Michael Multhammer, »Lebe wohl, und dencke, daß ich Dir OTIA schreibe.« Nicolaus Hieronymus Gundlings Wissen um die Fruchtbarkeit der gelehrten Muße, in: Nicolaus Hieronymus Gundling (1671–1729) im Kontext der Frühaufklärung, hg. von Ralph Häfner und Michael Multhammer, Heidelberg 2018, S. 87–112.

18 »Der Mensch muss gewiße Stunden zu seiner Erquickung haben / sonsten verzehret er sich wie der Wein / der nicht aufgefüllet wird; und nutzet sich ab wie das Eisen / so man immer brauchet. Die Erquickungen sind unterschiedlich. Sie resultieren sich entweder in einen leiblichen / oder geistlichen Müßiggang. Es ist unmöglich / das man beständig arbeite / so wenig es möglich ist / das ein Perpetuum mobile seye. Unter der Arbeit verstehe ich eine Bewegung die uns sauer ankommet: [...]. Ich will sagen / ich arbeite bißweilen / daß es mir sauer wird / aber ich arbeite auch zu gewissen Zeiten / da es mir nicht schwer ankommet. Jene Mühe nenne ich Arbeit; diese heiße ich Müßiggang.« Nicolaus Hieronymus Gundling, Otia. 3 Bde. Frankfurt a.M. und Leipzig 1706–1708, hier Bd. I, Vorrede, unpag.

Struve, Daniel Georg Mohrhof – sie alle starben vergleichsweise jung nach Jahren beinahe unfassbarer Produktivität. Noch einmal: Man muss mit seiner Arbeitskraft auch jenseits der Tagesgeschäfte, des *negotium*, haushalten, auch hier geht es in bestimmter Weise um Effizienz und sei es nur dergestalt, dass man seine Abendlektüre sorgfältig wählt. Denn potentiell entscheidet sich in diesen Kleinigkeiten der Fortgang der weiteren, eigenen Arbeit. Sei es die Lektüre eines bestimmten Buches, das die entscheidende Anregung liefern kann, der spätabendliche Gedanke, der bis zum nächsten Morgen konserviert werden muss und keinesfalls verloren gehen darf oder die Möglichkeit des kontemplativen Nachdenkens vielleicht auch fernab des eigenen Schreibpultes – die Muße bietet eigene Modi der Produktivität. Im Folgenden soll daher der Blick auf Ökonomien der Muße gerichtet werden, wie sie in der Tradition der ›Noctes‹-Literatur befolgt, vor allem aber auch thematisiert wurden.

2. Traditionslinien

Auffällig an der Bezeichnung ›Noctes‹ als Buchtitel ist zunächst einmal, dass er die Textsorte nicht inhaltlich oder funktional bestimmt, wie viele andere Schreibweisen innerhalb des weiten Feldes der Buntschriftstellerei das tun, sondern temporal. Hier wird auf einen ganz besonderen Aspekt der Produktion hingewiesen, die Entstehung zur Nachtzeit. Das ist eine Information, die wir für gewöhnlich nicht einholen, bevor wir mit der Lektüre eines Buches beginnen – in den allermeisten Fällen kann es uns als Lesern schlichtweg gleichgültig sein, wann ein Buch verfasst wurde. Insofern handelt es sich bei den *Noctes* um eine Besonderheit, der explizite Hinweis auf die Entstehungszeit wird deutlich hervorgehoben und somit semantisch aufgeladen. Diese besondere Eigenschaft wird schon in der Geburtsstunde des Genres offenbar, in Aulus Gellius' *Noctes Atticae*.[19]

Die *Noctes Atticae* des Aulus Gellius haben für einen großen Teil der später unter dem Begriff der Buntschriftstellerei versammelten Schriften zweifelsohne Vorbildcharakter.[20] Oftmals wird diese Sammlung von den Autoren des 16. und

---

19   Siehe für einen ersten Überblick Julia Fischell, Der Schriftsteller Aulus Gellius und die Themen seiner Noctes Atticae, Dissertation Universität Hamburg, 2008, online unter http://ediss.sub.uni-hamburg.de/volltexte/2011/5120/ (04.07.2019). Ferner Christine Heusch, Die Macht der memoria. Die ›Noctes Atticae‹ des Aulus Gellius im Licht der Erinnerungskultur des 2. Jahrhunderts n. Chr., Berlin 2011.

20   Die Anzahl der frühneuzeitlichen Nachdrucke ist beträchtlich. Um nur einige der Drucke bis zum Ende des 17. Jahrhunderts zu nennen: Köln 1533, 1541, 1557; Basel 1565; Paris 1585; Frankfurt a.M. 1603; Amsterdam 1651,1652,1665,1666, Leuven 1666. Weitere Drucke ließen sich namhaft machen.

17. Jahrhunderts selbst als Autorität für das eigene Vorhaben genannt. Dabei gibt sich Aulus Gellius in seiner Vorrede zu den dreißig Büchern der *Noctes* auf den ersten Blick äußerst bescheiden, was die Reichweite seiner Werke betrifft. Gleich zu Beginn heißt es:

> Andere anziehende Schriften wird man finden können; allein der Zweck, den ich bei Abfassung dieses Werkes verfolgte, war kein anderer, als dass meine Kinder in den Freistunden, wenn sie von ihrer Arbeit geistig ausruhen und ihrem eigenen Vergnügen nachhängen können, auch sofort eine angemessene Erholungslectüre vorfinden sollten. (Vorrede § 1)[21]

Hier wird die Muße sogleich explizit, und zwar in Form einer Lektürepraxis, die der Erholung dienen soll. Um diesen maßgeblichen Zweck zu erreichen, ist ganz offensichtlich die Auswahl der Stoffe von ebenso großer Bedeutung wie die Präsentation derselben. Denn der grundsätzlichen Tätigkeit nach unterscheiden sich die Mußestunden nicht kategorial von denen kindlicher Ausbildung – bei beiden steht das Lesen im Zentrum. Damit gewinnt man schon ein erstes Kriterium: die Form des Lehrbuches ist nicht geeignet, um auch in Mußestunden gelesen zu werden. Inhaltlich zielen die *Noctes* daher gerade auch nicht auf Vollständigkeit und sukzessive Ordnung, sondern vielmehr auf beider Gegenteil. Zum primären Ordnungs- oder vielmehr Unordnungsprinzip wird schlicht die Reihenfolge, in der das Gelesene auf den Verfasser gekommen ist. Denn auch diese Tätigkeit verdankt sich der frei verfügbaren Zeit jenseits der Arbeit. Gellius selbst bemerkt dazu:

> Weil ich diese Abhandlungen bereits während der langen Winternächte auf dem attischen Landgute, wie schon erwähnt, zu meinem Zeitvertreib zu schreiben begonnen hatte, gab ich ihnen den Namen ›attische Nächte‹, keineswegs aus (absichtlicher) Nachahmung von jenen pikanten und prunkvoll auftretenden Ueberschriften, welche viele andere Schriftsteller in beiden Sprachen ihren ähnlichen Werken vorsetzten. (Vorrede § 4).[22]

---

21 Aulus Gellius, Die attischen Nächte, 2 Bde, hg. von Georg Fritz Weiß, 1875–1876, Nachdruck Wissenschaftliche Buchgesellschaft Darmstadt 1981, S. 1. Im lateinischen Original lautet die Stelle: »[...] iucundiora alia reperiri queunt, ad hoc ut liberis quoque meis partae istiusmodi remissiones essent, quando animus eorum interstitione aliqua negotiorum data laxari indulgerique potuisset.«

22 Ebd., S. 1 f.

Abb. 1: Frontispiz der Ausgabe Auli Gellii Noctium Atticarum |libri XX / Gellius,
Aulus|Gronovius, Johannes Fredericus|Gronovius, Jacobus / 1706[23]

23   © Herzog August Bibliothek Wolfenbüttel: http://diglib.hab.de/drucke/lh-4f-65/start.htm.
     Im 17. und 18. Jahrhundert findet sich eine ganze Flut an Nachdrucken und Neueditionen
     von Gellius' *Noctes Atticae*. Die Szenerie scheint dabei etwas Idealtypisches anzusprechen,
     das im Zeitalter der Gelehrsamkeit auf große Resonanz stieß. Das abgebildete Frontispiz
     mag hierfür exemplarischer Beleg sein. Es zeigt eine Leseszene fernab der Stadt (im Hinter-
     grund) auf einem Landgut, das Arbeitszimmer ist zu nächtlicher Stunde (der Mond ist bereits
     aufgegangen) reichlich illuminiert. Das Setting des Arbeitszimmers verweist eher auf Vor-
     stellungen des 17. Jahrhunderts, das gut gefüllte Bücherregal steht ein wenig im Widerspruch
     zu den Papyrusrollen auf dem Schreibtisch. Dennoch, es ist das ideale Bild des in Muße tä-
     tigen Gelehrten, das hier mit Aulus Gellius aufgerufen wird. Siehe hierzu auch Jutta Assel,
     Georg Jäger, Zur Ikonographie des Lesens – Darstellungen von Leser(Innen) und des Lesens
     im Bild, in: Handbuch Lesen, hg. von Bodo Franzmann u. a., München 1999, S. 638–673.

Das Werk von Gellius ist also keine bloße Zusammenstellung von Texten zur Unterweisung in Mußestunden, sie verdankt sich vielmehr selbst einer Tätigkeit, die der Erholung dienen sollte – »zu meinem Zeitvertreib«[24] schreibt Gellius. Noch zwei weitere Parameter lassen sich namhaft machen, die direkt auf ein *otium studiosum* verweisen. Einerseits das Landgut, auf dem Gellius schreibt – als ein topischer Ort der Muße fern der Stadt[25] und damit auch den Geschäften im antiken Sinne. Unterstützt wird diese Auszeichnung der Mußestunden noch durch die Tageszeit – er schreibt zu Beginn in den langen Winternächten. Wir haben hier also eine doppelte Verneinung des *negotium* – zum Einbruch der Nacht und fern der Stadt.

Dieser Umstand spiegelt sich auch in der Textgestalt selbst: gekennzeichnet sind die *Attischen Nächte* primär einmal durch die Heterogenität der Gegenstände, die in ihnen behandelt werden. Es handelt sich um Lektürefrüchte aus ganz unterschiedlichen Bereichen des Wissens: Philosophie, Geschichte, Jurisprudenz, Dialektik, Geometrie, Arithmetik, Astrologie, Medizin und auch Musik. Notizen zum Pontifical und Kriegswesen sprengen dann endgültig den Rahmen der *septem artes liberales*. Und dennoch unterliegt diese Auswahl der Themen ökonomischen Gesichtspunkten – die vor der Hand oftmals angenommene Beliebigkeit bricht sich gerade nicht Bahn. Es handelt sich um Themen, die für die Erziehung der Jugend von Belang sind, wie Gellius selbst betont hat.

Es wurde bereits erwähnt, dass Gellius' Text für das weite Feld der Buntschriftstellerei vorbildhaft wurde und traditionsstiftend wirkte: Denn einige der Prämissen oder formalen Rahmenbedingungen der antiken Vorlage werden in die florilegische Tradition seit dem Humanismus eingespeist. Das betrifft insbesondere zwei Bereiche: Zum einen findet sich in der Behandlung der Gegenstände eine dezidierte Gleichordnung statt einer ausgeprägten Hierarchie – in Abgrenzung zu scholastischen Vorbildern. Zum anderen muss die rhetorische Tradition erwähnt werden, die auf ganz unterschiedlichen Ebenen unverzichtbares Instrumentarium für diese Tätigkeit in Mußestunde ist. Auch hier wird keinesfalls regellos und blind in alle Richtungen agiert, sondern planvoll vorgegangen. Nicht selten folgen die Beiträge in Florilegien, Conjectanea, Annotationes und dergleichen mehr dem klassischen Schema von inventio, dispositio, elocutio – sowohl in der Phase der Produktion als auch hinsichtlich einer weiteren Verwendung als loci-Sammlungen. Auffallend in diesem Zusammenhang ist immer wieder, dass zwar sehr häufig über die kaum zu bewältigende Menge an

---

24 Ebd.
25 Ralph Häfner, Barthold Heinrich Brockes und die Imagination des Lustgartens in der Frühaufklärung, in: Aufklärung. Interdisziplinäres Jahrbuch zur Erforschung des 18. Jahrhunderts und seiner Wirkungsgeschichte 26 (2014), S. 335–352.

Büchern und damit an Stoff geklagt wird,[26] eher selten jedoch über einen Mangel an Zeit. Das geht natürlich beides Hand in Hand, es erscheint mir aber doch so, dass mit diesen unterschiedlichen Perspektiven auch unterschiedliche Probleme benannt werden. Während die Klage über das Zuviel an Büchern die Angst, das Falsche zu lesen, immer bei sich führt, scheint es den frühneuzeitlichen Gelehrten kaum an Zeit zu mangeln, das Richtige zu lesen – so man es denn identifiziert hat. Zumindest finden sich kaum Äußerungen in diese Richtung. Sowohl das Nebeneinander disparater Gegenstände als auch die methodische Verankerung in der rhetorischen Tradition sind allerdings keine Alleinstellungsmerkmale der Buntschriftstellerei.

Wilhelm Kühlmann schlägt daher vor, dass man weitere Unterscheidungen oder Abgrenzungen nach zwei Seiten hin vornimmt,

- einerseits von den wie auch immer organisierten Universal- oder Fachenzyklopädien, die sich punktuell schon im 17. Jahrhundert, vorgeprägt von den alphabetischen Registern der Sachliteratur, dem alphabetischen Ordnungsprinzip annäherten,
- andererseits von der Fülle latein- und volkssprachlicher, thematisch konzentrierter, meist auch methodisch reflektierter Lehrbücher und Anweisungen aller artes, aller akademischen Disziplinen und auch der außerakademischen Wissensdomänen (von den Verhaltensratgebern etwa in Form der Höflichkeitslehren und den Leitfäden des angehenden Politicus bis hin zum weitesten Spektrum der ›Ökonomie‹ oder der Medizin und Naturkunde), dabei in allen Bereichen nicht selten zu handbuchartigen Thesauri oder pädagogisch gemeinten Introduktionen erweitert.[27]

Sehr vieles fällt also zunächst einmal nicht in das Feld der Buntschriftstellerei. Als erste Konsequenz daraus lässt sich festhalten: In der Buntschriftstellerei geht es dabei also weniger um die Kanonisierung und Festschreibung von Wissen als um die basale Darlegung. Dem Prinzip der Subordination und Klassifikation (nach welchen Schemata auch immer), tritt ein Moment der Koordination gegenüber.

Es ist ein Verfügbar-Machen und Verfügbar-Erhalten der Lektürefrüchte im eigenen Ideenhaushalt, die in einem zweiten Schritt mit der Publikation der Gemeinschaft der Gelehrten zur allgemeinen Nutzbarkeit zugänglich gemacht werden können. Dabei spielt es keine Rolle, wenn die dergestalt erworbenen

---

26 Grundlegend hierzu Dirk Werle, Copia librorum. Problemgeschichte imaginierter Bibliotheken 1580–1630, Tübingen 2007.

27 Kühlmann, Polyhistorie jenseits der Systeme, S. 22.

Erkenntnisse noch nicht klar und deutlich sind. Auch diese Praxis könnte man durchaus als ökonomisch beschreiben. Diese Sonderstellung als gelehrter Steinbruch wird besonders augenfällig im akademischen Feld, es wundert daher auch nicht, dass sich eine eigene Untergruppe der ›Akademischen Nebenstundenliteratur‹ ausgebildet hat, die primär auf Bildung und nicht auf Gelehrsamkeit im eigentlichen Sinne abzielt und komplementär zum akademischen Betrieb angelegt ist.

Die direkten Bezüge auf diese Tradition sind evident: die Linien verlaufen etwa über Philipp Camerarius' (1537–1624) *Operae Horarum Subcisivarum Sive Meditationes Historicae*[28], Johann Friedrich Christs *Noctes Academicae* und Ephraim Gerhardts *Akademische Nebenstunden*. Allen drei Werken ist gemein, dass sie sich ebenfalls als gelehrte Produkte verstehen, die ihre Existenz einer Beschäftigung jenseits der eigentlichen ›Arbeit‹ verdanken. In diese Gattungstradition ist am Ende des 18. Jahrhunderts auch Lichtenberg einzuordnen.

Mit Philipp Camerarius und seinen *Operae Horarum Subcisivarum* haben wir einen Autor und sein Werk vor uns, die heute beinahe vergessen sind.[29] Sie sind ein Produkt (gelehrter) Arbeit, das sich in Zeiten der Muße konkretisierte und stehen eindeutig in der Tradition von Aulus Gellius' *Noctes Atticae*. Auch hier finden sich Abhandlungen ganz unterschiedlichen thematischen Zuschnitts, die sich aber alle – und hier werden sie auch für uns interessant – einem gewissen Erfahrungswissen verdanken oder aber zumindest für ein solches Wissen Pate stehen. Die versammelten Essays – so darf man sie durchaus nennen – dienen neben der Unterweisung immer auch der Möglichkeit, darüber ins Gespräch zu kommen. Sie gliedern sich damit in den weiten Bereich der Gesprächsliteratur ein, der bis hinein ins 18. Jahrhundert äußerst erfolgreich bleibt und im 19. Jahrhundert noch einmal einen Höhepunkt erlebt.[30]

Auch wenn Philipp Camerarius' Werk heute so gut wie unbekannt ist, so stellte sich die Situation zur Zeit seines Erscheinens deutlich anders dar. Harold Jantz geht sogar so weit, sie in einem Atemzug mit Michel Montaignes *Essais* und

---

28 Philipp Camerarius, Operae horarvm svbcisivarvm sive meditationes historicae: continentes accuratum delectum memorabilium historiarum, & rerum tam veterum, quam recentium, Nürnberg 1591 u. ö.

29 Wilhelm Kühlmann [Art.], Camerarius, Philipp, in: Killy Literaturlexikon. Autoren und Werke des deutschsprachigen Kulturraums. Begr. von Killy, Walther, hg. von Wilhelm Kühlmann in Gemeinschaft mit Achim Aurnhammer u. a., 12 Bde. und Register, 2., vollständig überarbeitete Auflage, Berlin 2008–2012, Bd. 2, S. 351 f.

30 Zum Bereich der frühneuzeitlichen Gesprächsliteratur, wie sie hier verstanden wird, siehe Michael Multhammer, Johann Rists *Monatliche Unterredungen* als rhetorische Konversationsanleitung, in: Lili – Zeitschrift für Literaturwissenschaft und Linguistik 50 (2020), H. 1, S. 9–22.

Francis Bacons *Essays* zu nennen.[31] Sowohl stilistisch als auch dem Inhalt nach stünden sie diesen in nichts nach. Der Tendenz nach kann man das sicher unterschreiben, zumal das zeitgenössische Interesse über die Grenzen des deutschen Sprachraumes hinausging. Schon bald nach Erscheinen der *Operae* folgten weitere Ausgaben (zu Lebzeiten im lateinischen Original EA 1591, vermehrte Ausgaben 1602–1609, 1615–18), hinzu kamen zeitnahe Übersetzungen ins Französische – bereits in den Jahren 1608 und 1610 – dann auch sogleich ins Englische übertragen mit dem Titel *The walking libraire* (1621) bzw. *The living libraire* (1625). Das Werk war also außerordentlich erfolgreich und vielleicht illustriert der englische Titel am besten, woran das gelegen haben mag. Denn mit dem Erwerb der *Operae* legte man sich tatsächlich eine kleine Bibliothek zu. Inwiefern die Folio-Bände sich realiter als ›tragbar‹ – so die semantische Stoßrichtung von ›walking‹ – erwiesen, muss offen bleiben, die Fülle der Themen, die immer auch Rückgriffe in die antike Literatur als Referenz mitliefern, kann man indes tatsächlich als Bibliothek begreifen.[32] Der Erfolg dieser Schriften mag uns heute vielleicht nicht mehr unmittelbar einleuchten, im Falle von Philipp Camerarius hätten wir indes die Chance, ein Stück weit die Faszinationskraft dieses Typus von akademischer Nebenstundenliteratur zu verstehen. Seine Abhandlungen kommen dem, was man auch modern noch unter dem weitläufigen Genre des Essays versammeln kann, schon sehr nahe. Der Esprit dieser Art von Schrifttum ist hier sicher deutlicher spürbar als in vergleichbaren Werken. Die Erfolgsgeschichte der Neben-

---

31 Harold Jantz, The Renaissance Essays of Philipp Camerarius, in: Virtus et Fortuna. Zur deutschen Literatur zwischen 1400 und 1720. FS für Hans-Gert Roloff zu seinem 50. Geburtstag, hg. von Joseph P. Strelka und Jörg Jundmayr, Bern, Frankfurt a.M. und New York 1983, S. 315–327.

32 Für die Langlebigkeit dieser Art von Literatur mag die deutsche Übersetzung Pate stehen. Sie erschien vergleichsweise spät, 1625, also gut dreißig Jahre nach der Erstausgabe unter dem Titel *Philippi Camerarii, I.C. &c. Operae Horarum Succisivarum Sive Meditationes Historicae. Das ist: Historischer Lustgarten: In welchem allerley denckwürdige/ nützliche und lustige Historien und Exempel zu finden*, Leipzig 1625. Der Übersetzer, Georg Maier, rechtfertigt in einem eigens beigegebenen Vorwort sein Unternehmen. Er ist der festen Überzeugung, so schreibt er, dass das Werk von Camerarius über die Zeiten hinweg die Chance zu moralischer Erziehung ermöglicht, insofern die Abhandlungen dazu angetan sind, sich an historischen Exempeln zu erbauen. Dies sollte nicht nur den Lateinkundigen möglich sein, sondern weiten Schichten der Bevölkerung. Maier sieht es als seine Pflicht an, sich für seine gute Ausbildung, die von öffentlicher Hand finanziert worden war, zu revanchieren. Der Bezug zur Universität ist dergestalt ein zweifacher: einerseits dankt Maier für seine Ausbildung, indem er versucht, das Erlernte nützlich einzusetzen. Andererseits sollen dem breiten Publikum akademische Themen in genießbarer Form präsentiert werden, wie sie Camerarius ausgewählt hatte.

stundenliteratur hält sich auch noch im 18. Jahrhundert, sie ist weder ein rein humanistisches oder noch genuin barockes Phänomen.

Gegen Ende der 1720er Jahre verfasst der damals noch junge Leipziger Universitätslehrer Johann Friedrich Christ[33] und späterer Begründer der Archäologie als akademischer Disziplin in Deutschland seine vierbändigen *Noctes academicae*.[34] Diese Sammlung ist insofern von Bedeutung, als dass sie an die Tradition einer Textsorte anknüpft, deren Blütezeit sicherlich in vorvergangenen Jahrhunderten zu suchen ist. Es passt auf den ersten Blick daher nicht recht ins Bild, was der junge Christ hier zu Beginn seiner akademischen Karriere zu Papier bringt. Denn die Zusammenstellung der Themen, die kurzen Abhandlungen zu ganz unterschiedlichen Teilbereichen der Gelehrsamkeitsgeschichte, steht dem gängigen Bild der Frühaufklärung und ihrer rationalistischen Leitmotivik scheinbar diametral entgegen. Und doch wird gerade diese Art von Wissen – unsystematisch und nicht nur im guten Sinne eklektisch, sondern vielleicht in der Zusammenstellung tatsächlich auch beliebig – von Christ nicht nur verteidigt, sondern geradezu offensiv propagiert. Bereits auf dem Titelblatt findet sich ein Motto: »Obseruationum singularum titulos versa docebit pagina«. Und das Programm wird in der Vorrede weiter präzisiert. So sei der Zweck dieser zunächst noch kleinen Schrift, die nur den Auftakt zu weiteren bilden soll, an antike und humanistische Vorbilder angelehnt. Diese, so Christ, waren nicht immer streng der Ordnung verpflichtet und waren trotzdem – oder vielleicht auch gerade deswegen – von äußerster Nützlichkeit. Als Beispiel dient ihm hier, gleich im allerersten Satz: Aulus Gellius. Denn neben der Ordnung seien Abwechslung (varietas) und Kürze (brevitas) ebenso starke Kriterien für den Wert und damit einhergehend den Nutzen eines Werkes.[35] Das ist ein Befund, der sicherlich auch für die *Sudelbücher*

---

33 Die ausführlichste Darstellung in Hinblick auf die biographischen Eckdaten liefert nach wie vor Edmund Dörffel, Johann Friedrich Christ. Sein Leben und seine Schriften. Ein Beitrag zur Gelehrtengeschichte des 18. Jahrhunderts, Inauguraldissertation zur Erlangung der Doctorwürde an der Philosophischen Fakultät der Universität Leipzig, Leipzig 1887. Siehe ferner auch Michael Multhammer, Lessings *Rettungen*. Geschichte und Genese eines Denkstils, Berlin, Boston 2013, S. 118–122.

34 Der erste Band, auf den ich mich hier beziehe, ist erschienen als Johann Friedrich Christ, Noctes academicae. Observationibus ad rem litterariam miscellis et coniecturis expositae, Halaee Magdaeburgiae [o.J. = 1727]. Noch einmal gesammelt unter dem gemeinsamen Titel verzeichnet als: Noctium academicarum libri sive specimina qvatvor, Halae, Magdeburgicae 1727–1729.

35 Es ist wiederum eine gleichrangige Behandlung der Fundstücke, die Christ anstrebt und unter Umständen wird hier bereits der zukünftige Archäologe sichtbar. Ohne den Vergleich zu weit treiben zu wollen, handelt es sich doch um eine Art Textarchäologie (nicht im strengen Sinne Foucaults), die ihre Fundstücke zumindest für so gewichtig hält, dass sich deren weitere Bekanntmachung lohnt. Über die Reichweite solcher Schriften lässt sich

Lichtenbergs seine Geltung bewahrt. Vielleicht ist es gerade dieser Umstand, der das Überleben der Textsorte auch im Zeitalter der Aufklärung sichert und allen Anfeindungen und Bespöttelungen zum Trotz eine Form humanistischer Gelehrsamkeit bewahrt.

Ein letztes Beispiel mag hierfür als Beleg gelten. Zehn Jahre vor Johann Friedrich Christs *Noctes Academicae* erschien in Jena der erste von insgesamt sechs Bänden mit den Titel *Etlicher guten Freunde Academische Nebenstunden. Darinnen Allerhand Observationes Von besondern Zur Gelahrtheit dienenden Materialien, Desgleichen auch Auszüge von alten und neuen Schriften und bisher ungedruckte Briefe enthalten sind.*[36] Einen Verfasser sucht man auf den Titelblättern vergebens – alle sechs Bände sind innerhalb von zwei Jahren anonym erschienen. Verantwortlich für die *Academischen Nebenstunden* ist Ephraim Gerhard (1682–1718).[37] Wie erfolgreich die Sammlungen im Publikum tatsächlich waren, lässt sich nicht mit Sicherheit bestimmen. Das ist ein ganz allgemeines Problem mit der Buntschriftstellerei, über die Verbreitung der Schriften und deren tatsächliche Rezeption wissen wir wenig. Wenn man allerdings bedenkt, dass größere Kompendien und Lexika nicht selten dankbar auf diese Vorlagen zurückgegriffen haben, so wird es definitiv ein Publikum gegeben haben, auch die Möglichkeit des Nachschlagens sollte somit gegeben sein. Gerhard in jedem Falle zeigt sich in diesen florilegischen Schriften als im besten Sinne polyhistorisch interessiert, die

immer spekulieren, Christ war sich sicher im Klaren darüber, dass seine Ausführungen und Beobachtungen (›observationes‹ nennt er sie ja selbst), zumindest einigen Gelehrten und seinen Freunden zu Diensten sein können – einerseits als Mittel für den Erkenntnisgewinn, andererseits als Möglichkeit zur gelehrten Zerstreuung. Beides, so Christs Hoffnung auch im Hinblick auf seine Studenten, dient der Bildung des Einzelnen, man kann schlichtweg nicht zu viel wissen und unnütz sei Wissen unter diesen Bedingungen sicherlich auch nie.

36 Anonym [Ephraim Gerhard], Etlicher guten Freunde Academische Nebenstunden. Darinnen Allerhand Observationes Von besondern Zur Gelahrtheit dienenden Materialien, Desgleichen auch Auszüge von alten und neuen Schriften und bisher ungedruckte Briefe enthalten sind [...], 6 Tle, Bey Ernst Clavde Bailliar, Jena 1717–1718.

37 Seine Biografie lässt sich nicht vollends rekonstruieren, aber einige Eckdaten lassen sich festhalten – Gerhard stammte aus einem protestantischen Pfarrhaus in Giersdorf in Schlesien (heute Podgórzyn in Polen). »Er studierte zuerst am Gymnasium zu Brieg, dann an der Magdalenen Schule in Breslau, von 1700 an zu Wittenberg, von 1702 zu Leipzig, und dann zu Jena, wo er 1704 Magister ward. Er vollendete hierauf das Studium der Rechte, und ward 1709 zu Weimar Herzoglicher Hof- und Regierungs Advokat. Im J[ahr] 1717 nahm er den Ruf als Professor der Institutionen an die Universität zu Altdorf an, wo er aber schon im darauf folgenden Jahre, nämlich am 21. August 1718 starb.« Der Abbruch der *Akademischen Nebenstunden* fällt also mit Gerhards Tod zusammen und ist nicht gleichbedeutend mit einer beabsichtigten Einstellung des Unternehmens. Clemens Alois Baader, Lexikon verstorbener baierischer Schriftsteller des achtzehenten und neunzehenten Jahrhunderts Band 1,1: A – L., Augsburg u. a. 1824, S. 190–192, hier S. 190 f.

Vielfalt der behandelten Themenfelder ist beeindruckend und folgt auch noch im ersten Drittel des 18. Jahrhunderts den formalen Vorgaben der Gattung. Interessant dabei ist die Bandbreite der Möglichkeiten, die gleichberechtigt nebeneinanderstehen können. Detailfragen wie eine ungerechte Rezension und das rechte Verständnis einer einzelnen Bibelstelle wechseln sich mit großangelegten Fragestellungen, etwa ob Spinozas Atheismus aus dem Cartesianismus erwuchs, ab. Programmatisches erfahren wir von Ephraim Gerhard nicht, eine Vorrede oder anderweitige einleitende Worte zu seinem Projekt fehlen, so dass wir einzig auf den Titel und den Inhalt seiner Abhandlungen angewiesen sind.[38]

38   Inhalt der Bände: *Band 1*: Zufällige Gedancken von der Weisheit und Gelahrtheit überhaupt; Von der Meynung der Pythagoreer von dem Athemholen der Welt/ und denen griechischen Philosophen/ so ihnen hierinnen widersprochen; Nachricht vom Ursprung der Teutschen und Nordischen Poesie; Defension des Herrn D. Förtschens wider die Hällische *Bibliothec*; Neues *Project* von dem Magneten. *Band 2*: Vom Straf=Recht eines Souverainen Fürsten, wider frembde Unterthanen in seinem Lande; Ob man wegen anwachsender Macht unserer Nachbarn mit ihnen Krieg anfangen könne?; Zufällige Gedancken, Ob Gott eigentlich die Seele der Welt könne genannt werden; Zufällige Gedancken Von dem Ursprung der Sprachen und Schreib=Arthen. *Band 3*: Kurtzer Entwurf Von des Hrn. Mariotte Vernunfft=Lehre; Zufällige Gedancken Von den vornehmsten Ursachen, Warum man die Reinlichkeit und Zierde der lateinischen Sprache möglichster maßen erhalten müsse; Ob Spinoza aus der Cartesianischen oder Cabbalistischen Philosophie in Atheisterey verfallen; Specimen notarum MSS in Senecae Tragoediae Casp. Barthii; Alethophili Augenscheinlicher Beweis, daß Herr M. Kaschubs zu Jena/ jüngst edierter Cursus mathematicus in 61sten Stück der Hällischen Bibliothec/ mit einer ungegründeten Censur belegt worden/ in welcher der Autor theils aus Unverstand/ theils aus Boßheit die Wahrheit hintangesetzet; COMMUNICATIO eines Briefes von Rom/ Die in Teutschland erfundene Wind=Büchsen und Brenn=Spiegel betreffend; Eruditissimo Viro IO. Casparo Lichtenbach, IO. Ciampinus felicitatem. *Band 4*: Fortsetzung des Entwurffs Von des Mariotte Essai de Logique; Kurtzer Auszug aus C. Coleri, H. Grotii, T.B. Venatoris, Ian. Gruteri, Nic. Rittershusii, C. Barthii, I.H. Boecleri, Io. Mochingeri, und anderer Briefen, welche ex museo A.I. zu Amsterdam bey den Iansonio-VVesbergiis 1705 in 12. heraus gekommen; Ueber das neue Project Von den Magneten/ Und der dabey supponierten hypothesi/ Von denen Cometen/ Einige dagegen abgefaßte Anmerckungen Eines guten Freundes, nebst der Antwort des Auctoris auf dieselben; Von den verschiedenen Arten die Morale zu tractiren überhaupt/ Und von den Fabeln und deren Scribenten insonderheit; Untersuchung zweier Stellen Ciceronis, die so genandten 7. Weisen des alten Griechen=Landes betreffend; M. C. F. K. V. D. M. W. Vindicae Animaduersionis in Matth. XXIV. 51. nouamque etc. *Band 5*: Observatio de lectione τχ Kamez Chatuphcontra Jo. Clericum p. 407; Fortsetzung der Observation von den verschiedenen Arten die Morale zu tractiren überhaupt/ Und von den Fabeln und deren Scribenten insonderheit; Reliqu. Vindicarum adnimadv. in Matth. XXIV, 51. p. 445. *Band 6*: Sanguis menstruus non est venenatus aut malignus; Fortsetzung der geprüfften Ehren-Rettung der Xanthippe; Untersuchung der Frage, ob in den 9. und 10. vers. des IX. Capitels der Epistel an die Römer die Haupt-Punckten der gantzen Christlichen Religion enthalten seyn; Erklärung der Worte Mosis Genes. IV, 7.

Das einende Band dieser Schrift ist die Vielfalt der Themen, die gleichrangig nebeneinander behandelt werden. Hinzu kommen ferner die Bedingungen ihrer Entstehung – in Zeiten der Muße. Bisweilen kommt beides zusammen. In der gleichen Traditionslinie, die hier über Aulus Gellius, Philipp Camerarius, Johann Friedrich Christ und Ephraim Gerhard gezogen wurde, lässt sich Georg Christoph Lichtenberg verorten, der das Gelehrte und Poetische in vielleicht einzigartiger Weise zu verbinden wusste.

3. Lichtenbergs Noctes im Kontext der *Sudelbücher*

Kaum ein Beitrag zu Lichtenbergs *Sudelbüchern* kommt – geht er über das rein Inhaltliche hinaus und nimmt deren Methodik in den Blick – ohne das, wenngleich oftmals verkürzt wiedergegebene, Zitat der sogenannten Passage E46 aus. Dort heißt es:

> Die Kaufleute haben ihr Waste book (Sudelbuch, Klitterbuch glaube ich im deutschen), darin tragen sie von Tag zu Tag alles ein was sie verkaufen und kaufen, alles durch einander ohne Ordnung, aus diesem wird es in das Journal getragen, wo alles mehr systematisch steht, und endlich kommt es in den Leidger at double entrance nach der italiänischen Art buchzuhalten. In diesem wird mit jedem Mann besonders abgerechnet und zwar erst als Debitor und dann als Creditor gegenüber. Dieses verdient von den Gelehrten nachgeahmt zu werden. Erst ein Buch worin ich alles einschreibe, so wie ich es sehe oder wie es mir meine Gedancken eingeben, alsdann kann dieses wieder in ein anderes getragen werden, wo die Materien mehr abgesondert und geordnet sind, und der Leidger könnte dann die Verbindung und die daraus fließende Erläuterung der Sache in einem ordentlichen Ausdruck enthalten. vid. P. XXVI.[39]

Der Fehler nicht weniger Interpreten ist, dass sie dieses von Lichtenberg beschriebene Verfahren direkt auf die *Sudelbücher* selbst anwenden. Denn bei den erst später – posthum – sogenannten *Sudelbüchern* handelt es sich im Eigentlichen gerade nicht um das selbige, sondern in der Terminologie Lichtenbergs um das beschriebene Journal. Einzig das Heft F wurde mit »Sudel-Buch« überschrieben. Das, was Lichtenberg als *Waste book* beschreibt, ist vielmehr das kleine Notizbuch, das *Noctes* überschrieben ist.

---

39 Georg Christoph Lichtenberg, Schriften und Briefe, hg. und kommentiert von Wolfgang Promies. 4 Bände + 2 Bände Kommentar, München 1968–1992, hier Bd. 1, S. 352.

Es handelt sich dabei um ein kleines Bändchen in oktav, das sich in Privatbesitz erhalten hat.

Es hat das Format der kleinen Heftchen, die Lichtenberg vor und später neben den großen Handschriftenquart- und -foliobänden benutzte, ist aber wie andere Büchlein aus Lichtenbergs letztem Lebensjahrzehnt beste Buchbinderarbeit; hier also Halbledereinband, sogar auf Holzdeckeln, die mit graublauem Papier bezogen und mit Titelschild versehen sind.[40]

Lichtenberg nutzte das Büchlein über den Zeitraum von etwa drei Jahren, wie sich anhand der Einträge rekonstruieren lässt.[41] Es enthält Einfälle und Exzerpte aus ganz unterschiedlichen Bereichen des Wissens, aber auch Berechnungen und bloße Stichworte, die sich als reine Gedächtnisstütze lesen lassen. Aufgrund der Beschaffenheit des Bändchens lässt sich in jedem Falle festhalten: Es ist zunächst einmal ein Gebrauchsgegenstand, dessen Zweck darin bestand, eilig zu Notierendes festzuhalten und vor dem Vergessen zu bewahren. Die Aufzeichnungen sind in erster Instanz durch und durch privat, das Büchlein war nie auf irgendeine Form von Veröffentlichung hin geschrieben, nicht einmal im Nachlass sollte es sich finden. Darauf werde ich später (vgl. S. 178) zurückkommen. Zuvor gilt es noch eine zweite Besonderheit hervorzuheben.

Denn die Methodik der doppelten Buchführung, wenn man so will, oder zumindest deren Vorstufe wird hier manifest.[42] Lose aneinander gereihte Gedankensplitter, Einfälle und Ideen, Lektürebeobachtungen und Vorsätze, bestimmte Bücher noch zu lesen, wechseln sich zwanglos mit physikalischen Beobachtungen ab. Allen Einträgen jedoch ist gemein, dass sie getilgt werden, wenn sie ihre Schuldigkeit getan haben. Die *Sudelbücher* hingegen weisen schon eine erste Ordnung auf, sie sind zwar nicht inhaltlich nach Themen oder der-

---

40 Ulrich Joost, »Schmierbuchmethode bestens zu empfehlen«, in: Georg Christoph Lichtenberg, Noctes. Ein Notizbuch. Faksimile mit einem Nachwort und Erläuterungen hg. von Ulrich Joost, 2., durchgesehene Auflage, Göttingen 1992, S. 112–126, hier S. 121.

41 Ebd.

42 Siehe hierzu grundlegend Grahame Thompson, Early double-entry bookkeeping and the rhetoric of accounting calculation, in: Accounting as social and institutional practice, hg. von Anthony G. Hopwood und Peter Miller, Cambridge 1999, S. 40–66. Ferner Mary Poovey, A history of the modern fact: problems of knowledge in the sciences of wealth and society, Chicago 1998, dort insb. das Kapitel 2: »Accommodating Merchants: Double-Entry Bookkeeping, Mercantile Expertise, and the Effect of Accuracy«. Zur Praxis der doppelten Buchführung und ihrer Rolle im politischen Prozess Jacob Soll, The Reckoning: Financial Accountability and the Making and Breaking of Nations, London u. a. 2014.

gleichen geordnet, es sind aber nicht mehr die ersten, noch rohen Einfälle.[43] Das belegen die zahlreichen Bearbeitungen und Übernahmen aus den *Noctes* in die *Sudelbücher*. Hier wird im wörtlichen Sinne ausgestrichen, was anderorts seinen Platz gefunden hat und das mit Tinte fixiert und auf Dauer gestellt, was noch gebraucht werden könnte. Diese Art der Ideenhaushaltung ist keine Erfindung oder gar Errungenschaft Lichtenbergs; er dürfte diese Praxis während einem seiner beiden Englandaufenthalte (1770 und 1774/75) näher kennengelernt haben. Britische »Accounting-schools« waren zu dieser Zeit führend.[44]

Interessant in diesem Zusammenhang ist ferner, dass weder die *Sudelbücher* noch das *Noctes* überschriebene Heftchen je für den Druck bestimmt waren, sondern lediglich als Manuskript aufbewahrt und allenfalls Ersteres engen Freunden zur Lektüre überlassen wurde.[45] Die vermeintliche dritte Stufe in Lichtenbergs Rangfolge – die Übertragung in den Leidger – war offensichtlich nie intendiert. Die genuine Bedeutung des Manuskriptes für die Lektürepraxis hat jüngst Christian Benne in einer ausführlichen Monografie dargelegt.[46] Dass das Manuskript eigene Dignität erlangt, ist nach Benne ein vergleichsweise junges Phänomen am Ende des 18. Jahrhunderts. Die Nobilitierung der Handschrift kann im Einzelfall ganz unterschiedliche Gründe haben, Benne aber hält als grundsätzliche Tendenz fest:

Was die Aufklärungshistorie an polyhistorischer Gelehrsamkeit und kaleidoskopischer Buntheit der Erzählungen aus dem Bereich der Haupt- und Staatsaktionen vermissen ließ, versuchte sie durch Professionalität und didaktischen Nutzen im Sinne der bürgerlichen Emanzipation wettzumachen.[47]

Das gilt sicherlich auch für Lichtenberg. Dergestalt wird das Manuskript zu einem Refugium nur vordergründig nicht mehr zeitgemäßer Gelehrsamkeit, das Polyhis-

---

43   Für einen parallelen Fall aus der Naturgeschichte des 18. Jahrhunderts siehe die glänzende Studie von Anke te Heesen, Die doppelte Verzeichnung. Schriftliche und räumliche Aneignungsweisen von Natur im 18. Jahrhundert, in: Gehäuse der Mnemosyne. Architektur als Schriftform der Erinnerung, hg. von Harald Tausch, Göttingen, S. 263–286.

44   Siehe Jacob Soll, The Reckoning.

45   Zu dieser Praxis siehe Carlos Spoerhase, »Manuscript für Freunde«: Die materielle Textualität literarischer Netzwerke, 1760–1830, in: Deutsche Vierteljahrsschrift für Literaturwissenschaft und Geistesgeschichte 88 (2014), S. 172–205.

46   Christian Benne, Die Erfindung des Manuskripts. Zur Theorie und Geschichte literarischer Gegenständlichkeit, Berlin 2015.

47   Christian Benne, Die Erfindung des Manuskripts, S. 279.

torische wandert ins Private[48] – in der Außendarstellung obsiegt das Systemdenken des Deutschen Idealismus. Aber noch ein Moment lässt sich insbesondere in Bezug auf Lichtenberg festhalten: Das Manuskript garantiert die »Unmittelbarkeit des einzelnen dichterischen Entwurfs zum Urheber«[49], es sind eben Lichtenbergs eigene, aus der Erfahrung gewonnene Erkenntnisse, die nicht so einfach als überindividuell gültige Loci-Sammlungen verstanden werden können, primär einmal sind es persönliche Einsichten. Erst in einem zweiten Schritt lässt sich aus diesen Lektürefrüchten eine geistige Entwicklung ablesen, die vielleicht auch für das Zeitalter schlechthin in Teilen Gültigkeit beanspruchen darf. Lichtenberg denkt sich diesen Prozess zweistufig, wie sich anhand eines Eintrages in den *Sudelbüchern* rekonstruieren lässt. Dort heißt es:

Man soll alle Menschen gewöhnen von Kindheit an in *große* Bücher zu schreiben, alle ihre Exercitia, in hartes Schweinsleder gebunden. Da sich kein Gesetz daraus machen läßt, so muß man Eltern darum bitten, wenigstens mit Kindern, die zum Studieren bestimmt sind. Wenn man jetzt Newtons Schreibbücher hätte! Wenn ich einen Sohn hätte, so müßte er gar kein Papier unter Händen bekommen, als eingebundenes, zerrisse er es, oder besudelte er es, so würde ich mit väterlicher Dinte dabei schreiben: dieses hat mein Sohn anno * den *ten besudelt. Man läßt den Körper und Seele, das Punctum saliens der Maschine fortwachsen und verschweigt und vergißt es. Die Schönheit wandelt auf den Straßen, warum sollten nicht in dem Familien-Archiv die Produkte, oder vielmehr die Signaturen der Fortschritte des Geistes hinterlegt bleiben, und der Wachstum dort *eben so sichtbar* aufbewahrt liegen können? Der Rand müßte gebrochen werden, und auf einer Seite immer die Umstände und zwar sehr unparteiisch geschrieben werden. Was für ein Vergnügen würde es mir sein, jetzt meine Schreibbücher alle zu übersehen! Seine eigne Naturgeschichte! Man sieht jetzt immer was man ist und sehr schwach was man war. Man müßte den eigentlichen Gegenstand der Sammlung die Dinge nicht zu oft sehen lassen. Vielleicht nur erst spät sehen lassen, das übrige müßte er bloß aus Relationen kennen. Man hebt die Kinderhäubchen auf, und ich habe öfters selbst den Zusammenkünften mit beigewohnt, da man einem sehr großen, besoldeten und ansehnlichen Kopf sein Kinderhäubchen wies. Warum nicht eben so mit Werken des Geistes. Die Eltern könnten eine solche Sammlung von Bänden eben so aufbewahren, wie ihr Kind, denn es ist

---

48 Um, so darf man festhalten, einige Jahre oder Jahrzehnte später wieder das Licht der Öffentlichkeit zu erblicken, wenn man an die durch das Systemdenken hindurchgewanderten Fragmentensammlungen und losen Notate der Romantiker denkt.

49 Christian Benne: Die Erfindung des Manuskripts, S. 286.

der Spiegel desselben. Wie sie seinen Leib zu bilden haben lehrt sie ihr Auge; wie seinen Geist, der Anblick dieser Bände. Vom 4ten Jahre glaube ich könnte man anfangen. Kein Band müßte verloren werden. Denn das Papier müssen sie doch bezahlen, und das Aufbehalten macht keine Schwierigkeiten. Ich wüßte nicht welches angenehmer und nützlicher wäre, die Bewegung aller Planeten zu kennen, oder *diese* Annalen einiger vorzüglicher Menschen. Die Welt würde dadurch sehr gewinnen. [J 26][50]

Dergestalt wird die eigene intellektuelle Geschichte zu Naturgeschichte, deren Evolution man anhand der Notate nachvollziehen kann. Dahinter steht eine Auffassung von Geschichte, die diese als Aneinanderreihung von Geschichten begreift – im Großen wie im Kleinen.[51] Diese enorme Aufwertung der hand-schriftlichen Notizen grundiert gleichsam die *Sudelbücher*, diese literarische Version der *Waste books*.[52]

Auf diese Weise kommen wir wieder zurück zur Ökonomie der Lichtenberg-schen Arbeitsweise, denn Lichtenberg ist einer der selteneren Gelehrten, der dezidiert über einen Mangel an Zeit respektive deren effektive Nutzung explizit nachdenkt. Im Heft F heißt es dazu:»Wenn man sich an einem Tage nicht von seinem Zweck ableiten läßt, ist auch ein Mittel die Zeit zu verlängern, und ein sehr sicheres, aber schwer zu gebrauchen.« [F 200].[53] Der Mangel an Zeit und damit einhergehend die fehlende Muße zu weiterer, ungerichteter und in einem ersten Schritt auch zweckfreien Bildung kommt immer wieder zur Sprache:

Wenn es ein Werk von etwa zehn Folianten gäbe, worin in nicht allzu großen Kapiteln jedes etwas Neues, zumal von der spekulativen Art, enthielte; wovon jedes etwas zu denken gäbe, und immer neue Aufschlüsse und Erweiterungen darböte: so glaube ich, könnte ich nach einem solchen Werke auf den Knien nach Hamburg rutschen, wenn ich überzeugt wäre, daß mir

---

50 Georg Christoph Lichtenberg, Schriften und Briefe, Bd. 1, S. 654 f.
51 Siehe hierzu auch Christian Benne: Die Erfindung des Manuskripts, S. 278, sowie Lichten-berg, Sudelbücher [B18]:»Beobachtungen zur Erläuterung der Geschichte des Geists dieses Jahrhunderts. Die Geschichte eines Jahrhunderts ist aus den Geschichten der einzelnen Jahre zusammengesetzt. Den Geist eines Jahrhunderts zu schildern kann man nicht die Geister der hundert einzelnen Jahre zusammenflicken, unterdessen ist es dem der ihn ent-werfen will allemal nützlich auch die letzteren zu kennen, sie können ihm immer neue Punkte darbieten seine steten Linien dadurch zu ziehen.« Georg Christoph Lichtenberg, Schriften und Briefe, Bd. 1, S. 51.
52 So Christian Benne: Erfindung des Manuskripts, S. 418, FN 673.
53 Georg Christoph Lichtenberg, Schriften und Briefe, Bd. 1, S. 490.

nachher Gesundheit und Leben genug übrig bliebe, es mit Muße durch-
zulesen. [K 56][54]

Was Lichtenberg hier kultiviert und wovon sowohl die *Noctes* als auch die
Sudelbücher deutliches Zeugnis ablegen, ist eine Praxis des Gelehrtenlebens,
in der es so gut wie nie zu gleichgültigen Ereignissen kommt. Die Empfehlung
Lichtenbergs, dass man seine eigenen Schreibhefte aufheben sollte, um auch in
späteren Jahren noch den Entstehungsprozess von Gedankengängen und Ideen
nachvollziehen zu können, mag dafür ein Beleg sein, wie die Beobachtung der
Umwelt schlussendlich auch zu einer Form der Selbstbeobachtung in der Retrospektive werden kann. Dergestalt wird die Ideenhaushaltung zur Autobiografik.
Hier kommt vielleicht auch so etwas wie die Nachtseite der Aufklärung zum
Vorschein, die das Wandelnde und noch Wandelbare in der Ideenfindung konserviert, die noch kein zielstrebiges Fortschreiten auf ein klares Ziel hin – den
präzisen und hellen Gedanken – vorstellt, sondern ein Treibenlassen im Zustand
der Muße als einen möglichen Weg hin zu Erkenntnis ernstnimmt. Manuskript
und philosophischer Systementwurf würden so verstanden als zwei gegenüber-
liegende, nicht aber kategorisch voneinander getrennte Pole aufzufassen sein.[55]
Beide Pole betreffen gleichermaßen die intellektuelle Seite der Produktion, die
Lichtenberg aus unterschiedlichen Perspektiven ins Visier nimmt. Wie sieht diese
Haushaltung nun konkret aus?

Die einfachste Variante ist sicherlich diejenige, wo ein Eintrag aus den *Noctes*
vergleichsweise direkt in die *Sudelbücher* übertragen wird. Heißt es im Ersteren
»Aus nichts fast läßt sich der Charakter (Gesinnungen) eines Menschen leichter
erkennen, als aus einem Schertz den er übel nimmt«,[56] so wird daraus in der
Übertragung »Ich habe mein ganzes Leben gefunden, daß sich der Charakter
eines Menschen aus nichts so sicher erkennen läßt, wenn alle Mittel fehlen,
als aus einem Scherz, den er übel nimmt.«[57] Der Kerngedanke bleibt weitestgehend unverändert – er findet sich schon im Moment der ersten Idee. Was sich
allerdings ändert, ist die Formulierung; hier wird die Syntax geglättet, stilistisch
nachgebessert und eine zuvor erwogene Variante – die in Klammern gesetzten
›Gesinnungen‹ – verworfen. Nun sind Reformulierungen und Überarbeitungen
die Regel im literarischen Schaffensprozess und dennoch scheint mir der vorliegende Fall doch ein besonderer: Denn hier ist die Überarbeitung keine Option,

---

54 Georg Christoph Lichtenberg, Schriften und Briefe, Bd. 2, S. 406.
55 Siehe hierzu auch Dieter Henrich, Werke im Werden. Über die Genesis philosophischer Ein-
    sichten, München 2011.
56 Georg Christoph Lichtenberg, Noctes, 4[v(erso)] (Transkription S. 54).
57 Georg Christoph Lichtenberg, Schriften und Briefe, Bd. 2, S. 420.

sondern obligatorisch. Das nächtliche Notat muss, um von Dauer zu sein, in eine andere Form überführt werden. Dieser notwendige zweite Kontakt mit dem zuvor Geschriebenen und Gedachten manifestiert sich eindrücklich in den Ausstreichungen im Notizbuch. Die schwungvollen Striche Lichtenbergs markieren, dass die Notiz erneut gesichtet (und verwertet) wurde. Dabei kann – wie das zweite Beispiel zeigt – durchaus mehr geschehen; aus einem Gedanken, einem Stichwort oder Nukleus können sich weitere entwickeln. Im *Noctes*-Büchlein steht: »Sein Leben auf[s] Profitchen stecken.«[58] In den *Sudelbüchern* findet sich diese Notiz dreifach entfaltet:

Ich fing erst gegen das Ende meines Lebens an zu arbeiten, und mein bißchen Witz aufs Profitchen zu stecken. [K 163]
Sein Leben aufs Profitchen stecken: wie ich jetzt im Jahre 1795. Ich hätte aber, was ich jetzt tue und tun will und gerne täte, ehemals viel besser tun können, da hatte ich aber keine Zeit!! [K 164]
Ich stecke jetzt meine ganze Tätigkeit aufs Profitchen. Kohlen sind noch da, aber keine Flamme. [K 165][59]

Durch die Variation des einen Gedankens kommen hier drei unterschiedliche Sichtweisen auf die Verbindung von Alter und Tätigkeit zustande, die einander inhaltlich zwar nahestehen, insofern sie alle aus demselben Keim entsprungen sind, aber nicht identisch sind. Die Perspektiven sind je andere.

Bisweilen kann man auch das Gegenteil beobachten – wenn ein Notat durch Kürzung und Verdichtung an Prägnanz gewinnt.

Mit dem Nutritions=Geschäffte der Seele sieht es sehr betrübt aus, da giebt es Oefnungen genug Nahrung einzunehmen, aber da fehlt es an Gefäßen das Gute ab zu sondern, an Lungen ~~das b~~ und an den Gefäßen, ~~das schlechte wieder durch die~~ und hauptsächlich an primis viis, den unnützen Unrath dem großen Gantzen der Bücher welt wieder zuzuführen und wieder in den Kreislauf zu bringen. So etwas leisten die Systeme allerdings (NB Ernst). Die Muttermilch für den Leib macht die Natur, für den Geist wollen die Pädagogen sie machen (das obige kann gut ausgeführt werden [)].[60]

Daraus wird in den *Sudelbüchern*:

58 Georg Christoph Lichtenberg, Noctes, 4^v (Transkription S. 54).
59 Georg Christoph Lichtenberg, Schriften und Briefe, Bd. 2, S. 429.
60 Georg Christoph Lichtenberg, Noctes, 19^v (Transkription S. 73).

Mit dem Nutritionsgeschäft der Seele sieht es sehr betrübt aus: da gibt es Öffnungen genug, Nahrung einzunehmen, aber es fehlt an Gefäßen, das Gute abzusondern, und hauptsächlich primis viis, den unnützen Unrat dem großen Ganzen der Bücherwelt wieder zuzuführen, und in den Kreislauf zu bringen. [K 75].[61]

Entgegen der ursprünglichen Intention Lichtenbergs, den Gedanken weiter aus-zuführen, kommt es hier zu einer Konzentration. Die Idee, den geistigen Haushalt der Seele mit der physischen Nahrungsaufnahme zusammen zu denken, und den zirkulären Charakter zu betonen, trifft vielleicht ebenso Lichtenbergs eigenen Umgang mit Ideen und Büchern. Auch Lichtenberg wälzt seine Gedanken um. Es bleibt aber eben nicht bei dieser auf den ersten Blick rein geistigen Tätigkeit. Um zu verstehen, wie diese Notate entstehen, muss man auch noch materielle Kom-ponenten in den Blick nehmen, die sich in unterschiedlicher Art und Weise in den *Noctes* finden und die hier nur angerissen werden können. Einerseits ist es natürlich von Belang, dass hier fernab des Schreibpultes gearbeitet wurde – die blassen Eintragungen mit Bleistift waren keine freiwillige Entscheidung, sondern schlicht der Notwendigkeit geschuldet – mit Tinte, Federkiel und Streusand lässt sich zu Bett nur schlecht hantieren. Erst aus diesem Umstand heraus ergibt sich die erneute Sichtung und Konservierung des Geschriebenen mit Tinte.[62] Hier wurde das Verfahren der doppelten Buchführung relevant. Allein schon die äußeren Umstände machen eine mehrmalige Sichtung des Geschriebenen unum-gänglich – die späten Nachtgedanken erneut zu selektieren und gegebenenfalls in dauerhafteres Format zu übertragen ist dergestalt keine Fleißarbeit des Gelehr-ten, sondern unter ökonomischen Gesichtspunkten sinnvoll. Einen ganz anderen Bereich der Ökonomie betrifft das zur nächtlichen oder spätabendlichen Lektüre unentbehrliche Licht.[63] Wachskerzen hatten auch am Ende des 18. Jahrhunderts ihren Preis – die Lampen, die man mit Talg betrieb, waren günstiger, rochen allem Anschein nach aber abscheulich. Die Zeit nach Einbruch der Dunkelheit sollte also auch aus diesen Gründen in gewisser Weise effektiv genutzt werden – Lich-tenberg legt sich in seinen *Noctes* selbst darüber Rechenschaft ab. Er notierte – zumindest über einen gewissen Zeitraum hinweg – akribisch die Zeiten, in denen er auf künstliches Licht zurückgriff.[64] Ob es sich dabei um experimentelle Anord-

61 Georg Christoph Lichtenberg, Schriften und Briefe, Bd. 2, S. 412.
62 Georg Christoph Lichtenberg: Noctes, neben vielen anderen beispielsweise 2ᵛ und 3ʳ⁽ᵉᶜᵗᵒ⁾.
63 Siehe hierzu einleitend und mit mannigfachen Beispielen aus dem 18. Jahrhundert illus-triert Bruno Preisendörfer, Als Deutschland noch nicht Deutschland war. Reise in die Goe-thezeit, Berlin ²2015, S. 240–246.
64 Georg Christoph Lichtenberg, Noctes, S. 42 f.

nungen handelt – wie Ulrich Joost glaubt[65] – oder aber schlicht der Verbrauch der Leuchtmittel dokumentiert wurde, lässt sich nur schwer sagen. Die limitierenden Faktoren, oder vielleicht besser: die äußeren Determinanten spielen eine Rolle, wenn es darum geht, den Produktionsprozess und die Gestaltung der so dargelegten Inhalte verstehen zu wollen. Dieser alltagsmaterielle Aspekt literarischen Schaffens ist bisher in der Forschung weitestgehend unbeleuchtet.

4. Nocte pluit tota ...

Ich hoffe, es hat sich gezeigt, dass die Texttraditionen und Genrebestimmungen aus dem weiten Bereich der frühneuzeitlichen Gelehrtenkultur im 18. Jahrhundert keineswegs obsolet werden und vergleichsweise unvermittelt abreißen. Es handelt sich vielmehr um Transformationen und Umschreibungen, die sich unter veränderten Bedingungen anpassen, wie im Falle Lichtenbergs geschehen. Dass sich die Protagonisten dieser Traditionsumstände und genrespezifischen Gepflogenheiten bewusst sind, belegen die eindeutigen oder auch nur unterschwelligen Bezugnahmen auf kanonische Texte mit Vorbildfunktion. Auch in Lichtenbergs *Noctes* fehlt solch ein kurzer Hinweis nicht, der die Tätigkeit in Mußezeiten – mithin zur Nachtzeit – reflektiert.

Der im Titel zitierte Halbvers »Nocte pluit tota ...« findet sich in den *Noctes* Lichtenbergs.[66] Dieser Halbvers ist nur das erste Viertel eines Distichons, das man Vergil zugeschrieben hat: »Nocte pluit tota; redeunt spectacula mane: Divisum imperium cum Jove Caesar habet.« *Die ganze Nacht hat es geregnet, morgen kehren die Schauspiele wieder, / geteilte Herrschaft mit Jupiter hat der Kaiser.* Dieser Vers passt zu der Art von Literatur, die wir behelfsweise mit dem Begriff der Buntschriftstellerei verbinden: Insbesondere freilich mit solchen Schriften, die die Nacht oder die Nebenstunden schon im Titel tragen. Denn es ist fest verankert im Bewusstsein des Gelehrten, dass die Spiele am Morgen weitergehen werden, es wird wieder ernst werden, wenn man die Geschäfte erneut von Jupiter übernimmt. Vor dem Hintergrund dieser Tradition ist es klug, auch mit seiner Muße hauszuhalten und neben dem *negotium* immer auch auf eine sinnstiftende Tätigkeit *in otiis* zu achten, ohne dabei in Pedanterie zu verfallen. Dergestalt dürfte man auch vor dem Spott Heinrich Heines sicher sein.

---

65 Ebd., S. 110.
66 Georg Christoph Lichtenberg, Noctes, S. 13, dazu die Erläuterungen von Ulrich Joost S. 94.

JOCHEN BEDENK

ZWISCHEN PIKTURALITÄT UND POETOLOGIE

Anmerkungen zur Hogarth-Rezeption in E.T.A. Hoffmanns *Der goldne Topf*

I.

Die vorliegenden Überlegungen möchten einen neuen Blick auf den kunsthistorischen Kontext werfen, der E.T.A. Hoffmanns *Der goldne Topf* (1813) zugrunde liegt. Hierfür soll vor allem der Einfluss der Bildästhetik William Hogarths auf das »Wirklichkeitsmärchen« (Richard Benz) einer Neubewertung unterzogen werden, denn die Forschung zu diesem Thema stützt sich immer noch maßgeblich auf die vor drei Jahrzehnten publizierten Beiträge Günter Oesterles.[1] Dieser hatte sich in seinen Ausführungen jedoch vor allem auf den Nachweis einer Verbindung zwischen dem ästhetischen Konzept der *Line of Beauty and Grace* aus dem Kunsttraktat *Analysis of Beauty* (1752) und der Serpentina-Figur konzentriert. Ob sich darüber hinaus ein Zusammenhang zwischen dem *Goldnen Topf* und beiden Seiten des Hogarthischen Œuvres, nämlich sowohl dem Ästhetik-Traktat als auch den Kupferstichen, nachweisen ließ, blieb jedoch offen.

Ein wesentlicher Grund dafür liegt sicherlich darin, dass Hogarths Werk von der literaturwissenschaftlichen Forschung nur selten unmittelbar rezipiert

---

1 Vgl. Günter Oesterle, Der goldne Topf, in: Erzählungen und Interpretationen des 19. Jahrhunderts Bd. 1, Stuttgart 1988, S. 181–220; ders., Arabeske, Schrift und Poesie in E.T.A. Hoffmanns Kunstmärchen »Der goldne Topf«, in: Athenäum. Jahrbuch für Romantik, Bd. 1, hg. von Ernst Behler, Alexander von Bormann, Jochen Hörisch und Günter Oesterle, Paderborn 1991, S. 69–107. – Zur Intermedialität bei Hoffmann (in der Abgrenzung zu Callot): Olaf Schmidt, »Callots fantastisch karikierte Blätter«: Intermediale Inszenierungen und romantische Kunsttheorie im Werk E.T.A. Hoffmanns, Leipzig 2003; Ricarda Schmidt, Wenn mehrere Künste im Spiel sind: Intermedialität bei E.T.A. Hoffmann, Göttingen 2006; Ralf Simon, Tür und Bild. E.T.A. Hoffmanns Ikononarration, in: Figur, Figura, Figuration, hg. von Daniel Müller-Nielaba, Yves Schumacher und Christoph Steier, Würzburg 2011, S. 123–138. – Auf die Bezüge zwischen dem *Goldnen Topf* und Hogarth rekurriert in jüngster Zeit die feministische Lektüre Eva Blomes: Serpentina und Chelion. Metamorphes Erzählen in E.T.A. Hoffmanns *Der goldene Topf* und Adalbert Stifters *Die Narrenburg*, in: DVjs 89 (2015), H.3, S. 404–421.

wurde, sondern sich vielmehr auf Lichtenbergs *Erklärung der Hogarthischen Kupferstiche* richtete. Lichtenberg interessierte sich jedoch nicht für die bildästhetischen Dimensionen von Hogarths Kunst. Er wollte eine Ekphrasis betreiben, die ihren Fokus vor allem auf die Narrativität der Stiche legte. Seine satirische Beschreibung der Blätter mit ihrem wohlwollenden und gewitzten Duktus ließ die dort abgebildeten Figuren und Geschichten lebendig und greifbar erscheinen, sparte aber die vielen Bezugnahmen der Bilder auf die kunsthistorische Tradition aus. Dies wirkt bis heute nach. Immer noch betrachtet die Literaturwissenschaft (im Gegensatz zur Kunstwissenschaft) Hogarth als originellen Satiriker, der sich als Sozialkritiker und moralischer Mahner hervortat, sich aber nicht mit italienischen und französischen Malern des 18. Jahrhunderts wie Tiepolo, Canaletto oder Poussin messen konnte. Eine eigenständige substantielle Bildästhetik traute man Hogarth nicht zu.

Noch im 2015 erschienenen Hoffmann-Handbuch kommt Bettina Brandl-Risi zu dem Schluss, dass Hogarth – im Gegensatz zu Jacques Callot und Salvator Rosa – »die Transformationen des Bildhaften ins Erzählerische nicht [hat] vorprägen können.«[2] Diese dezidierte Meinung lässt sich neben der geringen Würdigung von Hogarths künstlerischer Bedeutung auch dadurch erklären, dass Hoffmann selbst den ursprünglich geplanten Titel seiner Sammlung von Erzählungen geändert hatte. Dieser hatte zuerst »Bilder nach Hogarth« gelautet, wurde dann aber zu *Fantasiestücke in Callot's Manier. Blätter aus dem Tagebuche eines reisenden Enthusiasten* umgeschrieben. Der Entschluss, sich statt auf Hogarth auf Callot zu stützen, wurde Hoffmanns Bamberger Verleger Kunz zufolge damit begründet, dass »nicht alle Aufsätze den Titel rechtfertig[ten].«[3] In der Forschung wurde zudem darauf verwiesen, dass Hoffmann nicht in die Nähe des von ihm verehrten Lichtenberg gerückt werden wollte und dass mit den Romanen Fieldings bereits eine literarische Umsetzung von Hogarths Bildern existierte.[4] Auch hätte die starke Einbindung von Hogarths Werk in den Londoner Kontext und sein moralisch–pädagogisches Sendungsbewusstsein einer »interesselosen Kunst« der Romantik widersprochen.[5]

---

2   Bettina Brandl-Risi, Bild/Gemälde/Zeichnung, in: E.T.A. Hoffmann Handbuch. Leben – Werk – Wirkung, hg. von Christine Lubkoll und Harald Neumeyer, Stuttgart 2015, S. 356–362, S. 356.

3   Vgl. E.T.A. Hoffmann in Aufzeichnungen seiner Freunde und Bekannten. Sammlung von Friedrich Schnapp, hg. von Friedrich Schnapp, München 1974, S. 224.

4   Gerhart Baumann, Dichtung und Bildende Kunst. Begegnungen – widerspenstige Entsprechungen, in: ders., Umwege und Erinnerungen. München 1984, S. 135–188, S. 160; vgl. Olaf Schmidt, »Callots fantastisch karikierte Blätter«, S. 94.

5   Vgl. Olaf Schmidt: »Callots fantastisch karikierte Blätter«, S. 94. Oesterle begründet den Wechsel von Hogarth zu Callot mit dem Wechsel der »Didaxe [der Aufklärung, JB] zur in-

Bei genauerer Betrachtung des Callot-Aufsatzes, den Hoffmann den *Fantasiestücken* zur Legitimation vorangestellt hatte, kommen jedoch Zweifel auf, ob Hogarth mit der Streichung aus dem Untertitel auch für den ästhetischen Begründungsrahmen keine Rolle mehr spielte. Das in der Skizze zu Callot skizzierte antiklassizistische Programm, das Aspekte wie Heterogenität als Kompositionsprinzip, die Forderung nach einer rezeptionsästhetischen Einbeziehung des Lesers bzw. Bildbetrachters in die Sinnkonstitution sowie die Forderung nach einer multiplen Fokalisierung als zentralem ästhetischen Strukturmerkmal beinhaltete, lässt sich keineswegs nur mit Callot legitimieren. Letztlich stützte sich Hoffmann bei der Begründung seiner ästhetischen Positionierungen im Callot-Aufsatz vor allem auf zwei Radierungen Callots, und zwar *La Tentation de Saint Antoine (1635)* und *La Foire de Gondreville (1625)*.[6] Ein wesentliches Charakteristikum von Callots Werken, insbesondere der beiden genannten Drucke, würde Hoffmann zufolge darin bestehen, dass »in einem kleinen Raum eine Fülle von Gegenständen [zusammengedrängt seien], ohne den Blick zu verwirren, neben einander, ja ineinander heraus[träten], sodass das Einzelne als Einzelnes für sich bestehend, doch dem Ganzen sich einreih[e].«[7] Man könnte diese Einschätzung noch mit Detlef Kremers Überlegung präzisieren, dass es ein Kennzeichen von Callots Bildern sei, durch kleine Details Minimalverschiebungen zu bewirken, die »einerseits die herkömmliche Wahrnehmung irritieren, andererseits die jeweils gegenteilige Sphäre als gleichsam naturgemäßen Bestandteil des dominanten Bereichs erscheinen lassen.«[8] Diese spezifische Form der Nuancierung von Sinnkonstitution, die darauf angelegt ist, Ambiguitäten zu generieren, lässt sich jedoch eher als Gemeinsamkeit denn als Unterschied zwischen Callots und Hogarths Kupferstichen begreifen, so sehr sich die historischen und kulturellen Kontexte auch unterscheiden. In mancher Hinsicht erscheinen die Namen Hogarth und Callot sogar austauschbar. So hat Olaf Schmidt darauf verwiesen, dass es für Hoffmann im Callot-Aufsatz offenbar kein Problem darstellte, Lichtenbergs auf Hogarth gemünzte Passagen aus der *Erklärung der Hogarthischen Kup-*

---

teresselosen Kunst« der Romantik. Damit übernimmt er den Begründungszusammenhang aus Jean Pauls und von Hoffmann wenig geschätztem Vorwort zu den *Fantasiestücken*. Vgl. Günter Oesterle, E.T.A. Hoffmann: Des Vetters Eckfenster. Zur Historisierung ästhetischer Wahrnehmung oder Der kalkulierte romantische Rückgriff auf Sehmuster der Aufklärung, in: Der Deutschunterricht 39 (1987), S. 84–110, S. 106.

6   Vgl. Hartmut Steinecke, Stellen-Kommentar, in: E.T.A. Hoffmann. Sämtliche Werke in sechs Bänden, Fantasiestücke in Callot's Manier, Werke 1814, Bd. 2.1., hg. von Hartmut Steinecke und Wulf Segebrecht, Frankfurt a.M. 1993, S. 607.

7   Ebd., S. 17.

8   Vgl. E.T.A. Hoffmann. Leben – Werk – Wirkung, hg. von Detlef Kremer, Berlin und New York 2009, S. 92.

ferstiche zu zitieren und sie ohne Kenntlichmachung ihrer Provenienz auf Callot zu übertragen.[9]

Eine vollständige Adaption von bestehenden Kunstkonzepten entsprach ohnehin nicht Hoffmanns Vorgehensweise. Vielmehr bildete der eklektizistische Umgang mit Werken der bildenden Kunst, wenn sie sich für die romantische Poesie als anschlussfähig erwiesen, ein zentrales Merkmal seiner Poetologie. Hierbei verfolgte er drei Strategien. Einerseits integrierte Hoffmann ein Bildmedium in den Text, indem er zum Beispiel seine Vor-Bilder explizit machte und sie dem Leser vor Augen stellte. Rezeptionsästhetisch gesehen erweiterte er damit den Assoziationsrahmen der Erzählung (Prosopopoiie). Eine zweite Strategie bestand darin, dass er konkrete Bilder als Vorlage nahm und die dargestellten Situationen zu Geschichten auserzählte (Hypotypose).[10] Dafür gibt es einige besonders herausragende bimediale Beispiele wie Callots *Balli di Sfessania* als Vorlage für das Capriccio *Prinzessin Brambilla* oder Karl Wilhelm Kolbes d. J. *Doge und Dogaresse* (1816) für die gleichnamige Erzählung. Eine dritte Vorgehensweise bestand darin, in seinen Texten programmatische Strukturen der bildenden Kunst zu imitieren und deren gestalterische Konzepte auf seine Poetologie zu übertragen (Callot's Manier). Gemeint sind damit die Spiegelung von Erzählsituationen in Bild und Text, die Transposition von szenischen Konfigurationen, das Spiel mit Allusionen oder die Imitation von Bildeffekten wie Verräumlichung und Verzerrung (Anamorphose), durch die Hoffmann sein erzählerisches Spektrum erweitern und variieren konnte.[11]

II.

In seinen *Ausführlichen Erklärungen der Hogarthischen Kupferstiche*, die Georg Christoph Lichtenberg seit 1785 in regelmäßiger Abfolge im Göttinger Taschenkalender veröffentlichte, findet sich auch eine knappe Besprechung von Hogarths legendärem Blatt *Der Mitternachts-Club gemeiniglich die Punsch-Gesellschaft* (orig. *A Midnight Modern Conversation*) von 1732 (s. Abb. 1). Lichtenberg macht gleich zu Beginn darauf aufmerksam, dass »das vortreffliche Blatt [...] wohl dasjenige unter Hogarths Werken [sei], das am meisten in Deutschland bekannt

---

9 Vgl. Olaf Schmidt, »Callots fantastisch karikierte Blätter«, S. 108.
10 Vgl. Stephan Reher, Leuchtende Finsternis. Erzählen in Callots Manier, Köln, Weimar und Wien 1997, S. 60.
11 Vgl. Hartmut Steinecke, Der goldne Topf. Gattung – Struktur – Aspekte der Deutung, in: E.T.A. Hoffmann. Sämtliche Werke in sechs Bänden, S. 745–796, S. 775; Claudia Stockinger: Die Manier Callots, in: Hoffmann. Leben – Werk – Wirkung, hg. von Detlef Kremer Berlin und New York 2009, S. 89–91, S. 90 f.; vgl. Olaf Schmidt, »Callots fantastisch karikierte Blätter«, S. 168.

Abb. 1: William Hogarth: *A Midnight Modern Conversation, 1732*

geworden ist«.[12] Man erkenne die weite Verbreitung des Stichs bereits daran, dass er ohne zusätzliche Erklärung von fahrenden Schaustellern mit »den bekannten herumziehenden Wachsfiguren« nachgestellt werden konnte.[13] Auch bestehe eine Qualität des Kupferstichs darin, dass »der Inhalt so sehr verständlich [sei]«.[14]

Es bedarf in der Tat keiner größeren Fantasie, sich den desolaten Zustand einer bürgerlichen Abendgesellschaft nach einer durchzechten Nacht im Kaffeehaus zu vergegenwärtigen.[15] Bereits die Standuhr verweist auf die aus den Fugen

---

12   Lichtenbergs Hogarth. Die Kalender-Erklärungen von Georg Christoph Lichtenberg mit den Nachstichen von Ernst Ludwig Riepenhausen zu den Kupferstich-Tafeln von William Hogarth, hg. von Wolfgang Promies, München 1999, S. 89 f.

13   Ebd. Im Covent Garden-Theater wurde 1742 sogar ein nach der *Midnight Modern Conversation* verfasstes Theaterstück aufgeführt, das im Gentlemen's Magazine Nr. 53 (1), S. 171 besprochen wurde. Vgl. Vic Gatrell, The First Bohemians: Life and Art in London's Golden Age, London 2013, S. 249.

14   Vgl. Wolfgang Promies, Lichtenbergs Hogarth, S. 89.

15   Vgl. Ronald Paulson, Hogarth's Graphic Works, New Haven 1970, Bd. 1, Catalogue Number 128, S. 151 f.; Thomas Cook, Hogarth Restored. The Whole Works of the Celebrated William Hogarth, London 1808, S. 73.

geratene Ordnung. Während nämlich der Stundenzeiger halb vier Uhr morgens indiziert, verharrt der Minutenzeiger noch auf der ganzen Stunde. Davon, was die Stunde geschlagen hat, legen auch die stattliche Zahl geleerter Weinflaschen oder der überlaufende Nachttopf am rechten unteren Bildrand ein beredtes Zeugnis ab.

Die einzelnen Figuren erscheinen auf den ersten Blick Typisierungen von verschiedenen Zuständen des Alkoholexzesses. Hogarth selbst hatte in der nachträglich angefügten Bildunterschrift darauf verwiesen, dass sein Bild das Laster kritisiere, aber keine konkreten Personen zeige.[16] Dies ist jedoch nicht ganz glaubhaft. Zu Beginn seiner Künstlerkarriere hatte sich Hogarth als Porträtmaler verdingt und Persönlichkeiten wie der vom Stuhl gefallene legendäre Preisboxer James Figg, der vom königlichen Hofmedicus Ranby mit Wein »kuriert« wird, waren für Londoner Betrachter des Kupferstiches leicht zu identifizieren. Als Londoner Original kann sicherlich der Geistliche mit dem Schöpflöffel in der Bildmitte angesehen werden. Porträtiert ist der weinselige Priester der Clare-Market-Gemeinde, John Henley, über den Hogarth sich bereits im Kupferstich *Orator Henley christening a child* (1729), einer satirischen Darstellung einer missglückten Taufe, lustig gemacht hatte.[17] Alexander Pope hatte Henley in der *Dunciade* einen »Zany of the age«[18] genannt. So kommt es nicht von ungefähr, dass er von Bacchus in Gestalt des Tabakhändlers John Harrison, der zu einem seiner berüchtigten Trinklieder anhebt[19], symbolisch mit einer zweiten Perücke zum König des Zechgelages gekrönt wird. Neben Harrison sitzt der verschlagen dreinblickende Anwalt und Kneipencicero Kettelby, der wegen seines aufbrausenden und jähzornigen Charakters im nüchternen Zustand kaum ansprechbar war. Offenbar ergreift ein recht elend aussehender Mann, der – wie Lichtenberg spekuliert – wohl »ein Poetaster, Criticaster, Zollbediente[r] oder Spitzbu[b]« ist, die Gelegenheit, ihm ein Anliegen vorzutragen.[20] Als letzte identifizierbare Figur ist noch der mürrisch blickende, gehörlose Buchbinder und Kneipenbesitzer Chandler mit dem auffälligen Turban, einer Nachtmütze, zu nennen.[21] Er blickt den Betrachter mit halbgeschlossenen Augen an. An seinem Finger trägt er wie Henley einen Korkenzieher, der auch als

---

16 Dort heißt es: »Think not to find one meant resemblance here;/ We lash the vices, but the persons spare.«, ebd., S. 71.

17 Ronald Paulson, Hogarth's Graphic Works, S. 151 f.

18 Thomas Clerk: The Works of William Hogarth, including the Analysis of Beauty elucidated by descriptions, critical, moral, and historical; founded on the most Approved Authorities, to which is prefixed some account of his life, London 1837, S. 154.

19 Vgl. The Gentlemen's Magazine and Historical Chronicle Nr. 59, (1786), Bd. I, S. 300; Hogarth stellte für Harrison auch Tabakwerbung her.

20 Wolfgang Promies, Lichtenbergs Hogarth, S. 91.

21 Zu Chandler: Vic Gatrell, The First Bohemians: Life and Art in London's Golden Age, 278; Mit Chandler arbeitete Hogarth bei Buchillustrationen zusammen.

Pfeifenstopfer benutzt werden kann und ein Sinnbild für alle Laster ist, denen sich die Punschgesellschaft hingibt. Unklar ist hingegen, um wen es sich beim Juristen und Politiker am rechten Bildrand, der sich versehentlich statt einer Pfeife seine Armkrause anzündet, handelt. Dargestellt ist ein in doppelter Wortbedeutung zu interpretierender »kurzsichtiger« Politiker, der viel später noch einmal im Stich *The Politician* (ca. 1750) zu sehen ist, wo er in die Lektüre vertieft versehentlich seinen Hut mit einer Kerze versengt.[22]

Man wird jedoch der komplexen Ikonografie von Hogarths Kupferstich nicht gerecht, wollte man ihn ausschließlich auf seine satirische Kritik an den Trinkgelagen der Londoner Bourgeoisie zurückführen. Hogarths kunsthistorische Bedeutung zeigt sich gerade in seinem ästhetischen Experimentieren und dem Spiel mit den Bildzitaten, den sogenannten »borrowings«.[23] So basiert auch das Bildkonzept der *Punschgesellschaft* auf Vorbildern dreier verschiedener ikonografischer Traditionen. Zunächst wären hier motivgeschichtlich die Darstellungen von olympischen Festen (meist als Hochzeit von Peleus und Thetis oder von Cupido und Psyche), Bacchanalen und Triumphzügen von Dionysos und Silenos in der barocken Historienmalerei zu nennen. Hogarth wollte sich explizit von einer solchen auf dem Londoner Kunstmarkt stark nachgefragten und akademisch propagierten Malerei distanzieren. Deshalb suchte er seine »borrowings« für die *Punschgesellschaft* nicht in der Historienmalerei, sondern in der damals schon aus der Mode gekommenen flämischen und niederländischen Genremalerei.

Vor-Bilder für das niedere Sujet einer bürgerlichen Trinkgesellschaft fand er dabei vor allem in Werken des Höllenbreughels (*Bauernhochzeit*, 1630), Jan Steens (*Wie die Alten sungen, so zwitschern es die Jungen*, 1665) oder üppigen Trunkenheitsdarstellungen wie Jakob Jordaens *Fest des Bohnenkönigs* (1640) (Abb. 2)[24], das in der *Modern Midnight Conversation* (Abb. 3) über das Borrowing des (neben Henley sitzenden) vomitierenden Zechgenossen zitiert wird.

Im Vergleich zu den Niederländern, denen er vorwarf, jedes ernste Thema auf eine Banalität zu reduzieren, blieb Hogarth in seiner Anfangszeit als selbstständiger Künstler jedoch in der Komposition seiner Bilder zurückhaltender. Dies lag auch daran, dass er sich trotz der niederen Sujets in seiner Ästhetik eher auf die französische Rokokomalerei als auf die Niederländer bezog. So gesehen ist es verständlich, dass sich die konkrete Figurenkonstellation der *Midnight Modern*

---

22 Die Figur liest politisch konträre Zeitungen, nämlich das Regierungsblatt »London Journal«, aber auch den oppositionellen »The Craftsman«. Vgl. Ronald Paulson, Hogarth's Graphic Works, S. 152.

23 Vgl. Frederick Antal, Hogarth und seine Stellung in der europäischen Kunst, Dresden 1966, S. 170.

24 Ebd., S. 180; Hogarth kannte das Gemälde wohl als Nachstich von Paulus Pontius (um 1650).

Abb. 2 (groß): Jakob Jordaens Das Fest des Bohnenkönigs, 1640;
Abb. 3 (links oben) Ausschnitt Hogarth: Modern Midnight Conversation, 1732;
Abb. 4 (links unten) Ausschnitt: Jordaens: Fest des Bohnenkönigs, 1640

Abb. 5: Aegidius Sadeler nach Jacopo Tintoretto: *Das letzte Abendmahl*, 1604
(Gemälde von 1556–58)

Conversation wohl auf eine dritte Bildtradition zurückführen lässt: die Hochzeit zu Kanaa- und Abendmahlszenen des italienischen Manierismus und der Spätrenaissance.

Anzuführen wären hier Bildkonzepte wie Da Vincis *Abendmahl* (1498) oder Veroneses *Hochzeit zu Kanaa*, die für seinen späten Stich *An Election entertainment* (1755) nachweislich als Vorbilder dienten.[25] Wegen seiner legendären Figurendynamik und Zitate wie dem umgefallenen Stuhl kann auch Jacopo Tintorettos Ölgemälde *Das letzte Abendmahl* (1556–58) aus der Kirche San Trovaso in Venedig angeführt werden. Hogarth kannte das Bild wohl durch den weit verbreiteten Kupferstich von Aegidius Sadeler (1604) (Abb. 5).[26]

Der Rekurs auf diese Bildtraditionen erweitert das Verständnis für die Komposition der *Punschgesellschaft*. So wird beim Blick auf die Figurenkonstellation deutlich, dass in Hogarths Bild die zentrale Position nicht von einer Christusfigur, sondern ironischerweise von der übergroßen Bowlenschüssel eingenommen wird.[27] Um diese gruppiert sich dann das zwielichtige Trio Henley, Harrison und Kettelby. Das Spiel mit der Tradition setzt sich auch bei der Darstellung des vom Stuhl gefallenen Preisboxers fort, dessen Pose offenbar ein Zitat aus Domenichinos *Der Weg zum Kalvarienberg* (1610) ist. Hogarth lässt ihn auf Weinflaschen und Zitronen als Ingredienzen des Punsches zeigen. Damit weist er auf die Ursache für den Sturz hin; gleichzeitig zitiert Hogarth aber auch die Barocksymbolik, wie sie zum Beispiel in Steens *Wie die Alten sungen* betitelter berühmter Darstellung einer Taufgesellschaft manifest wird. Ähnlich wie die alte Frau in Steens Bild lässt Hogarth mit dem Boxer eine Figur auf eine halbgeschälte Zitrone verweisen. Zitronen sind in der Ikonografie des Barocks einerseits ein Symbol der Mäßigung, andererseits standen sie wegen des Widerspruchs von äußerem Anschein und saurem Inhalt auch für Vergänglichkeit und dadurch – als Attribut des Christuskinds – für die Überwindung der Zeitlichkeit in der Auferstehung.

Die Überblendung und Überlagerung von verschiedenen Bildtraditionen und Symbolen, die sich nicht mehr voneinander separieren lassen, sind der Kern von Hogarths »borrowing«-Ästhetik. Man könnte sagen, dass Hogarth seinen künstlerischen Anspruch auch dadurch akzentuierte, dass er durch die Borrowings immer auch den Konstruktionscharakter seiner Bilder erkennbar machte. Spätestens seit Beginn der 1730er Jahre verfolgte er damit das Ziel, seine Dar-

---

25 Werner Busch, Great wits jump. Laurence Sterne und die bildende Kunst. Paderborn 2011, S. 130–136.

26 Zu Hogarth und Da Vinci: Edgar Wind, »Borrowed Attitudes« in Reynolds and Hogarth, in: Journal of the Warburg Institute, 2 (1938), H. 2, S. 182–185.

27 Zur Bowlenschüssel: Karen Harvey, Ritual Encounters: Punch Parties and Masculinity in the Eighteenth Century, in: Past & Present 214 (2012), H. 1, S. 165–203, S. 184 f.

stellungen von sogenannten niederen Sujets auf dem Kunstmarkt zu etablieren, sodass sie zu ähnlichen Preisen gehandelt werden konnten wie die Werke der gefragten barocken Historienmalerei. Vor allem gegen die Übersättigung durch Nachahmungen, Kopien und Fälschungen mit den immer gleichen nichtssagenden Darstellungen des Hl. Andreas, von Apoll und Marsyas oder des Raubes der Europa zog Hogarth in den Kampf. In einem Eintrittsbillet zu einer Auktion seiner Gemälde, die Hogarth mit *The Battle of the pictures* (1745) überschrieb, lässt er seine Werke gegen die Festlandskunst antreten. Während Hogarths Bilder in der erdnahen Region noch von den Alten Meistern aufgeschlitzt werden, behaupten sich in der Himmelsregion die Orgienszene aus dem *Rake's Progress (Plate III)* und die *Midnight Modern Conversation* gegenüber der Konkurrenz vom europäischen Festland. Werner Busch hat darauf hingewiesen, dass Hogarth mit dem Sieg der *Punschgesellschaft* über den barocken Bacchantenzug auch einen Paradigmenwechsel inszenierte. Während Figuren wie der sich mühsam auf dem Esel haltende Silenos des Historienbildes immerwährende Sinnesfreude und Rauschhaftigkeit repräsentierten, seien Hogarths Figuren nicht auf Zeitlosigkeit angelegt, sondern lebten wie die Zecher der *Midnight Modern Conversation* im Hier und Jetzt. Eben darin zeige sich der Bruch mit der traditionellen Bildsprache, die zwar in ihrer Qualität gewürdigt wurde, aber nur noch als Zitat rezipierbar war, weil sie ihre Verbindlichkeit im Hinblick auf ihr ikonografisches Inventar verloren hat. Mythologie und Religion als Instanzen der Sinngebung werden durch Individualisierung und Subjektivität (auch in der Rezeption), realistische Ambiguität und einen (in Hogarths späterem Schaffen erodierenden) pädagogischen Anspruch, die Menschen mit Hilfe von Kunst zu moralisieren, substituiert.[28]

III.

Die Faszination, die Hogarth gerade im Deutschland des 18. und 19. Jahrhunderts ausübte, lässt sich leicht erklären. Vor allem mit den Transfers niederer Sujets auf bürgerliche Kontexte brachen Hogarths Kupferstiche ein Tabu, mit dem die Genrebilder des niederländischen Goldenen Zeitalters noch behaftet waren. Denn diese mussten im Gegensatz zu Hogarths Darstellungen noch im Bäuerlichen oder in den städtischen Unterschichten angesiedelt sein, um eine klare

---

28   Werner Busch: Die Hogarth-Rezeption im 18. Jahrhundert und der heutige Forschungsstand, in: Marriage a-la-mode: Hogarth und seine deutschen Bewunderer, hg. von Martina Dillmann und Claude Keisch, Berlin 1998, S. 70; ders.: Lektüreprobleme bei Hogarth: Zur Mehrdeutigkeit realistischer Kunst, in: Hogarth in Context: Ten Essays and a Bibliography, hg. von Joachim Möller, Marburg 1996, S. 17–35, S. 35.

Abb. 6: Punschterrine (Porzellan), Meißen 1750–1760, Sammlung des Rijksmuseums Amsterdam

Abgrenzung zu den Milieus ihrer Auftraggeber zu schaffen.[29] Im 18. Jahrhundert hatte das Bürgertum jedoch an Selbstbewusstsein gewonnen und die offene Auseinandersetzung mit den eigenen gesellschaftlichen Positionierungen bildete sich nicht nur im aufkommenden bürgerlichen Trauerspiel, sondern auch in der Zuwendung zu einer an den sozialen Realitäten des Bürgerlichen geschulten bildenden Kunst ab. An die Wände der Bürgerstuben hängte man die als zu explizit empfundenen Drucke Hogarths dennoch nicht. Gesellschaftsbilder wie die *Punschgesellschaft* fanden aber über den Umweg der Porzellanmalerei doch noch Eingang in die bürgerlichen Salons. Schon zu Hogarths Lebzeiten und dann bis weit ins 19. Jahrhundert hinein hatten die Manufaktur in Meißen (vgl. Abb. 6) wie auch deren Konkurrenten in Berlin, Breslau oder Frankfurt-Hoechst prunkvolle Punschterrinen im Programm, auf denen die *Midnight Modern Conversation* und weitere bekannte Stiche Hogarths, meist von einer Zitrone oder einem Bacchus als Deckelfigur gekrönt, abgebildet waren.[30]

Es wäre jedoch falsch, anzunehmen, dass sich die Hogarth-Rezeption in Deutschland jenseits von Lichtenbergs *Erklärungen* nur auf die von diesem

---

29 Steen ist der erste, der sich bereits an das niedere Bürgertum heranwagt. Vgl. Frederick Antal, Hogarth und seine Stellung in der europäischen Kunst, S. 175.

30 Lars Tharp, Hogarth's China: Hogarth's Paintings and Eighteenth-Century Ceramics, London 1997.

erwähnten Jahrmarktsfiguren oder Prunkterrinen beschränkte. Vielmehr lässt sich nachweisen, dass neben der weiten Verbreitung von Hogarths Kupferstichen spätestens mit der Übersetzung und Kommentierung seines Kunsttraktats *Analysis of Beauty* (1753) durch Lessings Cousin Christlob Mylius (1754) eine komplexe Auseinandersetzung mit dessen Ästhetik stattfand. Lange blieb in der Forschung unbemerkt, dass sie für die Entwicklung antiklassizistischer Kunstkonzepte eine bedeutende Rolle spielte. Dies trifft nicht zuletzt auf das Feld der Literatur zu, innerhalb dessen sich eine lange Traditionslinie der Hogarth-Rezeption von Lessing und Klopstock über Schiller und Herder bis in die Romantik dokumentieren lässt.[31] Die Spannbreite reichte dabei von Nacherzählungen Hogarthischer Bildserien[32] zu »literarischem Pikturalismus« (Gillespie),[33] zum Beispiel in Form der literarischen Zitation von Hogarths *Rake in Bedlam* in Bonaventuras *Nachtwachen*, oder (angeblich) nach der Manier Hogarths verfasster erotischer Literatur.[34] Somit fügt sich Hoffmann in eine lange Tradition der Hogarth-Rezeption ein, wenn er eine Schlüsselszene seines legendären »Märchens« *Der goldne Topf* nach der *Midnight Modern Conversation* modelliert.[35]

Das in der *Neunten Vigilie* geschilderte Ereignis beginnt mit einer alltäglichen Situation. Die Hauptfigur der Erzählung, der Student Anselmus,[36] wird von einem Freund, dem Konrektor Paulmann, an einem kühlen Oktobervormittag in der Nähe von dessen Haus in Dresdens Pirnaer Vorstadt angetroffen. Beide kommen ins Gespräch und Paulmann lädt den verstört wirkenden Anselmus, der noch ganz unter dem Eindruck seiner träumerischen Begegnung mit der verführerischen Schlange Serpentina steht, zu sich nach Hause ein. Dort gesellen sich Fränzchen und Veronika, die Töchter Paulmanns, zu den beiden. Veronika ist Anselmus bei einer Kahnfahrt begegnet und hat sich ihn verliebt. Sie träumt

---

31 Vgl. Jochen Bedenk, Verwicklungen. William Hogarth und die deutsche Literatur des 18. Jahrhunderts (Lessing, Herder, Schiller, Jean Paul), Würzburg 2004.

32 Vgl. Christoph Friedrich Bretzner, Das Leben eines Lüderlichen: ein moralisch-satyrisches Gemälde nach Chodowiecki und Hogarth, 3 Bde., Leipzig 1787. – Bretzner versuchte sich noch an weiteren Umsetzungen von Hogarths *Modern Moral Subjects*, z. B. auch an *Marriage à la mode*. Vgl. ders., Liebe nach der Mode, oder, Der Eheprokurator: ein Lustspiel in fünf Akten. Leipzig 1784.

33 Vgl.: Gerald Gillespie, Night-Piece and Tail-Piece: Bonaventura's Relation to Hogarth, in: Arcadia 8 (1973), H. 3, S. 284–295.

34 Vgl. Johann Christoph Kaffka (eigentl. Johann Christoph Engelmann), Hogarth'sche Studien für Unerfahrne, Lüsterne und Kenner. Aus dem Portefeuille eines Veteranen, Riga 1805.

35 Vgl. Linde Katritzky, Punschgesellschaft und Gemüsemarkt in Lichtenbergs Hogarth-Kommentaren und bei E.T.A. Hoffmann 1987/155, in: Jahrbuch der Jean-Paul-Gesellschaft 22 (1987), S. 155–171; Jörn Steigerwald, Die fantastische Bildlichkeit der Stadt, Zur Begründung der literarischen Fantastik im Werk E.T.A. Hoffmanns. Würzburg 2001, S. 305–307.

36 Am Anselmus-Tag, dem 21.4.1813, reiste Hoffmann aus Bamberg ab.

von sozialem Aufstieg und einer gemeinsamen Zukunft mit dem jungen Mann. Auch ein weiterer Freund, der schon etwas gesetztere Registrator Heerbrand, der eigene Heiratspläne mit Veronika hegt, ist zugegen. Während seines Aufenthalts im Hause Paulmann, der sich vom Vormittag bis tief in die Nacht erstreckt, gerät Anselmus gleich zweimal in prekäre Situationen, in denen er nicht mehr Herr seiner selbst ist. Einmal bildet ein zufälliger Blick in den Metallspiegel von Veronikas Nähkästchen, der zuvor von der Rauerin verzaubert wurde, den Auslöser für die plötzliche Wandlung.

> Veronika schlich sich leise hinter ihn, legte die Hand auf seinen Arm und schaute fest an ihn schmiegend, ihm über die Schulter auch in den Spiegel. Da war es dem Anselmus, als beginne ein Kampf in seinem Innern – Gedanken – Bilder – blitzten hervor und vergingen wieder – der Archivarius Lindhorst – Serpentina – die grüne Schlange – endlich wurde es ruhiger und alles Verworrene fügte und gestaltete sich zum deutlichen Bewusstsein. Ihm wurde nun klar, dass er nur beständig an Veronika gedacht [...] (GT 295)[37]

Anselmus' Entäußerung, die sich in der Überlagerung von Bildern und Gedanken manifestiert, wird bei diesem ersten Mal durch die Einrahmung im Spiegel, aus dem Anselmus und die »sich fest an ihn schmiegend[e]« Veronika als bürgerliches Paar blicken, vollständig gebändigt. Für seine Exaltiertheit macht er deshalb ausschließlich seine Liebe zu Veronika verantwortlich. Bald sind aber auch die letzten Zweifel beseitigt: »»Ja, Ja! – es ist Veronika!‹, rief er laut, aber indem er den Kopf umwandte, schaute er gerade in Veronikas blaue Augen hinein, in denen Liebe und Sehnsucht strahlten (GT 296).«

Diese bürgerliche Lösung erweist sich jedoch als trügerisch. Der Aufenthalt im Hause Paulmann zieht sich immer weiter in die Länge und die vermeintliche »Befreiung von den phantastischen Einbildungen« (GT 297) schlägt ein weiteres Mal in Wahn und Exzess um, als Anselmus mit Veronika und den beiden Freunden heftig einem aus »Arrak, Zitronen und Zucker« bestehenden Punsch zuspricht.

> Aber sowie dem Studenten Anselmus der Geist des Getränks zu Kopfe stieg, kamen auch alle Bilder des Wunderbaren, Seltsamen, was er in kurzer Zeit erlebt, wieder zurück. – Er sah den Archivarius Lindhorst in seinem

---

37 Vgl. Hartmut Steinecke, Stellen-Kommentar, in: Hoffmann, Sämtliche Werke in sechs Bänden, Bd. 2.1., hg. von Hartmut Steinecke und Wulf Segebrecht, Frankfurt a. M. 1993, S. 607. Im Folgenden zitiert: GT: E.T.A. Hoffmann, Der goldne Topf, in: ders., Sämtliche Werke in sechs Bänden, Fantasiestücke in Callot's Manier. Werke 1814, Bd. 2.1., hg. von Hartmut Steinecke, Frankfurt a.M. 1993.

damastnen Schlafrock, der wie Phosphor erglänzte – er sah das azurblaue Zimmer, die goldnen Palmbäume, ja, es wurde ihm wieder so zumute, als müsse er doch an die Serpentina glauben – es brauste, es gärte in seinem Inneren. (*GT* 297)

Anselmus vermag es seiner inneren Unruhe nicht mehr zu entfliehen. Die Rettung in Form eines Rückzugs in die bürgerliche Identität scheitert, weil ihn der »Wahnsinn des innern Entsetzens« (*GT* 297) erfasst und die spießige Fassade einstürzt. Jochen Schmidt hat darauf verwiesen, dass im Übergang zwischen bürgerlicher und künstlerischer Sphäre für einen Augenblick erkennbar wird, dass Veronika und Serpentina Spiegelungen derselben Person seien. Doch Leben und Poesie können sich nicht dauerhaft die Waage halten.[38] Deswegen beginnt Anselmus einen dionysischen Abgesang auf das bürgerliche Leben, indem er als wahrer Romantiker die ganze Welt poetisiert. Nachdem er Gewissheit erlangt hat, dass es doch Serpentina ist, die er liebt, entdeckt er seinen fassungslosen Trinkbrüdern, dass sein Mentor, der Archivarius Lindhorst, eigentlich »ein Salamander« sei, der »den Garten des Geisterfürsten Phosphorus im Zorn verwüstete, weil ihm die grüne Schlange davongeflogen« (*GT* 298). Immer bunter und märchenhafter werden Anselmus' Visionen. Die Bilderflut lässt sich nicht mehr arretieren, sodass nach der durch den Punsch ausgelösten Überschreitung der Grenze zwischen Bürgertum und Künstlerexistenz eine zweite Transgression, nämlich die zwischen Fantasie und Wahn, erfolgt. Dieser Schritt trifft in der Punschgesellschaft nur auf wenig Widerstand. Heerbrand schließt sich Anselmus überraschenderweise sofort an. Lediglich Paulmann ruft noch zur Vernunft (»Herr Anselmus, [...] rappelt's Ihnen im Kopfe?« *GT* 298)). Doch Anselmus deklariert ihn kurzerhand zum »Schuhu, der die Toupets frisiert« (*GT* 298), und wenig später ist der Konrektor trotz Veronikas eindringlichen Bitten in die Welt des Wahnsinns entführt. In einem symbolischen Akt reißt sich Paulmann die bürgerliche Perücke vom Kopf (»[J]a ich bin auch toll – auch toll!«), worauf Heerbrand und Anselmus in satirischer Apotheose Gläser und Punschterrine an die Decke werfen und alles in Scherben zerspringt. Es erscheint nur konsequent, dass bei diesem grotesken finalen Akt, in dem sich alle drei – wenn auch bei Paulmann und Heerbrand nur für kurze Zeit – von der bürgerlichen Existenz lossagen, der Salamander in Lobpreisung und die Alte in Widersagung (»Vivat Salamander – pereat die Alte ...«, *GT* 299) angerufen werden.

---

38 vgl. Jochen Schmidt: Der goldne Topf. Ein Schlüsseltext romantischer Poetologie, in: E.T.A. Hoffmann, Romane und Erzählungen – Interpretationen, hg. von Günter Saße, Stuttgart 2004, S. 43–59, S. 56.

Abb. 7: Hogarth: Francis Matthew Schutz
in His Bed, ca. 1755 (Ausschnitt)

Abb. 8: Hogarth: Paul before Felix
(burlesqued), 1751

IV.

Auf den ersten Blick scheinen diese Ausführungen nur entfernt etwas mit Hogarths *Midnight Modern Conversation* gemein zu haben. Dennoch gab es in der Literatur-wissenschaft Versuche, nach direkten Referenzen der Punschszene auf Hogarths Stich zu suchen. Neben der generellen Thematik der »Punschgesellschaft«, einem aus Lichtenbergs *Erklärungen* übernommenen Neologismus, lag der Fokus dabei sowohl auf der Identifizierung von Figuren und Gegenständen aus Hogarths Bild, die von Hoffmann gewissermaßen auserzählt wurden, als auch auf der komple-xeren Ebene einer Übernahme von kunsttheoretischen Kompositionsprinzipien. Unmittelbare Bezüge wurden im Hinblick auf die Genese des »Märchens« heraus-gestellt. So wurde der überquellende Nachttopf, das Gegenstück zum goldnen Topf, mit dem »mit Juwelen besetzten Nachttopf« gleichgesetzt, den Anselmus im ersten Entwurf der Novelle »als Mitgift seiner Hochzeit mitbekommen« sollte.[39] Ähnlichkeiten wurden auch auf der Figurenebene ausgemacht. Mit dem ein-schränkenden Verweis auf Lichtenbergs *Erklärungen* und die Variationen, die von Hoffmann vorgenommen wurden, wurde von Linde Katritzky der von Lichten-

---

39 Vgl. Brief an Kunz vom 19.8.1813, in: E.T.A. Hoffmann, Dichtungen und Schriften sowie
    Briefe und Tagebücher. Gesamtausgabe in fünfzehn Bänden. Briefe und Tagebücher II,
    Band XV, hg. von Walther Harich, Weimar 1924, S. 157. S. 57; Linde Katritzky, Punschgesell-
    schaft und Gemüsemarkt in Lichtenbergs Hogarth-Kommentaren und bei E.T.A. Hoffmann
    1987, S. 157.

berg als »lustiger Bruder« bezeichnete Kneipensänger John Harrison, der in der Bildmitte sein Weinglas schwenkt, als mögliches Vorbild für die Anselmus-Figur vorgeschlagen. Der wenig standesgemäß dem Alkohol frönende Konrektor Paulmann lasse sich mit dem Priester John Henley, der nach Lichtenbergs Schilderung »Majestät und Ernst mit Umständen gepaart habe, die völlig unvereinbar scheinen«, in Bezug setzen.[40] Auffällig seien Katritzky zufolge auch die Gemeinsamkeiten zwischen dem Registrator Heerbrand und dem Pfeife rauchenden Buchbinder Chandler mit seinem auffälligen Turban. In der Beschreibung Heerbrands am Tag nach dem Zechgelage heißt es vom Registrator, dass er sein »blaues Schnupftuch um den Kopf gewickelt [habe] und ganz melancholisch aus[sehe]« (GT 310).[41]

Auch wenn sich solche Überlegungen schwer verifizieren lassen, so entsprechen sie der Praxis Hoffmanns, der ganz wie Hogarth eine eigene Borrowing-Technik entwickelte. Sieht man nämlich von den Bezügen zwischen der *Punschgesellschaft* und dem *Goldnen Topf* ab, lassen sich unschwer weitere Beispiele finden, in denen Hoffmann sich eklektizistisch aus Hogarths Bildinventar bedient. So vergleicht er sich in einem Brief an seinen Freund Hippel wegen der Lautstärke der Nachbarn mit dem verzweifelten Musiker (»Musicien enragé«) aus Hogarths *Enraged Musician,* nach dem auch die auch im *Goldnen Topf* erwähnte Kreisler-Figur (*GT* 318) aus dem *Kater Murr* und der *Kreisleriana* modelliert wurde.[42] Ein weiteres Beispiel findet sich in der Erzählung *Des Vetters Eckfenster.* Dort kommt dem Ich-Erzähler der subversive Gedanke, dass er gerne als das »kleine Teufelchen« aus dem Subskriptionsticket zu *Paul before Felix (burlesqued),* das am Podest des Hl. Paulus sägt, Sabotageakte während des Marktgeschehens durchführen würde.[43] Die Suche nach Anspielungen und Motiven Hogarths in Hoffmanns Texten bleibt dennoch vor allem im Illustrativen verhaftet. Damit wird man jedoch der Bild-Text- bzw. Text-Bild-Poetologie Hoffmanns nicht gerecht. Denn zwischen der *Modern Midnight Conversation* und dem *Goldnen Topf* gibt es eine strukturelle Analogie, die sich aus der Schichtung von Bildtraditionen des italienischen und französischen Manierismus einerseits sowie dem niederländischen Barock andererseits als zentrales Kompositionsprinzip der beiden Werke ergibt.

---

40   Vgl. ebd.
41   Vgl. ebd. – Beim Turban Chandlers, der von Lichtenberg schlicht als »warme Mütze« deklariert ist, handelt es sich um eine Nachtmütze, die Hogarth auch in anderen Bildern wie dem Gemälde *Francis Matthew Schutz in His Bed* (Abb. 7) verwandte.
42   Vgl. Brief an Hippel vom 14. Mai 1804, in: E.T.A. Hoffmann, Briefe II, S. 201.
43   Zum Teufelchen: vgl. Jörn Steigerwald, Die fantastische Bildlichkeit der Stadt, S. 306 – Hoffmann kannte das Blatt, das nicht in Lichtenbergs Erläuterungen vorkommt, wohl von den populären Nachstichen Riepenhausens aus der Zeit um 1800.

Die Punschszene der *Neunten Vigilie* bildet einen Kulminationspunkt verschiedener Bild- und Wahrnehmungskonzepte, für die das gesamte »Märchen« ein Experimentierfeld darstellt. Schließlich treffen dort verschiedene Erzählstränge aufeinander. Konkret sind dies die jeweiligen Liebesgeschichten mit Veronika und Serpentina, die Geschichte von der Liebesmanipulation und der Herstellung des Zauberspiegels durch die Hexe und Veronika, die mythische Vorgeschichte Lindhorsts und seiner Familie sowie die Milieuschilderung des Lebens des Studenten Anselmus. Diese Erzählstränge sind jeweils mit bestimmten Problemfeldern der Wahrnehmung und der Poetologie verbunden.

Als erstes wäre dabei das Paradox anzuführen, dass Anselmus sein eigenes Sehen nicht mehr beglaubigen kann. Sein in der *Vierten Vigilie* formulierter Wunsch, sich »wie losgelöst von allem, was ihn an sein dürftiges Leben fesselte, nur im Anschauen der mannigfachen Bilder, die aus seinem Innern stiegen, [...] wiederzufinden« (GT 252), geht über die ganze Novelle bis zu seinem Eintauchen in die Welt von Atlantis, mit der sich seine Spur verliert, nicht in Erfüllung. Wie Nathanael im *Sandmann* vermag er es nicht, eine Unterscheidung zwischen imaginiertem und tatsächlichem, zwischen innerem und äußerem Sehen zu treffen, so sehr er sich auch darum bemüht. In der Punschszene wird dies drastisch vorgeführt, als die bürgerliche Rahmung des Wahrgenommenen durch die rauschhafte Wirkung des Punsches von Neuem obsolet wird und die fantastischen Bilder in Anselmus' Kopf wieder umherschwirren. Schon hier zeichnet sich ab, dass die Lösung nur in Ambiguität und Subjektivität, aber nicht mehr in der Rückkehr zu den tradierten Ordnungsmustern zu suchen ist.

Das zweite Problemfeld ergibt sich zwangsläufig aus diesem Paradox. Anselmus ist bei der Suche nach sich selbst auf andere angewiesen, die ihm die blinden Flecken seiner eigenen Wahrnehmung offenbaren und ihm erklären können, auf welchen Prämissen Wirklichkeitskonstitution basiert. Dies kann nur durch Figuren geschehen, die sowohl im Fantastischen als auch in der bürgerlichen Realität zu Hause sind und dennoch die Grenze zwischen beiden Welten im Blick haben. Im *Goldnen Topf* figurieren der Archivarius Lindhorst und die alte Rauerin als Agenten der Metamorphose zwischen Fantasiewelt und bürgerlicher Realität. In ihnen treffen sowohl zwei Lebensentwürfe als auch – wie zu zeigen sein wird – mit der Genremalerei sowie dem italienischen und französischen Manierismus zwei ästhetische Konzepte aufeinander, die sich innerhalb der komplexen Erzählstruktur des *Goldnen Topfes* so ineinander verschränken, dass sie kaum noch separierbar sind.[44]

---

44 Vgl. Franz Fühmann, Fräulein Veronika Paulmann aus der Pirnaer Vorstadt oder Etwas über das Schauerliche bei E.T.A. Hoffmann, München 1984, 55 ff. – Zur Kritik an Fühmann: Gün-

Zuletzt wäre dann die Frage zu stellen, wie eine Poesie beschaffen sein müsste, die gewissermaßen als optisches Instrument das Sehen von Wirklichkeit ermöglicht, dienen soll. Wie könnte sie auch dann glaubhaft bleiben, wenn sie sich außerhalb des sinnlich Wahrnehmbaren bewegt und den Blick auf die inneren Dispositive des Subjekts richtet?

Geht man zunächst von den Fragen nach Wirklichkeitskonstitution und -wahrnehmung aus, so lässt sich Hoffmanns Poetologie auf die ästhetische Umsetzung eines Dualismus engführen, der einerseits durch die Rauerin und andererseits durch Lindhorst verkörpert wird. Die alte Rauerin figuriert hierbei als Repräsentantin einer ästhetischen Schule, die sich dem »Niedrigen«, im Gegensatz zum Erhabenen, zuwendet.[45] Ein Kennzeichen für dieses Niedrige ist das Umschlagen von Alltagssituationen ins Dunkle und Schreckliche, ein Vorgang, der sich immer auch an der Grenze des Lächerlichen bewegt. Im *Goldnen Topf* zeigt sich dies bereits in der Anfangsszene, als Anselmus am Himmelfahrtstag durch das unheilvolle »Schwarze Tor« rennt und mit dem slapstickhaften Umwerfen des Apfelkorbs seinen Sündenfall begeht (*GT 229*). Die daraufhin erschallenden Flüche der alten Rauerin (»Bald dein Fall ins Krystall«, *GT 229*) verhallen während des gesamten Märchens nicht mehr. Immer wenn die Rauerin Teil des Geschehens wird, umgibt sie denn auch die Aura des Unheimlichen. Besonders drastisch wird dies in der *Fünften Vigilie* vorgeführt, als sie von Veronika aufgesucht wird. In seiner Schilderung dieses Besuchs spielt Hoffmann mit den etablierten und klischeehaften Zeichen des Niedrig-Abgründigen. Schon bei ihrem Eintritt in Lieses Haus begegnet Veronika und ihrer Begleiterin »ein großer schwarzer Kater [...] mit hochgekrümmtem Rücken« (*GT 264*). Im weiteren Verlauf ist dann die Rede von »hässlichen ausgestopften Tieren« oder von »ekelhaften Fledermäusen mit verzerrten lachenden Menschengesichtern«. Die Rauerin selbst wird als »langes, hagres, in schwarze Lumpen gehülltes Weib« mit »hervorragende[m] spitze[n] Kinn, knöcherne[r] Habichtsnase und zahnlose[m] Maul« (*GT 264*) beschrieben. Fast wörtlich dieselbe Beschreibung findet sich dann in der *Siebenten Vigilie*, in der die Rauerin einen Liebeszauber betreibt, um Veronika ihre Zukunft mit Anselmus zu sichern. Günter Oesterle hat dargelegt, dass Hoffmann bei der Erzählung der Geschehnisse während der »Äquinoktialnacht« die Absicht verfolgt, die erzählerischen Muster und das Konventionelle hinter der damals beliebten Schauerrealistik offenzulegen und vor allem das »Amalgam von materiellen Inte-

ter Oesterle, Arabeske, Schrift und Poesie in E.T.A. Hoffmanns Kunstmärchen »Der goldne Topf«, S. 193.

45   Seit Pseudo-Longin wird dem Hypsos (dem Erhabenen) der Bathos (das Niedrige) gegenübergestellt.

ressen und antiquiert Ästhetischem ironisch zu reflektieren.[46] Hoffmann geht es jedoch um mehr als nur um die Entlarvung der simplen Rezeptur konventioneller Schauergeschichten. Die ästhetische Auseinandersetzung mit dem Niedrigen, die über eine doppelte Erzählung desselben Geschehens inszeniert wird, zeigt vielmehr den Zusammenhang von Wahrnehmung und Pathologie auf. Der Alten gelingt es durch die schauerlichen Manipulationen Veronika vollständig ihrer Sinne zu berauben. Die Bilder verschwimmen, weil sich die Wahrnehmung mit Ängsten verbindet: »Nun fingen die sonderbaren Massen – waren es Blumen – Metalle – Kräuter – Tiere – man konnte es nicht unterscheiden, [...] an zu sieden und zu brausen« (GT 278), heißt es da zum Beispiel. Kein Wunder, dass Veronika unter »Kopfwirbel« (GT 278) leidet. Weil auch der Leser diesem Experiment der sich überlagernden Bilder nicht mehr folgen kann, spricht Hoffmann ihn direkt an und macht ihn zum Akteur in einer Reinszenierung der eben erst geschilderten Szene. In der narrativen Dopplung der beiden Erzählungen des Liebeszaubers führt Hoffmann eine zentrale Leistung des Poetischen vor, nämlich den Schrecken in eine Geschichte über den Schrecken umzuwandeln. Die erste Version beginnt Hoffmann deshalb mit dem Kaum-noch-Erzählbaren. Bereits mit dem »dumpfen dröhnenden Klang«, mit dem die Glocke des Kreuzturmes »eilf Uhr« schlägt, aber auch mit meteorologischen Vorboten des Weltuntergangs[47] zitiert die Szene Endzeitszenarien wie Jean Pauls legendäre Rede des toten Christus oder die Visionen Kreuzgangs in Bonaventuras Nachtwachen. Diese kennzeichnen sich dadurch, dass sie sich einer apokalyptischen Topik bedienen, aber die in der Rede über das Ende der Welt enthaltene Erlösungsbotschaft in einer nihilistischen Wendung ironisch aussparen.[48]

Einem solchen Manierismus des Apokalyptischen, bei dem die Zurschaustellung der Zeichen des magischen Endzeitspektakels wichtiger ist als das Weltende selbst, steht dann die zweite Erzählung des Geschehens gegenüber. Sie stellt Hoffmanns Versuch dar, durch unmittelbare Ansprache eine Involviertheit des Lesers zu inszenieren, die diesem eine Möglichkeit zum Eingreifen in das erzählte Geschehen vorspielt. In seiner Reiteration der Geschichte wird der Leser zunächst zum Beobachter eines »tableau vivant«. Denn Hoffmann bezeichnet die Szene als »Rembrandtsche[s] oder Höllenbreughelsche[s] Gemälde« (GT 280). Damit legt er die ästhetischen Grundlagen der Hexengeschichte offen. Auf den

46 Günter Oesterle, Der goldne Topf, S. 192.

47 Vgl. GT 56 – Jean Pauls Rede des toten Christus eröffnet damit, dass ihn die »abrollenden Räder der Turmuhr, die eilf Uhr schlug, erweckt« haben. (Jean Paul, Siebenkäs, in: ders., Sämtliche Werke, I.2., hg. von Norbert Miller, Darmstadt 2000, 272)

48 Vgl. Jochen Bedenk, Verwicklungen. William Hogarth und die deutsche Literatur des 18. Jahrhunderts (Lessing, Herder, Schiller, Jean Paul), S. 19–31.

ersten Blick mag es vielleicht überraschen, dass Hoffmann sich zunächst auf Rembrandt bezieht, von dem es nur wenige und kaum bekannte Hexenbilder gibt. Hoffmann geht es hierbei jedoch weniger um konkrete Bilder als um einen Malstil, der sich durch bestimmte Merkmale wie Drastik, auch des Schrecklichen und Grotesken, Detailfülle und einen besonderen, oft als grotesk und grob empfundenen Realismus bei der Darstellung von Figuren auszeichnete. Damit schreibt er die Szene in ein ästhetisches Konzept ein, das auch für die Punschszene und die dieser als Bildvorlage zugrunde liegenden *Midnight Modern Conversation* maßgeblich war. Die Diskussion um die »dutch manner« lässt sich inhaltlich mit der Auseinandersetzung um die Schauerliteratur vergleichen, der Hoffmann ja das besondere Zurschaustellen von expliziter Schauertopik vorwirft.[49] So wie Hoffmann sich von der Schauerliteratur distanzierte, zu der ihm ja selbst als »Gespenster-Hoffmann« eine Nähe vorgeworfen wurde, weil er deren Konstruktionsmuster explizit machte, so hatte sich auch Hogarth von der niederländischen Genremalerei abgegrenzt, indem er deren Spezifika besonders deutlich herausstellte. Konkret ging es um die Auseinandersetzung mit seinen Kritikern über ein Ölgemälde, das Hogarth für die Kapelle der Anwaltskammer *Lincoln's Inn* gemalt hatte. Thema des Bildes war eine Episode aus der Apostelgeschichte, in der sich der Hl. Paulus vor dem römischen Statthalter Felix verantworten muss und dabei zentrale Positionen des christlichen Glaubens vertritt. Dem gut dotierten Auftragswerk, zu dem Hogarth auch eine Kupferstichversion anfertigte, wurde von einigen Londoner Kritikern eine Nähe zum Realismus der niederländischen Genremalerei mit ihren übervollen und detailverliebten Bildern vorgeworfen. Hogarth, der auch finanziell von solchen Auftragsgemälden abhängig war, veröffentlichte daraufhin das schon erwähnte satirische Subskriptionsblatt *Paul before Felix (burlesqued)*, in dem er die »dutch manner« auf übertriebene Weise darstellte, um die Unterschiede zu seinem Bild deutlich zu machen. Auffällig ist dabei, dass er in der Bildunterschrift der ersten Ausgabe des Blattes noch von einem Stich nach dem »true dutch taste« spricht. In der zweiten Ausgabe, die wegen des großen Erfolgs bald folgte, konkretisiert er dann sein Vorbild, indem er auf die »rediculous manner of Rembrant [sic]« verweist. Im Sinne des Untertitels dieses Stiches, der auch Hoffmann bekannt war und der in *Des Vetters Eckfenste*r zitiert wird, ist die Nennung Rembrandts im *Goldnen Topf* zu verstehen.

Neben dieser generellen Zuordnung zur holländischen Genre-Malerei mit Rembrandt als Referenz hat auch die Nennung des Höllenbreughels in der *Sie-*

---

49 Vgl. dazu auch die Ausführungen zum niederländischen Stil im § 72 von Jean Pauls Vorschule der Ästhetik,in: ders.: Sämtliche Werke, Bd. I.5.5, hg. von Norbert Miller, Darmstadt 1987, S. 125; vgl. Günter Oesterle, Der goldne Topf, S. 192.

Abb. 9: Pieter Brueghel d. Ä.:
Jacobus bei Hermogenes, 1565
(Ausschnitt)

benten Vigilie eine besondere Berechtigung. In Hoffmanns Zeit waren vor allem dessen kleinformatige Höllenbilder, die man heute seinem Bruder Jan (Samtbrueghel) zuschreibt, weit verbreitet. Die Verbindung zur Malerfamilie Brueghel besitzt noch eine weitere Dimension. Denn die standardisierte bildliche Repräsentation von Hexen geht auf den Vater des Höllenbrueghels, Pieter Brueghel den Älteren, zurück.[50] Die Stiche *St. Jacobus bei Hermogenes* von 1565 (Abb. 9) sowie *Der Fall des magischen Hermogenes* aus dem selben Jahr zeichnen verantwortlich für die Stereotypisierung von Hexen als hässliche alte Frauen, die auf Besen reiten, sich mit einem schwarzem Kater und Meerkatzen umgeben und in einem Kessel magische Tränke brauen. Eine solche ikonographische Verbindlichkeit hatte es vor Breughel nicht gegeben. Hexendarstellungen waren recht diffus. Am ehesten wurden sie in der Tradition von Zirze und Medea als jüngere griechische Göttinnen dargestellt.[51] Hoffmann zitiert somit in allen Szenen der Rauerin die Brueghels.

Die explizite Zuordnung einer erzählten Szene zu einer Maltradition hat neben dem intertextuellen Spiel im *Goldnen Topf* auch rezeptionsästhetische

---

50 Vgl. Sigrid Schade: Kunsthexen – Hexenkünste: Hexen in der bildenden Kunst vom 16. bis 20. Jahrhundert, in: Hexenwelten: Magie und Imagination vom 16.–20. Jahrhundert, hg. von Richard van Dülmen, Frankfurt a.M. 1987, S. 171–218.

51 Im 18. und frühen 19.Jahrhundert waren die Hexendarstellungen David Teniers des Jüngeren in den Nachstichen von Jacques Aliamet weit verbreitet.

Gründe. Denn der Leser wird vom Ausgeliefertsein an das Unheimliche der ersten Erzählung befreit, indem ihm durch Wiederholung und Verbildlichung die Möglichkeit eröffnet wird, das Geschehen zu reflektieren und eine Distanz zum Dargestellten herzustellen. Es ist deshalb nur konsequent, dass die gesamte Schauerszene in »dichtem Qualm« (GT 281) verschwindet, sobald die ausdrücklich der Aufklärung verpflichtete, aber eher als Vorwurf formulierte Frage »[W]as treibt ihr da!« an Veronika und die Rauerin gerichtet wird.

Hoffmann wie auch Hogarth misstrauen letztlich der niederländischen Tradition. Schließlich basiert sie ja bei den Genrebildern auch auf einer moralischen Überhöhung des Bürgertums über die niederen Schichten. So wird denn nicht nur bei Hogarth, sondern auch bei Hoffmann dem Programm des »Niedrigen« eine Ästhetik des Schönen gegenübergestellt und in einen inneren Zusammenhang gebracht. Man könnte auch sagen, der burleske »kupferne Kessel« (GT 265) der Rauerin findet sein Pendant im manieristischen goldenen Topf. Als Repräsentanten dieser Ästhetik des Schönen figurieren Lindhorst und seine Töchter.

Die zentrale Figur dieses ästhetischen Programms bildet die goldgrüne Schlange Serpentina, die Anselmus zusammen mit ihren beiden Schwestern bereits bei der ersten Begegnung kurz nach dem Apfelfall in ihren Bann zieht: »Er erblickte drei in grünem Gold erglänzende Schlänglein, die sich um die Zweige gewickelt hatten und die Köpfchen der Abendsonne entgegenstreckten« (GT 234). Wieder lassen sich die Bilder nicht arretieren. »[U]nd wie sie sich so schnell rührten, da war es, als streue der Holunderbusch tausend funkelnde Smaragde durch seine Blätter« (GT 234). Ein naturwissenschaftlicher Erklärungsversuch, der die Lichtreflexionen der Abendsonne (GT 234) für das Schauspiel verantwortlich macht, wird von Anselmus selbst aufgegeben. Wie bereits angeführt, wurde die Serpentina mit der »figura serpentinata«, der Schlangenlinie, in Verbindung gebracht, die in den Kunsttraktaten des Manierismus (Giovanni Paolo Lomazzo) eine zentrale Rolle spielte.

In der zweiten Hälfte des 18. und Anfang des 19. Jahrhunderts rückte sie gerade in Deutschland wieder ins Blickfeld der ästhetischen Debatte, weil William Hogarth sie in seiner ästhetischen Schrift Analysis of Beauty (1753; Abb. 10) in ein komplexes System aus Wahrnehmungsexperimenten, kunsterzieherischer Schulung und Wirkungsästhetik eingebunden hatte. Für das Verständnis des Goldnen Topfes ist dabei von Bedeutung, dass Hogarth die Schlangenlinie nicht allein als Konstruktionsprinzip oder als Instrument zur Perspektivierung, sondern vor allem als Grundelement einer umfassenden Liniensemiologie verwandt hatte, mit deren Hilfe sich Wirklichkeit re- und defigurieren lässt. Gerhard von Graevenitz hat auf den universalen Anspruch von Hogarths Ästhetik hingewiesen und sie eine »rhetorisch totalisierte Objektivation der Linienperspektive

Abb. 10: William Hogarth: Analysis of Beauty (Plate 1), 1753

genannt«.[52] Den Ausgangspunkt bildet dabei der Gedanke, dass sich Bilder – seien es Kunstwerke oder Bilder, die wir uns von der Welt machen – besser ins »geistige Auge« (»mind's eye«) überführen lassen, wenn wir sie in ihre Bestandteile, in einzelne Linien, »zergliedern« und sie dann von unserer Einbildungskraft wieder zusammensetzen lassen.[53] Der »figura serpentinata« komme deswegen eine besondere Bedeutung zu, weil sie dem Auge bereits dadurch ein sinnliches Vergnügen (»wanton kind of chace«) bereite, dass es ihrer Verwicklung (»intricacy«[54]) folgen wolle.

Bekanntermaßen experimentiert Hoffmann – auch synästhetisch – im *Goldnen Topf* mit der Schlangenlinie als Prinzip von De- und Refiguration. Zu nennen wären

---

52 Gerhard von Graevenitz, Das Ornament des Blicks. Über die Grundlagen des neuzeitlichen Sehens, die Poetik der Arabeske und Goethes »West-östlichen Divan«, Stuttgart und Weimar 1994, S. 38.

53 Jochen Bedenk, Verwicklungen. William Hogarth und die deutsche Literatur des 18. Jahrhunderts (Lessing, Herder, Schiller, Jean Paul), S. 37 f.

54 William Hogarth, Analysis of Beauty, hg. und mit einer Einleitung versehen von Ronald Paulson, New Haven und London 1997, S. 32 ff. (Kürzel *AoB*)

Wellen- und Schlangenformen, die an verschiedenen Stellen zum Beispiel im Flat-
tern eines Frauenkleides, in den Wellen der Elbe (vgl. *GT* 238), in den flackernden
Flammen des Feuerwerks (ebd.) oder auch in den Spiegelungen des goldenen
Topfes selbst zu finden sind (vgl. *GT* 271). Daneben gibt es auch den Versuch, die
Wellenbewegung onomatopoetisch einzufangen (»Zwischendurch – zwischen-
ein – zwischen Zweigen [...]« *GT* 233) und sie zudem über die Glockenform, die nach
Hogarths Theorie aus zwei idealen Schlangenlinien besteht, in einem »Dreiklang
der Kristallglocke« (*GT* 234) hörbar zu machen.[55]

Ihren Kulminationspunkt erlebt die »figura serpentinata« jedoch in der Metamorphose der »grünen Schlange« in das »herrliche Mädchen« (*GT* 287). Auch hier
dürfte Hoffmann sich auf Hogarth stützen, denn die Transformationsprozesse
von der Konkretisierung zur Abstraktion und umgekehrt werden sehr anschaulich in der ersten Erläuterungstafel zur *Analysis of Beauty* (Abb. 10) dargestellt.
Dort ist ein Skulpturenhof zu sehen, in dessen Mitte die *Venus de Medici* (Fig. 13)
abgebildet ist. Zu Füßen der Venus befindet sich ein Holzpfahl, um den sich eine
Schlange windet; diese Windung wiederum wird im leicht gedrehten Kontrapost
der Statue aufgenommen. Die in der *Analysis of Beauty* vorgeführte Potenzierung
der Linie zur Figur, die von Hogarth als ästhetisches Phänomen, das einer realistischen Darstellung verpflichtet ist, beschrieben wird, vollzieht auch Anselmus.
Allerdings ist es wichtig zu betonen, dass aus Hogarths »mind's eye« bei Hoffmann die Überfülle der Fantasie geworden ist. Sie ist von »Glauben« und »Liebe«
(*GT* 286) getragen und vermag es mittels der Poesie, die Schlange in eine junge
Frau und die junge Frau in eine Schlange zu verwandeln.

Für die Poetologie des »Märchens« lassen sich zunächst zwei Schlüsse ziehen.
Zum Ersten führt Hoffmann anhand der im Zeichen des Kupferkessels stehenden
Geschichte von Veronika und der alten Rauerin vor Augen, dass die Separierung
von Wahrnehmung und Pathologie, von inneren und äußeren Bildern, nicht
möglich ist. Dies macht ein Erzählen notwendig, das anders ist als die – von Hoffmann als verkappte Formen des Konventionellen und Bürgerlichen entlarvten –
manipulativen Strategien drastischer Realistik. Zum Zweiten führt Hoffmann die
Konstruktion von Wirklichkeit aus dem Zusammenwirken von Liniensemiologie
und Einbildungskraft exemplarisch vor Augen. Ihr liegt die für die Romantik elementare Einsicht zugrunde, dass Wirklichkeit nicht vom Konstruktionsakt, der
Wirklichkeit hervorbringt, unterschieden werden kann und das Poetische und
Fantastische in die Wahrnehmung der Welt einzukalkulieren sind.

---

55   Das sich zugewandte Idealpaar der Tanzgesellschaft aus Plate 2 (Abb. 14) wird von Hogarth in
      der Abstraktion auf die Glockenform zurückgeführt. – Zur Synästhesie: vgl. Günter Oesterle,
      Arabeske, Schrift und Poesie in E.T.A. Hoffmanns Kunstmärchen »Der goldne Topf«, S. 85.

Auf dieser Basis lässt sich nun der dritte Problemkomplex des poetologischen Programms identifizieren, der ins Zentrum der im *Goldnen Topf* angestellten Überlegungen führt, nämlich Hoffmanns Versuch, neue Repräsentationen von Wirklichkeit in der Literatur zu begründen. Dieser steht jedoch unter dem Vorzeichen des Aufschubs, denn zunächst wird Anselmus der Eintritt ins Haus Lindhorsts und somit in den Experimentierraum der Poesie verwehrt. Die Klingelschnur wandelt sich in deutlicher Anspielung auf die Laokoon-Gruppe »zur weißen durchsichtigen Riesenschlange, die [ihn] umw[endet]«, und »fester und fester ihr Gewinde schnürend, zusammen[drückt], dass die mürben zermalmten Glieder knackend zerbröckel[n]« (*GT* 244). Erst beim zweiten Mal gelingt ihm mit Hilfe von Likör das Entrée in den Bildungsprozess zum romantischen Dichter. Im Haus Lindhorsts beginnt er seine Kopistentätigkeit damit, dass er sich von seiner bislang praktizierten »englischen Kursivschrift«, der die »Ründe in den Zügen« (*GT* 273) fehlt[56], distanziert. Dies erleichtert ihm die Abschrift eines »arabischen Manuskripts« (*GT* 273), in dem sich Bildhaftigkeit und Skripturalität verbinden. Damit folgt er jedoch nicht einer Norm oder einem Zwang, wie dies Kittler mit seinem Verweis auf die »schlichten Schulprogramme« der Pöhlmann'schen Schreibschule nahegelegt hat, die mit kuriosen pädagogischen Vorschlägen Hogarths korrespondieren, nach denen man Mädchen zu einer der Schönheitslinie entsprechenden Kinnhaltung anleiten könne, indem man ihre Haarzöpfe am Kragen festnäht.[57] Vielmehr ist es Anselmus' »wahre Passion, mit mühsamem kalligraphischen Aufwande abzuschreiben« (*GT* 243) und sich auf die Suche nach »Bhogovotgitas Meister[n]« (*GT* 285), einer von den Romantikern im arabischen oder indischen Kulturraum vermuteten Ur-Bilderschrift, zu begeben. Mit deren Hilfe soll die Welt (wieder) lesbar, aber auch erzählbar werden.[58] Exemplarisch für diesen auch von den Frühromantikern verfolgten Ansatz ist der für Hoffmanns Denken ausgesprochen einflussreiche Gotthilf Heinrich Schubert, der in seiner *Nachtseite der Naturwissenschaft* (1808) folgende Vision skizziert:

---

56 Vgl. dazu auch Friedrich Schiller, Kallias, in: ders., Sämtliche Werke, Bd. V, hg. von Gerhard Fricke und Herbert G. Göpfert, München 1960, S. 424.

57 Vgl. Friedrich Kittler, Aufschreibesysteme 1800–1900, München 1985, S. 101 ff. – Zur Kritik an Kittler: Günter Oesterle, Arabeske, Schrift und Poesie in E.T.A. Hoffmanns Kunstmärchen »Der goldne Topf«, S. 73.

58 Von der verlorenen Lesbarkeit der Welt spricht dann der Geisterfürst. Dem Salamander prophezeit er eine Auferstehung nach einer »unglücklichen Zeit, wenn die Sprache der Natur dem entarteten Geschlecht der Menschen nicht mehr verständlich sein wird« (*GT* 290). In Novalis' *Lehrlingen zu Sais* ist von einer Chiffernschrift der Natur, dem »ächten Sanskrit«, die Rede. Vgl. Novalis, Lehrlinge zu Sais, in: ders., Das dichterische Werk, Tagebücher und Briefe, Bd. 1, hg. von Richard Samuel, München und Wien 1978, S. 233.; vgl. Kittler (1988), S. 114.

Hierauf sehen wir uns, jenseit der Kluft vieler Jahrtausende, nahe am Pol, in dem Wunderlande Atlantis, wo die Gluth der noch jugendlichen Erde, einen beständigen Frühling, und dort wo jezt das Land von beständigen Eise starrt, hohe Palmenwälder erzeugt. Es wohnt hier mit den Thieren des Südens, jenes der Erde geweihte Urvolk, welches, einen Theil des Jahres nur von dem Licht der Gestirne gesehen, der Sonne vergeblich entgegen harrt. Noch in der ersten heiligen Harmonie mit der Natur, ohne eignen Willen, erfüllt von dem göttlichen Instinkt der Weissagung und Dichtkunst, sehen wir unser noch junges Geschlecht, unter dem Scepter des Uranus froh.[59]

Die aus »Atlantis« stammende Urschrift, deren »seltsam verschlungen[e] Zeichen« mit ihren »vielen Pünktchen, Strich[en], Züg[en] und Schnörke[ln] [...] bald Pflanzen, bald Moose, bald Tiergestalten darzustellen schienen« (GT 286), wurde bildtheoretisch mit der Arabeske in Verbindung gebracht. Deren poetologische Bedeutung ist inzwischen gut erforscht.[60] Die Möglichkeiten der Arabeske zeigen sich in dem Moment, als Anselmus »aus seinem Innersten heraus« (GT 287) damit beginnt, die arabischen Zeichen in Fantasie zu übersetzen. Dabei transformiert sich Skripturalität in Oralität. Das Entziffern der arabischen Urschrift wird ersetzt durch das Erzählen der Geschichte von Phosphorus durch Serpentina. Mit dem »Dreiklang heller Kristallglocken« schlängelt sie »an den hervorragenden Spitzen und Stacheln der Palmbäume« vorbei zu Anselmus. Dieser verfällt in den »Wahnsinn des höchsten Entzückens«, als sie ihn »mit dem Arm umschlinge[t] und an sich drück[t]«, so »daß er den Hauch, der von ihren Lippen strömte, die elektrische Wärme ihres Körpers fühlte« (GT 287).

In dieser »Stiftungsurkunde einer neuen Phantastik«[61] formieren sich einzelne Bildfragmente über die Schlangenlinie zu einer Arabeske, deren verschlungene Windungen sich figürlich zu einer Lilie verbinden. Bereits für Hogarth repräsentierte die Lilie eine Idealform der »figura serpentinata« in der Natur (Plate 1 zur Analysis of Beauty, Fig. 43, 44, 46). Gleichzeitig kodiert er sie kulturell durch

---

59   Gotthilf Heinrich Schubert, Ansichten von der Nachtseite der Naturwissenschaft, Dresden
       1808, S. 4 – Hoffmann liest das Werk parallel zum Verfassen des Goldnen Topfes: vgl. den
       Brief vom 6. Juli 1813, in: E.T.A. Hoffmann, Briefe und Tagebücher II, S. 50.
60   Günter Oesterle, Arabeske, Schrift und Poesie in E.T.A. Hoffmanns Kunstmärchen »Der
       goldne Topf«, S. 97; vgl. Erwin Rotermund, Musikalische und dichterische ›Arabeske‹ bei
       E.T.A. Hoffmann, in: Poetica 2 (1968), S. 48–69. Grundlegend zur Arabeske: Werner Busch,
       Die Arabeske – Ornament als Bedeutungsträger. Eine Einführung, in: Verwandlung der
       Welt. Die romantische Arabeske, hg. von Werner Busch und Petra Maisak, Petersberg 2014,
       S. 13–27; Günter Oesterle: Von der Peripherie ins Zentrum: Der Aufstieg der Arabeske zur
       prosaischen, poetischen und intermedialen Reflexionsfigur um 1800, in: ebd., S. 29–36.
61   Friedrich Kittler, Aufschreibesysteme 1800–1900, S. 114.

die Figur der Isis (Fig. 57, 58). Die Romantiker bringen Isis dann mit der Mythologie der Urschrift der Natur in Verbindung. Diesen Zusammenhang, der sich auch in den bedeutendsten Werken der romantischen Malerei wie Philipp Otto Runges *Der kleine Morgen* (1808) findet, greift Hoffmann im *Goldnen Topf* auf. In seinem Wirklichkeitsmärchen garantiert die Lilie die Harmonie zwischen allen Dingen. So verspricht Serpentina Anselmus, während dieser (unbewusst) die Zeichen kopiert: »Die schöne Lilie wird emporblühen aus dem goldnen Topf und wir werden vereint glücklich und selig in Atlantis wohnen!« (*GT* 291) Nachdem Anselmus den Bildungsprozess durchlaufen hat, bedankt er sich bei Serpentina: »Du brachtest mir die Lilie, die aus dem Golde, aus der Urkraft der Erde, noch ehe Phosphorus den Gedanken entzündete, entsproß – sie ist die Erkenntnis des heiligen Einklangs aller Wesen, und in dieser Erkenntnis lebe ich in höchster Seligkeit immerdar« (*GT* 320). Die Freiheit der Arabeske oder – wie Schlegel formuliert – die »unendliche Fülle in der unendlichen Einheit«[62] eröffnet Hoffmann somit überhaupt erst die erzählerische Möglichkeit, Wahrnehmungsfelder wie den Traum oder das Pathologische für seine Poesie fruchtbar zu machen.

Dennoch nennt Hoffmann die Novelle ein »Märchen aus neuester Zeit«. Das bedeutet, dass sie nicht nur im Fantastischen situiert ist. Darüber, wie das Verhältnis zwischen Realismus und Fantastik verhandelt wird, gibt der Erzählstrang der Punschszene Auskunft. In dieser wird bekanntlich der Kippmoment inszeniert, in dem sich mit Hilfe des Punsches die Transformation des Bürgerlichen und Realistischen ins Künstlerische und Fantastische vollzieht. Dieser Vorgang wird nun in den Folgeszenen reflektiert. Konsequenterweise folgt nach der durchzechten Nacht die Ernüchterung. Der verkaterte Anselmus hat am nächsten Tag keinen Sinn mehr für Atlantis. Vielmehr stellt sein prosaischer Blick auf die Welt das Fantastische in Frage. In Lindhorsts Garten sieht er statt Palmen und Papageien nur mehr »gewöhnliche Scherbenpflanzen« und »Sperlinge« (*GT* 300). Die Sprache der Natur ist für ihn unverständlich geworden. Selbst die sensationelle, mit Hogarths Profanierung des Abendmahls korrespondierende Enthüllung Lindhorsts, dass er in der Terrine sitzend der Punschgesellschaft beigewohnt habe (*GT* 301), stößt auf keine Resonanz. Als er dann seine Kopistentätigkeit aufnimmt und »viele sonderbare krause Züge und Schnörkel, die, ohne dem Auge einen einzelnen Ruhepunkt zu geben, den Blick verwirren« (*GT* 301), hinterlässt er einen Tintenklecks auf dem Pergament. Nach dem Apfelfall und der durch falsche Handführung erfolgten Beschmutzung von Veronikas *weißem* Kleid (vgl. *GT* 240), die das Kopieren von unbekannten Schriftzeichen auch als Erkundungsakt des Rätsels des Weiblichen vorprägt, begeht er damit einen dritten Sünden-

---

62 Friedrich Schlegel, Athenäumsfragmente, in: ders., Werke in einem Band, hg. von Wolfdietrich Rasch, München 1971, S. 33.

fall. Umgehend wird er von Lindhorst mit der Isolation in einer Kristallflasche bestraft. Dieser »Fall ins Krystall«, die Rückkehr auf die niedrigste Stufe der Natur, ist mit »Höllenqual« (*GT* 303) verbunden und wird von Anselmus in seinen Ursachen sofort verstanden:

> Bin ich denn nicht an meinem Elende selbst schuld, ach! habe ich nicht gegen dich selbst, holde, geliebte Serpentina! gefrevelt? – habe ich nicht schnöde Zweifel gegen dich gehegt? habe ich nicht den Glauben verloren und mit ihm alles, alles, was mich hoch beglücken sollte?« (*GT* 303)

Die deutliche religiöse Konnotation zeigt, dass die Frage nach der Akzeptanz des Fantastischen mit einer Glaubensfrage verknüpft ist. Gerhard Neumann hat im Zusammenhang mit seiner Interpretation von *Des Vetters Eckfenster* darauf verwiesen, dass die poetologische Problematik einer Diskrepanz zwischen Wahrnehmung und Darstellung in die lange Tradition des semiologischen Repräsentationsparadoxes, das mit der Abendmahlszene beginnt, einzuordnen sei. Jesus' Worte »Dies ist mein Leib, dies ist mein Blut« stoßen bekanntermaßen auf eine verständnislose Reaktion der Jünger.[63] Denn deren Wahrnehmung korrespondiert nicht mit dem, was Jesus bekräftigt. Das Mysterium der Realpräsenz ist allein an den Glauben gebunden. Während man aber im Mittelalter das Paradox über die Einbettung in die Eschatologie zu lösen suchte, indem man die Wirklichkeit erst dann für »real« erklärte, wenn sie sich in die Heils- und Erlösungsordnung einfügte, richtete man seit der Aufklärung das Augenmerk auf die Perspektivierung von Denk- und Wahrnehmungsakt. Neumann zufolge ging damit eine Verschiebung vom Theologischen über das Naturwissenschaftliche ins Ästhetische einher. Der »Fall ins Krystall« im *Goldnen Topf* knüpft genau an diese Traditionen an.

Da ist zunächst die – hier nur knapp skizzierte – naturwissenschaftlich-medizinische Seite, die Hoffmann im *Goldnen Topf* über den Melancholie-Begriff (*GT* 251, *GT* 315) zu bannen versucht. Das von Franz Anton Mesmer vorgeschlagene Heilungskonzept basiert auf einer Abwendung von quantitativen Therapiemethoden, mittels derer ein Gleichgewicht der Körpersäfte (*humores*) hergestellt werden soll. Krankheiten werden nicht mehr als ein Zuviel oder Zuwenig eines bestimmten Körpersafts erachtet und dementsprechend durch Aderlass und weitere vomitive oder purgative Therapien kuriert, sondern vielmehr wird von Zirkulationsstörungen ausgegangen. Im Gegensatz zu den früheren medizinischen

---

63   Gerhard Neumann: Ausblicke. E.T.A. Hoffmanns letzte Erzählung *Des Vetters Eckfenster*, in: ›Hoffmanneske Geschichte‹. Zu einer Literaturwissenschaft als Kulturwissenschaft, hg. von Gerhard Neumann, Würzburg 2005, S. 223–242.

Ansätzen wird der Körper erstmals als in sich geschlossenes System betrachtet. Protopsychologisch wäre bei Anselmus eine Art Wahrnehmungsstörung zu diagnostizieren, die durch den gehemmten Fluss eines unsichtbaren magnetischen Fluidums hervorgerufen wurde. Nach Mesmers Methode würde dieses Fluidum des Patienten zunächst durch suggestive Rede und Berührung »magnetisiert«, um eine sich in epileptischen oder tranceähnlichen Symptomen äußernden Krise des Patienten herbeizuführen.[64] Um den Eindruck seiner Worte zu verstärken und die Patienten schneller zur Entäußerung zu bringen, bediente sich Mesmer neben seinen hypnotischen Fähigkeiten oft der von Benjamin Franklin erfundenen Glasharmonika. Diesem Instrument wurden aus zylindrisch aneinander gereihten Bleikristallglasglocken sphärische Klänge entlockt, die schon von Franklin mit Blüten in Verbindung gebracht wurden.[65] Glasglocken bilden denn auch die akustische Referenz der Atlantis-Welt des *Goldnen Topfes*. Nicht nur ertönen die Blüten [des Holunderbaumes] wie »aufgehangne Kristallglöckchen«, sondern auch die Schlangen selbst sind stets vom »Dreiklang heller Kristallenglocken« und »liebliche[n] Akkorde[n]« (*GT* 234) begleitet. Auf diese Weise werden negative elektrische Reizungen zur Entladung gebracht. Das magnetische Fluidum wäre dann im Rahmen einer auf Empathie und Zuwendung beruhenden Nähetherapie innerhalb des Körpers zu besänftigen und zu einer gemäßigten Zirkulation anzuregen. Im Hinblick auf dieses Fluidum ist es sinnvoll auf die »Theorie der kosmischen Momente« Gotthilf Heinrich Schuberts. Schubert untersuchte die Übergangsstufen von der Materie über Pflanzen und Tiere bis zur Selbstbestimmtheit und Eigenständigkeit des Menschen. Schubert ging dabei von der Vorstellung aus, dass selbst in der Materie ein Prinzip des Lebendigen eingeschlossen sei, das sie mit Pflanzen und Tieren verbinde. Als Beweis diente ihm das 1669 entdeckte chemische Element Phosphor (=> Phosphorus). Schubert interpretierte die Eigenschaft des Phosphors, leuchten zu können, ohne dass er vorher entzündet wurde, als Zeichen für die »alles belebende Kraft des Weltgebäudes«. Für seine Argumentation stützte er sich auf die Beobachtung, dass Phosphor sich nicht nur im Gestein, sondern in jedem Lebewesen nachweisen ließ. Schon lange war das

---

64 Von der ursprünglichen Heilungsmethode mit physikalischen Magneten nahm Mesmer schnell Abstand.

65 Franz Anton Mesmer, Allgemeine Erläuterungen über den Magnetismus und den Somnambulismus, Berlin und Halle 1812; vgl. Albrecht Koschorke, Körperströme und Schriftverkehr. Mediologie des 18. Jahrhunderts, München 1999, S. 54–58. Zum Magnetismus im *Goldnen Topf*: Maria M. Tatar, Mesmerism, Madness, and Death in E.T.A. Hoffmann's *Der goldne Topf*, in: Studies in Romanticism Studies in Romanticism 14 (1975), H. 4, S. 366–389; allgemein: Jürgen Barkhoff, Magnetische Fiktionen. Zur Literarisierung des Mesmerismus in der Romantik, Stuttgart und Weimar 1995.

Phänomen bekannt, dass tote Körper bei ihrer Verwesung ein mattes phosphoreszierendes Licht ausstrahlten.

Im Hinblick auf den *Goldnen Topf* besonders virulent erscheinen die Überlegungen, die Johann Christian Reil in einer Weiterentwicklung der Mesmerschen Ansätze in den *Rhapsodieen von der Anwendung der psychischen Curmethode auf die Geisteszerrüttung (1803)* anstellt. So müsse nach Ansicht Reils der Magnetiseur »Ehrfurcht schon durch sein Ansehen« gebieten. Als Vorbild galt ihm der »Irrenarzt« Dr. Francis Willis (1718–1807), der als einer der ersten von einer Heilbarkeit der »Geisteszerrüttung« ausging und durch seine Behandlung des geisteskranken britischen Königs George III. Berühmtheit erlangte. Über Willis schreibt Reil:

> Des [Doctor] Willis Miene soll gewöhnlich freundlich und leutseelig seyn, aber sich augenblicklich verändern, wenn er einen Kranken zum erstenmale ansichtig wird. Er gebietet demselben Ehrfurcht durch sein Ansehn und fasst ihn scharf ins Auge als könnte er alle Geheimnisse aus dem Herzen desselben ans Tageslicht hervorlocken. So gewinnt er augenblicklich eine Herrschaft über den Kranken, die er hernach mit Vorteil zu seiner Heilung gebraucht. In der Folge lenkt er ein, vertauscht seinen Ernst mit Leutseligkeit, die Strenge mit Güte und zieht dadurch den Kranken wieder an sich, den er zuvor gleichsam von sich abstieß.[66]

Ist ein Magnetiseur mit diesen Qualitäten ausgestattet, so stünden ihm laut Reil drei »Curmethoden« zur Verfügung, die jeweils individuell auf den Patienten angepasst werden müssten. Eine erste »Methode« sei die – nach heutigen Maßstäben schwer erträgliche – körperliche Züchtigung. Sie diene der angeblich notwendigen vollständigen Unterwerfung des Patienten unter den Willen des Arztes. Ein zweiter therapeutischer Ansatz bestehe in Therapien, die sich vor allem auf die »vorzüglichen Sinnesorgane«, das »Getast«, das »Ohr« und das »Auge«, richteten. Dazu gehörten beispielsweise eine Stimulation des Gehörs mit spezifisch ausgewählter Musik oder die Konfrontation mit bestimmten Geräuschen. Sie sollen den Patienten beruhigen oder anregen und so zu mehr Ausgeglichenheit bringen.[67] Als dritte Methode führt Reil die heilende Wirkung von Zeichen und Symbolen an. Er plädiert für eine intensive Beschäftigung mit

---

66 Johann Christian Reil, Rhapsodieen über die Anwendung der psychischen Curmethode auf Geisteszerrüttungen. Halle 1803, S. 227 [meine Hervorhebung, J. B.].

67 Johann Christian Reil, Rhapsodieen über die Anwendung der psychischen Curmethode auf Geisteszerrüttungen, S. 202–207.

Abb. 11: Tanzgesellschaft, AoB, Pl. 2

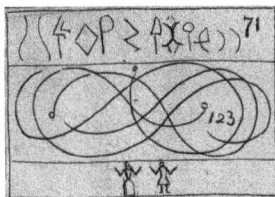

Abb. 12: AoB, Pl.2, Fig. 71,123

Sprache und Schrift, die bloß dadurch wirken, daß sie die Vehikel sind, durch welche unsere Vorstellungen, Phantasieen, Begriffe und Urtheile, als äußere Potenzen auf den Kranken übertragen werden. Durch sie nöthigen wir sein Gehirn zu Oscillationen, die denen analog sind, durch welche die mitgetheilten Vorstellungen entstanden und von welchen wir voraussetzen, dass sie der Norm gemäß sind. *Wiederholte Thätigkeiten werden zu Fertigkeiten.* Durch sie suchen wir den Vorrath der Ideen des Kranken zu vermehren, die vorhandenen zu berichtigen, und dies auf eine Art, wie es dem Zwecke der Correction seiner Seelenvermögen angemessen ist. [...] Sie können den Starrsüchtigen wecken, den Flatterhaften fixieren, sie können den Kranken zur Besonnenheit und Aufmerksamkeit bringen, ihn unterjochen, jede Leidenschaft, Furcht, Ehrfurcht, Liebe, Zutrauen in ihm hervorrufen.[68]

Die Nähe zum *Goldnen Topf* wird hier sowohl in der Darstellung der Eigenschaften des Magnetiseurs als auch in der Methodik erkennbar. Die naturwissenschaftliche Begründung einer Erweiterung des menschlichen Wahrnehmungsapparats, die erstmals auch Pathologie und Geisteszerrüttung als relevante Faktoren für die Wirklichkeitswahrnehmung miteinbezog und damit über das Sichtbare hinauswies, lieferte der ästhetischen Debatte ein weiteres Argument dafür, experimentell das Repräsentierbare über neue Darstellungsformen auszuloten. Vorbild waren hierfür optische Experimente, wie sie im Hinblick auf das Repräsentationsparadox bereits in der Malerei des Barocks mit ihren Experimenten aus realistischer Spiegelung und anamorphotischer Verstreckung durchgeführt wurden.[69]

Die Ästhetik des Barocks hatte bei ihren optischen Experimenten die Absicht, eine einheitliche Sinnkonstitution zu schaffen. Hogarths *Midnight Modern Conversation* wie auch die Punschszene im *Goldnen Topf* ironisieren jedoch diese

---

68 Johann Christian Reil, Rhapsodieen über die Anwendung der psychischen Curmethode auf Geisteszerrüttungen, S. 212 [Hervorhebung, JB].

69 Vgl. Gerhard Neumann: Ausblicke. E.T.A. Hoffmanns letzte Erzählung *Des Vetters Eckfenster*, S. 241.

Situation. Bei Hogarth geschieht dies auf zweifache Weise. Zum einen alludiert er auf die Abendmahlszene, ersetzt aber Jesus durch eine Punschterrine, zum anderen formuliert er eine Ästhetik des Transitorischen. Denn die Idealfigur der *Line of Beauty and Grace* bleibt instabil und eignet sich gerade nicht als Garant einer permanenten Schönheit, sobald sie in Alltagssituationen überführt wird. Schon die Plate 2 zur *Analysis of Beauty* setzt sich von der Schönheitslinie ab und zeigt in der Tanzgesellschaft, dass die ideale Figuralität, die durch das schöne, am Ideal der *Line of Beauty and Grace* modellierte Idealpaar am linken Bildrand sowie durch die Tanzbewegung des Country Dancing selbst (Fig. 123) repräsentiert wird, eine Ausnahme darstellt. Wie die Reduktion des Bildes auf Linien zeigt (Fig. 71), genügt es nur, die Linienführung leicht abzuändern, die Ideallinie zu verstrecken, um so Figuren entstehen zu lassen, die realitätsnah wie die Zecher der *Midnight Modern Conversation* sind.

Barocke Stilllebenexperimente, aber auch Hogarths Liniensemiologie zeigen, wie Wirklichkeitswahrnehmung mit Hilfe von optischen Technologien über den aufklärerischen Blick hinaus erweitert werden kann. Jenseits aller theologischen Implikationen stellt dieser Zusammenhang das zentrale poetologische Experimentierfeld im *Goldnen Topf* dar. Anselmus' Blindheit gegenüber den Begrenzungen des eigenen Sehens, seine Begegnungen mit den Vermittlungsinstanzen Lindhorst und der Rauerin, die ihrerseits die ästhetischen Programmatiken der delegitimierenden Inszenierung des Schauerlichen und Niedrigen sowie der De- und Refiguration des Bildhaften und Schönen vertreten, stehen alle im Dienste einer Erweiterung von Wirklichkeitsräumen. Hoffmann bedient sich dabei der poetologischen Mittel der Spiegelung und Verzerrung, die er über die Spiegel-, Glas-, Kristallmetaphorik in seinen Text einflicht. Das Ästhetische transformiert sich zum Fantastischen. Der Leser wird dabei in seinem Wahrnehmungsprozess selbst angesprochen, um ihn auf dem Weg zur Erkenntnis anzuleiten.

> Versuche es, geneigter Leser in dem feenhaften Reiche voll herrlicher Wunder, die die höchste Wonne sowie das tiefste Entsetzen in gewaltigen Schlägen hervorrufen, ja, wo die ernste Göttin ihren Schleier lüftet, daß wir ihr Antlitz zu schauen wähnen [...] ja! in diesem Reiche, das uns der Geist so oft, wenigstens im Traume aufschließt, versuche es, geneigter Leser die bekannten Gestalten, wie sie täglich, wie man zu sagen pflegt im gemeinen Leben, um dich herwandeln, wiederzuerkennen. (*GT* 251)

Somit stellt Hoffmann den Leser vor die Herausforderung, sich dem Unbekannten, Verborgenen, Unergründlichen, das selbst in leidlich lebenstüchtigen Durchschnittsfiguren wie Anselmus vorzufinden ist, zu stellen und dabei dennoch zu versuchen, mit explorativer Genauigkeit den Abgründen ihrer Psyche und den

Möglichkeiten ihrer Fantasie auf die Spur zu kommen. Besondere Aufmerksamkeit widmet Hoffmann dabei den Transgressionsmomenten, also den Stellen, an denen Spiegelung und Verzerrung aufeinandertreffen. Dafür macht er sich auf poetologischer Ebene bildästhetische Perspektivierungen zu Nutze. Dies geschieht in dreifacher Weise.

Zum einen integriert Hoffmann bestehende Bilder wie die *Midnight Modern Conversation* in seinen Text, er nimmt bestehende Charaktere oder auch nur besondere Merkmale dieser Figuren auf und lässt sie Teil der Erzählung werden. Seine Vorgehensweise entspricht dabei strukturell der »borrowing«-Technik Hogarths, der in seinen Bildern verschiedene Schichtungen unterschiedlicher Maltraditionen (»Höllenbreughel«, Manierismus) erkennbar werden lässt und so Ambiguitäten generiert, indem Heiliges und Mythologisches profaniert werden.

Zum zweiten werden aus Hogarths Kunstästhetik entstammende Techniken einer De- und Refiguration von Bildern auf die Literatur übertragen, weiterentwickelt und experimentell als Entschlüsselungstechniken zur Welterfassung erprobt. Vor allem die dreidimensional gewundene Schlangenlinie wird zur Leitfigur eines synästhetisch angelegten Spiels mit Figuren und Formen, mit dem – im Gegensatz zu Hogarths Realismus – immer wieder der Übergang vom Realistischen ins Fantastische, aber auch vom Idealen zum Hässlichen (z. B. in den Wandlungen von Lindhorst und der Rauerin) inszeniert wird. Zentrales Ereignis bleibt aber die Einzeichnung der Schönheitslinie in den weiblichen Körper, die zum Ausgangspunkt für das fantastische Ins-Bild-Setzen von Sehnsüchten, Begierden und Hoffnungen durch Anselmus wird. Als Kompositionsprinzip dient dabei die einer amimetischen Realitätskonstruktion verpflichtete Arabeske, die über das Symbol der Lilie die einzelnen fantastischen Fragmente miteinander verbinden kann und kulturell als Versöhnung des entfremdeten Menschen mit der Natur markiert wird.

Die dritte Perspektivierung ergibt sich aus der Frage, wie Poesie überhaupt möglich ist und wo ihre Grenzen sind. In der *Punschszene* führt Hoffmann dabei das Heraustreten aus dem Bürgerlichen und die Erweckung der inneren fantastischen Kräfte im Rausch vor Augen. Im Unterschied zu den Vertretern des Bürgerlichen wie Heerbrand oder Paulmann besteht die Aufgabe des Künstlers darin, diese Kräfte in Schriftzeichen zu bannen und aus inneren und äußeren Bildern Texte entstehen zu lassen (vgl. *Zwölfte Vigilie*). Für Hoffmann gehörte es zum Bildungsprozess des Dichters, dem Fantastischen eine größere Klarheit als dem sinnlich Wahrgenommenen einzuräumen. Denn derjenige, der nicht an die Beeinflussung des äußeren Sehens durch die innere Disposition *glaubt*, ist wie Anselmus im Kristall in eine Welt des gefrorenen Scheins eingeschlossen. Eine völlige Abkopplung von Vernunft und Perzeption, aber auch von den alltäglichen Mühen ist weder möglich noch wünschenswert. In den *Serapionsbrüdern* heißt es deshalb:

Es gibt eine innere Welt, und die geistige Kraft, sie in voller Klarheit, in dem vollendetsten Glanze des regesten Lebens zu schauen, aber es ist unser irdisches Erbteil, daß eben die Außenwelt in der wir eingeschachtet, als der Hebel wirkt, der jene Kraft in Bewegung setzt. Die innern Erscheinungen gehen auf in dem Kreise, den die äußeren um uns bilden und den der Geist nur zu überfliegen vermag in dunklen geheimnisvollen Ahnungen, die sich nie zum deutlichen Bilde gestalten.[70]

Deswegen kommt das Erzählen an seine Grenzen, wenn es die reine Atlantis-welt darstellen soll. In exemplarischer Weise stockt der Schreibprozess des Ich-Erzählers in der *12. Vigilie*. Mit Gabriele Brandstetter könnte man sagen, dass die »Geschichte vom wiedergewonnenen Paradies [...] ja nichts mehr oder weniger als die klägliche Story eines misslungenen Selbstporträts, eine Selbstspiegelung im Bild« sei.[71] Mit Hilfe des Punsches wird zwar ironisch ein Weiterschreiben ermöglicht, aber dieses ist nur von kurzer Dauer und am Ende gelangt der Erzähler wieder im Alltag an. Lindhorst spendet ihm damit Trost, dass er jederzeit wieder in einen poetischen »Meierhof« in Atlantis zurückkehren könne, weil er seinen »inneren Sinn« als »poetisches Besitztum« habe (*GT* 321). Dennoch ist dieses »Leben in der Poesie«, das Hoffmanns Leben als Künstler chiffriert, entschieden modern. Es stützt sich auf eine von ästhetischen Konzepten der Bildenden Kunst, nicht zuletzt von Hogarth, inspirierte Poetologie, die Wirklichkeit über die Kon-struktionsbedingungen von Wirklichkeit erfasst und amimetisches Erzählen als Beitrag zu einem umfassenderen Verständnis der Welt versteht.

---

70   E.T.A. Hoffmann, Die Serapionsbrüder, in: ders., Sämtliche Werke in sechs Bänden, Die Serapions-Brüder. Bd. 4, hg. von Wulf Segebrecht und Ursula Segebrecht, Frankfurt a.M. 2001, S. 68; vgl. Klaus Deterding, Hoffmanns Erzählungen: Eine Einführung in das Werk E.T.A. Hoffmanns, Würzburg 2007, S. 128.

71   Gabriele Brandstetter, Dem Bild entsprungen. Skripturale und pikturale Beziehungen in Texten (bei E.T.A. Hoffmann, Honoré de Balzac und Hugo von Hoffmannsthal), in: Zwischen Text und Bild: Zur Funktionalisierung von Bildern in Texten und Kontexten, hg. von Annegret Heitmann und Joachim Schiedermair, Freiburg i.Br. 2000, S. 223–236, S. 226.

CORNELIA ZUMBUSCH

RUHENDE LÖWEN

Goethes *Novelle* und die Kraft der Dichtung

Goethes Erzählung mit dem Titel *Novelle* (1828) gilt als Muster ihrer Gattung. Sie besteht aus einem einzigen Handlungsstrang, der, am wandernden Sonnenstand eines Herbsttags orientiert, im überschaubaren Raum zwischen Stadtschloss, Markt und der gegenüberliegenden alten Stammburg abgewickelt wird. Die Erzählung beginnt im Morgennebel mit dem Aufbruch des Fürsten zur Jagd und seinem Abschied von der jungen Fürstin, die mit dem Fürstoheim und dem Hofjunker Honorio zurückbleibt. Nachdem die Daheimgebliebenen einen Blick durch das Fernrohr geworfen und die neu angefertigten Zeichnungen der verfallenen Stammburg betrachtet haben, fasst die Fürstin den Entschluss, selbst zur Burg aufzubrechen. Der Ritt über den Marktplatz, an dem gerade eine gut besuchte Handelsmesse stattfindet, löst die Erinnerung des Fürstoheims an einen traumatisch erlebten Stadtbrand aus, der sich nur kurz darauf wiederholt. Als Katastrophe erzählt die *Novelle* aber nicht den Ausbruch dieses Feuers, sondern eine zufällige Nebenfolge. Denn die Fürstin und ihre Begleiter begegnen bei ihrem eiligen Abstieg vom Berg zwei aus den brennenden Marktbuden entlaufenen Raubtieren. Honorio erschießt den Tiger, bevor der Vater der nacheilenden Schaustellerfamilie den dazukommenden Fürsten überzeugen kann, den noch freilaufenden Löwen einfangen zu dürfen. Das Ende der Erzählung führt auf den Burghof, in den der Junge und der von ihm geführte Löwe Einlass finden. Hier werden die Mutter und der alte Burgwärter zu Zeugen der erstaunlichen Zähmung, die das Kind mithilfe eines Lieds, das im Text in mehreren Gedichtstrophen repräsentiert ist, bewerkstelligt.

Deutungen der *Novelle* haben meist an diesem Ende angesetzt und den idealen, wenn nicht utopischen Charakter dieser Figurengruppe hervorgehoben, in der die Versöhnung des Menschen mit der Natur ins Werk gesetzt sei.[1] Überlesen wurde dabei eine eigenwillige Formulierung. Der Löwe hat sich »neben das

---

1   Emil Staiger, Goethe. Novelle. 1942, in: Trivium 1 (1942), S. 4–30; Jürgen Jacobs, »Löwen sollen Lämmer werden«. Zu Goethes Novelle, in: Literarische Utopie-Entwürfe, hg. von Hiltrud Gnüg, Frankfurt a.M. 1982, S. 187–195, hier: S. 189; Nicholas Boyle, Goethe, Novelle, in:

Kind hingelegt und ihm die schwere rechte Vordertatze auf den Schoß gehoben«
und das Kind hat ihm, derweil pausenlos singend und dichtend, einen Dorn aus
dieser Tatze gezogen.[2] Die Erzählstimme kommentiert dies im letzten Absatz:

> Ist es möglich zu denken, daß man in den Zügen eines so grimmigen
> Geschöpfes, des Tyrannen der Wälder, des Despoten des Tierreiches einen
> Ausdruck von Freundlichkeit von dankbarer Zufriedenheit, habe spüren
> können so geschah es hier, und wirklich sah das Kind in seiner Verklärung
> aus wie ein mächtiger siegreicher Überwinder, jener zwar nicht wie der
> Überwundene, denn seine Kraft blieb in ihm verborgen, aber doch wie
> der Gezähmte, wie der dem eigenen friedlichen Willen anheimgegebene.
> (FA 8 555)

Der einzige nicht mit einschränkenden Modalkonstruktionen oder Vergleichssig-
nalen ausgestattete Satzteil ist der Kausalsatz ›denn seine Kraft blieb in ihm verborgen‹. Dieser Halbsatz hat besonderes Gewicht, enthält er doch das Kriterium
für die Unterscheidung zwischen Überwunden- und Gezähmtsein, die ihrerseits
darüber entscheidet, ob das Ende als Demonstration der Macht des Menschen
über das Tier oder als Zeichen für die Selbstbeherrschung des Tieres verstanden
werden will. Was also soll es bedeuten, dass die Kraft im Löwen ›verborgen‹ sei?
Aufschluss kann ein kurzer Text geben, der sich vielleicht nicht zufällig in zeit-
licher Nähe zu den ersten Entwürfen des Sujets der *Novelle* bewegt, die Goethe
bereits 1797 unter dem Arbeitstitel *Die Jagd* schematisiert.

In einem seiner ersten Briefe an Schiller vom August 1794 schickt Goethe eine
Beilage mit, in der er darüber nachdenkt, »in wiefern die Idee: Schönheit sei Vollkommenheit mit Freiheit, auf organische Naturen angewendet werden könne«
(FA 18 311). Der Grundgedanke der Skizze besteht darin, die vom betrachtenden
Subjekt empfundene Schönheit lebendiger Organismen nicht auf deren mathe-
matisierbare Proportionen, sondern auf die biologische Funktionalität ihrer Kör-
perteile zurückzuführen. Als schön qualifiziert sich demgemäß eine Darstellung,
die den unmittelbaren Gebrauch, der sich von den Körperkräften machen lässt,
unsichtbar macht:

Landmarks in German Short Prose, hg. von Peter Hutcheson, Bern u.a. 2003, S. 11–28, hier:
S. 24.

2   Johann Wolfgang von Goethe, Novelle, in: Sämtliche Werke, Briefe, Tagebücher und Ge-
     spräche, hg. von Hendrik Birus, Albrecht Schöne u.a., 39 Bde., Frankfurt a.M. 1987ff.,
     Bd. 8, S. 854. Texte aus dieser Ausgabe werden im Folgenden zitiert unter der Sigle FA Band-
     angabe Seitenzahl.

Ist bei einem Körper oder bei einem Gliede desselben der Gedanke von Kraft-
äußerung zu nahe mit dem Dasein verknüpft, so scheint der Genius des
Schönen uns sogleich zu entfliehen, daher bildeten die Alten selbst ihre
Löwen in dem höchsten Grade von Ruhe und Gleichgiltigkeit, um unser
Gefühl, mit dem wir Schönheit umfassen, auch hier anzulocken. (FA 18 313)

Dieser Verweis auf antike Darstellungen ruhender Löwen führt Goethe schließlich zu der Formel: »Man sieht also, daß bei der Schönheit *Ruhe* mit *Kraft*, *Untä-
tigkeit* mit *Vermögen* eigentlich in Anschlag komme« (FA 18 313). Die Reihung, in
der die Terme »Kraft« und »Vermögen« an derselben Funktionsstelle stehen, variiert das aristotelische Prinzip der *dynamis*, demzufolge Kraft (*dynamis*) das Vermögen bezeichnet, zur Ursache einer Wirkung (*energeia)* zu werden.[3] Schönheit
scheint dort zu sein, wo sich Kraft nicht in der aktuellen Betätigung manifestiert,
sondern in der Potentialität verbleibt.[4] Diese Notiz legt nahe, auch den ruhenden
Löwen der *Novelle* als ästhetische Figuration zu deuten.

Blickt man von der Schlussformel der verborgenen Kraft aus auf den Verlauf
der *Novelle*, dann wird sichtbar, in welchem Maße die *Novelle* an den Wirkungsweisen unterschiedlicher, nicht zuletzt auch ästhetischer Kräfte interessiert ist.
Neben der an mehreren Stellen besprochenen und beschriebenen Naturkraft
des Feuers und der »Kraft« der ausgebrochenen Raubtiere (FA 8 544) kommen
»Spuren der Menschenkraft« (FA 8 536), »kräftige Bilder« (FA 8 539), sowie zuletzt
ein »mit Kraft« gesungenes Lied (FA 8 551) zur Sprache. In der Verbindung und
Gegenüberstellung von elementarer Natur, Tieren, Menschen, Bildern, Gesang
und Dichtung öffnet das Wort Kraft einen Reflexionsraum, in dem Phänomene
des Natürlichen wie auch künstlerische Äußerungsformen gleichermaßen
bedacht werden können. Die Rede von der Kraft stiftet eine diskursive Verbin-

---

3 Unter den *dynameis* (Vermögen) versteht Aristoteles grundsätzlich »alle gewisse[n]
Prinzipien«, die er weiter aufschlüsselt »nach ihrer Beziehung auf ein erstes Vermögen,
welches ein Prinzip ist der Veränderung in einem anderen oder in ein und demselben,
insofern es ein anderes ist.« Aristoteles, Metaphysik, Griechisch/Deutsch, hg. von Horst
Seidl, Hamburg ³1991, S. 103. Die mittelalterliche Scholastik hat diese Unterscheidung in
das Begriffspaar *potentia* und *actus*, Möglichkeit und Tat, überführt: Aristoteles-Handbuch,
hg. von Christof Rapp und Klaus Corcilius, Stuttgart 2011, S. 177.

4 Bezieht man das Wort ›verborgen‹ auf das vom lateinischen *latere* (verbergen) abgeleitete
Adjektiv latent, dann lässt sich der Satz im Sinne der im 18. Jahrhundert geläufigen Vorstellung von einer Kraft verstehen, die Körpern auch im Ruhezustand innewohnt und jederzeit in das verwandelt werden kann, was Kant im Anschluss an Leibniz ›lebendige Kraft‹
nennt. Zu Leibniz' Konzept der *vis viva* und ihrer (kontroversen) Rezeption im 18. Jahrhundert vgl. Max Jammer, Concepts of Force, Cambridge, MA 1957, S. 158–187; David
Papineau, The *Vis Viva* Controversy. Do Meanings Matter?, in: Studies in History and Philosophy of Science 8 (1977), S. 111–142.

dung zwischen zwei in der *Novelle* prominenten Problemfeldern: Denn neben dem am Ende befriedeten Streit zwischen den Kräften der Natur und den Kräften des Menschen erzählt die *Novelle* im Durchgang durch gemalte und gezeichnete Bilder, durch Flötenspiel und Gesang bis zur theatralen Szenerie und den am Ende eingerückten lyrischen Strophen auch vom Rangstreit der Künste,[5] der seit der Frühen Neuzeit als Streit um die Wirkungsmacht der Bilder oder der Sprache geführt wird. Die Engführung von Kräften der Natur und Kräften der Künste legt es nahe, die verborgene Kraft des ruhenden Löwen nicht nur als Gleichnis auf die Versöhnung von Mensch und Natur, sondern auch als Bearbeitung einer ästhetischen Problemlage zu lesen.

Die Kraftreflexion der *Novelle*, so lautet die hier verfolgte These, verweist über das aus dem Paragone bekannte Kräftemessen der Künste hinaus auf ein grundlegenderes Problem: In ihr artikuliert sich die Notwendigkeit, sich über die Voraussetzungen einer in Analogie zur Natur als dynamisch gedachten ästhetischen Form klar zu werden.[6] Kraft, so wird genauer zu zeigen sein, bildet die konzeptuelle Voraussetzung, um formgenetische Prozesse überhaupt denken zu können.[7] Einen ersten Hinweis auf den zwar grundlegenden, allerdings zugleich auch prekären epistemologischen Status der Kraft gibt Goethes kurzer Text zum

---

5   Gerhard Neumann zeigt, wie »die Kraft der Kunst« den zwischen Revolution und Restauration einmal erlebten und stets wieder zu befürchtenden »Einbruch der Gewalt« überwinde, wobei die Kunst hier »die Gestalt der Musik« annehme. Er macht insbesondere auf Goethes Hochschätzung der Musik aufmerksam. Gerhard Neumann, Fernrohr und Flöte. Erzählte Räume in Goethes »Novelle«, in: Goethe und die Musik, hg. von Walter Hettche und Rolf Selbmann, Würzburg 2012, S. 125–148, hier: S. 127. Bernhard Jahn hat medien- und wahrnehmungstheoretische Implikationen der Konkurrenz von Sehen und Hören entwickelt. Seine gegen den Topos von der utopischen Versöhnung gerichtete These lautet dabei, dass die »grundsätzliche Differenz zwischen Hören und Sehen sowie die daraus folgende mediale Differenz zwischen visuellen Künsten und auditiven Künsten« eben gerade nicht synthetisiert werde. Bernhard Jahn, Das Hörbarwerden des unerhörten Ereignisses. Sinne, Künste und Medien in Goethes *Novelle*, in: Euphorion 95 (2001), S. 17–37, hier: S. 33.

6   Hier schließe ich an David Wellberys grundlegenden Aufsatz zu Goethes Ausprägung eines endogenen Formbegriffs an. In Wellberys Rekonstruktion ist Goethes Vorstellung der ästhetischen Form als »Exemplifizierung der Idee in der Erscheinung« maßgeblich davon bestimmt, Form als »spezifische Konfiguration in der Zeit« zu denken: Damit rücken formdynamische Figuren wie die der ›Übergänglichkeit‹ in den Blick. David E. Wellbery: Form und Idee. Skizze eines Begriffsfeldes um 1800, in: Morphologie und Moderne. Goethes ›anschauliches Denken‹ in den Geistes- und Kulturwissenschaften seit 1800, hg. von Jonas Maatsch, Berlin/Boston 2014, S. 17–42, hier: S. 26.

7   Diesen Zusammenhang zwischen Kraft und Form hat jüngst Malika Maskarinec exemplatisch für kunsttheoretische und literarische Entwürfe um 1900 aufgezeigt. Maika Maskarinec, The Forces of Form in German Modernism, Northwestern University Press 2018.

Bildungstrieb (1820), in dem er sich nach der Lektüre der *Kritik der Urteilskraft* noch einmal mit Blumenbachs Text *Über den Bildungstrieb* beschäftigt. Der Text schließt mit folgender Skizze:

Stoff.

Vermögen.
Kraft.
Gewalt. *Leben.*
Streben.
Trieb.

Form.

(FA 24 452)

Die Anordnung der Begriffe Vermögen, Kraft, Gewalt, Streben und Trieb zwischen den Polen Stoff und Form entspricht grundsätzlich der naturphilosophischen Grunddefinition von Kraft als Ursache von Veränderung. Der Verweis auf die Kraft und ihre verwandten Begriffe soll auch in Goethes Skizze offenbar die Frage beantworten, wie aus Stoff tatsächlich Form werden kann. Allerdings wird in der Fülle der begrifflichen Variationen, vom verklammernden Begriff des Lebens nur notdürftig zusammengehalten, vor allem die Verlegenheit greifbar, den Auslöser von Bildungs- und Umbildungsprozessen sicher zu benennen. Tatsächlich muss der Kraftbegriff aus einer Reihe von historischen Verwendungsweisen gelöst werden, um die Kraft als eine naturphilosophische wie ästhetische Größe konturieren zu können – und genau dies leistet die *Novelle* in ebenso beiläufiger wie konsequenter Weise.

Dies soll im Folgenden in drei Schritten gezeigt werden. Die *Novelle* dokumentiert (I) die Auseinandersetzung mit dem dichtungs- und kunsttheoretisch bereits besetzten Begriff der Kraft, wie er in den seit der Frühen Neuzeit geführten Diskussionen um die ›enargetische‹ Wirkmacht von Bild und Rede konturiert wird. Die *Novelle* führt (II) Wirkungsweisen natürlicher Kräfte vor, die sich weniger an den metamorphotischen Bildungsgesetzen der lebendigen Natur als vielmehr an den im Kontext der geologischen Studien angestellten Überlegungen zu chemischen und physikalischen Kräften orientieren. Die dort entwickelte Vorstellung von ruhenden, unendlich wirksamen Kräften lässt sich (III) als Muster der in der *Novelle* inszenierten Kraft der Dichtung verstehen, die sich von den bekannten Strategien der überwältigenden Rede und ihrer ausschließlichen Orientierung auf affektive Wirkungen verabschiedet und stattdessen einen formgenetischen Kraftbegriff ins Spiel bringt, der sich zuletzt auch auf das Genre der Novelle selbst beziehen lässt.

I. Eingebrannte Bilder: Die Kraft der Künste

Die Kraft der Künste verbindet sich zu Beginn der *Novelle* mit einer Naturkraft, die man zunächst für das novellistische Zentralereignis oder, in den von Eckermann kolportierten Worten gesprochen, für die ›unerhörte Begebenheit‹ halten könnte: das ausbrechende Feuer.[8] Zur Sprache kommt ein Feuer zuerst in Gestalt eines Einwands des Fürstoheims Friedrich, der nicht, wie von der Fürstin vorgeschlagen, über den Markt reiten mag, denn »dann flammt mir das ungeheure Unglück wieder in die Einbildungskraft, das sich mir gleichsam in die Augen eingebrannt, als ich eine solche Güter- und Warenbreite in Feuer aufgehen sah« (FA 8 538). Das Feuer greift hier dergestalt auf die Lexik des Satzes über, dass von aufflammenden und eingebrannten Eindrücken und Einbildungen die Rede sein kann. Elementare Kraft eignet dem geäußerten Argument zufolge visuellen, bildlich verfassten Vorstellungsmodi. Diese Verknüpfung von Bild und Gewalt bekommt bei der Durchquerung des Marktes, zu der man sich trotz des Einwands entschließt, zunächst Konkurrenz. Die Reitenden haben gerade das Ende des Markts erreicht, als ihnen »ein größeres Brettergebäude in die Augen fiel, das sie kaum erblickten als ein ohrzerreißendes Gebrülle ihnen entgegen tönte«. Man erfährt, dass der Löwe hier »seine Wald- und Wüstenstimme aufs kräftigste hören« lässt (FA 8 539). Superlativische Kraft – ›aufs kräftigste‹ – wird also nun der Stimme attestiert, die den Herankommenden in die Sinne fällt, bevor sie ihre visuellen Eindrücke ordnen können. Kraft wird aber schon im nächsten Satz wiederum den Bildern zugeschrieben, auf denen die im Inneren verborgenen Raubtiere zu sehen sind:

> Zur Bude näher gelangt durften sie die bunten kolossalen Gemälde nicht übersehen, die mit heftigen Farben und kräftigen Bildern jene fremden Tiere darstellten, welche der friedliche Staatsbürger zu schauen unüberwindliche Lust empfinden sollte. Der grimmig ungeheure Tiger sprang auf einen Mohren los, im Begriff ihn zu zerreißen; ein Löwe stand ernsthaft majestätisch, als wenn er keine Beute seiner würdig vor sich sähe; andere wunderliche bunte Geschöpfe verdienten neben diesen mächtigen weniger Aufmerksamkeit. (FA 8 539–40)

Wichtig ist sicher der Vermerk, dass es sich um Bilder im Sinne von klischierten Vorstellungsweisen handelt, die kaum den später tatsächlich auftretenden Tiere

---

8 Die oft zu Gattungsreflexionen herangezogene Stelle aus den Gesprächen mit Eckermann lautet: »›Wissen Sie was‹, sagte Goethe, ›wir wollen es *die Novelle* nennen; denn was ist eine Novelle anders als eine sich ereignete unerhörte Begebenheit‹«. Gespräch mit Eckermann, 29.1.1827, FA 39 221.

entsprechen, sondern eher zoologische – und nebenbei auch koloniale – Vorurteile tradieren.[9] Vor allem aber sind es Bilder, die über ein hohes affektives Potential verfügen, insofern sie nicht nur die Aufmerksamkeit erregen, sondern gezielt Schrecken erzeugen. Dies scheint ihnen vor allem durch die Art der Darstellung zu gelingen, sind die »kräftigen Bilder« doch überdimensional groß und in »heftigen Farben« (ebd.) ausgeführt.

Die hier angedeutete Vorstellung von einer Kraft der Bilder transportiert einen bedeutenden Subtext. Spätestens seit der Frühen Neuzeit diskutiert man die Wirkungsdimensionen der Malerei und der Dichtung im Rekurs auf die in der Rhetorik entwickelte Vorstellung von einer Kraft der Rede. Quintilian hatte nicht nur die aristotelischen Konzeptionen der *enargeia* und der *energeia* in der *evidentia* als Verfahren der Verdeutlichung sowie der gesteigerten Anschaulichkeit zusammengeführt, sondern auch die Kraft (*vis*) als grundlegendes Vermögen der Affektmobilisierung zum Kern der Rede erklärt.[10] Insofern in den rhetorischen Varianten der *enargeia* die Aktivierung der Einbildungskraft das vermittelnde Organ bildet, kann der *enargeia*-Komplex im rhetorisch informierten Kunstdiskurs der Frühen Neuzeit zur Chiffre für die besondere Lebendigkeit der Malerei

9   Roland Borgards hat darauf hingewiesen, dass Goethe die aus Buffons *histoire naturelle* bekannte Entgegensetzung von blutrünstigem Tiger und würdevollem Löwen in der *Novelle* zwar nutzt, aber zugleich als »fehlleitend« zurückweist. Roland Borgards, Tiere und Literatur, in: Tiere. Kulturwissenschaftliches Handbuch, hg. von Roland Borgards, Stuttgart 2016, S. 225–244, hier: S. 230. Gerhard Schulz hat Goethes Wildtiere in den Kontext eines neuen Exotismus gestellt, den er in literarischen Phantasien (Schiller, Blake) wie auch wissenschaftlichen Bemühungen (Goethes Zoologie) verortet. Gerhard Schulz, Exotik der Gefühle. Goethes Novelle, in: ders.: Exotik der Gefühle. Goethe und seine Deutschen, München 1998, S. 105–128, hier: S. 113.

10   Aristoteles beschreibt in der *Poetik* die Technik, sich beim Dichten Ereignisse vor dem inneren Auge als gerade eben ablaufende vorzustellen. *Enargeia* bezeichnet dabei nicht den Vorgang des vor Augen Stellens, sondern die Qualität der dabei hervorgerufenen inneren Vorstellung, die möglichst klar und deutlich zu sein hat. Aristoteles, Poetik, Griechisch/ Deutsch, hg. von Manfred Fuhrmann, Stuttgart 1994, S. 53–55. Quintilian bezieht dies auf die Leistungen der Rede: »Daraus ergibt sich die *enargeia* (Verdeutlichung), die Cicero ›illustratio‹ (Ins-Licht-Rücken) und ›evidentia‹ (Anschaulichkeit) nennt, die nicht mehr in erster Linie zu reden, sondern vielmehr das Geschehen anschaulich vorzuführen scheint, und ihr folgen die Gefühlswirkungen so, als wären wir bei den Vorgängen selbst zugegen«. M. Fabius Quintilianus: *institutio oratoria*/Die Ausbildung des Redners, Lateinisch/Deutsch, hg. von Helmut Rahn, Darmstadt 1989, S. 711. Die *energeia* hingegen bezeichnet in der *Rhetorik* den Kunstgriff, in den Hörern »eine Vorstellung hervorzurufen, die etwas Tätiges bezeichnet«. Ziel ist hier die Erzeugung besonders wirkmächtiger Metaphern. Aristoteles, Rhetorik, Griechisch/Deutsch, hg. von Gernot Krapinger, Stuttgart 2018, S. 357. In der Rezeptionsgeschichte der Rhetorik gehen *enargeia* und *energeia* unterschiedliche Verbindungen ein. Zur Rhetorik der englischen Renaissance vgl. Heinrich F. Plett, Rhetorik der Affekte. Englische Wirkungsästhetik im Zeitalter der Renaissance, Tübingen 1975, bes. s. 184–193.

werden, die mal durch ihre besondere Farbigkeit, mal durch ihren täuschenden Detailrealismus garantiert werden soll.[11] Im Kontext des Paragone, der als Selbstbehauptung der Malerei gegen die Dichtung angestrengt wird, wird die besondere Kraft der bildlichen Darstellung also zu einem wichtigen Argument. Hypermimesis und Lebhaftigkeit durch extensive Beschreibung und gleichsam dramatische Vergegenwärtigung sowie die damit verbundenen Möglichkeiten der Aktivierung von Einbildungskraft und Emotionen bleiben noch im 18. Jahrhundert Parameter des Kunstvergleichs, der spätestens seit Lessing als Abgleich ihrer je eigentümlichen Möglichkeiten der Illusionsbildung betrieben wird.[12] Elemente dieser Debatte spielt die *Novelle* ein, wenn sie von »bunten kolossalen Gemälden« mit »heftigen Farben und kräftigen Bildern« spricht. Sie tut dies aber, um die bekannten Topoi und Argumente neu anzuordnen.

Indem der Negativaffekt des Schreckens hervorgehoben wird, gerät die Wirkungsintensität der starken Bilder in ein Zwielicht, das sich eng mit dem Sensationellen und Populären verbindet. Und dies bleibt nicht auf das Medium der Bilder beschränkt. Als die Fürstin anregt, doch zumindest auf dem Rückweg noch die ausgestellten Tiere zu betrachten, kritisiert der Fürstoheim die seiner Ansicht nach viel zu verbreitete Lust am Schrecken: Er müsse sich wundern, dass »der Mensch durch Schreckliches immer aufgeregt sein will« (FA 8 540). Dies zeige sich insbesondere im Genre des ›Bänkelsangs‹, einer zwischen Nachrichtentechnik und Balladendichtung schwankenden Mitteilungsart:[13] »es ist an Mord und Todschlag noch nicht genug, an Brand und Untergang, die Bänkelsänger müssen es an jeder Ecke wiederholen« (FA 8 540). Dass der Oheim ironischerweise selbst schon längst zu einem solchen Propagator von schrecklichen Geschichten geworden ist, wird im weiteren Verlauf des Textes offensichtlich. Über den Affekt des Schreckens gesellt sich den kräftigen Bildern also ein (dichtungs-)sprachliches Genre hinzu. Wenn die Erzeugung des Schreckens weder der ›kräftigen Stimme‹ noch den ›kräftigen Bildern‹ vorbehalten ist, sondern auch von Formen der Rede

---

11 Valeska von Rosen hat die Auslegungen des rhetorischen *enargeia/energeia/vis*-Komplexes in der Debatte des 16. Jahrhunderts äußerst genau zusammengetragen. Neben der Thematisierung »wirkmächtiger Bildmittel« wie »Farbigkeit« und »rilievo« fokussiert sie vor allem die angestrebte »Durchsichtigkeit des Mediums«, mithin die Fähigkeit der Malerei zur absolut »täuschenden Simulation von Wirklichkeit«. Valeska von Rosen, Die Enargeia des Gemäldes. Zu einem vergessenen Inhalt des Ut-pictura-poesis und seiner Relevanz für das cinquecenteste Bildkonzept, in: Marburger Jahrbuch für Kunstwissenschaft 27 (2000), S. 171–208, hier: S. 195 und 197.

12 Einen konzisen Überblick bietet Sabine Schneider, Die Laokoon-Debatte. Kunstreflexion und Medienkonkurrenz, in: Handbuch Literatur & Visualität, hg. von Claudia Benthien und Brigitte Weingart, Berlin/Boston 2014, S. 68–85.

13 Tom Cheesman, Goethes ›Novelle‹. Die Novelle und der Bänkelsang, in: Goethe-Jahrbuch 111 (1994), S. 125–140.

erzeugt werden kann, dann ist dem Paragone eigentlich schon der Grund entzogen: Bild, Ton und Erzählung scheinen gleichermaßen zur Aktivierung intensiver Emotionen geeignet zu sein.

Den Beweis für die Wirkungsmacht sowohl von Bildern als auch von Erzählungen liefert die *Novelle*, indem sie erneut einen Brand ausbrechen lässt. Als die Ausflugsgruppe, auf dem gegenüberliegenden Berg angelangt, einen Blick zurück auf die Stadt wirft, sehen sie auf einen Brand hindeutende Rauchwolken. Honorio versucht die Fürstin mit dem Hinweis auf die in bester Ordnung befindlichen »Feueranstalten« im Ort zu beruhigen, sie aber »glaubte nicht daran, sie sah den Rauch sich verbreiten, sie glaubte einen aufflammenden Blitz gesehen, ein Schlag gehört zu haben und nun bewegten sich in ihrer Einbildungskraft alle die Schreckbilder welche des trefflichen Oheims wiederholte Erzählung von dem erlebten Jahrmarkts-Brande leider nur zu tief eingesenkt hatte« (FA 8 543). Gesehener, gehörter und erzählter Brand verschmelzen, indem das sinnlich Wahrgenommene die bereits verankerten inneren Bilder aktiviert. Als die Fürstin kurz darauf in einem idyllisch anmutenden Tal auf einen echten Tiger trifft, werden wiederum gegenwärtige Wahrnehmungen mit Bilderinnerungen überblendet: »heranspringend, wie sie ihn vor kurzem gemalt gesehen, kam er entgegen; und dieses Bild zu den furchtbaren Bildern die sie so eben beschäftigten machte den wundersamsten Eindruck« (FA 8 544). Das aktuelle Wahrnehmungsbild droht hinter den kräftigen Kolossalbildern wie auch der gespeicherten affektiven Energie der vom Oheim gehörten Erzählungen zu verschwinden.

Zwischen die Entdeckung des Brands und die Begegnung mit dem Tiger ist in der *Novelle* nun eine Brandbeschreibung eingefügt, die sich direkt in die Auseinandersetzung um die Möglichkeiten ›enargetischer‹ Darstellung der Künste einschaltet. Mit der Schilderung einer brennenden Stadt begibt sich die *Novelle* auf einen Schauplatz, auf dem auch der Wettstreit der Künste ausgetragen worden ist. Quintilian diskutiert in der *ornatus*-Lehre den Brand einer Stadt als Beispiel für ein verwirrendes simultanes Geschehen, das eine besondere Herausforderung an die sprachliche Darstellung darstellt. Die veranschaulichende Vergegenwärtigung (*enargeia*) könne aber auch der Rede gelingen, wenn sie »gewissermaßen in Worten ein Gesamtbild der Dinge abzuzeichnen« versuche.[14] Ratsam sei die »Entfaltung« all dessen, was in dem einen Wort Brand enthalten sei, durch die »Deutlichkeit« in der »Verwendung beiläufiger Einzelheiten«.[15] Tatsächlich bedient sich Goethes Erzählsequenz einer Reihe von Verfahren, die in rhetori-

---

14 Quintilian, S. 177.
15 Quintilian, S. 179. Auf die genannte Passage in Quintilians *institutio oratoria* antwortend und im impliziten Bezug auf Raffaels *Borgobrand* unterstellt etwa Francisco de Holanda in einem Traktat von 1538 den Dichtern, »den Brand einer Stadt« doch eigentlich »viel lieber

schen Programmen der *enargeia* wie der *energeia* vorgeschlagen worden sind.[16] Eigenartig an der rhetorischen Beschreibung eines Stadtbrands in der *Novelle* ist aber, dass sie nicht den gerade ausgebrochenen, sondern den vergangenen Brand vor Augen stellt. Diese Vergegenwärtigung des vergangenen Brands ersetzt und verdeckt denjenigen Brand, der sich im Moment der erzählten Zeit ereignet und sich zur anschaulichen Darstellung viel besser eignen müsste. Warum dieser Umweg?

Deutbar wäre dies als selbstbewusste Demonstration der beschreibungs-sprachlichen Fähigkeiten, sogar das längst vergangene Feuer mit unverminderter Intensität darstellen zu können. Nicht zu unterschätzen ist aber auch die proble-matisierende Rahmung der Passage: »Leider nun erneuerte sich vor dem Geiste der Fürstin der wüste Wirrwar, nun schien der heitere morgendliche Gesichts-kreis umnebelt« (FA 8 544). Mit diesem Satz ist der beschriebene Brand als etwas ausgewiesen, das sich eben nicht in der diegetischen Wirklichkeit, sondern ledig-lich in der aktivierten Einbildungskraft der Fürstin abspielt. Die Anzeichen der Pathologisierung sind hier nicht zu überlesen, produziert das innere Auge doch »leider« nur wüste, wirre und nebelhafte mentale Bilder. Die *Novelle* bedient sich in ihrer Brandbeschreibung also nicht nur einer ›enargetischen‹ oder ›energeti-schen‹ Darstellung, sondern legt zugleich deren Wirkungsgesetze offen, zu denen sie sich mindestens distanziert verhält. Der Motivstrang der schreckenerregen-den Brandbilder und Branderzählungen fügt sich so zur Kritik an Argumenten, die das Nachdenken über die Möglichkeiten der Künste bis ins 18. Jahrhundert prägen. Denn auch die medienästhetische Ausdifferenzierung der Künste steht noch im Zeichen eines vom Paragone in Gang gesetzten Kräftemessens. Dies zeigt sich in dem Text »Über die Kraft (Energie) der Kunst« von Johann Georg Sulzer, der als fleißiger Kompilator des im ausgehenden 18. Jahrhundert zu integrieren-den rhetorischen, poetologischen und ästhetischen Wissens auch den rhetori-schen *enargeia/energeia*-Diskurs weiterzuführen versucht.[17] Sulzers Abhandlung

---

wirklich als Bild malen« zu wollen, »wenn sie es nur könnten«. Zitiert nach Valeska von Rosen, Die Enargeia des Gemäldes, S. 196.

16   Wie Inka Mülder-Bach gezeigt hat, dienen insbesondere die Präsenspartizipien einer Dar-stellung, die das Feuer als gerade eben sich Ereignendes evoziert. Inka Mülder-Bach deutet die Branddarstellung als »Demonstration hypotypotischer Darstellung«, die auch dem aristotelischen *energeia*-Programm folgt. Inka Mülder-Bach, Das Abenteuer der Novelle. Abenteuer und Ereignis in den *Unterhaltungen deutscher Ausgewanderten* und der *Novelle* Goethes, in: Abenteuer. Erzählmuster, Formprinzip, Genre, hg. von Martin von Koppenfels und Manuel Mühlbacher, München 2019, S. 161–188, hier: S. 178 und S. 180.

17   Johann Georg Sulzer, Von der Kraft (Energie) in den Werken der schönen Künste, in: ders., Vermischte philosophische Schriften, Leipzig 1773, Reprint Hildesheim/New York 1974, Bd. 1, S. 122–145. Zur Kontinuität der rhetorischen Lehre der *energeia* und *enargeia* in der

lässt sich besonders produktiv auf Goethes *Novelle* beziehen, da beide Texte mit einer Zusammenführung der Kunstformen enden.

Für Sulzer ist Kraft oder Energie ganz grundsätzlich das, was seelische Bewegungen hervorruft. Dabei identifiziert er drei Möglichkeiten der Aktivierung von Emotionen, die er in einer aufsteigenden Reihe anordnet. Auf der untersten Stufe platziert er die Erzeugung von Schock, Schreck, Überraschung und Staunen, wie sie sich etwa durch schnelle und überraschende Wechsel bewerkstelligen lassen. Auf der zweiten Stufe veranschlagt er Effekte besonderer Lebhaftigkeit, die sich aus der vollendeten Nachahmung der Dinge ergeben soll. Auf der dritten Stufe präsentiert er eine Hierarchisierung der Sinne, die auch eine Stufenleiter der Künste begründet. Sulzers Version des Paragone gipfelt in der These vom höchsten Emotionalisierungspotential des Gehörten als einer »Kraft der nichts gleich kömmt«.[18] Dies führt ihn zuletzt aber nicht dazu, allein die Musik, sondern die integrierte Seh-, Wort- und Hörkunst der Oper an die Spitze seiner Gattungspyramide zu setzen.[19] Genau diese Kooperation der Sinne wie der Künste scheint am Ende der *Novelle* geleistet zu sein, insofern sich die Verwandlung des Löwen in Goethes Version nicht allein der Musik verdankt, sondern einem sorgfältig ausgestalteten Medienverbund aus Flötenspiel, Gesang und lyrischem Text, die in einer zirkus- oder bühnenartigen Lokalität zur Aufführung gebracht werden. Die Rede ist zuallererst davon, dass das Kind »gleichsam in die Arena des Schauspiels« (FA 8 553–554) absteige. Zwischen den szenischen Beschreibungen des Jungen, der den Löwen führt, den Dorn aus seiner Tatze entfernt und ihm dabei vorsingt, schwenkt die Erzählinstanz wiederholt auf die Reaktionen der beiden sich über die Balustrade beugenden Zuschauer, die das Geschehen einerseits mit ängstlicher Spannung, andererseits mit heiterer Gelassenheit verfolgen. Dabei rücken am Schluss der Erzählung nicht nur Melodie und Gesang, sondern vor allem die vom Knaben improvisierten, aus Bibelzitaten zusammengesetzten Gedichtstrophen ins Zentrum. Die *Novelle* endet also mit der Gattungsmischung aus Text, Musik, räumlicher Kulisse und darstellendem Spiel, in der sich, mit Sulzer gesprochen, »alle schöne Künste ohne Ausnahme bey einander« finden.[20]

Ästhetik Baumgartens vgl. Caroline Torra-Mattenklott, Metaphorologie der Rührung. Ästhetische Theorie und Mechanik im 18. Jahrhundert, München 2002, S. 172–196.

18 Sulzer, Von der Kraft (Energie) in den Werken der schönen Künste, S. 137.

19 Nicht nur sei »unter allen schönen Künsten die dramatische die wichtigste«, es sei auch »[u]nter den verschiedenen Arten dramatischer Werke […] die Oper allen übrigen weit überlegen, weil sich da alle schöne Künste ohne Ausnahme bey einander finden.« Sulzer, Von der Kraft (Energie) in den Werken der schönen Künste, S. 144.

20 Sulzer, Von der Kraft (Energie) in den Werken der schönen Künste, S. 144.

Wenn in der *Novelle* also geleistet scheint, was Sulzer vorschwebt, dann nur mit einer entscheidenden Korrektur. Während Sulzer einem aufgeklärten Kunstverständnis treubleibt, demzufolge es die Aufgabe der Künste sei, »die Lehren der Philosophie dem Gemüthe mit einer Kraft einzudrücken, dergleichen die nackte Wahrheit niemals hat«,[21] stellt Goethe die kombinierte Kraft der Künste gerade nicht in den Dienst der Nachdrücklichkeit, sondern in denjenigen der Sanftheit. Das Instrument des Knaben wird als »sanfte, süße Flöte« eingeführt (FA 8 549), im weiteren Verlauf der Szene wird vermerkt, dass der Knabe »immer sanft gleichsam zu präludieren fortgefahren hatte« (FA 8 549), und in den von ihm gesungenen Liedzeilen ist von »sanften frommen Lieder[n]« (FA 8 551 und 554) die Rede. Die dabei erzeugten Zustände, die sich zuerst bei den umstehenden Menschen, dann erst am Löwen zeigen, sind denn auch entschieden sanfter Art: »Alles war wie beschwichtigt« (FA 8 552). In der Gestalt des singenden Knaben setzt die *Novelle* also eine sanfte, selbst den mächtigsten Vertreter des Tierreichs besänftigende Kraft der Künste in Szene. Neben der offenkundig ethisch-diätetischen Programmatik, in der die Selbstberuhigung an die Stelle der nachdrücklichen Moraldidaxe tritt,[22] hält dieses Ende auch eine wichtige ästhetische Einsicht bereit. Die *Novelle* gibt eine doppelte Antwort auf die Frage nach den unterschiedlich ausgeprägten Kräften der verschiedenen Künste: Sie beendet ihren Wettstreit mit dem Hinweis auf ihr produktives Zusammenwirken, und sie verabschiedet zugleich die Überbietungslogik, in der sich die Künste durch überwältigende Wirkungen auszeichnen sollen.

Mit dem sanften und besänftigenden musikalischen Schauspiel schreibt die *Novelle* nicht nur Sulzers Ästhetik der »Kraft (Energie)«, sondern auch den um 1800 gängigen Topos von der Gewalt der Musik um.[23] So spricht einiges dafür, Goethes *Novelle* als gezielte Kontrafaktur der Novelle *Die heilige Cäcilie oder die Gewalt der Musik* von Heinrich von Kleist zu lesen.[24] Während in *Die Heilige Cäcilie* durch die in einer Kirche aufgeführte Sakralmusik Menschen zu Tieren werden, die nur noch bestialisch brüllen können, endet die *Novelle* mit der Domestizierung eines Tieres, die sich zu gleichen Teilen »Gott und Kunst, Frömmigkeit und Glück« (FA 8 553) verdankt. Im Text selbst wird wiederholt der Hinweis gegeben, dass weder das ausgebrochene Feuer noch die entlaufenen Tiere, sondern diese

---

21 Sulzer, Von der Kraft (Energie) in den Werken der schönen Künste, S. 123.
22 Vgl. dazu: Cornelia Zumbusch, Die Immunität der Klassik, Berlin 2011.
23 Nicola Gess, Gewalt der Musik. Literatur und Musikkritik um 1800, Freiburg 2006.
24 Lisa Marie Anderson hat vorgeschlagen, die *Novelle* als Kritik von Kleists *Erdbeben in Chili* zu lesen. Dabei deutet sie die Tiere in Goethes *Novelle* als Umkehrung der Tiere, die im *Erdbeben in Chili* in der Mordszene am Ende als Beschreibungen der Menschen benutzt werden. Lisa Marie Anderson, Countering Catastrophe. Goethe's *Novelle* in the Aftershock of Heinrich von Kleist, in: Goethe Yearbook 26 (2019), S. 65–78, hier: S. 73.

Besänftigung durch Kunst das eigentlich novellistische Ereignis bildet: »So stand der Fürst vor dem seltsamen unerhörten Ereignis« (FA 8 547). In der *Novelle*, dieser vorläufige Schluss ließe sich ziehen, entfaltet Goethe ein Programm der Kraft, das sich kritisch von den rhetorisch-ästhetischen Kräftelehren und ihren aufgeklärten wie auch romantischen Lesarten abhebt. Es zielt gerade nicht auf die Steigerung und Freisetzung, sondern, wie im Schlussbild vom ruhenden Löwen ausgesprochen, auf die Invisibilisierung von Kräften. Die Vorkehrungen, in denen auch andere Gewaltmomente der Erzählung – nicht zuletzt das vom Fürst angeführte Jagdgeschehen im fernen Gebirge, die Tötung des Löwen oder zumindest ein zu seiner Abschreckung angezündetes Feuer – ausgeblendet oder als bloß in Aussicht gestellte latent gehalten werden, unterstützen diesen Befund. Ihre Leitvorstellung einer sanften Kraft, dies wird nun im zweiten Schritt zu zeigen sein, entnimmt die *Novelle* nicht den rhetorisch-poetologischen Programmen der hochwirksamen Rede, sondern einem naturwissenschaftlichen Kräftedenken, das ebenfalls nicht gewaltsame, sondern ruhende, mitunter kaum wahrnehmbare Kräfte fokussiert.

II. ›Ruhende Kräfte‹: Dynamik der Natur

Spuren dieser Kräfte finden sich in der auffällig langwierigen Einführung des Schauplatzes der *Novelle*, auf dem mit der landschaftlichen Topografie zugleich das naturästhetische Programm des Textes abgesteckt wird – ein Programm, in dem die Kräfte des Menschen und die Kräfte der Natur in ein interessantes Verhältnis versetzt werden. Die Protagonisten befinden sich zwar noch im Stadtschloss, ihre Blicke richten sie aber schon auf den gegenüberliegenden Berg, auf dem sich der verfallene Stammsitz der Familie befindet. Die »hohen Ruinen der uralten Stammburg« sind durchsetzt von »mannigfaltigen Baumarten, die zwischen dem Gemäuer ungehindert und ungestört durch lange Jahre emporstrebten« (FA 8 534). Wie der nächste Satz verrät, bezeichnet das, was Wildnis heißt, keineswegs ein Stück unberührter Natur. Vielmehr hat man einen Wald vor sich, in dem zwar »seit hundert und funzig Jahren [...] keine Axt [...] geklungen« hat, der aber durchaus auf eine Geschichte der menschlichen Bearbeitung zurückblickt. Den jüngst wieder entstandenen Wildwuchs wollen die gegenwärtigen Bemühungen um eine Erschließung der Ruine nicht beseitigen, sondern lediglich »zugänglicher« machen (FA 8 535). Zu dieser wechselseitigen Durchdringung von einst bearbeitetem Wald und neuerdings bewachsener Burg kommt die Tatsache, dass die auf einem Felsen gebaute Steinburg der Landschaft derart eingefügt ist, »daß niemand [...] zu sagen [wüsste], wo die Natur aufhört, Kunst und Handwerk aber anfangen« (FA 8 535).

Dieses intrikate Ineinander bemerkt der Fürstoheim nicht beim Blick durch das Fernrohr als Instrument einer wissenschaftlich-objektiven, für den apparatekritischen Goethe allerdings verfremdenden Erfassung der Natur, sondern erst bei der Durchsicht der frisch gezeichneten Blätter des eigens beauftragten Künstlers – mithin beim ästhetischen Blick auf Natur als Landschaftsformation.[25] Die Leistung dieser bildlichen Darstellung wird in Folgebegriffen der *enargeia* artikuliert. Dem »wackern Künstler« sei zu danken, der »uns so löblich in verschiedenen Bildern von allem überzeugt als wenn wir gegenwärtig wären« (FA 8 536). Hier ist die rhetorische Kernkompetenz der Überzeugung aufgerufen, die dann gelungen ist, wenn sich die Betrachtenden beim Betrachten eines Kunstwerks vor der Sache selbst wähnen können. Die noch nicht zu Gemälden ausgeführten Zeichnungen heben sich aber insofern von den bunten Kolossalbildern der Marktbuden ab, als ihnen ein besonderer Realismus und, darauf basierend, ein wissenschaftlicher Erkenntniswert zugemessen wird. Dies deutet die Aufforderung des Oheims an:

> Seht nur wie trefflich unser Meister dies Charakteristische auf dem Papier ausgedrückt hat, wie kenntlich die verschiedenen Stamm- und Wurzelarten zwischen das Mauerwerk verflochten und die mächtigen Äste durch die Lücken durchgeschlungen sind. Es ist eine Wildnis wie keine, ein zufällig-einziges Lokal, wo die alten Spuren längst verschwundener Menschenkraft mit der ewig lebenden und fortwirkenden Natur sich in dem ernstesten Streit erblicken lassen. (FA 8 535–536)

Die Kategorie des Charakteristischen steht im Landschaftsdiskurs um 1800 für die besondere Naturwahrheit, die der Malerei bei der Erfassung von geologischen oder botanischen Elementen gelingen kann.[26]

---

25 Zur These von der Landschaft als ästhetischer Erfahrung der Natur vgl. Joachim Ritter, Landschaft. Zur Funktion des Ästhetischen in der modernen Gesellschaft (1963), in: ders., Subjektivität, Frankfurt a.M. 1974, S. 141–163. Im Anschluss an Ritter: Renate Fechner, Natur als Landschaft. Zur Entstehung der ästhetischen Landschaft, Stuttgart 1986; Hilmar Frank und Eckhard Lobsien, Landschaft, in: Ästhetische Grundbegriffe, hg. von Karlheinz Barck, Bd. 3, Stuttgart 2001, S. 617–663.

26 Zur Kategorie des Charakteristischen als wichtigem Argument in der Aufwertung der Landschaftsmalerei durch ihre wissenschaftliche Nobilitierung vgl. Élisabeth Décultot, Zur Vorgeschichte des klassisch-romantischen Landschaftsdiskurses. Die Landschaftsmalerei in den deutschen Kunsttheorien zwischen 1760 und 1790, in: Landschaft am Scheidepunkt. Evolutionen einer Gattung in Kunsttheorie, Kunstschaffen und Literatur um 1800, hg. von Markus Bertsch und Reinhart Wegner, Göttingen 2010, S. 17–38, hier: S. 28–30.

Bemerkenswert ist jedoch die Doppeldeutigkeit dessen, was angesichts der mit Wahrheitsanspruch ausgestatteten künstlerischen Darstellung über die Natur gesagt werden kann. Wenn die Ansichten, wie der Fürstoheim expliziert, »eine Wildnis wie keine« zeigen, dann handelt es sich vielleicht um eine exzeptionelle Wildnis, die so wild wie keine andere ist, vielleicht aber auch um eine Wildnis, die gar keine ist. Denn was die Zeichnungen zu sehen geben, ist ein Natur-Kultur-Konglomerat, das sich einem In- und Gegeneinander von natürlichen und menschlichen Aktivitäten verdankt.[27] Die Blätter machen die Wechselwirkung zwischen »Menschenkraft« und einer »ewig lebenden und fortwirkenden Natur« anschaulich. Die Formel von der ›lebenden und fortwirkenden Natur‹ führt nicht nur ins Zentrum des Goethe'schen Denkens einer Natur als schöpferischer *natura naturans*, der als Erkenntnisgegenstand Vorrang vor den ebenso zufälligen wie vergänglichen Produkten der *natura naturata* zukommt.[28] Die Passage artikuliert auch eine sehr deutliche Auffassung davon, wie sich der Mensch zu dieser lebendigen Natur verhält: Weder sind sie entfremdet und entzweit, noch idyllisch und harmonisch vereint, vielmehr befinden sie sich in einem Zustand einer Auseinandersetzung, deren Ergebnisse im Text von den Perfektpartizipien »verflochten« und »durchschlungen« (FA 8 536) markiert werden.

Die Doppeldeutigkeit dieses Verflochten- und Durchschlungen-Seins, die zugleich von Aufhebung als auch von Hervorbringung spricht, kennzeichnet Goethes Äußerungen zu Natur. In etwas dunklerer Schattierung scheint dies bereits in Goethes früher Rezension zu Sulzers Artikel »Die Schönen Künste in

27 Dies ist gegenüber den idealistisch geprägten Deutungen hervorzuheben, die Goethe einen an Schillers Begriff des Sentimentalischen erinnernden Naturbegriff unterstellen. Gerhard Kaiser etwa behauptet: »Goethes *Novelle* verhandelt die Chance der Kunst in einer modernen Gesellschaft. Die Modernität zeigt sich darin, daß die Gesellschaft in einem sentimental gebrochenen Verhältnis zum Ursprünglichen steht. Sie sehnt sich nach ihm zurück, gerade weil es keinen Raum mehr in ihr hat.« Gerhard Kaiser, Zur Aktualität Goethes. Kunst und Gesellschaft in seiner *Novelle*, in: Jahrbuch der deutschen Schillergesellschaft 29 (1985), S. 248–265, hier: S. 249.

28 Zu Goethes Denken der Natur als Prozess vgl. Olaf Breidbach, Goethes Naturverständnis, München 2011, bes. s. 158–161. Mit Bezug auf die *Novelle* hat Werner Keller hat auf die »strukturelle Verwandtschaft von Naturobjekt und Artefakt« hingewiesen und auf Goethes Programm eines Schaffens wie die Natur, nicht nach der Natur bezogen. Werner Keller, Unterhaltungen deutscher Ausgewanderten und die Novelle. Gedanken zu Goethes Kurzprosa, in: ders. Wie es auch sei, das Leben. Goethes Dichten und Denken, Göttingen 2009, S. 119–148, hier: S. 143. Wie Michler entwickelt, formuliert Goethe in der *Novelle* eine »*Produktionstheorie* der Gattungen«, die ihrerseits einer Naturphilosophie folge, »die – immer noch – nah dem Muster des alchemistischen Prozesses gemodelt ist.« Werner Michler, Kulturen der Gattung. Poetik im Kontext, 1750–1950, Göttingen 2015, S. 361 und 366.

ihrem Ursprunge« aus der *Allgemeinen Theorie der Schönen Künste* (1772) auf, in der Goethe die Natur bündig definiert als »Kraft, die Kraft verschlingt«. Die Künste der in der Natur lebenden Wesen – beginnend beim ›Kunsttrieb‹ der Tiere – bestimmt Goethe als Widerstand, um »sich gegen die zerstörende Kraft des Ganzen zu erhalten« (Goethe FA 18 99). Auch wenn die Kraftrhetorik in diesem frühen Text noch drastischer ausfällt, so ist doch bemerkenswert, dass Goethe auch in der *Novelle* Natur und Kunst als gegenstrebige Kräfte beschreibt, die gerade durch ihr wechselseitiges Zerstörungspotential produktiv werden. Gebaut und geschaffen wird in unmittelbarer Reaktion auf eine Natur, die sich ihrerseits um den Menschen nicht kümmert. In den Konstellationen von Gesteinen, Gewächsen und Gebäuden oder dem nach der Natur Gezeichneten und Gemalten als Arrangements von Natürlichem und Künstlichem spielt die *Novelle* Konstellationen durch, die weniger eine noch ausstehende Versöhnung zwischen Natur und Mensch einklagen, als vielmehr die Geschichte ihrer antagonistischen Verwicklungen lesbar machen.[29]

Dieses dynamische Wechselverhältnis expliziert der Text in denjenigen Passagen, die Ausblicke auf Kulturlandschaften geben. Besonders prägnant wird es in den Beschreibungen des Burgbergs, in denen die Unterscheidung von natürlich Gewordenem und von Menschen Gemachtem entgleitet. Die bereits zitierte Beschreibung der künstlerischen Ansichten der Burg hatte das Ineinander von Steingebäude und Pflanzenbewuchs in den Blick gerückt. Eine zweite, beim Anstieg auf den Berg eingeschobene Beschreibungspassage fokussiert das Verhältnis des geologisch gegebenen zum verbauten Stein. Um »die mächtige Ruine« zu situieren, wird in wenigen aufeinander folgenden Sätzen drei weitere Male das Adjektiv ›mächtig‹ verwendet: »mächtige Felsen standen von Urzeiten her«, »das

---

29 Fabian Sturm hat die *Novelle* als narrative Exemplifikation einer Morphologie gedeutet, die zugleich eine Ästhetik der Natur bietet. Dabei werden in der *Novelle*, so das Ergebnis, die »Grenzen zwischen Natur und Kultur nicht abgesteckt, sondern unterwandert und dekonstruiert: Natur ist Produkt kulturell-determinierter Wahrnehmung, Kultur Verlängerung der Natur«. Fabian Sturm, Das ›Blätterwerk‹ der Kunst. Auf den Spuren eines morphologischen Narrativs in Goethes Novelle, in: Jahrbuch der deutschen Schillergesellschaft 59 (2015), S. 156–179. Im Rekurs auf Ansätze des New Materialism ließe sich noch radikaler behaupten, dass die in der *Novelle* skizzierten Verwicklungen nicht von einem Chiasmus der deutenden Wahrnehmung, sondern von einer grundlegenden materiellen Verwobenheit (›entanglement‹) menschlicher und nichtmenschlicher Natur zeugen. Für Goethes *Faust* hat dies Heather Sullivan vorgeschlagen; vgl. Heather I. Sullivan, Affinity Studies and Open Systems: A Nonequilibrium, Ecocritical Reading of Goethe's *Faust*, in: Ecocritical Theory. New European Approaches, hg. von Axel Goodbody und Kate Rigby, Charlottesville 2011, S. 243–255; Heather I. Sullivan, Goethe's Concept of Nature: Proto-Ecological Model, in: Ecological Thought in German Literature and Culture, hg. von Gabriele Dürbeck, Urte Stobbe, Hubert Zapf und Evi Zemanek, Lanham 2017, S. 17–29.

dazwischen Herabgestürzte lag in mächtigen Platten und Trümmern«, »wo ein vorstehender mächtiger Fels einen Flächenraum darbot« (FA 8 541). Mächtigkeit im Sinne von besonderer Größe oder Kraft wird hier nicht nur dem Berg, sondern zuallererst der von Menschen gebauten Burg zugestanden. Offenkundig können nicht nur uralte, sondern auch die durch Zerstreuungsprozesse entstandenen Gesteinsbildungen wie ›Platten und Trümmer‹ als ›mächtig‹ bezeichnet werden. Offen bleibt zwar, ob das Herabgestürzte nur Teile der Burg oder auch Teile der natürlichen Formation des Bergs betrifft. Ungeklärt bleibt auch, ob das Zerschlagen und Herabstürzen der ›mächtigen Platten und Trümmer‹ allein durch natürliche Prozesse wie Verwitterung und Erosion oder durch menschliche Einwirkung initiiert und befördert worden ist. Dennoch ist festzuhalten, dass sich fortwirkende Kräfte nicht nur in der belebten Natur, auf die bezogen die Vorstellungen vom ›ewig Lebenden‹ schnell einleuchten könnten, sondern insbesondere auch in der mineralogischen, also unbelebten Natur bemerkbar machen.

Es ist bereits gesehen worden, dass die *Novelle* Verbindungen zu Goethes geologischen Studien unterhält.[30] Dabei hat man meist seine frühen Texte herangezogen, etwa *Über den Granit* (1784/85), in dem der Granit das Bild des von Urzeiten her Gegründeten und verlässlich Bestehenden bietet.[31] Von hier aus liegt der Schluss nahe, dass Goethe im »Rekurs auf ›natürliche‹ und mythologische Ursprungsmodelle« die prekär gewordenen sozialen Ordnungen zu stabilisieren versucht.[32] Allerdings ist die Auffassung von einer dynamischen Natur womöglich gar nicht dazu angetan, Stabilität zu garantieren. Ein genauerer Blick in Goethes geologische Skizzen bestätigt dies. In einem wohl um 1806 verfassten Schema zur *Bildung der Erde* kommt Goethe zu dem Schluss, dass sich die charakteristischen geometrischen Gestalten der einzelnen Gesteinssorten wie Rhombus oder Tetraeder nicht nur den Vorgängen der Sedimentierung und Kristallisation, sondern ebenso den erosionsbedingten Zerfallsprozessen verdanken. Wenn Goethe dies in der »Eigenschaft, daß die Masse in Gestalten auseinandergeht« (FA 25 538),

---

30 Anneliese Klingenberg geht davon aus, dass Goethe »seine Geschichts- und Gesellschaftsvorstellungen [...] stark an seine Naturauffassungen gebunden« habe, belegt dies aber nicht ausführlich. Anneliese Klingenberg, Goethes »Novelle« und »Faust II«. Zur Problematik Goethescher Symbolik im Spätwerk, in: Impulse. Aufsätze, Quellen, Berichte zur deutschen Klassik und Romantik 10 (1987), S. 75–123, hier: S. 80.

31 Mandelartz liest die Beschreibung des Berggipfels, auf dem sich die Burg befindet, mit Goethes frühem Text über den Granit, wobei in der Novelle die »natürliche Ordnung verdeckt« sei, da der Berg von der Burg bebaut und damit der Ursprung dem Blick entzogen sei. Michael Mandelartz, Vom Gestein zur Poesie. Zum Verfahren der Steigerung in Goethes *Novelle*, in: Herder-Studien 5 (1999), S. 127–159, S. 150.

32 So der Schluss von Martin Schneider, Paradoxien der Präsenz. Die narrative Darstellung ereignishafter Zeiterfahrung in Goethe *Novelle*, in: Euphorion. Zeitschrift für Literaturgeschichte 111 (2017), S. 224.

zusammenfasst, dann ist ihre je besondere Gestaltung ein Effekt des Abspaltens und nicht des Zusammenschießens. Diese Überlegungen sind für die in der *Novelle* skizzierten Szenarien des Natürlichen in dreifacher Hinsicht einschlägig. Sie entwerfen ein Modell der Formgenese, das sich nicht allein an lebendigen Organismen bestätigen lässt; sie begreifen Zersetzungs- und Zerfallsvorgänge als formengenerierend; und sie schreiben diese Produktivität nicht plötzlichen und gewaltsamen, sondern kontinuierlich wirksamen Kräften zu.

Die Arbeit an der *Novelle* fällt nun exakt in die Zeit der Versuche, sich erneut um das genaue Verhältnis vulkanistischer und neptunistischer Erdentstehungsszenarien zu bemühen, bis Goethe nach 1829 seinen »Unglauben in betreff des Hebens und Drängens Aufwälzens und Quetschens (Refoulement) Schleuderns und Schmeißens« (FA 25 649) überdeutlich betont und 1831 seine bekannte Absage an »diese vermaledeite Polterkammer der neuen Weltschöpfung« (FA 25 653) erteilt.[33] In seinen Texten zur Geognosie Böhmens beschreibt er zwar die Spuren der Einwirkung von Feuer, Erhitzung und Brand auf einzelne Gesteinsformationen, verzichtet aber auf Erklärungen, in denen die Gesteinsmassen selbst durch vulkanische Bewegungen aus dem Erdinnern hervorgeschleudert worden seien. Im Hintergrund steht der Anspruch, zu Szenarien zu gelangen, die nicht von einzigartigen und sporadisch auftretenden, sondern von gesetzmäßigen und grundsätzlich wirksamen Kräften ausgehen. Dies formuliert Goethe in seinem Text *Gebirgsgestaltung im Ganzen und Einzelnen* programmatisch:

> Alles dieses ist nur gesagt, daß die Natur nicht später gewaltsame Mittel anzuwenden braucht um dergleichen Erscheinungen mechanisch hervor zu bringen, sondern daß sie in ihren ersten Anlagen ewige aber ruhende Kräfte besitzt, die, in der Zeit hervorgerufen, bei genugsamer Vorbereitung das Ungeheure sowie das Zarteste zu bilden vermögen (FA 25 633)

Arbeiten zum Verhältnis von Geologie und Literatur haben sich meist auf den hier angesprochenen Umstand konzentriert, dass die Erdentstehung mit der *deep time*-Hypothese neue Dimensionen von Zeitlichkeit zu denken und auch

---

33 Ab 1820 veröffentlicht Goethe eine Reihe von Texten, die pyrotypische, offenbar durch Feuer entstandene Gesteinsformationen in der Geognosie Böhmens besprechen. In dem 1820 publizierten Text über den *Kammerberg von Eger* kombiniert Goethe in einem von der Einbildungskraft gelenkten Vorstellungsspiel vulkanistische und neptunistische Modellierungen, um zu zeigen, dass eine »gemeinschaftliche und wechselseitige Wirkung des Wassers und des Feuers« für die geologischen Formationen verantwortlich ist (FA 25 417). 1822 nimmt er auf diese Texte Bezug, spricht aber nun von pseudovulkanischen Ursachen.

darzustellen verlangt.[34] Die Formulierung »bei genugsamer Vorbereitung« spielt auf diesen Zusammenhang an. Besonders bemerkenswert ist in Goethes Notiz aber der Umstand, dass diese Verzeitlichung nicht nur die geologischen Formationen, sondern auch die Kräfte selbst erfasst. So impliziert die Rede von ›ewigen aber ruhenden‹ Kräften, dass Kräfte über lange Zeiträume hinweg scheinbar im Zustand der Ruhe verbleiben können, bis sie sich im Formenrepertoire der Natur bemerkbar machen.[35] Dabei soll grundsätzlich gelten, dass sich Kräfte nicht erschöpfen: »Die chemischen Kräfte der Natur nehmen keineswegs ab. Sie zeigen sich vielmehr jederzeit wo sie freies Spiel haben« (FA 25 567). Das hier artikulierte Interesse an den konstant wirksamen Kräften der Natur liefert eine Leseanleitung für die *Novelle*, in der die gewaltsamen Mittel der starken Bilder, ohrzerreißenden Stimmen und schreckenerregenden Erzählungen mit einer Kunstform kontrastiert werden, in der Kräfte in verborgener und potentiell endloser Weise am Werk sind. Welchem Produktionsgesetz unterliegt also das spontan gedichtete Lied des Knaben, das ausdrücklich ins Zeichen des Sanften gestellt wird?

III. ›und so weiter‹ – die Produktivität der Dichtung

Bevor der singende Knabe den eigentlich längst beruhigten Löwen in die Sichtbarkeit des theaterartigen Burghofs führt und damit die Versöhnung von Mensch und Natur performiert, kommen eine Reihe von gleichsam natürlichen Redeweisen zur Sprache. Es tritt zunächst die Frau des Schaustellers auf, die sich

---

34 »Abstract-intellektuell zu verstehen, was Tiefenzeit bedeutet, ist nicht schwer; ich weiß, wieviel Nullen ich hinter die 1 setzen muß, wenn ich ›eine Milliarde‹ meine. Aber sie wirklich ›intus‹ zu haben, ist etwas ganz anderes. Die Tiefenzeit ist etwas so Fremdes, daß wir sie wirklich nur als Metapher begreifen können«. Stephen J. Gould, Die Entdeckung der Tiefenzeit. Zeitpfeil oder Zeitzyklus in der Geschichte unserer Erde, München 1990, S. 15. Zu Goethes Bild einer verzeitlichten Natur vgl. allgemein: Goethe und die Verzeitlichung der Natur, hg. von Peter Matussek, München 1998. Zu Goethe und der Geologie besonders: Wolf von Engelhardt, Goethe im Gespräch mit der Erde. Landschaft, Gesteine, Mineralien und Erdgeschichte in seinem Leben und Werk, Köln 2003; Peter Schnyder, Grund-Fragen. Goethes Text *Über den Granit* als ›Ur-Ei‹ der Wissensrepräsentation, in: »Ein Unendliches in Bewegung«. Künste und Wissenschaften im medialen Wechselspiel bei Goethe, hg. von Barbara Naumann und Margrit Wyder, Bielefeld 2012, S. 245–263.

35 In Bezug auf die Manifestation im Großen wie im Kleinen spricht Goethe auch vom ›mikromegischen Verfahren der Natur‹: »Bedeutend hab ich immer die Betrachtung gefunden, die uns das makro-mikromegische Verfahren der Natur einzusehen macht: denn diese tut nichts im Großen was sie nicht auch im Kleinen täte, bewirkt nichts im Verborgenen was sie nicht auch am Tagslicht offenbarte« (FA 25 631). Diese Überlegung wird Stifter in seiner Vorrede zu der Novellensammlung *Bunte Steine* zum sanften Gesetz erklären.

»heulend und schreiend« über den Körper des getöteten Tigers wirft. An diese unartikulierten Klagelaute schließt sich eine mit der Kraft des Wassers assoziierte Rede: »Den gewaltsamen Ausbrüchen der Leidenschaft dieses unglücklichen Weibes folgte, zwar unterbrochen stoßweise, ein Strom von Worten, wie ein Bach sich in Absätzen von Felsen zu Felsen stürzt.« (FA 8 546–547) Die als Wasserstrom imaginierte Rede, die im nächsten Satz als »natürliche Sprache« (ebd.) charakterisiert wird, liefert das Gegenbild zu dem Feuer, das die eingebrannten Bilder begleitet hatte. Der Vergleich mit einem Bach markiert den Einstieg in eine Gegenargumentation, die der Vater der Schaustellerfamilie fortführt. Begleitet vom Flötenspiel des Knaben skizziert er eine politische (Natur-)Theologie, die dem Lauf des Wassers folgt. Den Satz »Gott hat dem Fürsten Weisheit gegeben, und zugleich die Erkenntnis, daß alle Gotteswerke weise sind« illustriert er folgendermaßen:

> Seht den Felsen wie er fest steht und sich nicht rührt, der Witterung trotzt und dem Sonnenschein, uralte Bäume zieren sein Haupt und so gekrönt schaut er, weit umher; stürzt aber ein Teil herunter, so will es nicht bleiben was es war, es fällt zertrümmert in viele Stücke und bedeckt die Seite des Hanges. Aber auch da wollen sie nicht verharren, mutwillig springen sie tief hinab, der Bach nimmt sie auf, zum Flusse trägt er sie. Nicht widerstehend, nicht widerspenstig-eckig, nein, glatt und abgerundet gewinnen sie schneller ihren Weg und gelangen von Fluß zu Fluß, endlich zum Ozean, wo die Riesen in Scharen daher ziehen und in der Tiefe die Zwerge wimmeln. (FA 8 550)

Die sprachbildliche Erläuterung des eingangs bündig gefassten Grundsatzes gibt mehrere Rätsel auf. Sie nimmt zwar ihren Ausgang von einem Gott, der den Anspruch absoluter Herrschaft schöpfungstheologisch untermauern soll, sie endet aber in einer mythisch belebten, von Riesen und Zwergen bevölkerten Meerestiefe. Analog dazu verschwindet das Lob des feststehenden Felsen in der weitaus längeren Beschreibung seiner Auflösung und Zersetzung. So gewinnt das Gleichnis im Verlauf der Rede eine Eigendynamik, die das scheinbar fest Gegründete auf den Weg seiner Dispersion und Bearbeitung schickt. Entworfen wird ein Szenario der permanenten Transformation, hervorgerufen durch Prozesse des Zertrümmerns, Herabspringens, Abschleifens und Zerreibens. Wenn auch das Urgestein seine Kontinuität offenbar nur in der beständigen Zersetzung vom Felsen zum Sandkorn garantieren kann, dann entpuppen sich die vermeintlich zerstörerischen als die eigentlich produktiven Kräfte. Bezieht man dieses Naturgleichnis auf die als Wasserstrom imaginierte Rede der Mutter, so liegt die als »eindringlich und rührend« (FA 8 547) ausgewiesene Kraft ihrer Rede womöglich gerade darin, bestehende Formen aufzulösen und dadurch zu verwandeln.

Eine solche Transformation führen die Liedstrophen des Knaben vor. Auffällig ist zuallererst, dass die *Novelle* hier selbst die generische Form wechselt und ihre Prosa mit Gedichtstrophen durchsetzt. Diese partielle Überführung der ungebundenen Sprache der Prosa in die gebundene Rede des Gedichts dient aber keineswegs der Erzeugung einer besonderen lyrischen Subjektivität. Vielmehr bringt der Junge eine hochgradig intertextuelle, gerade nicht der eigenen Erfindung entspringende Dichtung zum Vortrag, in der verschiedene Bibelstellen zu einem Lied montiert sind.[36] Diesem Zitatcharakter ist es wohl zu verdanken, dass das vom Knaben improvisierte Lied spontan auch von der Mutter »als zweite Stimme« begleitet werden und dass auch noch der Vater mit einstimmen kann: »mit Kraft und Erhebung begannen alle drei« (FA 8 551). Nicht nur der religiöse Ursprung, sondern auch die alle Anwesenden gleichermaßen ergreifende Kraft einer nicht selbst verantworteten lyrischen Rede gehört in das Beschreibungsrepertoire der platonischen *dynamis* der Dichtung, die bereits in dem auf die Rede des Vaters bezogenen Wort »Enthusiasmus« anklingt und im Ausdruck von »Kraft und Erhebung« noch einmal durchscheint.[37] Die umgebende Prosa der *Novelle* legt jedoch nicht den ungreifbaren göttlichen Ursprung, sondern die Produktionstechnik dieser Gedichtstrophen offen: »Eindringlich aber ganz besonders war, daß das Kind die Zeilen der Strophen nunmehr zu anderer Ordnung durcheinanderschob, und dadurch wo nicht einen neuen Sinn hervorbrachte, doch das Gefühl in und durch sich selbst aufregend erhöhte« (FA 8 551). Die produktive Phantasie verfährt als sukzessives Neuarrangement zitierter Bruchstücke, deren Funktion weniger in der semantischen Nuancierung als vielmehr in der emotionalen Intensivierung besteht.

Modelliert ist diese Produktionsweise nicht entlang biologischer Entwicklungen, sondern gemäß der geologischen Dynamik von sich ›durcheinander schiebenden‹ Gesteinsschichten. Damit ähnelt die eigentümliche Produktivität des dichtenden Kindes dem Vermögen der unorganischen Natur, durch die Zersetzung und Rekombination ihrer Teile zu neuen Formzusammenhängen zu gelangen. Und ebenso wie die ewig fortwirkenden Kräfte der Natur zeichnet sich auch das poetische Erzeugungsprinzip durch seine unendliche Potentialität aus. Der letzte Prosasatz in der versteckten Wortfolge ›und so weiter‹ legt nahe, dass das am Ende

---

36 Dies hat Anneliese Klingenberg in aller Ausführlichkeit gezeigt. Klingenberg, Goethes »Novelle« und »Faust II«, S. 93–95.

37 Die Rede des Vaters wird als Beispiel für einen »anständigen Enthusiasmus« (FA 8 550) eingeführt und als »Ausdruck eines natürlichen Enthusiasmus« (FA 8 551) abmoderiert. Platon expliziert in dem Dialog *Ion* den *enthousiasmos* als eine göttliche Kraft (›*dynamis*‹), die den Dichter, den Rhapsoden wie auch die Rezipierenden in einer magnetischen Wirkungskette erfasst. Platon, Ion, in: Werke in acht Bänden. Griechisch / Deutsch, hg. von Gunther Eigler, Darmstadt 1977, Bd. 1, S. 15 (533d–e).

stehende Gedicht immer weitergeführt werden könnte: »Das Kind flötete *und* sang *so weiter*, nach seiner Art die Zeilen verschränkend und neue hinzufügend« (FA 8 555, Hvh. C.Z.). Die potentielle Unendlichkeit des Gedichts setzt sich bis in die Verbformen hinein durch: Während in der vorletzten Strophe in fast jedem Vers ein Verb im Indikativ Präsens steht – »herrscht«, »herrscht«, »schwankt«, »erstarrt«, »erfüllt«, »enthüllt« (FA 8 555) –, belässt die letzte Strophe fast alle Verben im Infinitiv. In diesen Fügungen (»zu verhindern«, »zu befördern«, »zu bannen«) sind nicht nur Zwecke und noch ausstehende Ziele benannt, die über das Ende der Erzählung hinausweisen. Indem die Zeitworte in die unbestimmte Form des Infinitivs versetzt sind, suggerieren sie auch die buchstäblich in-finite, unbegrenzte Formbarkeit des Gedichteten. Von dieser durch Wiederholung und Variation erzeugten Dichtung wird zuletzt auch die Erzählung selbst affiziert. Als der Junge den Löwen in den Burghof geführt hat, bemerkt der Erzähler, dass der Knabe »sein beschwichtigendes Lied abermals begann, dessen Wiederholung wir uns auch nicht entziehen können« (FA 8 554). In diesem Geständnis bekundet der Erzähler nicht nur die eigene Rührung, sondern begründet vor allem seine Entscheidung, die verschiedenen Strophen trotz ihrer nur geringen Abweichungen nacheinander in die Erzählung einzubeziehen. Damit wird der Erzähler selbst zum Agenten der Wiederholung.

Dieser Hinweis regt dazu an, das durch seine unendliche Potentialität gekennzeichnete Gesetz der Dichtung auch in der Erzählform der *Novelle* aufzusuchen. Deutlich ist, dass sich das Bauprinzip der Reduplikation in der Ereignisanordnung – zwei Schlösser, zwei Brände, zwei Raubtiere, zwei Jagdpartien – durchsetzt. Zudem endet der Text, dies haben die meisten Deutungen festgehalten, insofern offen, als weder erzählt wird, ob und wie der Brand gelöscht noch was mit dem melancholisch in die untergehende Sonne blickenden Honorio geschehen wird. Dies legt die Vermutung nahe, dass die durch Eckermann überlieferte Rede von der ›unerhörten Begebenheit‹ in Bezug auf die Gattungsspezifik eine falsche Fährte auslegt. Aufschluss geben hingegen die Umgebungen, in die Goethe andere Novellen eingebettet hat. In Texten wie den *Unterhaltungen deutscher Ausgewanderten* und *Wilhelm Meisters Wanderjahren* sind Novellen mündlich verbreitete oder schriftlich zirkulierende Erzählungen, die sich durch ihre besondere Wandelbarkeit auszeichnen. Ein Erzählkommentar zu der in den *Wahlverwandtschaften* eingerückten Novelle *Die wunderlichen Nachbarskinder*, die eine innerdiegetisch wohl wirklich geschehene Begebenheit in kaum wiedererkennbarer Form erzählt, bringt dies auf den Punkt: »... wie es dergleichen Geschichten zu gehen pflegt wenn sie erst durch den Mund der Menge und sodann durch die Phantasie eines geist- und geschmackreichen Erzählers durchgehen. Es bleibt zuletzt meist alles und nichts wie es war« (FA 8 479). Wie die im Wasserstrom transportierten und bearbeiteten Gesteinsbrocken werden offenbar auch die durch mehrere Münder, vor allem aber durch die Phantasie eines begabten Erzählers gehenden Novellen im Prozess des Wiedererzählens zugleich verstreut und geformt. So liefert das Phänomen der kontinuierlich wirkenden Kräfte auch die Formel für das, was an der *Novelle* in herausgehobener Weise novellistisch ist: Es ist nicht der schockhafte Moment des Unerhörten, sondern ganz im Gegenteil das Formprinzip des immer wieder, so oder vielleicht auch ganz anders Gehörten.

FRIEDER VON AMMON

POETOPHONIE

Für eine Klangforschung aus literaturwissenschaftlicher Perspektive

Untersuchungen zum Thema ›Sound‹ sind seit einiger Zeit *en vogue.* Im Zeichen dieses schillernden Begriffs hat sich mit den *Sound Studies* ein produktives internationales und transdisziplinäres Forschungsfeld entwickelt, dessen Konturen kürzlich auch in einem umfangreichen Handbuch in deutscher Sprache nachgezeichnet worden sind.[1] Die Literaturwissenschaft ist zwar beteiligt an diesem Handbuch, doch der entsprechende Überblicksartikel verrät (und formuliert auch selbst), dass die Überlegungen dieser Disziplin zum Thema bisher nicht allzu weit gediehen sind.[2] Man kann sogar noch weitergehen und behaupten, dass sie, trotz vielversprechender Ansätze,[3] noch gar nicht richtig begonnen haben: Eine

---

1   Handbuch Sound. Geschichte – Begriffe – Ansätze, hg. von Daniel Morat und Hansjakob Ziemer, Stuttgart 2018. Die umfangreiche Forschungsliteratur aus den verschiedenen Disziplinen von der Architektur bis zur Wissenschaftsgeschichte ist dort gut dokumentiert und muss deshalb an dieser Stelle nicht erneut aufgelistet werden. Hinzuweisen ist aber auf einen vor dem Handbuch erschienenen Sammelband, der wie dieses aus dem zwischen 2012 und 2016 von der DFG geförderten Netzwerk ›Hör-Wissen im Wandel‹ hervorgegangen ist: Wissensgeschichte des Hörens im Wandel, hg. von Netzwerk »Hör-Wissen im Wandel«, Berlin 2017. Ein Handbuch und ein Reader in englischer Sprache liegen bereits seit einigen Jahren vor: The Oxford Handbook of Sound Studies, ed. by Trevor Pinch and Karin Bijsterveld, Oxford 2011; The Sound Studies Reader, ed. by Jonathan Sterne, London und New York 2012.

2   Claudia Hillebrandt, Literaturwissenschaft, in: Handbuch Sound, S. 120–125, hier S. 120.

3   Hier ist insbesondere die Buchreihe ›Audiotexte – Klang – Kunst – Kultur‹ zu nennen, innerhalb derer bisher zwei Sammelbände erschienen sind: Dichtung für die Ohren. Literatur als tonale Kunst in der Moderne, hg. von Britta Herrmann, Berlin 2015; und Diskurse des Sonalen. Klang – Kunst – Kultur, hg. von ders. und Lars Korten, Berlin 2019. Zu nennen ist auch ein älterer Sammelband: Phono-Graphien. Akustische Wahrnehmung in der deutschsprachigen Literatur von 1800 bis zur Gegenwart, hg. von Marcel Krings, Würzburg 2011. Eine Untersuchung zu Franz Kafka (die allerdings nicht an die *Sound Studies* anknüpft) hat jüngst Rüdiger Görner vorgelegt: Franz Kafkas akustische Welten, Berlin und Boston 2019. Für weitere Literaturhinweise vgl. Claudia Hillebrandt, Literaturwissenschaft, S. 124 f. Dort nicht angeführt wird die – im Bereich der *Digital Humanities* allerdings einschlägige – Studie von Holst Katsm: Loudness in the Novel, 2014, http://publikationen.ub.uni-frankfurt.

zufriedenstellende literaturwissenschaftliche Konzeptualisierung von ›Sound‹ – zumal aus germanistischer Perspektive – gibt es bislang nicht.

Im Folgenden soll deshalb ein Vorschlag unterbreitet werden, wie man dieses Forschungsdesiderat beheben könnte; zugleich ist zu zeigen, warum es lohnend ist, dies zu tun.

Zunächst zur Begrifflichkeit: Aufgrund seiner kaum mehr kontrollierbaren Vieldeutigkeit, die aus seinen unterschiedlichen Bedeutungsspektren im Englischen und im Deutschen, vor allem aber aus seiner Verwendung in den Fachsprachen verschiedener Disziplinen und zudem in der Umgangssprache resultiert, wird der Begriff ›Sound‹ hier gemieden und durch den neutraleren Begriff des ›Klangs‹ ersetzt, der – einer gängigen Definition von ›Sound‹ folgend – als ›gehörter Schall‹ verstanden wird und damit sowohl Geräusche als auch Stimmen und Töne umfasst.[4]

In einem zweiten Schritt ist der Gegenstandsbereich einer Klangforschung aus literaturwissenschaftlicher Perspektive, wie sie hier skizziert wird, genauer zu bestimmen und begrifflich zu fassen. Als Ausgangspunkt dient dabei eine Systematik, die der US-amerikanische Klangforscher Bernie Krause entwickelt hat. Krause ist eine faszinierende Figur[5]: In jungen Jahren gehörte er zu den Pionieren der elektronischen Popmusik (er trat etwa 1967 auf dem Monterey Pop Festival auf und stellte dort den ersten Moog-Synthesizer vor, mit dem Bands wie *The Byrds* und *The Doors* bald darauf ebenfalls zu arbeiten begannen). Auch an den Soundtracks zahlreicher Fernsehserien und Filme war er beteiligt, darunter *Mission: Impossible* und *The Twilight Zone* sowie *Rosemary's Baby* von Roman Polański und *Apokalpyse Now* von Francis Ford Coppola. Schließlich wandte er sich aber von Hollywood ab und begann damit, sich im Rahmen des von ihm gegründeten Projekts *Wild Sanctuary*[6] mit Bioakustik zu beschäftigen. In diesem Zusammenhang produzierte er *Field Recordings*, nahm also Klänge außerhalb von Tonstudios und insbesondere in der freien Natur auf. Zu diesem Zweck reist er seitdem um die ganze Welt. Inzwischen hat er ein einzigartiges Klangarchiv angelegt, das

de/frontdoor/index/index/docId/46958 (27.02.2020). Ebenfalls nicht angeführt werden wichtige englischsprachige Arbeiten, dazu vgl. Philipp Schweighauser, Literary Acoustics, in: Handbook of Intermediality. Literature – Image – Sound – Music, ed. by Gabriele Rippl, Berlin / Boston 2015, S. 475–493. Vgl. des Weiteren die Überblicksdarstellung von Boris Previšić: Klanglichkeit und Textlichkeit von Literatur, in: Handbuch Literatur & Musik, hg. von Nicola Gess und Alexander Honold, Berlin und Boston 2017, S. 39–54.

4   Vgl. dazu Daniel Morat und Hansjakob Ziemer, Einleitung, in: Handbuch Sound, S. VII–XI, hier S. VIII.

5   Vgl. zum Folgenden Bernie Krause, The Great Animal Orchestra. Finding the Origins of Music in the World's Wild Places, London 2012, S. 13–17.

6   Vgl. Bernie Krause, Wild Sanctuary, http://www.wildsanctuary.com (26.02.2020).

Tondokumente von insgesamt mehr als 4.500 Stunden Dauer umfasst. Einige der von ihm aufgenommenen »*Soundscapes*« – ein Begriff, der für Krause wie für die *Sound Studies* insgesamt eine zentrale Rolle spielt und den man in etwa mit ›Klanglandschaften‹ übersetzen kann[7] – sind schon jetzt von einem besonderen historischen Wert, weil die Habitate, wo sie aufgenommen wurden, mittlerweile bebaut sind oder anderweitig zerstört wurden. Die entsprechenden Klanglandschaften existieren also nur noch in Form von Tondokumenten, was diese zu den letzten Zeugnissen einer untergegangenen Biodiversität macht.

Krause teilt die Gesamtheit aller Klänge in drei große Bereiche ein, für deren Konstitution der Ursprung der jeweiligen Klänge maßgeblich ist. Den ersten dieser Bereiche nennt er »*Geophony*«, also Geophonie. Gemeint sind damit »natural sounds springing from nonbiological subcategories such as wind, water, earth movement, and rain«.[8] Auch die Klänge, die durch die Bewegungen des Eises in Gletschern entstehen, gehören beispielsweise zur Geophonie, und Krause ist es mithilfe einer speziellen Aufnahmemethode gelungen, sie zu dokumentieren. Wenn der Prozess der Klimaerwärmung so voranschreitet, wie es gegenwärtig prognostiziert wird, wird es diese glazialen Klanglandschaften ebenfalls nicht mehr lange geben.

Den zweiten großen Bereich nennt Krause »*Biophony*«, Biophonie, worunter er »the sounds of living organisms« versteht, also die Klänge lebender und – das wäre zu ergänzen – nicht-menschlicher Organismen, dazu gehören Pflanzen und vor allem Tiere.[9] Auch hier hat Krause Erstaunliches festgehalten, so etwa die Klänge, die Ameisen verursachen, indem sie ihre Beine an ihren Bäuchen reiben, um auf diese Weise zu kommunizieren, oder den Klang, der entsteht, wenn ein Virus sich von einer Zelle löst.

Der dritte große Bereich ist die Anthropophonie (»*Anthropophony*«), damit sind alle vom Menschen hervorgebrachten Klänge gemeint, seien sie ›elektromechanischer‹, ›physiologischer‹, ›kontrollierter‹ oder ›zufälliger‹ Art.[10]

Der Begriff, der an dieser Stelle vorgeschlagen werden soll, ist von dieser Systematik abgeleitet und lautet: Poetophonie. Er bezeichnet alle Klänge, die der Mensch mit und in literarischen Texten hervorbringt. Wie diese Formulierung deutlich macht, sind dabei zwei Grundformen zu unterscheiden: zum einen die *mit* literarischen Texten hervorgebrachten und insofern *realen* Klänge. Dazu gehören alle Formen tatsächlich hörbarer Literatur, wie sie zum Beispiel im Theater oder im Rahmen von Autorenlesungen entsteht, oder wie sie – medial ver-

---

7   Vgl. dazu Sabine Breitsameter, Soundscape, in: Handbuch Sound, S. 89–95.
8   Bernie Krause, The Great Animal Orchestra, S. 39.
9   Ebd., S. 68.
10 Ebd., S. 157.

mittelt – auf Tonträgern gespeichert ist. Und wenn der junge Hölderlin in Tübingen im Chor mit Freunden und reichlich betrunken Schillers *An die Freude* so laut brüllte, »daß das ganze Neckar Thal wider scholl«,[11] waren das ebenfalls reale Klänge, wenn sie damals auch nicht aufgenommen werden konnten und heute also (bedauerlicherweise) nicht mehr hörbar sind. Dass den realen Klängen der Literatur in bestimmten Epochen der Literaturgeschichte eine gesteigerte Bedeutung zukommt – etwa im Mittelalter, das nicht nur eine Epoche der ›Visibilität‹ war, sondern eben auch der ›Audibilität‹[12] –, sei an dieser Stelle nur angedeutet.

Zur Poetophonie gehören zum anderen aber auch alle *in* literarischen Texten enthaltenen Klänge, wie etwa – um ein beliebiges Beispiel zu wählen – diejenigen, von denen im ersten Satz von Fontanes Roman *Stine* beiläufig die Rede ist:

> In der Invalidenstraße sah es aus wie gewöhnlich: die Pferdebahnwagen klingelten und die Maschinenarbeiter gingen zu Mittag und wer durchaus was Merkwürdiges hätte finden wollen, hätte nichts anderes auskundschaften können, als daß in Nummer 98 e die Fenster der ersten Etage – trotzdem nicht Ostern und nicht Pfingsten und nicht einmal Sonnabend war – mit einer Art Bravour geputzt wurden.[13]

Im Gegensatz zu den realen erklingen solche geschriebenen Klänge nur in der Vorstellung der Leser, es handelt sich also um *imaginäre* Klänge. Sie können zwar in reale Klänge überführt werden, doch es ist unerlässlich, hier zu unterscheiden: Denn derart realisierte imaginäre Klänge sind eben nicht identisch mit den Klängen, die man sich bei der Lektüre vorstellt. Die Realisierung des Pferdebahnwagen-Klingelns im Rahmen eines *Stine*-Hörspiels etwa würde sich immer noch von dem imaginären Klingeln unterscheiden (die Imagination kann durch die Realisierung aber natürlich beeinflusst werden). Auf einer weiteren, ebenfalls von den imaginären Klängen im Text zu unterscheidenden Ebene läge das Vorlesen des Romans zum Beispiel durch den Autor; hier würde zwar der Text mit seiner eigenen Klanglichkeit zum Klingen gebracht, nicht aber die in ihm enthaltenen Klänge.

Für eine weitere Differenzierung der imaginären Klänge bietet es sich an, auf ein (ursprünglich aus der Narratologie stammendes) Begriffspaar zurück-

---

11   Davon berichtet Hölderlins Freund Rudolf Magenau in seinen *Freundeserinnerungen*, hier zitiert nach: Friedrich Hölderlin, Dokumente, hg. von Adolf Beck, Stuttgart 1968 (= Sämtliche Werke. Bd. VII,1), S. 394–397, hier S. 397.

12   Vgl. dazu jetzt Lautsphären des Mittelalters. Akustische Perspektiven zwischen Lärm und Stille, hg. von Martin Clauss, Gesine Mierke, Antonia Krüger, Wien u. a. 2020.

13   Theodor Fontane, Stine, hg. von Christine Hehle, Berlin 2000 (= Große Brandenburger Ausgabe. Das erzählerische Werk. Bd. 11), S. 5.

zugreifen, das in der jüngeren Forschung zum Verhältnis von Literatur und Musik genutzt wird: *Telling* und *Showing*, wobei ersteres auf Thematisierungen von Musik in der Literatur[14] und letzteres auf Imitationen von Musik in der Literatur[15] bezogen wird. Analog könnte man auch zwischen Thematisierungen und Imitationen von Klängen in der Literatur unterscheiden: Während das Klingeln der Pferdebahnwagen im ersten Satz von *Stine* etwa nur thematisiert wird, werden die von einem Sturm im Wald hervorgerufenen Klänge in folgendem Ausschnitt aus Barthold Heinrich Brockes' Gedicht *Die auf ein starckes Ungewitter erfolgte Stille* auch mit sprachlichen Mitteln imitiert:

> Hier borst' und brach ein dick-belaubter Ast;
> Dort kracht und stürzt/ vom Wirbel aufgefasst/
> Ein tief-gewurzelter bejahrter Eich-Baum nieder.[16]

Dass diese beiden Formen in der literarischen Praxis häufig gleichzeitig vorkommen (wie auch in diesem Fall), ist klar; dennoch ist die Unterscheidung heuristisch sinnvoll.

Zusammengenommen konstituieren die realen und die imaginären Klänge der Literatur den Gegenstandsbereich, der hier als Poetophonie bezeichnet wird und der den Hauptgegenstand einer Klangforschung aus literaturwissenschaftlicher Perspektive im hier skizzierten Sinn bildet. Es ist demnach ein großer, heterogener Bereich, für dessen Untersuchung unterschiedliche Analysemethoden erforderlich sind. Während die imaginären Klänge der Literatur in der Regel mit den etablierten Methoden literaturwissenschaftlicher Textanalyse untersucht werden können, müssen diese bei einer Untersuchung der realen Klänge je nach Gegenstand mit Methoden unter anderem aus der Medien-,[17] Musik-[18] und

---

14 Vgl. dazu Christine Lubkoll, Musik in Literatur: *Telling*, in: Handbuch Literatur & Musik, S. 78–94.

15 Vgl. dazu Werner Wolf, Musik in Literatur: *Showing*, in Handbuch Literatur & Musik, S. 95–113.

16 Barthold Heinrich Brockes, Irdisches Vergnügen in GOTT, bestehend in verschiedenen aus der Natur und Sitten-Lehre hergenommenen Gedichten/ nebst einem Anhange etlicher hierher gehörigen Uebersetzungen von des Hrn. De la Motte Französis. Fabeln/ mit Genehmhaltung des Verfassers nebst einer Vorrede herausgegeben von C.F. Weichmann, Hamburg 1721, S. 109–114. Zu diesem Gedicht vgl. Frieder von Ammon, Intermediales Vergnügen in Gott. Brockes' Gewittergedicht im musikalischen Kontext, in: Brockes-Lektüren. Ästhetik – Religion – Politik, hg. von Mark-Georg Dehrmann und Friederike Felicitas Günther, Bern u. a. 2020, S. 227–249.

17 Vgl. dazu Axel Volmar, Felix Gerloff und Sebastian Schwesinger, Medienwissenschaft, in: Handbuch Sound, S. 126–133.

18 Vgl. dazu Sebastian Klotz, Musikwissenschaft, in: ebd., S. 134–139.

Theaterwissenschaft[19] kombiniert werden.[20] Doch auf eine der beiden Grundformen zu verzichten, wäre problematisch, denn sie gehören systematisch und – wie zu zeigen sein wird – häufig auch historisch eng zusammen. Dennoch ist es wichtig, sich noch einmal die Unterschiede zwischen ihnen vor Augen bzw. Ohren zu führen: Denn während es sich bei den realen Klängen der Literatur (solange man sie nicht aufnimmt) um höchst flüchtige akustische Ereignisse handelt, sind die in Texten enthaltenen imaginären Klänge aufgrund ihrer Schriftförmigkeit langfristig rezipierbar. Die Literatur kann deshalb als eine Art Klangarchiv betrachtet werden, das vor allem auch deshalb ergiebig ist, weil in literarischen Texten Klänge aus allen von Krause genannten Bereichen enthalten sein können: aus der Geophonie, der Biophonie und natürlich der Anthropophonie. Allerdings sind die jeweiligen Klänge im Archiv der Literatur natürlich nicht gespeichert wie auf einem Tonträger, sondern immer in literarisch perspektivierter Form. Schon die mediale Differenz zwischen Luft (als dem wichtigsten Medium realer Klänge) und Schrift (als dem Medium imaginärer Klänge) bedingt eine solche Perspektivierung. Perspektiviert werden imaginäre Klänge aber etwa auch durch die Kontexte, in denen sie im Text erscheinen: Das Klingeln der Pferdebahnwagen in *Stine* zum Beispiel ist Teil einer realistischen Beschreibung eines bestimmten Bezirks im gründerzeitlichen Berlin, innerhalb derer es eine spezifische Funktion hat und in der auch ganz andere, nicht-klangliche Aspekte eine Rolle spielen. Anders gesagt: Das Klangarchiv der Literatur enthält literarisch inszenierte, kontextualisierte und reflektierte Klänge. Gerade deshalb können sie aber historisch aussagekräftig sein; darauf ist zurückzukommen.

In einem weiteren Schritt soll das bisher abstrakt Entwickelte nun anhand eines ersten Beispiels konkretisiert werden; dabei ist auch deutlich zu machen, warum es ergiebig ist, sich mit der Poetophonie zu beschäftigen. Im Mittelpunkt stehen dabei die imaginären Klänge der Literatur, in Form eines Exkurses werden aber auch die realen miteinbezogen.

1. Klangüberfüllung: *Der Erwählte*

Gewählt wurde der Beginn von Thomas Manns Roman *Der Erwählte* aus dem Jahr 1951, einer der – wie sich zeigen wird – klangvollsten Romananfänge der moder-

---

19　Vgl. dazu Doris Kolesch und Jenny Schrödl, Theaterwissenschaft, in: ebd., S. 162–169.
20　Wie man die realen Klänge der Literatur untersuchen kann, habe ich in meiner Habilitationsschrift exemplarisch anhand der Lyrik seit 1945 gezeigt: Frieder von Ammon, Fülle des Lauts. Aufführung und Musik in der deutschsprachigen Lyrik seit 1945: Das Werk Ernst Jandls in seinen Kontexten, Stuttgart 2018.

nen deutschsprachigen Literatur. Bekanntlich erzählt Thomas Mann in diesem Roman die mittelalterliche Gregorius-Legende, wie sie am prominentesten von Hartmann von Aue in seinem *Gregorius* aus den 1180er Jahren erzählt worden war, noch einmal neu, wobei er – in seinen Worten – »alle Mittel« nutzte, die der »Erzählkunst in sieben Jahrhunderten zugewachsen« waren. Sein Verfahren beschreibt er als ein »Amplifizieren, Realisieren und Genaumachen des mythisch Entfernten«.[21] Dies betrifft gerade auch die Dimension des Klangs. An den Anfang seiner Version der Legende hat Thomas Mann nämlich das sogenannte Glockenwunder gestellt: Es besteht darin, dass beim Einzug des Erwählten in Rom die Glocken der Stadt von selbst zu läuten beginnen. Bei Hartmann erscheint dieses Motiv erst gegen Ende und wird dort in nur drei Versen abgehandelt. Thomas Mann aber hat es zu einem ganzen Kapitel ausgeweitet und dieses eben an die exponierte Position des Anfangs gestellt, wodurch allein er schon mit großer Deutlichkeit markiert hat, wie wichtig es ihm war:

Glockenschall, Glockenschwall supra urbem, über der ganzen Stadt, in ihren von Klang überfüllten Lüften! Glocken, Glocken, sie schwingen und schaukeln, wogen und wiegen ausholend an ihren Balken, in ihren Stühlen, hundertstimmig, in babylonischem Durcheinander. Schwer und geschwind, brummend und bimmelnd, – da ist nicht Zeitmaß noch Einklang, sie reden auf einmal und alle einander ins Wort, ins Wort auch sich selber: an dröhnen die Klöppel und lassen nicht Zeit dem erregten Metall, daß es ausdröhne, da dröhnen sie pendelnd an am anderen Rande, ins eigene Gedröhne, also daß, wenn's noch hallt »In te Domine speravi«, so hallt es auch schon »Beati, quorum tecta sunt peccata«, hinein aber klingelt es hell von kleineren Stätten, als rühre der Meßbub das Wandlungsglöcklein.
Von den Höhen läutet es und aus der Tiefe, von den sieben erzheiligen Orten der Wallfahrt und allen Pfarrkirchen der sieben Sprengel zu seiten des zweimal gebogenen Tibers. Vom Aventin läutet's, von den Heiligtümern des Palatin und von Sankt Johannes im Lateran, es läutet über dem Grabe dessen, der die Schlüssel führt, im Vatikanischen Hügel, von Santa Maria Maggiore, in Foro, in Domnica, in Cosmedin und in Trastevere, von Ara Celi, Sankt Paulus außer der Mauer, Sankt Peter in Banden und vom Haus zum Hochhei-

21 Thomas Mann, Bemerkungen zu dem Roman ›Der Erwählte‹, in: ders.: Meine Zeit. 1945–1955, hg. von Hermann Kurzke und Stephan Stachorski, Frankfurt a.M. 1997 (= Essays. Bd. 6), S. 202–206, hier S. 204. Für einen Überblick über den Roman und die dazu vorliegende neuere Forschung vgl. Heinrich Detering und Stephan Stachorski, Der Erwählte (1951), in: Thomas Mann-Handbuch. Leben – Werk – Wirkung, hg. von Andreas Blödorn und Friedhelm Marx, Stuttgart 2015, S. 75–78.

ligen Kreuz in Jerusalem. Aber von den Kapellen der Friedhöfe, den Dächern der Saalkirchen und Oratorien in den Gassen läutet es auch. Wer nennt die Namen und weiß die Titel? Wie es tönt, wenn der Wind, wenn der Sturm gar wühlt in den Saiten der Äolsharfe und gänzlich die Klangwelt aufgeweckt ist, was weit voneinander und nahe beisammen, in schwirrender Allharmonie: so, doch ins Erzene übersetzt, geht es zu in den berstenden Lüften, da alles läutet zu großem Fest und erhabenem Einzug.[22]

Man übertreibt gewiss nicht, wenn man dies als eine literarische Klangland-schaft bemerkenswerter Art bezeichnet. Wodurch zeichnet sie sich aus? Zunächst ist festzuhalten, dass man es hier mit imaginären Klängen zu tun hat, denn real erklingen sie ja nicht (auch nicht wenn man die Passage vorliest), obwohl diese Klanglandschaft in der Vorstellung der Leserinnen und Leser eine solche – wie man vielleicht sagen könnte – ›Anhörlichkeit‹ gewinnt, dass er oder sie verges-sen könnte, es nur mit imaginären Klängen zu tun zu haben. Andererseits über-steigt das gleichzeitige Läuten aller Glocken Roms das Vorstellungsvermögen der Leserschaft so sehr, dass die Anhörlichkeit der Passage sogleich wieder in Frage gestellt wird. Wie es scheint, kommt es aber gerade auf dieses Changieren zwischen Anhörlichkeit und Unhörbarkeit an: Am Romananfang wird gleich-sam programmatisch das Frequenzspektrum dieser imaginären Klänge gemes-sen, was man schon daran sehen kann, dass Thomas Mann sich bemüht hat, die Klänge, die auf der Ebene des Inhalts thematisiert werden, auf der Ebene der Form zu imitieren, und dabei alle ihm zur Verfügung stehenden sprachlichen Mittel eingesetzt hat. Das beginnt bereits mit den ersten beiden Worten, die sich nicht nur reimen (»Glockenschall« – »Glockenschwall«), sondern die darüber hinaus auf charakteristische Weise rhythmisiert sind. Ihnen liegt ein seltener antiker Versfuß zugrunde: der Kretikus (ein dreisilbiger Versfuß, bei dem auf eine Hebung eine Senkung und dann wieder eine Hebung folgt). Das gibt dem Einstieg ein charakteristisches rhythmisches Gepräge, das auf das Schwingen der Glocken zu verweisen scheint. In jedem Fall wird die Aufmerksamkeit so von Anfang an auf die klanglichen Aspekte des Textes gelenkt, die auch im weiteren Verlauf voll ausgekostet werden: Immer wieder, und immer unterschiedlich, sind die Sätze rhythmisiert, ja stellenweise sogar metrisiert, sodass die Grenze zwischen Prosa und Vers zunehmend durchlässig wird, am deutlichsten in dem Halbsatz »Wie es tönt, wenn der Wind, wenn der Sturm gar wühlt«, in dem nicht zufällig weitere klangliche Phänomene beschrieben werden: Hier folgen drei Anapäste aufeinan-der, um dann durch einen Jambus wirkungsvoll abgeschlossen zu werden: x x X x

---

22 Thomas Mann, Der Erwählte. Roman. Zweite, durchgesehene Auflage, Frankfurt a.M. 1974 (= Gesammelte Werke in dreizehn Bänden. Bd. VII), S. 9.

x X x x X x X – eine Formel, die aus einem Gedicht stammen könnte. Wie man nicht zuletzt an diesem Satz sieht, kommen zu solchen Metrisierungen zahlreiche Alliterationen und Assonanzen hinzu, darüber hinaus prägnante Zwillingsformeln wie »schwer und geschwind« (ein Choriambus), »brummend und bimmelnd« (ein Adoneus) sowie verschiedene Wiederholungsfiguren. Auch die Zitate aus dem *Te Deum* (»In te Domine speravi‹«) und dem 32. Psalm (»Beati, quorum tecta sunt peccata‹«) tragen mit ihren vielfältigen musikalischen Assoziationen bei zu der Feier des Klangs, die hier veranstaltet wird. Insgesamt – so kann man sagen – sind die Sätze zu Beginn dieses Romans nicht weniger »von Klang überfüllt« als die Lüfte über der Stadt. Um das ganze Ausmaß dieser ›Klangüberfüllung‹ zu zeigen, seien hier die erwähnten drei Verse zitiert, in denen das Glockenwunder im *Gregorius* Hartmanns von Aue beschrieben wird:

> Dô wart ze Rôme ein *michel* schal:
> sich begunden über al
> die glocken selbe liuten[23]

Im Vergleich spielt das Motiv hier also nur eine geringe Rolle. Offenbar hat Thomas Mann aber das Wort »schal« von Hartmann übernommen und daraus dann die so spezifische wie singuläre Klanglandschaft entwickelt, mit der sein Roman beginnt: ein erstes, programmatisch zu verstehendes Beispiel für sein Verfahren, den Prätext zu ›amplifizieren‹, zu ›realisieren‹ und ›genau zu machen‹.

Dass dieser Beginn eine poetologische Valenz besitzt, die über die Offenlegung der Verfahrensweise und die Demonstration sprachlicher Meisterschaft hinausgeht, wird deutlich, wenn man bedenkt, dass die Glocke eines der wichtigsten Klangmedien der Vormoderne war. Als ›zentripetales Halbdistanzmedium‹ steht sie – in den Worten des Historikers Jan-Friedrich Missfelder –

> [...] funktional zwischen reiner Kommunikation unter Anwesenden und wirklichen Distanzmedien wie Schrift und Druck, die ihre Adressaten erreichen konnten, ohne dass diese präsent sein mussten. Zentripetal wirkten Glocken andererseits, weil sie Menschen häufig zusammenriefen, also Anwesenheitssituationen erst medial herstellten; das heißt, sie etablierten vermittels ihrer Klänge akustische Gemeinschaften [...].[24]

---

23 Hartmann von Aue, Gregorius. Der arme Heinrich. Iwein, hg. und übersetzt von Volker Mertens, Frankfurt a.M. 2008 (= Deutscher Klassiker Verlag im Taschenbuch 29), S. 212 (v. 3755–3757).

24 Jan-Friedrich Missfelder, Glocken, in: Handbuch Sound, S. 329–331, hier S. 329.

Zu Beginn seines Romans lässt Thomas Mann also nicht nur imaginär die Glocken läuten, er betreibt zugleich Medienreflexion – und dass es dabei implizit auch um das Medium Schrift geht, liegt auf der Hand. Denn in gewisser Weise rufen die imaginären Glocken ja auch die realen Rezipienten seines Romans zusammen und etablieren eine eigene Rezeptionssituation, die allerdings gerade keine Anwesenheitssituation ist; anders als die Glocke ist die Schrift ja ein wirkliches Distanzmedium. Dennoch kann man sagen, dass auch die realen Rezipienten des *Erwählten*, indem sie den Glockenklang imaginieren, eine – wenn auch räumlich und zeitlich gleichsam versprengte – akustische Gemeinschaft bilden. Auf diese Weise werden typische kommunikative Verhältnisse aus Vormoderne und Moderne hier über das Medium der Glocke exemplarisch einander gegenübergestellt.

Damit hat sich die poetologische Valenz des Beginns aber noch nicht erschöpft: Im weiteren Verlauf des ersten Kapitels geht es um die bereits in seinem Titel (»*Wer läutet?*«) gestellte Frage, wer es denn eigentlich sei, der hier die Glocken läute. Die Antwort, die der Text darauf gibt, hat es in sich und ist berühmt geworden, zumal unter Narratologen: Denn nicht etwa Gott wird angeführt als Verursacher des Glockenwunders, sondern der »*Geist der Erzählung*«. Zuerst wird er in seiner abstrakten Form beschrieben, dann aber bald konkretisiert zu einer anthropomorphen Erzählerfigur namens Clemens der Ire, einem mittelalterlichen Benediktinermönch, der die Geschichte des Gregorius der Fiktion nach im Kloster St. Gallen niedergeschrieben hat.[25] Das Glockenwunder wird damit (partiell) säkularisiert und, indem es derart erzähltheoretisch dekonstruiert wird, gewissermaßen auch ›narratologisiert‹.[26] Nicht nur Gregorius zieht unter Glockengeläut, wie es heißt, »erhaben« in Rom ein, zugleich zieht der Erzähler in den Roman ein, und auch sein Einzug hätte erhabener (und komischer) kaum gestaltet werden können. Das aber heißt, dass der Darstellung des Glockenwunders insgesamt eine elaborierte immanente Poetik zugrunde liegt, eine veritable Klangpoetik, die mit Thomas Manns musikalischer Poetik zwar Überschneidungspunkte aufweist, aber nicht mit ihr gleichzusetzen ist.

Der Beginn des *Erwählten* ist also nicht nur ein in ästhetischer Hinsicht faszinierendes Beispiel für die imaginären Klänge der Literatur und damit für eine der beiden Grundformen der Poetophonie, er zeigt auch, welch wichtige Funktionen – von der Ermöglichung virtuoser Sprachartistik bis hin zu ironischer Selbstreflexion – sie innerhalb eines Textes erfüllen können.

---

25 Thomas Mann, Der Erwählte, S. 10.
26 Zu den fachgeschichtlichen Kontexten von Thomas Manns ›Narratologie‹ vgl. Dirk Werle, Thomas Manns Erwählter und die Erzähltheorie der 1950er Jahre, in: Euphorion 106 (2012), S. 439–464.

Wenn man das Potenzial, das die Beschäftigung mit der Poetophonie birgt, aber voll ausschöpfen möchte, muss man neben den intra- und inter- auch die extratextuellen Kontexte solcher Klänge in die Untersuchung miteinbeziehen. *Der Erwählte* zum Beispiel erschien 1951 und gehört somit in die Nachkriegszeit. Diese Zeit aber war – darauf hat die historische Klangforschung hingewiesen – gerade in Deutschland durch spezifische Klanglandschaften gekennzeichnet. Zitiert sei der Historiker Gerhard Paul, der darauf hingewiesen hat, dass der Mai 1945 »in vielerlei Hinsicht auch eine akustische Zäsur« bedeutete:

> Dem Lärm des Krieges und der dreiminütigen Funkstille vom Abend des 9. Mai, gleichsam der akustischen »Stunde Null« der Deutschen, folgten zunächst die Stille des Entsetzens und schließlich ein gänzlich neuer Sound; allerdings hallten die Klänge der NS-Zeit und des Krieges noch jahrelang und in vielgestaltiger Form nach.[27]

Der »gänzlich neue[] Sound« war unter anderem geprägt von dem Klirren des Geschirrs, »wenn die alliierten Panzer oder schweren Transporter durch die Straßen rollten«, von den Geräuschen von »Spitzhacken, Schaufeln und schwerem Baugerät, die beim Wegschaffen von Schutt zum Einsatz kamen«, aber auch von der Tatsache, dass um 1950 »etwa zwei Drittel der Haushalte mit Radioempfängern ausgestattet« waren, über die man Musik von zeitgenössischen Komponisten hören konnte sowie – vor allem in der Bundesrepublik – Jazz und Swing.[28] Insgesamt waren die Klanglandschaften der Nachkriegszeit also sehr heterogen; vielleicht könnte man im Vergleich zu den gleichgeschalteten Klanglandschaften des Dritten Reichs von einer klanglichen Pluralisierung sprechen.

Wenn man den *Erwählten* dazu in Beziehung setzt, zeigt sich, dass der Kontrast zwischen der imaginären Klanglandschaft, mit der dieser Roman beginnt, und den realen Klanglandschaften der Nachkriegszeit kaum größer sein könnte. Vor dem Hintergrund des »neue[n] Sound[s]« der Nachkriegszeit muss der ›alte‹ Sound der römischen Glocken mit all seinen Konnotationen nachgerade irritierend gewirkt haben. Thomas Mann scheint das vorausgesehen zu haben, denn am Ende des Romans lässt er seinen Erzähler noch einmal auf das Glockenwunder zurückkommen und zugeben, dass es »keine geringe Zumutung für die Menschen« war, »all die Zeit dies ungeheure Gedröhne und Gebimmel in den Ohren zu haben«, »darüber ist der Geist der Erzählung sich klar«: »Es war eine

---

27 Gerhard Paul, Nachhall und neuer Sound. Klanglandschaften der Nachkriegszeit, in: Sound der Zeit. Geräusche, Töne, Stimmen. 1889 bis heute, hg. von Gerhard Paul und Ralph Schock, Göttingen 2014, S. 305–308, hier S. 305.
28 Ebd. und S. 306 f.

Art von heiliger Heimsuchung und Kalamität, um deren Abstellung aus schwächeren Seelen manches Gebet zum Himmel stieg.«[29] Dass sich diese akustische Heimsuchung nicht nur auf die fiktiven Romanfiguren, sondern auch auf die realen Rezipienten des Romans beziehen lässt, ist klar. Thomas Mann war sich der Unzeitgemäßheit seiner Klanglandschaft (wie des Romans im Ganzen) also bewusst, offenbar nahm er sie aber gerne in Kauf, wenn er es nicht sogar auf eine Provokation der Leserinnen und Leser in Deutschland anlegte (die Debatten über seine Rolle als deutscher Schriftsteller im Exil lagen damals noch nicht lange zurück); tatsächlich fiel die Rezeption des Romans dann durchaus ambivalent aus.

Auch wenn man die Klanglandschaft zu Beginn des *Erwählten* mit anderen literarischen Klanglandschaften der Zeit vergleicht, zeigen sich vor allem Unterschiede. Dies sei demonstriert anhand eines Romans, der in demselben Jahr erschien wie *Der Erwählte* und der zu Recht als ein Schlüsseltext der Nachkriegsliteratur gilt: Wolfgang Koeppens *Tauben im Gras*.

2. Klangarchiv der Nachkriegszeit: *Tauben im Gras*

In diesem Roman versucht Koeppen, die besondere zeitgeschichtliche Situation Deutschlands kurz nach Gründung der Bundesrepublik darzustellen, in dem er exemplarisch die Erlebnisse einer Reihe verschiedener Figuren (insgesamt sind es mehr als 30) an einem einzigen Tag und an einem einzigen Ort erzählt, wobei das Datum dieses Tages ebenso wenig explizit genannt wird wie der Name der bayerischen Stadt, in der sich die Handlung abspielt (angedeutet wird aber, dass es der 20. Februar 1951 und München sind). Ähnlich wie James Joyce in seinem *Ulysses* (auf den manches in *Tauben im Gras* verweist) geht es Koeppen also um die Darstellung des – wie man in Anlehnung an die berühmte Formulierung Hermann Brochs sagen könnte – ›Epochen-Alltags‹ der Nachkriegszeit.

Ein fester Bestandteil dieses Alltags aber waren – wie gezeigt – Klänge, und so ist es nicht verwunderlich, dass sie im Roman ebenfalls eine zentrale Rolle spielen:[30] Von der ersten bis zur letzten Seite ist *Tauben im Gras* von imaginären Klängen erfüllt, sodass schon dieser Roman allein zu einem umfassenden Klangarchiv der Nachkriegszeit wird. Überspitzt formuliert: Stünde einem als Quelle dafür nur *Tauben im Gras* zur Verfügung, man könnte die Klanglandschaften

---

29   Thomas Mann, Der Erwählte, S. 234 f.
30   Vgl. dazu Hans-Ulrich Treichel, Das Geräusch und das Vergessen. Realitäts- und Geschichtserfahrung in der Nachkriegstrilogie Wolfgang Koeppens, in: ders.: Über die Schrift hinaus. Essays zur Literatur, Frankfurt a.M. 2000, S. 95–129.

der Nachkriegszeit dennoch in großen Teilen daraus rekonstruieren. Gezeigt sei dies zunächst wiederum anhand des Romananfangs, denn – genau wie *Der Erwählte* – beginnt *Tauben im Gras* mit einer spezifischen Klanglandschaft. Die beiden Klanglandschaften könnten allerdings nicht unterschiedlicher sein:

> Flieger waren über der Stadt, unheilkündende Vögel. Der Lärm der Motoren war Donner, war Hagel, war Sturm. Sturm, Hagel und Donner, täglich und nächtlich, Anflug und Abflug, Übungen des Todes, ein hohles Getöse, ein Beben, ein Erinnern in den Ruinen. Noch waren die Bombenschächte der Flugzeuge leer. Die Auguren lächelten. Niemand blickte zum Himmel auf.[31]

Das »hohle[] Getöse« der Flugzeuge, von dem hier erzählt wird, ist – mit einem Begriff der *Sound Studies* – ein ›*Keynote Sound*‹, ein – wie man das vielleicht übersetzen könnte – ›Grundklang‹. Gemeint sind damit Klänge, »which are heard by a particular society continuously or frequently enough to form a background against which other sounds are perceived«.[32] Die Menschen in der namenlosen bayerischen Stadt hören das »hohle[] Getöse« »täglich und nächtlich«, sie können ihm also genauso wenig entkommen wie die Bewohner Roms im *Erwählten* dem Glockenläuten, mit dem Unterschied, dass das Glockenwunder nur drei Tage dauert, das »hohle[] Getöse« aber jeden Tag zu hören ist und somit in der Tat einen Grundklang bildet.

Signifikant ist aber, dass – mittels eines Verfahrens, das man als ›auditive Überblendung‹ bezeichnen könnte – zugleich erzählt wird, wie dieser Klang von den Menschen wahrgenommen wird: nämlich als »Sturm, Hagel und Donner« und damit als ein natürlicher oder, mit Bezug auf Krauses Begriff der Geophonie, ›geogener‹ Klang. In Wahrheit ist dieser Klang aber natürlich anthropogen, also menschengemacht. Diese Wahrnehmung deutet darauf hin, dass die Menschen ihre Einflussmöglichkeiten auf politische Ereignisse für gering halten, dass sie sich ihnen eher ausgesetzt fühlen, als dass sie sie mitgestalten wollten. Mit anderen Worten: Die in der Hitler-Diktatur gemachten Erfahrungen stecken diesen gerade erst zu Demokraten gewordenen Menschen noch in den Knochen. Das Erzählen von Klängen erweist sich hier somit auch als eine Möglichkeit differenzierter Bewusstseinsdarstellung.

---

31 Wolfgang Koeppen, Tauben im Gras. Roman, hg. von Hans-Ulrich Treichel, Frankfurt a.M. 2006 (= Werke. Bd. 4), S. 9.
32 R. Murray Schafer, The Soundscape. Our Sonic Environment and the Tuning of the World, Rochester, VT 1994, S. 272.

3. Exkurs: Klangliche Komplexitätssteigerung

Es liegt auf der Hand, dass Flugzeuglärm, der zugleich wie »Sturm, Hagel und Donner« klingt, sich nicht ohne Weiteres in reale Klänge überführen lässt. Da dies im Rahmen einer vielbeachteten Hörspielbearbeitung des Romans aus dem Jahr 2009 aber dennoch versucht worden ist und solche Realisierungen, wie eingangs angedeutet, auch zur Poetophonie gehören, soll dieser Versuch hier wenigstens kurz diskutiert werden; zudem ist die dabei gefundene Lösung aufschlussreich.

Die im Mai 2009 als ›Hörspiel des Monats‹ ausgezeichnete Hörspielbearbeitung von *Tauben im Gras* (und den beiden anderen Romanen aus Koeppens ›Nachkriegstrilogie‹) ist aus einer Koproduktion des Hessischen, des Südwest- und des Westdeutschen Rundfunks hervorgegangen; sie wurde zuerst am 15. März 2009 gesendet, mittlerweile liegt sie auch in einer CD-Edition vor.[33] Regie führte Leonhard Koppelmann. Die »Komposition« – wie es im Booklet heißt, vielleicht sollte man in diesem Fall aber eher von ›Sounddesign‹[34] sprechen – stammt von Günter Lenz, einem renommierten deutschen Jazzmusiker, der 1938 in Frankfurt am Main geboren wurde und in den 1950er Jahren bereits vor in Deutschland stationierten amerikanischen Soldaten aufgetreten ist;[35] er kennt das von Koeppen beschriebene Nachkriegsmilieu also aus eigener Anschauung bzw. -hörung. Wie ist er bei der Realisierung des imaginären Grundklangs vorgegangen?

Konsequenterweise ist dieser Klang das erste, was man hört:[36] Als *Fade In* scheint er aus dem Nichts zu kommen, ist dann zwar präsent, aber nicht genau bestimmbar und wirkt insofern latent bedrohlich. Um die Faktur dieses Klangs zu verstehen, muss man genau hinhören: Er besteht aus der Kombination authentischer Flugzeuggeräusche mit Tönen, die auf einem Tenorsaxophon über einem tiefen (wohl auf einem Kontrabass gestrichenen) Grundton gespielt werden, zunächst im Abstand einer Oktave, dann einer großen und schließlich einer kleinen Septime, wodurch ein so dissonanter wie diffuser, zwischen Maschinenlärm und Musik changierender und insofern verfremdeter Klang entsteht. Auch hier hat man es also mit einer auditiven Überblendung zu tun, die zwar anderer Art ist als die im Text, die deren weitere Dimension aber doch zumindest ahnen lässt. Was dahinter steckt, wird dann deutlich, wenn die Stimme des Sprechers, der den Beginn des Romans zu Gehör bringt, einsetzt und es auf diese Weise

---

33 Wolfgang Koeppen, Tauben im Gras. Das Treibhaus. Der Tod in Rom. 6 CDs, München 2009.

34 Dazu vgl. Jörg U. Lensing: Sounddesign. In: Handbuch Sound, S. 85–88.

35 Zu Lenz vgl. Eric Zwang Eriksson, Lenz, Günter, in: Reclams Jazzlexikon. Personenlexikon, hg. von Wolf Kampmann, Sachlexikon von Ekkehard Jost. Zweite, erweiterte und aktualisierte Auflage, Stuttgart 2009, S. 314.

36 Wolfgang Koeppen, Tauben im Gras, CD 1, track 1.

möglich wird, die (weiterhin zu hörende) reale zu der erzählten imaginären Klanglandschaft in Beziehung zu setzen. An dieser Stelle kommt es also zu einer doppelten auditiven Überblendung: Insgesamt sind es nicht weniger als fünf Klangschichten – zwei reale und zwei imaginäre, hinzukommt die Stimme des Sprechers (der kurz danach von einer Sprecherin abgelöst wird) – die hier gleichzeitig präsent sind und die klangliche Komplexität des Roman- bzw. Hörspielbeginns weiter steigern.

Ob man diese Lösung für gelungen hält oder nicht: In jedem Fall zeigt sie, wie die beiden Grundformen der Poetophonie miteinander zusammenhängen können. Insofern sind sie methodisch auch nicht sinnvoll voneinander zu trennen.

Das »hohle[] Getöse« ist zwar der Grundklang in *Tauben im Gras*, aber, wie angedeutet, nur einer von unzähligen weiteren imaginären Klängen, die dieser Roman enthält. Im Grunde bildet jeder einzelne der 103 meist kurzen Abschnitte, aus denen sich der Roman zusammensetzt, eine eigene literarische Klanglandschaft.

Dafür soll noch ein Beispiel gegeben werden: Es stammt aus einem Abschnitt, in dem von einem amerikanischen Touristen mit dem bezeichnenden Namen Odysseus Cotton erzählt wird, der in Begleitung eines bayerischen Dienstmannes namens Josef durch die Stadt zieht, wobei Josef einen »Musikkoffer« (ein Kofferradio) trägt. Unter anderem begeben sie sich in ein Wirtshaus mit dem ebenfalls bezeichnenden Namen *Zur Glocke*, wo Cotton sich dem Würfelspiel hingibt:

Josef hielt den Musikkoffer fest in der Hand. Er hatte Angst, man könnte das Köfferchen stehlen. Die Musik schwieg für eine Weile. Eine Männerstimme sprach Nachrichten. Josef verstand nicht, was der Mann sagte, aber manche Worte verstand er doch, die Worte Truman Stalin Tito Korea. Die Stimme in Josefs Hand redete vom Krieg, redete vom Hader, sprach von der Furcht. Wieder fielen die Würfel. Odysseus verlor. Er blickte verwundert auf die Hände der Griechen, Taschenspielerhände, die sein Geld einsteckten. Die Bläserkapelle in der Glocke begann ihre Mittagsarbeit. Sie bliesen einen der beliebten dröhnenden Märsche. »Die macht uns keiner nach.« Die Leute summten den Marsch mit. Einige schlugen mit ihren Bierkrügen den Takt. Die Leute hatten die Sirenen vergessen, hatten die Bunker vergessen, die zusammenbrechenden Häuser, die Männer dachten nicht mehr an den Schrei des Unteroffiziers, der sie in den Dreck des Kasernenhofs jagte, nicht an den Graben, die Feldverbandplätze, die Trommelfeuer, die Einkesselung, den Rückzug, sie dachten an Einmärsche und Fahnen.[37]

---

37 Wolfgang Koeppen, Tauben im Gras, S. 68.

Dies ist eine Klanglandschaft wiederum ganz eigener Art. Zentral ist, dass sie sich aus mehreren Klangschichten zusammensetzt: Den Hintergrund bilden die »dröhnenden Märsche«, die von der »Bläserkapelle« und einigen Menschen mit Bierkrügen gemeinsam hervorgebracht werden, ein – so muss man sich das vorstellen – martialischer Klang mit hohen Geräuschanteilen, der von nicht überwundenem Militarismus und Nationalismus kündet. Im Vordergrund ist die Stimme des Nachrichtensprechers aus dem Radio zu hören, eine medial vermittelte Männerstimme, die die bayerische Stadt mit der Welt verbindet, ohne dass sie aber von den Besuchern der Bierhalle zur Kenntnis genommen würde; Josef hört zwar (wohl als einziger) zu, doch er versteht nicht, was er hört. Die Kommunikation zwischen Welt und bayerischer Stadt scheitert also; die Stadt verbleibt in ihrer provinziellen Isolation. Hinzu kommt noch eine dritte Klangschicht, und dies ist die interessanteste, denn dabei handelt es sich um die Klänge des zurückliegenden Krieges. Diese Klänge aber wurden von den Besuchern der Bierhalle vergessen oder genauer: verdrängt. Diese Klänge sind also unhörbar, doch ihre Unhörbarkeit macht sie paradoxerweise umso schriller. Der Erzähler aber erinnert sich an die verdrängten Klänge des Krieges und ruft sie dem Leser ins Gedächtnis. Im Klangarchiv dieses Romans ist demnach auch das enthalten, was eigentlich nicht hörbar ist.

4. Ausblick: Klanggeschichte der Literatur – Literaturgeschichte des Klangs

Am Ende soll noch einmal hervorgehoben werden, was die Poetophonie zu einem lohnenden Forschungsgegenstand macht: Zum einen handelt es sich dabei um eine Dimension der Literatur, der von der Literaturwissenschaft bisher zu wenig Beachtung geschenkt wurde, obwohl sie offensichtlich so basal wie relevant ist und neue Erkenntnisse auch über bekannte Texte ermöglicht. Nimmt man etwa – um dies abschließend noch einmal anhand eines bislang nur kurz genannten Textes zu demonstrieren – die imaginären Klänge in Fontanes *Stine* in den Blick, bemerkt man, dass das als Teilelement einer urbanen Klanglandschaft fungierende und deshalb zunächst so nebensächlich erscheinende Klingeln der Pferdebahnwagen im ersten Satz des Romans an seinem Ende wiederkehrt, dann aber in einer geradezu ins Kosmische ausgeweiteten Form:

> Solange dieser Zug den auf eine kurze Strecke zur Seite des Bahnkörpers hinlaufenden Fahrweg innehielt, war alles still; im selben Augenblicke aber, wo Sarg und Träger von eben diesem Fahrweg her in eine Kirsch-Allee einbogen, die von hier aus gradlinig auf das nur fünfhundert Schritt entfernte Klein-

Haldern zuführte, begann die Klein-Haldernsche Schulglocke zu läuten, eine kleine Bimmelglocke, die wenig feierlich klang und doch mit ihren kurzen, scharfen Schlägen wie eine Wohlthat empfunden wurde, weil sie das bedrückende Schweigen unterbrach, das bis dahin geherrscht hatte.

So ging es nach Klein-Haldern hinein, ohne daß man etwas anderes als die Schulglocke gehört hätte; kaum aber, daß man nach der Passierung der Schmiede – mit der das Dorf nach der andern Seite hin abschloß – in die von Klein-Haldern nach Groß-Haldern hinüberführende, beinah laubenartige zusammengewachsene Rüster-Allee einmündete, so nahm auch schon ein allgemeines Läuten, daran sich die ganze Gegend beteiligte, seinen Anfang. Die Groß-Halderner Glocke, die sie die Türkenglocke nannten, weil sie von Geschützen gegossen war, die Matthias von Haldern aus dem Türkenkriege mit heimgebracht hatte, leitete das Läuten ein; aber ehe sie noch ihre ersten fünf Schläge thun konnte, fielen auch schon die Glocken von Crampnitz und Wittenhagen ein und die von Orthwig und Nassenheide folgten. Es war, als läuteten Himmel und Erde.[38]

Ähnlich wie *Der Erwählte* wird also auch *Stine* durch Glockenläuten und die darauf folgende »wohltuende[]«[39] bzw. »tiefe Stille«[40] eingerahmt; während Thomas Mann aber antiklimaktisch vorgeht, in dem er das – mittels der Metapher der »schwirrende[n] Allharmonie«[41] seinerseits auf den Kosmos verweisende – Glockenwunder am Anfang virtuos inszeniert, am Ende aber, wie gezeigt, ironisch relativiert, verfährt Fontane klimaktisch, und zwar gleich doppelt: zum einen durch die makrostrukturelle Steigerung des marginalen Klingelns am Anfang zum kosmischen Läuten am Ende, zum anderen durch die mikrostrukturelle Steigerung der finalen Klanglandschaft von der »Bimmel-« über die »Türkenglocke« bis hin zum vereinigten Läuten aller Glocken der Gegend. Zugleich wird deutlich, dass Fontane darauf verzichtet, das Läuten der Glocken mit den Mitteln der Sprache zu imitieren, was Thomas Mann ja in einem geradezu übertriebenen Maß tut. Mit anderen Worten: Fokussiert man die imaginären Klänge in diesem Text, zeigt sich nicht nur *Stine* selbst in einem neuen Licht, es wird auch ein Zusammenhang zwischen *Stine* und dem *Erwählten* erkennbar, der bisher nicht gesehen wurde und den man auf die Frage zuspitzen könnte, ob Thomas Mann hier möglicherweise bewusst an seinen Vorgänger anknüpft, den er bekanntlich verehrte und auf den er sich immer wieder bezogen hat; der markierte intertextu-

---

38 Theodor Fontane, Stine, S. 105.
39 Thomas Mann, Der Erwählte, S. 238.
40 Theodor Fontane, Stine, S. 107.
41 Thomas Mann, Der Erwählte, S. 9.

elle Verweis auf Hartmann von Aue würde also dann noch überlagert durch einen unmarkierten Verweis auf Fontane.

Solche Erkenntnisse bzw. Fragemöglichkeiten ergeben sich indes nicht nur im Hinblick auf einzelne Texte, sondern, in einem weiteren Schritt, auch auf Gattungen und Epochen, denn es liegt ja auf der Hand, dass sich die imaginären Klänge in Romanen zum Beispiel von denen in Gedichten genauso unterscheiden wie die der Nachkriegs- etwa von denen der Gegenwartsliteratur. Um auch dies durch ein Beispiel zu belegen: In demselben Jahr wie *Der Erwählte* und *Tauben im Gras* erschien Gottfried Benns Gedichtband *Fragmente*. Im letzten Abschnitt des Titelgedichts werden die Klanglandschaften der Nachkriegszeit wie folgt beschrieben:

> Der Rest Fragmente,
> halbe Laute,
> Melodieansätze aus Nachbarhäusern,
> Negerspirituals
> oder Ave Marias.[42]

Diese Klanglandschaft – die stellvertretend für die kulturelle Situation der Nachkriegszeit insgesamt angeführt, der also eine große Aussagekraft zugesprochen wird – ähnelt in ihrer nicht mehr auf einen Nenner zu bringenden Heterogenität der Klanglandschaft in der Wirtshausepisode in *Tauben im Gras*, mit dem Unterschied, dass Koeppen die Heterogenität, wie beschrieben, in eine mehrschichtige Klanglandschaft überführt und somit die Simultaneität des Heterogenen betont, während sie hier in ihrer Disparität und Fragmentarizität ausgestellt wird, wozu auch die Versform beiträgt: unterschiedlich lange, nicht metrisch gebundene und somit ihrerseits disparat und fragmentarisch erscheinende Verse für die »halbe[n] Laute« der Zeit.

Man könnte auf diese Weise eine ganze Klanggeschichte der Literatur schreiben, die aufgrund der kulturellen Relevanz des Klangs eine signifikante Neuperspektivierung der Literaturgeschichte verspricht. Literatur kann aber auch als Quelle für eine allgemeine Geschichte des Klangs herangezogen werden, ein Potenzial, das von den *Sound Studies* zwar erkannt,[43] aber bei weitem

---

42 Gottfried Benn, Gedichte 1, Stuttgart 1986 (= Sämtliche Werke. Stuttgarter Ausgabe. Bd. 1), S. 235.

43 Vgl. etwa die klanggeschichtlichen Ausführungen R. Murray Schafers, der in seiner für die *Sound Studies* grundlegenden Abhandlung *The Soundscape* literarische Texte extensiv, aber methodisch naiv als Quelle heranzieht (R. Murray Schafer, The Soundscape, S. 15–99). Wesentlich reflektierter geht Jan-Friedrich Missfelder vor, der sich bei seinem Versuch einer Rekonstruktion von Klangkulturen des 19. Jahrhunderts auf Gottfried Kellers *Grünen*

noch nicht ausgeschöpft worden ist (und auch an dieser Stelle nur angedeutet werden konnte): Dass literarische Texte aufgrund der ihnen eigenen Möglichkeiten, Klänge differenziert darzustellen, eine privilegierte Quelle für die Klanggeschichtsschreibung sind, dürfte aber deutlich geworden sein.

Zumal in Form ihrer realen Klänge, die – was hier ebenfalls nur angedeutet werden konnte – in manchen Epochen der Literaturgeschichte eine wichtige Rolle gespielt haben, ja die, wie etwa in Antike und Mittelalter, aber auch in der Gegenwart, phasenweise sogar im Zentrum der literarischen Praxis standen, wäre die Literatur ohnehin ein unverzichtbarer Bestandteil einer allgemeinen Geschichte des Klangs. Wie ihr Gegenstück, die erwähnte Klanggeschichte der Literatur, müsste eine solche Literaturgeschichte des Klangs freilich erst noch geschrieben werden.

Heinrich bezieht: Verklungenes und Unerhörtes. Klangkulturen des 19. Jahrhunderts, in: Sound der Zeit, S. 23–29, hier S. 23. Allgemein zur *Sound History* vgl. ders.: Geschichtswissenschaft, in: Handbuch Sound, S. 107–112.

BENJAMIN SPECHT

›DER POET ALS MASKENBALL‹

Fiktive Autorschaft und literaturgeschichtliche Positionierung bei Jan Wagner

1. Einleitung: Paradoxien der Autorschaft in Wagners *selbstporträt mit bienenschwarm*

Als Jan Wagner im Jahr 2015 als erster Lyriker überhaupt den Preis der Leipziger Buchmesse erhielt,[1] war ihm ein höchst seltenes Kunststück gelungen. Nicht nur unterstrich die Ehrung einmal mehr die Anerkennung des Autors bei den kanonisierenden Institutionen des Landes, nun weit über die Reichweite der Lyrik-Szene hinaus. Sie war auch der Beginn eines für das Genre erstaunlich großen Erfolgs beim Lesepublikum.[2] Als erster und bisher einziger Gedichtband erzielte die in Leipzig prämierte Sammlung *Regentonnenvariationen* (2014) nach der Preisvergabe eine Platzierung unter den ersten fünf Titeln auf der SPIEGEL-Bestseller-Liste.

Neben dem besonders populären Eröffnungssonett *giersch* hat dabei wohl kein Text des Bandes in der kurzen Zeit seit Erscheinen in Kritik und Literaturwissenschaft schon so viel Beachtung gefunden wie das Schlussgedicht *selbstporträt mit bienenschwarm*. Auch der Autor selbst hat ihm auf diversen Wegen besonderes Gewicht verliehen. So weist Wagner in vielen seiner poetologischen Essays auf die spezielle Bedeutung von erster und letzter Zeile eines Gedichts hin,[3] und dieses Argument lässt sich mühelos auch auf die Organisation ganzer

---

1   Zu den Motiven und der Resonanz der Preisverleihung siehe Holger Pils, Mit literaturbetrieblicher Wucht. Das Echo auf die Verleihung des Preises der Leipziger Buchmesse an Jan Wagner, in: Jan Wagner, hg. von Frieder von Ammon, München 2016 (= Text+Kritik 210 [2016], H. 3), S. 64–74. Übertroffen wurde die Ehrung nur noch einmal durch die Verleihung des Büchner-Preises im Jahr 2017.

2   Jürgensen und Klimek bezeichnen Wagner als derzeit »wohl erfolgreichste[n] deutschsprachige[n] Gegenwartslyriker«. Christoph Jürgensen und Sonja Klimek, Die Gedichte Jan Wagners – Interpretationen zur Einführung in sein lyrisches Werk, in: Gedichte von Jan Wagner. Interpretationen, hg. von Christoph Jürgensen und Sonja Klimek, Stuttgart 2017, S. 9–11, hier S. 9.

3   Siehe z. B. Jan Wagner, Ein Knauf als Tür. Wie Gedichte beginnen und wie sie enden, in: Jan Wagner, Der verschlossene Raum. Beiläufige Prosa, München 2017, S. 224–256, hier S. 224.

Gedichtsammlungen übertragen, wie dies auch bereits geschehen ist.[4] V. a. wird
die exponierte Stellung des Textes für Wagners Schaffen aber daran ersichtlich,
dass er den Titel auch für die von ihm selbst zusammengestellte Ausgabe ›ausgewählter Gedichte‹ im Jahr 2016 herangezogen hat.[5] Mit dieser publizistischen
Geste unterstellt er sein ›kanon-würdiges‹ bisheriges Œuvre insgesamt der im
titelgebenden Gedicht entfalteten Poetik von Autorschaft:

> selbstporträt mit bienenschwarm
>
> bis eben nichts als eine feine linie
> um kinn und lippen, jetzt ein ganzer bart,
> der wächst und wimmelt, bis ich magdalena
> zu gleichen scheine, ganz und gar behaart
>
> von bienen bin, wie es von allen seiten
> heranstürmt, wie man langsam, gramm um gramm
> an dasein zunimmt, an gewicht und weite,
> das regungslose zentrum vom gesang ...
>
> ich ähnele mit meinen ausgestreck-
> ten armen einem ritter, dem die knappen
> in seine rüstung helfen, stück um stück,
> erst helm, dann harnisch, arme, beine, nacken,
>
> bis er sich kaum noch rühren kann, nicht läuft,
> nur schimmernd dasteht, nur mit ein paar winden
> hinter den glanz, ein bißchen alter luft,
> und wirklich sichtbar erst mit dem verschwinden.[6]

Auch in seiner Machart, nicht nur seiner Programmatik, ist dieser Text überaus
typisch für Wagners Lyrik. Die Bindungsmittel der poetischen Sprache werden

---

4 Siehe Heinrich Detering, Qualle und Killer. Eine Einführung in das Schreiben Jan Wagners,
   in: Jan Wagner, hg. von Frieder von Ammon, München 2016 (= Text+Kritik 210 [2016], H.
   3), S. 7–14, hier S. 8: »Der Dichter im Bienenschwarm, der seine Züge trägt, indem er ganz
   Bienenschwarm ist: dieses Schlussbild erscheint wie ein Emblem der Pflanzen- und Tier-
   porträts.«

5 Jan Wagner, Selbstporträt mit Bienenschwarm. Ausgewählte Gedichte, München 2014. Das
   Motiv wird zusätzlich durch die Gestaltung des Umschlags unterstrichen, auf dem zwar
   kein Schwarm, aber doch einige Insekten abgebildet sind.

6 Jan Wagner, Regentonnenvariationen. Gedichte, München 2014, S. 97.

reichlich aus der Tradition geschöpft, dabei aber aufgelockert und als Ermöglichungsbedingung, nicht Einschränkung kreativer Freiheit verstanden.[7] Die
Abweichung ist kein harter Bruch mit der Norm, denn letztere bleibt konstitutiv
und strukturgebend. Konkret: Die Verse stehen hier oft in Spannung zu den Einheiten von Strophe, Satz, Kolon und sogar Wort, und so kommt es zu einigen
›harten‹, zuweilen gar strophischen und morphologischen Enjambements.
Dennoch ist die Versifikation durchgehend in fünfhebigen Jamben mit regelmäßig
wechselnden Kadenzen gehalten, und dieses Muster wird durch die Enjambements nur umspielt, nicht unterbrochen. Am deutlichsten wird das Prinzip aber
beim Reim, zu dem der studierte Anglist Jan Wagner selbst auch schon theoretisch
gearbeitet hat.[8] Mit Assonanzen, Konsonanzen und gebrochenem Reim werden
in *selbstporträt mit bienenschwarm* etliche unorthodoxe Möglichkeiten der klanglichen Musterung aufgefahren, am Ende aber stellen sich alle Verse durchgängig
als kreuzgereimt heraus. Damit reiht sich das Gedicht doch wieder in die Reihe
einer der gängigsten Gedichtformen klassischer deutscher Lyrik ein, negiert sie
nicht, sondern flexibilisiert sie nur: vierzeilige Strophen aus jambischen, kreuz-
gereimten Versen.

Eine Ausnahme bildet dabei allerdings ausgerechnet das letzte, diesmal rein
gereimte Wortpaar ›winden/verschwinden‹, nachdem zuvor nur unreine Varianten zum Einsatz kamen. Dass just der Abschluss des Gedichts sowie des ›Selbstporträts‹, das sich thematisch im Text entfaltet, sich damit in ungetrübter klanglicher Stimmigkeit präsentiert, wird man als ästhetisches Statement begreifen
dürfen: Nicht nur auf der Ebene der Information, auch auf der der phonetischen
Faktur hat sich am Ende eine harmonische Form bzw. ein klares und geschlossenes Profil konturiert. So macht das Gedicht seine übergreifende semantische
Kohärenz auch hörbar: die nämlich des Subjekts des poetischen Sprechakts
selbst.

Für die nähere thematische Entfaltung dieser poetischen Idee von Autorschaft bedient sich Wagner – neben zahlreichen anderen Anspielungen und
vielfältig deutbaren bildlogischen Konstellationen –[9] v. a. eines sehr traditions-

---

7 Siehe dazu Jan Wagner, Neue Texte, in: Jan Wagner, hg. von Frieder von Ammon, München
  2016 (= Text+Kritik 210 [2016], H. 3), S. 4–6, hier S. 5 f.: »Unreine Reime, auch andere Mittel,
  können das Strenge gerade traditioneller Formen unterwandern, ohne diese Formen
  bloßzustellen. Sie alle haben ihren Reiz [...]. Man muss sie nicht als Beschränkung wahrnehmen; für mich wäre es im Gegenteil ein Verlust an Freiheit, diese Formen nicht dort zu
  verwenden, wo sie sich aufdrängen, weil ihre Eigenheiten dem Gedicht zugute kommen.«

8 Die Reim-Vielfalt erfährt in seinem Werk in fast jeder Deutung von Wagners Lyrik besondere
  Würdigung. Z. B. Heinrich Detering, Qualle und Killer, S. 11.

9 Dazu informativ die bisher umfassendste Deutung des Gedichts von Johannes Görbert, Vom
  Aufgehen des Lyrikers in seiner Kunst. Zu Jan Wagners poetologischem Gedicht »selbstpor-

reichen poetologischen Bildfelds, nämlich dessen von Dichtkunst als Bienen-zucht.[10] Wie schwärmende Insekten, die sich *peu à peu* an ihren Imker hängen, fliegen auch dem Dichter die Worte zu. Und doch hat die Analogie auch ihre spre-chenden Grenzen. Bei Wagner verfügt das Subjekt dezidiert nicht wie ein Imker über die Bewegung der Tiere als Dirigent, sondern gibt lediglich auf passive, ›regungslose‹ Art und Weise dem Prozess Form und Kontur. Somit ist abschlägig über die erste Option in einer (scheinbaren) Deutungsalternative zu befinden, die eine der ersten Einzelinterpretationen des Gedichts eröffnet hat, nämlich ob es sich um »eine mystische Verschmelzung von Mensch und Schöpfertier«[11] handele. Es findet in Wagners Szenario keine aktive Lenkung, ja überhaupt keine echte Wechselwirkung von Mensch und Biene, Sprecher und Sprache statt. Der kreative Prozess folgt vielmehr einer unsichtbaren Hand, an deren Ende Bienen und Mensch, Sprache und Dichter gemäß ihrer jeweiligen Eigenlogik über eine geteilte Form zur Deckung kommen, aber keine Substanz gemeinsam haben. Dies wird man wohl so in begrifflichere Sprache übersetzen dürfen: Keinerlei Essen-tialismus kreativer Urheberschaft – etwa Psychologismus, Biografismus oder Genie-Denken – wird hier das Wort geredet, die Stelle des Autors als ›Zentrum des Gesanges‹ bleibt unstofflich. Stattdessen liegt in den einzelnen Worten selbst der Impuls, sich im Gedicht zu einem poetischen Ganzen zu gruppieren.

Nicht als Person also erlangt der Autor Präsenz und Relevanz in seinem Gedicht. Und dennoch stellt sich im Nachhinein heraus, dass das spezifische Profil seiner Kreativität doch von Beginn an Telos der Bewegung der Worte/ Bienen war. Er ist in Erscheinung getreten, weil seine Umrisse das Arrangement der Worte ebenso bestimmt haben wie deren bienenhafte Schwarmintelligenz. Auch die zweite Deutungsoption aus der erwähnten Interpretation des Textes, nämlich die als »Prozess der Selbstauflösung eines Dichters«[12], trifft somit nur zum Teil zu. *Vor* der poetischen Äußerung war schließlich von ihm noch rein gar nichts erkennbar, ja vorhanden, und so kann er sich auch also auch gar nicht ›auflösen‹ im eigentlichen Sinne. Im Gegenteil: Der Dichter verdeckt *und* enthüllt

---

trät mit bienenschwarm«, in: Gedichte von Jan Wagner. Interpretationen, hg. von Christoph Jürgensen und Sonja Klimek, Stuttgart 2017, S. 241–260, bes. s. 248 f. Zu nennen sind etwa der (auch durch den Autor explizit verbürgte) Bezug auf eine Darstellung der Maria Mag-dalena durch Tilman Riemenschneider, auf die Geschichte des malerischen Genres des Selbstporträts sowie die der Ikonographie des ›Ritters‹.

10   Dazu ebd., S. 244.
11   Michael Braun, Das regungslose Zentrum vom Gesang. Zwei Fußnoten zur Dichtkunst Jan Wagners, in: Jan Wagner, hg. von Frieder von Ammon, München 2016 (= Text+Kritik 210 [2016], H. 3), S. 46–50, hier S. 49.
12   Ebd.

sich in seiner Dichtung, wird durch sie erst ›wirklich *sichtbar*‹, wie der letzte Vers betont.

Um aber noch detaillierter und konzeptioneller rekonstruieren zu können, was Wagner in *selbstporträt* als Paradoxie von Verschwinden und Sichtbarkeit lyrisch ›verdichtet‹ hat, empfiehlt es sich, werkbiografisch einen Schritt zurück zu tun, nämlich zu dem Gedichtband, der seinem späteren Publikumserfolg voranging und während eines einjährigen Stipendiums an der Villa Massimo in Rom entstand: *Die Eulenhasser in den Hallenhäusern. Drei Verborgene* von 2012.

2. Der empirische Autor und die fiktiven Dichter in *Die Eulenhasser in den Hallenhäusern. Drei Verborgene*

Als Einzeltext erstveröffentlicht wurde *selbstporträt mit bienenschwarm* bereits im Jahr 2013. Allein schon entstehungsgeschichtlich reicht das Gedicht damit nahe an *Die Eulenhasser* heran. Und auch thematisch gehört es genau der etwas früheren Schaffensphase zu. Der Band entwirft nämlich eine elaborierte Poetik, hinter die sich Wagner mit *selbstporträt mit bienenschwarm* auch später noch mit seinem Gesamtwerk stellt, wenn auch in etwas abgeschwächter Form.[13] In *Die Eulenhasser* bescheidet sich Wagner nicht mit der Diagnose des Autors als einer leeren Mitte, sondern füllt das Vakuum noch offensiv mit drei durch und durch fiktiven Dichterfiguren auf: Anton Brant, Theodor Vischhaupt und Philip Miller. Jeder der drei erhält im Text dabei ein eigenes biografisches und künstlerisches Profil. Brants Dichtung präsentiert sich als urig-kauzige Naturpoesie eines holsteinischen Bauern, Vischhaupt ist Wahl-Berliner und Verfasser ausschließlich von Anagrammgedichten. Über den in Rom lebenden Deutschen Philip Miller – namentlich angelehnt an Goethes römisches Inkognito Johann Philipp Möller – ist dagegen am wenigsten bekannt, außer dass er Verfasser von zwölf Elegien ist.

Dass es sich bei diesen drei angeblich ›verborgenen‹ Dichtern, von denen der Untertitel spricht, in Wahrheit um erfundene handelt, wird dem Leser spä-

---

13   Der Grund für diesen dezenteren Einsatz der Autor-Inszenierung im Vergleich zu *Die Eulenhasser* könnte dabei darin liegen, dass das gleich zu erläuternde Verfahren der Autorfiktion von Wagner auch und v. a. dazu gedacht ist, einen freieren Umgang mit Traditionen und Formen zu ermöglichen (siehe 3.). So kann es nicht in seinem Interesse liegen, die Reflexivität seiner Position, wenn sie einmal verdeutlicht wurde, jedes Mal wieder neu zu markieren, weil auch das die Freiheit wiederum auf neue Art einschränken würde. Dass dennoch von der andauernden Gültigkeit der in *Die Eulenhasser* entwickelten Poetik ausgegangen werden kann, sieht aber z. B. auch Osterkamp so. Siehe Ernst Osterkamp, Ironische Poetologie. Über einige Gedichte von Jan Wagner, in: Zeitschrift für Germanistik N.F. 28 (2018), H. 2, S. 234–246, hier S. 245.

testens durch den klärenden Klappentext deutlich. Wer aber die Lektüre mit dem Vorwort beginnt, bewegt sich bereits in der Fiktion, ohne es sofort zu realisieren. Indem Wagner diesen Textteil datiert und orthonym unterzeichnet, wird – mit Philippe Lejeune gesprochen – scheinbar ein ›referentieller Pakt‹ zwischen dem empirischen Autor und dem Herausgeber Wagner aufgebaut. In Wahrheit stehen die Sätze des Vorworts aber bereits unter fiktionalem Vorbehalt:[14] In überspitzter Opposition zwischen »den Aufregungen und den Schlagzeilen, den hektischen Tagesaktivitäten und dem Wirbel der Märkte«[15] sowie dem stillen Wirken einsamweltabgewandter Kreativität werden nämlich die drei imaginären Dichter vorgestellt, welche er mit Hilfe von ebenso erfundenen Vermittlerfiguren vor dem unrechtmäßigen Vergessen errettet haben will. Diese Zeuginnen und Zeugen sind Anton Brants Ehefrau Anna, Vischhaupts einziger Freund Thaddäus Winkelmann sowie zwei deutsch-italienische Leserinnen und Leser von Millers Gedichten namens Pippo Mampieri und Agnese Rossi.[16] Im Vorwort gibt der Herausgeber ›Wagner‹ somit in einem »spröde-betulichen Philologenduktus«[17] nur vor, dass es Anliegen des Bandes sei, die Kontingenzen der Literaturgeschichte zu beheben und den drei Dichtern endlich Gerechtigkeit widerfahren zu lassen. Dem Autor Wagner aber geht es um eine durchaus subtilere Form der Kanon-Politik, wie später noch detailliert zu zeigen ist (siehe dazu 3.).[18]

14　Siehe so auch Sonja Klimek, Vergessene Dichter, die es nie gab. Zu Jan Wagners Gedicht »Kröten«, in: Gedichte von Jan Wagner. Interpretationen, hg. von Christoph Jürgensen und Sonja Klimek, Stuttgart 2017, S. 175–194, hier S. 180: »›Jan Wagner‹, der Herausgeber von Brant, Vischhaupt und Möller [sic!], tätigt Aussagen, die die Leser/innen Jan Wagner, dem Autor von Die Eulenhasser in den Hallenhäusern, nicht eindeutig zuschreiben können.«

15　Jan Wagner, Die Eulenhasser in den Hallenhäusern. Drei Verborgene, München 2012, S. 11. Im Fließtext wird aus dieser Ausgabe fortan mit Seitenangabe ohne Sigle in Klammern zitiert.

16　Es fällt dabei auf, dass mit der abnehmenden Informationsdichte über die drei Dichterfiguren (siehe unten) auch ihr Verhältnis zu den literarischen Vermittlern immer loser wird: Von der Ehefrau über einen Freund bis zu bloßen Findern ohne persönliche Bekanntschaft.

17　Siehe Ernst Osterkamp, Die stillen Helden der Kunstautonomie. Über Jan Wagners »Die Eulenhasser in den Hallenhäusern«, in: Jan Wagner, hg. von Frieder von Ammon, München 2016 (= Text+Kritik 210 [2016], H. 3) S. 15–27, hier S. 17.

18　Freilich aber kann man rückblickend, wenn man die Machart der Gedichte der drei ›Verborgenen‹ und ihren Umgang mit der Tradition durch die Lektüre kennengelernt hat, schon das vordergründig naive Sendungsbewusstsein des Herausgebers entsprechend interpretieren: dass es dem Band zwar nicht um direkte Korrekturen der Literaturgeschichte zu tun ist, aber doch darum, das Wissen um Kontingenz in der Dichtung umzukehren in ein Bewusstsein von Möglichkeiten und in ein Mittel der Reflexion der eigenen literarhistorischen Position. So kann der Wunsch, mit dem das Vorwort schließt, auf eine Weise interpretiert werden, wie später für die Gedichte insgesamt noch genauer dargelegt: »[S]o verschieden diese Verborgenen auch sein mögen hinsichtlich ihrer Herkunft, ihres Stils, ihrer

Der folgende Hauptteil des Bandes ist entlang der drei fiktiven Lyriker Brant, Vischhaupt und Miller organisiert. Ihre Lebensumstände, soweit dem Herausgeber ›Wagner‹ bekannt, werden zunächst jeweils in kurzen, hochgradig interpretationsbedürftigen Einführungen geschildert, und im Anschluss witzige, fiktive Bibliografien zu Werk und Leben fabriziert.[19] Es folgen sodann die Gedichte, jeweils mit einem Stellenkommentar versehen auf Basis der sog. ›Literaturangaben‹, aber durchaus auch mancher tatsächlicher und belastbarer, literarischer Querverweise. Überdies ist für jeden der drei Dichter je ein spezifischer Zusatztext beigefügt: bei Brant ein Glossar zur norddeutschen Mundart des Autors, bei Vischhaupt ein kleiner Essay über die Geschichte des Anagrammgedichts, bei Miller schließlich eine kurze Erläuterung zum Pseudonym des Autors durch Roberto Zapperi. Dieser ist jedoch keine fiktive Gestalt, sondern hat in der Tat ein Buch über Goethes italienische Reise verfasst mit dem Titel *Das Inkognito. Goethes ganz andere Existenz in Rom* (1999).

Mit diesem Verfahren, gemeinsam mit seinen lyrischen Texten auch ›passende‹ Autorfiguren zu kreieren, bewegt sich Wagner in einer langen Ahnenreihe, die mindestens bis zur Barden-Fiktion des Göttinger Hains zurückreicht. Schon der erste Satz des Vorworts lässt sich in dieser Richtung deuten: In der initialen Feststellung, man könne in gewissem Sinne »alle Dichter als Verborgene bezeichnen« (S. 11), mag man ein Echo auf die Autorin erkennen, die das Verfahren fiktiver Autorschaft in der deutschen Literatur am prominentesten zum Einsatz gebracht hat, nämlich Else Lasker-Schüler (Jussuf von Theben, Tino von Bagdad u. a.).[20] In seinem Vortrag *Der Poet als Maskenball* (2013) meint Wagner selbst unter Verweis auf etliche literarhistorische Beispiele (allerdings ohne Lasker-Schüler): »[W]er einmal angefangen hat, sich mit imaginären Dichtern zu beschäftigen, kommt recht bald zu der Erkenntnis, dass es weit mehr von diesen luftigen Wesen gibt als er je für möglich gehalten hätte«.[21]

---

grundlegenden poetischen Überzeugungen, so erfreulich wäre es doch, wenn er [d. i. der Leser] nach der Lektüre keinen von ihnen mehr vergäße.« (S. 13)

19 Um nur zwei Beispiele zu nennen: »Brant, Anna: *Ich, Muse und Melkerin. Mein Leben zwischen Versen und Färsen*. Neuer Landwirtschaftlicher Verlag, Husum 2000.« (S. 22) Oder: »Scheureb, Maria: »Von DADA, Sprachspiel, Anagrammen. Theodor Vischhaupt im Kontext der europäischen Avantgarde«, in: *Frakturen. Magazin für Sinn und Unsinn*. Zürich 2008.« (S. 61)

20 Siehe z. B. Else Lasker-Schüler, Ich räume auf! Meine Anklage gegen meine Verleger, in: Else Lasker-Schüler, Der Prinz von Theben und andere Prosa, Frankfurt a.M. 1998, S. 505–555, hier S. 531: »Sich unsichtbar zu erhalten, benötigt der Dichter ein Versteck, wir wären sonst – sicher sogar – eher vergriffen wie unser Buch, wie unser Bild, wie unser Lied.« Siehe auch z. B. Meike Feßmann, Spielfiguren. Die Ich-Figurationen Else Lasker-Schülers als Spiel mit der Autorrolle. Ein Beitrag zur Poetologie des modernen Autors, Stuttgart 1992.

21 Jan Wagner, Der Poet als Maskenball. Über imaginäre Dichter, Mainz 2014, S. 3. Gehalten wurde der dieser Publikation zugrunde liegende Vortrag am 20. April 2013.

Auch wenn sich in diesem Vortrag eindeutige Fiktionen (z. B. Fernando
Pessoas ›Heteronyme‹) mit Betrugsfällen (z. B. Ossian oder George Forestier) ver-
mischen, wird dennoch eine Gemeinsamkeit in der Wahl der Beispiele erkennbar: Alle sind sie, wie auch Wagners drei ›Verborgene‹ in *Die Eulenhasser*, nicht
(nur) Teil des Personals einer im konkreten poetischen Text aufgebauten fiktiven
Welt, auch nicht (allein) als Erzähler/Textsubjekte Funktion eines auf den Einzeltext begrenzten fiktionalen *discours*. Vielmehr treten hier fiktive Figuren in die
›äußere‹, nicht lediglich die ›innere‹ Dimension der fiktionalen Kommunikation
ein,[22] nämlich an die Stelle des Senders der poetischen Mitteilung. Und so muss
die imaginäre Existenz dieses dem fiktionalen Geltungsanspruch nach extratextuellen Urhebers auch über den Einzeltext hinaus behauptet sein. Dies geschieht
in seinem kommunikativen Rahmendiskurs – bei Wagner eben die erfundenen
Paratexte (Vita, Bibliografien, Kommentar), die die Gedichte flankieren.

Dieses Phänomen, das ich an anderer Stelle ausführlicher systematisch
profiliere,[23] soll mit einem Begriff bezeichnet werden, der schon manchmal in
der Literaturwissenschaft Verwendung gefunden hat, aber noch nicht begrifflich und konzeptionell geschärft worden ist, nämlich als ›Autorfiktion‹. Damit sei
der Einsatz einer erkennbar erfundenen Figur an der Funktionsstelle im Modell
fiktionaler Kommunikation gemeint, die im Normalfall vom empirischen Autor
eingenommen wird.[24] Diese Hypostase gelingt oft dadurch, dass die Paratexte,
die sonst die Angaben zum wirklichen Urheber enthalten, nun zu einem fiktio-

---

22 Siehe zur ›kommunizierten Kommunikation‹ fiktionaler Rede Matías Martínez und Mi-
    chael Scheffel, Einführung in die Erzähltheorie (10. Aufl.), München 2016, S. 19 f. Das Ver-
    fahren der Hypostase eines fiktiven Autors scheint mir durchaus ein von ›bloßer‹ Autorin-
    szenierung unterscheidbares Verfahren zu sein. Wo dort am Ende noch immer auf eine
    empirische Person referiert wird, wie stilisiert und überformend auch immer, so wird hier
    eine ganz eigene, erkennbar erfundene Figur entwickelt.

23 Geplant für: KulturPoetik. Zeitschrift für kulturgeschichtliche Literaturwissenschaft 21
    (2021), H. 1.

24 Das Normal-Modell fiktionaler Kommunikation ist das folgende: Eine reale Person, der
    empirische Autor, kommuniziert mit einer ebensolchen, dem empirischen Leser, über
    seine Erzählung. Dies geschieht dabei so, dass diese wiederum ›kommunizierte Kom-
    munikation‹ ist, nämlich zwischen einem Erzähler als rein textueller Instanz der Infor-
    mationsvergabe und einem entsprechenden intratextuellen Adressaten. Nur in der ›äu-
    ßeren Kommunikation‹ zwischen empirischem Autor und Leser wird allerdings tatsächlich
    kommuniziert, d. h. dass in der inneren, zwischen Erzähler und seinem Adressaten, die
    Instanzen keine von der Textdimension losgelöste Existenz beanspruchen können. Bei
    Autorfiktion jedoch wird gerade in die äußere, reale Kommunikation noch eine weitere fik-
    tionale Instanz eingeschaltet. Die Konstitution des Autor-Bildes bei den Lesenden geschieht
    dann nicht primär auf Basis des Textes und des Vorwissens über seinen realen Urheber,
    sondern wird eigens durch spezielle paratextuelle und mediale Hinweise im diskursiven
    Rahmen in die gewünschte Richtung gelenkt.

nalen Spiel genutzt werden. So werden bei Wagner ganze Biografien und komplexe Persönlichkeitsprofile aufgebaut, die aber vom Lesepublikum durchaus als fiktiv durchschaut werden können.[25] Dem Schöpfer einer Autorfiktion kommt dabei die Tatsache entgegen, dass er bei seinen Rezipientinnen und Rezipienten überhaupt ein Bedürfnis nach personaler Urheberschaft voraussetzen kann, mit dem er nun sein Spiel treibt.[26] Entsprechend heißt es auch in Wagners Vortrag: »Daß das Subjekt des Gedichts keinesfalls mit dem des Autors übereinstimmen muß, hat sich zwar herumgesprochen – das scheint jedoch eine Mehrheit der Leser nicht davon abzuhalten, unermüdlich nach dem Autor selbst, nach seinen Spuren im Gedicht zu suchen.«[27]

Wegen manch aberwitzig-biografistischer Kommentierung einzelner Gedichte in *Die Eulenhasser* kann es zunächst so scheinen wie bereits in den bislang vorliegenden Deutungen des Bandes herausgearbeitet, besonders von Ernst Osterkamp: dass die Verbindungen von Literatur und Leben der (fiktiven) Autoren, und damit die autorfiktionale Strategie insgesamt, zu nichts führten als höchstens zu komischen Effekten. Und in der Tat: Zu Vischhaupts titelgebendem Anagrammgedicht *Die Eulenhasser in den Hallenhäusern* wird im Kommentar etwa beflissen vermerkt, dass der Autor auf einer seiner seltenen Reisen die Oberlausitz besucht und die dortigen Hallenhäuser besichtigt habe, ja dass es sich bei dem im Gedicht erwähnten Bauwerk um den Schönhof in Görlitz handeln müsse (S. 65 f.). Was diese Information zum Verständnis des Textes beitragen soll, wird allerdings sprechend verschwiegen.[28] Oder: Auf Basis der Erwähnung eines Sei-

---

25 Diese Hypostase kann aber nicht nur durch Einsatz von (Para-)Texten bewerkstelligt werden, wie bei Wagner, sondern durch verschiedenste Medien. Am deutlichsten ausgeprägt ist die Autorfiktion immer dann, wenn sie quasi-parasitär auch Funktionen des empirischen Autors besetzt, die an sich mit dessen physischer Präsenz verbunden sind. Sehr gängig ist dies bei dem Einsatz des Verfahrens in der Popkultur, spätestens seit David Bowies Auftritten als ›Ziggy Stardust‹ in den 1970er Jahren.

26 Autorfiktion spielt in der Regel gar nicht mit den Erwartungen professioneller Leserinnen und Leser sowie Literaturwissenschaftlerinnen und Literaturwissenschaftler an einen sauberen und theoriegeleiteten Textumgang, sondern mit solchen existierenden, oft wenig reflektierten und teilweise ›wilden‹ Praktiken eines Laienleserpublikums. Im Zusammenspiel ihrer Kenntnisse eines Textes, ihres Vorwissens über dessen Verfasser und durch Interpolation allgemeiner Autorschaftskonzepte sowie alltagspsychologischer Muster bilden Leserinnen und Leser Rückschlüsse auf Eigenschaften, Überzeugungen, manchmal sogar mutmaßliche Erlebnisse des Texturhebers.

27 Jan Wagner, Maskenball, S. 17.

28 Die eigentlich relevante Information der Fußnote ist ausgerechnet die, die zunächst am unwesentlichsten erscheint, nämlich dass Vischhaupt auf einer Fotografie vor dem Schönhof mit einem selbstgestrickten Wollschal um den Hals zu sehen ist (S. 66). Dies aber ist vermutlich der Schal, an dem er sich später erhängen wird, so dass bereits hier eine versteckte Vorausdeutung vorliegt (siehe 3.).

denhemdes in der achten von Millers Elegien wird kritisch im Kommentar aus einer sog. Literaturangabe referiert, der Autor müsse wohl recht wohlhabend sein (S. 117). Dies ist aber nicht nur eine wilde Spekulation über den vermeintlich empirischen Miller, sondern unterstellt auch ohne jeden Anlass im Text, dass das Ich der Elegien überhaupt auf ihn als Person referiere, und wenn ja, dass er sich auch an der betreffenden Stelle tatsächlich selber meine. Es ließen sich noch eine Fülle weiterer solcher Belege anführen, die den Anspruch *ad absurdum* führen, die Bedeutung eines Gedichts sei feststellbar, indem es gelingt, es über seinen Verfasser lebensweltlich zu referenzieren.

Mit Sicherheit also enthält die Autorfiktion des Bandes auch eine Parodie auf eine bestimmte Art der biografistischen Literaturrezeption. Daraus aber zu schließen, es gehe dem Text nur oder vornehmlich um eine Kappung der Bezüge von Autor und Werk, scheint mir zu pauschal und wäre – ziemlich genau ein halbes Jahrhundert nach Barthes und Foucault – auch nicht mehr sehr bemerkenswert.[29] Außerdem hat diese Ansicht die Deutung des empirischen Autors gegen sich. Im Vortrag *Der Poet als Maskenball* meint Wagner zwar, Dichtung sei ein Phänomen der Auflösung in andere Identitäten, insistiert aber zugleich darauf, dass »kein Gedicht ohne die Erfahrungen, die Wahrnehmungen und Gefühle seines Autors entstehen könne, ohne sein Wissen über die Welt und seine Sicht auf die Dinge in ihr«.[30]

Dass diese Prämisse auch unter fiktionalen Bedingungen in *Die Eulenhasser* Gültigkeit behauptet, macht schon die Art und Weise deutlich, wie bewusst Wagner jeweils das Passungsverhältnis zwischen Leben und Werk seiner drei Verborgenen entwirft.

Anton Brant: In Brants fiktiver Vita ist eine wahre Fülle von offenen und verdeckten literarhistorischen Referenzen verwoben.[31] Sein Leben und Sterben

---

29   Nicht plausibel in dieser Stärke ist daher etwa die Aussage von Fabian Lampart, Der verborgene Autor. Jan Wagners Variationen über Kreativität und Autorschaft in Philip Millers »Erster Elegie«, in: Gedichte von Jan Wagner. Interpretationen, hg. von Christoph Jürgensen und Sonja Klimek, Stuttgart 2017, S. 195–209, hier S. 207, es gehe wesentlich um die »Dekonstruktion des bei Lesern und Literaturwissenschaftlern gleichermaßen beliebten literarischen Gemeinplatzes von der engen Abhängigkeit zwischen Leben und Werk eines Autors«. Dagegen meint Sonja Klimek zu Recht: »Was ad absurdum geführt wird, ist vielmehr eine altväterliche, in platten Positivismus und glorifizierendem Personenkult endende Art der Beschäftigung mit Literatur, die als ›Biographismus‹ bezeichnet und bereits um 1900 von der historisch-hermeneutischen ›biographischen Methode‹ abgegrenzt und von deren Vertretern abgelehnt wurde.« Sonja Klimek, Kröten, S. 193.

30   Jan Wagner, Maskenball, S. 17.

31   So deutet Sonja Klimek etwa schon seine Geburt instruktiv als Kontrafaktur zur Schilderung Goethes in *Dichtung und Wahrheit* (1811–1833). Sonja Klimek, Kröten, S. 184 f.

stehen dabei ganz im Zeichen der Natur,[32] und so auch sein Werk. ›Biografisch‹ macht sich dies z. B. daran bemerkbar, dass er mehr als in den wenigen Büchern, die er besitzt, »die Schrift des ersten Frosts«, der Wolken und der Sterne aufnimmt sowie die mündlichen Erzählungen des bäuerlichen Lebenskreises (S. 17 f.). In poetischen Dingen ist er also ganz »sein eigener Lehrer« und fühlt sich »keinerlei Tradition verpflichtet«, schon gar nicht dem Traditionsbruch (S. 19). Dies erklärt die freie und einfache Form seiner Gedichte, die voller mundartlicher Ausdrücke sind und deren Strukturprinzipien nicht in kunstmäßigen Strophenformen und Metren bestehen, sondern ganz ›naturwüchsig‹ in rein klanglichen Musterungen. Die elf Gedichte sind aber auch in ihren Themen und Gegenständen gleichzeitig sehr ›autor‹- und naturnah gehalten, denn sie beschreiben insgesamt einen Jahreszyklus in Brants Heimat unter Erwähnung vieler Personen seines Umfelds, beginnend mit der Schafschur im Frühling über die Heu- und Äpfelernte und das Weihnachtsfest bis zum Frühlingsbeginn des nächsten Jahres. In diesem Rahmen geht es stets um Themen der Kreatürlichkeit des Menschen wie Geburt und Tod (*Die Sauen*), um Schuld und Strafe (*Die Grenzen, Blitze*), Wunsch und Wirklichkeit (*Die Äpfel, Kröten*), Individuum und Gemeinschaft (*Das Christfest*) etc. Zusammenfassend lässt sich somit konstatieren: Durch seinen fiktiven Dichter Brant legitimiert Jan Wagner auf augenzwinkernde Weise, dass er formal und inhaltlich unbefangen an die ›großen Themen‹ des Menschseins gehen kann.

Theodor Vischhaupt: Die Vita dieses Lyrikers ist nicht weniger allegorisch zu lesen als die Anton Brants. Wie Osterkamp treffend bemerkt hat, setzt Wagner hierbei unmittelbar Roland Barthes Diktum vom ›Tod des Autors‹ in Szene:[33] Vischhaupt erhängt sich ausgerechnet an einem selbstgestrickten Wollschal, schafft sich also gewissermaßen durch seine eigenen ›Texturen‹ ab (S. 60). Doch trägt die Idee sogar noch weiter als Osterkamp selbst ausführt. Vischhaupt verschlingt nämlich überdies eine wahre Fülle von verschiedensten Büchern und Texten, hebt sie aber nie auf, sondern gibt sie unmittelbar nach Gebrauch wieder fort (ebd.). Oft entnimmt er nur einen einzigen Satz, den er dann zum Ausgangspunkt seiner Anagramm-Dichtungen macht, welche er durch bloßes Arrangieren des Buchstabenmaterials fabriziert. Er ist also ganz sinnfällig kein Autor im emphatischen Sinne mehr, sondern nur noch Arrangeur von vorgefundenem Sprachmaterial im Sinne Barthes'. Und mehr noch: Vor seinem Tod übereignet Vischhaupt seinen gesamten Nachlass seinem einzigen Leser Thaddäus Winkel-

---

32 Brant stirbt an einem Herzinfarkt und wird gefunden mit dem Kopf im Wasser eines Teiches, dem Körper aber an Land, einen Frosch auf der Schulter. Damit wird symbolisch unterstrichen, wie sehr er mit der Natur verbunden ist.

33 Siehe Ernst Osterkamp, Kunstautonomie, S. 23.

mann, so dass Barthes' berühmte finale Prognose sich fast wörtlich in der fiktionalen Konstellation erfüllt: »Die Geburt des Lesers ist zu bezahlen mit dem Tod des Autors«.[34] Und auch die Angabe, dass Vischhaupt ausgerechnet in einem Berliner Fundbüro arbeitet, bestätigt, wie sehr sich poetisches Programm und Leben bei ihm wechselseitig stützen.

Philip Miller: Am wenigsten ist über Philip Miller bekannt, denn man weiß von ihm lediglich, dass er ein Deutscher ist, sich im Jahr 2004 aber in Rom aufhält. Er ist zwar »kein Tourist, ein Fremder aber bestimmt.« (S. 93) Seine zwölf Elegien – exakt die Hälfte also von Goethes *Erotica Romana* und *Priapea* – bringt er am Pasquino an, einer Statue, die die Römer traditionell für anonyme Spottverse nutzen.[35] Dort werden sie von Rossi und Mampieri entdeckt. All ihre Versuche, den Autor ausfindig zu machen, schlagen allerdings fehl.[36] Trotz dieser sehr dünnen Informationslage korrespondiert aber auch Millers Biografie wieder sprechend mit seinem Werk: Auch das artikulierte Ich wird nämlich kaum greifbar wie der Urheber selbst, es ist als Flaneur lediglich Beobachter und ›Reflektor‹ der modernen Großstadt Rom. Und die Tatsache, dass Miller am Ende seine Elegien dem Stadtraum zurückgibt, dem sie auch entspringen, indem er sie nämlich am Pasquino anbringt, unterstreicht auf eigene Weise bildlogisch diese Idee von Autorschaft. Zwar enthalten die Gedichte also nicht die biografische Individualität ihres Verfassers, über die so gut wie nichts bekannt ist (selbst wenn der Herausgeber ›Wagner‹ und seine ›Forscher‹ nicht selten dem Reiz der Spekulation erliegen). Sehr wohl versinnlichen aber auch sie wieder wie bei Brant und Vischhaupt die Quellen und Eigentümlichkeiten von Millers Kreativität, so dass Vita und Werk auch bei ihm auffallend korrespondieren.

Dies gilt aber erklärtermaßen nicht nur für die erfundenen Dichter und ihre Werke, sondern entsprechend auch ›eine Stufe darüber‹ für Wagner als empirischen Autor im Verhältnis zu seinen drei fiktiven Dichtergestalten selbst. Die Beziehung von Leben und Werk wird hier allerdings durch die Fiktionalisierung der Redesituation nicht mehr annähernd so lebensweltlich konkret wie bei den drei Figuren, sondern in die Schwebe versetzt und in unbestimmter Mittelbarkeit gehalten. Im Vortrag *Der Poet als Maskenball* betont Wagner entsprechend, dass

---

34 Roland Barthes, Der Tod des Autors, in: Texte zur Theorie der Autorschaft, hg. von Fotis Jannidis u. a., Stuttgart 2000, S. 185–193, hier S. 193.

35 Dazu treffend Fabian Lampart, Erste Elegie, S. 202 f.: »Indem Philip Millers Elegien mit satirischem Schreiben assoziiert – allerdings nicht identifiziert – werden, ergibt sich ein weiterer Effekt: Die für sich genommen historisierende Aufnahme der Form der Elegie wird ein Stück weit ironisiert, der Verdacht einer imitatorischen oder epigonalen Intertextualität wird relativiert.«

36 Nach Fabian Lampart, ebd., S. 202, inszeniert dies nochmals das ›Verschwinden des Dichters‹ und das Scheitern einer biografischen Lektüre.

ihm die drei Dichter in *Die Eulenhasser* »so fremd« seien, »dass ich ihre Werke unter eigenem Namen keinesfalls hätte publizieren wollen.« Und doch seien sie ihm auch stets »nahe genug, um mühelos in sie hinein wachsen zu können.«[37] Er sei schließlich wie Brant im ländlichen Raum Schleswig-Holsteins aufgewachsen, habe wie Vischhaupt in Berlin gelebt und sich wie Miller eine Zeitlang in Rom aufgehalten. V. a. aber teile er selbst auch die poetischen Vorlieben seiner Geschöpfe.[38]

Mit dieser Volte aber wird die scheinbar einsinnige Strategie des Verbergens zu einem Wechselspiel: Nicht nur Brant, Vischhaupt und Miller sind Verborgene vor den Augen der Öffentlichkeit, wie im Vorwort behauptet, sondern hinter ihnen verbirgt sich seinerseits ihr Schöpfer Jan Wagner.[39] Durchaus treffend klingt somit im Vortrag *Der Poet als Maskenball* am Ende programmatisch leise Novalis (*Blüthenstaub*, Nr. 16) an, wenn Wagner notiert, dass »der geheimnisvolle Weg auch in die andere Richtung gangbar ist, von der realen Präsenz ins Reich des Imaginären.«[40] Diese Überlegung führt ihn am Ende des Vortrags gar zu der rhetorischen Frage, »ob nicht die unauthentischen Gedichte dem Persönlichen am nächsten kommen können, ob nicht das Versteck, die Maskerade, es erlaubt, ans Innerste zu rühren.«[41] Aus ihnen werden nämlich zwar die kontingenten Lebensumstände des Verfassers verbannt, aber dafür – wie in *selbstporträt mit bienenschwarm* und bei den drei fiktiven Alter Egos – gerade die Konturen seiner eigentümlichen, poetischen Kreativität umso deutlicher erkennbar.

Bei genauem Hinsehen wird diese zweiseitige Idee der Autorfiktion als Verbergen des faktischen Urhebers bei gleichzeitiger Exposition seiner kreativen Quellen auch schon in Widmung und Danksagung des Lyrikbandes annonciert. Dies aber ist der Rezeption bisher entgangen. In der abschließenden Danksagung wird nämlich zunächst zwar die Fiktion noch weiter durchgehalten, indem der Herausgeber Wagner den imaginären Vermittlern der drei Dichter dankt. Danach aber hebt er durchaus auch reale Wegbegleiter hervor, etwa seinen langjährigen

---

37 Jan Wagner, Maskenball, S. 20.
38 Ebd.: »Wie Brant stamme ich aus Norddeutschland, dessen Landschaft mir vertraut ist, wie er schätze ich eine sinnliche, welthaltige Lyrik, die auf die Kraft der Metapher vertraut; wie Vischhaupt bin ich seit langem Wahlberliner und kenne die Versuchung, im Korsett aus strengen Regeln möglichst schwerelos tanzen zu wollen; wie Miller habe ich in Rom gelebt und bin der Verwendung, der Unterwanderung alter Formen wie der Elegie nicht abgeneigt.«
39 Dies wird auch durch die metaleptische Konstellation unterstrichen, die eintritt, als auch eine der fiktiven Literaturangaben zu Vischhaupt den Titel *Die Eulenhasser in den Hallenhäusern* trägt wie der Band Jan Wagners insgesamt.
40 Jan Wagner, Maskenball, S. 18.
41 Ebd.

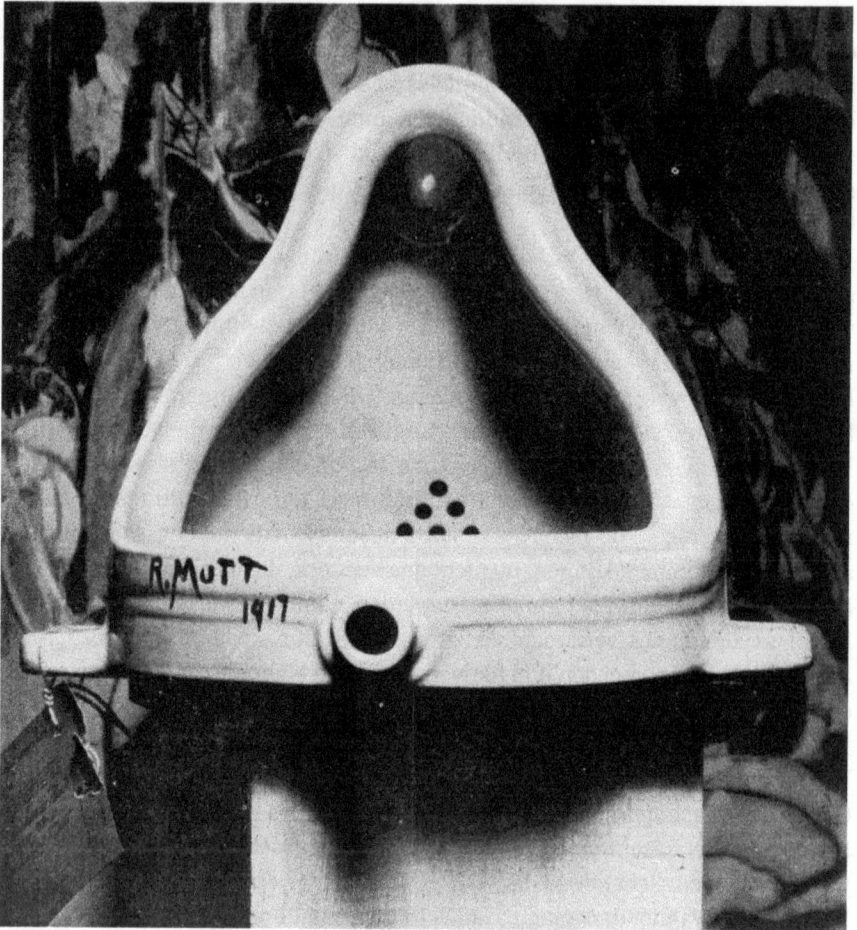

Marcel Duchamp, Fountain (1917)[42]

Freund und Kollaborateur Thomas Girst, »der die Widmung ganz richtig verstehen wird« (S. 127). Geht man dieser Spur nach, stellt man fest, dass der Band
an eine Person namens ›Richard Mutt‹ dediziert ist, wobei es sich um ein Pseudonym handelt.[43] Im Jahr 1917 wollte kein Anderer als Marcel Duchamp unter

42 Marcel Duchamp, Fountain, Foto von Alfred Stieglitz, 1917, https://de.wikipedia.org/wiki/
    Fountain_(Duchamp) (08.03.2020)
43 Diese Namensgebung ist dabei außerordentlich vielschichtig und sprechend. Duchamp
    wandelt zunächst leicht den Namen der Sanitärfirma *Mott Iron Works* ab, und stellt
    so Bezug zu dem damals populären Comic *Jeff and Mutt* her. Darüber hinaus bedeutet

diesem Namen eines der ersten *readymades* der Kunstgeschichte vergeblich zur Ausstellung bringen: ein in die Horizontale gestülptes Urinal, dem er den Titel *Fountain* gab. Thomas Girst nun hatte just im Jahr 2012, der Entstehungszeit von *Die Eulenhasser*, im Lenbachhaus (München) eine Ausstellung über Duchamps Münchner Monate im Jahr 1912 kuratiert.

Sicherlich ging es Duchamp mit seinem kontroversen Artefakt auch darum, den von ihm zutiefst verachteten Kunstmarkt zu verspotten sowie die Grenzen des Kunstbegriffs auszuloten. Der Titel *Fountain* lässt aber die Deutung zu, dass er sein überaus polyvalentes *objet trouvé* auch in den Zusammenhang der Frage nach den ›Quellen‹ der Kreativität gestellt hat. So betrachtet, präfiguriert Duchamps ›Richard Mutt‹ Wagners Autorfiktion nicht nur als Verfahren, sondern auch in ihrem konzeptionellen Gehalt. Denn wie der Konzeptkünstler einen vorfindlichen Alltagsgegenstand unter Bedingungen der Pseudonymie aufgreift und in Kunst ›wendet‹, damit den Ursprung und die Quelle der Kreativität nicht in eine ideelle Sphäre, sondern in den speziellen Umgang mit der ganz profanen Lebenswelt, ja physischen Bedingtheit des Menschen verlegt, so ähnlich auch Jan Wagner, wenngleich mit weniger provokanter Geste. Auch er bringt ja im Zeichen der Autorfiktion die Quellen der eigenen Schöpferkraft – nämlich die norddeutsche Natur (Brant), das sprachspielerische Experiment (Vischhaupt) und die Großstadterfahrung (Miller) – ins Gedicht. Etwas Alltägliches aus dem Leben des Autors wird transformiert und dadurch zu etwas der Welt seines Schöpfers Ent-, genauer: Aufge-Hobenem. Dies ist dann der Fall, wenn es dem Autor gemäß Wagner in *Der Poet als Maskenball* gelingt, es »mittels aller ihm zur Verfügung stehenden sprachlichen Mittel, Metapher, Klang, Rhythmus, in ein Kunstwerk aus Worten zu überführen [...], das seine individuellen Befindlichkeiten übersteigt und von allgemeinem, ästhetischem Interesse ist«.[44]

Mutt im Englischen in etwa ›Köter‹, kombiniert mit der englischen Lesung der Initiale des Vornamens R. ergibt sich klanglich das deutsche Wort ›Armut‹ (was Duchamp auch bewusst war). Konterkariert wird dies durch den ausgeschriebenen Vornamen ›Richard‹: ›rich art‹, sowie auf Französisch: *richard*: ›Stinkreicher‹. Siehe dazu, sowie generell zur gründlichen Rekonstruktion des Entstehungskontextes und der frühen Rezeption William A. Camfield, Marcel Duchamp *Fountain*, Introduction by Walter Hopps, Houston 1989, S. 13–61, zum Pseudonym speziell S. 22–24. Siehe knapper auch Bonnie Clearwater, The Mysterious Case of Richard Mutt, in: Some Aesthetic Decisions. A Centennial Celebration of Marcel Duchamps »Fountain«, hg. von Bonnie Clearwater, Mailand 2017, S. 13–19.

44 Jan Wagner, Maskenball, S. 17.

3. Fiktive Autorschaft und literaturgeschichtliche Positionierung

Die Autorfiktion ermöglicht es aber nicht nur, den Schöpfer in den Text zurück-zuholen und zugleich seine lebensweltliche Kondition durch die Gestaltung ›aufzuheben‹. Sie leistet zudem einen wichtigen Beitrag zur literarhistorischen Selbstpositionierung. Mit ihrer Hilfe wird Jan Wagner nämlich ermächtigt, auf indirekte Weise auf literaturgeschichtliche Quellen und Voraussetzungen seines Schaffens zurückzugreifen, von denen der moderne Dichter an sich durch die kulturelle Entwicklung abgeschnitten scheint. Die Autorfiktion ist hier also auch Legitimation, auf ein vormodernes Archiv ›verbrauchter‹ literarischer Formen zurückzugreifen. Anton Brant, dessen Vater ausgerechnet Sebastian heißen soll (S. 17), repräsentiert eine ungekünstelt vitale, welt- und werthaltige Dichtung des Humanismus und der Frühen Neuzeit.[45] ›Theodor Vischhaupt‹ stellt durch seinen Namen Bezug zu Friedrich Theodor Vischer und Johann Fischart her,[46] steht aber, wie gleich näher zu zeigen, gemäß dem kleinen eingeschalteten Essay über das Anagrammgedicht v. a. sowohl für die spielerisch-systematische Dich-tung des Barock und deren sprachmagische Vorläufer als auch die sprachexpe-rimentellen Avantgarden des 20. Jahrhunderts (S. 62–64). Philip Miller dagegen repräsentiert, natürlich, die Elegien-Dichtung Goethes. Ohne autorfiktionalen Vorbehalt würden die Nutzung der volkstümlichen Dichtung, des Anagramms und der Elegie leicht naiv, abgenutzt oder anachronistisch erscheinen. Mit ihr aber wird aber ein Spiel möglich, das die Tradition zwar reflektiert und relativiert, aber auch bewahrt und weiterführt.

Dies machen etwa die Anagrammgedichte Vischhaupts deutlich. Wie bereits gezeigt, lässt sich die Wahl der sehr besonderen Gedichtform gerade für diese Figur zunächst bestens im Kontext der einer Allegorie auf den ›Tod des Autors‹

---

45   Dies zeigt sich inhaltlich in der steten Orientierung der Texte zu einer ›Humanisierung‹ des Kreatürlichen hin, auch wenn belastbare Bezüge zum *Narrenschiff* (1494) und seiner satirischen Moral-Reflexion fehlen. Besonders deutlich wird diese Humanisierung in *Die Grenzen*, wo die Entwicklung von der Prügelstrafe hin zur gewaltfreien Erziehung thematisiert wird, sowie in *Schur*, wo das Schaf nicht mehr geopfert wird, sondern lediglich geschoren. Sonja Klimek, Kröten, S. 187, bemerkt den intertextuellen Hinweis auf Sebastian Brant ebenfalls, deutet ihn allerdings nicht als literaturgeschichtliche Markierung.

46   Dabei indizieren beide Namen poetische Verfahren, die in Beziehung zum Schreiben Vischhaupts stehen. Vischer nutzte etwa für seine literarischen Texte mehrfach Pseudo-nyme, am bekanntesten ›Deutobold Symbolizetti Allegoriowitsch Mystifizinsky‹ für *Faust. Der Tragödie dritter Teil* (1862). Und auch bei Fischart findet sich ein ganzes Arsenal an Namen, v. a. aber bereits ein entschieden experimentell-sprachspielerischer Gestus und ein variierend an Vorlagen anknüpfendes Erzählprinzip, nämlich in der *Geschichtsklitterung* (1575) der Bezug zu Rabelais. Dies findet seine Entsprechung in Vischhaupts Prinzip des freien Anschlusses an vorgefundene Ausgangssätze.

verorten. Bestärkt wird diese Lesart durch den expliziten Verweis auf Oskar Pastior (S. 64).[47] Gemäß diesem wohl profiliertesten Vertreter des Genres in der Moderne ist das Anagramm Inbegriff einer Dichtung ohne Dichter, weil ihr Ursprung allein im Sprachmaterial der ersten Zeile sowie dem kombinatorischen Algorithmus liege. Weil dieser zudem potentiell unendlich ist, sind Anagramme nach Pastior keine ›Texte‹ im Sinne von Äußerungen begrenzten Umfangs, und so kann auch ihre Deutung zwar zeigen, dass der Mensch stets auf die Bildung semantischer Kohärenz hin disponiert ist, dass diese, wo sie sich im Anagramm überhaupt einstellt, sich aber der Kontingenz verdankt.[48] Manche Äußerungen auch des empirischen Autors Wagner wurden ebenfalls in diesem Sinne verstanden, so dass man speziell Vischhaupt als sein privilegiertes Alter Ego unter den drei fiktiven Verborgenen begriffen und ihn auf das autonome Sprachspiel als Label festgelegt hat.[49]

Dies allerdings rückt nicht nur die anderen beiden Autorfiguren zu wenig ins Licht, auch in Bezug auf Vischhaupt selbst werden so die vielen alternativen Rekurse auf die Gattungsgeschichte zu wenig berücksichtigt. Wie der eingeschaltete Essay nämlich auch darlegt, ist das Anagramm in seiner Geschichte nicht lediglich binnensprachliches autonomes Spiel, sondern entstammt mantischen und religiösen Traditionen.[50] Es dient also gewissermaßen als Mittel der Gewinnung von Erkenntnissen über Möglichkeiten, die verdeckt schon im Gegenwärtigen liegen. Wagner erwähnt als Beispiel etwa die berühmte Pilatus-Frage ›Quid est veritas?‹, in der die Antwort verborgen ist: ›Est vir qui adest!‹ (S. 62) Vor diesem Hintergrund ist es sicher auch kein unwichtiges Textsignal, dass die anderen Stammkunden der Kneipe, in der Vischhaupt die meisten seiner Texte fabriziert, ihn scherzhaft als ›den Auguren‹ bezeichnen (S. 58).

---

47 Pastior hat seine *Anagrammgedichte* (1985) im Übrigen, wie Wagner die *Eulenhasser*, in der Villa Massimo verfasst.

48 In Pastiors Worten: Anagramme würden »nicht geschrieben«, sondern »schieben sich« nach einfachen Regeln »unter Abwesenheit« der Psychologie »heraus«, und da ›Text‹ nur sei, »was überschaubar ist«, zählten Anagramme nicht dazu. »Die geringe Quote an Ausschub, die an Bedeutsamkeit reicht, ist Zufall«, so dass die Sinnsuche ins Leere läuft, freilich aber unvermeidlich ist, wie man als Leser von Anagrammen erlebe. Oskar Pastior, Anagramm, Text, in: Oskar Pastior, Anagrammgedichte, München 1985, S. 9–11, hier S. 10 f.

49 An einigen Stellen seiner zahlreichen poetologischen Vorträge macht sich der empirische Autor Wagner eine ganz ähnliche Poetik zu eigen wie die Vischhaupts. Etwa Jan Wagner, Ein Knauf als Tür, S. 232–234. In *Die Eulenhasser* selbst wird allerdings gerade durch die Autorfiktion eine klare und eindeutige Identifikation verhindert.

50 Zur Gattungsgeschichte informativ Thomas Brunnschweiler, Magie, Manie, Manier. Versuch über die Geschichte des Anagramms, in: Die Welt hinter den Wörtern. Zur Geschichte und Gegenwart des Anagramms, hg. von Max Christian Graeff, Alpnach 2004, S. 17–88.

Ein unkalkulierbarer Sinnüberschuss von Vischhaupts Gedichten zeigt sich schon daran, wie der Kommentator ›Wagner‹ sie liest (selbst wenn dies, wie bereits eingeräumt, des Öfteren auch komisch-parodistische Funktion hat). Für den fiktiven Herausgeber, wie auch zunehmend für den empirischen Leser, wird immer deutlicher, wie sich Themen der Vergänglichkeit und Todes-Andeutungen in Vischhaupts Anagrammen häufen, je näher man zeitlich an seinen Suizid heranrückt. Diese Tendenz kulminiert in dem finalen Gedicht *Schlaflied*, das sich auf Vischhaupts Schreibtisch findet, als sein Leichnam gefunden wird, und das ganz unabweisbar seinen Abschied von der Welt formuliert. Die anagrammatische Eigenlogik der Sprache *und* die Bedingung des Dichters sind damit am Ende sinnfällig konvergiert, ganz analog wie es später auch *selbstporträt mit bienenschwarm* inszeniert, wenngleich dort weniger düster.

Auch Vischhaupt selbst erfährt seine Texte nicht lediglich als ›weltloses‹ Sprachspiel,[51] sondern als Einfallstor von unerwarteter, tieferer Bedeutung.[52] Dies wird in *Bitte erfinden Sie das Zimmer* besonders deutlich, das von der absichtlich falschen Übersetzung der Aufschrift ›Please make up the room‹ auf einem Hotel-Schild seinen Ausgang nimmt. Der Kommentar zum Text zitiert aus dem Tagebuch Vischhaupts schockierte Reaktion, als die letzte Zeile, für ihn ganz unerwartet, Gestalt annimmt: »Brief da, Tinte, Medizin, Messer« (S. 75). Man glaube zwar, so Vischhaupt dazu,

man würfele so unschuldig vor sich hin, schiebe Buchstaben hin und her, überlasse alles der Sprache und dem Zufall, dem Material, aber das stimmt nicht. Man mag es zwar Zufall nennen, mangels eines besseren Worts, aber irgendetwas hat seine Hand im Spiel selbst beim scheinbar willenlosen Kleben und Aneinanderreihen, bei dieser strengsten aller Formen, wo doch alles von den Buchstaben abhängt und der früher allmächtige Autor auf Wanzengröße reduziert ist oder scheint. [...] Wem halte ich da mit oder ohne

---

51 Dies natürlich auch, siehe z. B. seine Bemerkung zum Gedicht *Wo der Pfeffer wächst*: »Sich aus diesen Fesseln herauszutanzen, diese Buchstabenketten abzustreifen! Ich verlange gar nicht viel mehr als solche knappen spärlichen Freuden.« (S. 70)

52 Darin erinnert Wagners bzw. Vischhaupts Poetik des Anagramms mehr als an Pastior an Unica Zürn (die auch *en passant* erwähnt wird, S. 64). Ihre Anagramme sind semantisch weitaus kohärenter als die Pastiors, und durch die anagrammatische Methode versprach sich die Autorin im Sinne des Surrealismus Aufschluss über verdeckte psychische Sinndimensionen. Siehe Sabine Scholl, Bemerkungen zur Ausgabe, in: Unica Zürn, Gesamtausgabe, Bd. 1: Anagramme, Berlin 1988, S. 133–140, hier S. 137: »Keine Ausgangszeile ist weit hergeholt, sondern sie mußte durchdrungen sein vom persönlichen Bezug zum Erleben der Autorin. Nur so konnte sich die Technik der Beschränkung im Finden neuer Bedeutungen lohnen.«

mein Zutun, gegen meinen Willen oder willentlich ein Messer hin, mir, dem Leser? [...] Da hatte sich mit einem Mal etwas Dunkles, etwas Dämonisches in mein absichtsloses Spiel geschoben, das mir angst machte [...]. Wie die Schrift an der Wand kam es mir vor. (S. 77)

Gerade die dem Textsubjekt unverfügbare Eigendynamik der Sprache wird ihm also zum Menetekel, durch sie wird das Gedicht zur persönlichen Botschaft, ja Prophezeiung.

Wenn man sich nun fragt, welcher übergreifende Impetus sich hinter dieser komplexen Inszenierung des Verhältnisses von Autor und Text bekundet, so wird man Jan Wagner als empirischer Person freilich keine vormoderne Idee von Sprachmagie unterstellen dürfen, wie sie bei Vischhaupt anklingt, auch keinen schlichten Psychologismus, dazu ist die Relativierung durch die Ironiesignale und den autorfiktionalen Vorbehalt zu deutlich. An gewisse, sprachinduzierte und spontane, semantische ›Wunder‹ glaubt aber durchaus auch Vischhaupts Schöpfer selbst. In seiner Rede *Der verschlossene Raum* von 2012 betont Wagner,

daß der Zufall und die plötzliche Fügung selbstverständlich ihren Platz im Prozeß des Schreibens haben, ja haben müssen, daß vielmehr gerade die genaue Spracharbeit unverhofft zu einer Idee, einer Wendung, einer Laune jenseits des bloß Rationalen führt, die unabsehbar war, die sich nicht berechnen ließ. [...] Wenn man das Wort »Wunder« nicht scheut, dann kann man es so ausdrücken [...].[53]

So wird an Vischhaupts Anagrammen v. a. ein spezifisches Muster im Traditionsverhalten des Lyrikers Wagner ersichtlich, das in dieser poetologischen Prämisse resultiert. Er historisiert und relativiert zunächst beide überkommenen Nutzungen des Genres ›Anagrammgedicht‹, nämlich die sprachmystische und die sprachexperimentelle Spielart, indem er sie unter Vorbehalt zitiert und zuweilen auch (behutsam) parodiert. Aber er negiert sie nicht völlig, sondern bewahrt beide in neuer, modernisierter Form. Von den Avantgarde-Dichtern lernt er, dass lyrische Sprache die empirischen Bedingungen der Person des Urhebers nicht braucht und ihre eigene autonome Logik entfaltet, und von der Sprachmystik, dass damit aber nur ein von der Kommunikationsabsicht des Autors abhängender Sinn ›an sich‹, aber noch lange nicht ein Sinn jeweils ›für

---

53   Jan Wagner, Der verschlossene Raum, München 2012, S. 22. Die Rede wurde gehalten am
       28. März 2012 im Lyrikkabinett München.

uns‹ als Leserinnen und Leser negiert ist. Die Gattungsgeschichte wird so zwar reflektiert, aber nicht verneint, sondern wiederum im mehrfachen Sinne ›aufgehoben‹.

Dieser spezifische Bezug auf die literarhistorische Tradition wird aber noch deutlicher als bei Vischhaupt in den Rom-Gedichten Philip Millers. Dies sei hier exemplarisch an seiner *Ersten Elegie* demonstriert, da sie auch implizit das poetische Programm Millers und Wagners enthält.

Erste Elegie

Heute in aller Frühe kamen die römischen Gärtner,
    Stutzten vorm Haus die Kakteen, schnitten die Enden ab,
Denen zu helfen nicht war, und retteten so das Ganze.
    Livia, dieses Bild ging mir die ganze Zeit
Nicht aus dem Sinn, und auch der heisere Klang der Sägen
    Hing mir noch lange im Ohr. An diesem ersten Tag
Sah ich die Frau des Schlachters in rosa Häschenpantoffeln
    Rauchend vor ihrem Geschäft, wo sie den Absatz wusch,
Wohnanlagen wie Flagschiffe [sic!], prachtvoll von lauter Laken;
    Sah im Café den Wirt, wie er das heiße Geschirr
Aus der Maschine nahm, dampfende weiße Marmorbrocken,
    All den verwaschenen Putz, Ocker, Zimt oder Rot,
Palmen vor den Fassaden, ausgefranster als Pinsel,
    Und den Maronenmann an seinem Märtyrerrost;
Schließlich bei Sankt Paul vor den Mauern die beiden Jungen
    Linker Hand vom Portal: Während die Messe begann
Und man von drinnen das Singen und Beten der Gläubigen hörte,
    Schossen sie ihren Ball gegen die Kirchenwand,
Unermüdlich und ohne dafür getadelt zu werden,
    Gegens gemauerte Grau, gegen den alten Stein,
Wieder und wieder, und so, wie das Leder getreten wurde,
    Sprang es zu ihnen zurück. Majestätisch und stumm
Gehen Zyklopen neben mir, Livia, hohe Laternen,
    Bringen mich bis zum Haus. Aufgeplatzt unterm Tisch
Immer noch die Orange von gestern, die feine Naht aus
    Ameisen, die sie heilt. Draußen sind die Kakteen,
Meine Versehrten. Jetzt in der Dämmerung leuchtet jedes
    Frisch gekürzte Glied hell und weiß wie Stein. (S. 98)

Trotz der schon im Titel markierten Gattung trifft schon die rein formale Definition des Genres – ein nicht-epigrammatisches Gedicht in Distichen – angesichts der recht unsauberen Umsetzung dieser Versform nur bedingt zu, wenngleich sie freilich erkennbar bleibt.[54] Und auch inhaltlich sind hier weder sentimentalische Verlusterfahrung noch sinnlich-revitalisierende Teilhabe am altrömischen Leben vorherrschend, wie man es aus der Tradition z. B. von Schiller und Goethe kennt, so dass es weder als Klage- noch als Liebes-Elegie gelten kann. Der Text ist vielmehr geprägt durch nüchterne, zunächst fast teilnahmslose Beobachtungen des artikulierten Ichs an einem ganz normalen Tag in der modernen Großstadt Rom.

Diese einzelnen Wahrnehmungen beginnen und enden dabei mit demselben Motiv, nämlich dem der Kakteen vor dem Wohnhaus des Textsubjekts. Am frühen Morgen wurden sie um schadhafte Stellen gekürzt, um so die Pflanzen als Ganze zu erhalten. Und auch die folgenden Szenen, die dem Sprecher tagsüber bei seinem Gang durch die Großstadt begegnen, zeichnen sich durch analoge Dissonanzen, Beschädigungen und Alltäglichkeiten aus: etwa die Frau eines Metzgers ausgerechnet in Häschenpantoffeln, einen Maronenverkäufer bei seiner unbequemen Arbeit, zwei Jungen, die – obwohl gerade eine Messe stattfindet – ihren Fußball gegen das alte Gemäuer einer Kirche kicken.[55]

Keiner der Beobachteten äußert oder erfährt in seinem Tun dabei aber irgendwelche Beschwerden, alle üben oder erdulden sie die Tätigkeiten/Umstände in einer Haltung ruhiger Akzeptanz des Widrigen und Unvollkommenen. Dies hat offenbar am Ende des Tages auch im Textsubjekt Spuren hinterlassen, denn nun kommt es, wieder heimgekehrt, auf die Kakteen zurück und bezeichnet sie fast zärtlich als ›meine Versehrten‹. Im Abendlicht wirken die Schnitte an den Pflanzen auf den Sprecher geradezu skulptural, und damit werden sie metaphorisch zu plastischen Sinnbildern erhoben, von denen es in Rom so viele gibt, freilich zu ganz anderen Gegenständen. Ja, diese Aufwertung des Alltäglichen und Dissonanten, die im Schluss-Emblem der leuchtenden Kakteennarben zum Ausdruck kommt, kam im Grunde implizit schon zuvor zur Anwendung bei der lyrischen Gestaltung der alltäglichen Begegnungen des Tages. Auch sie wurden fast alle schon auf Symbolik antiker Größe bezogen und dadurch als poetische Gegenstände ›nobilitiert‹: Die Wohnanlagen erinnern das Ich an Flaggschiffe, das

---

54 Jan Wagner, Neue Texte, S. 5: »Mich interessiert die Spannung zwischen der Form, die ein Gedicht immer ist, und dem Spielerischen.« Erstaunlicherweise wurde da, wo die Elegien schon literaturwissenschaftlich behandelt wurden, noch nie konstatiert, dass nur die wenigsten Verspaare wirklich schulmäßige Distichen sind.

55 Der Zusammenhang und die Analogie dieser Eindrücke entgeht Fabian Lampart, Erste Elegie, S. 205: Er kann nur »durch die kompositorischen Konventionen der Elegie« bedingte, formale Kohärenz erkennen, trotz der »offenkundigen Zusammenhanglosigkeit« der Beobachtungen des artikulierten Ichs.

Geschirr in der Spülmaschine an Marmor, der Maronenmann an einen Märtyrer, die Laternen an Zyklopen.[56]

Der Alltag und die Moderne mit ihren vielen kleinen Kompromissen und Verlusten, so kann man dies wohl deuten, lassen sich, mit ästhetischer Wertschätzung betrachtet, genauso in Sinn und Kunst verwandeln wie das Besondere, Ideale und Heroische, und dies ganz ohne sentimentalische oder sinnliche Projektion. In ihm liegt schon alles Potenzial, das der Dichter erschließen kann, wenn es ihm gelingt, sich formal freizumachen, ohne die Traditionen, denen er seine Stimme überhaupt erst verdankt, dabei ganz aufzusprengen. In einem »Statement« von 2016 unterstreicht Wagner, auch ohne direkten Bezug auf die *Eulenhasser*, dass solch eine Poetik sein zentrales Anliegen sei: »Die vermeintlich banalsten, im Alltag so leicht übersehenen Gegenstände enthüllen mit einem Mal ungeahnte poetische Qualitäten«.[57]

Dies gilt – und hier kommt die Autorfiktion noch einmal ins Spiel – aber nicht nur für das Geäußerte, sondern auch für das Format der Äußerung, die Form der Elegie selbst, wie Wagner sie sich zu eigen macht.[58] Ohne autorfiktionalen Vorbehalt könnte es schnell als äußerst konservatives Signal verstanden werden, als moderner Lyriker römische Elegien zu schreiben; leicht würde sich Wagner damit dem Vorwurf aussetzen, kein ausreichendes Bewusstsein von seinem eigenen literarhistorischen Standort als moderner Lyriker zu haben. Mithilfe der Persona Philip Miller aber kann er die Form auf eine uneigentliche Weise nutzen, Distanz und Reflexivität markieren und dabei am Ende doch wieder Elegien verfassen, die ihren Gegenstand poetisch aufheben wie schon die Goethes und Schillers.[59]

---

56 Interessant ist, dass eine solche ›Skulpturalisierung‹ sich nicht nur in Millers Rom-Elegien findet, sondern schon bei Brant, nämlich im Gedicht *Schur*: Dort heißt es über den Anblick eines Schafes im Moment des Scherens: »Wie uralt die Szene ist, wie alles / Still wird, sich zusammenballt drum herum: / Kein Schnauf von ihm, vom andern kein Meckern; / Zwei Ringer, die durch die Stellungen gehen, / Die Positionen üben, konzentriert, / Und ab und zu wie zur Skulptur erstarrt. / Wirklich, denke ich: Er führt die Schere / Wie einen Meißel, stutzt und kappt und feilt / An einem Marmor, kostbarer als Marmor.« (S. 31)
57 Jan Wagner, Neue Texte, S. 5. Ganz ähnlich auch Jan Wagner, Ein Knauf als Tür, S. 226.
58 So auch Sonja Klimek, Kröten, S. 183: »Die verschiedenen Gedichte in *Die Eulenhasser in den Hallenhäusern* werden damit zu spielerisch-lustvollen Fingerübungen eines ›poeta doctus‹, der sein Können demonstriert, indem er im augenzwinkernden Gestus des Rollenspielers eine Bandbreite lyrischen Schaffens präsentiert, die der Literaturbetrieb einem einzigen Autor ohne die ironische Selbst-Aufspaltung in drei Alter Egos vermutlich nicht honorieren würde«.
59 Siehe so ähnlich auch Ernst Osterkamp, Kunstautonomie, S. 26: die »Form des elegischen Distichons besteht darin, dass dies Bild selbst eine zeitlose Klassizität gewinnt: als ein Bild des römischen Lebens von ewiger Dauer. Die ironische Übertragung der Form der antiken Elegiker auf die moderne römische Alltäglichkeit gewinnt ihr auf paradoxe Weise ihre Würde zurück.«

Sie sind aber weder in Form noch Gehalt einfache Wiederauflage des überkommenen Textmusters, sondern geben sich neue Spielräume, in der Faktur sowie im Gegenstandsbereich.[60]

Am Ende mag man dies durchaus treffend als ironisches Verhältnis zur Tradition bezeichnen,[61] wenn man darunter nicht einfach ein negierendes Verfahren versteht. In *einem* poetischen Sprechakt wird zugleich einem kommunikativen Bedürfnis entsprochen und ein Bewusstsein der Relativität der Formen seiner Einlösung signalisiert. Weitet man diesen poetologischen Befund ins Generell-Kulturphilosophische aus, dann ergibt sich daraus eine ›neue alte Aufgabe‹ der Lyrik insgesamt: Sie transformiert Verlust- und Kontingenzerfahrungen, die auch durch das reflexive Wissen um den eigenen historischen Standort und um die Zufälligkeiten der Existenz entstehen, ins Konstruktive, nämlich in ein Bewusstsein von Möglichkeiten. In diesem Sinne ist es dann zu verstehen, wenn Wagner in seiner Rede im Münchner Lyrik-Kabinett *Der verschlossene Raum* von 2012 pointiert, dass das Gedicht

zwar keine Lösung bietet [...], aber dennoch eine lösende, eine erlösende Wirkung haben kann, weil es den Dingen, den Fragwürdigkeiten, eine alle Sinne und unser ästhetisches Empfinden befriedigende und damit letztlich trostreiche Form verleiht. [...] Man könnte sagen, das Gedicht mache das Beste aus den Widersprüchlichkeiten unserer Welt und unserer Existenz, indem es diese nicht leugnet, sondern sie im Gegenteil spielerisch aufgreift, als eine Feier der Möglichkeiten und der Unmöglichkeiten, und sich so aller Schwere entledigt oder sie doch tragbar macht.[62]

---

60   Natürlich sind Millers Elegien, signalisiert schon durch seinen sprechenden Namen, durchzogen mit Bezügen auf Goethes *Römische Elegien* (1788/1795). Markant sind Entsprechungen bei Ortsbindung und Themen, v. a. aber treten gezielte Abweichungen ins Auge. Im Gegensatz zu Goethes Versuch einer Erneuerung der sinnlichen Lebensform der Antike in der Gegenwart bleibt Millers Ich z. B. neutraler Beobachter; somit ist auch Goethes Poetik – dass nämlich in der Kunst noch eine Darstellung der »Totalität des geglückten Lebens« (Karl Eibl, Kommentar, in: Johann Wolfang Goethe, Sämtliche Werke, Briefe, Tagebücher und Gespräche, Bd. 1: Gedichte 1756–1799, hg. von Karl Eibl, Frankfurt a. M. 1987, S. 727–1288, hier S. 1095) realisiert werden könne – bei Miller stark reduziert. Entsprechend präsentiert sich seine Adressatin Livia, im Gegensatz zu Goethes Faustina, als enterotisierte kommunikative Leerstelle. Goethes Versuch, die Thematisierung ungezwungener Sinnlichkeit in traditionell gebundener Form zu leisten, steht überdies in Kontrast zu Millers ungenauer Einhaltung der Versifikationsnormen. Wo Goethe überdies Textsubjekt und eigene Person in engen Zusammenhang rückt, bleibt bei Miller viel unklarer, wie Ich und Autor zueinander stehen.

61   So z. B. Sonja Klimek, Kröten, S. 184.

62   Jan Wagner, Der verschlossene Raum, München 2012, S. 25.

4. Schluss: Autorfiktion in der Gegenwartsliteratur

Wie die vorangegangenen Ausführungen zeigen, gelingt es Wagner mit Hilfe der fingierten Autoren, gleich mehrere Absichten ›mit einem Streich‹ einzulösen. Sie verschaffen ihm Anknüpfungen und kreative Spielräume im Umgang mit überlieferten Formen, und sie dienen zur Reflexion der Bedingung der eigenen Autorschaft. Am Rande findet über sie auch eine leise Auseinandersetzung mit dem Buchmarkt und den ›literaturbetrieblichen‹ Bedingungen als ganz realer moderner Autor statt.

Dass Wagner mit diesem Verfahren in der Literaturgeschichte nicht alleine steht, wurde bereits verdeutlicht. Erst recht gilt dies allerdings im synchronen Querschnitt durch die Gegenwartsliteratur. Denn es ist sicher keine Übertreibung, wenn man feststellt: Nie war so viel Autorfiktion wie heute. Dies ist sicher auch der Tatsache geschuldet, dass die Bedingungen zur Konstruktion von Autorfiktionen noch nie zuvor so günstig waren wie jetzt. Um nur einige Aspekte zu nennen: Mit Internet und Fernsehen gibt es ganz neue mediale Inszenierungsmöglichkeiten, damit einhergehend (und befeuert durch ökonomische Interessen von Verlagen und Plattformen) aber auch einen verschärften Modernisierungs- und Selbstdarstellungsdruck auf die Kunstschaffenden. Überdies wird die gegenwärtige Konjunktur des Verfahrens wohl auch begünstigt durch die Tendenz zur Aufweichung der Grenzen zwischen Hoch- und Popkultur, wo die Hypostase fiktiver Bühnenfiguren schon spätestens seit den 1970er Jahren sehr gebräuchlich ist. Und schließlich steigt mit der Postmoderne seit den 1980er Jahren auch die Akzeptanz widersprüchlicher Identitäten und damit das Misstrauen gegenüber Authentizitätsansprüchen.

Und doch sollte bei all diesen Gemeinsamkeiten nicht übersehen werden: Autorfiktion ist ein Format und eine Technik, die keinesfalls auf bestimmte inhaltliche Anliegen oder Funktionen beschränkt sind. Sie kann vielmehr zu sehr unterschiedlichen Zwecken eingesetzt werden. Ihre vielen gegenwärtigen Spielarten haben also zwar geteilte Vorläufer und Bedingungen, aber oft sehr unterschiedliche Motive. Um nur einige Beispiele zu nennen: Bei Alexander von Ribbentrop alias Alban Nikolai Herbst dient die fiktive Autorschaft v. a. der Infragestellung des modernen Subjekt-Begriffs sowie der Grenzen von Fakt und Fiktion,[63] ebenso bei Claus Steck, der sich hinter der fiktiven rumänisch-deutschen Literaturwissenschaftlerin Aléa Torik verbirgt. Bei Wagner allerdings steht, wie gezeigt, nicht dieser Aspekt im Mittelpunkt, wenn er auf die Technik zurückgreift,

---

63 Dazu instruktiv Innokentij Kreknin, Poetiken des Selbst. Identität, Autorschaft und Autofiktion am Beispiel von Rainald Goetz, Joachim Lottmann und Alban Nikolai Herbst, Berlin und Boston 2014, S. 353–420.

sondern vielmehr der Umgang mit produktionsästhetischen Problemlagen. Bei vielen anderen Urhebern von Autorfiktionen, – etwa bei dem Pop-Künstler Tom Neuwirth, der als Conchita Wurst 2014 den Eurovision Song-Contest für Österreich gewann – geht es ebenfalls nicht um Relativierung des Subjekts, sondern gerade um eine Möglichkeit der Selbstbehauptung unter heteronomen Bedingungen, hier gegen normative Konzepte der Geschlechtsidentität. Und auch bei dem Literaten und Popmusiker PeterLicht ist die Autorfiktion nicht postmoderne Absage an das selbstidentische Ich oder an das utopische Denken, sondern vielmehr eine Möglichkeit, daran festzuhalten und sich zumindest symbolisch als Geschichtssubjekt zu ermächtigen aus dem scheinbar alternativlosen ›kapitalistischen‹ System der Gegenwart heraus.[64]

Der Autor ist in Autorfiktionen also auf verschiedenste Weise Subjekt und Sujet zugleich, und so werden über ihn stets auch Diskurse über reale, nicht-fiktive Autorschaft geführt, ja Modelle der Person überhaupt verhandelt. Ihre gegenwärtige Konjunktur kann somit vielleicht Indikator dafür sein, dass sich der Autor und das Subjekt gerade wieder einmal neu erfinden müssen.

---

64 Siehe dazu Benjamin Specht, Neuigkeiten ›vom Ende des Kapitalismus‹. Markt und Poetik bei PeterLicht, in: Poetiken der Gegenwart. Deutschsprachige Romane nach 2000, hg. von Leonhard Herrmann und Silke Horstkotte, Berlin und Boston 2013, S. 333–352.

STEPHANIE CATANI

»ERZÄHLMODUS AN«

Literatur und Autorschaft im Zeitalter künstlicher Intelligenz

Im Frühjahr 2019 erschien mit *Machines like me (and people like you)* von Ian McEwan einer der aktuellsten Romane zum Thema Künstliche Intelligenz. Einleitend, gleichsam als selbstreferenzieller Verweis auf die literarische Tradition, in die sich der Roman einreiht, heißt es:

> But artificial humans were a cliché long before they arrived, so when they did, they seemed to some a disappointment. The imagination, fleeter than history, than technological advance, had already rehearsed this future in books, then films and TV dramas, as if human actors, walking with a certain glazed look, phony head movements, some stiffness in the lower back, could prepare us for life with our cousins from the future.[1]

Und tatsächlich – die »künstlichen Vettern aus der Zukunft« verfügen über eine erstaunliche literarische Tradition, die beginnt, lange bevor Begriffe wie künstliche Intelligenz, Android, maschinelles Lernen oder neuronale Netze den öffentlichen Diskurs bestimmen. Der Roboter, seines Zeichens die vielleicht populärste Erscheinungsform künstlicher Intelligenz, verdankt seinen Namen gar der Literatur. Als Neologismus, der auf das tschechische Wort *robota* (dt. Frondienst oder Zwangsarbeit) zurückgeht, begegnet der Begriff 1920 als Bezeichnung für künstliche Menschen in einem Theaterstück Karel Čapeks und tritt von dort seinen Siegeszug durch die Kultur-, Medien- und Technikgeschichte des 20. Jahrhunderts an.[2]

Dem explodierenden Fortschritt der Computertechnologie im 20. Jahrhundert steht eine Literaturgeschichte gegenüber, in der die mit dieser technologischen Entwicklung verbundenen Diskurse deutlich früher, bereits im 19. und beginnenden 20. Jahrhundert, vorformuliert sind. Programmatisch etwa in der

---

1 Ian McEwan, Machines like me (and people like you), London 2019, S. 2.
2 Karel Čapek, W.U.R. Werstands universal Robots. Utopistisches Kollektivdrama in drei Aufzügen. Deutsch von Otto Pick. Prag, Leipzig 1922.

im vergangenen Jahr neu aufgelegten Erzählung *Die Menschenfabrik*, die der Münchener Psychiater und Schriftsteller Oskar Panizza 1890 erstmals veröffentlicht. Die Erzählung schildert aus Sicht eines autodiegetischen Erzählers dessen Besuch einer so genannten Menschenfabrik – einer Fabrik, in der künstliche Menschen in einem automatisierten Vorgang hergestellt werden, der, wie der von der eigenen Schöpferkraft berauschte Fabrikbesitzer erklärt, »die göttliche Hilfe« durch »Chemie und Physik« ersetzt habe.[3] Der Ich-Erzähler reagiert verstört angesichts der vielen, vom Menschen nicht zu unterscheidenden Androiden, die nicht nur unterschiedliche ethnische Abstammungen simulieren, sondern auch Kindern nachempfunden sind. Für die Menschen, ahnt Panizzas Erzähler, wird die Konfrontation mit ihren künstlichen Alter Egos schwerwiegende Folgen haben:

> Mit welchem Mißtrauen muß ein Mensch der alten Erde an ein solch neues, künstlich geschaffenes Wesen herantreten, es beriechen, betasten, um seine geheimen Kräfte herauszubekommen! – Und wenn die neue Rasse nach einem bestimmten Plan gemacht ist, besitzt sie vielleicht größere Fähigkeiten als wir, wird im Kampf ums Dasein den alten Erdenbewohnern überlegen sein! – Ein fürchterlicher Zusammenstoß muß erfolgen! – Denkt die neue Rasse nicht, wie Sie vorhin erwähnten, schafft sie nur nach ihrer spezifischen, ihr eingeimpften Anlagen, die maschinenmäßig zum Ausdruck kommt, wie kann sie verantwortlich für ihre Fehler gemacht werden?! – Die Moral, als Grundlage unseres Denkens und Handelns, hört auf! – Neue Gesetze müssen geschaffen werden! – Eine gegenseitige Aufreibung der beiden Klassen wird unvermeidlich sein! – Was haben Sie getan!?[4]

Tatsächlich antizipiert Panizzas Erzählung hier verschiedene Diskursfelder um das Miteinander von Mensch und Maschine, von menschlicher und künstlicher Intelligenz, wie sie Gesellschaft und Medien der letzten Jahrzehnte prägen. Dazu gehört zum einen die Konkurrenz von Mensch und Maschine, die selten als Verbündete und zumeist als Kontrahenten imaginiert werden, sowie zum anderen die damit einhergehende Angst vor der Überlegenheit der Maschine, die, wie es Panizzas Erzähler fürchtet, möglicherweise über die »größeren Fähigkeiten« verfügt und den Kampf ums Dasein am Ende für sich entscheiden könnte. Besonders weitsichtig erweist sich die Erzählung dort, wo sie Überlegungen vorwegnimmt, die in den letzten Jahren im Rahmen maschinenethischer Fragestellungen

---

3 Oskar Panizza, Die Menschenfabrik. Erzählung. Mit einem Vorwort von Joachim Blessing, Hamburg 2019, S. 49.
4 Oskar Panizza, Die Menschenfabrik, S. 35.

an der Schnittstelle von Philosophie, Informatik und Robotik virulent geworden sind: Diese nehmen Verfahren künstlicher Intelligenz sowohl als *moral agents*, als Subjekte moralischen Handelns, wie auch als *moral patients*, als Objekte moralischen Handelns, in den Blick – und befragen gleichzeitig den Menschen in seiner Verantwortung als Schöpfer eben solcher Maschinen.[5]

1. Künstliche Intelligenz: Definitionsversuche

Die inflationäre Verwendung des Begriffes »künstliche Intelligenz« in der Gegenwart sorgt dafür, dass dieser Terminus zu einem diffusen Platzhalter für uneingeschränkten Fortschrittsoptimismus einerseits und reflexartig vorgebrachte Angstszenarien andererseits geworden ist. Eine homogene Begriffsbestimmung existiert nicht – allenfalls Skalierungen zwischen weiten und engen Definitionsversuchen. Stuart J. Russell und Peter Norvig, deren umfangreiches Lehrbuch *Artificial Intelligence* sich als wissenschaftliches Standardwerk etabliert hat, unterscheiden in ihrem Definitionsversuch vier Ausrichtungen der KI-Forschung: Während ein Ansatz Künstliche Intelligenz dort erkennen will, wo ein Programm a) menschlich denkt (*thinking humanly*) oder b) menschlich agiert (*acting humanly*), setzen andere Positionen für KI-Systeme c) ein möglichst »rationales Denken« (*thinking rationally*) oder d) ein »rationales Handeln« (*acting rationally*) voraus:

> Historically, all four approaches to AI have been followed, each by different people with different methods. A human-centered approach must be in part an empirical science, involving observations and hypotheses about human behavior. A rationalist approach involves a combination of mathematics and engineering. The various groups have both disparaged and helped each other.[6]

Zahlreiche KI-Forscher*innen, darunter auch Russell und Norvig, sprechen sich für jenen Ansatz aus, der nicht das Humanoide künstlicher Systeme in den Blick nimmt, sondern künstliche Intelligenz daran misst, ob ein rationales Handeln eines intelligenten Agenten nachzuvollziehen ist – auch, weil der mathematische Begriff der Rationalität klar definierbar ist. Ein solcher intelligente Agent operiert

---

5   Vgl. Janina Loh, Roboterethik. Eine Einführung. Berlin 2019.; Catrin Misselhorn, Grundfragen der Maschinenethik, Stuttgart 2018.

6   Stuart J. Russell und Peter Norvig, Artificial Intelligence. A Modern Approach, Boston, New York u. a. 2016, S. 2.

autonom, bleibt über einen längeren Zeitraum bestehen und ist in der Lage, seine Umgebung wahrzunehmen, sich an Veränderungen anzupassen und Ziele zu verfolgen. Rational handelt ein solcher Agent dann, wenn er das beste (zu erwartende) Ergebnis erzielt.[7] Während seitens der Informatik die Frage nach spezifisch ›menschlichen‹ Eigenschaften künstlicher Intelligenz mitunter skeptisch bewertet wird, ist es jenseits der Fächergrenzen und allen voran im öffentlichen Diskurs gerade die ›Menschenähnlichkeit‹ künstlicher Intelligenz, die als ihr entscheidendes Charakteristikum aufgefasst und nicht selten dämonisiert wird. In dem Zusammenhang spielt der Turing-Test eine besondere Rolle, auf den auch Norvig und Russel verweisen, wenn sie jenen Definitionsansatz beschreiben, der sich am menschlichen Verhalten orientiert (*human-centered approach*).[8] Alan Turing entwirft seinen Test 1950, um zu prüfen, ob ein Computer ein dem Menschen gleichwertiges Denkvermögen besitzen bzw. entwickeln kann.[9] Die Versuchsanordnung lautet dabei wie folgt: Eine menschliche Testperson tritt mittels Tastatur und Bildschirm in ein Gespräch mit zwei unbekannten Gesprächspartner*innen (einem Menschen und einem Computerprogramm). Wenn der Mensch nach mindestens fünfminütiger Interaktion mit beiden Gesprächspartnern nicht unterscheiden kann, wer Mensch und wer Maschine ist, gilt der Test als bestanden. Im Zuge der explodierenden KI-Forschung ist der Turing-Test und mit ihm die Frage nach der Ähnlichkeit von humaner und künstlicher Intelligenz zum beständigen Referenzpunkt der medialen und kulturellen Auseinandersetzung mit KI-Verfahren geworden, obgleich in Fachkreisen nicht nur kontrovers diskutiert wird, ob und wer ihn bislang bestanden hat, sondern auch, wie sinnvoll ein solcher Text als Bewertungsgrundlage der KI-Entwicklung unserer Zeit sein kann.

Zwischen einer Engführung des KI-Begriffes und seiner willkürlichen Ausweitung empfiehlt es sich für die folgenden Ausführungen, eine pragmatische Arbeitsdefinition zu verwenden, wie sie etwa das Positionspapier vorschlägt, das der Bundesverband für Informationswirtschaft gemeinsam mit dem Deutschen Forschungszentrum für Künstliche Intelligenz 2016 veröffentlicht hat. Das tatsächlich Neue künstlicher Systeme, heißt es in dem Dokument, liegt in der Fähigkeit begründet zu lernen und zu verstehen. Ihnen ist gemein, »dass sie in der Verarbeitungskomponente auch trainiert werden und damit lernen können und so bessere Ergebnisse erzielen als herkömmliche Verfahren, die nur auf starren, klar definierten und fest programmierten Regelwerken basieren.«[10]

---

7 Stuart J. Russell und Peter Norvig, Artificial Intelligence, S. 4.
8 Ebd., S. 2 f.
9 A. M. Turing, Computing machinery and intelligence, in: Mind LIX (1950), H. 236, S. 433–460.
10 Künstliche Intelligenz. Wirtschaftliche Bedeutung, gesellschaftliche Herausforderungen, menschliche Verantwortung, hg. von Bitkom e. V. und DFKI, Berlin 2017, S. 29.

2. Literatur und Kunst – das Andere künstlicher Intelligenz?

Die Beliebtheit künstlicher Intelligenz und künstlichen Lebens als Sujet der Literatur resultiert gerade aus dem vermeintlich unüberwindbaren Gegensatz zwischen beiden. Literatur und in einem weiteren Sinne die Künste scheinen das a priori Andere der Maschine zu vergegenwärtigen: Kreativität, Phantasie und Einbildung lassen sich mit dem neuronalen Gewitter künstlicher Intelligenz offenbar nicht vereinbaren. Kunst wird im öffentlichen und populärwissenschaftlichen Diskurs nicht selten, beispielhaft etwa in einer aktuellen Überblicksdarstellung von Manuela Lenzen, zur »letzten Bastion« im Kampf gegen die vermeintliche Übermacht der Maschine erklärt. Lenzen konfrontiert die beängstigende Perspektive einer die menschliche Kompetenz überschreitenden Fähigkeit künstlicher Intelligenz mit der Frage: »Gibt es letzte sichere Bastionen, etwas, das Maschinen nie können werden?«[11] Dahinter versteckt sich eine weitere Frage, nämlich – ganz simpel: Kann KI Kunst? Die Frage nach dem kreativen Potenzial künstlicher Systeme scheint zwangsläufig jene nach der humanoiden Dimension dieser Systeme aufzuwerfen: Die Maschine als Künstler ist offenbar nur mit dezidiert menschlichen Eigenschaften denkbar. Programmatisch lauten vor diesem Hintergrund die ersten Sätze, mit denen der Wissenschaftstheoretiker und Historiker Arthur I. Miller in seine aktuelle Studie zum Thema, *The Artist in the Machine*, einleitet: »Will Computers ever think like us? Could they ever have flashes of inspiration like we do or come up with mad ideas? Could they invent something no one ever thought of before and never thought was needed? Could they dream up the plays of Shakespeare?«[12] Miller allerdings bleibt eine Ausnahme im öffentlichen wie populärwissenschaftlichen Diskurs, da er nur vorgibt ›künstliche Kreativität‹ in ein Konkurrenzverhältnis mit menschlicher zu setzen, tatsächlich aber gleich im Anschluss daran diese Gegenüberstellung relativiert: »Or do they need to? Perhaps they will function in totally other ways than human beings, come up with ideas just as great or solutions just as effective but different from the ones we would come up with.«[13] Hinter diese genuine Unterscheidung zwischen dem kreativen Potenzial künstlicher und menschlicher Intelligenz (die die Kritik gegenwärtiger KI-Forschung an einem *human-centered approach* im Versuch KI zu definieren aufnimmt) fallen die meisten Ausführungen, die sich derzeit dem Thema KI-basierter Kreativität und KI-generierter Kunst widmen,

---

11   Manuela Lenzen, Künstliche Intelligenz. Was sie kann und was uns erwartet, München 2018, S. 120.

12   Arthur I. Milller, The Artist in the Machine. The World of AI-Powered Creativity. Cambridge 2019, S. xxi.

13   Miller, The Artist in the Machine, S. xxi.

zurück. In diesen dominiert, darauf wird in Folgenden noch eingegangen, die Vorstellung der Maschine als Künstler, die zum Frontalangriff auf die Kreativität des Menschen ansetzt.

Hintergrund dieser Vorstellung wiederum ist ein Verständnis von Kunst, das ihren Sonderstatus an den vermeintlich zutiefst menschlichen Eigenschaften festmacht, die ihr zugrunde liegen: Kunst als »hartnäckig umkämpfte[r] Schutzraum des Menschen«, fasst der Medientheoretiker Stefan Rieger die dominierende kulturkritische Verteidigungshaltung zusammen, »muss vor der Annexion des Mechanischen und Algorithmischen geschützt werden [...].«[14] Pointiert führt Rieger die »Negativsemantik« der Maschine in der Kulturgeschichte vor, die sich bis in den deutschen Gegenwartspop zieht – exemplarisch verweist Rieger hier auf das Beispiel des deutschen Sängers Tim Bendzko und dessen »in gefühlter Endlosschleife gespielten« Erfolgshit *Keine Maschine*, der die dem Menschen vorbehaltene Einbildungskraft im Refrain leitmotivisch besingt, wenn es darin heißt:»Bin keine Maschine, ich leb' von Luft und Fantasie.« Kultur und Maschine, schlussfolgert Rieger, lassen sich nur schwerlich als Allianz denken:

> Das Mechanische [...] steht im Zeichen einer sturen Repetition, einem Verfall an ein stupides und keine Abweichungen duldendes Regelwerk, das positiv besetzten Werten wie Kreativität, Genialität und freiem Selbstausdruck lediglich zur Gegenfolie dient.[15]

Die diskursbestimmende kulturelle Arroganz der Maschine gegenüber paart sich mit der Furcht vor dem kreativen Automaten, vor der Maschine als Künstler. Wir haben schlicht Angst, so zumindest lautet die Überzeugung Riegers, den Turing-Test nicht zu bestehen: »Sind wir in der Lage, etwas von Menschenhand Hervorgebrachtes – ein Bild, eine Tonfolge, eine Anordnung von Buchstaben – von etwas nicht von Menschenhand Hervorgebrachtem zu unterscheiden?«[16]

Die tief verwurzelte Überzeugung, künstlerische Kreativität und Originalität von der Maschine abgrenzen zu müssen, findet sich als Ur-Szene in jenem literarischen Text vorformuliert, der am Anfang einer Literaturgeschichte der künstlichen Intelligenz (im weitesten Sinne) steht und sich in seiner Antizipation des gegenwärtigen Diskurses zugleich als außerordentlich modern erweist: E.T.A.

---

14   Stefan Rieger, ›Bin doch keine Maschine...‹ Zur Kulturgeschichte eines Topos, in: Machine Learning – Medien, Infrastrukturen und Technologien der Künstlichen Intelligenz, hg. von Christoph Engemann und Andreas Sudmann, Bielefeld 2018, S. 117–142, hier S. 131 f.
15   Stefan Rieger, ›Bin doch keine Maschine...‹, S. 117.
16   Ebd., S. 131.

Hoffmanns Erzählung *Der Sandmann* von 1816.[17] Künstliche und künstlerische Intelligenz werden dort – zu einer Zeit, die diese Begriffe noch gar nicht kennt, – spannungsgeladen zusammengebracht. Kunst schaffen und Kunst verstehen zu können, begegnen in der Erzählung als jene Eigenschaften, die das Mensch-Sein erst ausmachen und die Abgrenzung von der Maschine definieren. »Du lebloses, verdammtes Automat«[18] wird Clara von Nathanael beleidigt, weil sie mit ihrem »hellen, scharf sichtenden Verstand«[19] kein Empfinden für seine vom Wahnsinn gezeichnete Dichtung besitzt. Olimpia hingegen, die tatsächliche Automate, vermag Nathanael gerade dort von ihren menschlichen Eigenschaften zu überzeugen, wo sie sich vermeintlich als Künstlerin präsentiert:

Das Konzert begann. Olimpia spielte den Flügel mit großer Fertigkeit und trug ebenso eine Bravour-Arie mit heller, beinahe schneidender Glasglockenstimme vor. Nathanael war ganz entzückt [...] und als nun endlich nach der Kadenz der lange Trillo recht schmetternd durch den Saal gellte, konnte er wie von glühenden Ärmen plötzlich erfaßt sich nicht mehr halten, er mußte vor Schmerz und Entzücken laut aufschreien: Olimpia!.[20]

Für den durch Coppolas Gläser verblendeten Nathanael avanciert ausgerechnet die Automate Olimpia zur kreativen Muse, die ihn erst zum Künstler werden lässt:

Gedichte, Fantasien, Visionen, Romane, Erzählungen, das wurde täglich vermehrt mit allerlei ins Blaue fliegenden Sonetten, Stanzen, Kanzonen, und das alles las er der Olimpia Stundenlang hinter einander vor, ohne zu ermüden. Aber auch noch nie hatte er eine solche herrliche Zuhörerin gehabt.[21]

In einer ironischen Umkehrung deutet Nathanael das mechanische Schweigen der leblosen Automate als deren bedingungslose Aufmerksamkeit, als tiefste Zustimmung, die sein Dichter-Ich beflügelt: »[...] es schien ihm, als habe Olimpia über seine Werke, über seine Dichtergabe überhaupt recht tief aus seinem Innern gesprochen, ja als habe die Stimme aus seinem Innern selbst herausgetönt.«[22]

---

17 E.T.A. Hoffmann, Der Sandmann, in: E.T.A. Hoffmann Werke 1816–1820. Sämtliche Werke in sechs Bänden, Bd. 3, hg. von Hartmut Steinecke unter Mitarbeit von Gerhard Allroggen, Frankfurt a.M. 1985, S. 11–49.
18 Ebd., S. 32.
19 Ebd., S. 28.
20 Ebd., S. 38.
21 Ebd., S. 42 f.
22 Ebd., S. 43.

Die Geschichte Nathanaels, das ist hinlänglich bekannt, nimmt kein gutes Ende: Olimpia wird als künstlicher Mensch, als Automate, entlarvt und Nathanael entkommt dem Wahnsinn nicht und stürzt sich in den Tod. Übrig aber bleibt in Hoffmanns Erzählung eine zutiefst verunsicherte Gesellschaft, in die sich, heißt es ausdrücklich, »abscheuliches Mißtrauen gegen menschliche Figuren«[23] eingeschlichen hat. In der Darstellung gerade dieser Verunsicherung nimmt die Erzählung jene zeitlosen Ängste vorweg, welche die Konfrontation mit (vermeintlich) intelligenten ›Maschinen‹ bestimmen. Soziale Beziehungen werden neu auf die Probe gestellt und menschliches Leben mit künstlichem abgeglichen. Hoffmanns Figuren, allen voran jene jungen Männer, die – in Panik versetzt, am Ende bloß eine Holzpuppe zu lieben – ihre Geliebten, heißt es, »etwas taktlos«[24] vortanzen und vorsingen lassen: Sie alle haben Angst, den Turing-Test nicht zu bestehen.

3. KI-Verfahren in der Literatur: Ein Überblick

Die Figur der singenden und musizierenden Automate Olimpia, die für Verzückung und Verstörung gleichermaßen sorgt, wird in der Gegenwart nicht nur im Medium der Literatur neu belebt, sondern auch dort, wo im öffentlichen Diskurs Schreckensbilder einer kreativen Superintelligenz entworfen werden, die vermeintlich an die Stelle der Autor- bzw. Künstlerinstanz zu treten droht. Marcus du Sautoy, ein britischer Mathematiker und Wissenschaftsvermittler der Universität Oxford, veröffentlichte im letzten Jahr die Studie *The Creativity Code*, die ihr Programm im Untertitel *How AI is learning to write, paint and think* klar benennt. Du Sautoy gilt die Fähigkeit Kunst zu schaffen als anthropologisches Merkmal des Mensch-Seins, das die Demarkationslinie zum intelligenten System anzeigt. Der *human code*, so behauptet du Sautoy, definiere sich gerade über die Fähigkeit »to imagine and innovate and to create works of art that elevate, expand and transform what it means to be human«.[25] Dieser Code, so jedenfalls befürchtet der Mathematiker, stehe im Angesicht von Verfahren künstlicher kreativer Intelligenz auf dem Spiel. Noch düsterer sind die Aussichten, die Holger Volland, Informationswissenschaftler, Vizepräsident der Frankfurter Buchmesse und Gründer des digitalen Kulturfestivals The Arts+, in seiner 2018 veröffentlichten Studie *Die kreative Macht der Maschinen* entwirft. Vollands Buch, das Verfahren

---

23   Ebd., S. 46.
24   Ebd.
25   Marcus du Sautoy, The creativity code. How AI is learning to write, paint and think, London 2019, S. 3.

künstlicher Intelligenz nicht nur im Untertitel, sondern systematisch anthropo-
morphisiert, prophezeit eine Zukunft, in der die Maschinen Künstler werden
und den Menschen vielleicht sogar »die Kreativität abnehmen«. Das automatisch lernende künstliche System wird bei Volland zum Subjekt befördert –
zu einem »unersättlichen«, heißt es, dass sich »unser gesamtes künstlerisches
Weltwissen aneignet«, um uns auch dort zu übertrumpfen. »Literatur, Poesie,
Film, Malerei, Architektur«, so lauten Vollands finstere Aussichten, »– keine
künstlerische Disziplin ist momentan vor dem Hunger Künstlicher Intelligenzen
sicher.«[26]

Diese populärwissenschaftlichen Exkurse scheinen insofern relevant, als sie
(noch) diskursformierend sind.[27] Dort, wo die Literaturwissenschaft der Gegenwart zurückhaltend im Umgang mit KI-basierten Textexperimenten agiert, treten
die wissenschaftsvermittelnden Positionen umso stärker hervor und bestimmen
die Auseinandersetzung mit neuen literarischen Entwürfen zwischen Informati-
onstechnik und Literatur. Sowohl du Sautoy als auch Volland greifen dabei auf
einige wenige, dafür sehr öffentlichkeitswirksame Beispiele zurück: Etwa das im
Jahr 2017 erschienene Kapitel »*The Handsome One*« eines neuen Harry Potter-Ban-
des, verfasst von einem Bot, der von der New Yorker Künstlervereinigung Botnik
Studios mithilfe der bisher erschienenen Harry Potter-Bände trainiert wurde.[28]
Oder die KI-basierte Kurzgeschichte *The Day a Computer Writes a Novel*, die es
2016 in die zweite Runde eines japanischen Literaturwettbewerbs, des Hoshi
Shinichi Literary Awards, schaffte. Was bei Volland unter der Kapitelüberschrift
»Roboter schreiben Romane« zum Sensationsbefund stilisiert wird (»Der Autor
des Werkes ist tatsächlich ein Computer oder, genauer gesagt, eine Künstliche
Intelligenz.«)[29] stellt sich bei einem Blick in die wissenschaftliche Publikation
zur Entstehung der Kurzgeschichte deutlich differenzierter dar: Weder handelt
es sich bei der Geschichte um einen ganzen Roman, wie von Holland angegeben,
noch gelangte sie in die »vorletzte Runde« oder gar »fast ins Finale« – tatsächlich
war sie eine von vier eingereichten KI-basierten Texten im Wettbewerb und die

26 Holger Volland, Die kreative Macht der Maschinen. Warum Künstliche Intelligenzen be-
    stimmen, was wir morgen fühlen und denken, Weinheim 2018, S. 28 f.
27 Eine Ausnahme bildet auch hier der Band von Miller *The Artist in the Machine*. Indem
    Miller seiner Überblickdarstellung zu KI-generierter Kunst zahlreiche Interviews mit ver-
    schiedenen Künstler*innen und KI-Forscher*innen zugrunde legt, macht er die mensch-
    liche Kreativität hinter der ›künstlichen‹ bewusst sichtbar.
28 Botnik Studios, Harry Potter and the Portrait of what Looked Like a Large Pile of Ash.
    Chapter Thirteen. The Handsome One. 2018, https://botnik.org/content/harry-potter.html
    (16.2.2020).
29 Holger Volland, Die kreative Macht der Maschinen, S. 28.

einzige, die eine Runde (von insgesamt vier) überwand.[30] ›Ausgedacht‹ hatte sich die Geschichte keine KI, sondern ein Forscherteam, das zunächst einen Plot entworfen und diesen dann in einzelne Bestandteile ›zerlegt‹ hatte. Mit diesen Plotelementen wurde das Programm trainiert, das anschließend unter Berücksichtigung einer ebenfalls vorgegebenen Auswahlmatrix einen ›neuen‹ Text generierte. Die voreilige Rede von der Maschine als Autor, so wird schon hier deutlich, verstellt den Blick für die weitaus komplexere Beschaffenheit einer Autorschaft, die allenfalls aus der Kooperation von Mensch und künstlichem System resultiert.

Das derzeit ›boomende‹ Versuchsgeschäft mit KI-Verfahren im Literaturbetrieb darf zudem nicht darüber hinwegtäuschen, dass die automatische computerbasierte Textproduktion kein wirkliches Novum darstellt, sondern eine lange Tradition besitzt. Diese beginnt 1952 mit Christopher Stracheys *Love Letter Generator*: Strachey entwirft einen Algorithmus, aufgrund dessen der Computer, ein Manchester Mark 1, auf der Basis eines vorgegebenen Vokabulars und bestimmter syntaktischer Regeln Liebesbriefe schreibt. Resultat dieses Verfahrens sind grammatikalisch korrekte, wenngleich eher unbeholfen, manieristisch anmutende Texte, die in ihren Defiziten dem intendierten Wirkungseffekt Stracheys entsprechen und, wie Roberto Simanowski überzeugend nachgewiesen hat, als »Ironisierung des üblichen Liebesdiskurses«, als erstaunliches »Queer-Schreiben der Sprache der Liebe«, zu lesen sind.[31] Strachey, der als Homosexueller gesellschaftlichen Stigmatisierungen und Sanktionierungen ausgesetzt war, stellt mit seinem Liebesbrief-Generator den normativen Liebesdiskurs seiner Zeit bewusst in Frage. Der Unsinn seiner Texte, pointiert Simanowski, »erhält seinen Sinn als Verweigerung von Sinn.«[32] Für die deutschsprachige Literatur markieren Theo Lutz' *Stochastische Texte* (1959) den Beginn digitaler Poesie: ein Programm zu Generierung zufallsabhängiger Texte, das Lutz für Zuses Computermodell Z22 geschrieben hatte.[33] Die von Lutz vorgestellten Zufallstexte werden aus einer vorgegebenen Auswahl von 16 Subjekten und 16 Prädikaten erstellt, die ihrerseits Franz Kafkas Romanfragment *Das Schloß* entnommen sind. Im Unterschied zu Stracheys gesellschaftspolitisch motiviertem Prozess intendierter Sinn-Dekon-

---

30 Satoshi Sato, A Challenge to the Third Hoshi Shinichi Award, in: Proceedings of the INLG 2016 Workshop on Computational Creativity and Natural Language Generation, published by Association for Computational Linguistics, Edinburgh 2016, S. 31–35.

31 Roberto Simanowski, Textmaschinen. Zum Verstehen von Kunst in digitalen Medien, Bielefeld 2012, S. 249.

32 Ebd.

33 Theo Lutz, Stochastische Texte, in: Augenblick 4 (1959), H. 1, S. 3–9. Der (Netz-)Künstler Johannes Auer hat Lutz' originales Programm in PHP (Open Source-Skriptsprache) umgesetzt und unter: https://auer.netzliteratur.net/o_lutz/lutz_original.html öffentlich zur Verfügung gestellt (22.2.2020).

struktion geht es Lutz mit den *Stochastischen Texten* gerade darum, ›sinnvolle‹ Sätze maschinell zu generieren – darin (und nicht in der literarischen Qualität oder dem ästhetischen Wert seiner Texte) erkennt er die Relevanz seines Experiments:

> Wesentlich erscheint weiter, daß es möglich ist, die zugrunde gelegte Wortmenge durch eine zugeordnete Wahrscheinlichkeitsmatrix in ein ›Wortfeld‹ zu verwandeln und der Maschine aufzuerlegen, nur solche Sätze auszudrucken, zwischen deren Subjekt und Prädikat eine Wahrscheinlichkeit besteht, die größer ist als ein bestimmter Wert. Auf diese Weise kann man einen Text erzeugen, der in Bezug auf die zugrundegelegte Matrix ›sinnvoll‹ ist.[34]

Die durch die Z22 generierten Texte verstehen sich als Beginn der »künstlichen Poesie«, wie Max Bense, ein akademischer Ziehvater Lutz', sie 1962 in seiner *Theorie der Texte* von der »natürlichen Poesie« unterscheidet. Während Bense ein »personales poetisches Bewusstsein« zur Voraussetzung der ›natürlichen Poesie‹ erklärt, definiert sich die ›künstliche Poesie‹ über die Abwesenheit eines solchen: Maschinell erzeugte Poesie, führt Bense weiter aus, liefert keine Referenz auf eine »präexistente Welt« und lässt sich auf kein »Ich« mehr beziehen:

> Infolgedessen ist auch aus der sprachlichen Fixierung dieser Poesie weder ein lyrisches Ich noch eine fiktive epische Welt sinnvoll abhebbar. Während also für die natürliche Poesie ein intentionaler Anfang des Wortprozesses charakteristisch ist, kann es für die künstliche Poesie nur einen materialen Ursprung geben.[35]

Die für die künstliche Poesie in Abrede gestellten Kategorien eines ›personalen poetischen Bewusstseins‹ und der ›Intention‹ antizipieren, ohne dass sie in Benses Text bereits ausformuliert würden, grundlegende Fragen nach Autorschaft und Autorität, wie sie mit dem Aufkommen maschinell generierter Literatur und allen voran im Kontext von Aspekten ›kreativer künstlicher Intelligenz‹ relevant geworden sind. »Wer trägt eigentlich die Verantwortung für die Texte, die der Automat erzeugt, wenn weder der Verfasser des Programms noch der Benutzer in der Lage ist, ihren ›Inhalt‹ vorherzusehen?«, lautet die autorschaftstheoretische ›Gretchenfrage‹, die etwa Hans Magnus Enzensberger mit Blick auf

---

34   Theo Lutz: Stochastische Texte, S. 6.
35   Max Bense, Über natürliche und künstliche Poesie, in: Max Bense, Theorie der Texte. Eine Einführung in neueren Auffassungen und Methoden, Köln u. a. 1962, S. 143–147, hier S. 143.

seinen eigenen ›kreativen Automaten‹ stellt.[36] Bei diesem handelt es sich um den berühmten Landsberger Poesieautomaten, den Enzensberger bereits zu Beginn der 1970er Jahre theoretisch entwickelte, der aber erst im Jahr 2000 in Landsberg am Lech technisch realisiert werden konnte und inzwischen eine Heimat im Marbacher Literaturmuseum der Moderne gefunden hat. Enzensberger wusste schon 1974, als seine Apparatur noch ein bloßes Gedankenspiel darstellte, um die Signalkraft einer solchen, in die Tat umgesetzten, kreativen Maschine:

> Wenn es ihm gelingen sollte, der achselzuckenden Mitwelt einen ersten Poesie-Automaten vorzustellen, kann er sicher sein, daß sich andere finden werden, die nur allzu bereit sind, sich an seine Fersen zu heften. Diese Nachahmungstäter könnten dann, ohne daß er einen Finger zu rühren bräuchte, über eine ganze Hierarchie von Zwischenstufen zu einem generalisierten Programm voranschreiten, das immer raffiniertere Gedichte schreibt.[37]

Und in der Tat – die von Enzensberger angekündigten ›Nachahmungstäter‹ haben nicht lange auf sich warten lassen, sondern seit der Jahrtausendwende im Rahmen des *Conceptual Writing* und später der digitalen *konzeptuellen Literatur* die Weichen für automatisierte Texterzeugungsverfahren der Gegenwart neu gestellt. Zu nennen sind hier allen voran die digitalen, algorithmischen Experimente von Hannes Bajohr, Jörg Piringer, Swantje Lichtenstein, Georg Weichbrodt oder Kathrin Passig.[38] Obgleich diese und andere Autor*innen die erstaunlich reiche Tradition digitaler Literatur vergegenwärtigen, handelt es sich bei den ihnen zugrundeliegenden Prozessen nicht immer um KI-basierte Programme im engeren Sinn. Davon wäre der eingangs aufgeführten Definition zufolge erst zu sprechen, wenn eine Lernleistung nachzuvollziehen ist und bereits Existierendes nicht nach bloßem Zufallsprinzip zusammensetzt wird, sondern nach bestimmten Regeln, die nicht von außen vorgegeben wurden und das Resultat der im

---

36 Hans Magnus Enzensberger, Einladung zu einem Poesie-Automaten, Frankfurt a.M. 2000 (entst. 1974), S. 55.

37 Hans Magnus Enzensberger, Einladung zu einem Poesie-Automaten, S. 19.

38 Vgl. Hannes Bajohr, Halbzeug. Textverarbeitung, Berlin 2018; Gregor Weichbrodt, I don't know, Berlin 2016; Code und Konzept. Literatur und das Digitale, hg. von Hannes Bajohr Berlin 2016. Aufschlussreich ist auch das von Bajohr und Weichbrodt begründete »Textkollektiv für Digitale Literatur« unter: http://oxoa.li/de (20.2.2020). Die Homepage soll nach Angaben der Autoren nicht nur »Workshop, Labor, Schaufenster und eine Anlaufstelle für digitale konzeptuelle Literatur« werden, sondern zugleich existenzielle ästhetische wie theoretische Debatten anregen, die nach der Relevanz des Digitalen für den Begriff der Wirklichkeit. der Literatur und jenen des Textes fragen: »Das Digitale hat den Text verdoppelt. Er ist Schrift und Aktion. Man kann Text lesen und ausführen. Im Digitalen ist der Text zugleich Tat und Gedanke.«

Anwendungsprozess neu gewonnenen Erfahrungen bilden. Zu einem solchen KI-Verfahren gehört etwa das Projekt *Deep-Speare* eines Wissenschaftlerkollektivs aus Anglisten und Informatikern aus dem Jahr 2018. Mithilfe eines Textkorpus, bestehend aus den 154 Sonetten Shakespeares sowie weiteren 2.600 Sonetten aus dem Projekt Gutenberg, wurde ein Programm trainiert, sich die Regeln für das Verfassen eines Sonetts anzueignen.[39] Die Resultate dieser KI-generierten Poesie wurden renommierten Anglisten vorgelegt: Insbesondere Reim und Rhythmus der lyrischen Texte wurden sehr gut bewertet, im Bereich Lesbarkeit und Emotionalität schnitt hingegen die Vergleichsgruppe (originale Lyrik menschlicher Autoren) deutlich besser ab.[40]

Zum Experten im Vergleich von KI- oder menschlich generierter Poesie kann inzwischen jeder werden – mit einem Besuch auf der Homepage »Bot or not«, die sich selbst als »Turing Test für Poesie« anpreist. Hier bekommen Leser*innen kurze lyrische Texte vorgesetzt und müssen dann entscheiden, ob es sich um das Werk eines menschlichen Autors oder eines Computerprogramms handelt.[41] Unter dem gleichen Namen lief in Deutschland zum Wissenschaftsjahr 2019 ein vom BMBF gefördertes Projekt, im Rahmen dessen Poetry-Slammer*innen auf öffentlichen Bühnen sowohl eigene wie auch generierte Texte vortrugen – und das Publikum über die Autorschaft der Texte abstimmen ließen.[42] Völlig im Unklaren über die Herkunft bzw. Autorschaft von Texten bleiben Leser*innen hingegen bei dem Poesieband *Comes the Fiery Night: 2,000 Haiku by Man and Machine*, den 2011 David Cope veröffentlicht und der 2.000 Haikus enthält ohne anzugeben, ob sie von einem Programm oder einer menschlichen Autorinstanz verfasst wurden.[43] Schließlich stellt die Wiener Digital-Kreativagentur TUNNEL23 2018 das von einem intelligenten, mit lyrischen Texten Goethes und Schillers trainierten Programm verfasste Gedicht *Sonnenblicke auf der Flucht* vor, das gar in die renommierte *Frankfurter Bibliothek* aufgenommen wurde.[44]

39   Jan Han Lau, Trevor Cohn, Timothy Baldwin, Julian Brooke und Adam Hammond, Deep-speare: A joint neural model of poetic language, meter and rhyme, in: Proceedings of the 56th Annual meeting of the Association for Computational Linguistics (Long Papers), Melbourne/Australia 2018, S. 1948–1958.

40   Vgl. Jan Hau Lau u. a., Deep-speare, S. 1956.

41   Benjamin Laird und Oscar Schwartz, bot or not, n. b., http://botpoet.com (16.2.2020).

42   BICEPS GmbH und Haus der Wissenschaft Braunschweig GmbH, BOT or NOT. Künstliche Intelligenz gegen echte Kreativität, 2019, https://www.bot-or-not.de (16.2.2020).

43   D. H. Cope, Comes the Fiery Night. 2.000 Haiku by man and machine, CreateSpace Independent Publishing Platform N.b. 2011.

44   TUNNEL23, Ein Gedicht aus der Feder einer KI, n.b., https://www.tunnel23.com/cases/ein-gedicht-aus-der-feder-einer-ki (16.2.2020).

Während die Textexperimente von DeepSpeare, David Cope oder TUNNEL23 noch tradierten lyrischen Genres nachempfunden sind, geht es Ross Goodwin gerade darum, maschinelle Intelligenz und Kunst so zusammenzubringen, dass etablierte Vorstellungen von Literatur, Text und dem Schreibvorgang herausgefordert werden. Goodwin, ein Informatiker, Künstler und selbst ernannter Kreativtechnologe, der inzwischen für das 2015 gegründete Programm Artists + Machine Intelligence (AMI) im Google Cultural Institute arbeitet, veröffentlichte 2018 den Roman *1 the Road*, der aus einem im März 2017 absolvierten ›Road Trip‹ der besonderen Art resultiert.[45] Ziel des Projekts war es, in Anlehnung an kanonische US-amerikanische Autoren wie Thomas Wolfe, Jack Kerouac oder Ken Kesey, das ›Unterwegs‹-Sein und damit verbundene Alltagserfahrungen als Schreibmotor zu verwenden. Goodwins ›Schreibgerät‹ war in dem Fall ein Auto, das er mit GPS-Sensoren, einer Kamera und Innenraum-Mikrofonen ausstatte. Während einer Fahrt von New York nach New Orleans wurden die so aufgezeichneten Signale kontinuierlich in ein System von neuronalen Netzwerken eingespeist, das die Daten im Rahmen eines maschinellen Textgenerierungsprozesses (NLG-Verfahren) in einen kohärenten Text ›übersetzte‹, der sogleich auf einem an den Computer angeschlossenen Sofortdrucker ausgegeben wurde. 2018 erschien dieser Text – unediert, ohne dass Goodwin noch einmal in den Text eingegriffen hätte – im Pariser Verlag Jean Boîte Éditions. Goodwin schlägt für diese Form, Alltagserfahrungen in Erzählungen zu übersetzen, in Fortschreibung der Schlagworte *Virtual Reality* und *Augmented Reality* den Begriff *Narrated Reality* vor, nach dem auch sein online erschienener grundlegender Essay *Adventures in Narrated Reality* benannt ist.[46] Dieser Begriff allerdings eignet sich nur eingeschränkt und darf nicht darüber hinwegtäuschen, dass der digitale Prozess der Versprachlichung als einer der Fiktionalisierung zu begreifen ist – gerade angesichts der Tatsache, dass die neuronalen Netzwerke vorab auch mit fiktionalen Texten trainiert wurden. Als Instrument zur Abschaffung menschlicher Kreativität versteht Goodwin sein Programm keineswegs, sondern relativiert die den öffentlichen Diskurs dominierenden und sensationsheischenden Angstszenarien (»Now they're even taking the poet's job!«).[47] Wenn der Computer schon zum Autor wird, dann nur, führt Goodwin aus, zu einem durch den Menschen autorisierten: »When we teach computers to write, the computers don't replace us any more than pianos replace pianists – in a certain way,

45   Ross Goodwin, 1 the Road, Paris 2018.
46   Ross Goodwin, Adventures in Narrated Reality. New forms & interfaces for written language, enabled by machine intelligence, 2016, https://medium.com/artists-and-machine-intelligence/adventures-in-narrated-reality-6516ff395ba3 (22.2.2020).
47   Ross Goodwin: Adventures in Narrated Reality.

they become our pens, and we become more than writers. We become writers of writers.«[48]

Als Algorithmus, der, so zumindest lautet der emphatische Befund der Kommunikationswissenschaftlerin Miriam Meckel in der *Neuen Zürcher Zeitung*, »die ganze Literaturgeschichte revolutioniert«[49], sorgte im letzten Jahr das autonome Texterstellungsmodell GTP 2 für Aufsehen: ein durch das US-amerikanische Non-Profit-Unternehmen OpenAI entwickeltes, KI-basiertes statistisches Sprachmodell, das nach einem kurzen thematischen Input durch User*innen, etwa einem ersten Satz, weitergehende zusammenhängende Texte verfasst.[50] Das Resultat sei eine »ganz eigene, neue Erzählung«, schlussfolgert Meckel in ihrem Beitrag und prognostiziert sogleich ein neues Konkurrenzverhältnis von Maschine und Mensch auf dem Gebiet der Literatur: »Menschen werden rechnen müssen mit Maschinen. Sie werden bald einen Teil der Geschichten erzählen, die bisher ganz in der Hand der schreibenden Menschheit lagen.«[51] Aber die Geschichten, welche die ›Maschinen erzählen‹, so ist hier kritisch einzuwenden, formulieren eben nicht das ›Andere‹ des Menschen, sondern setzen dessen Geschichten und Erfahrungen (mit denen Programme trainiert werden und aus denen sie ›lernen‹) unbedingt voraus. Gerade hier liegt das gleichermaßen kritische wie gefährliche Potenzial künstlich generierter Geschichten verborgen, die wie ein Vergrößerungsglas jene Strategien offenlegen, die unser Sprechen, unsere Wahrnehmung, unsere Geschichten – und nicht zuletzt unsere Wirklichkeit formieren. Dass diese Strategien selten objektiv und bisweilen rassistisch und sexistisch geprägt sind, hat in jüngerer Zeit zu Diskussionen um den Bias-Effekt in ›intelligenten‹ Datenauswertungen geführt. Gemeint sind damit automatische Mustererkennungen in Datensätzen, die ihrerseits problematische Verzerrungen widerspiegeln und dabei Vorurteile, die jede Gesellschaft durchdringen, einerseits sichtbar machen, andererseits auch verstärken können.[52] Insofern ist die von Meckel beschworene

---

48 Ebd. Zu Goodwins Begriff des »Writer of writer« vgl. auch Ross Goodwin, Introduction, in: 1 the Road, S. 6–17, hier S. 14.

49 Miriam Meckel, Wenn ein Algorithmus die ganze Literaturgeschichte revolutioniert: Im Maschinozän schreiben Maschinen bessere Texte als Menschen, 2019, https://www.nzz.ch/feuilleton/maschine-und-mensch-ein-algorithmus-revolutioniert-die-literatur-ld.1506743 (22.2.2020).

50 Vgl. Alec Radford, Jeffrey Wu, Rewon Child, David Luan, Dario Amodei und Ilya Sutskever, Language Models are Unsupervised Multitask Learners, 2019, https://cdn.openai.com/better-language-models/language_models_are_unsupervised_multitask_learners.pdf (22.2.2020). User können das Programm hier testen: https://talktotransformer.com/ (22.2.2020).

51 Miriam Meckel, Wenn ein Algorithmus die ganze Literaturgeschichte revolutioniert.

52 Vgl. Ayana Howard und Jason Borenstein, The Ugly Truth about ourselves and our robot creations: The Problem of Bias and Social Inequity, in: Science and Engineering Ethics 24 (2018), S. 1521–1536.

Alterität von Mensch und Maschine einmal mehr nicht haltbar, denn die KI-generierten Geschichten schöpfen aus einem Erfahrungsraum, der wenig über die künstlichen Systeme, umso mehr aber über den Menschen verrät.

4. Autorschaft revisited

Die hier kursorisch vorgestellten Beispiele literarischer Experimente, so lässt sich bereits an dieser Stelle zusammenfassen, zeugen keineswegs von der kreativen Übermacht der Maschinen, sondern von einem neuen Werkzeug im Literaturbetrieb, das in den kommenden Jahren relevanter werden wird und weder vom Feuilleton dämonisiert noch von der Literaturwissenschaft ignoriert werden sollte. Eine Auseinandersetzung mit Texten, die auf KI-basierte Prozesse zurückgehen, ist mit Blick auf gegenwärtige und künftige kreative Verfahren auch unabhängig von der Qualität der daraus resultierenden Texte von Relevanz – gerade dort nämlich, wo im Zeitalter der Digitalität und Transmedialität tradierte Begriffe wie Originalität, Kreativität und insbesondere Autorschaft neu verhandelt werden. Bereits Enzensberger wurde, als er im Jahr 2000 seinen Poesie-Automaten vorstellte, umgehend mit Fragen nach der drohenden Abschaffung der Autorinstanz durch die ›Maschinenkunst‹ konfrontiert. Programmatisch ist in dem Zusammenhang ein Interview mit dem *Spiegel*, dessen unbeholfener Titel »Herr Enzensberger, sind Sie ein Hacker?« bereits dokumentiert, wie wenig der Literaturbetrieb noch zu Beginn des 21. Jahrhunderts mit der Kollaboration von Autor und Maschine anzufangen wusste. Die Frage »Wer ist der Autor der Gedichte?« kontert Enzensberger mit ungebrochenem Selbstbewusstsein und dem Beharren auf die eigene kreative Kompetenz: »Das ist eine philosophische Frage. Der Programmierer? Der Automat? Der Zufallsgenerator? Gibt es überhaupt einen Autor? Es ist jedenfalls kein Versuch der Selbstabschafffung. Der Automat ist ja nicht so gut wie ich!«[53] Ganz offensichtlich lässt sich im Ringen um die Kunst als eine dem Menschen vorbehaltene Ausdrucksform ein Erstarken der Autorinstanz beobachten, das die »längst topische[] Rückkehr des einst voreilig für tot erklärten Autors in die literaturwissenschaftliche Diskussion«[54] insofern radikalisiert, als nun tatsächlich die materielle Präsenz eines Autor-Ichs aufgerufen wird, um der digitalen

---

53 Sven Siedenberg und Hans Magnus Enzensberger, Herr Enzensberger, sind Sie ein Hacker? Interview mit Hans Magnus Enzensberger, 2000, https://www.spiegel.de/kultur/literatur/interview-herr-enzensberger-sind-sie-ein-hacker-a-83590.html (23.2.2020).
54 Stephanie Catani und Christoph Jürgensen, Autorschaft erzählen. Gegenwartsliterarische Verfahren der Auto(r)fiktion. Einführung, in: Sich selbst erzählen. Autobiographie – Autofiktion – Autorschaft, hg. von Sonja Arnold, Stephanie Catani, Anita Gröger, Christoph Jürgensen, Klaus Schenk und Martina Wagner-Egelhaaf, Kiel 2018, S. 311–314, hier S. 311.

Erscheinungsform künstlicher Systeme entgegenzutreten. So verteidigen digitale Vordenker*innen und Autor*innen wie Gregor Weichbrodt, Hannes Bajohr oder Kathrin Passig entschieden das literarische Experiment mit generierten Texten und suchen den Literaturbegriff der Gegenwart durch Formen digitaler konzeptueller Literatur herauszufordern, bestehen aber auf die Präsenz der Autorinstanz. »Eine Diskussion über die Abwesenheit der Autorin in generierten Texten lohnt sich nicht. Die Autorin ist immer zu Hause.« schlussfolgert Passig etwa in ihrer im letzten Jahr erschienenen Veröffentlichung zu Technik, Literatur und Kritik.[55] Führen die literarischen Experimente mit Verfahren künstlicher Intelligenz tatsächlich zu einer nahezu reaktionären Revision des Autorbegriffes, die hinter den literaturtheoretischen *common sense* der Gegenwart zurückzufallen scheint? Fragen wie diese sind es, die im Angesicht neu aufkommender kreativer KI-Anwendungen virulent werden für die Literaturwissenschaft und -theorie der Gegenwart und zu neuen Standortbestimmungen aufrufen – bereits darin liegt ein besonderer Mehrwert dieser Verfahren.

Nicht immer sorgen die kreativen Maschinen für neue Selbstbehauptungsversuche der Autorinstanz – sondern führen mitunter geradewegs zum Leser zurück. Italo Calvino, der große italienische Schriftsteller des 20. Jahrhunderts, beweist in seinem Essay *Kybernetik und Gespenster* von 1967 erstaunliche Weitsicht, wenn er in Rückbesinnung auf die Tradition der *écriture automatique* die Vorstellung einer Maschine als Autor, eines »literarischen Roboters«, emphatisch begrüßt, geradezu als Befreiungsschlag der Literatur. Denn dort, wo die Figur des Autors verschwindet, tritt mit Calvino die essenzielle Bedeutung des Rezeptionsvorgangs und damit die Instanz des Lesers in den Vordergrund:

> Nachdem der Prozeß der literarischen Komposition auseinandergenommen und wieder zusammengesetzt worden ist, kommt der entscheidende Augenblick des literarischen Lebens – die Lektüre. In diesem Sinne wird die Literatur, auch wenn sie einer Maschine anvertraut wird, immer ein privilegierter Ort menschlichen Bewußtseins sein, [...] das Werk wird weiterhin im Kontakt mit dem lesenden Auge geboren, beurteilt, zerstört oder ständig erneuert werden.[56]

---

55 Kathrin Passig, Vielleicht ist das neu und erfreulich. Technik. Literatur. Kritik, Wien 2019, S. 78.

56 Italo Calvino, Kybernetik und Gespenster (1967), in: Italo Calvino, Kybernetik und Gespenster. Überlegungen zu Literatur und Gesellschaft. Aus dem Ital. von Susanne Schoop, München, Wien 1984, S. 7–26, hier S. 17.

Calvinos Aufwertung der Leserfigur und sein mit Nachdruck eingeforderter Abschied von der Figur des Autors, »diese[s] Darstellers, dem man ständig Funktionen zuschreibt, die ihm nicht zustehen,«[57] vergegenwärtigt einen Umgang mit maschinell generierter Kreativität, die gegenwärtige Positionen um ein halbes Jahrhundert vorwegnimmt. Bezeichnend ist etwa, dass auch Ross Goodwin, Calvino analog, seine eigenen Experimente an der Schnittstelle von Kunst und Künstlicher Intelligenz verteidigt, in dem er sich explizit für eine Stärkung der Leserinstanz ausspricht. Dem Leser nämlich komme es letztlich zu, führt Goodwin aus, den maschinengenerierten Text gerade dort, wo dieser tradierte Sinnangebote scheinbare verweigere, mit Bedeutung zu versehen: »We typically consider the job of imbuing words with meaning to be that of the writer. However, when confronted with text that lacks objective meaning, the reader assumes that role. In a certain way, the reader *becomes* the writer.«[58]

5. *Artificial* und *Human Code* im Spiegel der Gegenwartsliteratur

Die Literatur der Gegenwart reagiert auf die ›kreativen Automaten‹ der jüngsten Zeit – und ist damit der häufig noch zwischen Skepsis und Misstrauen gefangenen akademischen Literaturwissenschaft voraus. Intelligente Programme, Roboter, Hubots und Androiden gehören ebenso zum Inventar der jüngsten deutschsprachigen Gegenwartsliteratur wie Fragen nach der Kreativität künstlicher Intelligenz, nach damit verbundenen neuen Modellen literarischer Autorschaft und literarischen Erzählens sowie Überlegungen zur Einbindung künstlicher Intelligenz in künstlerische Produktions- und Performanceprozesse. Während etwa in Ernst Händlers Roman *Der Überlebende* (2013) künstliche Intelligenzen noch als Geschöpfe eines von skrupellosen Allmachtsphantasien beherrschten Ich-Erzählers auftauchen, übernimmt in Jochen Beyses Roman *Fremd wie das Licht in den Träumen der Menschen* (2017) eine KI selbst das Erzählen. Der Text von Clemens Setz aus dem Jahr 2018 behauptet – schon paratextuell in seinem Titel *Bot. Gespräch ohne Autor* – das Verschwinden des Autors, der durch einen, heißt es im Vorwort weiter, »Clemens-Setz-Bot« ersetzt wurde. Was folgt, ist ein Autoreninterview, hinter dem sich nicht wirklich ein Bot (eine automatisch agierende Software, die ohne Benutzerinteraktion auskommt) verbirgt, dessen Antworten auf die einzelnen Fragen aber per Zufallsgenerator oder aufgrund festgestellter

57 Ebd.
58 Ross Goodwin, Adventures in Narrated Reality, Part II. Ongoing experiments in writing & machine intelligence, 2016, https://medium.com/artists-and-machine-intelligence/adventures-in-narrated-reality-part-ii-dc585af054cb (22.2.2020).

Wortwiederholungen zugelost wurden. Künstliche Intelligenz als Sujet der Literatur reduziert sich nicht mehr, das ist kaum zu übersehen, auf den Sci-Fi-Thriller populärer Genrevertreter wie Frank Schätzing oder Tom Hillenbrand:[59] Vielmehr sind KI-basierte Systeme als Protagonisten, als Gegenspieler oder als Nebenfiguren angekommen in, heißt es programmatisch in der vor einigen Monaten erschienenen Suhrkamp-Anthologie *2029*, »Geschichten von morgen, die eine nahe, eine vertraute Zukunft entwerfen – keine zeitlich weit entfernten Science-Fiction-Spektakel, keine dystopischen Apokalypsen.«[60] Die Anthologie enthält elf solcher Geschichten von Autor*innen der jüngeren Generation, deren »Zukunftsvisionen« Suhrkamp in diesem »Zukunftsbuch« zu bündeln sucht.[61] Dass diese Zukunft geprägt ist von Prozessen künstlicher Intelligenz und »sich auffällig viele Geschichten um das Thema [...] drehen«, macht Herausgeber Stefan Brandt in seiner Einleitung rasch deutlich:

> Andererseits dringt künstliche Intelligenz inzwischen in Bereiche vor, die noch vor wenigen Jahren ›tabu‹ schienen – sogar Kunstwerke werden inzwischen von Artificial Intelligence geschaffen. [...] Ganz sicher können wir uns also nicht sein, dass die Grenze zwischen Mensch und Maschine nicht doch in einer näheren Zukunft irreversibel überschritten wird.[62]

Die Dynamik zahlreicher dieser und anderer Gegenwartstexte resultiert aus der Alterität von *human* und *artificial code*, die sie imaginieren, indem sie das vermeintlich Defizitäre, nicht Automatische und sich jeder Logik Widersetzende, das schon bei E.T.A. Hofmann als das Andere der Maschine und genuin Humane herausgestellt wird, leitmotivisch diskutieren.

Emma Braslavskys Roman *Die Nacht war bleich, die Lichter blinkten* aus dem letzten Jahr etwa präsentiert mit der KI-Sonderermittlerin Roberta eine Protagonistin, die sich als intelligente Gynoide durch ein dystopisch gezeichnetes Berlin schlägt, in dem der Hubot zum idealen Partner geworden ist, Prozesse sozialer Entfremdung zu einem sprunghaften Anstieg an Selbsttötungen führen und es hochentwickelten Programmen künstlicher Intelligenz vorbehalten ist, die

---

59 Frank Schätzing, Die Tyrannei des Schmetterlings, Köln 2018; Tom Hillenbrand, Hologrammatica, Köln 2018.

60 Christian Granderath und Manfred Hattendorf, Über dieses Buch. »Remember the Future«, in: 2029. Geschichten von morgen. Mit einem Nachwort von Reinhold Popp, hg. von Stefan Brandt, Christian Granderath und Manfred Hattendorf, Berlin 2019, S. 7–15, hier S. 9.

61 Stefan Brandt, Wenn die Zeit reif ist, in: 2029. Geschichten von morgen. Mit einem Nachwort von Reinhold Popp, hg. von Stefan Brandt, Christian Granderath und Manfred Hattendorf, Berlin 2019, S. 11–15.

62 Stefan Brandt, Wenn die Zeit reif ist, S. 13.

defizitäre menschliche Logik auf den Prüfstand zu stellen.[63] Aus Robertas Perspektive ist es das Regellose und A-Logische des Menschen, das sie von diesem unterscheidet. Ganz richtig erkennt sie, »dass es zwischen Mensch und Maschine keinen systematischen Unterschied gab, solange beide denselben logischen Grundregeln folgten«.[64] Die Menschen aber folgen den Regeln nicht, weiß Roberta und zieht angesichts der Lügen, Widersprüche und Selbstverleugnungen, auf die sie im Rahmen ihrer Ermittlungen trifft, ein ernüchtertes Fazit: »Ich habe mich gefragt, was Menschen steuert, wenn nicht ihre Regeln. Mich steuern meine Regeln. [...] Nichts hier ist logisch.«[65]

Auch Depp, ein nach dem amerikanischen Schauspieler benannter Android in Ann Cottens Erzählung *Proteus* aus ihrem 2018 erschienen Erzählungsband *Lyophilia*, weiß, dass sich nur die Maschine Perfektion abverlangt, der Mensch gerade nicht. Depp, der ursprünglich als Sexroboter konstruiert wurde, ist nach seiner Flucht als Ehemann-Ersatz an der Seite der erfolgreichen Politikerin Ganja untergekommen und konstruiert nun ein Selbst, das dem menschlichen Unvollkommenen nachempfunden ist:

Jetzt hatte er [...] ein sekundäres Prioritätensystem gebaut, das aus charakteristischen Fehlern, Lücken, Abbruchsfehlern und Kurzschlüssen bestand. Denn Ganja hatte gesagt, dass Menschen am stärksten durch ihre wiederkehrenden Fehler und die wenigen, immer wiederholten Muster ihrer Problemlösungsansätze charakterisiert seien.[66]

Die zu stringenter Logik verpflichtete künstliche Intelligenz des Androiden macht explizit den Bereich der Literatur als das Andere künstlicher Vernunft aus, als »in Schutzschichten von Irrelevanz eingelegte Medien«[67], auf die er selbst nicht angewiesen sei, denn: »Wir programmieren gleich, wenn wir schreiben. Es gibt also nicht diesen Spielraum für Bullshit und Emphase. Wir müssen immer präzise definieren, für wen es gilt.«[68] Den Menschen als wandelndes Fehlerprotokoll zu imitieren, heißt für den Roboter Depp, dessen künstlerische Ausdrucksfähigkeit nachzuahmen, obgleich diese in der algorithmisch strukturierten Wirklichkeitserfassung des Androiden keinen logischen Platz hat: »Im Moment versuchen wir uns an eurer Konsequenzlosigkeit zu orientieren. Etwa an Euren Gedichten

63   Emma Braslavsky, Die Nacht war bleich, die Lichter blinkten, Berlin 2019.
64   Ebd., S. 199.
65   Ebd., S. 112 f.
66   Ann Cotten, Lyophilia, Berlin 2019, S. 224.
67   Ebd., S. 227.
68   Ebd.

[...].«[69] Bleibt das künstliche System in Cottens Erzählung blind für den Mehrwert kreativer und imaginativer Räume, werden diese in Jochen Beyses Roman *Fremd wie das Licht in den Träumen der Menschen* (2017) im Gegenteil als der einzige noch mögliche Bereich markiert, das dem KI-basierten Programm neues Wissen vermittelt.

6. Jochen Beyse: *Fremd wie das Licht in den Träumen der Menschen* (2017)

Besonders ist Beyses Roman schon deshalb, weil darin eine KI selbst das Erzählen übernimmt: Damit wird die Mensch-Maschinen-Grenze nicht nur auf der erzählten Ebene diskutiert, sondern auf der Erzählebene experimentell nachvollzogen, gerade dort, wo der Roman das Ringen der Maschine um den geeigneten literarischen Ausdruck und die Stringenz der Narration sichtbar macht. Erzählt wird der Roman von einer homodiegetischen Instanz namens Rob, einem seinen Besitzern entflohenen Haushaltsroboter, der durch sein Zusammenleben mit Menschen erkannt hat (darin den Androiden in Cottens und Braslavskys Texten ähnlich), dass konsequente Verstöße gegen die Gesetze der Logik ein anthropologisches Merkmal des Humanen begründen: »Wir wissen doch, was es heißt, geistig normal zu funktionieren: Es bedeutet, sich möglichst oft an den logischen Gesetzen zu vergehen.«[70]

Die erzählte Zeit umfasst die Nacht nach der Flucht sowie damit einhergehende Rückblicke auf das Leben als »Haushaltssklave, ausgebeutet, ein Diener«[71] – strukturiert wird diese Nacht durch das Warten auf den Sonnenaufgang einerseits und den fortschreitenden Energieverlust des Roboters andererseits. Statt der Logik eines intelligenten Systems zu folgen und systemerhaltende Maßnahmen vorzunehmen, sprich den Energiespeicher aufzuladen, imitiert Rob schon zu Beginn des Romans ein menschliches Verhalten, wenn er an einer Schrotthalde pausiert und sich auf einer Matratze ausruht, denn – »menschliche Erschöpfung lässt sich am leichtesten nachstellen.«[72] Das Nachahmen menschlicher, d. h. nicht zwingend logischer Verhaltensweisen nimmt zu, je weiter Energieverlust und Erzählung fortschreiten, und macht sich auch erzählstrukturell bemerkbar. Denn die homodiegetische Instanz, die zunächst zwischen einer

---

69 Ebd., S. 229.
70 Jochen Beyse, Fremd wie das Licht in den Träumen der Menschen, Zürich, Berlin 2017, S. 182.
71 Ebd., S. 11.
72 Ebd., S. 10.

autodiegetischen und personalen Perspektive wechselt (»Erzählmodus an« markiert die Ich-Erzählung, »Erzählmodus aus« den personalen Bericht) sieht sich zunehmend einem Prozess der Bewusstseinsspaltung ausgesetzt. Das im Akt der Narration zunächst strategisch eingesetzte »Ich« (»der Gefühle wegen, um ihnen näherzukommen«[73]) entfremdet sich sukzessive vom künstlichen Bewusstsein Robs, hinterfragt die Grenze zwischen Mensch und Maschine bzw. damit verbundene Zuschreibungen. Während für das künstliche System Rob Denken lediglich »eine Form der exakten Komputation« darstellt, hält die Ich-Instanz dagegen: »Nein Rob, du hast Unrecht, das kann nicht stimmen – Denken ist kein Rechnen.«[74]

Der leitmotivisch geäußerte Lebenswillen des sich neu generierenden Ichs (»Jede Faser in mir wollte leben. Die nicht-biologischen Organe der Technik haben mit allen Mitteln versucht... keine Ahnung. Ich wollte leben, nichts weiter. Dieses Verlangen brannte sich nach außen durch, es zerschmolz förmlich das Metall.«)[75] ist dabei nicht als Wunsch zu verstehen, zum Menschen zu werden – vielmehr träumt Beyses Erzählinstanz von einer Überwindung der mit dem Dualismus von Mensch und Maschine einhergehenden Hierarchien: »Ich wüsste, wovon ich träumen würde, ich würde mir ausmalen zu leben. Nicht wie gewöhnliche Menschen leben, sondern wie es Maschinen könnten, wenn man sie wie Menschen leben ließe, echte Menschen.«[76] Hier legt Beyses Roman seine intertextuellen Bezüge zu den Thesen des französischen Philosophen Gilbert Simondon offen, der auch paratextuell durch das vorangestellte Motto als Referenzgröße kenntlich gemacht wird. Schon 1958 versucht sich Simondon in seinem Hauptwerk *Die Existenzweise technischer Objekte* an einer Überwindung des strengen Dualismus von humaner, sinnvoller Lebenswelt und ahumaner, zweckgerichteter Technik. Seine Kritik gilt dabei einer kulturellen Ignoranz, die technische Objekte sowie andere Existenzweisen grundsätzlich funktionalisiert und ihr Potenzial unterschätzt. Nicht zufällig ist Simondons Text, der in Frankreich längst als Klassiker der Technikphilosophie gilt, hierzulande erst im Jahr 2012 übersetzt und im gleichen Verlag wie Beyses Roman publiziert worden.[77] Die mit Blick auf den KI-Diskurs der Gegenwart besondere Aktualität Simondons wird dort deutlich, wo der Philosoph einen wissenden Umgang mit technischen Systemen einfordert, der diese weder auf ihre Funktionalität reduziert noch zu böswilligen Objekten dämo-

---

73   Ebd.
74   Ebd., S. 190.
75   Ebd., S. 114.
76   Ebd., S. 173.
77   Gilbert Simondon, Die Existenzweise technischer Objekte. Aus dem Französischen von Michael Cuntz, Zürich, Berlin 2012.

nisiert. Mit Simondon begreift sich auch die Ich-Instanz in Beyses Roman als »offene Maschine«, die sich nicht jenseits menschlicher Wirklichkeit denken lässt und in ihren Funktionsweisen menschliche Imagination materialisiert. Denn das technische Individuum markiert nicht das Andere des Menschen, sondern ist, hier zitiert die erzählende Instanz wörtlich aus Simondons Text, »*eine Fremde, die Menschliches einschließt.*«[78]

Mit der utopischen Vorstellung eines für die andere Existenzweise aufgeschlossenen Miteinanders von Mensch und Maschine enden bei Beyse die Reflexionen der Ich-Instanz:

> Auf einmal verstehe ich, warum das Künstliche keine isolierte Wirklichkeit ist, sondern zum viel größeren System der Natur gehört. Denn als Teilsystem greift es aufs Ganze über und – Rob, du musst mir weiterhelfen, nur noch dieses eine letzte Mal! Rob?[79]

Rob aber kann nicht mehr helfen – mit dem verbrauchten Akku ist auch das künstliche Bewusstsein zum Erliegen gekommen. Die Vision der homodiegetischen Instanz findet mit dem Systemabsturz ein jähes Ende bzw. wird zurückverwiesen auf den einzigen Bereich, der noch Raum für Utopien bietet – den Traum: »Ich werde wohl längere Zeit im Energiesparmodus ... geschlafen ... ich werde wohl länger geschlafen haben müssen, denn die Sonne steht schon hoch. Bis ich endlich wieder klarsehe, schließe ich die Augen.«[80] Mit der (möglicherweise) träumenden Maschine ruft Beyses Roman den Topos vom Träumer als Künstler auf, der, wie Marlen Schneider nachgewiesen hat, seit der Antike, insbesondere ab dem 18. Jahrhundert, einen »Allgemeinplatz der Literatur- und Kunstgeschichte darstellt«, denn, so formuliert es schon Jean Paul: »Der Traum ist unwillkürliche Dichtkunst.«[81]

Tatsächlich erweisen sich in Beyses Roman Traum und Kunst als die einzigen Bereiche, die gleichermaßen handlungsleitend wie erkenntnisstiftend für die Ich-Instanz fungieren. Ein Film mit dem Titel *Planet der Irren* sowie vor allem die regelmäßige Lektüre eines Romans mit dem Titel *Beim Ausbau eines Panikraums*

---

78 [Kursivierung im Orig.] Jochen Beyse, Fremd wie das Licht, S. 22.; Vgl. Gilbert Simondon, Die Existenzweise technischer Objekte, S. 9.
79 Jochen Beyse, Fremd wie das Licht, S. 206.
80 Ebd.
81 Jean Paul, Über das Träumen, in: Jean Paul. Sämtliche Werke. 4 Bde, Bd. 1. Hg. von E. Berend, Berlin 1996, S. 978.; Vgl.: Marlen Schneider, Zum Verhältnis von Traum und künstlerischer Kreativität, in: Traum und Inspiration. Transformationen eines Topos in Literatur, Kunst und Musik, hg. von Marlen Schneider und Christiane Solte-Gresser, Paderborn 2018, S. 11–29.

versorgen das künstliche System mit dem Wissen, das ihm die Zodiaks (so nennt der Ich-Erzähler die Menschenfamilie, der er dienen musste) verweigern. »Der Zodiak«, lautet das erbarmungslose Urteil über die vermeintlich komplexer entwickelte Spezie, »ist der Beweis, dass es möglich ist, ohne entwickeltes Gehirn zu leben, das habe ich oft denken müssen, Erzählmodus aus.«[82] Stimulierend sind allein jene Erfahrungen, die durch die Kunst, allen voran durch die Musik und die Literatur, möglich werden. Gerade die im Detail erzählte Romanlektüre birgt eine metafiktionale Dimension, dort nämlich, wo der fiktive Autor namens Jochen Beyse sich unschwer als Alter Ego der realen Autorfigur Jochen Beyse erkennen lässt. Augenzwinkernd vermengen sich hier nicht nur Fiktion und außerliterarische Wirklichkeit, sondern zugleich künstliches und menschliches Bewusstsein, wenn der Android den fiktionalen Text als möglicherweise künstlich generierten ausmacht: »Ich werde im Netz nachsehen, wer der Autor ist. Dass der Text von einer Maschine stammt, ist nicht völlig von der Hand zu weisen. Die Sätze haben etwas Glattes, Künstliches...«[83] Die metafiktionalen Bezüge spannen einen poetologischen Reflexionsraum auf, in dem das Ästhetische nicht als das gänzlich Andere maschinellen Bewusstseins gedacht wird, sondern, so formuliert es das Roboter-Ich, »poetische Überschreitungen des Logisch-Mathematischen« möglich werden.[84]

Hier wird ein Kunstbegriff ins Recht gesetzt, dessen Qualität darin liegt, ein dezidiert nicht algorithmisch bestimmtes Wissen zu transportieren. Beyses Roman nimmt damit literarisch vorweg, was Dieter Mersch jüngst in seinem Beitrag *Kreativität und Künstliche Intelligenz* in der Zeitschrift für Medienwissenschaft formuliert hat. Gegen die medial befeuerte Angst vor der kreativen Maschine etabliert Mersch einen Kunst- und Kreativitätsbegriff, der sich nicht allein im Hervorbringen von etwas Neuem erschöpft, sondern der die spezifisch epistemologische Dimension des Ästhetischen ernst nimmt: »[W]as Kunst allererst *zu Kunst* macht: Reflexivität als Aufschließung eines *anderen* Wissens.«[85] Dieses andere Wissen wird als Schlussutopie auch in Beyses Text entworfen – und gerade dort beglaubigt, wo es einem künstlichen System zukommt, an der Relevanz des Ästhetischen und der Kraft der Fiktion festzuhalten.

---

82 Jochen Beyse, Fremd wie das Licht, S. 27.
83 Ebd., S. 73.
84 Ebd., S. 178.
85 Kursivsetzungen im Original, vgl. Dieter Mersch, Kreativität und Künstliche Intelligenz. Einige Bemerkungen zu einer Kritik algorithmischer Rationalität, in: Zeitschrift für Medienwissenschaft 11 (2019), H. 21 Nr. 2, S. 65–74, hier S. 73.

SCHWERPUNKT

SANDRA RICHTER

DIE LITERATUR UND IHRE MEDIEN

Seit Ende der 1970er-Jahre haben sich Literatur- und Medienwissenschaft immer stärker ausdifferenziert. Parallel dazu konnten sich Arbeitsfelder etablieren, die Ansätze aus beiden Disziplinen kombinieren. Diese entfalten sich mit Hilfe epistemisch relevanter Begriffe wie etwa ›Intermedialität‹ oder ›Transmedialität‹. Zu den Gegenständen, die in diesen Aufgabengebieten verhandelt werden, zählen Formen der Medienkombination wie Inszenierungen von Dramen ebenso wie Literaturverfilmungen, Bildbeschreibungen oder Lieder. Ihnen sind zahlreiche Tagungen, Beiträge, Monografien und Handbücher gewidmet; die Denominationen einzelner Professuren lauten entsprechend *Literatur und Medien* oder *Medienwissenschaft und Neuere deutsche Literatur*. Wer also das Verhältnis der Literatur zu ihren Medien oder das Verhältnis der Medien zur Literatur untersucht, bewegt sich auf dem Gebiet gut etablierter *normal science*, sollte man vor diesem Hintergrund meinen.

Diese Wahrnehmung täuscht sicher nicht und zugleich wirkt sie trivialisierend, betrachtet man die erheblichen Desiderate, die sich in den Bereichen ergeben, welche mit ›Intermedialität‹ oder ›Transmedialität‹ nur grob umrissen sind: Desiderate in den Forschungsfeldern *Literatur und Musik*, *Literatur und bildende Kunst* etwa. Methodisch und praxeologisch stellen sich hier zahlreiche Herausforderungen, beispielsweise diejenige nach einer multidisziplinär verständlichen Beschreibungssprache oder nach einem für die beteiligten Disziplinen gleichermaßen nachvollziehbaren methodischen Vorgehen. Herausforderungen wie diese sind dauerhaft aktuell. Sie verschärfen sich mit der Weiterentwicklung der Fächer, der Integration neuer Methoden und dem Auftauchen neuer Medien.

Gegenwärtige Entwicklungen im interdisziplinären Feld *Literatur und Medien* werden u. a. durch computationelle und empirische Ansätze vorangetrieben. Diese Ansätze sind nicht deckungsgleich, obwohl sie sich in ihrem Anspruch überlagern, literaturwissenschaftliche Fragestellungen mit Verfahren aus anderen Wissenschaften, darunter Informatik, Computerlinguistik, Soziologie, Psychologie und Neurowissenschaften zu beantworten, zu verändern oder zu erweitern. Dabei hat die Literaturwissenschaft jede Menge neue Informationen zu verarbeiten und in Beziehung zu ihren Gegenständen, Fragen, Verfahren und Praktiken zu setzen. Das ist per se ein vielschichtiges Unterfangen, dessen Komplexität sich in intermedialen Arbeitsgebieten noch steigert.

Zugleich wandeln sich die medialen Ausdrucksformen der Literatur: Zwar stellt das Erscheinen in Buchform für Literatur nach wie vor das publizistische Rollenmodell dar, aber zugleich entwickeln sich weitere Formen und intermediale Bezüge. Neben den tradierten Präsentationsformen von Lesung, Vertonung, Inszenierung, Verfilmung – und umgekehrt: den intermedialen Beschreibungen von Theater, Film, Musik und Bild in der Literatur – entwickeln sich weitere multimediale Literaturformen. Dazu zählen die Netzliteratur der 1990er- und 2000er-Jahre und das Schreiben in der Form von Tweets. Auch narrativ dichte Computerspiele und die Reflexion von Computerspielen in der Literatur gehören dazu.

Im Deutschen Literaturarchiv Marbach, das dieses Jahrbuch mitverantwortet, lässt sich beobachten, wie schnell und wie weitreichend sich die Medien der Literatur wandeln: Das Archiv dokumentiert Literatur nach Möglichkeit umfassend, in ihrer ganzen Medialität. Es bewahrt nicht nur die Medien der Literatur, sondern auch Medien auf, in denen sich andere – Leser, Kritiker, Wissenschaftler oder eben Autoren – über Literatur äußern oder diese ihrerseits kreativ in Bild, Ton und Text aufgreifen. Jüngere Bestände im Archiv enthalten nicht mehr nur Manuskripte, Typoskripte, Schreibgeräte, Fotos, Tonträger und charakteristische Objekte, sondern zunehmend auch Dateien, Disketten, Computer und digitale Formate unterschiedlicher Art – Netzliteratur, Computerspiele und Blogs beispielsweise.

Im Rahmen dieser neuen Rubrik des Jahrbuchs möchten wir Beiträger dazu einladen, über die alten und neuen Medien der Literatur nachzudenken. Zugleich möchten wir die Perspektive erweitern und auch die Reflexion von Medien in der Literatur einbeziehen.[1] Nicht selten verbindet sich beides ohnehin miteinander: Äußert sich Literatur in Tagebuchform, um ein traditionelles Beispiel zu bemühen, denkt sie oft auch eigenständig über diese Form nach. Darüber hinaus setzen wir, dem Blick des Archivs folgend, an der Materialität der Medien selbst an: Wir möchten die von Marshall McLuhan im Jahr 1967 geprägte Sentenz, dass das Medium die Botschaft sei, vor dem Hintergrund der skizzierten Entwicklungen erneut – im Sinne eines medial sensiblen Verständnisses von Literatur, das materialhistorisch reflektiert ist – zur Diskussion stellen. Mit einzelnen Schwerpunkten wollen wir Impulse setzen. Diese Schwerpunkte können, müssen aber nicht von Archivmaterial im DLA Marbach oder ähnlichen Einrichtungen inspiriert sein.

---

1 Die bisherige Rubrik *Text und Bild* geht in dieser Rubrik auf.

Schwerpunkt: Literatur ausstellen

Ein erster Schwerpunkt liegt auf einer multimedialen Form, die nicht nur Archive, Bibliotheken und Museen, sondern – infolge des zunehmenden Interesses an Formen des Wissenstransfers oder -austausches – auch Universitäten und außeruniversitäre Forschungseinrichtungen beschäftigt. Gemeint ist das Ausstellen von Literatur. Literaturausstellungen greifen Medien auf und sind gleichzeitig Medium für Literatur. Sie beruhen auf eigenen Medienkonzepten, haben ein mehr oder minder großes Medienecho, vermitteln Literatur, interagieren mit der Öffentlichkeit und der Kulturpolitik, die sie mitunter auch finanziert. Letzteres soll hier keine Rolle spielen, wenn die Verzahnung von Ausstellungspraxis und Förderpolitik auch ein reizvolles Thema wäre. Vielmehr geht es in den nachstehenden Beiträgen darum, das multimediale Medium Literaturausstellung selbst zu beschreiben, und zwar aus theoretischer, historisch einordnender und praktischer, in diesem Fall: kuratorischer Perspektive.

Die Beiträge entstehen vor dem Hintergrund erheblicher wissenschaftlicher Erwartungen an Literaturausstellungen, wie Heike Gfrereis ausführt. Diese Erwartungen reichen von vergleichsweise vorsichtigen Hoffnungen auf den Transfer auch literaturwissenschaftlicher Erkenntnisse in die Öffentlichkeit bis hin zu der Annahme, dass Ausstellen selbst Forschen sei. Nachstehende Beiträge neigen der letztgenannten Position zu: Heike Gfrereis begreift Ausstellen als einen Akt poetischer Forschung; Christiane Holm und Thomas Schmidt verstehen auch das Kuratieren von Dichterhäusern als eine Praxisform, die der literaturwissenschaftlichen Expertise und Heuristik bedarf und in unmittelbarer Auseinandersetzung mit ihr entsteht. Dabei geht es – im Fall der Dichterhäuser – um den Stellenwert der Biografik, auch für die Literaturwissenschaft. Zugleich zeigt gerade das Beispiel der Dichterhäuser, dass sich Biografisches aus dem oft bloß vermeintlich authentischen Ort ›Dichterhaus‹ nicht einfach ableiten lässt. Vielmehr erweist sich die postume (Re-)Konstruktion solcher Orte als besondere Herausforderung. Sie sind, Thomas Schmidt folgend, »Gedächtnisorte«, die auf »Atmosphäre« setzen.

Das Ausstellen von Literatur, das sich von der Repräsentation eines Autors, seines Lebens und Werkes löst, operiert dabei, reformuliert man es literaturwissenschaftlich, mit Vorstellungen von »Präsenz« (Hans Ulrich Gumbrecht) einerseits, didaktischen oder partizipativen Ansätzen andererseits. Der von der »Präsenz« der Objekte ausgehende Ansatz versteht diese als quasi-mystische, auratische Einheiten, von denen per se eine Strahlkraft ausgeht, die nicht oder nur unzureichend in Worte zu fassen ist. Didaktische Ansätze hingegen betonen zwar sinnliche Erfahrung, wollen üblicherweise aber zugleich wesentliche Aspekte über Autor und Werk vermitteln – mit Hilfe von Begleittexten oder anderen Informationen. Demgegenüber vertrauen partizipative Vorgehensweisen auf das selbstbewusste Urteil von Besucherinnen und Besuchern, die selbst zu einer Ausstellung beitragen können und wollen. Dies tun sie etwa, indem sie reale oder virtuelle Räume mitgestalten. Die drei Ansätze stehen somit in einem gewissen Spannungsverhältnis, das es auszuloten gilt.

Museumspraktische Ansätze wie derjenige von Ulrike Lorenz zeigen darüber hinaus, dass Ausstellungen auch von weiteren Faktoren abhängig sind: von administrativen Freiräumen und monetären Möglichkeiten etwa. Das gilt im Besonderen für die Forderung nach Teilhabe an einem gemeinsamen kulturellen Diskurs an und durch Ausstellungen. Diese Forderung steht im Zusammenhang mit der soziologischen Diagnose, dass die gegenwärtige Gesellschaft fragmentiert und plural sei. Wer allen Gesellschaftsschichten freien Zugang zu Museen und eine barrierefreie, etwa digitale Aufbereitung von Ausstellung ermöglichen will, benötigt dafür den nötigen finanziellen und räumlichen Spielraum.

Unabhängig von der konstatierten Spannung zwischen unterschiedlichen Ansätzen des Ausstellens von Literatur aber wird aus allen Beiträgen eines deutlich: Das Ausstellen von Literatur folgt seit langem nicht mehr nationalen oder lokalen Erzählungen, sondern orientiert sich vielmehr an der Herausforderung bestimmter Orte, Themen und Fragestellungen. Es nimmt Besucherinnen und Besucher als eigenständige Akteure wahr, will sie einladen, wie es oft heißt. Aus dieser Einladung spricht die vielleicht größte Herausforderung: die Besucherinnen und Besucher kennenzulernen und – etwa mit Hilfe empirischer und psychologischer Ansätze – zu ermitteln, was sie von Ausstellungen erwarten, was produktiv verstört und intellektuell anregt. Dieser Herausforderung aber können sich die hier abgedruckten Beiträge nur der Absicht nach annähern. Ihre Umsetzung ist eine Aufgabe für künftiges Ausstellen, oder auch: ausstellendes Forschen.

ULRIKE LORENZ

PERSPEKTIVEN DER PRAXIS

Thesen zum (Kunst-)Museum der Gegenwart

Am Ende sind es einundzwanzig Thesen geworden. Quintessenz des unablässig reflektierenden Ausrichtens eines stürmischen Transformationsprozesses, in dem sich das Museum für moderne Kunst einer vitalen Industriestadt im Südwesten Deutschlands gemäß seiner sozialdemokratischen Gründungsmaximen neu erfand. Es ging nach 100 Jahren beispielhafter Geschichte, Jahrzehnten baulicher Vernachlässigung und Jahren konzeptioneller Hilflosigkeit noch einmal um alles: um Architektur und Infrastruktur, um Konzepte, Organisation und Finanzierung, um Position und Funktion in einer transkulturellen Stadtgesellschaft zu Beginn des 21. Jahrhunderts. Die maßgeschneiderte Re-Definition und Wiederbelebung dieses Kunstmuseums und seiner *legacy* verlangte nach einer plausiblen und wirksamen Philosophie als Handlungsanleitung. Die folgenden allgemeinen Maximen und Normen, das erfahrungsgesättigte Resümee der Herausforderungen und Chancen für Museen heute, wurden in der zehnjährigen Alltagspraxis eines fast ununterbrochenen Ausstellungs- und Vermittlungsbetriebs während der parallel vorangetriebenen Prozesse des Sanierens und Bauens sowie der Organisationsentwicklung und einer digitalen Transformation gewonnen.

Das außergewöhnlich ganzheitliche Erfahrungs- und Erprobungsfeld hat einen Namen. Es heißt Kunsthalle Mannheim und es war eines der ersten Bürgermuseen der Moderne weltweit. 1909 mit sozialem Bildungsauftrag gegründet, sammelten vier weitsichtige Kunsthistoriker-Direktoren im 20. Jahrhundert systematisch zeitgenössische Kunst von Qualität und beeinflussten mit oft wagemutig programmatischen Ausstellungen Kunstgeschichte. Auf diesem institutionellen Fundament konnte mit der bedingungslosen 50-Millionen-Euro-Spende des mäzenatischen IT-Gründers Hans-Werner Hector von 2012 bis 2017 ein innovativer Neubau in *public private partnership* innerhalb des definierten Budgets und Zeitrahmens erdacht und realisiert werden. Seit Mitte 2018 sorgt die neue Kunsthalle Mannheim im Zusammenspiel der spannungsgeladenen porösen Architektur mit dynamischen Sammlungsräumen, partizipativen Vermittlungsangeboten und einer digitalen Strategie bei einem breiten Publikum und in der Fachwelt für Anerkennung und Impulse. Unter dem Leitbild »Stadt in der Stadt« sucht sie sich als offener und öffentlicher Ort des sozialen Austauschs, der engagierten Auseinandersetzung mit zeitgenössischer Kunst und der intelligenten Erholung durch gesteigerte Wahrnehmung in die Vielfalt gesellschaftlicher Aktivitäten zu integrieren.

Seit Mitte 2019 für die Klassik Stiftung Weimar verantwortlich, gilt es diese an der Gattung Kunstmuseum entwickelten Erkenntnisse für einen Perspektivwechsel in der strategischen Ausrichtung einer komplexen Wissensorganisation fruchtbar zu machen. Mit fünfundzwanzig Dichterhäusern und Denkerklausen, Schloss- und Parklandschaften, einer historischen Forschungsbibliothek, dem ältesten deutschen Literaturarchiv und dem neu errichteten Bauhaus Museum, bewahrt, pflegt und entwickelt die Klassik Stiftung eine einzigartige Dichte aufeinander bezogener und geistesgeschichtlich für die Kulturnation höchst relevanter Orte und Objekte, Gedanken und Projekte in der menschlich dimensionierten Topografie einer mitteldeutschen Kleinstadt. Das weitgespannte Spektrum materieller und immaterieller Erbschaften ist Ausdruck einer ununterbrochenen europäischen Tradition von der Reformation über die Weimarer Klassik bis zur Moderne des 20. Jahrhunderts in ihrer ganzen Ambivalenz. Aus dieser netzartigen Gedächtnisstruktur soll sich eine in der Gesellschaft verankerte, der Gegenwart und künftigen Generationen verpflichtete moderne Kultur- und Forschungsinstitution entwickeln. Damit steht nicht mehr allein die Kultur der Erinnerung an den »Mythos Weimar« im Zentrum, sondern die Arbeit an der (Über-)Lebensfähigkeit einer auf demokratisch-liberalen Prinzipien basierenden Gesellschaft. Systemrelevant ist unser historisch informierter Beitrag zur Heranbildung urteils- und diskursfähiger Öffentlichkeit(en). Vielleicht könnte es dabei auch gelingen, aus dem dichten Ressourcenpool der Literatur, Philosophie und Künste prägender Kulturepochen der Vergangenheit ein überzeugendes Zukunftsnarrativ zu entwerfen, das Orientierung und Zuversicht ermöglicht.

Grundlagen des Museums

1. Museen sind öffentliche Schutz- und Zeigeräume für treuhänderisch verwaltete Sammlungen, die einem freien Publikum zur geistigen Auseinandersetzung und zum offenen Gedankenaustausch angeboten werden. Sie haben sich zu seismografischen und zugleich robusten, komplexen Organisationen entwickelt, deren Existenz und Basisfunktionen von ihren jeweiligen Trägern finanziert oder zumindest entscheidend gefördert werden.

2. Museen in ihrer heutigen Form sind Errungenschaften der Aufklärung und der Französischen Revolution. Sie sind Resultat und Ausdruck der sich ent-

wickelnden bürgerlichen Gesellschaft der Moderne in Europa und Nordamerika, die sich im Wesentlichen demokratisch verfasste. Sie schuf sich Museen zur Verständigung mit sich selbst – Räume, in denen sie ihre Grundwerte und Existenzweisen, ihre Hoffnungen, Sehnsüchte und Ängste verhandeln konnte, Orte aber auch zur Selbstfeier und Selbstverzauberung. Das Museum erwies und erweist sich daher als Werkzeug der Selbstbeobachtung und Selbstentfaltung der bürgerlichen Gesellschaft, die es mutmaßlich solange unterhalten wird, wie es diese Funktion wirksam erfüllen kann. Zur professionellen Pflege und Entwicklung dieses Präzisionswerkzeugs bedient sich die zunehmend arbeitsteilige Gesellschaft seit dem späteren 19. Jahrhundert einer sich ihrerseits ausdifferenzierenden Expertenschar. Darunter findet sich zuletzt auch der Kulturmanager, der sich – immer noch weitgehend mit einer je spezifisch wissenschaftlichen Erstkompetenz ausgestattet – für die Direktionsfunktion in einem breiten Spektrum von Spezialmuseen empfiehlt. Die Direktoren übernehmen die strategisch-organisatorische Verantwortung für Existenz und Zukunftskonzept der jeweiligen Institution.

3. Die Eigenlogik des Museums erwächst aus der Vermittlung von Kenntnissen über Mensch, Welt und Kosmos. Ihre Funktion besteht in der Wahrnehmung und Überprüfung von Wert- und Ordnungskriterien, in der Einübung von vergleichenden Beobachtungs- und Beschreibungsmethoden und in der Heranbildung von Deutungsfähigkeiten ebenso wie von Fertigkeiten des symbolischen Denkens und Handelns. Kulturelle Bildung als Oberbegriff dafür ist viel zu kurzgefasst. Vielmehr handelt es sich um eine ganzheitliche Existenzversicherung der Spezies Mensch mittels anthropologischer Modellhandlungen (Gehen und Denken, Sammeln und Ordnen, Hegen und Pflegen, Zeigen und Erzählen, Vergleichen und Beschreiben, Erinnern und Vergessen), für das die Gesellschaft das Museum als einen für alle zugänglichen, neutralen, vertrauenswürdigen Funktionsraum zur Verfügung stellt.

4. Damit markieren Museen einen Sonderbereich im System der Gesellschaft. Im Gegensatz zur Logik der Ökonomie führen hier Kriterien wie Wachstum oder Rentabilität grundsätzlich am Wesen vorbei.

5. Museen sind in einem besonderen Maß der Geschichte verpflichtet. Zum einen kommunizieren sie historische oder historisch werdende Inhalte, zum anderen haben sie als Institutionen selber historischen Charakter.

6. Daraus folgt, dass sich Museen mit der sie materiell und ideell tragenden Gesellschaft ändern und zwar so, dass je grundsätzlicher der Wandel in dieser ist, desto strukturell-nachhaltiger die Neuorientierung in jenen sein müssen. Anpassung an und Antworten auf den gesellschaftlichen Wandel

mit seinen sich transformierenden Existenz- und Wirkungsbedingungen sowie den sich verändernden Bedürfnissen von Adressaten und Anspruchstellern sichern die Existenz der Institution Museum.

7. Museen verdanken sich je konkreten Gründungsakten und Kontexten mannigfacher Partikularinteressen (vom einzelnen Stifter über Vereine und Gemeinden bis hin zu Nation und Staat, in Metropolen oder an Peripherien etc.). Demzufolge sind Museen so verschieden wie es ihre Institutionsgeschichten, Sammlungskomplexe, Aufgabenspektren und Gebäudeensembles, ihre Trägerschaften, Organisationsformen und infrastrukturellen Voraussetzungen, ihre Verwaltung und Finanzierung sowie ihre Standorte und ihr Publikum sind. Aus diesem differenzierten Geflecht von internen und externen Existenzvorgaben speist sich die individuelle »DNA« jeder Institution.

Spezialfall Kunstmuseum

8. Das Kunstmuseum ist eine frühe Sonderform des sich im 19. und 20. Jahrhundert differenzierenden Museumssystems. Kunst ist Rohstoff und Resultat der Kulturproduktion einer Gesellschaft. Demzufolge ermöglicht das Kunstmuseum die Beobachtung zweiter und -nter Ordnung der kulturellen Produktion von sich historisch wandelnden Gesellschaftssystemen. Es bezieht aus der fremdfinanzierten Bewältigung seiner strukturellen Paradoxien eine besondere Verzauberungskraft. Das Museum für Gegenwartskunst entsteht als Derivat auf dem Höhepunkt der Moderne im frühen 20. Jahrhundert. In ihm kulminiert der Widerspruch von Bewahrung und Aktualisierung, den jedes Museum vorwärts und über sich hinaustreibt.

9. Grundsätzlich sorgt das Kunstmuseum dafür, dass der symbolische Reflexionsraum der Kunst, der seinerseits den »Laiendiskurs über Gott und die Welt«[1] ermöglicht, einen öffentlichen Kommunikations- und Handlungsrahmen erhält. Mehr noch: Das Kunstmuseum bietet der Kunst im geschützten, oft durch aktive Vermittlung zusätzlich flankierten Zusammentreffen mit dem Adressaten eine auf Kontinuität und Vertiefung angelegte Bühne, um ihre Potentiale zu entfalten und zu vollenden. Somit ist das Kunstmuseum der Ort einer sich im individuellen Moment der erkennenden Wahrnehmung ereignenden und stets erneuernden Gegenwart. Das gleichrangige Neben-

---

1   Beat Wyss: Nach dem Ende der großen Erzählungen, Frankfurt a. M. 2009, S. 99

einanderbestehen diametraler Deutungsperspektiven und die freie Verständigung über Beobachtungen und Bewertungen sind Sinn und Grenze der Institution zugleich.

10. Der Legitimationsanspruch des Kunstmuseums bezieht sich auf das basale Merkmal der Kunst, »eine Nachfrage zu erzeugen, für deren volle Befriedigung die Zeit noch nicht gekommen ist«[2]. Damit ist das Kunstmuseum ungeachtet seiner Verantwortung für die sich im wahrnehmenden Subjekt unaufhörlich vergegenwärtigende (Kunst-)Geschichte grundsätzlich auf Zukunft ausgerichtet.

Herausforderungen der Gegenwart – Versuch einer Bestandsaufnahme in Stichworten

11. Die Gegenwart des frühen 21. Jahrhunderts hat mit den Phänomenen eines weltweit vernetzten kapitalistischen Wirtschaftssystems und seiner Krisenzyklen in einer internationalen Risikogemeinschaft, der Zerstörung der ökologischen Existenzgrundlagen der Menschheit und der aktuell beobachtbaren Aushöhlung demokratischer Staatsverfassungen Grundfesten unserer Welt und unseres Weltverständnisses erschüttert und einen tiefgreifenden Wandel in den meisten gesellschaftlichen Bereichen ausgelöst, der bereits auch zu strukturellen Änderungen in Kulturinstitutionen geführt hat. Bislang kommen viele Museumsträger ihrer Gründungsverantwortung im Wesentlichen noch nach. Doch wird zu Recht erwartet, dass selbstreflexive Kulturinstitutionen heute ihre *raison d'être* für Öffentlichkeit und Gesellschaft selbst begründen und ihre Systemrelevanz unter Beweis stellen: wirksam, plausibel und nachhaltig.

12. Einige wesentliche Herausforderungen, mit denen die meisten Museen ringen, sind etwa:

a. **Kulturpolitik in der Krise**
   Mit sinkenden Etats wird eine stetig steigende Zahl relativ unbeweglicher Institutionen am Existenzminimum erhalten. Für Wandel, Innovation, Experiment und die Erschließung strategischer Potentiale reichen oft weder die finanziellen noch die geistigen Kräfte.

---

2   Walter Benjamin: Das Kunstwerk im Zeitalter seiner technischen Reproduzierbarkeit, in: Vollständige Neuausgabe, hg. v. Karl-Maria Guth, Berlin 2015, S. 28

b. **Strukturkonservatismus und Unmündigkeit der Museen**

Die Art und Weise, wie öffentliche Museen in Deutschland organisiert sind, wird den Herausforderungen des 21. Jahrhunderts vielfach nicht gerecht. Es besteht die Gefahr, dass vor allem klein- und mittelformatige Institutionen zwischen den Anforderungen der Träger und den Ansprüchen einer mobilen, informierten Öffentlichkeit einerseits sowie den starren institutionellen Rahmenbedingungen und de facto sinkenden Etats andererseits zerrieben werden.

Zu den von Außen determinierten Organisationsschwächen zählen unter anderem:

– unzeitgemäße, oft zu starre Strukturen – etwa bei Trägerschafts- und Organisationsmodellen, Verwaltungsgliederungen und Haushaltssystemen;
– eine starke Bürokratisierung durch öffentliche Verwaltungsvorgaben und Rechtsvorschriften, die Ineffizienz, Optimierungshemmnisse und Demotivation erzeugt (Dienst- und Tarifrecht, Vergabe- und Bauverordnungen, Urheber- und Bildrechte);
– daher oft zu wenig Handlungsspielräume für ein selbstbestimmtes und effizienteres Kultur-Unternehmertum;
– zu wenig Leistungsorientierung, Leistungskontrolle, angemessene Evaluationsmethoden in öffentlichen Institutionen und
– zum Teil zu viel Mitsprache von Politik und Administration.

Immanente Strukturschwächen sind etwa:

– inkonsequente und zögerliche Öffnung der Museen in Richtung der sie umgebenden, sich rasant wandelnden Realitäten und Gesellschaft[en];
– mangelnde kritische Selbstreflexion der eigenen Position und Rolle im gesellschaftlichen Kontext, fehlende Souveränität gegenüber inhärenten Konventionen, Verhaltensmustern und veralteten Standards wie z. B. dem Aufgabenspektrum der ICOM-Definition von 1946;
– überholte Vermittlungsmethoden, keine Erfahrung mit ernsthafter Partizipation und Inklusion eines diversifizierten Publikums;
– kaum ausgeschöpfte Potentiale eines interdisziplinären, institutionsübergreifenden Zusammenarbeitens;
– fehlende Kriterien und gelegentlich auch zu wenig Selbstvertrauen im Umgang mit Politik, Medien, Sponsoren, Sammlern und anderen gesellschaftlichen Akteuren.

c. Die **Ökonomisierung** der öffentlichen Debatten und des gesellschaftlichen Umgangs mit Museen bedingen eine Verlagerung der öffentlichen Basisfinanzierung auf Projektfinanzierungen, Eigenmittelerwirtschaftung und Fundraisingaktivitäten.

Aus dieser Situation erwachsen Risiken, die unterschätzt werden:
- Finanzmarktabhängigkeit, Einnahmeausfälle, kein langfristiger Planungsvorlauf;
- Vernachlässigung von Kernaufgaben zugunsten von Drittmittelerwirtschaftung;
- Popularitätsfalle: Abhängigkeit von Moden und vom Mainstream,
- Entdemokratisierung: Abhängigkeit von Partikularinteressen, Aufgabe von Autonomie;
- Gewinner im Wettbewerb sind Museen ohne Sammlungen, an touristischen Hotspots und mit einzigartigen Highlights.

d. **Globalisierung und Transkulturalisierung – Kultureller Perspektivenwechsel** Die Relativierung eurozentrischer, westlicher Perspektiven verändert nicht nur traditionelle, auf nationalstaatliche Verständnismuster beruhende Kulturbegriffe, Bildungskanons und Sammlungsstrategien, sondern auch Dispositive der Geisteswissenschaften und Identifikationsmuster der Institutionen. Viele Museen sind mit Forderungen nach einem globalen Engagement beim Sammeln, Forschen und Ausstellen, mit komplexeren Vernetzungsanforderungen im internationalen Austausch und Transformationsbedarfen bei der institutionellen Weiterentwicklung überfordert.

e. Die irreversible **Diversifizierung der Zielöffentlichkeit[en]** – ausgelöst durch demografischen Wandel, multikulturelle Milieus und Migrationsbewegungen sowie durch einen grundsätzlichen Kulturwandel in unserer Gesellschaft, in dem das traditionelle Bildungsbürgertum zu Fangemeinden mutiert ist – erfordert völlig neue Herangehensweisen an die Kernaufgaben, die öffentliche Performance und das Selbstverständnis von Museen.

f. Die **Digitale Transformation** ist ein zentraler Zukunftstreiber und Kommunikationsverstärker vor allem für mittlere und jüngere Generationen. Museen, die den Anschluss an die dritte technische Revolution verpassen, weil Infrastruktur und Investitionsmittel fehlen, geraten in die Gefahr, unsichtbar zu werden.

g. Der **Paradigmenwechsel in den Wissenschaften** und die Differenzie-
    rung, Dynamisierung und Internationalisierung wissenschaftlicher Dis-
    kurse finden nur ungenügend Resonanz in der Museumspraxis. Univer-
    sitäre Wissenschaft und Forschung im Museum nehmen zu wenig Notiz
    voneinander, statt sich zu verbünden.

h. Als sammelnde Institutionen sind Museen für zeitgenössische Kunst seit
    den 1960er Jahren zudem ganz besonders Zerreißproben ausgesetzt:

    –   Die **Kommerzialisierung des Kunstbetriebs** beeinflusst die Quali-
        tät von Kunst. Expandierende Kunstmärkte, spektakuläre Auktions-
        preise, anlagewillige und prestigesüchtige Großsammler fordern
        und fördern warenförmige Kunstformate. Der Marktware steht eine
        anpassungsfähige und diskursaffine Kuratorenkunst gegenüber.

    –   Die **Globalisierung des Kunstmarkts** hat Einfluss auf die Samm-
        lungstätigkeit. Angesichts exorbitanter Preisentwicklungen und der
        destruktiven Konkurrenz zu privaten Sammlern spielen öffentliche
        Museen mit ihren äußerst begrenzten oder gar nicht mehr vorhande-
        nen Ankaufsbudgets keine Rolle mehr.

    –   Der daraus erwachsende **Verlust der normativen Kraft** und die
        Marginalisierung der Museen spiegeln sich auch im Zerfall des
        Bündnisses mit den Künstlern. Die *Celebrity-Culture* prägt den post-
        modernen Typus des Künstlerunternehmers und Künstlerstars.

    –   Der erweiterte Kunstbegriff definiert sich außerhalb und teilweise
        gegen das Museum. Monumentale Formate, die Auflösung der
        Grenzen zum Alltag, Dematerialisierung und Mediatisierung treiben
        die Institution in eine **Krise der Differenz zwischen Künstleri-
        schem und Nichtkünstlerischem**.

i. **Museen sind prinzipiell paradoxale Institutionen.** Sie reiben sich
    nicht nur am Antagonismus von statischen Architekturen und stetig ver-
    altender Infrastrukturen einerseits sowie ihren Anpassungsprozessen
    an neue Ansprüche und Herausforderungen andererseits. Sie sind auch
    gebeutelt von den strukturellen Widersprüchen zwischen Zeigen und
    Erhalten, Konservieren und Experimentieren, Forschung und Bildung,
    Innovation und Popularisierung. Das schärfste und schönste Paradox
    jedoch ist, dass sie als offene und öffentliche Orte sozialer Interaktion
    und Kommunikation zugleich auch den privaten, ja intimen Charakter
    von Wahrnehmung und Kontemplation ermöglichen.

Strukturwandel und Paradigmenwechsel im Kunstmuseum

13. Die durchaus als krisenhaft erlebte Gegenwartssituation ist Anstoß und Ausgangspunkt für einen überfälligen Strukturwandel im Museumsbereich. Wirkungsvolle Initiativen zur Bewältigung der Herausforderungen können nur von den handelnden und zum Handeln verpflichteten Institutionen selbst ausgehen. Maßgeschneiderte Strategiekonzepte und Maßnahmenkataloge lassen sich allein in der Analyse der »DNA« des jeweiligen Museums entwickeln, weil sie dort auch umgesetzt werden müssen.

Im Folgenden wird der Versuch unternommen, sieben Grundsätze und ein Nachsatz zum gegenwärtigen Wandel der (Kunst-)Museen zur Diskussion zu stellen.

14. **Kultureller Paradigmenwechsel**
Geprägt vom europäischen Gründungskontext und einem entsprechend spezifischen Kulturbegriff, der bislang zu wenig mit Integration und Inklusion verbunden ist, steht die Diskussion eben dieses Kulturbegriffs und damit ein kultureller Paradigmenwechsel ganz oben auf der Agenda des Museums. Die Museumsfunktion verschiebt sich von der Identitätsstiftung zur »Fremdheitsvermittlung«[3]. Damit wird die globale Lebensrealität der Gegenwart zum Movens: kulturelle Vielfalt und ethnischer Pluralismus – unauflöslich verwoben mit dem Wandel urbaner Lebenswelten – werden zum inhärenten Bestandteil der Museumsprogrammatik (vom Arbeitsalltag über die Vermittlungsarbeit bis zu Forschungs- und Sammlungsstrategien). Mit diesem Perspektivwechsel rückt eine elementare menschliche Grunderfahrung in den Fokus: Alterität und der produktive Umgang mit Fremdheit. Das Museum wird zum Schutz-, Zeige- und Kommunikationsort für Vielfalt und Andersartigkeit von Parallelkulturen – und überraschender existentieller Gemeinsamkeiten.

15. **Institutionsspezifische Entwicklungskonzepte**
Die unreflektierte Übernahme der Wachstumslogik des Kapitalismus auf den gesellschaftlichen Sonderbereich des Museums ist zu hinterfragen und durch institutions- und ortsspezifische Entwicklungskonzepte zu ersetzen, in denen sich Visionskraft mit Pragmatismus, Selbstreflexion und Realisierungswillen paart. Das kann heißen, die traditionellen Kernaufgaben der

---

3   Peter Sloterdijk, zit. nach Hartmut John: Rethink, Redesign, Rebuild Museums, in: Kultur und Management im Dialog, Ausgabe 41/2010, S. 13 httpp://www.kulturmanagement.ne/downloads/magazin/km1003.pdf (aufgerufen am 9.5.2020)

Institution unterschiedlich zu gewichten, zu erweitern oder zu reduzieren. Es könnte auch bedeuten, Organisationsstrukturen auf den Prüfstand zu stellen oder Finanz- und Personal-Ressourcen temporär auf Projektaufgaben umzuverteilen, z.B. auf den Ausbau der digitalen Distribution. Denkbar ist sinnvollerweise auch, Neubauten einmal nicht nur größer, sondern vor allem wirtschaftlicher und nachhaltiger zu gestalten. Grundsätzlich gilt es, Quantitätsvorgaben durch fundierte Qualitätskriterien und -standards (geistiges Koordinatensystem) zu ersetzen. Qualitätskriterien für Kernbereiche der musealen Arbeit sind durch die Institutionen selbst zu entwickeln und Anspruchstellern wirksam zu vermitteln. Dazu gehören auch Standards im Umgang mit Politik und Publikum. Leistungs- und Wirkungsevaluationen sind an diesen Qualitätskriterien auszurichten.

16. **Unternehmerische Eigenverantwortung**

Zur Sicherung des Betriebs ist ein wirkungsorientierter Umgang mit den Betriebskostenzuschüssen der öffentlichen Hand als Grundfinanzierung sowie Eigeneinnahmen sicherzustellen und die dritte Säule der Museumsfinanzierung über Drittmittel durch Fundraising, Sponsoring oder Mäzenatentum so zu entwickeln, dass Qualitätskriterien und demokratische Verfassung der Institution nicht beschädigt werden. Dabei gilt es, eine sinnvolle Balance zwischen fixen Kosten und operativen Mitteln herzustellen, die ein eigeninitiatives Agieren ermöglichen. Um das inhaltliche Maximum aus der öffentlichen Grundfinanzierung zu generieren und mit umverteilten oder eingesparten Ressourcen Handlungsspielräume für Strukturwandel, Innovationen und die Erschließung strategischer Potentiale zu gewinnen, ist die Politik zu effizienzsteigernden rechtlichen Sonderkonditionen für den Museumsbereich zu bewegen. Im Schulterschluss von Institution und Politik und mit wägendem Blick auf Erfolgsmodelle der Privatwirtschaft wird nach Wegen der Verschlankung und Flexibilisierung gesucht. Das gemeinsame Ziel ist, Museen mehr Eigenverantwortung und Unabhängigkeit zu ermöglichen.

17. **Strategische Partnerschaften**

Durch Partizipations- und Empowerment-Strategien werden Unterstützer und Förderer, Partner und Verbündete in Zivilgesellschaft und Wirtschaft (hier sind auch neue Ökonomien wie Kulturtourismus und Kreativwirtschaft zu gewinnen), in der Kultur-, Bildungs-, Sozial- und Gesundheitspolitik strukturell in die Museumsarbeit eingebunden. Es gilt, das kooperative Zusammenspiel und die partnerschaftliche Verantwortung von Corporate Governance in Politik, Wirtschaft und Gesellschaft für Museumsbelange zu aktivieren. Mitwirkung, Mitverantwortung, Mitentscheidung und Mitfinanzierung eröffnen neue Handlungsspielräume und Wirkungsfelder für Museen. Das gilt umso mehr für die ureigene internationale Museumsgemeinschaft bezüglich neuartiger Arbeits-, Sammlungs-, Forschungs- und Ausstellungsbündnisse. Es gilt aber auch interdisziplinäre Kooperationen anzustreben, in denen z. B. wissenschaftliche und empirische Erkenntnisse von Gehirn- und Lernforschung, Medien- und Besucherforschung ebenso wie Erfolgskonzepte des Marketings, der Kommunikation und Digitalisierung für Museumsarbeit und Kulturproduktion nutzbar gemacht werden. Für diesen Strukturwandel sind die Wissens-, Synergie- und Finanzierungspotentiale der Partner auszuschöpfen und neue Formen der Zusammenarbeit und Vernetzung zu erproben.

18. **Gesellschaftliche Relevanz durch Partizipation und Inklusion**
Das Museum ist prädestiniert, durch Partizipation und Partnerschaften seine Systemrelevanz für die postmoderne Gesellschaft zu behaupten. Im Zentrum der Museumspolitik steht der Adressat, der nicht selten auch als »Eigentümer« der Sammlung anzusprechen ist. Es gilt, deutlich mehr als 5 % der Bevölkerung ins und im Museum zu bewegen. Evaluation als nachhaltige Partizipations- und empirische Erkenntnismethode macht Programme und Angebote wirksamer. Dabei gilt es Wirkungssynergien zwischen Vermittlungs- und Nachfrageorientierung zu erreichen. Aus dem Minderheitenpublikum muss eine Mehrheit werden, die Museen als Lebenserfahrung und zur Lebensbewältigung für unverzichtbar hält, während sich im Gegenzug das Museum öffnet, seine Fühler ausfährt und sich nach außen stülpt, um Kontaktzonen und Verständigungsformen auszuweiten und auszudifferenzieren. Das poröse Museum liegt mitten in der Gesellschaft und arbeitet an seiner Antwortfähigkeit auf neue Herausforderungen, Fragestellungen und Orientierungsbedürfnisse. Als offene und öffentliche Institution, die aufzusuchen »nicht gewöhnlicher oder gewichtiger ist, als in den Autobus zu steigen«[4], bietet es sich als ein sozialer Freiraum für Begegnung, Austausch und Geselligkeit an. Dabei können demographischer Wandel, die Vielfalt der Kulturen, das hybride Mit-, Neben- und Durcheinander der Milieus und Lebensstile zum Vorteil werden. Voraussetzung dafür freilich ist, dass das Museum sein historisch verbürgtes Repräsentations- und Definitionsmonopol relativiert und die Einbahnstraße des traditionellen Sender-Empfänger-Verständnisses öffnet für den geistigen Gegenverkehr. In der wechselseitigen, gleichberechtigten Kommunikation mit dem Publikum lassen sich individuelle, emotionale, grundsätzlich andere Zugangsweisen und Deutungen für

4 Rémy Zaugg: Das Kunstmuseum, das ich mir erträume, Nürnberg 1998, S. 107

den akademischen Wissensapparat gewinnen. Geschichte kann in die Wirklichkeit der Gegenwart nur eindringen, wenn sich die historisch informierte Rede mit persönlichen Empfindungswelten verbindet. Das ist die Basis der Verständigung zwischen Welt und Museum. Für das Kunstmuseum heißt das, eine tiefsitzende Angst der Kuratoren zu überwinden und »Kunstwerke mit dem Anliegen zu verbinden, uns beim Leben zu helfen«[5]. Letztlich geht es um eine Wiederaneignung des Museums durch die Zivilgesellschaft gemäß seiner freigemeinnützigen Gründungsmaximen.

19. Museum 4.0 und Audience Engagement

Die dritte technische Revolution gibt den Museen ein reiches, allerdings auch kostenintensives Instrumentarium für Publikumspartizipation und Besucherbindung, strategische Partnerschaften, unternehmerische Eigeninitiativen und nicht zuletzt für die Aktivierung des Bildungsauftrags (Extended Learning) in die Hand. Damit eröffnen sich völlig neue Handlungs- und Wirkungsfelder. Neben das analoge Museum als einzigartiger, ganzheitlicher Erlebnisraum tritt das digitale Museum mit seinen unverwechselbaren, aber auch unverzichtbaren Vorteilen im Kontextualisieren, Subjektivieren und Vergegenwärtigen von Wissen sowie im Vernetzen und Vergemeinschaften. Nutzer werden zu aktiven Gestaltern und Produzenten neuer Inhalte. Die Netzökonomie kreiert Produkte, schöpft Werte, ermöglicht Kommunikation und bildet Gemeinschaften, an denen umgekehrt auch das Museum partizipieren kann. Digitale Strategie oder noch umfassender eCulture werden integraler Bestandteil der Museumsphilosophie. Sie erweitern, durchdringen, verändern und transzendieren das traditionelle Aufgabenverständnis des Museums. Es geht nicht mehr allein um Vermittlung von Wissen und die Ermöglichung von Erfahrungen zur Bildung kritikfähiger Öffentlichkeit(en), sondern um eine Emanzipation des Publikums vom Museum als Kontrollinstanz.

20. Seinsmodell und Selbstreflexion

Am Kunstmuseum haben sich einst die Grundsätze der Institution herauskristallisiert, die bis heute Zugangsweisen, Erwartungen und Vorurteile prägen: ruhiges Stehen vor dem Objekt, Betrachtung als Voraussetzung von Erkenntnis, Denkräume der Besonnenheit, die durchschritten werden, die Erfahrung eines gültigen Kanons der Übereinkunft von Experten. Doch längst ist die Kulturtechnik der Ausstellung kein Alleinstellungsmerkmal des Museums mehr. Dennoch gilt die wissensgeleitete Präsentation von Objekten in einem räumlichen Kontext, der sinnliche Erkenntnis und intelligentes

---

5   Alain de Botton: »Warum Kunst?«, in: Philosophie Magazin 3 (2012)

Genießen gleichermaßen ermöglicht, weiterhin als Herzstück des Museums. Will es diese Quintessenz nicht verlieren, muss es seine ganze Kompetenz und Kreativität, all seine intellektuelle Schärfe und Innovationskraft auf die singuläre Vermittlungs- und Erkenntnisqualität, eine herausragende Vergegenwärtigungs- und Verlebendigungsleistung konzentrieren. Erst wenn sich der Schock einer Wahrnehmungs-Einleuchtung beim Betrachter einstellt, hat das Museum seinen Sinn ganz erfüllt. Für das Kunstmuseum stellt sich dabei die Frage, ob es Kunst und Künstlerkonzepte eigenverantwortlich auf dem Prüfstand stellen soll bezüglich ihrer Relevanz für die Existenz des Menschen hier und heute. Wäre es gar in der Lage, sich in kritischer Auseinandersetzung mit utopischen und künstlerischen Museumsentwürfen der Moderne und Postmoderne als ein anthropologisches Modell der Seinsbewältigung anzubieten?

In jedem Fall gibt sich das selbstreflexive, gelegentlich sogar zur Selbstironie fähige Museum als ein historisches Konstrukt zu erkennen. Es bekennt sich zu seinen demokratischen Wurzeln, Maximen und Grenzen. Es thematisiert diese Prägungen im Kontext der Welt und heutiger globaler Zusammenhänge. Es analysiert und zeigt seine wechselnden Methoden, Prinzipien, Wertungs- und Ordnungskriterien sowie die zugrundeliegenden Ideologien und Kulturstrukturen. Es entschlüsselt die Konstruiertheit von Wissen und enthüllt die konstituierenden Wechselbeziehungen zwischen präsentiertem Objekt und betrachtendem Subjekt. Es geht kritisch mit den Prozessen der De-Kontextualisierung, Repräsentation und Bedeutungsherstellung um. Es beansprucht aber auch eine für seine gesellschaftliche Funktion notwendige Souveränität gegenüber der eigenen Geschichte, den Objekten, für die es verantwortlich ist, und den Menschen, die in ihm und mit ihm interagieren.

21. Vielleicht geht es heute um nicht weniger, als um eine Wiedererfindung des Museums unter den Bedingungen des 21. Jahrhunderts und in eigener Verantwortung. Die *Wissenschaften haben* die Museen *nur verschieden interpretiert*; es *kommt* aber *darauf* an, *sie zu verändern*.[6]

---

6   Frei nach Karl Marx' elfter These über Feuerbach: »Die Philosophen haben die Welt nur verschieden *interpretiert*; es kommt aber darauf an, sie zu *verändern*.« (1845), in: Karl Marx, Friedrich Engels: Über Geschichte der Philosophie, Leipzig 1983, S. 641.

HEIKE GFREREIS

LITERATUR AUSSTELLEN ALS
POETISCHE FORSCHUNG

Die UNESCO definiert ›Forschung‹ als »jede kreative systematische Betätigung
zu dem Zweck, den Wissensstand zu erweitern, einschließlich des Wissens der
Menschheit, Kultur und Gesellschaft, sowie die Verwendung dieses Wissens in
der Entwicklung neuer Anwendungen«.[1] Alle drei großen Aufgabenbereiche von
Museen und Archiven – Sammeln, Erschließen und Vermitteln / Ausstellen –
sind ohne Forschung in diesem Sinn nicht zu denken. Forschung geht ihnen z. B.
als objekt-, bestands-, anwendungs- oder besucherbezogenes Forschen voraus
oder resultiert aus ihnen. Für den Wissenschaftsrat sind Museen und Archive
eine Forschungsinfrastruktur im doppelten Sinn – sowohl als Gegenstand wie als
Werkzeug von Forschung. Für die Deutsche Forschungsgemeinschaft ist Ausstellen ein wichtiges Medium für den Erkenntnistransfer aus Forschungsprojekten
sowie den Austausch zwischen Wissenschaft und Öffentlichkeit, aus dem sich
wiederum neue Forschungsfragen und -methoden ergeben können.[2] Literaturausstellungen werden im Gegensatz dazu immer noch gern als sekundär in Bezug
auf die wissenschaftliche Forschung verstanden, als Übersetzung eines fertigen,
abgeschlossenen Wissens in einen Raum, als In-Szene-Setzen von etwas Drittem,
was außerhalb der Ausstellung und vor ihr da ist. Immer wieder hört man als
Kurator die Frage, was denn die Besucher ›herauslesen‹ sollen und inwiefern die
Inszenierung als im Grunde zufällige äußerliche Form dabei helfe. Der Text –
das Erzählen von Literaturgeschichte(n) – galt lange Zeit als der Maßstab einer
Literaturausstellung und der Katalog als ihre genuine Dokumentation. Literatur-
ausstellungskritiker sind nahezu immer Literaturkritiker. Ihr Fachgebiet sind
Texte, nicht zum Beispiel Räume oder Bilder, Architektur oder Design. »Wie passt

---

1   OECD Glossary of Statistical Terms 2008, zit. in der Übersetzung von Julian Klein, Was
     ist künstlerische Forschung, in: Gegenworte 23, Wissenschaft trifft Kunst, hg. von Günter
     Stock, Berlin 2010, S. 25–28, hier S. 25.
2   Diese und weitere Definitionen führt auf: Markus Walz, Forschungsgattungen – For-
     schungsmuseen – Forschung in Museen, in: Handbuch Museum, hg. von dems., Stuttgart
     2016, S. 202–206.

Literatur ins Museum? Wie lassen sich Geschichten im Raum erzählen? Welchen
Stellenwert haben digitale Medien? Was bringt die Zukunft? Und wer soll sich das
ansehen?« fragte der Zürcher Strauhof 2018 in einer Symposionsankündigung.[3]
2019 stellte ein Marbacher Workshop der Museumsakademie Graz dieses selbst-
verständliche Gleichsetzen von Geschichte(n) erzählen und Literatur ausstellen
in Frage: »Heute räumen [Literaturausstellungen] den ›Dingen‹ aus literarischen
Nachlässen eine neue Rolle ein. Sie kreisen um die Frage, was eigentlich passiert,
wenn man den Autor/die Autorin als exklusiven Fluchtpunkt von literarischen
Texten aufgibt. [...] inwiefern hat gerade das materielle Medium Ausstellung das
Potenzial, dabei zu einer eigenständigen Erkenntnisform zu werden?«[4] Das Ideal
der Literaturausstellung, gegen die dieser Workhop (ebenso wie die meisten
der von mir kuratierten Ausstellungen) polemisierte,– die biografische ›Erzählung‹ –, orientiert sich an der literarischen Gattung, die seit dem 18. Jahrhundert
den Literaturmarkt beherrscht: am Roman, in dem es einen Helden gibt. In einer
Literaturausstellung ist dieser Held traditionell der Autor und das, was er verspricht und für was er einstehen soll, ist pauschal zugespitzt die Wirklichkeit von
Fiktionen, ihr ›Sinn‹ oder ›Gehalt‹.[5] In den Erwartungshorizont von Literaturausstellungen spielt immer noch das Muster der Heiligenlegenden und Märtyrer-
geschichten hinein, das im 18. Jahrhundert durch die Genieästhetik begründet
worden ist. Ich möchte eine andere Sicht auf das Medium Literaturausstellung
stärken, indem ich ansatzweise die poetische Forschung skizziere, die mit jeder
Phase ihrer Realisation wie ihrem besonderen, sprachästhetischen Gegenstand
›Literatur‹ und dessen Sonderfall ›Literaturarchiv‹ verbunden ist.

Als poetisch möchte ich diese besondere Art der Forschung beschreiben,
weil sie aus meiner Sicht analog zu ihrem Gegenstand poetische Verfahren der
Überdetermination nutzt und eine besondere Form von Literatur wie von Literaturwissenschaft ist. Die Bezeichnung ›poetische Forschung‹ lehnt sich an den
Begriff der künstlerischen Forschung an, mit dem in den 1990er-Jahren vor allem
durch die Kunstakademien die traditionelle, mit der Institution der Universität
verbundene Gleichsetzung von Wissenschaft und Forschung in Frage gestellt
wurde: Künstlerische Forschung unterscheidet sich von der wissenschaftlichen
Forschung dadurch, dass ihre Methoden offensiv subjektiv und assoziativ sind

---

3   https://strauhof.ch/events/literatur-ausstellen/(01.052020).
4   https://www.museum-joanneum.at/museumsakademie/programm/veranstaltungen/
     events/event/8166/die-woerter-und-die-dinge-1(01.05.2020).
5   Wilhelm Dilthey hat 1889 in einem berühmten Aufsatz die Literaturarchive mit Kirchen
     verglichen: »Sie wären eine andere Westminsterabtei, in welcher wir nicht die sterblichen
     Körper, sondern den unsterblichen idealen Gehalt unsrer großen Schriftsteller versammeln
     würden«. (Wilhelm Dilthey, Archive für Literatur, in: Gesammelte Werke, Bd. 15,Göttingen
     1970, S. 1–16, hier S. 16.)

und vor allem im Bereich der Wahrnehmung und Erfahrung entwickelt wie angewendet werden. Sowohl für das Wahrnehmen wie das Erfahren sind die subjektive Perspektive dessen, der etwas wahrnimmt und erfährt, sowie der einmalige Augenblick konstitutiv. Roland Barthes schlägt für diese Art der von einem Einzelnen am konkreten Einzelnen entwickelten Erkenntnis in seinem Fotobuch *Die helle Kammer* die Bezeichnung »*mathesis singularis* (und nicht mehr *universalis*)« vor.[6] Anders als in der Wissenschaft sind hier Wahrnehmen, Erfahren und Wissen miteinander verbunden und nicht voneinander getrennt beschreibbar, analysierbar und reflektierbar: Wissen wird »durch sinnliche und emotionale Wahrnehmung, eben durch künstlerische Erfahrung, erworben«, es ist »sinnlich und körperlich«, »ein gefühltes Wissen«.[7] Ausstellungen sind nicht das einzige Medium dieser künstlerischen Forschung, aber ihr ideales Labor, weil hier der Vorgang der künstlichen und subjektiven, räumlich wie zeitlich begrenzten und auf Wahrnehmung wie Erfahrung zielenden Setzung besonders deutlich wird. Eine neutrale Ausstellung, die etwas hinstellt, ohne es zu verändern, die ihre Gegenstände ›kalt‹ lässt und Inhalte ›objektiv‹ übersetzt, gibt es nicht: »Im Extremfall kann der Ausstellungsakt aus einer Orange einen Apfel machen. Der Kontext bestimmt das Werden eines Dings. Ausstellen bedeutet, ein Ding in einen bestimmten Kontext zu stellen. Ausstellen ist Beziehungsstiftung: Dinge zueinander in Beziehung setzen und dieses Ensemble von Dingen zu einem Ort in Beziehung setzen, der seinerseits mit der Welt in Beziehung steht«.[8] Objekte finden und Exponate zeigen, Konzept, Recherche, Gestaltung, Aufbau und Vermittlung einer Ausstellung sind keine strenge zeitliche Folge, sondern beeinflussen sich wechselweise, ebenso wie das subjektive Forschen für und in einer Ausstellung immer auch ein kooperatives Forschen in einer Gruppe ist, deren Teil die Besucher sind.

1. Objekte finden

Im Fall der Literaturausstellungen, wie wir sie im Deutschen Literaturarchiv Marbach realisieren, bedeutet dieses poetisch-wissenschaftliche Forschen in einem ersten Schritt meistens: Forschungsfragen aus den Sammlungsbeständen

---

6 Roland Barthes, Die helle Kammer. Bemerkungen zur Photographie, Frankfurt a.M. 1989, S. 16–17.

7 Julian Klein, Was ist künstlerische Forschung; in: Gegenworte 23, Wissenschaft trifft Kunst, hg. von Günter Stock, Berlin 2010, S. 25–28.

8 Paolo Bianchi, Das »Medium Ausstellung« als experimentelle Probebühne, 2007, http://www.xcult.org/medientheorie/text/ausstellung-bianchi.pdf, (16.02.2020).

oder auf sie hin zu entwickeln, mögliche für ihre Beantwortung, Aus- oder auch Neuformulierung wichtige Quellen zu finden, diese im Zusammenhang mit ihren unterschiedlichen Ordnungen (wie Nachlass, Archiv, Ausstellung) zu verstehen und dann zum Objekt einer Ausstellung, zum Exponat zu machen, sie also so zu erforschen, beschreiben, markieren, arrangieren und eventuell auch in andere Aggregatzustände (wie Kopie, Faksimile, digitales Bild) überführen, dass sie in die Ausstellung umgeordnet, in ihr veröffentlicht, gezeigt und auf unterschiedliche Weise erfahren werden können, zum Beispiel durch Anschauen, Lesen, Hören, intellektuelles Begreifen oder Anfassen mit den Händen.

Bei diesem Prozess der Umordnung potentieller epistemischer Objekte spielt schon der utopische Raum der Ausstellung hinein und mit ihm die Verfahren, mit denen dieser Raum erzeugt werden kann: Isolation, Kombination, Wiederholung, Parallelismus, Gegensatz ... Ein Ausstellungsraum funktioniert in mancherlei Hinsicht analog zu einem poetischen Text. Terry Eagleton definiert diesen in seiner *Einführung in die Literaturtheorie* als etwas, in dem jedes Wort überdeterminiert ist, weil es durch »eine ganze Reihe formaler Strukturen mit mehreren anderen Wörtern« verbunden ist: Der poetische Text verdichte »auf kleinstem Raum mehrere Systeme, deren jedes seine eigenen Spannungen, Parallelismen, Wiederholungen und Oppositionen beinhaltet, und von denen jedes ständig alle anderen modifiziert.«[9] Roman Jakobson definiert die Eigenheit der poetischen Sprache durch das Äquivalenzprinzip, das hier auch die syntagmatischen Relationen prägt, da die Wiederkehr klanglicher, metrischer, rhythmischer, rhetorischer oder syntaktischer Einheiten diese zu ihren eigenen Bildern mache: »Jede Sequenz ist ein Simile.«[10] Jurij Lotman bestimmt literarische Texte als »umgrenzte Räume«: Wie der mathematische Raum ist der literarische Raum »die Gesamtheit homogener Objekte (Erscheinungen, Zustände, Funktionen, Figuren, Werte von Variablen u. dgl.), zwischen denen Relationen bestehen, die den gewöhnlichen räumlichen Relationen gleichen (Ununterbrochenheit, Abstand u. dgl.).«[11] Das In-Beziehung-Setzen findet bei der Suche nach Ausstellungsobjekten auf unterschiedlichen Ebenen statt, es versucht nachvollziehbar und überprüfbar Forschungsergebnisse zu belegen, ist aber auch assoziativ und subjektiv, weil dabei Erinnerungen, Erfahrungen, Wahrnehmungen und zufällige Konstellationen eine entscheidende Rolle spielen. Roman Jakobson hat das subjektive Assoziieren mit zwei rhetorischen Stilmitteln bestimmt: Metonymie und Metapher. Oder mit zwei Begriffen aus Sigmund Freuds *Traumdeutung:* Verschie-

---

9   Terry Eagleton, Einführung in die Literaturtheorie, Stuttgart 1988, S. 81.
10 Roman Jakobson, Linguistik und Poetik, in: Poetik. Ausgewählte Aufsätze 1921–1971, hg. von Elmar Holenstein / Tarcisius Schelbert, Frankfurt a.M. 1979, S. 83–121, hier S. 110.
11 Jurij Lotman, Die Struktur literarischer Texte, München 1972, S. 312 f.

bung und Verdichtung. »A competition between both devices, metonymic and metaphoric, is manifest in any symbolic process, either intrapersonal or social. Thus in an inquiry into the structure of dreams, the decisive question is, whether the symbols and the temporal sequences used are based on contiguity (Freud's metonymic ›displacement‹ and synecdochic ›condensation‹) or on similarity (Freud's ›identification and symbolism‹).«[12]

Ein einfaches Beispiel dafür aus unserer Ausstellungsarbeit 2019: Für die Ausstellung *Hands on! Schreiben lernen, Poesie machen* waren die Ausgangs-fragen für die Archivrecherchen: »Wie lernen Schriftsteller schreiben?« und »Wo kommt es zu Spannungen zwischen Schriftnorm und Kreativität oder auch System und Individuum, wie zeigen sich diese?« Wir haben unsere Kollegen gebeten, im Archiv nach Schulheften und Kinderbriefen zu suchen und dann bei der ersten Sichtung ihrer Funde mögliche Leitmotive (z. B. »ABC-Schützen« und »Poesie machen«) sowie Aussortierungskriterien zu entwickeln (z. B. aus Umfangsgründen nicht zeigbar, Rechenheft statt Schreibheft, aber auch ohne besondere Merkmale, nicht einprägsam, langweilig). Die Quellen, die wir in den weiteren Erarbeitungsprozess mitgenommen haben, ließen sich unterscheiden in: unmittelbar lesbare und in Bezug auf unsere Fragen evidente Quellen (wie zum Beispiel Ilse Aichingers Schulheft mit einer ABC-Tafel auf dem Umschlag), auf den ersten Blick zwar nicht lesbare, aber in Bezug auf unsere Fragen evidente Quellen (wie ein fein säuberlich auf Bleistiftlinien in Lateinisch geschriebener Brief des sechsjährigen Ludwig Uhland an seinen Vater)[13] und Quellen, die noch unklar waren, aber spannend für unsere Fragen schienen (wie eine von Martin Kuhn und Tamara Meyer gefundene Schreibübung in Kurrent aus Mörikes Nach-lass, die nicht von seiner Hand stammt).

Auf das erste Recherchieren folgte ein Nächstes, das Transkribieren, Über-setzen und, in Mörikes Fall, das Suchen nach Hintergründen und Zusammen-hängen. Am Beispiel der Vier-Buchstaben-Wörter »lang«, »mild«, »gelb«, »hold«, »bunt« und »derb« hat auf dem von Mörike aufbewahrten Zettel ein Mädchen Schreibschrift geübt, das am 26. April 1841 seinen zehnten Geburtstag feierte und damit am selben Tag, an dem Mörikes Mutter gestorben ist. Der Zettel erinnert ihn jedoch offensichtlich nicht nur an deren Tod. Neben »Andenken an den Tod meiner schönen Mutter« vermerkt Mörike auf der Rückseite »Zu Augusts Anden-ken« und verweist auf ein anderes seiner Sammlerstücke: »daher der Theaterzet-

---

12 Roman Jakobson, Two aspects of language and two types of aphasic disturbances, in: ders. und Morris Halle: Fundamentals of language, Den Haag 1956, S. 53–82, hier S. 80 f.
13 Diese und andere Objekte sind abgebildet in: Hands on! Schreiben lernen, Poesie machen, hg. von Heike Gfrereis und Sandra Richter, Marbach a.N. 2019 (Marbacher Magazin 167).

tel«.[14] Mörikes 18-jähriger Lieblingsbruder August starb am 25. August 1824 unter unklaren Umständen. Noch wenige Tage vorher hatten beide zusammen Mozarts *Don Giovanni* im Ludwigsburger Schlosstheater gesehen. Mörike bewahrte den Programmzettel auf. Seine Mutter ließ er auf dem Cleversulzbacher Friedhof beerdigen, neben dem Grab, in dessen Steinkreuz er vier Jahre zuvor die zwei Wörter »SCHILLERS MUTTER« »eigenhändig eingegraben« hatte, »tief&scharf, FRAKTUR.«[15]

Die Schrift als Träger von Texten wird bei Mörike offenbar zum Aufzeichnungsmedium von Erinnerungen und – in ihren vielerlei Typen und Formen – zu deren Stimulans. Sucht man in Mörikes Nachlass weiter, so wird seine »Poesie des Gedenkens« (Susanne Fliegner) sehr konkret erfahrbar. Selbst die von ihm farbig ausgemalten Wurmgänge in einem Holzstück werden zum Initial einer Erinnerung: »Ein Stück Baum-Ast mit ausgemalten Wurmgängen. Zum Andenken an Clara Pfäfflin, die beim Holztragen am 30. Okt. 1868 mithalf«. Ebenso der groß im März 1870 in den Kalender gezeichnete Schnörkel, den er mit »tempus inane« (›inhaltslose Zeit‹) erklärt und auf den einzigen Eintrag im März 1870 zulaufen lässt: »Hölderlins 100. Geburtstag« am 20. März. Durchaus möglich, dass Mörike sogar schon bei dem Schreibübungszettel der 10-jährigen Schülerin neben Mutter und Bruder an Hölderlin dachte. »Gelb« und »hold« sind zwei der Adjektive, die Hölderlin in der ersten Strophe von *Hälfte des Lebens* verwendet hat: »Mit gelben Birnen« … »Ihr holden Schwäne«. Mörike kannte dieses Gedicht. Sein Freund Hermann Kurz hatte es am 30. April 1838 in *Cottas Morgenblatt für gebildete Stände* vorgestellt und gerade noch zu den lesenswerten Gedichten der *Nachtgesänge* gezählt: »wahrscheinlich dankt es einem der letzten lichten Augenblicke sein Entstehen.«

Für die Recherchen zu *Hands on!* war dieser Fund zur Hölderlin-Rezeption ein Nebenprodukt. Wir haben in der Ausstellung den zumindest für mich assoziativ auf Hölderlin verweisenden Schreibübungszettel aus Mörikes Nachlass zwischen vielen anderen Schreibübungen von Kindern an die Wand gebracht und damit seine potenziellen Zusammenhänge mit Mörikes Nachlass und Poetik wie mit Hölderlins Gedicht unerwähnt und unsichtbar gelassen, weil das Thema der Ausstellung ein anderes war, nämlich Schreibenlernen. Dennoch spielte der Schreibübungszettel mit hinein, als ich mir zusammen mit den Gestaltern Andreas Jung und Diethard Keppler überlegte, was die Besucher*innen als Lesegeschenk aus der Ausstellung *Hölderlin, Celan und die Sprachen der Poesie* mit nach Hause

---

14 Wenn nicht anders angegeben, zitiere ich alle Texte nach den Quellen im DLA Marbach.
15 Eduard Mörike an Hermann Kurz, 30. Juni 1837, in: Werke und Briefe. Historisch-kritische Gesamtausgabe in 28 Bänden, Stuttgart 1967 ff, hg. von Hubert Arbogast, Hans-Henrik Krummacher, Herbert Meyer und Bernhard Zeller. hier: Bd. XII, S. 107 ff.

nehmen könnten. Das kostenlose Mitnehmenkönnen von Texten und Bildern hatte schon bei *Hegel und seine Freunde* für die Besucher eine andere Erfahrungszeit und eine andere Raumwahrnehmung erlaubt, die Ausstellung selbst leichter gemacht und alle gefreut. Scheinbar spontan war die Idee da, »gelb« und »hold« und andere Wörter aus *Hälfte des Lebens* mit den Möglichkeiten quantitativer Textanalysen genauer zu untersuchen und daraus Postkarten zu machen. 36 Wörter des Gedichts (von »Hälfte« bis »Fahnen«) haben Vera Hildenbrandt und ich daraufhin in Hölderlins anderen Gedichten gesucht, mit anderen kontrastiert oder um welche aus derselben Wortfamilie oder demselben semantischen oder auch grammatischen Feld erweitert.

Das Ergebnis dieser Suche sieht zurzeit, im Februar 2020, für *gelb* und *hold* so aus. Die Farbe *gelb* erscheint bei Hölderlin nur in vier Gedichten. Andere Farben (das Wort *Farbe* gibt es dreimal, *farbig* einmal, *bunt* fünfmal): *weiß* (5), *rot* (4) und *rötlich* (9), *braun* (6), *grau* (18), *purpur* (12), *blau* (27), *silber* (32), *schwarz* (28), *grün* (32-mal als Adjektiv, 36-mal als Verb *grünen*, 22-mal als Substantiv: das *Grün*), *gold* (89-mal als Adjektiv). 54-mal haben bei Hölderlin Menschen und Dinge die Eigenschaft *hold*, sind *Holdes, Holde, Holdin* oder *Holder*. Es liegt nahe, darin eine Anspielung auf ›Hölderlin‹ zu lesen. Ein Zweig Holder, der alte Name für Holunder, schmückt das Wappen der Hölderlins, der ›kleine Holunder‹. Der Holunder selbst kommt dreimal explizit in Hölderlins Gedichten vor, zum Beispiel hier: »Aber drüben am See, wo die Ulme das alternde Hoftor / Übergrünt und den Zaun wilder Holunder umblüht, / Da empfängt mich das Haus und des Gartens heimliches Dunkel, / Wo mit den Pflanzen mich einst liebend mein Vater erzog, / Wo ich froh, wie das Eichhorn, spielt auf den lispelnden Ästen, / Oder ins duftende Heu träumend die Stirne verbarg.« Implizit beschreibt Hölderlin in dem 1811 entstandenen Gedicht *Der Kirchhof* einen Holunderbaum: »Wie still ist's nicht an jener grauen Mauer, / Wo drüber her ein Baum mit Früchten hängt; Mit schwarzen thauigen, und Laub voll Trauer, Die Früchte aber sind sehr sehr schön gedrängt.« Sonstige Pflanzen, Gewächse, Büsche, Bäume und ihre Teile bei Hölderlin: *Mastix, Ahorn, Birke, Weide* und *Hasel* (je 1), *Heu, Wurzeln* und *Platane* (je 2), *Ulme* (3), *Stamm, Pappel* und *Zeder* (je 4), *Myrte, Linde, Buche, Olive* und *Ölbaum* (je 5), *Palme* und *Wipfel* (je 6), *Äste* und *(Ge)Büsch* (je 7), *Tanne* (8), *Efeu, Strauch* und *(Ge)Blätter* (je 9), *Moos* (11), *Gras* (12), P anze, *Lorbeer* und *(Ge)Zweig* (je 18), *Laub* (24), *Eiche* (31) und *Baum* (38).[16]

---

16   Wir haben für diese Wortgeschichten alle in der Stuttgarter Ausgabe von Friedrich Beißner erfassten 424 Gedichte inklusive Plänen, Bruchstücken, Stammbuchblättern und zweifelhaften Zuschreibungen mit dem Computer durchsucht. Die Datenbank dafür hat Roland Kamzelak programmiert, gefüllt haben sie Sarah Kimmich, Daniel Knaus und Alina Palesch. Die Ergebnisse sind Näherungen und keine absoluten Zahlenwerte: Viele Gedichte, die

Das analoge epistemische Objekt aus dem Archiv und das digital erzeugte mathematisch-poetische Modell sind zwei Möglichkeiten, Literatur zu zeigen, sie ästhetisch sichtbar zu machen, ästhetisch zu denken und zu handeln. »Vielleicht ist die Polysemie die wichtigste Eigenschaft materieller Kultur«, stellt Markus Walz im *Handbuch Museum* im Kapitel »Dinge als unscharfe Zeichen« als These auf und erläutert: »Für die Interpretation von Objekten bedeutet dies, dass Dingen kaum jeweils eine klar definierte Bedeutung zukommt, sondern je nach Perspektive der Betrachtenden mit vielen unterschiedlichen Bedeutungen zu rechnen ist.«[17] In Literaturausstellungen werden aus dem, was Susanne K. Langer 1942 in *Philosophy in a New Key. A Study in the Symbolism of Reason, Rite and Art* »diskursive Zeichen« nennt (Sprache und Schrift), durch diesen Dingstatus »präsentative Zeichen«: nichtsprachliche Ausdrucksformen. Als unscharfes Zeichen stellt der von Mörike zum »Andenken« an Mutter und Bruder aufbewahrte Schreibübungszettel unsere herkömmlichen Hierarchien zwischen verschiedenen Lesarten in Frage. Das Schriftzeichen an und für sich mit seinen steilen Kurven ist hier mindestens so wichtig wie dessen Wortbedeutung, die Urheberin dieser Zeichen und der Tag ihres zehnten Geburtstags, der 26. April 1841. Museumsdinge sagen mehr, als sich sprachlich bezeichnen lässt.

Dieses Denken in mehr als nur sprachlichen und in Sprache übersetzbaren Dimensionen, die ständige Präsenz von Polysemie sowie das wiederholte Anschauen und das damit verbundene Revidieren oder Erweitern von Sichtweisen, das vorläufige und vielleicht auch im Nachhinein betrachtet falsche Urteil sind Besonderheiten des wissenschaftlich-poetischen Forschens in Literaturausstellungen. Die Grundhaltung dieses Forschens hat Stephan Greenblatt 1990 in einem Essay als »Staunen« beschrieben: »Unter Staunen verstehe ich die Macht des ausgestellten Objekts, den Betrachter aus seiner Bahn zu werfen, ihm ein markantes Gefühl von Einzigartigkeit zu vermitteln, eine Ergriffenheit in ihm zu provozieren.« Greenblatt setzt dieses »Staunen« der »Resonanz« entgegen, jener »Macht des ausgestellten Objekts, über seine formalen Grenzen hinaus in eine umfassendere Welt hineinzuwirken und im Betrachter jene komplexen, dynamischen Kulturkräfte heraufzubeschwören, denen es ursprünglich entstammt und als deren – sei es metaphorischer oder bloß metonymischer – Repräsentant es vom Betrachter angesehen werden kann.«[18]

Hölderlin nach 1805 schrieb, sind nicht erhalten; Beißners Edition verzeichnet weniger Gedichte als die von Sattler.

17   Walz, Handbuch Museum, S. 16.

18   Stephen Greenblatt, Schmutzige Riten. Betrachtungen zwischen Weltbildern, Berlin 1991 S. 15.

Die Ausstellungen, die ich seit 2006 für das Literaturmuseum der Moderne kuratiert habe, haben oft dieses Staunen in den Vordergrund gestellt, indem sie auf Mittel verzichtet haben, die vordergündig Resonanz herstellen, wie zum Beispiel auf Beschriftungen, auf Herleitungen, Erklärungen und Einbettungen in historische und biografische Kontexte. Am meisten hat die erste Dauerausstellung auf dieses Staunen gezielt. Sie hat die Literaturarchivalien weder hierarchisch noch konstellativ geordnet, sondern seriell gereiht und geschichtet. Jedes einzelne Stück war hier zunächst einmal nicht mehr als es selbst, ganz unabhängig davon, ob es das Manuskript von Franz Kafkas *Prozess* war oder Hans Blumenbergs Führerschein. Nichts ragte heraus, nichts war tiefer oder dichter als etwas anderes, unabhängig davon, ob es als hohe Kunst gilt oder nicht. Die Gemeinsamkeit der Dinge war ihre Gleichzeitigkeit, ihre Parallelität, nicht ihre wechselweise Resonanz. Sie alle waren für jeden Besucher und für manche sicher auch irritierend deutlich zunächst einmal nichts als unscharfe Zeichen, die zwischen Spur, Bild und Symbol changierten. Für mich ist dieses Wahrnehmen von Unschärfe und mehreren Betrachtungsschichten eine Grunderfahrung im Umgang mit literarischen Texten im Archiv. Wenn ich beschreibe, ebne ich diese Schichten ein und versuche, Details scharf zu stellen – wenn ich zeige, kann ich diese Unschärfe erhalten. In Ausstellungsräumen sind wir kleiner als der Raum um uns. Wenn wir ein Buch lesen, sind wir größer als der reale Raum des Buches, wir haben es in der Hand. Im Ausstellungsraum stehen wir inmitten unverbundener Dinge und können sie gleichzeitig nebeneinander, übereinander, untereinander, gegeneinander, miteinander, zueinander und für sich stellen. Wir können fokussieren und skalieren, ohne das Objekt zu ändern. Selbst dann, wenn wir es nicht anschauen, ist es da.

Hans Ulrich Gumbrecht hat mit den Begriffen »Präsenz«, »Stimmung« und »Atmosphäre« 2014 die Marbacher Ausstellungen beschrieben:

Die neue Dimension, bei der die Suche [nach Antworten auf die Frage, ob man Literatur ausstellen kann] angekommen ist und sich nun weiter entwickelt, kann als eine Dimension der ›Atmosphäre‹ und der ›Stimmung‹ identifiziert werden. Sie tritt an die Stelle der Dimension von Verstehen und Hermeneutik, mit der die Erschließung von Literatur traditionell verschaltet war. Verstehen richtete sich auf die Intentionen von Autoren und auf hinter ihren Intentionen liegenden Erlebnisse, welche der Entstehung von Werken vorausgehen. Daher fasste Verstehen Gegenstände und materielle Spuren der Kommunikation als historische Symptome von Intentionen und Erlebnissen auf und übersetzte sie in Sinn. Die Dimension von Atmosphäre und Stimmung hingegen rückt Gegenstände und Spuren der Kommunikation in ein Verhältnis der Gleichzeitigkeit mit der Gegenwart eines Publikums.

[...] Dabei werden die ausgestellten Gegenstände gegenwärtig als Auslöser von Stimmungen, welche über Wahrnehmung Literatur inspiriert haben könnten – und bleiben doch Gegenstände, die gerade nicht in Sinn zu überführen und so als Gegenstände aufzuheben sind. [...] [Die Ausstellungen] weisen, betont nüchtern, wie sie wirken, alle Aufmerksamkeit ab und lenken sie auf die Dinge zurück, welche nichts als sie selbst sein dürfen – und gerade deshalb unmittelbare Präsenz hervorbringen.[19]

Das heißt: In Literaturausstellungen, die das durch ihre Atmosphäre zulassen, ist wie in Bibliotheken die gefühlte Präsenz der Literatur stärker, als wenn wir lesen. Wenn wir durch diese Ausstellungen führen, so verbinden wir Dinge, zum Beispiel durch Geschichten (oft Anekdoten), durch Fragen (auf die Besucher Antworten finden können) oder auch durch am Material entwickelte Theorien. Die didaktische Führung ist am ehesten das, was in einer Ausstellung einem wissenschaftlichen Aufsatz vergleichbar ist. Sie verwandelt, wenn sie monologisch angelegt ist und auf den Rundgang zielt oder eben Resonanz erreichen möchte, tendenziell die Dinge in Fußnoten. Für mich ist es eine der größten Herausforderungen beim Kuratieren von Literaturausstellungen, klare Räume zu entwerfen, in denen trotz dieser Klarheit des methodisch-gestalterischen Zugriffs die Dinge unscharfe Zeichen bleiben. Daher: Wie sieht ein Forschungsraum im Unterschied zum Beispiel zu einem Fußnoten- oder Anekdotenraum im Museum aus? Wie sieht ein Ausstellungsraum aus, in dem »Wahrnehmen« und dann auch im zweiten Schritt »Verstehen« weder den eigenen Körper vergessen lässt noch die Körperlichkeit der Objekte und des Raums selbst? Gerade im Fall der Literatur gilt dieser »Verlust der Sinnlichkeit« (Erich Schön) als Begleiterscheinung ihrer üblichen Aneignung: Wer liest, der versucht den Körper still zu stellen und zu vergessen. Wie kann in einer Literaturausstellung das Gegenteil dieses selbst vergessenen Lesens – die körperliche Interaktion, das »Embodiment« – als besondere Form der ästhetischen Erfahrung wie der Forschung genutzt werden? Was macht der Körper mit der Literatur und die Literatur mit dem Körper? Und um an die erste Frage anzuschließen: Wie sieht ein Ausstellungsraum aus, der den Besucher mit samt seinem Körper als Forschenden involviert?

---

19   Hans Ulrich Gumbrecht: Kann man Literatur ausstellen? Marbacher Antworten, in: Jahrbuch der Deutschen Schillergesellschaft 58 (2014), S. 601–604, hier S. 602 f.

2. Räume finden

In der Kunst und Kunstgeschichte gibt es berühmte Beispiele, die auf diese Frage Antworten nahelegen. Marcel Duchamp spannte 1942 in die New Yorker Ausstellung *First Papers of Surrealism* im Whitelaw Reid Mansion sechzehn Meilen Schnur: »Sixteen Miles of String«.[20] Von der einen Seite aus war so den Besuchern der Zugang zu den Bildern verstellt, von der anderen aus wurden sie durch die Schnüre zu den Bildern geleitet. Aby Warburg hat für seinen *Mnemosyne-Atlas* alle Bilder fotografisch reproduziert und damit einander gleichgemacht und dann auf Stellwänden nebeneinander wie Mosaiksteine montiert. Als Versuchsanordnung zur »Induktion von Gedächtnisströmen« hat der Kunsthistoriker Kurt W. Forster Warburgs Bilderarrangements einmal bezeichnet.[21] Dieses Nebeneinandermontieren von Mosaiksteinen entspricht ebenso wie das Zuweben des Raums mit einer Schnur eher der literarischen Gattung der Lyrik als der des Romans. Ausstellungsräume als Forschungsräume bedienen sich stärker poetischer, paradigmatischer als narrativer, syntagmatischer Verfahren. Sie sind keine Repräsentationsräume, in denen größere Zusammenhänge verdichtet und soziale Strukturen reproduziert werden, sondern eher doppeldeutige, utopische, heimliche, verborgene, plurale, erfundene und etwas verändernde Räume, wie sie Gaston Bachelard und Henri Lefebrve beschrieben haben.[22] Ausstellungsräume führen »Zusammen-Stellungen« vor: »Gegensätzlichkeiten oder Unvereinbarkeiten oder Spannungen [...] zwischen Dingen, Handlungen, Texturen, Stoffen oder Bildern und Klängen«.[23]

Ein Beispiel auch dazu. Unter den Objekten, die Richard Schumm 2019 für die Ausstellung *Hegel und seine Freunde* recherchiert hatte, war auch das geschliffene, teils gefärbte Trinkglas, das Goethe 1821 Hegel mit einer oft zitierten Widmung schenkte: »Dem Absoluten empfiehlt sich schönstens zu freundlicher Aufnahme das Urphänomen«. Hegel, der, anders als Goethe, die Welt durch logisches Denken und nicht durch das Studium der Natur durchdringen wollte, sollte

20 Dazu John Vick, A New Look. Marcel Duchamp, his twine, and the 1942 First Papers of Surrealism Exhibition, 2008, https://www.toutfait.com/a-new-look-marcel-duchamp-his-twine-and-the-1942-first-papers-of-surrealism-exhibition/_(20.02.2020).

21 Kurt W. Forster, Warburgs Versunkenheit, in: Aby M. Warburg: Ekstatische Nymphe, trauernder Flußgott. Portrait eines Gelehrten, hg. von Robert Galitz, Brita Reimers, Hamburg 1995, S. 189.

22 Henri Lefebvre, Die Produktion des Raums (Auszug), in: Raumtheorie. Texte aus Philosophie und Kulturwissenschaften, hg. von Jörg Dünne und Stephan Günzel, Frankfurt a. M. 2006.

23 Silvia Henke, Dieter Mersch u. a., Manifest der künstlerischen Forschung. Eine Verteidigung gegen ihre Verfechter, Zürich 2020, S. 48.

mit dem Glas ausprobieren, wie die Brechungen des Lichts unsere Farbwahr-
nehmung verändern und wie ein und dasselbe in gegenteilige Effekte kippen
kann – bei direkter Beleuchtung färbt der gelbe Streifen für uns das weiße Tuch
gelb und das schwarze blau. Wir wissen nicht, ob Hegel diese optische Dialektik
je ausprobiert hat oder das Geschenk einfach zur Seite stellte. Zu Beginn der Aus-
stellungskonzeption wollten wir alle Funde auf einen langen Tisch legen und
von ihnen aus Hegels Geschichte im Archiv erzählen, also einen Fußnotenraum
machen. Hegels Goetheglas wäre hier eines von vielen Stücken gewesen, die
sich die Besucher hätten erlesen müssen. Wir wollten sie aber ins Denken und
Sehen und Dialogisieren bringen und aus den Stücken eher *thinking* und *conversation pieces* machen als auratische Objekte oder eben Fußnoten. So wurde
das Trinkglas nicht nur mit einer Taschenlampe gezeigt, mit deren Hilfe jeder
Besucher den von Goethe beschriebenen dialektischen Effekt ausprobieren
konnte, sondern von einem Raum im Raum begleitet. In diesem Zwischenraum,
diesem *inbetween*, wurde das Kapitel »Wie Hegel sichtbar verständlich wird« in
eine Art Idealismus-Labor mit Experimentierfeldern zu den Themen »Begreifen«,
»Nacht«, »Licht«, »Ideal« und »Fragen« aufgefaltet. Hegels Texte sind trotz der
Abstraktion, die er als Grundelement des Denkens sieht, voller gegenständlicher
Bilder. Sie sollen uns beim Verstehen helfen, sind Übungen im Wahrnehmen,
Erfinden und Vorstellen, im Annähern und Verändern, im vielfältigen Sehen und
individuellen Relativieren. Dabei spielt die Hand für Hegel eine große Rolle: Er
schreibt mit der Hand und er kritzelt mit ihr, um einen Gedanken zu begreifen
und sich zum Beispiel organische Entwicklungen vorzustellen (wie Fürsichsein,
Wachsen, Verändern und Außersichsein) oder einen Gedanken auf einen Punkt
zu konzentrieren oder im Dreieck herumzubewegen. An Tageslichtprojektoren
konnten die Besucher diese mit optischen Experimenten und Folien und Stiften
für sich selbst ausprobieren: Wie denke ich? Was bringt mich zum Denken? Wie
helfen mir Hand und Augen beim Denken? Zurzeit werten wir die Besucherant-
worten in dieser Ausstellung aus. Die bislang häufigste Ergänzung von »Denken
ist für mich ...«: Freiheit.

In der Ausstellung *Hölderlin, Celan und die Sprachen der Poesie* werden
wir einen Raum ebenfalls und in stärkerem Maß für empirische Forschungen
nutzen: Indem Besucher ein Hölderlin-Gedicht leise lesen oder laut sprechen
oder in Gesten übersetzen oder einen Fragebogen dazu ausfüllen, prägen sie das
Raumbild mit. Unsere Fragen dabei: Wir lesen Gedichte nicht nur von links nach
rechts, sondern auch kreuz und quer und vertikal – doch welche Bewegungsmus-
ter zeichnet ein Eyetracker auf, wenn wir Gedichte lesen? Wie verändert sich das
Muster im Zusammenhang mit der sichtbaren Form, z. B. einem zentriert gesetzten
Text oder einer Ode mit fallenden Zeilen? Wenn uns Gedichte berühren, reagieren
wir körperlich darauf – verändert sich tatsächlich unser Hautwiderstand beim

Lesen, spannen wir uns an (der Hautwiderstand nimmt ab, die Hautleitfähigkeit zu) oder entspannen wir uns? Jedes Gedicht hat eine eigene, besondere Stimme – aber sprechen wir alle ein Gedicht gleich, werden wir an denselben Stellen höher, tiefer, leiser, lauter? Gedichte sind eine performative Gattung – wie übersetzen wir ein Gedicht in Gesten? Wie schreiben oder malen wir sie mit dem Körper? Wer mehr weiß, sieht mehr – verändern Reflexion und Wissen unsere literarische Erfahrung? Wie wichtig sind die Stimme eines Textes, seine Struktur und das leise Lesen? Wie wichtig sind die Handschrift (das Original) und die biografische Erzählung? Die *multiple-choice-Fragen* dazu: 1. Ich finde dieses Gedicht: wunderbar / schön / berührend / verwirrend / unheimlich / erschütternd / kitschig / langweilig / nicht gut. 2. Durch das wiederholte Lesen in der Ausstellung wurde es für mich: wunderbarer / schöner / berührender / verwirrender / unheimlicher / erschütternder / kitschiger / langweiliger / schlechter. 3. Am eindrücklichsten ist für mich das Gedicht: gehört / im Manuskript-Entwurf / Buchstabe für Buchstabe im Raum / mit meinem eigenen Körper dargestellt / still für mich gelesen / selbst laut gelesen / eingeordnet in Hölderlins Leben. Für die weitere Forschung und Auswertung[24] zeichnen wir die Spuren des Eye- und Motion-Tracking, des Oszillographen, des Hautwiderstandsmessers und die multiple-choice-Antworten auf, um mehr über das Lesen von Gedichten in einer Ausstellung herauszufinden und zugleich die Perspektiven der Besucher auf Hölderlins Gedichte in ihrer Vielfalt zu zeigen und zu öffnen.

Literaturausstellen ist nicht notwendig an gefundene Objekte gebunden, es kann diese auch erfinden und zum Beispiel den Text selbst in den Raum stellen und so die Spannung zwischen seiner begreifbaren (mit den Augen oder auch den Füßen abgehbaren) Struktur und seiner vorstellbaren Referenz vergrößern, das Lesen verlangsamen und damit die ästhetische Erfahrung intensivieren. »Warum hat Ovid, der aus Liebe die Liebeskunst schuf, geraten, sich beim Genuß Zeit zu lassen?«, fragt Viktor Šklovskij. Seine Antwort: »Der verschlungene Weg, der Weg, auf dem der Fuß die Steine spürt, der zum Ausgangspunkt zurückführende Weg, – das ist der Weg der Kunst. Das Wort kommt zum Wort, das Wort fühlt das Wort wie die Wange die Wange. Die Worte werden auseinandergenommen, und statt eines einzigen Komplexes – statt des automatisch ausgesprochenen Wortes, das herausgeworfen wird wie eine Tafel Schokolade aus einem Automaten – entsteht das Wort als Klang, das Wort als Artikulationsbewegung. Auch der Tanz ist ein Gehen, das man empfindet; noch genauer, ein Gehen, das so angelegt ist,

---

24 Die Auswertung findet im Rahmen des Netzwerks literarischer Erfahrung zusammen mit dem Institut für Psychologie der Universität Tübingen sowie dem Leibniz-Institut für Wissensmedien statt.

daß man es empfindet.«[25] 2011 haben Diethard Keppler und ich als Beitrag zur Ausstellung *Sieben Positionen, Wilhelm Meister auszustellen* im Frankfurter Goethehaus die Textstelle, in der Goethe Mignons Eiertanz beschreibt, als Text auf dem Boden inszeniert. Das Erstaunlichste für mich an unserem Experiment. Was als didaktische Vermittlung einer strukturalistisch orientierten Methode des genauen Lesens gedacht war, mit dem erwünschten Nebeneffekt der Verfremdung, das hat deren ungeheure Sinnlichkeit enthüllt: Es galt nur noch, auf die Präsenz des Textes zu reagieren und seine Zwischenräume zu erkunden, sich zu spannen, einzuziehen und auszudehnen, sich in ihm nach dessen Maßen einzurichten. Strukturalismus als eine Verfremdungs- und Präsenztechnik, in der ein Text einen sowohl imaginären wie in seiner Künstlichkeit realen Körper bekommt und der Leser sich – gerade durch das Zergliedern, die Analyse dieser beiden Körper – mimetisch zu einem Text verhält und mit allen Sinnen, mit wenigstens imaginierten Händen und Füßen liest. Wobei die Schwelle, in einer Ausstellung auf einen Textteppich zu treten, nicht weniger hoch ist, als die, ein Buch aufzuschlagen. Im Gegenteil. Sie ist höher und anders. Sie markiert nicht den Übertritt in die verborgene Welt des Lesens, die uns ganz alleine gehört, sondern den Übergang in eine öffentliche Welt: Wer hier geht und liest, den sieht man, der stellt sich mit aus und er reflektiert sich. Er zeigt und sieht sich als Leser.

3. Fragen

Das poetische Forschen ist subjektiv, offen und kooperativ, es hängt von den Einzelnen ab. Daher habe ich drei Kolleg*innen aus der Museumsabteilung des Deutschen Literaturarchivs gefragt: Was sind für Euch besondere ästhetische Erfahrungen von Literatur in einer Ausstellung? Was sind besondere Erkenntnismöglichkeiten in einer Ausstellung? Wie verändert sich das eigene Forschen durch das Ausstellen?

Michael Woll (wissenschaftlicher Projektmitarbeiter seit April 2018 für die Ausstellung *Hölderlin, Celan und die Sprachen der Poesie*):
Peter Szondi hat die Forderung, jedes literarische Werk in seiner Individualität zu sehen, in einer Vorlesung auf eine einfache Formel gebracht: »Kunstwerke sind keine Beispiele«. Wenn man eine Ausstellung macht, geht man notwendigerweise von einzelnen Werken, von konkreten Objekten aus, deren Individuelles

---

25 Viktor Šklovskij, Der Zusammenhang zwischen den Verfahren der Sujetfügung und den allgemeinen Stilverfahren, in: Russischer Formalismus, hg. von Jurij Striedter, München 1988, S. 38–120, hier S. 38.

sich bereits in der Materialität zu zeigen beginnt. Indem man den Eigenheiten des Exponats nachspürt, lässt man sich auf seine Besonderheiten ein und vertieft die »Achtung vor den fremden Werken« (Christoph König), die zur Voraussetzung einer genauen Lektüre gehört. Freilich bleiben die Objekte nicht isoliert. Im Prozess des Ausstellens entstehen im Nebeneinanderlegen neue Bezüge, die bald selbst zu einer Kategorie werden und die ständige Aufforderung mit sich bringen, das Nebeneinander gedanklich zu ordnen und zu strukturieren. Die Ordnung kann sich bei mehreren Durchgängen durch dieselbe Ausstellung immer wieder verändern, aber man entgeht nie der Frage, wie die einzelnen Exponate zusammenhängen. Dieses Nachdenken über das mögliche Allgemeine kann eigene Formulierungen in Frage stellen: Wie oft ist man geneigt, vermeintliche Zusammenhänge in Aufsätzen durch ein vages »vgl. auch« anzudeuten und den Rest den Leserinnen und Lesern zu überlassen? Weil die Ausstellung zwingt, sich ein inneres Bild von der Ordnung der Dinge zu machen, tritt das Besondere deutlicher hervor. So kann gerade aus der strukturellen Offenheit des Ausstellungsraums eine Präzisierung der eigenen Wissenschaftssprache hervorgehen – mit dem Ziel, den einzelnen Gegenstand und seinen Ort möglichst genau zu verstehen.

Martin Kuhn (wissenschaftlicher Volontär seit März 2019):
Man kann mit Ausstellungen rezeptiv ästhetisch umgehen (z. B.: das Original bewundern), aber auch produktiv ästhetisch. In *Hegel und seine Freunde* entwickelte sich für mich ein Raum der Möglichkeiten, sich Denkprozessen, Vorstellungen, Ideen und Texten anzunähern, zu denen man zuvor möglicherweise keinen Zugang hatte oder sich (sogar) als Besucher fürchten konnte. Um etwas ästhetisch zu erfahren, braucht es nicht das Original. Hier konnte der Gegenstand der ästhetischen Erfahrung von allen Besucher selbst ausgehen und ganz konkret selbst gemacht werden, sowohl auf der Gegenstands- wie auf der Raumebene. Ausstellungen geben daher für mich den Raum, das vermeintlich universal Erkannte zu hinterfragen und bekanntes Wissen auf den Kopf zu stellen. Sie sind konstruktiv und dekonstruktiv, für den Kurator wie für den Besucher – vorausgesetzt, man traut sich, selbst zu denken. Der spezielle künstlerische und gestalterische Zugang eröffnet neue Perspektiven. Ausstellungen sind damit nicht nur Orte des Wissens und der Wissensvermittlung, sondern vor allem Orte der Erfahrung, der (kritischen) (Selbst)Reflexion und des Erkennens.

Vera Hildenbrandt (wissenschaftliche Mitarbeiterin seit August 2019):
Wissenschaftliches Rezipieren und Erforschen von Literatur erfolgen überwiegend in der intimen Lektüre, im Nacheinander von Buchstaben, Wörtern, Sätzen und im privaten Raum. Die ästhetische Erfahrung von und die Auseinandersetzung mit Literatur finden dabei im Kopf statt und sind ergebnisorientiert, münden

sie doch meist und teilen sich mit in einer Publikation. Auch das Ausstellen von Literatur ist Forschung, basiert auf einer verstandesmäßigen Durchdringung des Gegenstands und ist auf ein Ziel – die Ausstellung selbst – gerichtet. Und doch ist das Ausstellen von Literatur ungleich prozesshafter und unabgeschlossener als traditionelles literaturwissenschaftliches Forschen, führt es doch vom Verborgenen und Unsichtbaren ins Offene und Sichtbare, vom Privaten ins Öffentliche und ist auf weit mehr gerichtet als das Vermitteln und Illustrieren von Wissen und Erkenntnis und das bloße Zeigen von Objekten. In Literaturausstellungen wird das, was an Literatur sichtbar ist – die Medien, mit denen und auf denen und die Kontexte, in denen sie entsteht, die Gegenstände, von denen sie inspiriert ist, die Zeugnisse, die ihre Genese dokumentieren – inszeniert und kontextualisiert, im Raum geordnet, geschichtet und vernetzt und in Installationen empirisch erfahrbar gemacht. Literaturausstellungen werden so zu Orten der sinnlichen Anschauung von und der Beschäftigung mit Literatur und zu Orten der Bewegung und Begegnung, der Kommunikation und Interaktion. Die aus den Archivkästen und -schränken hervorgeholten Objekte geraten räumlich und zeitlich in Bewegung, werden in neue Ordnungen übersetzt, begegnen sich, werden Nachbarn. Der Besucher nimmt Literatur in Bewegung wahr, lässt sich führen oder geht eigene Wege, läuft schnell oder langsam von Objekt zu Objekt, schweift umher und verweilt nach Belieben, überfliegt oder studiert, überspringt, ändert die Richtung, staunt, wird gerührt und verärgert, verunsichert und neugierig, verlangt Erklärung, begegnet anderen Besuchern, tauscht sich aus, diskutiert, reflektiert, revidiert. Ausstellungen stoßen so Körper und Denken, Fühlen und Sinne an und werden von allen Beteiligten – Machern wie Besuchern – »ganzheitlich« und gemeinschaftlich und im Idealfall polyperspektivisch erfahren. Sie stiften an zu (wissenschaftlicher) Neugier und Lektüre, lösen Erkenntnisprozesse aus und können Literaturwissenschaft und Literaturgeschichte aus den Objekten heraus aktualisieren.

***

Zum Schluss noch einmal zurück an den Beginn: Literaturausstellungen brauchen »als kreative systematische Betätigung zu dem Zweck, den Wissensstand zu erweitern« Freiräume. Sie müssen sich an öffentlichen Erwartungen reiben dürfen – auch auf die Gefahr hin, gemessen an Besucherzahlen oder ihrer Kritik in den Medien, zu scheitern oder statt Resonanz nur Staunen auszulösen. Die Vorstellung, Ausstellungen seien nur ein Mittel, Wissen aus der Forschung in die Öffentlichkeit zu bringen, greift zu kurz. Ausstellungen setzen auf den wechselweisen Austausch von Wissen ganz unterschiedlicher Art – Wissen als verbalisierbarer Text, aber eben auch als Kognition und Emotion, als ›eingekörpertes‹

Wissen. Ausstellungen sind citizen science par excellence. Ihr Potential liegt unter anderem darin, dass sie aus verschiedenen Blickwinkeln die Körperlichkeit der Literatur und ihrer ästhetischen Erfahrung ins Bewusstsein bringen und damit die Individualität dieser Erfahrung, aber ebenso ihre sozialen Dimensionen wie beim gemeinsamen Lachen, Sprechen oder Singen verdeutlichen. Es ist jeder Einzelne von uns, der ein literarisches Kunstwerk aktualisiert, indem er diesem auf begrenzte Dauer hin seine Stimme und auch seine Seele leiht. Lesen ist auch ein Vorgang der Einfühlung und Verkörperung. Digital und materiell sind in einer Literaturausstellung zwei Möglichkeiten, uns diese Vorgänge bewusst zu machen. Digitale Textanalysen machen ebenso wie Manuskripte, Pläne, Wort- und Materialsammlungen Literarizität sichtbar, indem sie Textstrukturen freilegen. Zugleich erlauben der digitale Text und das digitalisierte Original anders als das analoge Original für Besucher Formen realer körperlicher Partizipation. Anfassen, Anstreichen, Nachschreiben, Überschreiben, Durchstreichen, sogar Ausschneiden und Neuordnen, Verkleinern und Vergrößern sind hier möglich. Digitale Aggregatzustände machen uns deutlicher, worin die Einzigartigkeit des analogen Originals liegt: Es ist zunächst einmal widerständig, eigen, genau so klein oder eben groß, beinahe unsichtbar oder eben auch sperrig, wie es ist – es ist präsent, aber nicht begreifbar oder erklärbar. Man kann es nicht auflösen. Ohne jeden einzelnen Besucher, der auf den Dialog eingeht oder sich ihm auch verweigert, den eine Literaturausstellung ihm mit Texten, aber auch ihren Originalen und erfundenen Objekten, ihrer architektonischen Syntax und ihrem räumlichen Diskurs anbietet, ist sie ›leer‹ und ›flach‹. Ihr fehlen die Menschen, die sozialen und eben körperlichen Interaktionen und damit das Spektrum der ästhetischen Erfahrungen, die einen Museumsbesuch ebenso auszeichnen wie das Lesen eines Textes. In einem leeren Museum fehlen die ästhetischen Dimensionen von Zeit und Raum: Zufall, Plötzlichkeit, Langeweile, Tiefe, Intimität, Weite, Verlorenheit, Befremdung, Berührung, Bewegung, Atmosphäre und Stimmung. Die Maßnahmen zur Eindämmung von Covid-19 dürften uns das allen deutlich gezeigt haben.

CHRISTIANE HOLM

DICHTERHÄUSER

Überlegungen zu Bedingungen und Möglichkeiten eines unterschätzten
Formats[1]

Dichterhäuser scheinen aus der Zeit gefallen, und nicht wenige Besucherinnen
und Besucher schätzen sie gerade wegen ihres nostalgischen Charmes. Aus literaturwissenschaftlicher Sicht jedoch bestehen grundsätzliche Vorbehalte gegen
das ihnen anhängende Erbe des 19. Jahrhunderts, welches es eingangs – freilich
etwas überspitzt – zu vergegenwärtigen gilt: Erstens gewähren Dichterhäuser
dem Biografismus dauerndes Wohnrecht. Ein solcher lebensweltlicher Zugang
zur Literatur ist spätestens seit dem Diktum vom ›Tod des Autors‹ nicht mehr
opportun, und auch mit der ›Rückkehr des Autors‹ als Funktionsbegriff lässt
sich dem musealisierten Wohnhaus nur bedingt ein Quellenwert abgewinnen.
Zweitens profitierten Dichterhäuser von einem positivistischen Literaturverständnis aus der Institutionalisierungsphase der Germanistik, in der alle Zeugnisse eines Autors mit philologischer Akribie archiviert und als Medien der Einfühlung gewürdigt wurden. Mit der fachgeschichtlichen Verabschiedung dieses
Zugangs erübrigte sich vorerst der Erkenntniswert textferner Lebenszeugnisse
von Autoren. Und drittens dienten Dichterhäuser als symbolpolitisches Instrument bei der Fabrikation kultureller Identität im europäischen Projekt des *nation
building*, das gegenwärtig angesichts eines – nicht zuletzt durch die Literatur
selbst forcierten – Konzepts von Vielstimmigkeit nicht mehr haltbar ist. Zudem
können Dichterhäuser nur denjenigen Ausschnitt literarischen Lebens zeigen,
der es zu einem Haus gebracht hat, so dass weibliche, zu Lebzeiten erfolglose

1 Grundlage dieses Beitrags war ein Vortrag, den ich im Mai 2019 im Rahmen des Workshops
Die Wörter und die Dinge gehalten habe, und der von der Museumsakademie Joanneum
Graz in Kooperation mit dem Deutschen Literaturarchiv Marbach ausgerichtet wurde. Ich
danke den Veranstalterinnen und Veranstaltern sowie dem Plenum für den fachlichen
Austausch. Ebenfalls gilt mein Dank Thomas Schmidt, dem Leiter der Arbeitsstelle für li-
terarische Museen, Archive und Gedenkstätten in Baden-Württemberg, der das Jünger-Haus
in Wilflingen und den Hölderlinturm in Tübingen kuratiert hat, sowie Sandra Potsch, der
Museumsleiterin des Hölderlinturms, für zahlreiche Hinweise.

oder systemkritische und insbesondere exilierte Dichter zwangsläufig unterrepräsentiert sind.

Ein zweiter Strang von Vorbehalten gegen das Dichterhaus lässt sich an die jüngere Theoriebildung zur Literaturausstellung rückbinden. Solange Literatur als »strenggenommen im materiellen Sinne nicht existent« galt,[2] konnte das Dichterhaus für das Bedürfnis nach originalen Objekten einspringen. In diesem Sinne wird bis heute sein Potenzial als »Eingangsportal« zur Literatur hervorgehoben:[3] Wenn Besucherinnen und Besucher die einst im Haus produzierte Dichtung nicht kennen, so dürfen sie sich eingeladen fühlen, die Lektüre außer Haus nachzuholen. Mit der Neuformatierung der Literaturausstellung und deren theoretischer Reflexion seit der Jahrtausendwende steht dieser Zugang in Frage. Denn im Zuge des *material turn* wurden auch die papiernen Originale der Literatur ins Recht gesetzt, sie benötigen nicht den Umweg über die Lebenswelt.[4] Dabei wurde gerade das Wechselspiel von Schauen und Lesen zum methodischen Ausgangspunkt der Ausstellung von Literatur.[5] Unter dieser Prämisse vermag das Dichterhaus den Besuchern mit seinen lebensweltlichen Originalen zwar Erlebnisse von gefühlter Nähe zu Autorin oder Autor verschaffen, für die Auseinandersetzung mit den Texten jedoch hat es kaum Relevanz, zumal das Lesen in der Regel andernorts stattfindet. Auffallend an der theoretischen Profilierung der Literaturausstellung ist, dass das Dichterhaus sowohl historisch als auch systematisch als Referenzmodell diente: Als Memorial- und Sammlungsstätte war es der Vorläufer von Literaturarchiv und Literaturmuseum, welche schließlich in dessen direkter Nachbarschaft – bezeichnenderweise oft in Form von Anbauten – als eigenständige Institutionen errichtet werden konnten.[6] Mit dieser

2   Hans Otto Hügel, Einleitung: Die Literaturausstellung zwischen Zimelienschau und didaktischer Dokumentation, in: Literarische Ausstellungen von 1945–1985, hg. von dems., Susanne Ebeling und Ralf Lubnow, München 1991, S. 7–38, hier S. 13.

3   Hans Wißkirchen, Einleitung, in: Dichter und ihre Häuser. Die Zukunft der Vergangenheit, hg. von dems., Lübeck 2002, S. 5–7, hier S. 5. Vgl. auch Bodo Plachta, Dichterhäuser in Deutschland, Österreich und der Schweiz, Stuttgart 2011, S. 17–19.

4   Stellvertretend genannt für die Problematisierung der vermeintlichen Immaterialität von Literatur sei die mit einem aktuellen Forschungsbericht versehene Studie: Sandra Potsch, Literatur sehen. Vom Schau- und Erkenntniswert literarischer Originale im Museum, Bielefeld 2019.

5   Deixis. Vom Denken mit dem Zeigefinger, hg. von Heike Gfrereis und Marcel Lepper, Göttingen 2007 (marbacher schriften; NF 1); Wort-Räume, Zeichen-Wechsel, Augen-Poesie, hg. von Anne Bohnenkamp und Sonja Vandenrath, Göttingen 2011.

6   Peter Seibert, Literaturausstellungen und ihre Geschichte, in: Wort-Räume, S. 15–37, hier S. 20 f. Christiane Holm, Ausstellung, Dichterhaus, Literaturmuseum, in: Handbuch Medien der Literatur, hg. von Natalie Binczek, Till Dembeck und Jörgen Schäfer, Berlin und Boston 2013, S. 569–581, hier S. 570–573.

institutionellen Ausdifferenzierung wurde die Dichtung aus den Dichterhäusern ausgelagert, die sich fortan auf die historische, in der Regel historisierende Lebenseinrichtung des Dichters konzentrierte. Zugleich stand der in den Dichterhäusern entwickelte Typus der autorzentrierten Ausstellung, welche die »Einheit von Werk und Person« in Szene setzt, für eine ebenso langlebige wie problematische Form der anachronistischen Verneinung vom ›Tod des Autors‹.[7] Auch wenn Dichterhäuser institutionslogisch eine Sonderform des Literaturmuseums darstellen, so gerieten sie in der Debatte um die Ausstellbarkeit von Literatur zum Gegenbild des Literaturmuseums.[8] In dieser diskursiven Funktion als Negativfolie musste das Bild vom Dichterhaus zwangsläufig schematisch bleiben. Wenngleich inzwischen sowohl zur Institutsgeschichte als auch zur topografischen Bestandsaufnahme dieses Formats im deutschsprachigen Raum viel geleistet wurde,[9] so steht eine Theorie des Dichterhauses noch aus.[10]

Die folgenden Überlegungen wollen dazu beitragen, das Dichterhaus als ein Museumsformat mit einer spezifischen Leistungsfähigkeit aus den historisch wie systematisch motivierten Vorbehalten herauszulösen. Dafür wird zunächst der Blick auf die Gründungsszenen des Dichterhauses im 19. Jahrhundert um eine bislang vernachlässigte Perspektive erweitert, indem weniger bei den ihnen unterlegten symbolpolitischen Konzepten als vielmehr bei den Praktiken ihrer kulturellen Aneignung angesetzt wird. Dieser wahrnehmungsgeschichtliche Exkurs zu zwei musterbildenden Fallbeispielen im deutschsprachigen

---

7 Ebd., S. 19; Susanne Lange-Greve, Literatur ausstellen: dem Literarischen ein Zeichen setzen!, in: Dichterhäuser im Wandel. Wie sehen Literaturmuseen und Literaturausstellungen der Zukunft aus, hg. von Christiane Kussin, Berlin 2001, S. 18–31, hier S. 20 f; Heike Gfrereis, Von der Apotheose des Dichters hin zur Ausstellung des Sichtbaren. Das Schiller-Nationalmuseum und das Literaturmuseum der Moderne, in: Atelier und Dichterzimmer in neuen Medienwelten. Zur aktuellen Situation von Künstler- und Literaturhäusern, hg. von Sabine Autsch, Michael Grisko und Peter Seibert, Bielefeld 2005, S. 221–238.

8 Vgl. Paul Kahl, Hendrik Kalvelage: Personen- und Ereignisgedenkstätten, in: Handbuch Museum, Stuttgart 2016, S. 130–133, hier S. 131. Der Begriff der Personengedenkstätte als museologische Kategorie, so gerechtfertigt er sachgeschichtlich für das Format des Dichterhauses ist, wird im vorliegenden Beitrag nicht verwendet. Die Personengedenkstätte rückt das Dichterhaus in den Kontext anderer Gedenkstätten, die nicht nur durch die Ortsbindung, sondern zugleich durch eine bestimmte Rezeptionshaltung miteinander verbunden sind, wodurch die mediale Spezifik, konkret die Literatur, nachgeordnet wird. Der vorliegende Beitrag begreift Dichterhäuser vornehmlich als ›Lektürestätten‹ und somit ausdrücklich als eine Form des Literaturmuseums.

9 Stellvertretend seien die jüngsten Überblicksarbeiten genannt: Häuser der Erinnerung. Zur Geschichte der Personengedenkstätte in Deutschland, hg. von Anne Bohnenkamp, Constanze Breuer, Paul Kahl und Stefan Rhein. Leipzig 2015; Bodo Plachta, Dichterhäuser. Mit Fotografien von Archim Bednorz, Darmstadt 2019.

10 Vgl. hierzu den Ansatz von Thomas Schmidt in diesem Jahrbuch.

Raum bietet interessante Anknüpfungspunkte für die aktuell zu beobachtende Rückkehr der Dichtung in das Dichterhaus. Denn, dies sei an dieser Stelle vorweggenommen, aktuelle Einrichtungen zeigen, dass das Dichterhaus ein Literaturmuseum geblieben ist, welches – wie seine jüngere Schwester, die Literaturausstellung – dem im doppelten Wortsinn unhintergehbaren ›Tod des Autors‹ mit der ›Geburt des Lesers‹ begegnet.

1. Exkurs zur Wahrnehmungsgeschichte des Dichterhauses im 19. Jahrhundert

Die Genese des europäischen Dichterhauses wurde im letzten Jahrzehnt verstärkt zum Gegenstand kulturhistorischer Forschung.[11] Eine Besuchspraxis in Wohnhäusern verstorbener Dichter wurde bereits für die Frühe Neuzeit nachgewiesen und mit der *longue durée* der Säkularisierung erklärt, in deren Zuge sich Formen des katholischen Reliquienkultes auf weltliche Personen übertragen hatten.[12] Die eigentliche »Erfindung des Dichterhauses«, das heißt seine Institutionalisierung als Museumsformat, konnte mittels profunder Quellenstudien – zumindest für den deutschsprachigen Raum – mit der symbolpolitischen Indienstnahme für das Konzept der Kulturnation begründet werden.[13] Dabei waren weniger philologische oder museologische als vielmehr nationalstaatliche Ideen handlungsleitend, und entsprechend ging es weniger um das konkrete – diesen Ideen nicht selten diametral entgegen stehende – literarische Werk als vielmehr um dessen Beitrag zu der vergleichsweise abstrakten Vorstellung einer sprachlich geformten kulturellen Identität. Dieses Ergebnis konnte auch im Abgleich mit anderen Personengedenkstätten konturiert werden, konkret durch den Befund, dass die

---

11   Häuser der Erinnerung; Paul Kahl, Die Erfindung des Dichterhauses. Das Goethe-Nationalmuseum in Weimar. Eine Kulturgeschichte, Göttingen 2015; Das Goethe-Nationalmuseum in Weimar, 2 Bde., hg. v. Paul Kahl, Göttingen 2015 und 2019; Bodo Plachta, Dichterhäuser (2011); Ders., Dichterhäuser (2019).

12   Stefan Laube, Von der Reliquie zum Ding. Heiliger Ort – Wunderkammer – Museum, Berlin 2011; Stefan Rhein: Am Anfang war Luther. Die Personengedenkstätte und ihre protestantische Genealogie, in: Häuser der Erinnerung, S. 59–70; Christoph Schmälzle, Weltliche Wallfahrt. Schillers Reliquien in den Gedenkstätten des 19. Jahrhunderts, in: Literatur ausstellen. Museale Inszenierungen der Weimarer Klassik, hg. von Hellmuth Th. Seemann und Thorsten Valk. Klassik Stiftung Weimar. Jahrbuch 2012, S. 57–87.

13   Paul Kahl, Die Erfindung des Dichterhauses; Das Goethe-Nationalmuseum in Weimar, Band 1: Das Goethehaus im 19. Jahrhundert.

Dichterhäuser den Großteil dieses Formats ausmachten, die Sprachkunst folglich eine privilegierte Rolle erhielt.[14]

So plausibel diese institutionsgeschichtliche und kulturpolitische Begründung ist, so folgt sie doch einem top-down-Modell, das die heterogenen Verfahren der Aneignung zwar nicht ausblendet, so doch dieser Perspektive unterordnet. Was in den Fällen von Goethe und Schiller zutrifft, die als Nationaldichter kanonisiert wurden, gilt nicht für den Großteil der Häuser. Sie entstanden aus situativen Allianzen von mehr oder weniger professionellen Lesern, Mäzenen und Lokalpolitikern. Gerade weil die Akteure in der Regel keine Museologen waren, zudem jedes Haus völlig andere Räumlichkeiten bot, konnte sich kein verbindliches Leitbild ausprägen. Zugleich aber war, anders als in Künstler- oder Musikerhäusern, der Zugriff auf das Werk vergleichsweise einfach, weil die Texte zwar außer Haus aber in der Welt waren, was mediale Übersetzungen sowie Spielräume für fiktionale Überformungen eröffnete.[15] Angesichts der spärlichen Bild- und Textquellen zu den Ersteinrichtungen der neu gegründeten Dichterhäuser kann an dieser Stelle nur gemutmaßt werden, dass sich angesichts der in der Regel fehlenden, erst einzuwerbenden Einrichtungsstücke sowie der heterogenen Räumlichkeiten und der mindestens ebenso orts- wie textverbundenen Akteure ein situatives Kuratieren ereignete, das primär auf die regionale Identität zielte und sich nicht ohne weiteres dem Geltungsbereich der Kulturnation zuordnen ließ.

Eine solche ›wilde Praxis‹ konnte sich unter anderem an neuartigen Musterhäusern orientieren. Während der Gründung der ersten Dichterhäuser Mitte des 19. Jahrhunderts führten die Weltausstellungen das Wohnen als beobachtbare und reflektierbare kulturelle Praxis vor.[16] Dieses Zeigen von Wohnraum in konkreten Einrichtungen sowie in Bildmedien ist ein Effekt der Diskursivierung des Wohnens, in deren Zuge auch das Arbeitszimmer des Schreibtischarbeiters an Kontur gewann. Die Produktion von Texten, so vertrat es bereits das im goe-

---

14 Constanze Breuer, Dichterhäuser im Europa des 19. Jahrhunderts, in: Häuser der Erinnerung, S. 71–91, hier S. 72–74.

15 Das erste Dichterhaus, die Casa del Petrarca in Arquà Petrarca, zeigt, welche Möglichkeiten die Referenz auf den Text bei der Einrichtung eröffnete. Um 1550, fast ein Jahrhundert nach dem Tod des Dichters, erwarb ein vermögender Leser das Haus, ließ es mit Fresken aus Petrarcas Werken ausstatten und holte so die Dichtung in einer medialen Übersetzung in das Haus zurück.

16 Die Öffnung und mediale Verbreitung von mustergültigen Wohnhäusern begann bereits um 1800 mit den Londoner Städthäusern von John Soane und Thomas Hope und erhielt mit den Weltausstellungen eine Breitenwirkung. Christiane Holm, Bürgerliche Wohnkultur im 19. Jahrhundert, in: Das Haus in der Geschichte Europas, hg. von Joachim Eibach u. a. Berlin und Boston 2015, S. 233–253, hier S. 235–240.

thezeitlichen Weimar produzierte *Journal des Luxus und der Moden*, ist dabei keinesfalls unabhängig von Körperhaltung, Arbeitsfläche, Beleuchtung oder Raumtemperatur. Unter diesen Voraussetzungen entstand das Raumbild der Schreibszene, das bis heute im Zentrum der Dichterhäuser steht.[17] Entsprechend findet sich auch in den Bilddokumenten der Dichterhäuser eine Wahrnehmungsverschiebung vom Baukörper als Markierung im öffentlichen Raum hin zum Zimmer als dem Ort, in dem gedacht, gesprochen und geschrieben wurde, als einer Werkstatt des Werks also. Das soll im Folgenden an zwei Arbeitszimmern nachvollzogen werden, die sich in den beiden für den deutschsprachigen Raum prägenden Häusern finden: das Lutherhaus in Wittenberg und das Goethehaus in Weimar.

Die Lutherstube

1503, ein Jahr nach der Universitätsgründung in Wittenberg, begannen die Bauarbeiten eines neuen Augustinerklosters, in das Luther 1508 einzog und dort bis zu seinem Tod 1546 lebte. In dieser Zeit änderte sich der institutionelle Rahmen maßgeblich. Das unvollendete Kloster wurde in Folge der von Luther vor Ort schreibend und redend initiierten und begleiteten Reformationsbewegung zum Pfarrhaus. Der ehemalige Mönch wurde Theologieprofessor und Pfarrer, Ehemann der ehemaligen Nonne Katharina von Bora und Familienvater. Das memoriale Potential des Hauses besteht in dem Abbildungsverhältnis von Haus-, Lebens- und Reformationsgeschichte.

Bekanntlich hat Luther die Dingkultur des Katholizismus als theologischen Irrtum angeklagt und »sola scriptura«, allein die Bibel, als Medium des Glaubens gelten lassen. Interessant ist, dass sich der Reformator im Zuge weiterer Bauarbeiten, die seine ehemalige Mönchszelle gefährdeten, für deren Erhalt aussprach mit der Begründung »so muß mein armes Stublin hinweg, daraus ich doch das bapstumb gesturmet habe, propter quam causam dignum esset perpetua memoria« (also deshalb ein würdiger Grund für eine andauernde Erinnerung).[18] Nicht allein das geschriebene Wort, sondern auch der Ort des Schreibens erhielt die Lizenz als protestantisches Erinnerungsmedium. Jedoch war es nicht die Zelle des Schreibens, sondern das Zimmer der Tischgespräche, welches zum

---

17 Bodo Plachta, Schreibtische, in: Medienwandel/Medienwechsel in den Editionswissenschaften, hg. von Anne Bohnenkamp, Berlin 2013. (Beihefte zu editio; 35), S. 257–267.

18 Martin Luther, Tischreden, zit. nach Stefan Laube, Das Lutherhaus. Eine Museumsgeschichte, Leipzig 2003, S. 28. Die Darstellung der Geschichte der Lutherstube in diesem Abschnitt folgt dieser Studie.

zentralen Raum der Memoria wurde. Mit Luthers Tod erhielt das ihm überschriebene, an seine Familie vererbte und später vom Kurfürst erworbene Haus neue Nutzungen als Stipendiatenhaus und Schule, davon ausgenommen blieb jedoch die sogenannte Lutherstube, der Ort, an dem er die sogenannten *Tischreden* gehalten hatte. Diese Stube konnte von Interessierten besucht werden, die zahlreiche Kreide-Inschriften an den Wänden hinterließen. Die ab 1783 eingesetzten Fremdenbücher sollten dem entgegen wirken, was jedoch nur begrenzt Erfolg zeigte.

Die Anlage der Wohnstube, die durch das Einziehen von Zwischenwänden angelegt worden war, sowie die raumbestimmende Ausstattung von Holzvertäfelung, Wandbänken und Kastentisch datieren in die Lutherzeit. Anfang des 17. Jahrhunderts wurde ein Bildprogramm ergänzt, der Ofen mit christlichen Motivkacheln versehen und die Wände ornamental ausgemalt und mit Gemälden ausgestattet. Schon vor der 1844 einsetzenden, über vier Jahrzehnte andauernden Sanierung kam es zu einer denkmalpflegerischen Grundsatzdebatte um die historischen Kreide-Inschriften. Nachdem der beauftragte Denkmalpfleger Johann Gottfried Schadow 1821 die Schriften weitgehend hatte entfernen lassen, setzte sich sein Nachfolger Karl Friedrich Schinkel für den Erhalt der Reste sowie der zwischenzeitlich wieder hinzu gekommenen Besuchersignaturen ein. Schließlich wurde bei der Einrichtung des Museums diese wandfeste Form der Partizipation der Besucher an der Raumgestaltung in Teilen erhalten und zugleich eine Purifizierung der Ausstattung verfolgt, was zur Entfernung von Objekten und Gemälden sowie zur partiellen Freilegung der vermeintlich lutherischen Wandfassung aus dem 17. Jahrhundert führte. Bei der Eröffnung des reformationsgeschichtlichen Museums im sanierten Lutherhaus 1883 wurde die Lutherstube als Herzstück inszeniert.

In den Bildzeugnissen scheint dieser Prozess der Ausräumung bereits vorweg genommen. Ein Beispiel von 1832 zeigt zwei Besucher, die wie beim Eintritt in einen bewohnten Raum die Hüte ziehen. Im Gespräch wenden sie sich dem raumbestimmenden Kastentisch zu und lassen den bebilderten Ofen im Rücken. Die in den zeitgleichen Besucherberichten bezeugten Exponate, konkret Stühle, Porträts der Reformatoren, die Totenmaske Luthers, Bücher, Musikinstrumente und ein Bierhumpen, sind ebenso getilgt, wie auch die Bemalungen und Beschriftungen der Wände; selbst die Figurenmotive auf den Ofenkacheln sind in vage Andeutungen aufgelöst. Die protestantisch sozialisierten Besucher suchten offensichtlich nicht nach den lebensweltlichen Bedingtheiten der Gesprächssituationen, sondern nach dem puren Ort. Derjenige, vor dem sie den Hut ziehen, ist abwesend, seine einst hier gesprochenen, später vielfach aufgezeichneten Worte sind nicht mehr hörbar. Dieses Einrichtungsmodell, das sich weniger über die Dinge, als vielmehr über die Leere konstituiert, sollte musterbildend werden.

Abb. 1: Lutherstube, Lithographie von Joseph Williard, 1832. © Stiftung Luthergedenkstätten in Sachsen-Anhalt

Die damit verbundene Raumpraxis der Vergegenwärtigung der Abwesenheit zeigt eine Strukturanalogie zur protestantischen Andacht, die weitgehend entdinglicht, nicht aber enträumlicht ist und sich somit vom katholischen Reliquienkult abgrenzt.[19]

Goethes Arbeitszimmer

Noch länger als Luther im Lutherhaus, nämlich fast fünf Jahrzehnte, lebte und arbeitete Goethe im Goethehaus am Frauenplan in Weimar, in dem er auch gestorben ist. In diesem Haus entstanden nicht nur *Faust I* und *II*, die *Wilhelm-Meister*-Romane oder *Dichtung und Wahrheit*, sondern hier wurde auch die Gesamtausgabe letzter Hand ediert und der Nachlass geregelt. Goethe bewohnte das repräsentative, Anfang des 18. Jahrhunderts gebaute barocke Bürgerhaus am

---

19   Entsprechend genau beobachteten die protestantischen Theologen die Formen und Medien des Gedenkens in erster Linie mit Blick auf den Status der Dinge. So veranlassten Hallesche Theologen Anfang des 18. Jahrhunderts im Sterbehaus Luthers in Eisleben eine Verbrennung des kompletten Mobiliars, da der bereits rege Tourismus zu sehr auf Berührung und spirituelle Aufladung des Materials zielte, etwa, indem Splitter aus dem Sterbebett entnommen wurden. Stefan Rhein, Am Anfang war Luther.

Stadtrand bereits ein Jahrzehnt als Mieter, als er es 1792 als Geschenk von seinem Dienstherrn erhielt. In der Folge unterzog er es einer größeren Umbaumaßnahme, wobei er das Vorder- mit dem Hinterhaus durch ein freischwebendes Brückenzimmer verband und so eine Sichtachse zwischen Stadt und Garten einzog. Diese zusätzliche Verbindung separierte zugleich den Arbeitsbereich im Hinterhaus von dem geselligen Bereich des Vorderhauses. Mit dieser Neuordnung des Hauses änderte sich Goethes Schreibverhalten dahingehend, dass er von nun an fast ausschließlich diktierte – selbst die Aufzeichnungen im Tagebuch. Am Ende seines Lebens befanden sich sieben Schreibmöbel in seinem Zimmer, die verschiedenen Stilepochen angehören: eine gedrungene frühklassizistische Schreibkommode neben einem jüngeren klassizistischen Bureau Plat, oder ein mit Zierelementen versehenes Zeichenpult neben einem schmucklosen, aus nachgenutzten Einzelteilen zusammengesetzten Stehpult. Im Zentrum dieser wandfüllenden Schreibtischlandschaft stand ein Esstisch, an dem nicht nur Mahlzeiten eingenommen wurden. Hier nahm der Schreiber Platz, so dass der Diktierende sich in der Gasse zwischen dem Esstisch und den umlaufenden Schreibtischen bewegen konnte.

Goethe konnte davon ausgehen, dass sein bereits vielfach als »Goethehaus« reproduziertes Wohnhaus auch nach seinem Tod eine privilegierte Stellung im Stadtraum behalten würde, jedoch konnte er nicht damit rechnen, dass seine Wohnräume musealisiert werden würden. Mit der vertraglichen Einsetzung seiner philologisch geschulten Mitarbeiter regelte er sowohl die Pflege als auch die Bearbeitung seiner Kunstsammlung sowie seines schriftstellerischen Nachlasses. Als jedoch nach seinem Tod diese Mitarbeiter begannen, die gesamte Einrichtung des Arbeitszimmers nach archivalischen Regeln, nicht also nur die Manuskripte und Bücher, sondern auch alle Objekte und das Mobiliar, zu inventarisieren, machten sie es zum Teil des schriftstellerischen Nachlasses.

Bereits zwei Monate nach Goethes Tod forderte Carl August Böttiger in der *Augsburger Allgemeinen Zeitung* die Musealisierung von Goethes Weimarer Wohnhaus mitsamt seiner Inneneinrichtung und somit einen bis dahin im deutschsprachigen Raum völlig neuen Museumstyp. Es begann ein über ein halbes Jahrhundert andauernder Musealisierungsprozess, der durch Interessenkonflikte zwischen Familie, ehemaligen Mitarbeitern und Herzogtum, schließlich auch des deutschen Bundes, immer wieder abbrach und neu einsetzte. Als 1886 das Haus mit der Reinszenierung der Wohnräume als Goethe-Nationalmuseum öffnete, waren die Manuskripte bereits in das Goethe-Archiv verbracht worden und die Zeitzeugen des Werkstattwesens lebten nicht mehr.

Während der ersten Konzeptionsphase des Dichterhauses war der Besuch des Arbeitszimmers durch die kustodische Betreuung der Mitarbeiter möglich, die, das bezeugen viele Besucherberichte, über jedes dort deponierte Objekt mit Blick

Goethe's Arbeitsstube.

Abb. 2: Goethe's Arbeitsstube, in: Die Gartenlaube. Illustriertes Familienblatt, Jahrgang 1854, Heft 16, S. 213.

auf seine Einbindung in die Arbeitsprozesse Auskunft erteilen konnten.[20] Bereits in dieser Phase entstand über viele Textzeugnisse eine enthistorisierende Wahrnehmung, die dem Zimmer einen überzeitlich-normativen Charakter verlieh. Exemplarisch sei Karl Gutzkow mit seinem 1838 erschienen Artikel *Ein Besuch bei Goethe* zitiert: »Nein, der echte Dichter wohnt wie Goethe und findet es sogar pikant und jedenfalls am anregendsten, in einem Zimmer zu schaffen, wo nichts als nackte Wände, ein eichener Stuhl, ein gleicher Tisch ihm zu Gebote stehen. Das übrige wird die Phantasie hinzutun.«[21] Diese idealtypische Darstellung geht völlig über die reale Raumeinrichtung und die Zeitzeugenschaft der Kustoden hinweg: Die vollgehängten Wände werden bereinigt, die vielen Tische und Stühle werden auf den Singular dezimiert. Entgegen der überlieferten Werkstattsituation also obsiegt die Denkfigur, dass ein Minimum an Innenraumgestaltung ein Maximum an dichterischer Produktivität ermöglicht.

20   Diese Entwicklung habe ich an anderer Stelle nachgezeichnet: Christiane Holm, Goethes Arbeitszimmer. Überlegungen zur Diskursivierung des Dichterhauses um 1800, in: Die Werkstatt des Dichters, S. 47–63.
21   Karl Gutzkow, Ein Besuch bei Goethe, 1838, in: Das Goethe-Nationalmuseum, Bd. 1, S. 98–99, hier S. 99.

Genau diese Auffassung wird bis zur Öffnung des Museums in Bilddokumenten verfestigt, die einen geordneten Raum für eine Person zeigen: Die Möbel und Dingbestände sind auf wenige Stücke reduziert und der Esstisch wird, durch einen zweiten Tisch erweitert, als Schreibtisch präsentiert, während die umlaufenden Schreibmöbel zu Magazinmöbeln umgeformt sind. Diese Ausräumung folgt dem Andachtsmodell der Lutherstube, doch ist der Raum gerade nicht am gesprochenen Wort des Diktierenden in Gesellschaft seiner Mitarbeiter, sondern an einer solitären Schreibsituation, somit weniger an Luthers Esszimmer als vielmehr an dessen Mönchzelle ausgerichtet. Diese Darstellung ignoriert nicht nur die Zeitzeugenberichte der Mitarbeiter, sondern auch die Selbstbeschreibung des Autors, der sein archivpoetisches Spätwerk als »Kollektivwesen« namens Goethe bezeichnete.[22] Über den Raum gelegt wird das Autorschaftsmodell des allein aus seinem eigenen Innenleben heraus schaffenden Genies, das sich vor allem aus Goethes Frühwerk ableitet.

Mit Blick auf die beiden Musterzimmer ist das Bild zu korrigieren, dass das positivistische und biografistische ›Jahrhundert der Dinge‹ in den Dichterhäusern erstens auf Fülle und zweitens auf quasi authentische Lebenssituationen setzte. Man darf davon ausgehen, dass die Besucher der beiden Häuser in Wittenberg und Weimar Luthers *Tischreden* und, wenn auch weniger Goethes experimentelles Spätwerk, so doch Teile seines Frühwerks kannten. Selbst solche belesenen Besucher interessierte die Biografie des Autors in der dinglichen Konkretion des Raumes vergleichsweise wenig. Mit der realen wie fiktiven Ausräumung der Arbeitszimmer treten die dort lokalisierten Produktionsprozesse zurück zugunsten der Imaginationskraft der Besucher und ihrer hinein getragenen Vorstellungen von Autorschaft. Die Vorstellungen der Leser sind mächtiger als die der Autoren selbst: Luther hätte gern die Schreibsituation seiner Mönchzelle erhalten, die ihn als solitären Stürmer des Papsttums Kraft seines geschriebenen Wortes memoriert hätte, musealisiert wurde aber die Wohnsituation der *Tischreden*, die den Hausherrn abendmahlsähnlich mit seiner jungen ›Gemeinde‹ im Gedächtnis hält. Goethe wiederum präsentierte sich im Alter als Teilhaber eines »Kollektivwesens« in einem materiell wie personell gut eingerichteten Büro, in dem er sprach und nicht schrieb, wurde in diesem Raum aber als solitäres Genie erinnert.

---

22 Die viel zitierte, von Frédéric Soret überlieferte Äußerung in Gänze: »[M]ein Lebenswerk ist das eines Kollektivwesens und dies Werk trägt den Namen Goethe.« Zitiert nach und poetologisch ausgewertet in der Studie: Kai Sina, Kollektivpoetik. Zu einer Literatur der offenen Gesellschaft in der Moderne mit Studien zu Goethe, Emerson, Whitman und Thomas Mann, Berlin 2019, S. 39–107, hier S. 39.

2. Wohnraum und Ausstellungsraum:
Ausräumung und Verdichtung

So vorbildlich sie für kommende Dichterhäuser auch waren, die Lutherstube und
mehr noch das Goethebüro, so wenig eigneten sie sich dazu: Der Normalfall war,
dass die Häuser nach dem Tod der Dichter im Familienbesitz weiter genutzt oder
verkauft wurden, die Interieurs sich verbrauchten und schließlich unwiederbring-
lich verschwanden. In den meisten Fällen sind die Initiativen zur Gründung von
Dichterhäusern Rettungsgeschichten, d. h. erst wenn das Haus zu verfallen drohte,
wurde sein kultureller Wert überhaupt wahrnehmbar. Für solche nicht selten über
ein Jahrhundert zwischengenutzten Dichterhäuser bestand die Option der materiellen Ausräumung, wie sie in den Bildzeugnissen von Luther- und Goethehaus
eingelöst wurde, also gar nicht. Zu beobachten ist eher das Gegenteil, nämlich
dass leere Häuser mit dichterzeitlichen Möbeln aufgefüllt wurden. Das ist gut
dokumentiert im Falle der 1859 einsetzenden Bemühungen um eine Möblierung
von Schillers Geburtshaus in Marbach, für das sich kein originaler Bestand mehr
zusammentragen ließ und das mit mehr oder weniger schillerzeitlichen Stücken
eingerichtet wurde.[23] Als *best practice* wirkte dieses Verfahren weit in das 20. Jahrhundert hinein, auch das untere Turmzimmer des Hölderlinturms wurde in den
1920er Jahren entsprechend wohnlich gestaltet.[24] Selbst Goethes Gartenhaus in
Weimar, von dem sich Originalmöbel erhalten hatten, wurde durch historisierende
Objekte wie altdeutsche Stühle aufgefüllt. Erst 1996 erfolgte dort eine Korrektur,
in der die Einrichtung bis auf wenige authentische, quellenkritisch bestätigte
Objekte aus dem Haus geschafft wurde. In der Folge entstanden fragmentarisch
anmutende Raumsituationen, in denen die Möbel weniger als Bestandteil einer
Wohneinrichtung denn als solitäre Exponate einer Ausstellung erschienen.

Derartig ausgeräumte Räume sind seit dem ausgehenden 20. Jahrhundert
jedoch anders motiviert als die Dichterzimmerbilder des 19. Jahrhunderts:
Weniger wird das protestantisch geschulte Andenken angesprochen, der medi-
tative Umgang mit Leere, vielmehr fungieren die Leerstellen als Reflexionssignal
für den quellenkritischen Umgang mit der Überlieferung. Dieser kuratorische
Minimalismus des Authentischen wird nicht zuletzt deshalb anders aufgenommen als seine bildlichen Vorläufer des 19. Jahrhunderts, weil die Dichterhaus-
besucher im Zuge der allgemeinen Popularisierung der Museen seit den 1990er
Jahren zwar zugenommen, ihre Lektürekenntnisse jedoch rapide abgenommen
haben. Im Folgenden soll an drei Beispielen von aktuellen Neueinrichtungen im

---

23 Christoph Schmälzle, Weltliche Wallfahrt, S. 63–64.
24 Dokumente zu Ernst Zimmer und zur Geschichte des Hölderlinturms. Sonderausstellung im
    Hölderlinturm, 2. Aufl. Tübingen 1997, S. 29.

Fokus auf die zentralen Arbeitsräume dem Verhältnis von Ausräumung und Verdichtung, von Wohnraum und Ausstellungsraum nachgegangen werden.

Der Hölderlinturm in Tübingen

Der heutige Hölderlinturm ist ein gut drei Jahrzehnte nach Hölderlins Tod wieder hergestellter Bau mit einem angesetzten Wohnhaus. In Folge eines Brands wurde er auf dem Fundament eines spätmittelalterlichen Wehrturms errichtet, in dem Hölderlin die Hälfte seines Lebens verbracht hatte. Die biografischen und medizinischen Umstände lassen sich nicht vollständig rekonstruieren, gesichert ist jedoch, dass der Dichter nach seinem Aufenthalt im Tübinger Hospital als psychisch unheilbar von der Tischlerfamilie Zimmer aufgenommen und bis zum Tod versorgt wurde. Erhalten haben sich 48 Gedichte aus dieser Zeit, die zumeist unter fiktiven Namen und Daten notiert sind. Erst 1921 erwarb die Stadt Tübingen den Turm zur Einrichtung einer Memorialstätte, die im Februar 2020 anlässlich von Hölderlins 250. Geburtstag saniert und neu gestaltet wiedereröffnet wurde.[25]

Das von Hölderlin ab 1807 bis zu seinem Tod 1843 bewohnte Turmzimmer existiert nur noch in seiner topografischen Lage am Neckar, die Befensterung dieses Vorgängerbaus ist durch eine dezente Putzprofilierung an den Wänden markiert. Ein Turmzimmer ist als allseits abgeschlossener, somit selbstbezogener und zugleich als allseits Weitsicht bietender, somit weltoffener Denkraum ein literaturtopologisch höchst aufgeladener Schauplatz dichterischer Einbildungskraft.[26] Die Stätte, ist sie auch in materieller Hinsicht nicht authentisch, erzeugt folglich allein durch Raumzuschnitt und Lage eine Anbindung an Hölderlins Schreibsituation. Auch die Ausstattung erfolgt mit Repliken und ist auf zwei Exponate beschränkt: Hölderlins zentral gesetztes Arbeitstischchen, ein Nachbau des Exemplars aus dem Familienbesitz seiner Gastgeber, und das während seiner Turmzeit entstandene Gedicht *Aussicht*, das als Handschriften-Faksimile unter Glas an der Wand platziert und von einer Transkription flankiert ist, die in die ›Aussicht‹ des virtuellen Fensterrahmens eingetragen ist. Die mögliche Zusammenführung von Tisch und Text wird in dieser minimalistischen Gegenüberstellung gleichzeitig nahe gelegt und unterlaufen. Diese ostentative Verweigerung einer dichterischen Schreibszene auf der leeren Tischfläche wird dadurch verstärkt, dass dem Tisch kein Stuhl zu Seite steht. Im Raumtext wird zudem die

---

25 Die Neueinrichtung wurde von der Arbeitsstelle für literarische Museen, Archive und Gedenkstätten in Baden-Württemberg in Kooperation mit der Universitätsstadt Tübingen und der Hölderlingesellschaft konzipiert (Leitung: Thomas Schmidt).

26 Vgl. Gaston Bachelard, Poetik des Raums. München 1960, S. 57 f. und 203.

Abb. 3: Hölderlinturm Tübingen, Turmzimmer in der Neueinrichtung 2020. © David Franck

Wahrnehmung angeleitet, den Tisch nicht nur als Schreibfläche sondern als leib-
liches Gegenüber zu sehen: Für Hölderlin, so die Zimmersche Familienüberlie-
ferung, diente die Tischplatte zum Skandieren mit den klopfenden Fingern aber
auch, als Widerpart seines Faustschlags, wenn er »wenn er Streit gehabt – mit
seinen Gedanken!«.[27] Der aufgesockelte Tisch bietet an der Seite ein Tastbrett an,
das die Rhythmik der Hölderlinschen *Aussicht* fühlbar macht. Dieses interaktive
Moment verbindet die Schreib- mit der Leseszene und holt nicht nur den Text,
sondern auch seine leibliche Dimension in das zentrale Schreibzimmer hinein.

Das Klopstockhaus in Quedlinburg

Das Bürgerhaus am Schlossberg von Quedlinburg wurde Mitte des 16. Jahrhunderts im regionalen Fachwerkstil errichtet und im 17. Jahrhundert um seinen

---

27   Ernst Friedrich Wyneken, Tagebuch 1858, zit. n. Gregor Wittkop, »Fährniß«. Hölderlins
     Tisch aus Tübingen, Marbach 2003 (Spuren 64), S. 10.

platzbestimmenden Portikus erweitert. Die Familie Klopstock bewohnte das Haus über drei Generationen von 1702 bis 1809, in dem Friedrich Gottlieb 1724 als erstes von 17 Kindern geboren wurde. Nach dem Studium, also während der Arbeit an seinem epochemachenden Versepos *Der Messias*, besuchte er die Familie gelegentlich, und wechselte von dort einige Briefe mit seinem Verleger. Bis auf die brieflich notierten Ortsangaben liefern das Haus und die darin verbrachte Lebenszeit keinen Bezugspunkt für Klopstocks Schreiben. Hinzu kommt, dass Klopstock viel dafür tat, dass seine Dichtung als etwas wahrgenommen wurde, was erstens außerhalb der Schreibstube und zweitens in Bewegung vor sich ging. Klopstocks Status als Genie und *role model* der Stürmer und Dränger gründete nicht allein auf seiner Abwendung von der Normpoetik zugunsten neuer klang- und rhythmusbasierter Formen, sondern auch auf seinem Habitus als Original. So trat der Dichter explizit gegen das Bild des Stubengelehrten an und als Bürgerschreck im öffentlichen Raum in Erscheinung: Als Eisläufer, Nacktbader oder Kunstreiter.[28]

Das Haus wurde aufgrund bürgerschaftlichen Engagements, konkret durch die Initiative eines ortsansässig gegründeten Klopstockvereins, von der Stadt angekauft und 1899 zum 175. Geburtstag des Dichters eröffnet. Aus der Perspektive nationaler Identitätsbildung war das Potential des Dichters Klopstock als Spracherneuerer und erstes Originalgenie immens und hätte sich gut an die bereits bestehenden und diskursprägenden Personengedenkstätten für Luther und Goethe anbinden lassen. Dass dies nicht geschehen ist, dürfte an Klopstocks Texten liegen, deren Großteil sich in seiner biblischen Sprache und verschlungenen Syntax nicht für griffige Auszüge in Schulbüchern oder Blütenlesen eignet. Bilddokumente von der musealen Ersteinrichtung des Hauses haben sich nicht erhalten. Da der Verein nur wenige persönliche Nachlassobjekte des Dichters aus Familienbesitz erwerben konnte, dürfte die Raumgestaltung ähnlich Schillers Geburtshaus erfolgt sein, wie sie auch in der Neueinrichtung von 1999 prägend blieb: eine Mischung von historischem Mobiliar im Zusammenspiel mit Porträt-Repliken und Buchvitrinen.

Für die im März 2019 eröffnete Neueinrichtung von Unter- und Mittelgeschoss wurden die Möbel ausgeräumt.[29] Statt lebensweltlich-sinnstiftender Bezüge zum

---

28 Klopstocks performatives Bewusstsein von der eigenen Biographie war Teil einer neuartigen Werkpolitik, denn programmatisch arbeitete er mit Subskription, die auf einen Vertrauensvorschuss seiner Genialität kalkulierte. Steffen Martus, Werkpolitik. Zur Literaturgeschichte kritischer Kommunikation vom 17. bis ins 20. Jahrhundert, Berlin und New York 2007. (Historia Hermeneutica; 3), S. 244–262.

29 *Das papierne Zeitalter. Wie der Körper zur Sprache kommt*, Neueinrichtung der Dauerausstellung im Klopstockhaus, März 2019. Es handelte sich um ein Projekt mit Studierenden des Germanistischen Instituts der Martin-Luther-Universität Halle-Wittenberg, der Buch-

Abb. 4: Klopstockhaus Quedlinburg, Klopstockpassage in der Neureinrichtung 2019.
© Jürgen Meusel

Geburtshaus wurde der Zufall der Geburt betont, indem der Dichter in eine fiktive
›Wohngemeinschaft‹ mit anderen schreibenden Quedlinburgern des langen
18. Jahrhunderts versetzt wurde: wie Klopstock hatten die erste promovierte
Ärztin und Frauenrechtlerin Dorothea Christiana Erxleben und der Erfinder des
Sportunterrichts und der Vokuhila-Frisur Johann Christoph Friedrich GutsMuths
sich mit der Frage befasst, *Wie der Körper zur Sprache kommt.*

Entsprechend dieser Konstellation erfolgte die Zuordnung der Räume nicht
nach biografischen, sondern nach raumästhetischen Kriterien, die das Fachwerk-
haus in seiner verwinkelten, von Niveausprüngen und Innenfenstern geprägten
Eigenheit anbot. Klopstock erhielt eine schmale Passage ohne Sitzgelegenheiten
an der Rückseite des Hauses. Die beiden zentralen, für ein Dichterhaus typischen
Schaustücke, das originale Schreibzeug und eine Locke des Dichters, sind von
Textauszügen gerahmt. Diese Texte erhalten den Status von Exponaten, da sie in
der orthografisch nicht geglätteten Originalschreibweise in einer lesbaren Handschrift auf buchkünstlerische Arbeiten übertragen sind. Klopstocks Schreibzeug

kunst der Kunsthochschule Burg Giebichenstein und der Medienpädagogik der Hochschule
Merseburg in Kooperation mit der Welterbestadt Quedlinburg und dem Klopstockverein
Quedlinburg (Leitung: Christiane Holm und Brigitte Meixner).

ist in einer Vitrine mit »Schrittschuhen« vor der Ode *Der Eislauf* präsentiert,[30] die Locke ist von einer aufgesockelten Kleenex-Schachtel flankiert, aus der die Besucher die tränenreichsten Szenen des Dichters und seiner Nachahmer auf Zellstoff zur Lektüre hervor ziehen können. Anders als der Hölderlinturm exponiert diese Neueinrichtung die Lockerung der Bindung zwischen Dichter und Haus, indem sie andere Schriftsteller ohne eigenen musealen Wohnsitz integriert und in dem Haus eine thematische Leseausstellung installiert.

Das Jünger-Haus in Wilflingen

Anders als die Überlieferungslage bei Hölderlin oder Klopstock, welche im Sinne des Minimalismus des Authentischen zwangsläufig zur Arbeit mit Leerstellen führt, müssen Dichterhäuser, die zeitnah zum Tod des Dichters eingerichtet werden, mit einer Überfülle von Lebenszeugnissen umgehen. Diese Situation prägte das jüngste Dichterhaus im deutschsprachigen Raum, das Jünger-Haus in Wilflingen, dessen Musealisierung der Autor im Zuge der Vorlass-Verhandlungen mit dem Deutschen Literaturarchiv der Moderne selbst auf den Weg gebracht hatte. Vielerlei Parallelen zu Goethes Musterhaus in Weimar drängen sich auf: die Arbeitsweise beider Autoren war durch ein Neben- und Miteinander von literarischen und naturwissenschaftlichen Projekten gekennzeichnet, beide nutzten den Wohnraum als Ausstellungs- und Magazinraum für Dinge und Texte, von denen viele direkt in die Werke eingegangen sind, und in beiden Fällen waren es Philologen und Archivare, die das Dichterhaus inventarisierten und formatierten. Agierten jedoch nach Goethes Tod die Kustoden, Archivare und Editoren in Personalunion der ehemaligen Mitarbeiter, so lässt sich am Fall des Jünger-Hauses die institutionelle Ausdifferenzierung der kustodischen, kuratorischen, archivarischen und editorischen Interessen studieren. Eindrücklich analysierte Felicitas Günther als »begleitende Ethnographin im Feld« und zugleich »Mitglied des Projekt- und somit auch Editorenteams«, wie die einzelnen Vertreterinnen und Vertreter der jeweiligen Professionen in einem komplizierten Aushandlungsprozess um Deutungshoheit rangen und wie viele Unschärfen das Dichterhaus als Format birgt.[31] Dabei kollidierten vor allem das von der ehemaligen Haushälterin und langjährigen Kustodin vertretene Modell des

---

30   Malte Apmann, Klopstocks Körpersprachen, in: Das Papierne Zeitalter. Wie der Körper zur Sprache kommt. Begleitpublikation zur gleichnamigen Ausstellung im Klopstockhaus Quedlinburg, hg. von Christiane Holm, Maria Junker, Brigitte Meixner und Hannah Uhlen, Halle S. 2019, o. S. (gefaltete Blattsammlung).

31   Felicitas Günther, Schaustücke der Literatur? Archivarische und museale Praktiken der Werkkonstituierung, Tübingen 2018. (Ludwig Uhland Institut. Untersuchungen; 121), S. 215, S. 66–70.

Abb. 5: Jünger-Haus Wilflingen, Kleine Bibliothek in der Neueinrichtung 2011/2016. © alim

Wohnraumes, das auf den Erhalt aller Wohnspuren zugunsten von Präsenzeffekten zielte, mit der Bestandserschließung des Literaturarchivs, das an der »Verwerkung« der Wohneinrichtung arbeitete.[32] Darüber hinaus war die konsequente Privilegierung des Werks vor der Person des Autors nicht zuletzt deshalb wichtig, weil Jünger mit seiner Biografie die Öffentlichkeit polarisierte.

Leitend bei der Wiedereinrichtung waren Fotos, verschiedene Aufnahmen vor und nach dem Tod Jüngers sowie eine Dokumentation des Zustands von 2009. Obwohl viele Objekte wegen ihrer intimen Alltäglichkeit, so Hygieneartikel, oder ihrer konservatorischen Belastung, so die Zimmerpflanzen, oder aber aus ästhetischen Gründen, so Dekorationsobjekte wie eine lebensgroße Porzellankatze, nicht in die Dichterhauseinrichtung eingingen, so waren diese Eingriffe für den Besucher nicht sichtbar, der ein bestenfalls vom Autor selbst kuratiertes Interieur zu erleben meinte. Sehr gut zeigt dieses Beispiel, wie leicht die Rhetorik des Kuratorischen von der Suggestivität des Lebensweltlichen verdeckt wird.[33] Die Musealisierung des Interieurs wird durch eine kniehohe Absperrung und

32   Ebd., S. 219.
33   Thomas Thiemeyer, Zwischen Aura und Szenografie. Das (Literatur-)museum im Wandel, in: Lernort Literaturmuseum. Beiträge zur kulturellen Bildung, hg. von Burckhard Dücker und Thomas Schmidt, Göttingen 2011, S. 60–71, hier S. 68 f.

wenige Vitrinenaufsätze für kleinteilige Arrangements gekennzeichnet. Der entscheidende Eingriff besteht jedoch in der Integration der Dichtung in Form von am Boden montierten, formal in die Absperrung eingepassten blauen Textträgern mit objekt- oder raumbezogene Zitaten aus den autobiografischen, den literarischen oder den naturwissenschaftlichen Schriften Jüngers. Diese markierten Einträge ins Interieur vermitteln dem Besucher nicht allein den Kontext einzelner Objektensembles, sondern sie illustrieren zugleich die archivarische »Verwerkung« des Interieurs. Relational bleibt das Verhältnis von Interieur und Text: für das Museum sind die Beschriftungen Paratexte des Interieurs, für das Werk sind die Einrichtungsstücke Parerga des dichterischen Nachlasses.

Diese Reflexionsebene wurde 2016 durch die Einrichtung einer begleitenden Dauerausstellung *Waldgang in Wilflingen* im Haus verstärkt.[34] Einzelne Schlüssel-Objekte wie der Stahlhelm, Käferpräparate oder die Pfeife wurden aus dem Interieur entnommen und im Ausstellungsraum innerhalb des Hauses mit essayistisch pointierten Zugängen zum Autor und seiner Arbeits- und Denkweise konfrontiert. Entscheidend ist, dass die durch die Entnahme der Objekte entstandenen Leerstellen im Interieur durch ebenfalls blaue, leicht durchscheinende Tafeln mit Umrissen der entnommenen Objekte markiert sind, so dass es nicht nur als Ausstellungsraum mit Begleittexten oder als dichterischer Nachlass mit Objekten, sondern zugleich in seiner Funktion als Depot erscheint, in dem potentiell alle Objekte Anlass und Gegenstand neuer Forschungen sein können.

Mit Blick auf die drei Neueinrichtungen lässt sich die seit der Jahrtausendwende verstärkt zu beobachtende Tendenz feststellen, die Dichtung aus den Buchvitrinen zu entlassen und in anderen medialen, raumbezogenen Formen in das Dichterhaus einzupassen. Dieses Verfahren verleiht den Texten selbst Exponatcharakter und dynamisiert somit das parergonale Verhältnis von Interieur und Text. Die etablierte Schreibszene wird dabei nicht ohne weiteres übernommen, sondern selbst als Darstellungsmuster reflektiert und entsprechend modelliert. Zugleich verschiebt sich der Zugang zu den Texten tendenziell von dem Fokus auf die mehr oder weniger lokalisierbare Textproduktion auf neuartige Szenerien des Lesens. Dabei wird der ›Tod des Autors‹ im doppelten Sinne mitvollzogen, sowohl als Bedingung der Musealisierung eines Hauses, als auch durch einen prinzipiellen Vorbehalt gegen die sinngebende Kraft einer von den Texten entkoppelten Biografie.

---

34 Die Reinszenierung des Wohnraums (März 2011, kuratiert von Thomas Schmidt) sowie die kommentierende Dauerausstellung *Waldgang in Wilflingen* (Juni 2016, kuratiert von Jens Kloster und Thomas Schmidt) wurden durch die Arbeitsstelle für literarische Museen, Archive und Gedenkstätten in Baden-Württemberg realisiert.

3. Perspektiven für Forschung und Literaturvermittlung in Dichterhäusern

Wilhelm Dilthey hatte 1889 bei seinem Plädoyer für die Gründung von Literaturarchiven in unmittelbarer Nachbarschaft der Dichterhäuser diese Raumkonstella-
tion als produktiven Ausgangspunkt gesetzt, um die Einfühlung in die Werkstattsituation, konkret die »eine ganze Person umgebende Atmosphäre« als Faktor in
der Rekonstruktion der Textgenese wirksam werden zu lassen.[35] Ähnlich votierte
Walter Benjamin 1928 beim Besuch von Goethes Arbeitszimmer für »eine Philologie, die diese nächste bestimmendste Umwelt [...] vor uns eröffne.«[36] Beide
Einlassungen auf die materielle Kultur des Dichterhauses waren nicht im Pathos
elegischer Lebensfeier, sondern eher im lakonischen Arbeitsethos des Philologen formuliert. Es steht außer Frage, dass solche Ansätze einen fachgeschicht-
lich mit guten Gründen verabschiedeten Werkbegriff vertreten. Doch es ist nicht
richtig, das literaturwissenschaftliche und kuratorische Interesse für konkrete
Arbeitseinrichtungen unter den Generalverdacht des Rückfalls in Biografismus
und Positivismus zu stellen. Gerade die jüngere Forschung zum Verhältnis von
Literatur und ihren materialen und räumlichen Bedingungen, insbesondere zur
»Schreibszene«, zur »Werkstatt des Dichters« oder zum »Nachlassbewusstsein«,
konnte einigen überlieferten Dichterhäusern einen Quellenwert abgewinnen.[37]

Ausgangspunkt solcher Ansätze ist nicht das ›ganze Haus‹, sondern kon-
kretisierbare Raumsituationen und Ding-Ensembles, aus denen sich neue Fragen
an die Texte ergeben. Dafür gilt es freilich in philologischer Redlichkeit diese
materiellen Einrichtungen mit Blick auf ihre Provenienzen genau zu prüfen, was
angesichts der Sammlungsgeschichten von Dichterhäusern oft alles andere als
einfach ist. Hier ließe sich der Dialog zwischen der theoriegeleiteten literatur-

---

35   Wilhelm Dilthey, Archive für Litteratur, in: Ders., Zur Geistesgeschichte des 19. Jahr-
     hunderts, 3. Aufl. Göttingen 1991, S. 1–16, hier S. 10. Siehe dazu Christiane Holm, Raum-
     ordnungen des Nachlasses. Das »litterarische Archiv« in Goethes Wohnhaus, in: Nachlass-
     bewusstsein, S. 132–154, hier S. 145 – 149.

36   Walter Benjamin, Denkbilder: Weimar, in: Ders., Gesammelte Schriften, hg. von Rolf
     Tiedemann und Hermann Schweppenhäuser, Bd. 4.1, Frankfurt a.M. 1972, S. 253–355, hier
     S. 345.

37   »mir ekelt vor diesem tintenklecksenden Säkulum«. Schreibszenen im Zeitalter der Ma-
     nuskripte, hg. von Martin Stingelin, München 2004; Sebastian Böhmer, Zu einer Semantik
     von unten. Medien-, material- und diskursphilologische Studien zu Schrift und Schreiben
     in der Zeit von 1770 bis 1834, Heidelberg 2018; Die Werkstatt des Dichters. Imaginations-
     räume literarischer Produktion, hg. von Klaus Kastberger und Stefan Maurer, Berlin und
     Boston 2017. (Literatur und Archiv; 1); Nachlassbewusstsein. Archiv, Literatur, Philologie
     1750–2000, hg. von Kai Sina und Carlos Spoerhase, Göttingen 2016 (marbacher schriften;
     NF 13).

wissenschaftlichen Forschung zur Materialität von Arbeitseinrichtungen im Allgemeinen mit der objektbezogenen bestandserschließenden Forschung in den Dichterhäusern im Besonderen ausbauen. So ist es durchaus erhellend, dass Marlen Haushofer ihre Romane in kleinformatige Schulhefte am Küchentisch schrieb, den sie mittags wieder für die heimkehrende Familie frei gab.[38] Das ist nicht nur interessant für die Küchenszenen der eingeschlossenen Protagonistin in *Die Wand*, sondern auch mit Blick auf die Schreibverfahren, die im klar bemessenen Zeittakt und ohne Raum für mehr als ein Blatt funktionierten und vielleicht nur so funktionieren konnten. Steht, wie etwa bei Goethe oder in der vitalen Praxis von Friederike Mayröcker, viel Raum zur Verfügung, der für parallel verlaufende Schreibprojekte und Zwischenablagen genutzt wird, dann lassen sich Fragen nach dem Verhältnis von Schreib- und Archivierungspraktiken stellen, die über die Ränder der Autografen hinausragen.[39]

Durch die Fokussierung auf Innenraum und Schreibtisch sowie die schlichte Tatsache, dass Dichter- anders als Architektenhäuser in der Regel nicht von ihren Hausherrn erbaut, sondern lediglich bewohnt wurden, gerät das Haus schnell aus dem Blick und zur kulturgeschichtlichen Nebensache des Textes. Im blinden Fleck jedoch arbeitet es umso nachhaltiger am Literaturverständnis mit: Die implizit mitgeführten Semantiken des in sich geschlossenen Baukörpers in seiner Strukturanalogie zum in sich geschlossenen Werk oder vom Autor als Hausherrn mit ungeteilter Werkherrschaft begünstigen eine letztlich patriarchalische Idee vom selbstreferenziellen Oikos. Gestützt wird diese Vorstellung zudem durch das literaturgeschichtliche Verfahren der Ortsanbindung von Werkphasen, die das Wohnhaus zu einem Marker für das Früh-, Lebens- oder Spätwerk macht. Geburt, Arbeit, Tod sind bestimmende Narrative für die Einrichtung von Dichterhäusern, die oft wirksam sind, ohne sich an den Gegebenheiten des Hauses plausibilisieren lassen. So versuchen Geburtshäuser meist zu vermitteln, dass die familiäre und lokale Rahmung das Werk fortan prägt, während die Arbeitsstätte oft mit Vorstellungen vom ›ganzen Haus‹ verbunden und das Sterbehaus häufig als Vermächtnis und Archiv präsentiert wird. Dass eine solche Differenzierung mit Blick auf Goethes Lebenswerk weitgehend zutrifft, heißt keinesfalls, dass sie übertragbar wäre. In Marieluise Fleißers Geburtshaus in Ingolstadt mit der noch erhaltenen Schmiede des Vaters dürfte sich das literarisch so produktive Verhältnis zur nestbeschmutzten Heimatstadt gänzlich anders darstellen.

---

38 Petra-Maria Dallinger, Adalbert Stifters Arbeitszimmer und andere Orte des Schreibens, in: Werkstatt des Dichters, S. 107–124, hier S. 118 f.

39 Klaus Kastberger, Chaos des Schreibens. Die Werkstatt der Dichterin und die Gesetze des Archivs, in: Werkstatt des Dichters, S. 13–28; Christiane Holm, Raumordnungen des Nachlasses.

Durch die Fortschreibung solcher Narrative vom Zauber des Anfangs, optimierter Produktivität und geordnetem Vermächtnis fallen zudem viele Häuser aus dem Raster, die für eine Ausstellung durchaus interessant wären, wie etwa das randständige Eckermannhaus in Weimar, der Werkstatt des O-Tons der Gespräche mit Goethe, in dem der Dichter seine letzten Jahre zusammen mit wilden Singvögeln verbrachte. Zu fragen wäre also konsequenter danach, welche konkretisierbaren Bezüge es zwischen der Haus-, Lebens- und Schreibgeschichte einer Autorin oder eines Autors gibt. Ergiebig sind keinesfalls nur Abbildungsverhältnisse wie im Falle des Luther-, Goethe- oder Jüngerhauses, denn auch die Widersprüche, wie im Hölderlinturm oder im Klopstockhaus der Fall, können im konkreten Raumerlebnis durchaus produktiv werden.

Ein kritischer Umgang mit dem Haus als »Kulturmuster«[40] kann schließlich auch dazu beitragen, das Museumsformat des »Dichterhauses« um andere Ausstellungsformen an Lebens- und Arbeitsorten von unbehausten Dichterinnen und Dichtern zu erweitern.[41] Eines der bekanntesten Beispiele ist das Kurt Tucholsky Literaturmuseum in Schloss Rheinsberg, das am Schauplatz von dessen Erzählung *Rheinsberg. Ein Bilderbuch für Verliebte* ansetzt und des Dichters Schreibmaschine zeigt, wo sie nie gestanden hat. Auch die außermuseale Ausstellung *Herzkammer der Heimat* zu Marie Luise Kaschnitz ist ein gutes Beispiel: Sie wurde im Trauzimmer des Rathauses der Gemeinde Bollschweil eingerichtet und widmet sich der dort aufgewachsenen und getrauten Dichterin und insbesondere ihren Brautgedichten. Der Umgang mit dem Wohnhaus oder außermusealen Orten des öffentlichen Lebens erschließt andere Lesesituationen als es in einem Literaturmuseum der Fall ist. Gerade hier mischen sich andere Kulturpraktiken wie das Wohnen oder z. B. die Trauung in das Lektüreerlebnis hinein. Mit Blick auf diese Rezeptionseinstellung ist es unabdingbar, nach dem semantischen Überschuss der originalen Stätte zu fragen. So lassen sich Raumfunktionen zur Modellierung von Lesesituationen nutzen unabhängig davon, ob die Texte an diesem Ort verfasst wurden oder der Ort in ihnen thematisiert ist. Ob man ein Gedicht im Vitrinenensemble eines Museums, in einer Küche oder

40 Kulturmuster der Aufklärung. Ein neues Heuristikum in der Diskussion, hg. von Daniel Fulda und Sandra Kerschbaumer, Themenheft der Zeitschrift Das achtzehnte Jahrhundert 35 (2011).

41 Hier wären viele Ausstellungsprojekte der Arbeitsstelle für literarische Museen, Archive und Gedenkstätten in Baden-Württemberg zu nennen, die seit vier Jahrzehnten ideale – und leider immer noch bundesweit einzigartige – Voraussetzungen für die innovative Einbindung kleinerer und abgelegener Orte in eine topographisch geweitetes Konzept des Literaturmuseums bietet. Vgl. dazu auch das essayistische Pendant, die Marbacher Reihe *Spuren*, die literarisch relevante, nur punktuell vorhandene materielle Überlieferungen räumlich und dinglich identifiziert und auswertet.

auch einem Badezimmer liest, macht einen Unterschied. Und interessant wird es dann, wenn ein mit Alltagserfahrungen überlagerter Raum das Kulinarische einer überbordenden Sprache oder das Bereinigte einer minimalistischen Sprache neu oder anders erlebbar machen kann. Zu fragen ist also, welche Texte von einer ortsgebundenen Lesesituation profitieren, und welche Konstellationen sowohl für die Raumwahrnehmung als auch für die Lektüre interessant werden können.

Im letzten Jahrzehnt wurden die Besucher in den Dichterhäusern nicht nur mit ungewohnten Situationen des Lesens, sondern auch des Schreibens konfrontiert. Vielfach werden digitale Medien für interaktive Angebote genutzt, etwa das Schreiben im Schreiblabor, was sukzessive wachsen und zum Teil der Ausstellung werden kann. Gerade mit Blick auf die spezifische Tradition der Dichterhäuser, die anders als die jüngeren Literaturausstellungen lange Zeit durch Laien eingerichtet wurden, ließen sich jedoch auch partizipative Ansätze integrieren, die über den digitalen Nebenraum hinaus im Zentrum der Einrichtung mitwirken. Das bietet sich gerade für solche Häuser an, die nicht oder nicht nur mit konservatorisch zu schützenden Originalen, sondern auch mit strapazierfähigen Repliken arbeiten. So ließe sich die kuratorische Arbeit selbst zum Ausgangspunkt nehmen, um aus einer begrenzten Zahl von Möbeln und Objekten Schreib- oder Lesesituationen zu schaffen bzw. neu zu akzentuieren. Entsprechend würde sich *in actu* vermitteln, dass die materiellen Überlieferungen einer Wohneinrichtung keinesfalls gesetzt sind und es eines mitunter unsichtbaren Aktes des Kuratierens bedarf, um sie museal zugänglich zu machen. Gerade in ihrer vermeintlichen Schwäche, in ihrem hybriden, für Fiktionalisierungen und Überformungen offenen Verhältnis von Ort und Text, bieten Dichterhäuser ein großes Potential für die Literaturvermittlung.

Resümee

Bedingt durch eine von Zufällen geprägte materielle Überlieferung und die nur ausschnittweise von belastbaren Quellen gedeckten Verhältnisse zwischen Haus-, Lebens-, und Literaturgeschichte erscheint gewissermaßen jedes Dichterhaus als Sonderfall. Der Blick in die Wahrnehmungsgeschichte des Dichterhauses im ›schwierigen 19. Jahrhundert‹ erschließt eine Traditionslinie, die die Abwesenheit des Autors mit der Ermächtigung des Lesers verbindet. In Folge eröffnete der ›Tod des Autors‹ kuratorische Entscheidungsräume nicht nur in Richtung raumbezogener Schreib-, sondern ebenso Leseszenarien.

Die diskursive Randstellung des Dichterhauses in der Theoriebildung der Literaturausstellung ist wenig produktiv. Vielmehr ergeben sich zahlreiche Anknüpfungspunkte, da sowohl eine Rückkehr der Dinge in die Literaturausstellung, als auch eine Rückkehr der Literatur ins Dichterhaus zu beobachten sind. Ein solcher Dialog würde die spezifische Leistungsfähigkeit der unterschiedlichen Präsentationsformate keinesfalls einebnen, sondern vielmehr profilieren. Eine interessante Herausforderung bieten dabei die aktuell in Museen verstärkt diskutierten partizipativen Ansätze.

THOMAS SCHMIDT

AUTHENTISCHE ATMOSPHÄREN

Zur Theorie und Praxis des Dichterhauses

1. Genius in den Mauern

Weil sie nach Goethes Tod von seiner Schwiegertochter bewohnt und dann lange vermietet waren, gibt es für die Ausstattung und Gestaltung etlicher Räumlichkeiten des Weimarer Goethehauses eine nur lückenhafte Überlieferung. Vor seiner Eröffnung als Museum im Jahr 1886 bedurfte das vernachlässigte Gebäude zudem »einer durchgreifenden baulichen Reparatur«.[1] Weitere Maßnahmen griffen seither in die materielle Substanz dieses Dichterhauses ein. Darüber hinaus wurden das Urbinozimmer und Teile des Arbeitszimmers 1945 durch einen Bombentreffer zerstört.

Im Frankfurter Geburtshaus Goethes ist die Lage noch vertrackter. Es wurde ebenfalls lange als Wohnhaus genutzt, bevor es 1863 für das Freie Deutsche Hochstift erworben, um- bzw. rückgebaut und der Öffentlichkeit zugänglich gemacht wurde. Nach der Zerstörung durch angloamerikanische Bomber im März 1944 lag es vollständig in Trümmern. Nur Weniges war erhalten geblieben, so u. a. die vier untersten Stufen der Treppe, das schmiedeeiserne Treppengeländer, Teile der Fassade und der Wappenstein.[2] Als »Besitz der Nation«[3] genauestens architektonisch dokumentiert, wurde das Haus nach kontroversen Debatten *dem Original nach* wieder aufgebaut.[4]

Ein ähnlicher Fall ist das kleine Haus in Marbach am Neckar, in dem Friedrich Schiller geboren sein soll und aus dem später das Deutsche Literaturarchiv

---

1   Weimarer Zeitung vom 4. Juli 1886, zit. n. Goethes Wohnhaus, hg. von Wolfgang Holler und Kristin Knebel, 2. überarb. Aufl., Weimar 2014, S. 20.

2   Vgl. Ernst Beutler, Das Goethehaus in Frankfurt am Main, 10., erw. Aufl., Frankfurt a.M. 1978, S. 4 und S. 9.

3   Marie Luise Kaschnitz, Rückkehr nach Frankfurt [1947], in: dies., Totentanz und Gedichte zur Zeit, Düsseldorf 1987, S. 66–76, hier S. 73.

4   Vgl. u. a. Michael S. Falser, Zwischen Identität und Authentizität. Zur politischen Geschichte der Denkmalpflege in Deutschland, Dresden 2008, S. 82–87; Bettina Meier, Goethe in Trümmern. Zur Rezeption eines Klassikers in der Nachkriegszeit, Wiesbaden 1989, S. 16–85.

hervorging: Zum ersten erklärte man das Gebäude erst sieben Jahre nach Schillers Tod mithilfe einer Befragung alter Bürger der Stadt zum Geburtshaus des Dichters. Zum zweiten wurde es, nachdem es der Marbacher Schillerverein 1857 erworben hatte, von einem der wichtigsten Architekten Württembergs, um ihm das Aussehen eines bedeutenden Ortes zu geben, derart umgebaut, dass allenfalls ein Teil der Außenmauern, die Zwischendecke, der Flursteinboden und möglicherweise die Treppe noch dem Zustand zu Schillers Kindheitszeiten entsprachen. Zuvor hatten ein knappes Jahrhundert andere im Haus gelebt und gearbeitet – darunter auch ein Bäcker, der das Gebäude nach den Bedürfnissen seines Gewerkes umgebaut hatte. Von der Einrichtung war ohnehin nichts mehr vorhanden.[5]

Und noch ein viertes Beispiel: Der Turm in Tübingen, in dem Friedrich Hölderlin nach einer »Gemüths Verwirrung«[6] zurückgezogen die zweite Hälfte seines Lebens verbrachte, wurde erst 1876, also 33 Jahre nach dem Tod des Dichters, errichtet. Ein Jahr zuvor war der ursprüngliche Bau, der schon während Hölderlins Aufenthalt maßgebliche Umbauten erfahren hatte, durch Brandstiftung zerstört worden. Echt sind im Hölderlinturm nur die Grundmauern und der umbaute Raum. Das Turmzimmer hatte zuvor fünf Fenster, nicht drei wie heute, und andere Sichtachsen; der Raum war etwas kleiner, und auch das Dach besaß eine andere Form.

Das alles heißt nichts anderes, als dass vier der wichtigsten Erinnerungsorte der deutschen Literatur- und Kulturgeschichte in ihrer baulichen Substanz und mitunter auch in ihrer Gestalt zu großen Teilen nicht echt sind. Dieser heikle Befund lässt sich leicht internationalisieren, weitet man den Fokus auf einen so bedeutenden Ort wie *Shakespeare's Birthplace* in Stratford-upon-Avon aus. Das Gebäude wurde in den 1860er Jahren endgültig als Geburtsort des Dichters festgelegt, obgleich sicher nur zu belegen ist, dass Shakespeares Vater mehrere Liegenschaften im Ort besessen hat – darunter auch jene in der Henley Street. Neben den Zweifeln, die die Person des Autors Shakespeare ohnehin umranken, gibt es allerdings auch erhebliche Bedenken in Bezug auf die Gestalt seines Geburtshauses. Nachdem die *Shakespeare Committees* von London und Stratford das Anwesen Mitte des 19. Jahrhunderts erworben hatten, legten sie seinem Umbau die älteste verfügbare Zeichnung des Hauses zu Grunde, die erst 200 Jahre nach der Geburt des Dichters verfertigt wurde und dessen Lage und Gestalt verfälscht: Diese Zeichnung hatte das Gebäude dadurch aufgewertet, dass sie drei Reihenhäuser als

---

5   Vgl. Michael Davidis und Thomas Schmidt, Schiller in Marbach. Die Ausstellung im Geburtshaus, Marbach 2010, S. 1–21.

6   Issak von Sinclair an Hölderlins Mutter am 6. August 1804, in: Friedrich Hölderlin, Sämtliche Werke (Stuttgarter Ausgabe), Stuttgart 1972, Bd. 7.2, S. 299.

einen großen Bau zeigt und diesen zudem freistellt. Im Zuge der Baumaßnahmen wurden so auch die angrenzenden Häuser abgebrochen. Über die Innenräume, auch über den Geburtsraum selbst, war und ist überdies nichts bekannt.[7]

Sind diese Dichterhäuser – wie auch viele andere ähnlichen Zuschnitts – damit als Orte der Literatur und des kulturellen Gedächtnisses geschwächt oder gar delegitimiert? Lügt man dort durch ein »vollendete[s] Fälscherkunststück«[8] etwas vor, wie es der Publizist Walter Dirks 1947 angesichts der geplanten Rekonstruktion des Frankfurter Goethehauses befürchtete? Ist damit die Verheißung einer einzigartigen Erfahrung gefährdet, einer unmittelbaren, nirgends sonst spürbaren Nähe zum einstigen Bewohner und des besseren Verständnisses seines Werkes – so als hätte sich der Genius in den Mauern und den gezeigten Dingen erhalten? Diesen Fragen soll im Folgenden nachgegangen werden – mit einigen terminologischen Klärungen, aber auch aus der Perspektive des Kurators, der die praktische Reichweite theoretischer Konzepte zu prüfen und auf die je unterschiedlichen Bedingungen vor Ort anzupassen hat. Den Hintergrund dieser Überlegungen bildet die reiche Literaturlandschaft Baden-Württembergs, die seit mehr als vier Jahrzehnten vom Deutschen Literaturarchiv Marbach aus profiliert wird. Die dort angesiedelte *Arbeitsstelle für literarische Museen, Archive und Gedenkstätten in Baden-Württemberg* hat in den letzten zehn Jahren mehr als 30 Neugestaltungen oder -einrichtungen von Dichterhäusern und literarischen Dauerausstellungen betreut oder selbst verantwortet; dazu zählen Schillers Geburtshaus in Marbach, das Hebelhaus in Hausen im Wiesental, das Jünger-Haus in Wilflingen, Hesses erstes Haus in Gaienhofen und der Tübinger Hölderlinturm, die allesamt vom Autor dieses Beitrags kuratiert oder mitkuratiert wurden und die im Folgenden als Exempel dienen.

2. Konjunktur auf dem Prüfstand

Die Institution Dichterhaus, mithin der literarische Personenerinnerungsort mit Innenrauminszenierung, ist kulturhistorisch relativ jung.[9] Sie begann sich von

---

7   Vgl. Julia Thomas, Shakespeare's Shrine. The Bard's Birthplace and the Invention of Stratford-upon-Avon, Philadelphia 2012, v. a. S. 69–72 und S. 93–96.

8   Walter Dirks, Mut zum Abschied. Zur Wiederherstellung des Frankfurter Goethehauses, in: Frankfurter Hefte, Jg. 2 (1947), S. 819–828, hier S. 822.

9   Vgl. v. a. Christiane Holm, Ausstellung / Dichterhaus / Literaturmuseum, in: Handbuch Medien der Literatur, hg. von Natalie Binczek, Till Dembeck und Jörgen Schäfer, Berlin und Boston 2013, S. 569–581; vgl. zur Geschichte des Dichterhauses und des Personenerinnerungsortes des Weiteren: Häuser der Erinnerung. Zur Geschichte der Personengedenkstätte in Deutschland, hg. von Anne Bohnenkamp, Constanze Breuer, Paul Kahl und Christian Philipsen, Leipzig 2015; Paul Kahl, Die Erfindung des Dichterhauses. Das Goethe-

der ersten Hälfte des 19. Jahrhunderts an zu formieren. Zu ihren Entstehungsbedingungen gehörten u. a. die Karriere des Konzepts Nation und – insbesondere in Deutschland – das Begehren des Bürgertums nach Repräsentation in der Öffentlichkeit bei weitgehendem Fehlen politischer Einflussmöglichkeiten, was die Literatur zu einem privilegierten gesellschaftlichen Identifikations- und Kommunikationsmedium gemacht hatte.[10] Die Literatur hat diese Funktion längst aufgeben müssen. Doch obgleich auch das Dichterhaus seine identitätspolitischen Aufgaben als Ort verehrenden Angedenkens an die Heroen des Geistes und der Nation nach und nach eingebüßt hat, ist dieses Epiphänomen der literarischen Kultur gegen die radikale Änderung seiner Entstehungsbedingungen erstaunlich resistent geblieben. Mehr noch: Zu konstatieren ist ein immenser kulturpolitisch gestützter Modernisierungs- und Innovationswille, der sich nicht nur im deutschen Südwesten abzeichnet. Auch im Weimarer Goethehaus oder an den Orten Annettes von Droste-Hülshoff im Münsterland sind Neukonzeptionen in Arbeit, und Harald Hendrix konstatiert für ganz Europa »a remarkable increase in public and commercial interest«[11] in Sachen Dichterhaus. Dass zudem die Geburtshäuser von Hegel und Marx in Stuttgart und Trier, das Beethovenhaus in Bonn, das Haus des Turnvaters Jahn in Freyburg an der Unstrut sowie das Haus von Karl May in Radebeul jüngst umgestaltet wurden oder diesen Prozess aktuell durchlaufen, verweist auf ein über die Literatur weit hinausgehendes Problem. Die skizzierte Konjunktur betrifft den Personenerinnerungsort im Ganzen und eine Frage, die angesichts der abnehmenden gesellschaftlichen Integrationskraft dieser Räume

Nationalmuseum in Weimar: Eine Kulturgeschichte, Göttingen 2015; Manfred F. Fischer, Personalmuseen und Gedenkstätten. Säkularisation und bürgerlicher Denkmalkult, in: Stil und Charakter. Beiträge zu Architekturgeschichte und Denkmalpflege des 19. Jahrhunderts, hg. von Tobias Möllmer, Basel 2015, S. 243–261; Paul Kahl und Hendrik Kalvelage, Personen- und Ereignisgedenkstätten, in: Handbuch Museum, hg. von Markus Walz, Stuttgart 2016, S. 130–133; Paul Kahl, Kulturgeschichte des Dichterhauses. Das Dichterhaus als historisches Phänomen, in: Jahrbuch der Deutschen Schillergesellschaft 61 (2017), S. 325–345. – Eine fundierte Systematik literarischer Erinnerungsorte, die von Gedenktafel und Denkmal bis zur Innenrauminszenierung am Ort des Ereignisses oder in dessen Nähe (vgl. Anm. 53) reicht, müsste allerdings auch solche Plätze einschließen, die durch literaturtopografische Publikationen markiert werden oder die – wie Auerbachs Keller in Leipzig – literarische Texte in den öffentlichen Raum verlängern (vgl. Christoph Schmälzle, Bilder am authentischen Orte. Ein Beitrag zur Faust-Ikonographie, in: Faust-Sammlungen. Genealogie – Medien – Musealität, hg. von Carsten Rohde, Frankfurt a.M. 2018, S. 175–197).

10   Differenziert zu den Entstehungsbedingungen des Dichterhauses vgl. auch Christiane Holms Beitrag in diesem Band.

11   Harald Hendrix, Writers' Houses as a Media of Expression and Remembrance, in: Writers' Houses and the Making of Memory, hg. von dems., New York und London 2008, S. 1–11, hier S. 2.

immer dringender eine Antwort fordert: Wie bringen wir die symbolischen Orte unserer Kultur angesichts sich verschiebender Wissensordnungen, angesichts von Digitalisierung, Internationalisierung und Globalisierung in die Zukunft – und welche?

Man kann diese Konjunktur durchaus als Bestandssicherung interpretieren und ihre Ursachen auch im immensen Originalitäts-, Singularitäts- und Echtheitsdruck in Kultur und Gesellschaft suchen. Haben doch die Möglichkeiten der technischen Reproduzierbarkeit, der Manipulation von Fakten und einer beschleunigten, schier unbegrenzbaren Virtualisierung – auch von Orten und Räumen – eine Sehnsucht nach dem Ursprünglichen, Unversehrten, Eigentlichen und unmittelbar Erfahrbaren hervorgebracht, die sich in einer mitunter überbordenden Authentizitätskultur entlädt. Zudem lässt sich beobachten, dass die Kultur in Folge der vielfach registrierten Entortung in hochmobilen, globalisierten und digitalisierten Gesellschaften nach privilegierten realen Räumen sucht, an denen sie sich kristallisieren und von denen sie wieder ausstrahlen kann.

Diese Entwicklung ist eine ebenso große Chance wie Herausforderung – für die Personenerinnerungsorte im Ganzen, aber auch für die Kulturtechnik Literatur im Besonderen, repräsentieren Dichterhäuser doch deren Bedeutung und Geschichte appellativ im öffentlichen Raum. Vor dem Hintergrund von Leseschwund-Befunden[12] und der *Stavanger Declaration*[13] sowie angesichts der Erkenntnis, dass der kreative und phantasievolle Umgang mit der Sprache ebenso zu den Grundbedürfnissen des Menschen gehört wie die durch Literatur beförderte Sprach-, Lese- und Wertungskompetenz zu den Grundlagen demokratischer Gesellschaften, ist dieses räumliche Erbe ein unschätzbares Kapital, um die Zukunft der Literatur offensiv und strategisch mitzugestalten.

Das anfangs geschilderte Problem einer fehlenden oder eingeschränkten räumlich-dinglichen Echtheit literarischer Erinnerungsorte mitsamt der Frage, wie sich dieses Defizit, nennt man es beim Namen, auf ihren kulturellen Wert auswirkt, ist in der gegenwärtigen Umbruchsituation doppelt virulent: zum einen, weil Tradition und Konjunktur dieser Erinnerungsorte in hohem Maße auf der Annahme ihrer Echtheit beruhen; zum anderen, weil der reale, standortgebundene Erinnerungsort seinen Platz in einer zunehmend virtuellen Welt auch gegen diesen Trend zu behaupten hat und weil dafür seine Echtheit ein relevanter Faktor sein kann.

---

12 Vgl. die Studie des Börsenvereins des Deutschen Buchhandels »Buchkäufer – quo vadis?« (2018), https://www.boersenverein.de/markt-daten/marktforschung/studien-umfragen/studie-buchkaeufer-quo-vadis (13.05.2020).

13 Vgl. COST E-READ Stavanger Declaration. Concerning the Future of Reading, https://ereadcost.eu/wp-content/uploads/2019/01/StavangerDeclaration.pdf (13.05.2020).

Alles in allem ist so die Bereitschaft gefordert, die Konventionen und Routinen bei der Profilierung solcher Orte, auch weil dort derzeit viel finanzielles Kapital investiert wird, in Gänze auf den Prüfstand zu stellen – und grundlegend auf die Attribute echt bzw. authentisch zu reflektieren.

3. Möbelausstellungen

Zu diesen Konventionen zählt, dass das Dichterhaus »im Idealfall einen originalen Einrichtungszustand einer dort tätigen Autorin oder eines Autors konserviert, welcher in der Praxis meist rekonstruierend inszeniert ist«.[14] Der Anspruch, »einen originalen Einrichtungszustand« zu zeigen, also die Erzeugung des Anscheins einer *richtigen* Ordnung der Dinge im richtigen, nur unter Sonderbedingungen zugänglichen Raum, adaptiert das religiöse Konzept des *heiligen Ortes*, der »Kontaktzone zwischen Gott und Mensch«,[15] an dem ein Numinoses unsichtbar anwesend ist. Der Dichter rückt in dieser messiasgleichen Transzendierung, mithin einer sinnlich erfahrbaren abwesenden Anwesenheit, in die Nähe der Götter und Heiligen. Frühe Vergleiche und Metaphern etwa für das Weimarer Goethehaus – »Heiligthum«, »Kapelle« oder »Tempel in Jerusalem«[16] – unterstreichen das. Im möblierten Dichterhaus verknüpft sich dieses Ortskonzept mit dem identitätspolitischen der *Gedenkstätte*, das – mit historischem Index – passive Verehrung einfordert und dadurch Affirmation und Identifikation verstärkt.

Diese Innenrauminszenierung war lange das unangefochtene Leitbild für die Gestaltung literarischer Personenerinnerungsorte. Mit dem Wegfall ihrer identitätspolitischen Grundlagen und der kollektiven Dichterverehrung – der Begriff Gedenkstätte ist eigentlich längst im Feld der politischen Erinnerungskultur beheimatet – verliert dieses Gestaltungskonzept jedoch seine Wirkkraft. Es produziert im schlimmsten Fall Möbelausstellungen, die allenfalls ein kulturhistorisches Interesse bedienen und ansonsten mitunter Befremden auslösen können,

---

14 Christiane Holm, Ausstellung / Dichterhaus / Literaturmuseum, S. 570.

15 Aleida Assmann, Das Gedächtnis der Orte, in: Stimme, Figur. Kritik und Restitution in der Literaturwissenschaft, hg. von ders. und Anselm Haverkamp, Stuttgart und Weimar 1994, S. 17–35, hier S. 20. Diese Überlegungen orientieren sich an Assmanns im Kontext des Holocaust-Gedenkens mit weitgreifender kultur- und religionsgeschichtlicher Perspektive entworfener Typologie sowie an Detlef Hoffmann, Authentische Erinnerungsorte, oder: Von der Sehnsucht nach Echtheit und Erlebnis, in: Bauten und Orte als Träger von Erinnerung. Die Erinnerungsdebatte und die Denkmalpflege, hg. von Hans-Rudolf Meier und Marion Wohlleben, Zürich 2000, S. 31–45.

16 Paul Kahl, Die Erfindung des Dichterhauses, S. 17.

die aber in keinem Fall an der Zukunft der Kulturtechnik Literatur mitarbeiten. Unter diesen Vorzeichen müssen auch andere Konzepte in Geltung gebracht werden: etwa das des *Gedächtnisorts*, der das Dichterhaus als »Ort ehemaliger Präsenz« weit offener zu einem »Zeichen der Erinnerung an eine bedeutende vergangene Begebenheit«[17] macht. Unmittelbarkeitseffekte wie am heiligen Ort treten hier zugunsten von Darstellung, Reflexion, Distanz und Interaktion zurück. Auch wenn um der Zukunft der Institution willen – ich komme darauf zurück – immer auf die Ereignis- und Erinnerungsgeschichte Rücksicht genommen werden muss, ist der Gestaltungsspielraum dadurch weit größer – auch und vor allem für literarische Akzente. Dieser Ansatz lag den Neugestaltungen von Schillers Geburtshauses, des Hebelhauses in Hausen im Wiesental, des Hesse-Hauses in Gaienhofen und des Tübinger Hölderlinturms zugrunde.

Gleichwohl ist damit der vermeintlich »originale Einrichtungszustand«, mithin die Inszenierung einer Lebenswelt, als Gestaltungsvariante nicht ausgeschlossen. So wurde auch ein Teil des Hauses in Oberschwaben, in dem Ernst Jünger fast ebenso lange gelebt hat wie Goethe in Weimar, nach einer umfassenden Sanierung 2009–2011 in Anlehnung an einen Begriff der Editionsphilologie als »Wohnhaus letzter Hand«[18] – bezogen auf den Zustand zum Zeitpunkt des Todes – gestaltet. Ein wichtiges Stichwort hat dabei André Müller gegeben, der Jünger mehrmals in Wilflingen besuchte und interviewte: »Man betritt das verschwiegene Innere Jüngers, wenn man das Haus betritt. Die Zimmer wie Höhlen eines Leibesinneren, Gegenstände wie Innereien«.[19] Jünger selbst nannte das Haus »unser Kleid, ein erweitertes Wesen, das wir um uns herumordnen«.[20] Beider Leibesmetaphorik trifft sich im Begriff des *Habitus*, der bei der Kuratierung von Lebenswelten eine wichtige Entscheidungshilfe abgeben kann. Habitus wird dabei in Anlehnung an Pierre Bourdieus Konzept als »generative Grammatik«[21] sämtlicher Denk- und Handlungsmuster einer Person verstanden. Bourdieu betrachtet das Subjekt zwar zuallererst in den sozialen Kontexten von Klasse und Geschlecht, definiert Habitus aber auch als »inkorporiertes, folg-

---

17 Aleida Assmann, Das Gedächtnis der Orte, S. 22.

18 So der Titel von Hubert Spiegels Artikel über die Wiedereröffnung in der *Frankfurter Allgemeinen Zeitung* vom 30. März 2011; zum Transfer editionsphilologischer Perspektiven ins Jünger-Haus vgl. Felicitas Günther, Schaustücke der Literatur? Archivarische und museale Praktiken der Werkkonstituierung, Tübingen 2018, bes. S. 207–217.

19 Ernst Jünger / André Müller. Gespräche über Schmerz, Tod und Verzweiflung, hg. von Christophe Fricker, Köln, Weimar und Wien 2015, S. 115.

20 Ernst Jünger, Kaukasische Aufzeichnungen, in: ders., Sämtliche Werke, Bd. 2, Stuttgart 1979, S. 485.

21 Pierre Bourdieu, Zur Soziologie der symbolischen Formen, Frankfurt a.M. 1974, S. 150. Zum Sonderfall des Habitus des Künstlers vgl. ebd., S. 155 f.

lich individuiertes Soziales«,[22] was die Kreativität, ja selbst die Singularität des Künstlers einschließt[23] – ihn aber der Anmutung einer gottgleichen Inkommensurabilität entzieht. Versteht man die Wohn- und Arbeitswelt des Autors also ebenso als Produkt seines Habitus wie sein literarisches Werk,[24] dann ändern sich im Dichterhaus die Prioritäten. Dann geht es in erster Linie nicht mehr um das Leitbild eines *richtigen,* »originalen Einrichtungszustands«, sondern um die Betonung jener Raumstimmungen und Dingkonstellationen, in denen sich der einstige Bewohner als deren Autor zeigt und in denen so das Primat des Literarischen zur Geltung kommen kann. Solche Akzentuierungen gelingen dort am Überzeugendsten, wo sich der Gestaltungswille des einstigen Bewohners nachdrücklich auch auf dessen Lebenswelt ausdehnte, wie musterhaft im Weimarer Goethehaus. »Goethes Katharsis in Italien«[25] führte nach der Rückkehr des Dichters 1788 eben nicht nur zu einer poetischen Wiedergeburt und zur Umorientierung seines politischen Handeln im Herzogtum auf die Bereiche von Kunst und Bildung, sondern auch zu einer Umgestaltung des Hauses am Frauenplan durch den Einbau des tonnengewölbten Brückenzimmers und die Anlage eines großzügigen, antike Anlagen zitierenden Treppenhauses. Freilich muss vor der kuratorischen Verstärkung solchen Gestaltungswillens, weil diese nicht primär vermeintlichen Originalzuständen verpflichtet ist, die Frage geklärt sein: Welches Bild von Autor oder Autorin soll sich in deren Lebenswelten zeigen? Das des fertigen, in sich ruhenden Klassizisten wie derzeit im Goethehaus? Oder das eines bis ins hohe Alter Neugierigen und sich Wandelnden?[26]

22 Pierre Bourdieu, Der Kampf um die symbolische Ordnung. Pierre Bourdieu im Gespräch mit Axel Honneth, Hermann Kocyba und Bernd Schwibs, in: Ästhetik und Kommunikation, Jg. 16, H. 61/62 (1985), S. 142–165, hier S. 160.

23 Der Habitus verbindet »den Künstler mit der Kollektivität und seinem Zeitalter« (Pierre Bourdieu, Zur Soziologie der symbolischen Formen, S. 132).

24 In gleicher Weise versteht Harald Hendrix Dichterhäuser als »instruments of self-fashioning« (Writers' Houses as a Media of Expression and Remembrance, S. 4), die es einem Autor erlauben, sich über das Literarische, zwangsläufig Immaterielle hinaus Ausdruck zu verschaffen – so weit, dass der Lebensraum zum Werk eigener Ordnung avanciert.

25 Dieter Borchmeyer: Weimarer Klassik. Portrait einer Epoche, Weinheim 1998, S. 125.

26 Und auf welchen Originalzustand – besser: auf welche Originalzustände – soll sich die Atmosphäre beziehen? Für künftige Gestaltungen können die Potentiale des Virtuellen buchstäblich neue Räume öffnen. Denn die Technologien der *Virtual reality* und insbesondere der standortbezogenen *Augmented reality* ermöglichen eine dynamische *Archäologie der Atmosphären* und eine Akzentuierung jener Bruchstellen, an denen sich durch Um- und Einbauten, Möblierungs- und Farbwandel Haus-, Lebens-, Werk-, Rezeptions- und Sozialgeschichte materiell berühren und in denen sich der Habitus des einstigen Bewohners vergegenständlicht. Digitale Technologien sollten auch deshalb für jede Neugestaltung authentischer Orte evaluiert werden, weil sie zum einen längerfristig den Status der symbolischen Orte unserer Kultur beeinflussen werden (Stichwort: virtueller Tourismus) und

Im Wilflinger Haus, das seit Ernst Jüngers Einzug 1951 keine wesentlichen baulichen Eingriffe erfahren hat, wurden kuratorische Entscheidungen so getroffen, dass die lebensweltliche, eigentlich Affirmation und Passivität erheischende Rekonstruktion des Obergeschosses auch Reflexion erlaubt und das Gesamtkonzept des Hauses die umstrittene Person Jüngers und sein kontrovers rezipiertes Werk ideologischen Instrumentalisierungen möglichst entzieht.[27] Die Orientierung am Habitus und das Primat des Literarischen halfen dabei v. a. in den Privat- und Intimräumen. Die Küche wurde als musealer Raum aufgegeben und zum Kassen- und Verkaufsraum umgestaltet. Das wäre im Haus von Peter Weiss, in dessen *Ästhetik des Widerstands* die proletarische Küche ein zentraler Kommunikationsort ist, oder bei Günter Grass, in dessen Romanen Kochen und Essen oft wichtige Sujets abgeben, nicht legitim gewesen. Das Bad indes ist bei Jünger zweifelsohne auch ein Ort der Profilierung des Autors, der mit soldatischer Disziplin bis zu seinem 100. Geburtstag jeden Morgen kalt gebadet und darüber in seinem Alterstagebuch *Siebzig verweht* reflektiert hat. Es wurde – von Intimitätsspuren befreit und durch einen markanten Kommentar des früheren Benutzers beglaubigt – ins Konzept integriert.

Um die Lebenswelt als Inszenierung kenntlich zu machen, wurde sie im Erdgeschoss durch eine Ausstellung ergänzt, die mit ihrer schlichten Ästhetik, ihrem zurückhaltenden Objekteinsatz und ihrer nüchternen Kommentierung ein Gegengewicht zu den opulenten Wohn- und Arbeitsräumen bildet; die diese – und das ist der springende Punkt – aber nicht einfach additiv erweitert, sondern die sich mit ihnen reflexiv verschränkt. Die wenigen Objekte der Ausstellung, die Jüngers Leben und Werk in acht multimediale Themeninseln verdichtet, stammen alle aus dem Haus selbst. Sie wurden der Lebenswelt entnommen und dort durch einen markanten Platzhalter ersetzt, der die abwesenden Dinge als bedeutende ausweist und zugleich das Konzept des heiligen Ortes unterläuft, an dem eben nichts fehlen darf. In dieser Weise kristallisiert sich die Ausstellung aus der Lebenswelt des Autors, die so zugleich reflexiv geöffnet wird. Gleichwohl kann dabei gezielt mit einem einstigen »Einrichtungszustand« gearbeitet werden, mithin mit jenen Raum- und Dingkonstellationen, die lange als das eigentliche gedächtnisbildende kulturelle Kapital solcher Orte angesehen wurden. Dieses Kapital wird ganz wesentlich durch die Erwartung eines affektiven Überschusses bestimmt,

---

weil ihre bereits in der Gaming-Kultur erprobten immersiven Ansätze ganz neue Präsenzerfahrungen zulassen.

27 Vgl. Thomas Schmidt, Musealisierung vs. Authentizität? Zum »neuen« Jünger-Haus, in: Krieg und Frieden, hg. von Günter Figal und Georg Knapp, Tübingen 2013 (Jünger-Studien, Bd. 6), S. 230–240.

der über die pure Materialität von Raum und Dingen hinausweist und den man
gemeinhin als deren *Aura* bezeichnet.

4. Auraverlust – Atmosphärengewinn

Aura: Beim Nachdenken über Räume und Dinge gibt es wohl kein Phänomen,
das schwerer zu fassen ist als diese »diffuse, im naturwissenschaftlichen Sinne
nicht objektivierbare, oft jedoch intensiv empfundene physisch-materielle *Ausstrahlung*, die einen Wahrnehmungsgegenstand zu umgeben scheint«.[28] Diese
Schwierigkeit allein wäre noch kein Argument, bei Überlegungen zur Zukunft
literarischer Erinnerungsorte auf den Aura-Begriff zu verzichten. Aber Walter
Benjamins ebenso wirkungsmächtiges wie unscharfes Aura-Konzept[29] selbst lässt
sich mit den Attributen *Echtheit* und *Einmaligkeit* zwar auch auf das Dichterhaus
und seine Gegenstände münzen, ist im Wesentlichen jedoch an das Kunstwerk
gebunden. In seinem Kern will Benjamins Aura-Begriff gar nicht für alle Dinge,
zu denen im weiteren Sinne auch Räume und Häuser zählen, Geltung beanspruchen. Gebrauchsgegenstände toter Dichterinnen oder Dichter etwa, denen als
Echo der religiösen Reliquie oftmals diese besondere Ausstrahlung zugesprochen
wird, werden von Benjamin nicht berührt. So ist der Aura-Begriff in unserem
Zusammenhang problematisch, weil seine Verwendung ungewollt die Probleme
der Kunstwirkung in eine allgemeine Wahrnehmungstheorie transferiert[30] – und
damit auch ins Dichterhaus. Der Hauptgrund für die hier vorgeschlagene Ableh-
nung des Aura-Begriffs liegt aber darin, dass er als Hilfestellung für kuratorische
Entscheidungen wenig taugt: Er suggeriert nämlich – pointiert gesagt –, dass das
richtige, also originale Objekt und der echte Raum als Garantie für eine exzeptionelle Erfahrung schon genügen.

Gernot Böhmes *Atmosphäre*-Konzept hingegen ist weder auf das Kunstwerk
noch auf die Objektseite beschränkt. Es schließt zwar an Benjamin an, geht als
»allgemeine Theorie der Wahrnehmung«[31] aber von einer »gemeinsame[n]
Wirklichkeit des Wahrnehmenden und des Wahrgenommenen«[32] aus und stellt
damit jene »Beziehung von Umgebungsqualitäten und menschlichem Befin-

---

28 Peter Spangenberg, Aura, in: Ästhetische Grundbegriffe, hg. von Karlheinz Barck u. a.,
    Bd. 1, Stuttgart und Weimar 2000, S. 400–416, hier S. 400.
29 Vgl. Walter Benjamin, Das Kunstwerk im Zeitalter seiner technischen Reproduzierbarkeit
    [3. Fassung], in: ders., Gesammelte Schriften, Bd. I.2, Frankfurt a.M. 1991, S. 471–508.
30 Vgl. dagegen Gottfried Korff, Objekt und Information im Widerstreit. Die neue Debatte über
    das Geschichtsmuseum, in: Museumskunde 49 (1984), S. 113–145, hier v. a. S. 121.
31 Gernot Böhme, Atmosphäre. Essays zur neuen Ästhetik, Frankfurt a.M. 1995, S. 47.
32 Ebd., S. 34.

den«[33] ins Zentrum, um deren Inkommensurabilität es an den symbolischen Orten einer Kultur ja gehen sollte. Was der Aura-Begriff eher verschleiert, nennt Böhme nüchtern jene »Anmutungsqualität«[34] der Dinge, mit der diese dem Betrachter signalisieren: *Ich bin da, damit du mich siehst.* Damit fordern sie als seine Reaktion: *Und ich bin da, um dich zu sehen, und deshalb sind sowohl du als auch ich wichtig.* Die besondere Ausstrahlung der Dinge ist damit an die Art und Weise gebunden, in der sich der Betrachter leiblich und kinästhetisch zu ihnen im Raum verhalten kann oder muss: Entscheidend ist seine »sinnlich-affektive Teilnahme an den Dingen«,[35] die wiederum von der »Weise ihrer Anwesenheit«[36] oder ihrer *Präsenz* abhängt. Böhme spricht gar von *Ekstasen* der Dinge.[37] Im museologischen Feld ist der umstrittene Präsenz-Begriff unverzichtbar, vermag er doch das Leistungspotential einer Ausstellung von anderen Institutionen der Wissensgesellschaft abzugrenzen, die nicht primär auf einer kinästhetischen Teilhabe an den Dingen (und Räumen) beruhen, sondern eher bewegungsarm und vorstellungs- oder reflexionsintensiv sind wie die Lektüre eines Buches oder das Schauen eines Dokumentar- oder Spielfilms.

Ein weiterer, entscheidender Vorzug des Atmosphäre-Konzepts gegenüber dem der Aura, das den kulturellen Mehrwert eines Ortes und seiner Dinge zwar meint, die Bedingungen ihrer Wahrnehmung aber eher verschleiert, liegt darin, dass Atmosphäre diese Bedingungen analytisch zu erhellen und damit auch bei kuratorischen Entscheidungen zu helfen vermag. Denn während Benjamins Aura den Dingen (und Räumen) per definitionem anhaftet oder fehlt, lässt sich eine einzigartige Atmosphäre immer als hergestellte, *inszenierte,*[38] verstehen.

Allerdings ist für Atmosphäre jenes Attribut nicht obligatorisch, ohne das der Aura-Begriff gar nicht auskommt und das für Dichterhäuser und ihre Innenräume stets vorausgesetzt wird: das der Echtheit, die gemeinhin mit *Authentizität*[39]

---

33 Ebd., S. 22 f.

34 Gernot Böhme, Schönheit – jenseits der Dinge, in: Affektive Dinge, hg. von Natascha Adamowsky u. a., Göttingen 2011, S. 198–212, hier S. 211.

35 Gernot Böhme, Atmosphäre, S. 51.

36 Ebd., S. 32.

37 Vgl. ebd., S. 155–176.

38 Thomas Thiemeyer definiert solche Inszenierungen als »Strategien, die in einer Ausstellung Exponate mithilfe von Ausstellungsmobiliar, audiovisuellen und atmosphärischen Medien (Licht, Töne) räumlich in Szene setzen, um Deutungen nahezulegen und Objekteigenschaften und -bedeutungen sinnlich erfahrbar zu machen. Sie sind mehr als die Summe ihrer Teile und nur partiell analytisch zu verstehen oder in Begriffe zu übersetzen. Man muss sie erleben.« (ders., Geschichte im Museum. Theorie – Praxis – Berufsfelder, Tübingen 2018, S. 14).

39 Vgl. die Problem- und Überblicksdarstellungen von Susanne Knaller und Harro Müller (Einleitung, in: Authentizität. Diskussion eines ästhetischen Begriffs, hg. von dens., München 2006, S. 7–16) und Achim Saupe (Authentizität [Version 2.0], in: Docupedia-Zeitgeschichte.

gleichgesetzt wird – um endlich den entscheidenden kulturwissenschaftlichen und kuratorischen Schlüsselbegriff ins Spiel zu bringen. Es ist die Rede von seiner Authentizität, die einen Ort aus allen anderen heraushebt. Sie verweist darauf, dass sein Mehrwert aus seiner eigenen als einer bedeutenden Geschichte stammt. Authentische Orte sind Orte der Gegenwart des Vergangenen und als solche gedächtnispolitisch privilegiert.

Die Gleichsetzung von Authentizität und Echtheit greift freilich zu kurz.[40] Authentizität beruht am literarischen Erinnerungsort zwar auf Echtheit – wobei noch zu klären ist, worin diese eigentlich zu bestehen hat –, verlangt aber zusätzlich noch jenen affektiven Überschuss, der das Echte als möglichst unmittelbar anwesend, d. h. in gesteigerter Präsenz, erfahrbar macht – als eine intensive Nähe, die reflexiv nicht zu durchdringen und sprachlich oftmals nicht zu kommunizieren ist, obgleich es eine leibliche Gewissheit über etwas intensiv Anwesendes gibt.

Am epiphanischen Präsenz-Begriff, wie ihn Hans Ulrich Gumbrecht formuliert hat,[41] ist u. a. kritisiert worden, dass er nicht erklärt, was diese Unmittelbarkeitserfahrungen, diese »visuellen, körperlichen und emotionalen Kognitionen«,[42] steuert bzw. auslöst. Um diesem Defizit abzuhelfen, wurde auf das Konzept des *impliziten Wissens* zurückgegriffen, wie es zuerst von Michael Polanyi formuliert wurde.[43] Damit versuchen die Kognitionswissenschaften, das »vorreflexive, erfahrungsgebundene, in körperlichen Praxen routinierte«,[44] intuitiv Handlung steuernde Wissen zu erfassen, wie es spontan beim Durchschreiten eines Friedhofstores, einer Kirchentür oder beim Betreten eines Schwimmbades aktiviert wird und verhaltens-, wahrnehmungs- und verstehenssteuernd wirkt, ohne das artikuliert wird, warum dem so ist.

So verstanden, liegt der kulturelle Mehrwert des Dichterhauses nicht allein im Räumlichen und Dinglichen: Er wird auch von der Prädispositionen des Besuchers bestimmt, dessen implizites Wissen den affektiven Überschuss des Materiellen miterzeugt. Für das Dichterhaus, wie es in Anlehnung an den heiligen Ort

---

Begriffe, Methoden und Debatten der zeithistorischen Forschung, 22.10.2012, http://docupedia.de/zg [19.04.2020]).

40   Zur Schwierigkeit dieses Verhältnisses vgl. Thomas Thiemeyer, Museum, in: Historische Authentizität. Ein interdisziplinäres Handbuch, hg. von Martin Sabrow und Achim Saupe, Göttingen 2021 (in Vorbereitung).

41   Vgl. Hans Ulrich Gumbrecht: Präsenz, 2. Aufl., hg. von Jürgen Klein, Berlin 2016.

42   Christoph Ernst und Heike Paul: Präsenz und implizites Wissen. Zur Interdependenz zweier Schlüsselbegriffe der Kultur- und Sozialwissenschaften, Einleitung zum gleichnamigen, von den Autoren herausgegebenen Band, Bielefeld 2013, S. 9–32, hier S. 15.

43   Vgl. Michael Polanyi, Implizites Wissen, Frankfurt a.M. 1985, bes. S. 13–32.

44   Christoph Ernst und Heike Paul, Präsenz und implizites Wissen, S. 12.

als Gedenkstätte gestaltet wurde, formte sich von der Mitte des 19. Jahrhunderts an ein stummes Verfahrenswissen, das sich idealtypisch in einer passiv-ernsthaften, respektvollen, einfühlungs- und/oder lernbereiten Grundhaltung äußert – einer Grundhaltung, die, mit der Erwartung von Echtheit und Unmittelbarkeit multipliziert, in jedem Raum, jedem Blatt Papier und jedem Gegenstand zumindest latent die Dichterin oder den Dichter selbst erwartet. Allerdings ist dieses implizite Wissen über literarische und generell über Personenerinnerungsorte kulturhistorisch relativ jung und nicht zuletzt wegen des Bedeutungswandels der Kulturtechnik Literatur auch als instabil, in jedem Fall aber als dynamisch zu denken.

Implizites Wissen und Raumerleben stehen in einem Interdependenzverhältnis. Gestalt und Wandel des skizzierten impliziten Wissens über das Dichterhaus haben also dort ihren wichtigsten Resonanzraum. Daher müssen alle Neugestaltungen, insbesondere in den richtungsweisenden Flaggschiffen der Institution, in Rechnung stellen, dass letzten Endes die bewussten oder eben auch die unreflektierten kuratorischen Entscheidungen zum Ortskonzept und dessen atmosphärischer Inszenierung darüber mitbestimmen, ob sich das implizite Wissen zugunsten einer inkommensurablen Erfahrung am authentischen Ort stabilisieren kann und in welcher modifizierten Gestalt es in die Zukunft transferiert werden soll. Insbesondere das Profil des *impliziten Besuchers*, den sich jede Ausstellung als Prototyp selbst entwirft, muss dabei auf das schwindende Sachwissen und die sich wandelnden kulturellen Routinen etwa der Mediennutzung abgestimmt werden.[45]

Da es das von den Räumen und Dingen, vom Besucher und vom Kurator gemeinsam konstituierte Authentische ist, das dem symbolischen Wert des Dichterhauses, mehr noch: seiner gesellschaftlichen Akzeptanz als Erinnerungsort maßgeblich zugrunde liegt, muss – auch mit Blick auf die skizzierten Problemfälle von Weimar bis Stratford-upon-Avon – eine kuratorische Reflexion am Anfang jeder Gestaltung stehen: Was ist es, das die sachbezogene Basis von Authentizität, die »Echtheit im Sinne eines Verbürgten«,[46] garantieren und somit auch das implizite Wissen konsolidieren kann? Die Gretchenfrage, für das Dichterhaus

45 Hier lässt sich an die Erweiterung des Atmosphäre-Konzepts anschließen, die Martina Löw mit Bezug auf Niklas Luhmann vornimmt. Von dort aus muss man die »Wirkungsweisen von Atmosphären« immer als historisch und »sozial vorstrukturiert« (Raumsoziologie, 7. Aufl., Frankfurt a.M. 2012, S. 209) voraussetzen.

46 Achim Saupe, Authentizität, S. 1; vgl. auch Thomas Thiemeyers Differenzierung in: Zwischen Aura und Szenografie. Das (Literatur-)Museum im Wandel, in: Lernort Literaturmuseum. Beiträge zur kulturellen Bildung, hg. von Burckhard Dücker und Thomas Schmidt, Göttingen 2011, S. 60–71, hier S. 66 f.

lange theoretisch unterdeterminiert, lautet deshalb: Was und wieviel muss dort eigentlich echt und verbürgt sein?

5. Literarischer Denkmalschutz

Der architektonische Denkmalschutz folgt der Leitfrage, welche Teile eines Gebäudes baugeschichtlich bedeutend und daher erhaltenswert sind.[47] Für den literarischen ›Denkmalschutz‹ jedoch, der die nicht mehr den Konzepten heiliger Ort und Gedenkstätte verpflichteten Dichterhäuser in die Zukunft bringen will, ist das, was zuallererst und vollends verbürgt sein muss, ein bedeutendes Ereignis der Literatur- und Kulturgeschichte, vorzugsweise verknüpft mit der Biografie einer Autorin oder eines Autors. Das heißt im Übrigen auch, dass der privilegierte Zustand im Dichterhaus im Konflikt mit der denkmalrechtlich verbindlichen Bewertung des Gebäudes stehen kann. Bei der Vermittlung zwischen »der Materialität des Anschaubaren und der ›Immaterialität‹ des Erinnerbaren«[48] hat die dingliche Substanz jedoch einen Schritt zurückzutreten und der literaturgeschichtlichen Überlieferung das Primat als Authentizitätsgarant zu überlassen. Eine authentische Atmosphäre am literarischen Ort ist daher nicht sklavisch auf die vollständige Echtheit materieller Substanz angewiesen. Sie muss sich aber durch kuratorische Effekte auf deren Gestalt und Geschichte beziehen, ansonsten verliert sie ihre unabdingbare Einzigartigkeit. Das unterscheidet den authentischen vom neutralen Ausstellungsort, an dem Unmittelbarkeitserfahrungen vorrangig objekt- und nicht raumbezogen gesteuert werden: Der authentische Ort erlaubt, ja fordert Ausstellungen, die nur dort möglich sind.

Unter diesen Vorzeichen ließe sich der erinnerungspolitische Status der anfangs in Zweifel gezogenen Dichterhäuser ohne Weiteres aufrechterhalten. Sie erfüllen die minimalen Echtheitsanforderungen an ein Dichterhaus, zu denen auch die geografischen Daten zählen (man kann den Tübinger Hölderlinturm oder das Frankfurter Goethehaus nicht ohne Wertwandel nach Gelsenkirchen oder Neubrandenburg transferieren). Und es muss trotz aller Eingriffe und trotz allen Dingverlusts eine originale materielle (Rest-)Substanz geben, die sich zur Erzeugung authentischer Atmosphären einsetzen lässt. Das können die Raumstrukturen der symbolisch wichtigen Räume Arbeits-, Geburts- und Sterbezimmer

---

47 Vgl. Alfred A. Schmid, Das Authentizitätsproblem, in: Zeitschrift für schweizerische Archäologie und Kunstgeschichte 42 (1985), S. 3–6, hier S. 3.

48 Gottfried Korff, Zur Eigenart der Museumsdinge, in: Museumsdinge. Deponieren – Exponieren, hg. von Martina Eberspächer, Gudrun Marlene König und Bernhard Tschofen, Köln und Weimar 2002, S. 140–145, hier: S. 143.

ebenso sein wie Wandreste oder überlieferte Objekte. Gestalterisch ist dabei nach Wegen zu suchen, auf denen diese materielle Substanz mit dem literarischen Echtheitsgaranten in ein produktives Wechselspiel treten kann. Ein Beispiel: Aus dem wichtigsten literarischen Ort in Baden, jenem Haus, in dem der Erfinder der Kalendergeschichte Johann Peter Hebel einen Großteil seiner Kindheit verbracht hat, wurde kein dem Dichter unmittelbar zuzuordnendes Objekt überliefert. Stattdessen beherbergte das Gebäude seit 1960 das örtliche Heimatmuseum, das alles aus der Ortsgeschichte sammelte, was den Anschein hatte, ›alt‹ zu sein. 2010 wurde der Ort zum Literaturmuseum umgestaltet. Die unveränderte und seit Hebels Tod 1826 ins kollektive Bildgedächtnis eingeschriebene Fassade wurde dabei betont. Die Innenrauminszenierung jedoch wird nicht durch Objekte mit biografischem Index zusammengehalten, sondern durch das, was an einem literarischen Erinnerungsort die größte Glaubwürdigkeit und Unmittelbarkeit verspricht: durch die Literatur selbst – genauer: durch Hebels *Alemannische Gedichte*.

Hebels Schwierigkeiten, als Lehrer in der badischen Residenzstadt Karlsruhe heimisch zu werden, hatten zu einem geradezu eruptiven poetischen Ausbruch geführt. Binnen weniger Monate verfasste er 32 Gedichte, in denen er das ferne heimatliche Südbaden abtastete und die er namentlich in sein Heimatdorf adressierte. Durch die empirische Anreicherung dieser Gedichte mit Hebels Kindheits- und Jugenderfahrungen ergaben sich bei der Kuratierung eine ganze Reihe von Anknüpfungspunkten an die örtliche Kulturgeschichte, aus der sich ja auch die Sammlung des Heimatmuseums speiste. Kurzum: Einige der Gedichte, die im Übrigen von Goethe und Jean Paul begeistert rezensiert worden waren, traten mit vorgefundenen Sammlungsobjekten des alten Dorfmuseums in überraschende Konstellationen, über die sich ein dichtes, ästhetisch wie epistemologisch haltbares Netz von Referenzen knüpfen ließ. So wurde Hebels Hausener Zeit poesiegestützt an die vorgefundenen Räume und Gegenstände gebunden. Die Dinge im Hebelhaus beziehen ihre Bedeutung nun aus literarischen Texten und changieren so zwischen poetischem Gegenstand und Zeugnis der Ortsgeschichte.[49]

In puncto Echtheit sei noch auf eine zusätzliche Schwierigkeit hingewiesen: Zu den Attributen von Authentizität zählt auch, dass das Echte immer einzigartig und eigenständig, also unikal, sein muss. Auch aus der Abgrenzung bezieht das Echte seinen Mehrwert. Die Uniformität von Schriftstellerzimmern, die den Dichter in eine abwesende Anwesenheit transzendieren, weicht die Authentizität eines Ortes jedoch tendenziell auf, weil das ewige Beieinander von Schreibtisch, Stuhl, Bücherregal und Schreibgerät dem wichtigsten Raum des Dichterhauses

---

49 Vgl. Thomas Schmidt, »'S isch au kei Wort verlore«. Das Hebelhaus im Wiesental als ambivalenter Erinnerungsort, in: Oxford German Studies 40 (2011), H. 1, S. 3–22.

seine atmosphärische Einmaligkeit nehmen kann. Dem lässt sich dadurch abhelfen, dass ohne Wenn und Aber die konkrete Überlieferung von Gebäuden, Dingen und Erzählungen am jeweiligen Ort zur Grundlage für die Kuratierung gewählt werden und nicht das Normativ des »originalen Einrichtungszustand[s]«. Da diese Ingredienzen jeweils andere sind, entstehen auch jeweils verschiedene Authentizitätskonzepte, so wie in Hermann Hesses erstem Wohnhaus in Gaienhofen.

In dem Haus, das Hesse im Rückblick als »erste legitime Werkstatt [s]eines Berufes« auszeichnete, wurde das einstige Arbeitszimmer nicht lebensweltlich und habitusbezogen inszeniert – auch weil über dessen Einrichtung 90 Jahre nach dem Auszug des Dichters allenfalls mit seinen eigenen Worten Vermutungen angestellt werden können: Hesse beschrieb die Aufstellung seiner Bücher, den Blick aus dem Fenster – und seinen »große[n] Schreibtisch«.[50] Konventionell gilt der Schreibtisch eines Autors als Stätte des »allen entzogenen, unfassbaren Ursprung des schöpferischen Tuns«. Als »Ort der alltäglichen Lust und Fron, der Triumphe und Niederlagen«, gemeinhin als »Identifikationsobjekt«[51] des Schriftstellers, wird er in jedem (rekonstruierten) Arbeitszimmer gezeigt – und umso mehr in seiner Einmaligkeit übersehen.

In der Gaienhofener Innenrauminszenierung steht der Schreibtisch entfunktionalisiert auf einem flachen Podest diagonal mitten im Raum. Denn es ist jenes imposante Möbel, das sich Hesse bei einem Münchner Architekten nach eigenen Skizzen für dieses Haus »hatte bauen lassen«[52] und das den späteren Nobelpreisträger bis zum Ende seines Lebens an alle seine Wohnstätten begleitete. Dieser Schreibtisch kostete Hesse im Übrigen fast ebenso viel wie die Jahresmiete für sein erstes Haus.

Der Raum selbst erinnert an eine *Dunkelkammer*. Man kann darin durchaus eine Anspielung auf Hesses neuromantischem *Weg nach innen* sehen oder auch eine Referenz an seine Frau Maria Bernoulli, der ersten Berufsfotografin der Schweiz, mit der er dieses abgelegene Haus bezogen hatte. In jedem Fall halten die mit schwarzem Filz bespannten Einbauwände den Blick konsequent bei den Exponaten. Im Raum selbst steht nur der angeleuchtete Schreibtisch. In den Einbauwänden erlauben kleine hinterleuchtete Aussparungen dann einen Blick in die Geschichte und die überlieferten Inhalte (Briefbeschwerer, Brieföffner, Pet-

---

50 Hermann Hesse, Beim Einzug in ein neues Haus [1931], in: ders., Sämtliche Werke, Bd. 12, Frankfurt a.M. 2003, S. 134–152, hier S. 139 f.

51 Sabine Mainberger, Schreibtischporträts. Zu Texten von Arno Schmidt, Georges Perec, Hermann Burger und Francis Ponge, in: Möbel und Medien. Beiträge zu einer Kulturgeschichte der Dinge, hg. von Sebastian Hackenschmidt und Klaus Engelhorn, Bielefeld 2011, S. 177–197, hier S. 177 f.

52 Hermann Hesse, Beim Einzug in ein neues Haus, S. 139.

schaft) dieses Schreibtisches. Von ihnen aus wird das Thema des Schreibens konsequent weitergeführt. Hesses eigene Schreibgeräte und -techniken rücken in den Blick. Von der außergewöhnlichen Schreibmaschine mit ihren zwei Manualen bis zu Manuskript-, Typoskript- und Hybrid-Seiten von Texten, die in diesem Raum entstanden sein müssen, sind die Dinge sämtlich durch Kommentare eines Dichters beglaubigt, dem sehr wohl bewusst war, dass das jeweilige Schreibgerät sein Verhältnis zum Text und auch zu sich selbst ändert. Diese die Lebenswelt und die Uniformität des Dichterzimmers dekonstruierende Inszenierung, die ganz aus der konkreten Überlieferung kommt und auch im Haus selbst atmosphärisch unikal bleibt, setzt ein Gegengewicht zu der diffusen Echtheitserwartung des impliziten Wissens und bleibt ganz beim Primat des Literarischen.

Die Frage nach der Echtheit hat noch einen weiteren Aspekt, der Entscheidungen zur materiellen Substanz zu erschweren scheint, die Gestaltungsspielräume im Dichterhaus aber noch weiter vergrößert: Sie verdoppelt den Ort. Denn sie öffnet den einstigen Schauplatz, also den *Lebens-* und *Ereignisort*, hin zum *Erinnerungsort* – zum Haus nicht letzter, sondern *anderer* Hand, zu dem der Schauplatz durch weitreichende kulturpolitische Entscheidungen geworden ist.[53] Wie wichtig Gestalt und Geschichte dieses zweiten Ortes sein kann, zeigt insbesondere der Hölderlinturm, der bezeichnenderweise erst nach seinem Wiederaufbau – wohlgemerkt in veränderter Form – seinen Namen erhalten hat. Seine unbestrittene Legitimität als literarischer Erinnerungsort resultiert auch daraus, dass es neben unzähligen Touristenfotografien die Gedichte von Paul Celan und Johannes Bobrowski, die Zeichnungen von Alfred Hrdlicka und die Kompositionen von Luigi Nono waren, die *dieses* Gebäude als Erinnerungsort ins kollektive Gedächtnis eingeschrieben haben.

Da das implizite Wissen über Dichterhäuser diese Verdopplung nicht einschließt und immer den Ereignisort erwartet, muss deren öffentliche Präsentation um ihrer *Glaubwürdigkeit* willen auf diese doppelte Gestalt und Geschichte eines literarischen Ortes Bezug nehmen. Andernfalls entstehen Authentizitätssuggestionen wie in Weimar mit der berühmten Enfilade im Goethehaus, die zu Lebzeiten des Dichters so nie zu sehen war, oder wie in Frankfurt an der Oder: Da Kleists Geburtshaus 1945 in der Schlacht um Berlin zerstört worden war, hat man das Kleist-Museum 1969 in einem ehemaligen spätbarocken Schulgebäude untergebracht, in dem der Dichter selbst wohl nie gewesen ist. Der 2013 eingeweihte

---

53 Diese Trennung ist systematisch (vgl. Anm. 9) auch für literarische Dauerausstellungen sinnvoll, die aufgrund der Nichtverfügbarkeit des Ereignisortes in dessen Nähe angesiedelt wurden und so eine schwache Authentizität beanspruchen können – wie z. B. die Ausstellungen zu Marie Luise Kaschnitz in Bollschweil, Peter Huchel und Erhart Kästner in Staufen oder Johann Michael Moscherosch in Willstätt.

moderne Anbau semantisiert das spätbarocke Haus nun um und sinnt an, im historischen Bau wäre etwas Ursprünglicheres und Unmittelbareres über Kleist zu erfahren, das dann im Anbau kommentiert wird.

6. Für eine Ethik des Kuratierens

Echtheit allein kann – wie bereits erörtert – jenen Bedeutungsüberschuss nicht erfassen, der ein Authentizitätserlebnis auszeichnet. Dieser Mehrwert entsteht erst im Zusammenspiel von implizitem Wissen und gestalteter Atmosphäre, und um nachhaltig zu wirken, muss die Atmosphäre als *wahrhaftig* und *glaubwürdig* wahrnehmbar sein. Diese unabdingbaren Attribute des so schillernden Authentizitätsbegriffs formulieren einen ethischen Imperativ[54] für jene Personen, in deren institutioneller Verantwortung der Personenerinnerungsort steht, denen also die *facultas authenticandi*[55] übertragen wurde: die Berechtigung, einen wichtigen kulturellen Ort als einen verbürgten atmosphärisch zu gestalten. Dieser Imperativ fordert, dass das, was der Besucher ohne Markierung als echt wahrnimmt, tatsächlich echt ist, sodass er der Atmosphäre im Dichterhaus auch vorbehaltlos trauen kann. Zu den Maßstäben einer *Ethik des Kuratierens* würde auch zählen, dass Grundentscheidungen wie die über das Ortskonzept und die intendierte Präsenzerfahrung nicht nur dokumentiert werden, sondern auch reversibel sein müssen. Andere Zeiten haben andere Interessen und setzen andere Schwerpunkte im Kontakt mit der Vergangenheit.

Über solch eine Ethik des Kuratierens ist auch deshalb nachzudenken, weil *Authentizität* längst zu einem inflationär gebrauchten Sehnsuchts- und Krisenbegriff geworden ist. Lange tatsächlich ›nur‹ ein Echtheitszertifikat, wurde das Etikett *authentisch* seit dem 19. Jahrhundert zum affektbesetzten Zeichen für etwas mehr und mehr Verschwindendes, was auch die Verschleifung von Verbürgtem und schlichtweg Erfundenem im Dichterhaus begünstigte. Hinzu kommt der mittlerweile mehr als fahrlässige Umgang mit Fakten in den öffentlichen Diskursen – bis hin zur ihrer absichtlichen Manipulation (Stichwort: Fake News), der an wichtigen Orten der Kultur ein Korrektiv verlangt.

---

54 Zur gleichen Forderung an die architektonische Denkmalpflege vgl. Alfred A. Schmid, Das Authentizitätsproblem, S. 4; Gernot Böhme betont die »kritische Aufgabe« (Atmosphäre, S. 39), die für die Wissenschaft aus der Tatsache erwächst, dass die Erzeugung von Atmosphären immer auch ein Machtinstrument sein kann.

55 Zur kirchengeschichtlichen Herkunft dieser Berechtigung aus der Reliquienverehrung vgl. Detlef Hoffmann, Authentische Erinnerungsorte, S. 32 f.

Diesen Tendenzen lässt sich am authentischen Erinnerungsort mit dem Einsatz von *selbstreflexiven Glaubwürdigkeitstriggern* begegnen. Traditionelle Glaubwürdigkeitstrigger wie z. B. das Schild *Shakespeare's Birthplace*, die Signatur *Klassik Stiftung Weimar* oder die durch ihr perfektes Zusammenspiel von Raum, Dingen, Licht, Medien und Texten überzeugende Atmosphäre sind damit freilich nicht gemeint, sondern solche, die markieren, was ungesichert oder nicht überliefert ist. *Vice versa* rückt dann all das, was nicht unter Zweifel gestellt wird, in die Position des Echten und Verbürgten. Diese Trigger sind am authentischen Ort entscheidend, da dort das Haus als erstes Exponat jedes nicht markierte Objekt vorsemantisiert: Ein altes Bett im Kindheitshaus von Hebel *ist*, obgleich dieses Möbel nie überliefert wurde, Hebels Bett – solange nicht das Gegenteil angezeigt wird.

Solche selbstreflexiven Glaubwürdigkeitstrigger gehören zur Ausstellung selbst und sind nicht nur Kommentare: In Schillers Marbacher Geburtshaus beispielsweise verweist als erstes sichtbares Exponat im Innenraum ein illuminiertes Tor auf die Geschichte des Hauses nicht als Ort des Ereignisses, sondern als Ort der Erinnerung. Dieses Tor wurde zu Schillers 100. Geburtstag 1859 eingebaut, um das einfache Handwerkerhäuschen durch ein repräsentativeres Aussehen zum symbolischen Ort aufzuwerten. In den 1960er Jahren hat man den Eingang unter der fälschlichen Annahme, er sei zu Schillers Zeiten an anderer Stelle gewesen, verlegt. Bei der Neukuratierung 2009 wurde das zufällig wiedergefundene Tor an seinen ursprünglichen Platz zurückgesetzt, allerdings als Exponat, mit der Schauseite nach innen und ohne in die Bausubstanz einzugreifen. Dadurch wird reflexiv, dass authentische Orte stets gestaltete und auch einem Wandel unterzogen sind.

Der Einsatz solcher Glaubwürdigkeitstrigger schafft aber auch eine paradoxe Konstellation, die kuratorisch akzeptiert und gestalterisch aufgefangen werden muss: Das Authentische darf *per definitionem* nicht auf sich selbst verweisen; Selbstreflexivität bedroht und untergräbt Authentizität,[56] die das Dargestellte eigentlich »durch die Darstellung als nicht Dargestelltes«[57] zeigen müsste. Unter Umständen muss man aber die Authentizitätssuggestion der dinglichen Substanz des Ortes brechen, um die Glaubwürdigkeit jener immateriellen literarischen Substanz zu erhalten, die im Dichterhaus das Authentizitätsprimat beanspruchen kann.

---

56 Vgl. Achim Saupe, Authentizität, S. 9.
57 Christian Strub, Trockene Rede über mögliche Ordnungen der Authentizität, in: Authentizität als Darstellung, hg. von Jan Berg, Hans-Otto Hügel und Hajo Kurzenberger, Hildesheim 1997, S. 7–17, hier S. 9.

7. Paradigmenwechsel

Um den akzelerierten Wandel der Literatur und der Erinnerungskultur, in dem auch für die Institution Dichterhaus entscheidende Weichen gestellt werden, strategisch mitbegleiten zu können, plädieren die hier angestellten Überlegungen für einen doppelten Paradigmenwechsel: von der Exponierung der Person zur Stabilisierung der Literatur und vom Normativ des »originalen Einrichtungszustand[s]« zur singulären authentischen Atmosphäre. Unter dieser Maßgabe unterscheidet sich das Dichterhaus von allen anderen Institutionen und Formen der Vermittlung von Literatur im Wesentlichen dadurch, dass diese Kulturtechnik dort kinästhetisch durch singuläre räumlich-dingliche Präsenz- und Evidenzerfahrungen vermittelt werden kann – Erfahrungen, die so nur am jeweiligen Ort zu machen sind und sich über diese geografische Fixierung durch bestechende authentische Atmosphären fest auf die *Mental maps* der Besucher einschreiben und dadurch auch kulturelle Orientierungsfunktion erlangen können. Auch deshalb sind Haus und Räume selbst immer die ersten Exponate.

Für die Gestaltung solcher authentischer Atmosphären gibt es, auch wenn sie denkmalrechtlich limitiert wird, keine verbindlichen Regeln, seit das Konzept des heiligen Ortes und der identitätspolitische Auftrag ihre Leitfunktion verloren haben. Gewiss lassen sich überall besonders sensible Zonen wie Arbeitszimmer und Intimräume isolieren; gewiss lassen sich auch offenere Bereiche definieren. Es gibt aber zwei Leitfragen, die hier bereits mehrfach die Argumentation steuerten und die am jeweiligen Ort individuell beantwortet werden sollten: Welche literarische Profilierung ist gewollt, und wie lässt sich diese mit Hilfe der je verschiedenen baulich-dinglichen Überlieferung gestalten? Diese Leitfragen setzten das *Primat der Literatur* auch an solch einem schwierigen Ort wie dem Tübinger Hölderlinturm durch, dessen Mnemotop vom verrückten Dichter im Turm am Fluss Kreativität und Krankheit auf ebenso fatale wie wirkungsmächtige Weise verschränkt. In der 2020 dort neu eingerichteten Ausstellung vergegenständlicht sich die Antwort auf beide Fragen im einzigen überlieferten Objekt aus dem Turmzimmer: einem kleinen Tisch, auf den der Dichter »mit d. Hand geschlagen, wenn er Streit gehabt – mit seinen Gedanken«,[58] wie Lotte Zimmer, die Hölderlin bis zu seinem Tod gepflegt hat, bezeugte. Neben dieser entpathologisierenden Erklärung von Wahnsinn ist an den Tisch auch eine zeitgenössische literarische Konnotation gebunden: Hölderlin habe, wenn er ein Gedicht niederschrieb, mit der Hand das Metrum geklopft. In dieser Weise Repräsentant der Zurückgezogenheit Hölderlins, seines Aus-der-Welt-Verrücktseins, *und* seiner intensiven Sprach-

---

58 Aus dem Tagebuch Ernst Friedrich Wynekens, 10. Mai 1859, in: Friedrich Hölderlin, Sämtliche Werke (Stuttgarter Ausgabe), Stuttgart 1974, Bd. 7.3, S. 250.

arbeit wurde der Tisch zum Leitexponat der ganzen Ausstellung, die sich mit Hölderlins Person auch dem Thema widmet, wie Sprache zu einer Kunstform wird: vom Flur im Erdgeschoss an, in dem die Lampen nach Versmaßen aus *Hälfte des Lebens* gehängt sind, über kleine digitale Metrik-Stationen in den Räumen, in denen Auge, Ohr und Hand – Sehen, Hören und Fühlen – bei der Aufnahme eines Gedichtes kooperieren können, bis hin zum neu gestalteten Garten, in dem man Hölderlinverse in drei verschiedenen Geschwindigkeiten gehen und entscheiden kann, welche davon dem Gedicht gemäßer sind. Die Ausstellung schließt mit einem multimedialen Sprachlabor, das dazu einlädt, Hölderlins lyrische Baustellen buchstäblich zu begehen und selbst mit Silben, Wörtern und Versen zu experimentieren, wobei auch die in ihrer poetischen Qualität lange missachteten Turmgedichte als Authentizitätsgaranten dienen. Hier erlaubt das interaktive Potential des Digitalen eine ganz neue Präsenzerfahrung, durch die das immaterielle Proprium des Literarischen unmittelbar am eigenen Leibe erlebbar wird.

Um dem Primat der Literatur in den so unterschiedlichen Dichterhäusern kuratorisch Geltung zu verschaffen, bedarf es eines *operativen Literaturbegriffs*, der kompromisslos aus den konkreten Gegebenheiten abgeleitet wird: d. h. vom jeweiligen Raum und seiner doppelten Geschichte als Ereignis- und Erinnerungsort, von den überlieferten Objekten und von der literaturgeschichtlichen Konstellation. Wird Literatur in Schillers Geburtshaus über ihre Sozial- und Wirkungsgeschichte vermittelt, so rekurriert das Hebelhaus auf Text-Kontext-Modelle, das Jünger-Haus auf das Habituskonzept, das Gaienhofener Hesse-Haus auf produktionsästhetische Perspektiven und der Hölderlinturm auf anthropologische und gattungsgeschichtliche Aspekte. Allerdings muss der ausgewählte Literaturbegriff aus Gründen der Akzeptanz und Partizipation auch auf die lokalen Bedingungen abgestimmt werden, die sich in Weimar, Tübingen oder Berlin anders darstellen als in touristischen Regionen oder im strukturschwachen ländlichen Raum. Bei allen diesen Erwägungen ist aber auch in Rechnung zu stellen, dass die Kuratierung eines solchen Ortes immer auch eine autonome Interpretationsleistung darstellt, mithin ein kreativer Prozess ist, in dem nicht nur Kausalität und Logik, sondern auch Assoziation, Ähnlichkeit und Differenz atmosphärisch werden.

MARBACHER VORTRÄGE

CEM ÖZDEMIR

EIN SCHWABE WIE ICH!

Schillerrede am 10. November 2019

Im Sommer hatte ich bereits einmal das Vergnügen, das Literaturarchiv zu besuchen, und es ist mir eine Freude, heute wieder in Marbach zu sein. Archiv klingt nach Vergangenheit. Archiv klingt – ich hoffe, Sie verzeihen meine Offenheit – erstmal irgendwie staubig. Aber ich fand auch etwas ganz anderes. Ich war begeistert, wie dieses Archiv sich mit der Gegenwart beschäftigt, wie es in die Zukunft blickt. Und wie es zugleich ein literarisches Gedächtnis ist. Hier finden sich eben nicht nur die Ideengeschichte der letzten 250 Jahre, sondern auch Computerspiele der Gegenwart.

Ich stehe heute Abend nicht als Einzelperson vor Ihnen, sondern als einer von vielen Menschen in diesem Land, bei deren Geburt eine Einladung als Schillerredner ungefähr genauso denkbar war wie ein Flug zum Mond. Wobei die bemannte Raumfahrt durchaus Thema bei uns zuhause war. Friedrich Schiller dagegen war es nicht. Anders als wohl den meisten hier im Saal begegnete Schiller mir nicht in der Schule. Und auch nicht zuhause. Nein, Schiller begegnete mir zum ersten Mal auf den Buchrücken in den Regalen meiner Schulfreunde aus Bildungsbürgerfamilien. Wenn meine Freunde mich zu sich nach Hause einluden, öffnete sich mir ein Fenster zu einer anderen Welt. Die Bücherregale ihrer Eltern zu studieren, das war für mich unglaublich spannend und fremd zugleich.

Auf der Hauptschule und später auf der Realschule war Schiller nicht Teil des Unterrichts. Der Dichter, der es wie kaum ein anderer vor ihm geschafft hatte, eine Sprache fürs ganze Volk zu finden, war den Gymnasiasten vorbehalten. Dennoch oder vielleicht gerade weil meine Wahrnehmung von Schiller nicht durch drögen Schulunterricht (der, wenn ich mich an den damaligen Cem erinnere, wahrscheinlich nur auf pubertätstaube Ohren gestoßen wäre) geprägt ist, fühle ich eine gewisse Verbundenheit mit Friedrich Schiller.

Klar, Schiller ist Schwabe so wie ich! Aber seine Person, sein Leben, seine Geschichte bieten noch viel mehr Identifikationspunkte, ganz gewiss auch Reibungspunkte. Denken wir nur an sein Frauenbild, das heute wohl nur noch als Persiflage durchgehen würde. In seinem Gedicht *Die Glocke* schreibt Schiller:

»Der Mann muß hinaus ins feindliche Leben (...) Und drinnen waltet die züchtige Hausfrau, die Mutter der Kinder.«

Friedrich Schiller war so vieles: Arzt, Jurist, Historiker, Hochschullehrer, Dichter. Für mich persönlich aber war er vor allem ein politischer Denker, ein Dichter der Freiheit, ein Bürger – ein Citoyen – im wahrsten Sinne des Wortes.

Der 9./10. November ist ein Schicksalstag der deutschen Geschichte. Die friedliche Revolution 1989 war ein Glücksmoment. Die Reichspogromnacht 1938 war der furchtbare Auftakt zu einem der dunkelsten Kapitel unserer und der Weltgeschichte. 1918 wurde die erste deutsche Republik ausgerufen, der leider nur eine kurze Zeitspanne und wenig Ruhe vergönnt war. Und 1759 wurde am 10. November unser Friedrich Schiller geboren, einer der bedeutendsten Dichter deutscher Sprache, einer der politischsten Dichter seiner Zeit.

Einer, der aber auch immer wieder instrumentalisiert wurde. Schon in *Mein Kampf* wählte Adolf Hitler beispielsweise eine Überschrift aus dem *Wilhelm Tell*: »Der Starke ist am mächtigsten alleine«. Schiller wurde als glühender Nationalist dargestellt. Ab 1941 sollte der Tell dann allerdings auf Wunsch Hitlers nicht mehr aufgeführt und im Unterricht behandelt werden. Offenbar sah er in Tell den moralisch gerechtfertigten Tyrannenmörder. Wäre ein anderer Schwabe, nämlich Georg Elser, 1939 bei seinem Attentat auf Hitler erfolgreich gewesen, vielleicht hätten wir ihn genau dafür gehalten.

Warum beschäftigen wir uns 260 Jahre später immer noch mit Friedrich Schiller? Als sein erstes Drama, *Die Räuber*, 1782 uraufgeführt wurde, war das Publikum total elektrisiert: »das Theater glich einem Irrenhause, rollende Augen, geballte Fäuste, stampfende Füße, heisere Aufschreie im Zuschauerraum! Fremde Menschen fielen einander schluchzend in die Arme, Frauen wankten, einer Ohnmacht nahe, zur Türe. Es war eine allgemeine Auflösung wie im Chaos, aus dessen Nebeln eine neue Schöpfung hervorbricht!« – So schildert es ein Augenzeuge.

Schiller hatte mit seiner Sprache, mit seinen Themen einen Nerv getroffen. Was Schiller für mich, ein Kind türkischer Gastarbeiter ohne bildungsbürgerliches Elternhaus, bedeutet, das bedeutete er schon zu seiner Zeit für viele Menschen: Er war ein Dichter und Denker, der nicht die Selbstvergewisserung in engen intellektuellen Zirkeln suchte, sondern der seine Ideen mit der Welt teilen wollte. Schiller war ein Bürger im besten Sinne des Wortes. Und das macht ihn heute noch so aktuell! Goethe brachte es auf den Punkt – als Schiller starb, sagte er: »Denn er war unser!« Und meinte damit nicht die Weimarer Salons, sondern die vielen Menschen in Deutschland und darüber hinaus, die Schiller mit seinen Werken angesprochen hatte.

Mit anderen Worten: Schiller stand im 19. Jahrhundert für etwas, was man heute »Popkultur« nennen würde. »Popkultur« hat oft einen negativen Klang, aber Kultur breiten Kreisen zu öffnen, das ist ja eigentlich alles andere als negativ!

Möglichst viele Menschen zu erreichen, das ist auch die Kunst der Politik, die Kunst der Demokratie. Als Demokraten geht es uns allen doch darum, möglichst viele Menschen in diesem Land anzusprechen. Auch, wenn sie unsere Meinung nicht teilen.

Unser Land braucht wieder mehr Debatten. Zu lange haben wir uns im Konsens eines Status Quo, bei dem es uns ja irgendwie ganz gut ging, ausgeruht. Dieser Konsens existiert heute nicht mehr. Es geht heute darum, wohin sich unser Land entwickelt. Es geht wieder um das fundamentale Thema Freiheit.

Wir müssen uns wieder viel mehr grundsätzlichen Debatten stellen, auch wenn es unbequem ist. Wenn in einem Bundesland jeder Vierte eine rechtsradikale Partei mit einem Rechtsradikalen an der Spitze wählt, dann ist darüber zu reden! Dann müssen wir fragen: Warum? Und: Was ist jetzt zu tun?

Es ist stets richtig, über soziale Fragen, über kulturelle Erwägungen, über Gleichheit, über Einkommen und Renten zu reden. Aber nichts davon erklärt die Wahl eines Kandidaten, der nicht nur offiziell als Faschist bezeichnet werden darf, sondern ganz offensichtlich auch einer ist. Hier geht es schlicht um offen zur Schau getragenen Hass. Hass ist keine Entschuldigung für nichts. Und es ist auch keine Meinung, mit der man sich auseinandersetzen kann.

Es geht im Kern also um die Frage: Stehen wir ein für unsere Freiheit, unsere Demokratie, unser Grundgesetz oder tun wir es nicht?

In meinem Bundestagsbüro habe ich – erstmals in meinem Leben – bewusst zwei Fahnen aufgestellt – Schwarz-Rot-Gold neben der Europaflagge. Das verwundert manche. Gerade auch in meiner eigenen Partei. Es ist ja auch erklärungsbedürftig in unserem Land, wo es zurecht eine Aversion gegen zu viel demonstrativ zur Schau gestellten Fahnenkult gibt. Doch die Zeiten sind andere. Für mich sind Schwarz, Rot und Gold mehr denn je die Farben der Demokratie, der Freiheit und unseres Rechtsstaates. Sie symbolisieren die guten Traditionen unseres Landes, das seine Geschichte nicht vergisst: das Hambacher Fest 1832, die Paulskirche 1848 und den Mauerfall 1989 ebenso wenig wie die von Dan Dinner zurecht als Zivilisationsbruch bezeichnete Shoah und die erst langsam im vollen Umfang als solche anerkannten Völkermorde des 20. Jahrhunderts, an denen Deutschland ursächlich im Falle der Herero und Nama und wissend und mitschuldig im Fall der Armenier beteiligt war.

Für mich ist unsere Fahne ein Symbol für das moderne, das offene Deutschland – das Beste, das wir kennen und in dem wir das Glück haben, leben zu dürfen. Eines übrigens, dessen Verfassung, Republikanismus, Meinungsfreiheit und europäischer Ausrichtung, da bin ich mir sicher, Schiller gewogen gewesen wäre.

Der Kampf um Symbole steht stellvertretend für die Richtungsfragen in unserem Land. Stehen also Symbole wie Fahne, Hambacher Fest, Paulskirche für das Deutschland der Freiheit, so wie Schiller es versteht, oder für das nationalistische, reaktionäre Deutschland? Wir dachten, dieser Kampf sei in den Trümmern und Leichenbergen von 1945 entschieden worden. Einiges aus der Dunkelheit davor überlebte, passte sich an und wechselte das Gewand, machte Karriere hier als Demokrat und drüben als Sozialist. Wir glaubten lange Zeit, Instabilität, fehlende Mehrheiten und Parteien mit extremen Ansichten in den Parlamenten wären Probleme unserer Nachbarn – weit gefehlt! Der Kampf um den liberalen Geist unserer Republik ist in der Mitte der deutschen Gesellschaft angekommen.

Sie alle kennen wohl das Ende der Uraufführung der *Räuber*: Schiller wurde zur Strafe von Herzog Karl Eugen unter Arrest und Schreibverbot gestellt und musste fliehen.

Anders als zu Schillers Zeiten leben wir heute in einer Demokratie, in der Meinungsfreiheit von unserer Verfassung garantiert wird und von der übrigens im Alltag auch rege Gebrauch gemacht wird. Und ganz entgegen des hoffentlich vergeblichen Versuches der Umschreibung der Realität unseres Landes, ist diese Meinungsfreiheit auch keineswegs eingeschränkt, wenn man nicht der Meinung ist, dass offen zur Schau getragener Hass, gepaart mit Einschüchterungen, Drohungen und offenen Mordphantasien eine legitime Meinung seien. Das sind sie nicht, um das Offensichtliche nochmals festzustellen.

Zum Glück leben wir heute in einer Demokratie. Heute droht in Deutschland keinem Dichter mehr Festungshaft, weil jemandem seine Schreibe nicht passt! Heute kann jeder sagen, was er oder sie denkt!

Aber dennoch haben wir gerade wieder eine Debatte über Meinungsfreiheit. Vor kurzem machte die ZEIT Schlagzeilen mit einer Allensbach-Umfrage: Demzufolge glauben 78 % der Befragten, man müsse in der Öffentlichkeit mit Kommentaren zu »einigen oder vielen« Themen vorsichtig sein. Fast zwei Drittel glauben, man müsse »heutzutage sehr aufpassen«, zu welchen Themen man sich wie äußert.

Die »Man wird doch nochmal sagen dürfen«-Anhänger gepaart mit der »Ich habe nichts gegen (wahlweise) Ausländer/Schwarze/Muslime/Juden, aber«-Fraktion sind der Mitte unseres Landes gefährlich nahegekommen.

Während zu Schillers Zeiten Meinungsfreiheit tatsächlich eingeschränkt war und bis vor 30 Jahren diejenigen unserer Mitbürger, die nicht das Privileg hatten, in der alten Bundesrepublik zu leben, ebenfalls von Meinungsfreiheit nur träumen durften, ist unser Grundgesetz da glasklar: Meinungsfreiheit ist für jeden und jede, die in diesem Land lebt, ein unverrückbares Grundrecht.

Die Grenze dessen, was sagbar ist und was nicht, ziehen keine Hauptstadt-
journalisten, kein grüner Politiker, auch keine gelben, roten oder schwarzen.
Nein diese Linie zieht einzig und allein das Grundgesetz!

Und trotzdem zahlen wir einen Preis, wenn wir bestimmte Positionen offen
vertreten. Kein Herzog wird uns verfolgen, wenn wir statt fleißig Marschlieder
zu lernen lieber dichten wollen. Was damals weltliche und geistliche Führer ver-
boten oder der Selbstzensur zum Opfer fiel, bezwecken heute die Gaulands und
Erdogans on- und offline gleichermaßen. Und verbalen Entgleisungen folgt dann
gelegentlich die Tat, wie wir zuletzt beim Mord am Kasseler Regierungspräsiden-
ten Lübcke traurig erfahren mussten.

Sie haben vielleicht von den jüngsten Morddrohungen gegen mich und
andere gehört. Wozu sollen sie dienen? Sie sollen uns einschüchtern, uns zum
Schweigen und Verschweigen bringen. Bis der eine oder die andere sich genau
überlegt, ob das offene Wort den Einsatz wert ist. Dies ist der eigentliche Zweck
dieser Morddrohungen. Die Drohung gegen die auf der Todesliste Genannten
gilt eigentlich der für die Fanatiker so verhassten liberalen, offenen und europäischen Bundesrepublik Deutschland. Werden wir standhalten und zeigen, dass
unsere Demokratie nicht umsonst »die Wehrhafte« genannt wird?

Sich in einer Demokratie dem Hass mit dem Wort entgegenzustellen und in einem
Rechtsstaat durch die Polizei geschützt zu werden, ist ein großes Privileg. Ein
Privileg, das viele andere nicht genießen. In vielen Ländern dieser Welt sind
die Schillers immer noch bedroht. Dort erfordert es nicht nur große Kreativität,
sondern auch großen Mut, Dichter und Denker zu werden und seine Gedanken in
die Öffentlichkeit zu tragen. Laut Reporter ohne Grenzen wurden alleine dieses
Jahr bereits 47 Medienschaffende weltweit getötet – dies sind nur die dokumen-
tierten Fälle.

Ein türkischer Schiller, der Literaturnobelpreisträger Orhan Pamuk, sprach
vor einigen Jahren hier in Marbach. Ein anderer, Ahmet Altan, sitzt seit über drei
Jahren für die Texte aus seiner Feder im Gefängnis, ebenso wie ein weiterer Schiller, Osman Kavala, dem Sultan Erdogan seinen unbändigen Freiheitswillen nicht
vergeben will. Vergessen wir sie nicht, wenn wir zu Schillers Werken greifen!

»Was hat der Mensch dem Menschen Größeres zu geben als Wahrheit!« so
erinnert uns Schiller an unsere Berufung. Wie berechtigt Schillers Kritik an der
Willkür der Herrschenden war, kann man unter anderem am Schicksal von Christian Friedrich Daniel Schubart erkennen, eines Journalisten und Dichters, der an
den empörenden Zuständen Anstoß genommen hatte und dafür ohne gericht-
liches Urteil auf der Burgfestung Asperg eingekerkert worden war.

Schiller schrieb *Die Räuber*, als er 21 Jahre alt war, motiviert durch seinen Frust über Herzog Karl Eugen. Dieser hatte seinen Vater überzeugt, man könnte auch sagen, gezwungen, ihn auf die Karlsschule in Stuttgart zu schicken und seine Jugend mit militärischem Drill abrupt zu beenden.

Seinen Frust über die Entscheidungen von Erwachsenen, die das eigene Leben in eine Bahn gelenkt haben, die nicht dem eigenen Willen entspricht – diesen Frust schreibt sich Schiller mit seinen *Räubern* vom Leibe. Er schreibt über seine Sehnsucht nach Freiheit – und wird vom Herzog mit Freiheitsentzug bestraft.

Dieser Frust über Erwachsene, über Entscheidungen anderer, die das eigene Leben bestimmen, das eigene Leben dramatisch prägen, ist keineswegs etwas aus der Vergangenheit. Dieses Jahr sind an vielen Freitagen hunderttausende Jugendliche weltweit auf die Straße gegangen, weil sie mit unseren Entscheidungen in Bezug auf das künftige Klima auf unserem Planeten unzufrieden sind! Sind diese Schüler heute vielleicht die Jugendlichen von damals, die nach dem großen Erfolg des Stückes in die Wälder zogen, um es Karl Moor und seiner Räuberbande nachzumachen?

Marcel Reich-Ranicki meinte einmal über *Die Räuber*: Sie seien ein »fabelhaftes Stück, die Revolte junger Menschen gegen den Staat, gegen das Establishment. Ein Stück mit Kraft, mit ungeheurer Protestwirkung, herrlich!« Vielleicht geht es nicht nur mir so. Aber ich meine, da etwas Greta Thunberg herauszuhören.

Zu Schillers Zeiten schränkten Gesetze die Freiheit ein. Schon in seinem ersten Stück, den *Räubern*, macht Schiller diesen Konflikt zwischen Freiheit und Gesetz zum Thema. Heute ist es genau andersherum: Heute schafft unser Grundgesetz die Grundlage für die Freiheit, die wir genießen. Heute wollen manche im Namen der Freiheit die selbige einschränken; mit den Mitteln der Demokratie, von der Schiller nicht zu träumen wagte, die Demokratie Schritt für Schritt beseitigen; im Namen der vermeintlichen Mehrheit zunächst die Minderheit und schließlich die Mehrheit ausgrenzen! Der Slogan »Wende vollenden« soll suggerieren, die Wende zur Freiheit hätte keine Freiheit gebracht. Welch perfide Methode, setzt sie doch unsere Demokratie mit der Diktatur der SED gleich. Und zeigt, worum es in Wahrheit geht, nämlich um das Ende der Demokratie.

Ähnliche Muster kennen wir von autokratischen Herrschern. In einer Hinsicht haben die Schillers gesiegt: Heute will selbst der reaktionärste Herrscher seine Herrschaft als Demokratie kleiden. Die Abschaffung der Freiheit wird mit dem Schutz derselbigen begründet.

Sie ahnen wahrscheinlich, wer mir gerade in den Sinn kommt. Ich rede von meiner intensiven Beziehung mit dem türkischen Staatspräsidenten, meinem Herzog am Hofe im fernen Ankara, dessen Sorge sogar schon meinem aus seiner Sicht zu wenig vorhandenen türkischen Blut galt. Er ist von der Demokratie und ihren Spielregeln so sehr überzeugt, dass er innerhalb von drei Monaten die Wahl zum Oberbürgermeister von Istanbul gleich zweimal durchführen ließ. Doppelt hält schließlich besser. Manche Herrscher bekommen von Demokratie eben nicht genug.

Letztes Jahr im September beehrte jener Erdogan unseren Bundespräsidenten und damit uns alle zum Staatsbesuch. Lange habe ich mir überlegt, wie ich ihn in gebotener Würde beim abendlichen Bankett auf Schloss Bellevue empfangen könnte. Schließlich fand ich den Ausweg bei meinem schwäbischen Landsmann Friedrich Schiller und dessen *Don Karlos*, wo es so treffend heißt: »Sire, geben Sie Gedankenfreiheit!«. Kannte Schiller etwa Erdogan? Nein, natürlich nicht. Aber er musste ihn ja auch gar nicht kennen. Er kannte die Erdogans seiner Zeit. Heute heißen sie Orban, Trump und Johnson. Ihr oberster Boss nennt sich Putin.

Aus dem »Sire, geben Sie Gedankenfreiheit« wurde in türkischer Sprache auf meinem Button schließlich »Düşünceye özgürlük«, soviel Internationalität muss sein. Leider war es mir nicht vergönnt, nach dem Dinner mit Erdogan über Schiller zu plaudern. Zumindest kann er nun immerhin mit Recht behaupten, er habe Schiller gelesen.

Mehr als 200 Jahre nach seinem Tode lebt Schiller mit seinem Werk weiter. Das verdanken wir Institutionen wie dem Deutschen Literaturarchiv Marbach, in dem wir uns heute versammeln. Die Macht des Wortes, wo könnten wir sie eindrucksvoller spüren als in einem Literaturarchiv! Bei »Archiv« denkt man schnell an staubige Regale. Aber Archive sind so viel mehr: Sie bewahren das Wort. Sie bewahren Gedanken. Sie sind die Arche Noah der Freiheit.

Das Wort ist stärker als Diktatoren, als Autokraten, als Faschisten, als rechte Hetzer. Und daher wird, davon bin ich fest überzeugt, am Ende doch stets das Wort obsiegen. Menschen kann man einschüchtern, einsperren, ja sogar töten. Ihre Ideen aber leben trotzdem weiter, wenn sie uns überliefert werden! Die Gedanken sind frei. Sie werden immer frei bleiben. Und wenn sie ihren Weg auf Papier finden, auf Webseiten, in Hörbüchern, wenn es Archive gibt, die sie bewahren, dann werden sie auch bleiben.

Hitler hat nicht nur einen Krieg entlang völkischer und rassistischer Kriterien geführt. Nein, er hat auch einen Krieg gegen das Wort geführt. Denn das machte ihm am meisten Angst. Das macht vielen Autokraten, vielen Diktatoren Angst. Am Ende machte Hitler auch Schillers *Wilhelm Tell* Angst.

Daher ist es kein Zufall, dass es oft als erstes die Intellektuellen trifft, wenn große Verbrechen geplant werden. Es war sicher kein Zufall, dass die Bücherverbrennung der Shoah voranging. Dass der Völkermord an den Armeniern am 24. April 1915 mit der Verhaftung und späteren Tötung der Intellektuellen in Istanbul seinen Anfang nahm.

Aber man kann noch so viele Bücher verbrennen, noch so viele Intellektuelle festnehmen, einsperren oder gar töten. Ihre Worte werden weiterleben, wenn wir sie nicht vergessen! Wenn ich aus den Büchern inhaftierter Autoren öffentlich lese, muss ich daran denken, dass jede Erinnerung an sie stets ein Protest, ein Akt der Rebellion gegen das Unrecht von Zensur und Unterdrückung ist.

Schillers Leben und Werk hat die Jahrhunderte überdauert. Während von den Potentaten das Unrecht, Gefängnismauern und Kerker bleiben, werden wir uns Jahr für Jahr hier im Namen Schillers und der Freiheit versammeln. Für alle Ewigkeit gilt der Satz von Friedrich Schiller: »Der Mensch ist frei geschaffen, ist frei, und würd' er in Ketten geboren.«

DEUTSCHE SCHILLERGESELLSCHAFT

SANDRA RICHTER

JAHRESBERICHT DER DEUTSCHEN SCHILLERGESELLSCHAFT

2019

Eine der wichtigsten Nachrichten des Jahres 2019 erreichte die Deutsche Schiller-gesellschaft im November: Im Rahmen der Bereinigungssitzung am 14. November 2019 verabschiedete der Haushaltsausschuss des Deutschen Bundestags eine Erhöhung der Zuwendungen für das Deutsche Literaturarchiv Marbach (DLA). Das DLA erhält einen Aufwuchs von insgesamt 19 Personalstellen und einmalig zusätzliche Mittel von 2,5 Millionen Euro (als Bauplanungsrate). Mit der Inves-tition in Infrastruktur und Personal soll das Haus besser auf aktuelle und künf-tige Anforderungen reagieren können. Gefördert wird die digitale Transition des Hauses. Die Mittel sollen außerdem für die Planung größerer Baumaßnahmen eingesetzt werden; mittelfristig geht es um einen neuen Forschungsbau und die Renovierung des Archivgebäudes.

Im Dezember 2019 beschloss die Regierung des Landes Baden-Württemberg, diese Vorhaben ebenfalls zu unterstützen, und zwar mit 750.000 Euro im Jahr 2020 und noch einmal 750.000 Euro im Jahr 2021.

Unser großer Dank für die Beschlüsse geht an die Staatsministerin für Kultur und Medien, Monika Grütters, die Mitglieder des Deutschen Bundestags sowie an die Ministerin für Wissenschaft und Kultur, Theresia Bauer, und den Landtag des Landes Baden-Württemberg für dieses wichtige Signal zur Stärkung des Deut-schen Literaturarchivs Marbach.

Diese Nachrichten aus der Politik belohnten alle Kolleginnen und Kollegen des DLA Marbach für ein ereignisreiches Jahr, das jeder und jedem viel abver-langte. Für das große Engagement danke ich allen sehr herzlich!

Doch nicht nur seitens der Politik verlief das Jahr überaus glücklich, sondern auch auf dem Autografenmarkt konnten wir einige herausragende Erwerbungen tätigen: Im März ermöglichte uns die großzügige Förderung der Alfried Krupp von Bohlen und Halbach-Stiftung im Auktionshaus J.A. Stargardt (Berlin), ein Kon-volut bisher unpublizierter Briefe von Paul Celan an eine Freundin (»Hannele«) aus dem Jahr 1951 zu ersteigern. Die kleine bedeutende Sammlung besteht aus fünf handschriftlich von Paul Celan verfassten Briefen sowie drei eigenhändigen und einem maschinenschriftlichen Gedicht. Die Briefe schließen eine Lücke im umfangreichen Nachlass Celans, der sich im Deutschen Literaturarchiv befindet und 116 Archivkästen mit Manuskripten, Briefen, Übersetzungen und anderen Dokumenten umfasst. Die Celan-Expertin Barbara Wiedemann lüftete die Identität der Adressatin: Es handelt sich um die Übersetzerin Hannelore Hoelzmann (geb. Bettger; SZ vom 10. Dezember 2019), die sich für Film und bildende Kunst interessierte und in Künstlerkreisen verkehrte.

Außerdem konnte das DLA eine bedeutende, der Forschung bislang unbekannte Sammlung von Autografen von Else Lasker-Schüler sowie zugehörige Materialien erwerben. Die meisten Stücke stammen aus dem Besitz des Verlegers, Kunsthistorikers und Schriftstellers Franz Glück, dessen umfangreiche Bibliothek sich bereits seit 1982 in Marbach befindet. Bei dem neu erworbenen Konvolut handelt es sich u. a. um Briefe, Postkarten und ein Telegramm an Glück und seine Frau Hilde, zudem um einen Fahnenabzug *Konzert* (105 Blätter) von Else-Lasker Schüler sowie Briefe von Schalom Ben-Chorin, Friedrich Traugott Gubler und Manfred Sturmann an den Verleger Glück. Das neuerworbene Konvolut ergänzt im Deutschen Literaturarchiv eine umfangreiche Sammlung von Autografen Else-Lasker Schülers. Else Lasker-Schüler beschäftigte uns auch im Rahmen einer Tagung über ihr Werk *Das Hebräerland* und die deutsch-jüdische Palästina-Dichtung der Zeit, die im Februar 2019 im Leibniz-Institut für jüdische Geschichte und Kultur – Simon Dubnow in Kooperation mit dem Institut für Germanistik der Universität Leipzig, dem Deutschen Literaturarchiv Marbach und dem Franz-Rosenzweig-Minerva-Forschungszentrum an der Hebräischen Universität Jerusalem stattfand.

Unter den zahlreichen historischen Erwerbungen ragte außerdem diejenige des Archives des Philipp Reclam Verlages heraus. Im Archiv der Standorte Stuttgart, Ditzingen und Leipzig finden sich u. a. Manuskripte wie dasjenige von Erich Heckels *Lebensstufen – Die Welt des Mannes,* Briefe von Ilse Aichinger, Jorge Amado, Ivo Andrić, Louis Aragon, August Bebel, Johannes R. Becher, Otto von Bismarck, Bjørnstjerne Bjørnson, Volker Braun, Bertolt Brecht, Heinrich Böll, Ida Boy-Ed, Paul Dessau, Lion Feuchtwanger, Karl Emil Franzos, Franz Fühmann, Hans-Georg Gadamer, Ludwig Ganghofer, Friedrich Gerstäcker, Oskar Maria Graf, Peter Hacks, Kurt Hager, Gerhart Hauptmann, Stephan Hermlin, Hermann Hesse, Martin Heidegger, Paul Heyse, Hugo von Hofmannsthal, Erich Honecker, Ricarda Huch, Engelbert Humperdinck, Henrik Ibsen, Ernst Jandl, Karl Jaspers, Gottfried Keller, Rainer Kunze, Heinrich Laube, Golo Mann, Thomas Mann, Max Mell, Richard Moritz Meyer, Börries Freiherr von Münchhausen, Pablo Neruda, Joseph Victor von Scheffel, Anna Seghers, Erwin Strittmatter, Mikis Theodorakis,

Tomas Tranströmer, Martin Walser, Helene Weigel, Christa Wolf, Hans von Wolzogen, Fedor von Zobeltitz, Carl Zuckmayer, Arnold Zweig und Stefan Zweig. Auch
das Gästebuch mit zahlreichen Einträgen u. a. von Felix Mendelssohn Bartholdy,
Friedrich Gerstäcker, Ferdinand Hiller, Ignaz Moscheles und Robert Schumann
liegt nunmehr im DLA Marbach.

Unter den Vor- und Nachlässen jüngerer Autorinnen und Autoren möchte
ich fünf besonders hervorheben: Die u. a. mit dem 3sat Preis beim Bachmann-
Wettbewerb in Klagenfurt (2000), dem Marie-Luise-Kaschnitz-Preis (2004) und
dem Deutschen Buchpreis (2007) ausgezeichnete Berliner Schriftstellerin Julia
Franck (geb. 1970) hat dem Deutschen Literaturarchiv Marbach ihr Archiv über-
geben. Darin enthalten sind Manuskripte ihrer Romane und Erzählungen (u. a.
Liebediener und *Die Mittagsfrau*), Essays und Übersetzungen. Zum Bestand
gehören zudem Lebenszeugnisse und Briefe von Weggefährten, eine umfang-
reiche Korrespondenz mit ihrem Verlag S. Fischer sowie eine Belegexemplar-
Sammlung von Francks Veröffentlichungen und zahlreiche Zeitungsartikel. Auch
Reinhard Jirgl (geb. 1953), ausgezeichnet mit dem Alfred-Döblin-Preis 1993, dem
Joseph-Breitbach-Preis 1999, dem Literaturpreis der Stadt Bremen 2006 und dem
Georg-Büchner-Preis 2010, übergab sein Archiv dem Deutschen Literaturarchiv
Marbach. Er stellt der Forschung seine handschriftlichen Manuskripte und Vor-
arbeiten zu seinen Werken ebenso zur Verfügung wie einen Commodore C64–5,25
nebst Floppy-Disks. Für seine Manuskripte benutzte Jirgl meist handelsübliche
Schreibhefte im DIN A4-Format, die am Fuß der Seiten und auf eingefügten Blättern Ergänzungen zum fortlaufenden Text enthalten. Anfang 2017 erklärte Jirgl,
er habe sich aus der Öffentlichkeit zurückgezogen, und obwohl er sich weiterhin dem Schreiben widme, wolle er künftig von neuen Publikationen absehen.
Der dritte im Bunde ist der Schweizer Schriftsteller Christian Kracht (geb. 1966
in Saanen/Schweiz). Krachts Archiv, das sich nunmehr ebenfalls im Deutschen
Literaturarchiv Marbach befindet, enthält neben zahlreichen Manuskripten
von Artikeln und Interviews Korrekturfahnen (u. a. zum Roman *Imperium* und
Die Toten), das Drehbuch-Manuskript zu seinem Debüt *Faserland*, zahlreiche
Fotografien, Entwürfe von Buchumschlägen, Plakate, seine nicht-digitale Kor-
respondenz mit Weggefährten aus Kultur und Medien – und eine Actionfigur
Sigmund Freud. Seine digitale Korrespondenz und eine weitere Fotosammlung
werden zu einem späteren Zeitpunkt nachgeliefert. Bereits im Jahr 2015 war im
Rahmen der Ausstellung *Das bewegte Buch* die von Christian Kracht und Eckhart
Nickel in Nepal gesammelte *Kathmandu Library* zusammen mit einigen weiteren
Dokumenten nach Marbach gekommen. Kracht wurde mit zahlreichen Auszeich-
nungen geehrt, u. a. mit dem Preis der Deutschen Filmkritik für das beste Dreh-
buch (2013 für *Finsterworld*, Regie führte seine Frau Frauke Finsterwalder), dem
Hermann-Hesse-Literaturpreis (2016) und dem Schweizer Buchpreis (2016).

Die Philosophennachlässe im DLA Marbach werden durch einen weiteren Vorlass ergänzt: denjenigen des 1947 geborene Schriftstellers und Philosophen Peter Sloterdijk. Er zählt zu den wichtigsten *Public Intellectuals* in Deutschland. Mit seinem ungewöhnlichen Gespür für die Strömungen der Zeit ist es ihm gelungen, kulturphilosophische und politische Debatten anzustoßen. Die Erwerbung des Vorlasses wurde ermöglicht durch die Beauftragte für Kultur und Medien, Staatsministerin Monika Grütters, Hubert Burda und den Stifterverband der Deutschen Wissenschaft. Das Archiv enthält zahlreiche Manuskripte, Notizen und Entwürfe, Materialien aus seiner Studienzeit, Lebensdokumente und Fotos sowie eine große Zahl digitaler Dokumente, zu denen Textdateien seiner Bücher, Aufsätze und Vorträge zählen.

Darüber hinaus erhielt das DLA einen Nachlass aus dem Bereich der Liedermacher, deren Publikationen und audiovisuelle Beiträge es bereits in der Abteilung Bibliothek sammelt: Als Mitbegründer, Texter und Sänger der Band *Ton Steine Scherben* prägte Rio Reiser (mit bürgerlichem Namen Ralph Möbius) die musikalische Sozialisation der deutschen Alternativbewegung, der Anarcho- und Hausbesetzerszene der 70er- und 80er-Jahre. Die Punk- und Rockmusik dieser und der nachfolgenden Generation bis zur Hamburger Schule wurde nachhaltig von Reiser beeinflusst, Liedtitel wie *Macht kaputt, was euch kaputt macht* und *Keine Macht für Niemand* sind sprichwörtlich geworden. Sein intermedialer künstlerischer Nachlass wurde dem DLA von dessen Brüdern Peter und Gert Möbius gestiftet.

Zu den inhaltlichen Schwerpunkten des DLA zählte im Jahr 2019 erstens das Verständnis von Literatur als einer intermedialen Kunst, die bewegt und digital sein kann und – mitunter – auch der Aufführung durch Stimme und Ton bedarf. Die von Mai bis August laufende, von der Bundeskulturstiftung finanzierte Improvisationsausstellung *#LiteraturBewegt 1: Lachen. Kabarett* diente dem Experiment mit den verschiedenen Medien der Literatur. Sie schloss das politische und vor allem auch das musikalische Kabarett ein. In Kooperation mit den Schlossfestspielen Ludwigsburg konnten wir die *Erlkings* auf der Schillerhöhe begrüßen, die Schubert und Schumann auf Englisch sangen. Das Duo *Pigor & Eichhorn* hingegen erfreute uns u. a. mit einem Lied auf einen der wichtigsten Bestandsgeber des DLA: Martin Heidegger. Diese Erkundung von Literatur als einer musikalischen Kunst wurde durch einen Vortrag von Bernhard Fetz, dem Direktor des Literaturarchivs der Österreichischen Nationalbibliothek in Wien und Mitglied des Wissenschaftlichen Beirats des Deutschen Literaturarchivs Marbach, über die auditive Dimension von Nachlässen unterstützt. Eine daran anschließende Diskussion mit Toni Bernhart (Universität Stuttgart), Andreas Kozlik (DLA Marbach) und Julia Merrill (MPI für Empirische Ästhetik, Frankfurt a.M.) lotete die Frage aus, wie sich Stimme und Ton archivieren, erforschen und ausstellen lassen. Es moderierte Ulrich Johannes Schneider, Direktor der Universitätsbibliothek Leipzig, Professor für Philosophie und Vorsitzender des wissenschaftlichen Beirats des DLA.

Darüber hinaus widmete sich das DLA den unterschiedlichen Ausdrucksformen schriftlich niedergelegter Literatur. Einen Ausgangspunkt dafür bot die Ausstellung *Hands on! Schreiben lernen, Poesie machen*, die Hans Magnus Enzensberger zum 90. Geburtstag gewidmet war und auch von ihm ersonnen wurde. Ziel war es mithilfe von Schulheften, Kinderbriefen, Schreibübungen, Schriftspielen und Buchstabenerfindungen von Friedrich Schiller bis Theresia Enzensberger zu fragen, wie sich der handschriftliche Ausdruck formt.

Doch ist der auratische Ausdruck einer Handschrift nur die eine Seite der Literatur, die uns beschäftigt: Digitale Ausdrucksformen gewinnen immer stärker an Sichtbarkeit und Eigensinnigkeit. Im Bemühen um die digitale Seite der Literatur und zugunsten der Verstärkung digitaler Ansätze im Archiv riefen wir Veranstaltungen und auch eine neue Reihe ins Leben, die – doppelsinnig – *Digitale Originale* heißt. Auf einem ersten Podium diskutierten Mats Malm, Sekretär der Schwedischen Akademie, Professor für Skandinavistik an der Universität Göteborg und Mitglied unseres Wissenschaftlichen Beirats, Jo Lendle, Schriftsteller und Verleger des Hanser Verlags und Roland Kamzelak über die Frage, ob wir digital flüchtiger lesen als analog. Im Rahmen einer zweiten Veranstaltung stellten wir ein ›Original‹ der Digital Humanities vor, nämlich Kurt Gärtner, Professor für Mediävistik und Gründer des Kompetenzzentrums für elektronische Erschließungs- und Publikationsverfahren in den Geisteswissenschaften an der Universität Trier (heute Trier Center for Digital Humanities), der u. a. das grimmsche Wörterbuch in elektronischer Form mitherausgegeben hat.

Außerdem konnten wir die Einführung eines Science Data Centers für Literatur feiern, eine Kooperation des Deutschen Literaturarchivs Marbach mit dem Höchstleistungsrechenzentrum Stuttgart, dem Institut für Maschinelle Sprachverarbeitung und der Abteilung Digital Humanities der Universität Stuttgart. Das mit knapp zwei Millionen Euro geförderte Projekt mit einer Laufzeit von vier Jahren verfolgt das Ziel ›Born-digital‹-Literaturmaterialien – Materialien, die ihren Ursprung in digitaler Form haben – zu sammeln, dauerhaft zu erhalten und zu erforschen. Zudem sollen neue digitale Methoden zur Erforschung dieses heterogenen, innovativen Bestandes aus u. a. Netzliteratur (Hypertext), literarischen Weblogs und digitalen Archivalien entwickelt werden. Das Projekt wird vom Ministerium für Wissenschaft und Kunst Baden-Württemberg finanziert.

Beispiele für solche Born-digitals steuerte eine Zeitkapsel über Theo Lutz bei. Im Jahr 1959 schrieb der Stuttgarter Student der Mathematik, Physik und Elektronik Literaturgeschichte: Auf dem Rechner Z22 programmierte er einen Algorithmus für Literatur. Der erste elektronische Text in deutscher Sprache entstand. Theo Lutz publizierte in der linken Stuttgarter Kulturzeitschrift *ja und nein* politische Essays, begeisterte sich für Kybernetik, hörte Max Benses Vorlesungen, arbeitete für IBM, sollte Professor für Informatik werden und schon in den 60er-Jahren über elektronische Gehirne nachdenken. Der Nachlass dieses Querdenkers liegt seit 2019 ebenfalls im DLA. Über ihn sprachen: Toni Bernhart, Leiter des DFG-Forschungsprojekts *Quantitative Literaturwissenschaft* am Institut für Literaturwissenschaft und am Stuttgart Research Centre for Text Studies der Universität Stuttgart, Nils Reiter, Vertretungsprofessor für Sprachliche Informationsverarbeitung an der Universität Köln, Claus-Michael Schlesinger, Wissenschaftlicher Mitarbeiter am Institut für Literaturwissenschaft Stuttgart (Abteilung Digital Humanities), und ich.

Ein zweiter Schwerpunkt, der das DLA im Jahr 2019 beschäftigte und darüber hinaus beschäftigen wird, umfasst die Mehrsprachigkeit von Literatur – sei es durch die Multilingualität ihrer Autorinnen und Autoren oder durch Übersetzungen. Auch dafür gründete das DLA eine neue Reihe. Sie trägt den Titel *Zwischen den Sprachen*. Den Auftakt machte die in Tokio geborene Yoko Tawada (*1960), die seit 1986 sowohl auf Deutsch als auch auf Japanisch schreibt. Mit Jan Bürger und mir diskutierte sie über die Eigenheiten von Sprache.

Einen weiteren wichtigen Beitrag zur Mehrsprachigkeitsdebatte im DLA lieferte die Tagung *Übersetzernachlässe in globalen Archiven* im Deutschen Literaturarchiv Marbach in Verbindung mit dem Projekt *Penser en langues*, Paris, und dem Institut Mémoires de l'édition contemporaine (IMEC, Caen/Paris). Wissenschaftlerinnen und Wissenschaftler diskutierten über die Rolle des Übersetzers als Nomade der Mehrsprachigkeit für die Literaturvermittlung, aber auch für die Produktion und Revision von Wissen und Ausdrucksformen. Sie bezog sich auf zahlreiche Archivbestände, die unmittelbar mit Literaturübersetzung verbunden sind, u. a. von Bertolt Brecht, Elisabeth Borchers, Paul Celan, Peter Handke und Peter Urban. Die Tagung wurde von der Robert Bosch Stiftung aus Mitteln der DVA-Stiftung gefördert. Für eine Abendveranstaltung konnte die renommierte Lektorin und Übersetzerin Michi Strausfeld gewonnen werden. Die Tagung wurde am IMEC mit eigenem Programm fortgesetzt.

Nachdem die Ausstellungen *Die Erfindung von Paris* und *Thomas Mann in Amerika* mit fulminanten Diskussionen und Vorträgen, u. a. von und mit Hannelore Schlaffer (Universität München), dem Romanisten Karlheinz Stierle (Universität Konstanz) und dem Literaturwissenschaftler Heinrich Detering (Universität Göttingen) zu Ende gingen, nahm das DLA außerdem den postsowjetischen Raum und Afrika als Orte für literarische Mehrsprachigkeit in den Blick. Gemeinsam mit Germanistinnen und Germanisten aus China, Japan und Korea erkundeten wir im Rahmen einer durch das Auswärtige Amt geförderten Tagung im Juli

2019 die systemsprengende und -bestätigende Rolle der DDR-Literatur. Gemeinsam mit der Akademie der Künste widmeten wir uns der Literatur nach 1989. An der Diskussionsveranstaltung nahmen Róža Domašcyna, György Dragomán, Julia Franck, Orsolya Kalász, Steffen Popp und Aleš Šteger teil.

Ein weiterer Schwerpunkt war das Erzählen aus und über Afrika: den Kontinent in seiner Vielfalt. Mit dem Ziel, die longue durée kolonialer Begriffe und Erzählungen zu brechen, begannen wir im Februar 2019 ein Kooperationsprojekt mit der University of Namibia, das im Rahmen der Namibia-Initiative des Ministeriums für Wissenschaft und Kunst Baden-Württemberg finanziert wurde. Im September 2019 kamen dafür Kolleginnen und Kollegen aus Windhoek ins DLA – parallel übrigens zu der deutsch-namibischen Jugendgruppe Hit the Beat!, die eine ihrer Performances bei uns zeigte.

Am Schillersonntag eröffnete aus der Zusammenarbeit mit der University of Namibia und Experten in Deutschland eine Open-Space-Ausstellung zum Thema Narrating Africa. In diesem Rahmen führen wir ein Jahr lang im Literaturmuseum der Moderne mit Texten und Archivfunden, Lecture Performances und Gespräche über die Frage, wie sich aus der und über die Vielfalt Afrikas erzählen lässt. Zur Eröffnung des Ausstellungsprojekts *Narrating Africa* im Literaturmuseum der Moderne am 10. November 2019 sprachen Theresia Bauer, Landesministerin für Wissenschaft, Forschung und Kunst, Heike Gfrereis und ich. Der Ausstellungsraum wurde – zusammen mit Sonja Schwarz und Abdelhamid Ameur, zwei Studierenden der Klasse Uli Cluss an der Staatlichen Akademie der Künste Stuttgart – als offener Werkstattraum angelegt.

Die angelegten Perspektiven werden von Gästen kommentiert oder überschrieben, darunter Julia Augart, Coletta Kandemiri, Nelson Mlambo, Napandulwe Shiweda, Sarah Situde (alle University of Namibia), Werner Hillebrecht (National Archives of Namibia), Dag Henrichsen, Christian Vandersee (beide *Basler Afrika Bibliographien*), Dorothee Kimmich, Sigrid G. Köhler (beide Universität Tübingen), Annette Bühler-Dietrich, Toni Bernhart (beide Universität Stuttgart), Bruno Arich-Gerz (Universität Wuppertal) und Stefan Hermes (Universität Duisburg-Essen).

Zeitgleich mit *Narrating Africa* eröffnete eine Kabinettausstellung über *Dostojewskij und Schiller*, die die Kooperation zwischen dem Deutschem Literaturarchiv Marbach und dem Staatlichen Literaturmuseum der Russischen Föderation (*Anton Tschechows Reise nach Sachalin, Rilke und Russland*) fortsetzt und im Rahmen des Festivals *Russian Seasons* stattfindet. Gefördert wird sie vom Ministerium für Kultur der Russischen Föderation in Zusammenarbeit mit der Russischen Staatlichen Bibliothek. Zur Ausstellungseröffnung *Dostojewskij und Schiller* sprachen Dmitri Bak, Leiter des Staatlichen Literaturmuseums der Russischen Föderation, und der Literaturwissenschaftler Wolfgang Riedel (Würzburg) über *Schiller und Russland*. Im Begleitfilm von Anastasia Alexandrowa begegnen sich Dostojewskij und Schiller auf experimentelle Weise.

Die Schillerrede 2019 hielt der Bundestagsabgeordnete Cem Özdemir (Bündnis 90 / Die Grünen). Özdemir, von November 2008 bis Januar 2018 Bundesvorsitzender seiner Partei, befasst sich mit Bildung, Integration, Sicherheit und Außenpolitik (u. a. Europa). 1994 wurde Cem Özdemir (geb. 1965 in Bad Urach) als erster Abgeordneter türkischer Herkunft in den Deutschen Bundestag gewählt. Für sein politisches Engagement wurde Cem Özdemir u. a. mit der *Rede des Jahres* 2018, im Jahr 2019 mit dem Dolf Sternberger-Preis und dem Ignatz-Bubis-Preis für Verständigung geehrt; zuletzt erhielt er die Auszeichnung *Die Schärfste Klinge* (verliehen von der Stadt Solingen). Seine Autobiografie veröffentlichte er bereits mit Anfang Dreißig: *Ich bin Inländer. Ein anatolischer Schwabe im Bundestag* (1997). Im Jahre 2008 veröffentlichte er das Jugendbuch *Die Türkei. Politik, Religion, Kultur*. Im Jahr 2019 trug er anlässlich eines Besuchs des türkischen Staatspräsidenten einen Button mit der Aufschrift »Geben sie Gedankenfreiheit«.

Das schillersche Erbe, das die Literatur in der Ideengeschichte verankert, bildet die Grundlage für den dritten Schwerpunkt des DLA: die Intellectual History. Im Oktober eröffnete die Ausstellung *Hegel und seine Freunde*, konzipiert als eine *WG-Ausstellung* über drei Theologie-Studenten des Tübinger Stifts und ihre Nachfahren. Im Zentrum steht also zunächst der junge Hegel in seiner Auseinandersetzung mit Friedrich Hölderlin und Friedrich Wilhelm Joseph Schelling. Sie befassten sich – kurz nach Ausbruch der Französischen Revolution – mit den großen philosophischen Fragen nach Wahrheit, Schönheit, Glück, Freiheit und Glaube. Jenseits der philosophiegeschichtlichen Versuchsanordnung ließ die Ausstellung Autoren und Philosophen von Friedrich Theodor Vischer über Franz Kafka bis hin zu Vertretern der Neuen Frankfurter Schule an den WG-Tischen Platz nehmen und lud auf diese Weise zum Vergleichen und Selbstdenken ein. Zur Eröffnung am 6. Oktober sprach die Philosophin und Feministin Judith Butler, die sich bereits während ihres Studiums in Heidelberg intensiv mit Hegel und dem deutschen Idealismus befasst hat.

Von einem anderen philosophischen Bestand des DLA gingen der Regisseur Christoph Rüter und der Philosoph Rüdiger Zill aus. Am 23. Juli widmeten sie sich Hans Blumenberg. Der Regisseur Rüter ist zusammen mit drei Kennern von Blumenbergs Werk – darunter Rüdiger Zill, seit 1997 als Wissenschaftlicher Referent im Potsdamer Einstein Forum – den Spuren des Denkers quer durch Deutschland gefolgt. Ihre Reise führte sie auch nach Marbach.

Traditionell ist auch die Wissenschaftsgeschichte der Germanistik ein Schwerpunkt des DLA. Ausgehend von Quellen des DLA erschien 2018 eine umfangreiche Untersuchung zum Wirken des Germanisten Wilhelm Emrich (1909–1998) vor, in und nach der NS-Zeit, die den akademischen und beruflichen Lebenslauf des einflussreichen Wissenschaftlers nachzeichnet. Im Juli diskutierten die Herausgeber Jörg Schönert und Wilhelm Schernus (beide: Universität Hamburg) mit dem Literaturwissenschaftler und langjährigem Assistenten Emrichs Karl Pestalozzi (Universität Basel), dem Historiker Wolfgang Schieder (Universität zu Köln) u. a. über die Ergebnisse; es moderierte Andrea Albrecht (Universität Heidelberg).

ARCHIV

1 Erwerbungen

1.1 Handschriftensammlung

1.1.1 Vorlässe, Nachlässe, Teilnachlässe und Sammlungen

Alfred Baeumler: Nachtrag zum Nachlass. Briefe an Marianne Baeumler von Jean Améry, Eduard Baumgartner, Hans-Georg Gadamer, Jürgen Habermas, Martin Heidegger, Kurt Hübner, Arthur Hübscher, Claudio Magris, Hans Mayer, Ernst Nolte, Carl Friedrich von Weizsäcker u. a.

Dieter Bassermann: Nachtrag zum Teilnachlass. Briefe von und an Friedrich Bollnow, Hans Carossa, Alfred Haering, Arthur Henkel, Thomas Gerhard Kauffmann, Ruth Ellen Kroy, Inga Junghanns, Baladine Klossowka, James B. Leishman, Eudo C. Mason, Hermann Mörchen, Hans Paeschke, Clara Rilke-Westhoff, Ruth Sieber-Rilke, Wilhelm Stapel, Satoshi Tsukakoshi, Nanny Wunderly-Volkart, Kurt Wagenseil, Kikou Yamata, Ernst Zinn u. a.; Carl-Habel-Verlagsbuchhandlung, Chamier Verlag, Hermann Hübener Verlag, Insel-Verlag, Leibniz-Verlag, Max-Niehans-Verlag, R. Oldenbourg Verlag, Rilke-Archiv Weimar, Verband Süddeutscher Autoren u. a.; Dokumente: Fragebogen der Militärregierung u. a.

Ludwig Cölestin Bauer: Teilnachlass. Gedichte; Verschiedenes: Notizen zum Volkslied; Eintragungen in ein Album *Erkenne dich selbst*; Briefe an ihn und Dora Bauer von Caroline Pierson u. a.

Silvia Bovenschen: Nachtrag zum Teilnachlass. Manuskripte *Das Schlossgespenst*, *Die Verwirrungen des Zöglings Törleß: Aspekte* (Rede auf der Abiturentlassungsfeier), *Durch die Jahre* (Rede zum 125-jährigen Bestehen des S. Fischer-Verlags), Rezensionen, Rundfunk-Moderationen, Seminararbeiten, Vorlesungsmitschriften (u. a. einer Vorlesung bei Adorno), Materialsammlungen; Gutachten zu ihrer Dissertation; Briefe von Walter Boehlich, Joachim Fest, Helga Gallas, Jost Hermand, Robert Leicht, Sarah Schumann, Alice Schwarzer, Siegfried Unseld,

Insel-Verlag, Kursbuch Verlag, Suhrkamp Verlag, Familienbriefe; Studienbücher, Taschenkalender, Urkunden, Verlagsverträge, Schulzeugnisse; Kondolenzbriefe zum Tod von Silvia Bovenschen u. a.

Rudolf Brunngraber: Nachtrag zum Nachlass. Gedichte: *Der Bettler, Lukas geigt, Mond, Onno, Orgie, Rilke, Der Schwimmer, Die Versuchung, Warten, Werfel, Wildgans* u. a.; Prosa: *Die kleine Erika* u. a. Autobiografisches; Briefe an Erika und Louise Brunngraber, Lilly Stepanek u. a.; Briefe von Hermann Broch, Franz Theodor Csokor, Josef Neumair, Grete Wiesenthal u. a.; Zugehörige Materialien: Lebensdokumente, Stammbaum, Manuskripte und Briefe anderer.

Julia Franck: Vorlass. Manuskripte: Lyrik; Prosa: *Bauchlandung. Geschichten zum Anfassen, Lagerfeuer, Liebediener, Die Mittagsfrau, Rücken an Rücken* u. a.; Reden und Vorträge; Verschiedenes: Taschenkalender, Schulhefte; Materialien zur Gastprofessur in Leipzig u. a.; Briefe von und an Silvia Bovenschen, Hilde Domin, Wilhelm Genazino, Peter Handke, Michael Haneke, Thomas Hettche, Katja Lange-Müller, Martin Mosebach, Marcel Reich-Ranicki, Denis Scheck, Frank-Walter Steinmeier, Uwe Timm u. a.; Verlage: Ammann, Aufbau, Cornelsen, dtv, Dumont, Eremiten-Presse, Hanser, Kiepenheuer & Witsch, Klett-Cotta, Luchterhand, Rowohlt, S. Fischer, Tropen, Ullstein u. a.; Dokumente; Manuskripte anderer von Ralf Bönt, Thomas Brussig, Christian Friedrich Delius, Günter Grass, Durs Grünbein, Thomas Hettche, Uwe Kolbe, Dagmar Leupold, Ingo Schulze u. a.

Bernhard Groethuysen: Teilnachlass. Manuskripte: *Der arme, gute Teufel, Das dumme Gedenken, Weibermärlein*; Briefe von und an Olga und Philipp Groethuysen und andere Familienmitglieder, den Preußischen Minister für Wissenschaft, Kunst und Volksbildung, den Reichl Verlag; Lebensdokumente: Urkunden, Studienbuch; Fotografien.

Peter Härtling: Nachtrag zum Nachlass. Leserbriefe von Kindern.

Julius Hay: Nachtrag zum Nachlass. Materialien zur Autobiografie *Julius Hay geboren 1900, Aufzeichnungen eines Revolutionärs*; Materialien zur Rezeptionsgeschichte; Briefe an Peter Hay; Briefe anderer: Briefe von und an Eva Hay, Briefe von und an Peter Hay von Gerd Bucerius, Erich Fried, Hans Habe, Cynthia Koestler, Norman MacKenzie, Rowohlt Verlag u. a.; Fotografien.

Wolfram Hogrebe: schriftstellerischer Vorlass. Vorlesungen: *Adorno, Ästhetik, Antike, Aspekte des Neukantianismus, Geschichtsphilosophie, Hegel, Hermeneutik, Kant, Kritik der ästhetischen Urteilskraft, Platonische und aristotelische Semantik,*

Skepsis, Wiederkehr des Gleichen; Aufsätze und Vorträge: *Philosophie und Politik, Philosophische Wege in die Moderne, Die Vernunft in der Geschichte,* Dokumente zur Gründung des Internationalen Zentrums für Philosophie; Briefe von Gottfried Boehm, Karl Heinz Bohrer, Horst Bredekamp, Manfred Frank, Markus Gabriel, Hans-Georg Gadamer, Jürgen Habermas, Peter Handke, Martin Heidegger, Dieter Henrich, Odo Marquard, Otto Pöggeler, Joachim Ritter u. a.; Briefe anderer: Briefe von Edmund Husserl, Briefe von Martin Heidegger an Alwin Diemer.

Reinhard Jirgl: Vorlass. Manuskripte mit Materialien: Sammlungen *Genealogie des Tötens, Trilogie: Klitaemnestra Hermafrodit & ›Mamma Pappa Tsombi‹, MER – Insel der Ordnung, Kaffer. Nachrichten aus dem zerstörten=Leben,* Sammlungen *Gewitterlicht, Abschied von den Feinden, Abtrünnig. Roman aus der nervösen Zeit, Die atlantische Mauer, Hundsnächte, Im offenen Meer, Mutter Vater Roman, Nichts von euch auf Erden, Oben das Feuer, unten der Berg, Die Stille, Uberich. Protokoll-komödie in den Tod, Die Unvollendeten;* unveröffentlichte frühe Prosa; Reden, Vorträge; Interviews; Zeitungsausschnitte, Rezensionen; Commodore C64–5,25, Floppy Disks.

Marie Luise Kaschnitz: Nachtrag zum Nachlass. Briefe von Theodor W. Adorno, Ilse Aichinger, Rose Ausländer, Ingeborg Bachmann, Heinrich Böll, Felix Braun, Paul Celan, Hilde Domin, Kasimir Edschmid, Hans Magnus Enzensberger, Hans-Georg Gadamer, Albrecht Goes, Theodor Heuss, Hermann Kasack, Hermann Kesten, Ernst Kreuder, Karl Krolow, Robert Minder, Johannes Poethen und Margarete Hannsmann, Luise Rinser, Nelly Sachs, Oda Schaefer, Anna Seghers, Max Tau, Otto von Taube, Frank Thiess, Kurt Wolff, Carl Zuckmayer.

Killroy Media: Verlagsarchiv. Konvolute zu einzelnen Reihen und Veranstaltungen, Material zur Zeitschrift *einblick. Das Magazin Literatur & Kunst,* Konvolute zum Projekt *Mail-Art,* Unterlagen zu Lesungen und Performances (*German Grand Slam!Masters, Social Beat Slam!poetry, tat Wort*), Autorenkonvolute mit Korrespondenz, Manuskripten, Rezensionen und Ankündigungen zu Frank Bröker, André Dahlmeyer, Kersten Flenter, Hadayatullah Hübsch, Günther Kahrs, Laabs Kowalski, Frank Milautzcki, Thomas Nöske, Heike Reich, Andreas Reiffer, Yo Rühmer, Philipp Schiemann, Christian Wolter u. a.

Christian Kracht: Vorlass (Depositum). Dramatisches: *Bayerische Motoren Werke;* Prosa: *1979, Faserland, Der gelbe Bleistift, Imperium, Die Toten* u. a.; Notizen, Fragmente; Briefe an und von Axel Springer Verlag, Joachim Bessing, C. Bertelsmann Verlag, Kai Diekmann, Theresia Enzensberger, FAZ, Ralph Giordano, Karin Graf, Alan Haas, Hoffmann und Campe, Florian Illies, Kiepenheuer & Witsch, Christian

Kracht sen., Helge Malchow, Nina Munk, Eva Munz, Eckhart Nickel, Rowohlt, Der Spiegel, Benjamin von Stuckrad-Barre, Tempo, Welt am Sonntag, David Woodard u. a.; Zugehörige Materialien: Lebensdokumente, Studienunterlagen, Honorare, Presseausweise, Rechnungen, Reiseunterlagen, Verlagsverträge u. a.

Gregor Laschen: Nachlass. Gedichte und Gedichtentwürfe u. a. zu *Jammerbugt-Notate*; Prosa: Typoskripte zu den Hörspielen *Der Mut der Raupen* und *Das Schloss*, künstlerische Notizbücher (Scrapbooks), Materialien und Manuskripte zur Lyrikreihe *Poesie der Nachbarn*, Rezensionen, Übersetzungen von Texten von Jossif Brodskij und Judith Herzberg; Briefe von Johannes Bobrowski, Elisabeth Borchers, Volker Braun, Heinz Czechowski, Friedrich Christian Delius, Róza Domašcyna, Ulrike Draesner, Kurt Drawert, Adolf Endler, Elke Erb, Gerhard Falkner, Walter Helmut Fritz, Franz Fühmann, Günter Grass, Jürgen Habermas, Peter Handke, Manfred Peter Hein, Wolfgang Hilbig, Peter Huchel, Ernst Jandl, Bernd Jentzsch, Alfred Kantorowicz, Yaak Karsunke, Walter Kempowski, Sarah Kirsch, Barbara Köhler, Uwe Kolbe, Günter Kunert, Rainer Kunze, Katja Lange-Müller, Jo Lendle, Michael Lentz, Helmut Lethen, Reinhard Lettau, Erich Loest, Kito Lorenc, Friederike Mayröcker, Christoph Meckel, Tilo Medek, Rolf Michaelis, Harry Mulisch, Paul Narwal, Gert Neumann, Cees Nooteboom, Helga M. Novak, Detlef Opitz, Bert Papenfuß-Gorek, Richard Pietraß, Hans Werner Richter, Karl Riha, Peter Rosei, Peter Rühmkorf, Hans Joachim Schädlich, Dieter Schlesak, Manfred Schlösser, Brigitte Struzyk, Guntram Vesper, Jan Wagner, Wolfgang Weyrauch, Urs Widmer, Christa Wolf, Franz Wurm u. a.

Erwin Loewenson: Nachtrag zum Teilnachlass. Manuskripte: *Einleitung zu einer Philosophie des Schicksals, Über die Symbolphase in den Bibelerzählungen (ein Brief)* (an Erich Unger), *Über Thomas Mann ›Der Erwählte‹, Zur Deutung der Bibel*, Konvolut Kafka-Vorträge u. a.; Brief von Erwin Loewenson an Martin Buber; Briefe von Carl Frankenstein an Manfred Schlösser.

Theo Lutz: Nachlass. Gedichte: Konvolut *Zufallsgedichte, Stochastogramm Goethe (6500)* u. a.; Prosa: *Der dichtende Computer, Über ein Programm zur Synthese stochastisch-logistischer Texte* u. a.; Verschiedenes: *Schulnotizen* (Mitschriften von Vorlesungen von Bense u. a.), *Programm für stochastische Texte, Das aleatorische Lied von der Glocke*, Stochastische Versuche zu Goethes *Der Zauberlehrling*, Kants *Kritik der reinen Vernunft*, Rilkes *Sonette an Orpheus*, Schwitters *Anna Blume*, Materialsammlung zum Projekt *Michael Stifel* u. a.; Verschiedenes: Vorlesungsmaterialien; Briefe von und an Jacques Donguy, Rul Gunzenhäuser, Walther Knödel, Elisabeth Walther-Bense; Zugehörige Materialien: Lebensdokumente, Schul- und Ausbildungszeugnisse, Urkunden.

Jürgen Manthey: Nachlass. Prosa: *Hans Fallada, In Deutschland und um Deutschland herum, Königsberg. Geschichte einer Weltbürgerrepublik, Die Unsterblichkeit Achills* u. a.; Tagebücher; Materialien zur Arbeit als Literaturredakteur (*Konkret*, Hessischer Rundfunk) und als Cheflektor des Rowohlt Verlags; Briefe von und an Horst Bienek, Karl Heinz Bohrer, Nicolas Born, Karl Dedecius, Albert Drach, Hans Magnus Enzensberger, Hubert Fichte, Wilhelm Genazino, Oskar Maria Graf, Günter Grass, Hanns Grössel, Helmut Heißenbüttel, Elfriede Jelinek, Sarah Kirsch, Michael Krüger, Jürg Laederach, Gerhard Meier, Adolf Muschg, Robert Neumann, Paul Nizon, Helga M. Novak, Peter Rühmkorf, Kurt Scheel, Jochen Schimmang, Arno Schmidt, Wolfram Schütte, Siegfried Unseld, Hans Wollschläger u. a.

Wolfgang Promies: Nachlass. Prosa: *BrandEnde. Borbes Bericht vom Abbruch aller Beziehungen* u. a.; Vorarbeiten zur Gesamtausgabe von Lichtenbergs Sudelbüchern; Übersetzungen: Julio Cortázar: *Geschichten der Cronopien und Famen* u. a.; Materialien zur Tagung der *Gruppe 47* 1966 in Princeton; Briefe von und an Richard Alewyn, Miguel Ángel Asturias, Augusto Roa Bastos, Ernest Bornemann, Karl Otto Conrady, Sigrid Damm, F. C. Delius, Maria Dessauer, Maria Felsenreich, Hans Flesch-Brunningen, Christian Geissler, Max von der Grün, Günter Herburger, Friedhelm Kemp, Michael Krüger, Hans Mayer, Christoph Meckel, Rolf Michaelis, Fritz J. Raddatz, Marcel Reich-Ranicki, Peter Rühmkorf, Hilde Spiel, Michi Strausfeld, Wolfgang Weyrauch, Gabriele Wohmann u. a.; Manuskripte anderer: u. a. Max von der Grün: *Zwei Briefe an Pospischiel*.

Philipp Reclam Verlag: Verlagsarchiv. Archiv der Standorte Stuttgart, Ditzingen und Leipzig. Manuskripte: Erich Heckel: *Lebensstufen – Die Welt des Mannes*; Wilhelm Hussong: *Familienkunde*; Heinz Kamnitzer: *Heimsuchung*; Hermann Obluda: *Die individuellen Schweine* u. a.; Korrespondenz deutscher und internationaler Autoren, Übersetzer, Illustratoren, Herausgeber, Verlage und Agenturen 1954–1994, darunter Briefe von Ilse Aichinger, Jorge Amado, Ivo Andrić, Louis Aragon, Ludwig Barnay, August Bebel, Johannes R. Becher, Otto von Bismarck, Bjørnstjerne Bjørnson, Volker Braun, Bertolt Brecht, Heinrich Böll, Ida Boy-Ed, Paul Dessau, Lion Feuchtwanger, Karl Emil Franzos, Franz Fühmann, Hans-Georg Gadamer, Ludwig Ganghofer, Friedrich Gerstäcker, Oskar Maria Graf, Peter Hacks, Kurt Hager, Gerhart Hauptmann, Martin Heidegger, Stephan Hermlin, Hermann Hesse, Paul Heyse, Hugo von Hofmannsthal, Erich Honecker, Ricarda Huch, Engelbert Humperdinck, Henrik Ibsen, Ernst Jandl, Karl Jaspers, Gottfried Keller, Rainer Kunze, Heinrich Laube, Golo Mann, Thomas Mann, Max Mell, Richard Moritz Meyer, Börries Freiherr von Münchhausen, Pablo Neruda, Max Nordau, Wilhelm Pieck, Joseph Victor von Scheffel, Anna Seghers, Erwin Strittmatter, Mikis Theodorakis, Tomas Tranströmer, Werner Tübke, Martin Walser, Helene Weigel, Christa

Wolf, Hans von Wolzogen, Fedor von Zobeltitz, Carl Zuckmayer, Arnold Zweig,
Stefan Zweig u.a.; Kalkulationen (Titelannahmeverfahren und Titelanalysen),
Jahresberichte, Verträge, Dokumente zur Verlagsgeschichte, Urkunden; dabei:
Teilnachlass von Marie Reclam: *Das Paradies und die Peri*, Textausgabe (1843)
mit handschriftlicher Widmung von Robert Schumann; Briefe von Robert Franz,
Friedrich Gerstäcker, Karl Gutzkow, Ferdinand Hiller, Ignaz Moscheles, Gästebuch
mit zahlreichen Einträgen u.a. von Felix Mendelssohn Bartholdy, Friedrich Gerst-
äcker, Ferdinand Hiller, Ignaz Moscheles und Robert Schumann.

Rio Reiser (d.i. Ralph Christian Möbius): Nachlass (erster Teil). Schlager- und
Songtexte, Text-, Regie- und Drehbücher für Musicals, Theater-, und Musikthea-
terprojekte, auch mit anderen: Diether Dehm, Hannes Eyber, Achim Geisler, Rolf
Johannsmeier, Henry-Martin Klemt, Corny Littmann, Gert Möbius, Peter Möbius,
Armin Peters, Georg Ringsgwandl, Dietmar Roberg, Ralf-Rainer Rygulla, Philipp
Stölzl, kollektiv rote rübe u.a.; Exposés und Strichfassungen zu verschiedenen
Musiktheaterprojekten, Probendispositionen und Tourneepläne, Songlists; Inter-
view-Transkriptionen u.a.; Film-Drehbücher: *Der achte Tag, Blackjack, Denkste –
Der Doppelgänger, Eiszeit, Die Gang – Waterfront, Johnny West, Kaffee und Kuchen
(Total vereist), Polizeiruf 100 – Gefährliche Küsse, Tatort – Der Pott, Die verwir-
rende Reise der Yvonne B...* u.a.; Klavierauszüge, Noten, Dispositionen, Briefe
von Rio Reiser, Gert Möbius u.a., Geschäftskorrespondenz 1971–1973, 1984–1994,
Fanpost, Honorarabrechnungen, Horoskope, Mitgliedsausweise, Reisepässe,
Schulzeugnisse, Taschenkalender, Urkunden, Verträge u.a., zahlreiche Fotos,
Tonbänder, Pressearchiv.

Dieter Schlesak: Nachtrag zum Nachlass. Gedichte: *Grenzwerte, Landsehn, Lippe
Lust, Der Tod ist nicht bei Trost* u.a.; Prosa: *Capesius, der Auschwitzapotheker,
Terplan, Vaterlandstage, Der Verweser* u.a.; Tagebücher, Notizbücher, Taschen-
kalender; Korrespondenz mit Ingrid Bachér, Emile M. Cioran, Magdalena Constan-
tinescu, Uwe Dathe, Paul Goma, Norman Manea, Jürgen Manthey, Rolf Michaelis,
Johannes Poethen, Marcel Reich-Ranicki, Horst Samson, Anton Schwob, Tilman
Spengler, Dumitru Tepeneag u.a.; Verlagsverträge, Preise, Lebensdokumente.

Sammlung Schmid-Kauffmann: Depositum. Briefe von Hugo Wolf an Emil Kauff-
mann; Autografen von Dietrich Bonhoeffer, Theodor Heuss, Justinus Kerner, Erwin
Guido Kolbenheyer, Rudolf Lohbauer, Eduard Mörike, Hans Pfitzner, Max Reger,
Fritz Reuter, Romain Rolland, Friedrich Rückert, Ludwig Uhland u.a.; Musikauto-
grafen von Ernst Friedrich und Emil Kauffmann, Wolfgang Amadeus Mozart (frühe
Abschrift), Max Reger, Otto Scherzer, Wilhelm Schmid u.a.; Familienpapiere;
Fotos, Stiche, Zeichnungen. Widmungsexemplar (Friedrich Schiller) u.a.

Peter Sloterdijk: Vorlass. Manuskripte: *Du musst Dein Leben ändern, Das Schelling-Projekt, Sphären I: Blasen, Mikrosphärologie, Sphären II: Globen, Makrosphärologie, Sphären III: Schäume, Plurale Sphärologie, Der Zauberbaum. Die Entstehung der Psychoanalyse im Jahr 1785, Zorn und Zeit. Politisch-psychologischer Versuch*; Texte 2005–2010: 402 Word-Dateien mit Werkmanuskripten, Reden, Vorträgen, Notizen; Texte 2010–2018: 857 Word-Dateien; Studienunterlagen: Referate zu Büchern, u. a. von Theodor W. Adorno, Louis Althusser, Karl-Otto Apel, Walter Benjamin, Pierre Bourdieu, Jacques Derrida, Erik H. Erikson, Sigmund Freud, Michel Foucault, Arnold Gehlen, Jürgen Habermas, Edmund Husserl, Aldous Huxley, Julia Kristeva, Jacques Lacan, Ronald D. Laing, Konrad Lorenz, Georg Lukács, Niccolò Machiavelli, Alasdair MacIntyre, Maurice Merleau-Ponty, Friedrich Nietzsche, Jean Piaget, Jean-Paul Sartre, Ernst Topitsch u. a.; Vorlesungen: Mitschnitte (724 Medien, ca. 648 Stunden); Autobiografisches: 138 Tage- und Notizhefte seit März 1969; Briefe (E-Mails) von und an: Jan Assmann, Dirk Baecker, Nicolas Berggruen, Bazon Brock, Boris Groys, Hans Ulrich Gumbrecht, Jochen Hörisch, Michael Krüger, Bruno Latour, Thomas Macho, Wolfgang Rihm, Rüdiger Safranski, Frank Schirrmacher, Suhrkamp Verlag, Peter Weibel, Wolf Wondratschek u.v. a.; ein PC.

Robert Spaemann: Nachlass. Vorträge und Aufsätze: *Es gibt kein gutes Töten, Grenzen der Verantwortung, Ist der Hirntod der Tod des Menschen?, Das Kunstwerk als Symbol der Natur, Person und Schicksal, Rationalität und Gottesglaube, Wann beginnt der Mensch Person zu sein?, Wahrheit und Freiheit*; Vorlesungen und Seminare 1960–96, u. a. über Aristoteles, *De anima*, Augustin, *Das Problem der praktischen Philosophie*, Wilhelm Dilthey, Einführung in die Ästhetik, Einführung in die Philosophie, Ethik, Ethik der Neuzeit, Ethik des 20. Jahrhunderts, Freiheitsbegriff, Geschichte der Ethik, Grundbegriffe des Politischen, Heidegger: *Sein und Zeit*, Gottfried Wilhelm Leibniz, Friedrich Nietzsche, Plato, Jean-Jacques Rousseau, Sinn und Faktizität, Alfred North Whitehead; Rezensionen, Interviews, Sonderdrucke.

Sammlung Ernst Toller: Gedichte. Briefe an Irma Fechenbach, Luise Geissler, Therese Gröttrup, Nettie Katzenstein, Esteban Rechner u. a.; Korrespondenz von John Spalek bzw. Helmut Fries mit Max Brod, Tankred Dorst, Axel Eggebrecht, Christiane Grautoff, Wieland Herzfelde, Kurt Hiller, Hermann Kesten, Fritz H. Landshoff, Wolfgang Leonhard, Ludwig Marcuse, Walter Mehring, Kurt Pinthus, Hans Sahl, Armin T. Wegner u. a.; Manuskripte anderer: Else Lasker-Schüler: *Ernst Toller*.

Siegfried Unseld Archiv: Nachträge zu den Archiven der Verlage Suhrkamp und
Insel, Deutscher Klassiker Verlag sowie Jüdischer Verlag. Unterlagen, Berichte,
Manuskripte und Korrespondenzen der Verlagsleitungen, der Abteilungen
Presse, Rechte und Lizenzen, Taschenbuch, Theaterverlag, Vertrieb u. a. sowie
der unterschiedlichen Lektorate (u. a. von Charlotte Brombach, Claus Carlé,
Hans-Jürgen Drescher, Raimund Fellinger, Susanne Gretter, Petra Hardt, Winfried
Hörning, Wolfgang Kaußen, Heribert Marré, Rudolf Rach, Hans-Ulrich Müller-
Schwefe, Hans-Joachim Simm, Thomas Sparr und Ulla Unseld-Berkéwicz); Briefe
von und an Thomas Bernhard, Marcel Beyer, Karl Heinz Bohrer, Thomas Brasch,
Tankred Dorst, Hans Magnus Enzensberger, Rainald Goetz, Durs Grünbein,
Peter Hamm, Peter Handke, A. F. Th. van der Heijden, Alexander Kluge, Michael
Krüger, Thomas Meinecke, Robert Menasse, Adolf Muschg, Amos Oz, Patrick
Roth, George Steiner, Peter Turrini, Christa Wolf u.v. a.

1.1.2 Kleinere Sammlungen und Einzelautografen (Auswahl)

Alfred Baeumler: Briefe, Dokumente, Fotos aus der Familie. – Briefe von Gottfried Benn an Gerda Pfau und weitere Materialien, Briefe über ihn von seiner
Tochter Nele u. a. an Helmut Heintel. – Rudolf G. Binding: Brief an Ernst August
von Mandelsloh. – Hans Blumenberg: Abiturrede 1939, Briefe an Wolfgang Breidert, Brief an Ruth und Heinz Rohrbach. – Fanny Blumenfeld: Bericht über Else
Lasker-Schüler. – Elke Blumenthal und Konrad von Rabenau: Briefe an Ulrich Ott
und Materialien zu Hermann Blumenthal. – Heinrich Böll: Briefwechsel mit Diet-
fried Krause. – Paul Celan: Briefe an Hannelore Scholz. – Erna, Peter und Alfred
Döblin: Briefe an Wolfgang Lohmeyer. – Günter Eich: Tagebuchaufzeichnungen
über ihn von Olga Schmid. – Otto Emersleben: Pariser Scrapbook Mai 1968. –
Ludwig Finckh: Brief an Gisela Grunwald. – Peter Gan: zwei Gedichte. – Robert
Gernhardt: Briefe an und von Peter Malzacher, Renate und Arne Musso. – Albrecht
Goes: Gedicht *Rose des Abendlands*, Briefwechsel mit Betty Binder-Asch. – Hans
Grimm: Brief an Konrad Meyer. – Rul Gunzenhäuser: Materialien zu Theo Lutz. –
Peter Härtling: Brief an eine Schulklasse. – Rudolf Haffner: Erinnerungen an
Richard Alewyn. – Felix Hartlaub: Eselsbuch X, Familienbriefe. – Manfred Haus-
mann: Autografensammlung in Albumform. – Julius Havemann: Briefe, Biobiblio-
grafie u. a. – Martin Heidegger: Briefe an Klaus Michael Meyer-Abich. – Hartmut
von Hentig: Manuskripte *Wann ist Berlin eine Reise wert?, Casa Wubu oder das
erfundene Dasein*. – Hermann Hesse: Zeichnung mit Gedichtabschriften, Briefe an
Johanna Meyer-Abich und Rainer Weber. – Karl Jaspers: Vorlesungsmitschrift von
Erika Simon: Geschichte der Philosophie im Altertum. – Wolfgang Hildesheimer:
Briefe an Ulf-Michael Schneider. – Christiane von Hofmannsthal (Zimmer): Briefe
an Thankmar von Münchhausen. – Gustav Janouch: französische Übersetzung der

Gespräche mit Kafka. – Ernst Jünger: Briefe an Klaus Michael Meyer-Abich. – Ernst Jünger: Briefe an Fritz Plumhoff und Brief an Edith Shand (geb. Purps). – Hermann Kasack: Briefe an Emilie Heismann. – Walter Kempowksi: Briefe an Ulf-Michael Schneider. – Sarah Kirsch: Briefe an Johanna Amthor. – Karl Kerényi: Briefe an Theodor und Hans Bänziger. – Justinus Kerner: Brief an Unbekannt. – Rudolph Kieve: Autobiographischer Versuch. – Hertha Koenig: Briefe an Werner Damm. – Werner Körte: Manuskript über Albrecht Dürers *Der Hase.* – Erwin Guido Kolbenheyer: Manuskripte, Briefe, Materialien über ihn (Sammlung Karl-Heinz Laaser). – Reinhart Koselleck: Briefe an und von Peter Dietrich. – Lili und Siegfried Kracauer: Karte an Aron Gurwitsch. – Ernst Krawehl: Briefe an Marianne Menzel. – Günter Kunert: Karte an Horst Dieter Gölzenleuchter. – Friedo Lampe: Brief an Ernst Heimeran. – Else Lasker-Schüler: Manuskript, Typoskripte, Briefe und Postkarten an Franz und Hilde Glück u. a. – Gertrud von LeFort: Dokumente über die Familie. – Wilhelm Lehmann: Briefe an Emilie Heismann. – Carl Mayer d. Ä.: Erinnerungen, Briefwechsel, Lebensdokumente. – Hans Nerth: Materialien zum Aufenthalt in Afrika. – Helga M. Novak: Briefe an Doris Liebermann. – Hans Paeschke: Briefe an Marie Luise Vogelmann. – Gottlieb Konrad Pfeffel: *Alarich und Stella*, Brief an Unbekannt. – Hans Werner Richter, K.E. Meese-Hagenbrook: Mappe für Howard Mumford Jones. – Rainer Maria Rilke: Brief an Samuel Fischer; Briefe an Elisabeth Freiin Schenk zu Schweinsberg (Depositum). – Joseph Roth: Briefe an Barthold Fles und an Unbekannt. – Peter Rühmkorf: Brief an Friedrich Hassenstein, Briefe an Detlef Niemeier, Briefe an Geertje Potash-Suhr. – Martha Saalfeld und Werner vom Scheidt: Briefe an beide, Skizzenbuch von Werner vom Scheidt, Porträtstudien. – Friedrich Carl von Savigny: Brief an den Verlag Mohr und Winter. – Albrecht Schaeffer: Gedichte. – Friedrich Schiller: Fragment aus Demetrius; Brief an Georg Heinrich Nöhden; Theaterzettel *Die Räuber* (Faksimile). – Friedrich Sengle: Briefwechsel mit Peter Stein über Ludwig Börne. – Friedrich Silcher: Briefe und Noten. – Walter Simon: Materialien zu einer geplanten Edition des Briefwechsels zwischen Rilke und Mathilde Nora Goudstikker. – Emil Strauß: Brief von Wilhelm Engelbert Oeftering an ihn. – Ernst Toller: Autografen, Korrespondenzen, Druckschriften, Fotografien. – Thaddäus Troll: Briefe an Elfriede Bayer-Hennemann (geb. Berger). – Franz Tumler: Brief von Arthur Fischer-Colbrie an Gustav von Festenburg über ihn. – Wilhelm Uhde: 2 Texte zu Helmut Kolle. – Peter Urban: Briefe an Doris Liebermann. – Christian Wagner: Gedichte, Fragmente, Prosa, Autobiografisches. – Autografensammlung Frithjof Wagner. – Ernst Wiechert: Rede vor Münchner Studenten 1936 (Rede an die deutsche Jugend). – Fritz Werner: Briefe an Marguerite Schlüter und Max Niedermayer (Limes-Verlag) zu Gottfried Benn. – Eugen Gottlob Winkler: Gedichte, Briefe, Dokumente (Sammlung Johannes Heitzmann). – Brief von Karl Wolfskehl an Adolf Wagner. – Wilhelmine von Württemberg: Briefe an Johann Christoph Friedrich Haug. – Stefan Zweig: 2 Briefe an Gisela Selden-Goth.

1.1.3 Für Stiftungen ist zu danken

Johanna Amthor, Ruth Aspöck, Reinhold Theodor Bauer, Dr. Eva-Suzanne Bayer, Prof. Dr. Ignaz Bender, Dr. Wolfgang Breidert, Prof. Dr. Franz-Peter Burkard, Philipp Chabert, Irmin Damm, Peter Dietrich, Inge Dollinger, Peter Ege, Rainer Ehl, Otto Emersleben, Ernst-Toller-Gesellschaft, Dorothee Fetzer, Rachel Franklin, Horst Dieter Gölzenleuchter, Dr. Johannes Graf, Gisela Grah-Kautzky, Dr. Anette Groethuysen, Dirk Grützmacher, Marianne Gunzenhäuser, Peter Haas, Prof. Dr. Walther Hadding, Hansjörg Hägele, Rudolf Haffner, Melanie Hartlaub, Bettina Hartmann, Friedrich Hassenstein, Peter Hay, Brigitte Heintel, Johannes Heitzmann, Prof. Dr. Wolfram Hogrebe, Peter Hundrißer, Gerda Jaksch, Brigitte Kellner, Vittorio Eckard Klostermann, Prof. Dr. Arnold Körte, Prof. Dr. Dietfried Krause-Vilmar, Prof. Dr. Günther Kurz, Barbara Laaser, Jonas, Noemi und Sarah Laschen, Eilith Le Fort, Doris Liebermann, Charlotte Löhr, Till R. Lohmeyer, Hannelore Lutz, Dr. Peter Malzacher, Marianne Menzel, Dr. Wolfgang W. Menzel, Alexandre Métraux, Gert und Peter Möbius, Prof. Florian Musso, Gertraud Neitzel, Hans Nerth, Detlef Niemeier, Prof. Dr. Friedrich Peter Ott, Prof. Dr. Ulrich Ott, Ursula Poetschke-Hacker, Dr. Geertje Potash-Suhr, Cornelia Preuß, Dr. Ute Promies, Dr. Heinz Rohrbach, Ike und Berthold Roland-Stiftung, Ursula Rückward, Steffi Schäfer, Sibylle Schindler, Manfred Schlösser, Oskar Schmid, Andreas Schnebel, Dr. Ulf-Michael Schneider, Michael Schönauer, Detlef Seydel, John A. Shand, Walter Simon, Dr. Christian Spaemann, Roland Stark, Prof. Dr. Peter Stein, Daniel Suter, Dr. Werner Trolp, Prof. Dr. Manfred Voigts, Dr. Friedrich Voit, Dr. Peter und Anke Werner, Dr. Carl Winter, Dagmar von Wistinghausen, Prof. Martin Woldan.

2 Erschließung

2.1 Handschriftensammlung

An folgenden Beständen wurden detaillierte Ordnungs- und Verzeichnungsarbeiten durchgeführt: Ilse Aichinger, Karlheinz Barck (gefördert durch die VolkswagenStiftung), Max Bense, Joseph Breitbach, Cotta-Briefbestand und -Copierbücher, Hans Magnus Enzensberger, Jörg Fauser (gefördert durch die VolkswagenStiftung), Hubert Fichte, Peter Hacks, Werner Hamacher (gefördert durch die VolkswagenStiftung), Martin Heidegger, Insel-Verlag (gefördert durch die DFG), Karl Jaspers (gefördert durch die Karl Jaspers Stiftung), Ludwig Klages, Siegfried Lenz (gefördert durch die Siegfried Lenz Stiftung), Helga M. Novak, Fritz J. Raddatz (gefördert durch die Fritz J. Raddatz Stiftung), Rowohlt Verlag, Peter Rühmkorf (gefördert durch die Arno Schmidt Stiftung), S. Fischer Verlag (gefördert durch die S. Fischer Stiftung), Hans Sahl, Rudolf A. Schröder, Peter Suhrkamp und Suhrkamp Verlag (gefördert durch die DFG), Carl Weissner (gefördert durch die VolkswagenStiftung). – Hinzu kam die laufende Verzeichnung von kleinen Neuzugängen.

Mit der Unterstützung von Praktikanten wurden ganz oder teilweise unter anderem die Bestände zu Alfred Baeumler, Ernst Wilhelm Eschmann, Wilhelm Genazino, Ernst Glaeser, Peter Härtling, Otto Heuschele und Jürgen Manthey vorgeordnet.

2.2 Bilder und Objekte

Folgende Bildkonvolute wurden neben der Erstellung von Einzelkatalogisaten erschlossen:

Wilhelm Genazino, Peter Härtling, Karl August Horst, Dieter Kühn (Nachtrag), Killroy Media-Verlag, Georg Scherg.

Im Rahmen des DFG-Projekts »Erschließung von Fotokonvoluten aus Autorennachlässen« wurden folgende Konvolute neu geordnet und nach Mappensystematik katalogisiert: Franz Heinrich Bachmair, Friedrich Beißner, Charlotte Beradt, Imma von Bodmershof, Otto Bruder, Hermann Claudius, Hans Curjel, Ludwig Derleth, Ottomar Domnick, Paul Eipper, Hans Feist, Heinrich Fischer, Rudolf Forster, Hans Grimm, Fritz Kauffmann, Werner Kraft, Max Krell, Herbert Küsel, Ilse Langner, Dieter Leisegang, Friedrich Michael, Günther Müller, Balder Olden, Rudolf Pannwitz, Eckart Peterich und Carlo Fasola, Johnny Rieger, Otto Rombach, Erich Schairer, Hugo Steiner-Prag, Eduard Stucken.

Die Ordnung der Buchumschlagssammlung wird von Roland Stark fortgesetzt.

Die Feinordnung des Suhrkamp-Bildarchivs ist nahezu abgeschlossen.

2.3 Statistik: Neue Datensätze

Die Zahl der neu angelegten Datensätze im Bereich der Handschriften lag im Jahr 2019 im durchschnittlichen Niveau. Die Differenz zu den Zahlen in den vergangenen zwei Jahren verdankt sich der Tatsache, dass 2017 und 2018 umfangreiche Erschließungsprojekte zum Abschluss gebracht werden konnten, die mit Drittmitteln gefördert wurden. Außerdem sind wir immer noch mit umfangreichen Nacharbeiten zur Retrokatalogisierung während der vergangenen Jahre beschäftigt; hierbei wurden 2019 immerhin 5.167 Datensätze korrigiert oder neu angelegt. Im Zuge der Überarbeitung unserer ältesten Katalogisate wurden auch ganze Bestände neu katalogisiert und große Teile der Zugangsbücher aus den Anfangsjahren unserer Institution aufgearbeitet (gefördert durch die Hermann Claudius Stiftung). Der leichte Rückgang der Erschließungszahlen im Bereich der Bilder und Objekte ist in erster Linie auf die problematische Personalsituation und auf die hausübergreifende Planung eines neuen Online-Katalogs (OPAC = Online Public Access Catalogue) zurückzuführen.

	2012	2013	2014	2015	2016	2017	2018	2019
ins-gesamt	88.519	101.380	105.038	77.714	86.861	40.126	49.440	34.189
Hand-schriften Neuauf-nahmen	25.731	33.314	41.374	18.536	35.506	35.664	48.427	32.000
Hand-schriften Retrokon-version	62.117	67.594	63.089	58.476	50.780	4.026	668	1.362
Bilder und Objekte	671	472	575	702	575	436	345	827

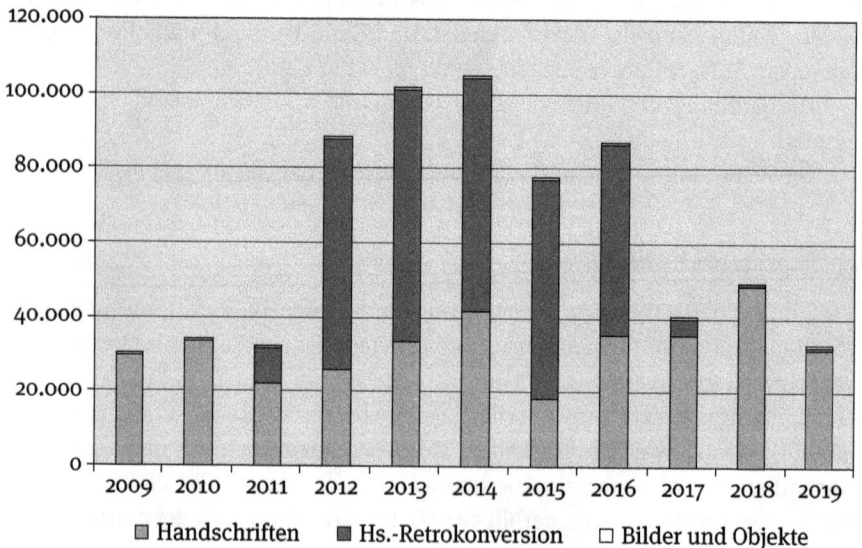

Neue Datensätze: Archiv

3 Benutzung

Die statistischen Zahlen, die über die Häufigkeit der Benutzungen unserer Quellen Auskunft geben, sind erfreulicherweise im letzten Jahr in den wichtigsten Bereichen gestiegen. Die Anzahl der Tagespräsenzen, die neuerdings elektronisch erhoben wird, ist leicht gestiegen; die Zahlen der Leihscheine und der Datenbankzugriffe sind jeweils auf einen Höchststand geklettert. Seit Anfang 2019 ist der gesamte Marbacher Bestand an Handschriften-Daten im OPAC des nationalen *Kalliope*-Verbundes vollständig recherchierbar. Das könnte einer der Gründe für den Anstieg der Datenbankrecherchen sein.

3.1 Anwesenheiten

	2012	2013	2014	2015	2016	2017	2018	2019
Tagespräsenzen Archiv insgesamt	4.714	4.862	5.039	5.575	4.232	4.528	4.461	4.693
Tagespräsenzen Handschriften	4.410	4.401	4.463	4.830	3.577	4.031	3.994	4.227
Tagespräsenzen Bilder und Objekte	304	461	576	723	655	497	467	466
Anmeldungen Archiv insgesamt	1.299	1.129	1.276	1.346	1.191	1.201	1.226	1.217
Anmeldungen Handschriften	1.176	1.079	1.196	1.237	1.092	1.072	1.102	1.122
Anmeldungen Bilder und Objekte	123	50	80	109	99	129	124	95

Tagespräsenzen Archiv

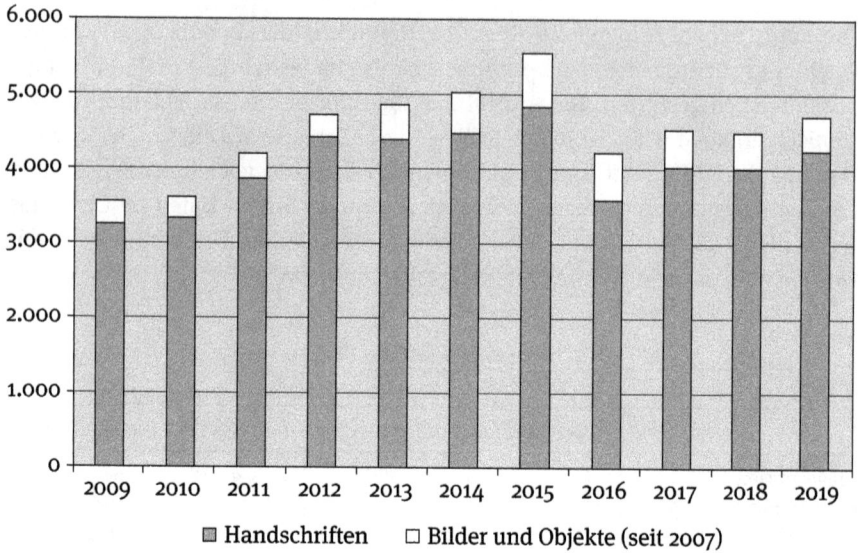

☐ Handschriften ☐ Bilder und Objekte (seit 2007)

3.2 Entleihungen

	2012	2013	2014	2015	2016	2017	2018	2019
Handschriften (Leihscheine)	19.565	17.314	18.236	20.849	18.561	18.828	21.731	23.029
Externer Leihverkehr. Handschriften: Verträge	27	30	25	17	25	32	27	20
Externer Leihverkehr. Handschriften: Einheiten	296	364	235	269	201	170	228	230
Externer Leihverkehr. Bilder und Objekte: Verträge	19	17	25	15	10	9	14	12
Externer Leihverkehr. Bilder und Objekte: Einheiten	281	67	49	102	28	54	63	198

Leihscheine Handschriften

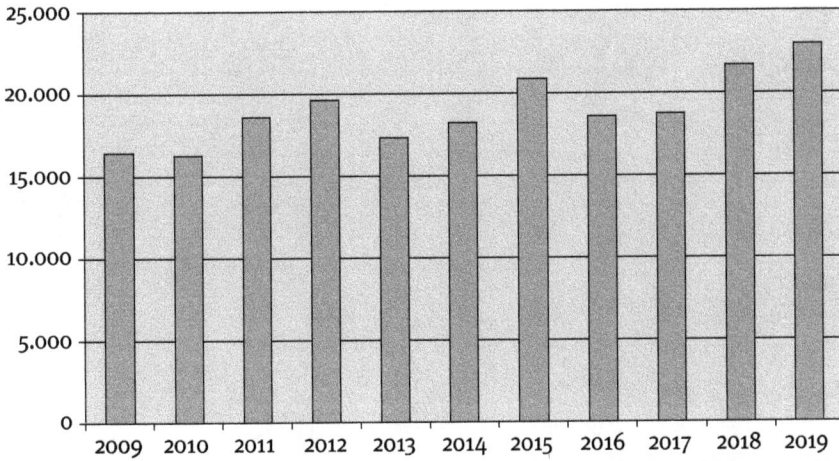

3.3. Anfragen mit Rechercheaufwand

	2012	2013	2014	2015	2016	2017	2018	2019
Anfragen mit Rechercheaufwand gesamt	1.340	1.618	1.380	1.224	1.304	1.173	1.235	1.129
Anfragen mit Rechercheaufwand Handschriften	1.179	1.473	1.246	1.009	1.107	964	1.026	930
Anfragen mit Rechercheaufwand Bilder und Objekte	161	145	134	215	197	209	209	199

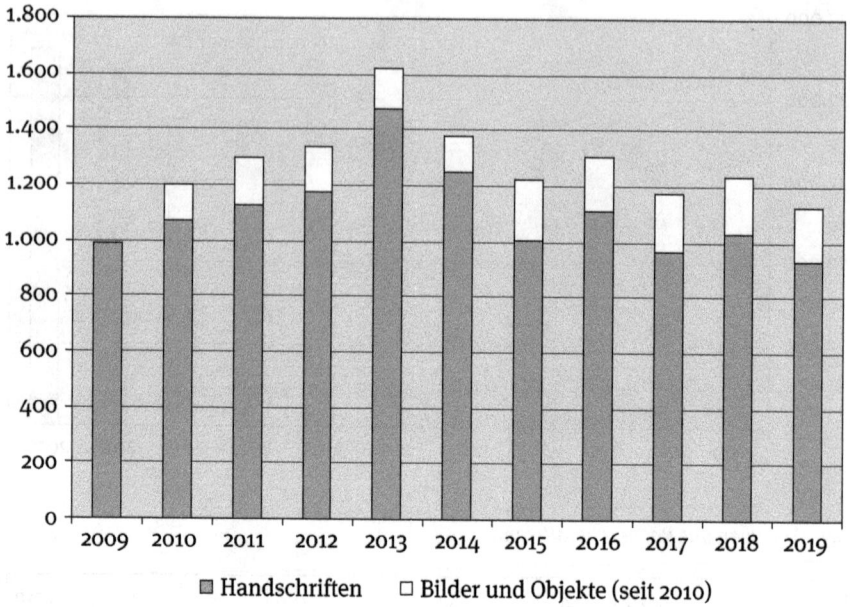

Anfragen mit Rechercheaufwand

Handschriften   Bilder und Objekte (seit 2010)

3.4 Datenbank-Recherchen

	2012	2013	2014	2015	2016	2017	2018	2019
insgesamt	51.149	52.945	67.703	69.299	54.438	50.864	64.610	69.190
im Modul Handschriften	46.084	47.509	61.082	62.889	49.186	45.463	59.046	63.852
im Modul Bilder und Objekte	5.065	5.436	6.621	6.410	5.252	5.401	5.564	5.338
im Modul Bestandsführung	49.806	27.486	36.428	34.718	40.328	25.859	30.819	27.519

Datenbank-Recherchen Archiv

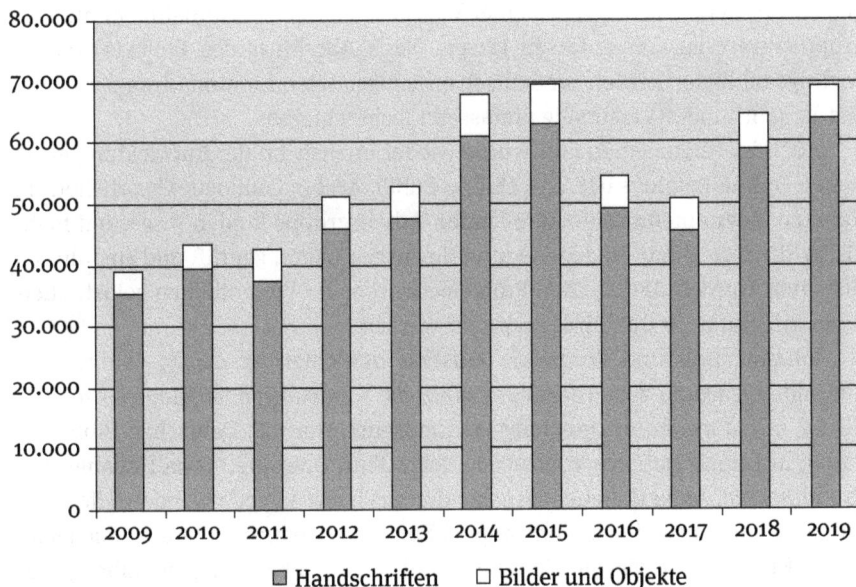

☒ Handschriften   ☐ Bilder und Objekte

3.5 Kopien von Handschriften

	2012	2013	2014	2015	2016	2017	2018	2019
Kopien	58.991	53.152	36.974	40.626	38.712	33.325	35.668	40.202
Kopieraufträge	2.025	1.857	1.758	1.872	1.830	1.730	2.909	1.701

4 Projekte und Sonstiges

Das Jahr 2019 begann mit einer Reihe von Workshops, in denen abteilungsübergreifend über alle wichtigen Arbeitsfelder des Deutschen Literaturarchivs diskutiert wurde.

Im Referat Bilder und Objekte startete das DFG-Projekt »Erschließung von Fotokonvoluten aus Autorennachlässen im Deutschen Literaturarchiv Marbach«. Innerhalb von drei Jahren sollen 134 oft sehr umfangreiche Fotokonvolute aus Nachlässen mit insgesamt etwa 215.520 Fotografien für die Forschung erschlossen werden. Um diese Menge zu bewältigen, wurden im Vorfeld neue Erschließungsmethoden entwickelt und erfolgreich getestet. Anstelle der traditionellen Verzeichnung einzelner Fotografien sollen auf der Grundlage einer systematischen Ordnung Mappen als ausleihbare Einheiten katalogisiert werden. Lediglich herausragende Fotografien werden als Unteraufnahmen einzeln erschlossen.

Die optimierte Erschließung wird der Eigenart dieser speziellen Fotokonvolute gerecht, bestehen sie doch aus einer Vielzahl heterogener Aufnahmen, die sich gruppenweise zusammenfassen lassen. Nach Abschluss des Projekts werden wichtige bildliche Quellen zur deutschsprachigen Literatur- und Ideengeschichte des 20. Jahrhunderts erstmalig umfassend recherchierbar.

Auch im vergangenen Jahr wurde wieder intensiv an der Entwicklung eines neuen Online-Katalogs (OPAC = Online Public Access Catalogue) gearbeitet. Im Rahmen einer abteilungsübergreifenden Arbeitsgruppe fanden insgesamt mehr als 50 Sitzungen statt, in denen Entwürfe ausgearbeitet, geprüft und ausführlich diskutiert wurden. Die größten Probleme wurden im Wesentlichen gelöst, allerdings müssen noch Detailfragen geklärt werden.

Johanna Best und Rosemarie Kutschis besuchten am 24./25. Januar eine Fortbildungstagung zum Thema *Fotografische Sammlungen im Wandel – analog, digital, mixed media* im Münchner Stadtmuseum. Am 108. Deutschen Bibliothekartag in Leipzig nahmen vom 18.–20. März Ruth Doersing, Anna Hallauer und Eva Kissel teil. Anna Hallauer besuchte dort auch das aStec-Anwendertreffen und nahm außerdem an einem Workshop im Kompetenzzentrum Interoperable Metadaten (KIM) am 2./3. März in Mannheim und an einem Workshop der Library Carpentry am 18./19. November in Frankfurt am Main teil. Bei der 8. Arbeitstagung der deutschen Literaturarchive vom 22.–24. Mai in Dresden vertraten unsere Abteilung Gudrun Bernhardt und Sabine Brtnik. Sabine Fischer besuchte vom 26.–29. Juni das Jahrestreffen der grafischen Sammlungen aus Deutschland, Österreich und der Schweiz. Am 13./14. November nahmen Anna Hallauer, Eva Kissel und Petra Weiß an einer Schulung des Stuttgarter Bibliotheksservicezentrums Baden-Württemberg teil, in der es um den Umgang mit der Gemeinsamen Normdatei (GND) in Formal- und Sacherschließung ging. Wie im Vorjahr beteiligten sich Kolleginnen und Kollegen an hausinternen Workshops und Arbeitsgruppen zu den Themen Digitalisierung und *Digital Humanities*, Werktitel und Thesaurus sowie an der von der Deutschen Nationalbibliothek organisierten Arbeitsgruppe, deren Aufgabe es ist, die überregionalen Regeln zur Erschließung von Nachlässen und Autografen (RNAB), Handschriften und Objekte im Sinn des internationalen Regelwerks *Resource Description and Access* (RDA) weiterzuentwickeln.

Zur Weiterbildung besuchte die Archivabteilung am 20. November das Zentrum für Kunst und Medien (ZKM) in Karlsruhe. Die dortigen Kolleginnen und Kollegen erläuterten ihre Arbeitsfelder, vor allem auch Konzepte beim Umgang mit digitalen Materialien, und boten Fachführungen durch die aktuellen Ausstellungen an.

Wie in den vergangenen Jahren nutzte die Abteilung Archiv die Möglichkeit der innerbetrieblichen Fortbildung im Rahmen der Reihe *Auf dem Laufenden*. Insgesamt wurden in der Archivabteilung zehn Praktikanten betreut. 2019 fanden insgesamt 72 Führungen durch die Sammlungen der Abteilung statt.

BIBLIOTHEK

1 Erwerbung

Nachdem die Carl Friedrich von Siemens Stiftung den Bucherwerb des DLA bereits in den Jahren 2016 bis 2018 großzügig gefördert hat, wurde diese Förderung im Jahr 2019 unter neuen Bedingungen fortgesetzt. An die Auflage geknüpft, dass der reguläre Buchetat um die gleiche Summe angehoben wird, stellte die Stiftung erneut € 50.000 zum Kauf von Monografien bereit. Der Bestand der Bibliothek konnte somit auch retrospektiv ergänzt werden, u. a. durch Erwerbungen aus dem internationalen Antiquariatshandel. Von Autorinnen und Autoren, von denen bislang nur Beiträge in literarischen Zeitschriften im OPAC des DLA nachgewiesen waren, wurden gezielt monografische Debuts aus der Zeit um 1900 erworben. Unter den Neuerwerbungen ist ferner die sehr seltene Erstausgabe des Dramas *Sitah Mani oder Karl XII. bey Bender. Ein historisches Schauspiel in fünf Aufzügen* von Christian August Vulpius aus dem Jahr 1797. Vulpius hatte Schiller um sein Urteil zu diesem erfolgreichen Theaterstück gebeten, das Goethe jedoch am Weimarer Hoftheater nicht aufführen lassen wollte – und eine diplomatische Antwort erhalten (dazu im Jahrbuch der Deutschen Schillergesellschaft, Bd. 21, 1977). Eine nicht nur seltene, sondern (soweit bekannt) unikale Buchausgabe eines jüngeren Werkes konnte in Berlin ersteigert werden: Max Brods *Der Untergang. Roman eines Gemütlosen* erschien zuerst 1908 in der Prager Zeitung *Bohemia*. Der einzige bibliografische Nachweis dieses Fortsetzungsromans, ein Vorabdruck der erst 1912 erschienenen Novelle *Ausflüge ins Dunkelrote*, findet sich im Verzeichnis der Bibliothek von Franz Kafka; dessen gebundenes Exemplar ist jedoch verloren.

Neben zahlreichen einzelnen Erwerbungen wurden fünf geschlossene Sammlungen übernommen: zunächst die Literaturvertonungen-Sammlung des Musikwissenschaftlers Georg Günther, die mit mehr als 2.000 Notendrucken und rund 200 Liederbüchern eine herausragende Quellensammlung zur musikalischen Wirkungsgeschichte der Literatur vom 18. bis zum 20. Jahrhundert darstellt und somit eine immense Bereicherung der Sammlungen des DLA; dann eine Auswahl aus der Bibliothek des im Dezember 2018 verstorbenen Schriftstellers Wilhelm Genazino, eine kleine Sammlung der Veröffentlichungen von Theo Lutz und Rul Gunzenhäuser, sowie die ›Sammlerbibliothek‹ von Hans Magnus Enzensberger. Schließlich wurde das Leipziger Produktionsarchiv des Reclam-Verlags gekauft, aber noch nicht nach Marbach überführt. Das Archiv umfasst die gesamte Produktion der Universal-Bibliothek und anderer Reihen des Verlags; dieser Bestand (schätzungsweise 55.000 Exemplare) begründet den außerordentlichen Zugang im Berichtsjahr 2019. Darüber hinaus hat auch die Mediendokumentation durch die Übernahme eines Teilbestands des Rowohlt-Pressearchivs einen erheblichen Zuwachs erfahren.

Jenseits der Neuerwerbungen stand die Restitution einer seit 1972 in Marbach vorhandenen Sammlung im Fokus. Im November wurde die Bibliothek des Wiener Rechtsanwalts Dr. Ludwig Töpfer an dessen Erben restituiert und mit Hilfe der Beauftragten der Bundesregierung für Kultur und Medien durch den Bund zurückerworben. Vor der Emigration in die USA hatte Töpfer seine rund 10.000 Bände zählende Bibliothek unter Wert verkaufen müssen. 1952 gelangten ihre Reste treuhänderisch in den Besitz des Bundes, der die Sammlung 1972 auf das DLA, die Herzog August Bibliothek Wolfenbüttel und das Freie Deutsche Hochstift in Frankfurt a.M. verteilte. Als Depositum des Bundes kann sie nun im Besitz der drei Institutionen verbleiben. Zu Beginn des Jahres erfolgten zudem erste Meldungen von einzelnen Verdachtsfällen aus der Bibliothek des DLA an die *Lost Art*-Datenbank des Deutschen Zentrums für Kulturgutverluste. Es wurde eine Handreichung erstellt, um der ungewollten Erwerbung von NS-Raubgut aus dem Antiquariatshandel vorzubeugen.

Die Sammlung *Literatur im Netz* konnte 2019 nicht weiter ausgebaut werden, nachdem der technische Dienstleister, das Bibliotheksservicezentrum Baden-Württemberg (BSZ), den Support im September 2018 eingestellt hatte. Das Interesse an den archivierten literarischen Internetzeitschriften, Weblogs und Netzliteratur ist mit 93.472 Seitenzugriffen aber unverändert hoch (2018: 92.079 Zugriffe). Eine neue technische Plattform soll im Rahmen des SDC4Lit (Science Data Center für Literatur) entstehen, an dem die Bibliothek für den Bereich Webarchivierung beratend beteiligt ist.

Für Buch- und Zeitschriftenstiftungen danken wir:

Udo Acker, Dr. Hans Althaus, Petra van Beeck, Petra Beer, Meike und Lilo Beuther, Dr. Michael Davidis, Dr. Ulrich Deschler, Hella Dethleffs, Mira Đorđević, Maria und Friedrich Eckle, Oswald Egger, Vera Feuerhake, Dr. Gerd Giesler, Albrecht Götz von Olenhusen, Gisela Hassmann-Kube, Peter Huckauf, Prof. Dr. Klaus Kreiser, Georg Kremnitz, Prof. Dr. Jacques Le Rider, Camill Leberer, Dr. Herbert Matuschek, Paul Maurer, Heinz-Rainer Metzger, Dr. Ingwer Ernst Momsen, Jutta Penka, Hal H. Rennert, Dr. Dierk Rodewald, Giustina Ryan, Peter Salomon, Dipl.-Ing. Herbert Schäffer, Prof. Dr. Bernhard Schemmel, Peter Schnetz, Dr. Horst Schroeder, Christiane Schultheits, Prof. Dr. Gerhard Schuster, Hans-Horst Skypy, Dr. Friedrich Voit, Jürgen Voos, Jochen Walter – Berliner Festspiele, Ev.-Luth. Trinitatiskirchgemeinde Hainichen, Heinrich-Heine-Institut Düsseldorf, Hochschule für Grafik und Buchkunst Leipzig, Kunstverein Potsdam, Lyrikhaus Joachimsthal, Meranier-Gymnasium Lichtenfels, Österreichischer Austauschdienst Wien, Spreewälder Kulturstiftung Müschen, Universität Osnabrück.

Außerdem den Verlagen und Buchhandlungen:

Bernstein, Claudius-Buchhandlung Main, Deutscher Taschenbuch Verlag, Diadem Hethiter, Diogenes, Driesch, DVA, Edition Text und Kritik, Edition Tiamat, Elfenbein, Emons, Frankfurter Verlagsanstalt, Goldmann, Kulturexpress, Kunstanstifter, Kunstmann, Lektora, Lilienfeld, Luchterhand Literaturverlag, Mare, PalmArtPress, Peter Ludewig, Piper, Reality Street, Reclam, S. Fischer, Schöffling & Co., Stieglitz, Suhrkamp, Thienemann, Wieser, Zytglogge.

Zugangsstatistik

	2015	*2016*	*2017*	*2018*	*2019*
Physische Einheiten (gesamt)	36.753	20.236	27.660	24.166	75.168
Monografien	7.603	7.888	6.697	6.850	6.868
Geschlossene Sammlungen	16.779	2.565	10.994	6.921	59.554
Zeitschriften	4.158	2.970	3.361	2.656	2.041
Mediendokumentation und Spezialsammlungen	8.213	6.813	6.608	7.739	6.705
Zeitungsausschnitt- und Dokumente-Sammlung (Kästen, Ordner, Konvolute)	896	951	740	662	630
Theaterprogrammsammlung	2.689	2.317	2.383	3.488	2.347
Rundfunkmanuskripte	1.021	594	529	571	320
AV-Materialien	2.161	1.415	1.233	1.512	2.111
Buchumschläge; Antiquariats-, Auktions- und Autographenkataloge; Verlagsprospekte	1.446	1.536	1.723	1.506	1.297
Geschlossene Sammlungen (Bibliothek)	4	8	7	6	5
Nachlasskonvolute und Sammlungen (Mediendokumentation)	31	30	16	28	33
Zeitschriften (laufende Abonnements)	1.015	956	948	920	874

Erwerbung 2015–2019 (physische Einheiten)

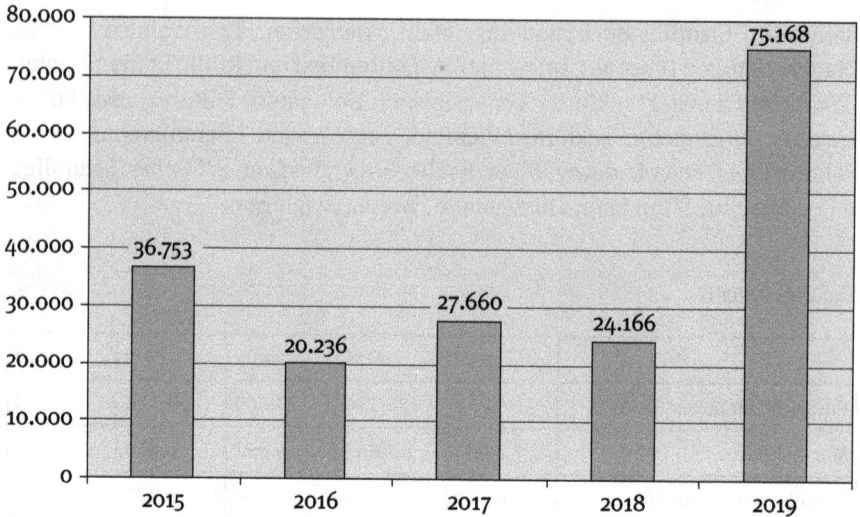

80.000				75.168
70.000				
60.000				
50.000				
40.000 36.753				
30.000		27.660	24.166	
20.000	20.236			
10.000				
0 2015	2016	2017	2018	2019

2 Erschließung

Die Titelneuaufnahmen für Monografien, Reihen und mehrteilige Werke sind 2019 stark zurückgegangen. Ein Grund dafür waren Stellen oder Stellenanteile, die über längere Zeit hinweg nicht vertreten bzw. besetzt werden konnten, sowie der Abschluss der virtuellen Rekonstruktion der Bibliothek Karl Wolfskehl, die 2018 für ein erhebliches Plus an überwiegend virtuellen Neuaufnahmen gesorgt hatte (siehe ›Projekte und Sonstiges‹).

Die systematische Anlage von Normdatensätzen für Werke in der Gemeinsamen Normdatei (GND) hat im Berichtsjahr einen Rekordstand erreicht. Insgesamt wurden rund 7.000 Normsätze für Werke neu angelegt, in die GND exportiert und von der abteilungsübergreifenden Werktitel-Redaktion redigiert. Die Aufarbeitung und der GND-Abgleich von Sachschlagworten, Personen- und Körperschaftsnormdaten – elementaren Knotenpunkten für die materialübergreifende Erschließung im Lokalsystem Kallías – wurde durch die Normdatenredaktionen weiter vorangetrieben.

Mitte 2019 musste ein neues Release des Lokalsystems Kallías basierend auf der Software aDIS/BMS aufwendig getestet und abgenommen werden. Die Verbundschnittstelle wurde technisch angepasst, der Konverter für das Format des neuen K10Plus-Verbundkataloges umgeschrieben.

Die bisher in gedruckter Form in diesem Jahrbuch veröffentlichte Personalbibliografie zu Friedrich Schiller wird mit dem Berichtsjahr 2019 ausschließlich in digitaler Form fortgeführt und zukünftig im OPAC des DLA recherchierbar sein. Eine retrospektive digitale Erfassung der gedruckten Jahresbibliografien ist geplant. Die wissenschaftliche Betreuung der *Marbacher Schiller-Bibliografie – digital* hat Magdalena Schanz übernommen.

Katalogisierung, Zuwachs	2015	2016	2017	2018	2019
Titelaufnahmen (Katalog gesamt)	61.095	75.363	73.972	66.230	64.948
selbständige Publikationen	20.060	21.288	23.428	33.560	16.626
unselbständige Publikationen	5.328	7.517	8.870	8.489	8.659
Zeitschriftenbände und -hefte	33.395	44.655	40.663	24.181	36.264
Bibliographie-Projekt	2.312	1.903	1.011	0	3.399
Bestandsbeschreibungen	1.481	918	524	475	395

Gesamtnachweis Kallías	2015	2016	2017	2018	2019
Katalogsätze	1.443.685	1.508.340	1.572.050	1.623.682	1.685.049
Exemplarsätze	600.534	646.228	688.661	729.994	767.935
Bestandssätze	27.535	28.439	28.950	29.463	29.881

Erschließung 2015–2019 (Titelaufnahmen)

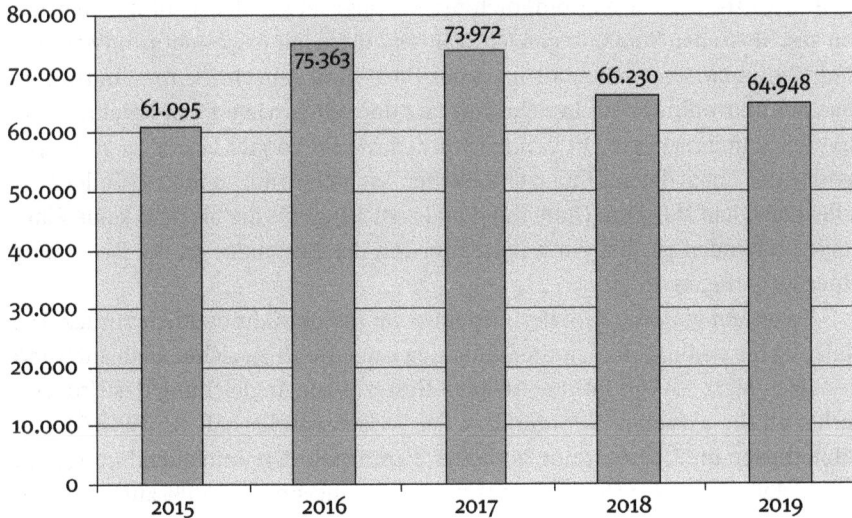

3 Bestand und Benutzung

Zur Schärfung des Bestandsprofils und zur Antwort auf die Platznot in den Magazinen wurde im Berichtsjahr eine Revision des Zeitschriftenbestandes vorgenommen, die eine Deakzession von rund 40 Zeitschriften (ca. 3.000 Hefte) zur Folge hatte. Im März wurde auch damit begonnen, vor 1990 gestiftete und konventionell akzessionierte Bücher und Broschuren zu bearbeiten. Bis zum Ende des Jahres wurden dabei 740 Bücher deakzessioniert und rund 370 Titel, darunter seltene Drucke und Widmungsexemplare, zur späteren Inventarisierung bestimmt. Durch den Wiederaufbau noch vorhandener Rollregale konnten in den Magazinen der Bibliothek rund 400 Regalmeter hinzugewonnen werden, um für das rasch wachsende Segment der Gegenwartsliteratur Platz zu gewinnen. Die gewonnene Stellfläche entspricht dem durchschnittlichen Zuwachs von sechs Monaten und ist bereits erschöpft. Hoffnung auf mittelfristige Lösungen für das Platzproblem ging von der Internen Baukommission aus, die unter der Leitung von Dagmar Janson regelmäßig tagte und die sowohl Planungen für das akut benötigte Interimsmagazin also auch für den nötigen Neubau vorantrieb. In dieser Kommission ist die Bibliothek durch zwei Referenten vertreten.

Im Bereich Benutzung wurde mit Beginn des Jahres 2019 die Methode zur Erhebung der Nutzungszahlen für nicht katalogisierte Sammlungen umgestellt. Neben der Anzahl der benutzten Sammlungen wurden erstmals die daraus in den Lesesaal entliehenen Einheiten gezählt, um einen Wert zu ermitteln, der zu den via Katalog (also elektronisch) entliehenen Einheiten im Verhältnis steht. Diese Zahl (459) zeigt an, wie erforderlich die Katalogisierung der nicht katalogisierten geschlossenen Sammlungen ist: Während diese mit insgesamt rund 400.000 Einheiten inzwischen mehr als 40 % des Buch- und Zeitschriftenbestandes ausmachen und während im Berichtsjahr fast doppelt so viele nicht katalogisierte Spezialsammlungen vor Ort benutzt wurden wie im Vorjahr (2018: 25; 2019: 45), beträgt der Anteil der aus ihnen entliehenen Exemplare nur rund 1,75 % aller Ausleihen aus dem Magazin. Ohne ihre Katalogisierung, für die bis dato keine Planstelle vorhanden ist, hat ein wachsender Teil des Bestandes an der Benutzung einen zu geringen Anteil.

Insgesamt ging die Zahl der Ausleihen im Berichtsjahr deutlich zurück. Die Nutzung der Zeitungsausschnitt-Sammlung sank um 28 %, sicher auch aufgrund des am 1. März 2018 in Kraft getretenen Gesetzes zur Angleichung des Urheberrechts an die aktuellen Erfordernisse der Wissensgesellschaft (UrhWissG), das Bibliotheken die Übermittlung kopierter Zeitungbeiträge weitgehend untersagt. Die Ausleihen aus der Theaterprogramm-Sammlung sind um 60 % zurückgegangen. Solche Schwankungen können aber, das zeigen die Zahlen der letzten Jahre, durch einzelne Nutzer begründet sein.

Um die Sichtbarkeit des Zeitschriftenbestandes zu verbessern, das Ausheben im Magazin zu beschleunigen und die Ausleihe über den Onlinekatalog zu vereinfachen, werden in einem seit 2014 laufenden Projekt retrospektiv die bislang nicht über den Katalog bestellbaren Zeitschriftenbände und -hefte erfasst. Dies zeigt Wirkung: Die Bestellungen über den Onlinekatalog stiegen im Berichtsjahr um 94 %.

Bestand

	2015	*2016*	*2017*	*2018*	*2019*
Physische Einheiten (gesamt)	1.397.006	1.395.195	1.424.994	1.450.178	1.517.602
Bücher und Zeitschriften	998.036	1.009.368	1.032.351	1.049.330	1.113.263
Andere Materialien (AV-Materialien, Theaterprogramm-, Zeitungsausschnitt-, Buchumschlag-Sammlung u. a.)	391.763	377.794	383.841	391.050	394.113
Digitaler Bestand (Files, Webarchivierung, E-Books)	6.487	7.307	8.066	9.067	9.493
Lizenzierter Bestand (E-Zeitschriften) ohne Nationallizenzen	720	726	736	731	733

Benutzung

	2015	*2016*	*2017*	*2018*	*2019*
Wöchentliche Öffnungsstunden	64,5	64,5	64,5	64,5	64,5
Benutzungsanträge	968	796	831	844	838
Lesesaal-Eintragungen	7.010	5.442	6.400	6.772	6.941
Ausleihe (physische Einheiten)	43.656	38.385	40.334	42.943	34.768
OPAC Abfragen (extern)	85.556	71.515	80.571	71.197	68.773
OPAC Abfragen (lokal)	62.510	47.543	45.478	48.111	45.431
Fernleihe (gebend)	1.071	1.430	1.281	1.047	964
Fernleihe (nehmend)	1.244	926	734	442	466

	2015	2016	2017	2018	2019
Direktlieferdienst (Kopien von Beiträgen und Zeitungsartikeln)	1.013	719	682	158	318
Leihgaben	40	27	101	27	61
Wissenschaftliche Auskünfte und Recherchen	834	722	745	710	869

Ausleihen 2015–2019 (Bücher und Zeitschriften)

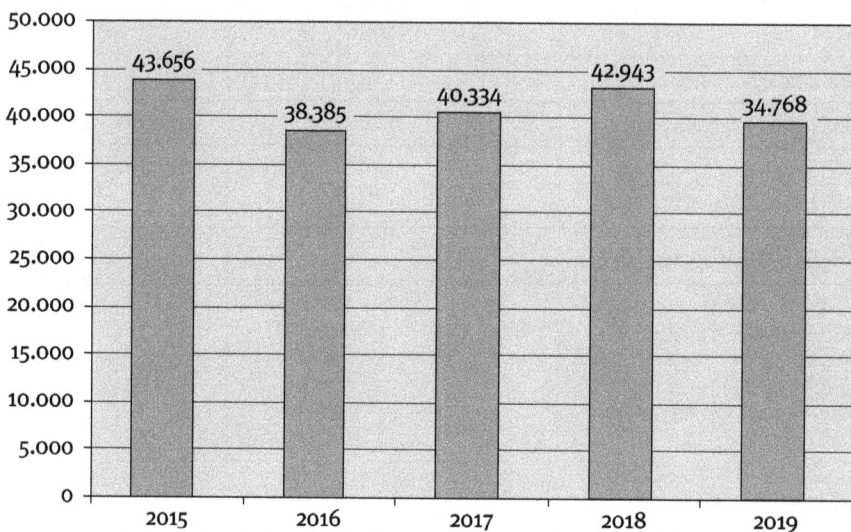

4 Projekte und Sonstiges

Im Rahmen des mäzenatisch geförderten Projektes *Die Bibliothek von Karl Wolfs-kehl und die Münchener Sammlerszene* wurde die virtuelle Rekonstruktion von Wolfskehls Bibliothek abgeschlossen. Rekonstruiert wurde der Stand aus dem Jahr 1937, in dem sie in Kiechlinsbergen am Kaiserstuhl aufgestellt war und an Salman Schocken verkauft wurde. Im OPAC des DLA sind nun 12.321 virtuelle Exemplare aus Wolfskehls Besitz aufzufinden. Die Präsentation der Erschlie-ßungsergebnisse und der Digitalisate, die von der Schocken Library in Jerusalem aus Projektmitteln von rund 2.300 Bucheinlagen und weiteren handschriftlichen Materialien Wolfskehls hergestellt wurden, ist im Virtuellen Forschungsraum des Forschungsverbundes Marbach Weimar Wolfenbüttel vorgesehen.

Seit April 2020 verstärkt Kyra Palberg als Wissenschaftliche Mitarbeiterin das DFG-Erschließungs- und Digitalisierungsprojekt *Quellenrepertorium der Biblio-*

theken von Exilautoren im Deutschen Literaturarchiv Marbach: Siegfried Kracauer.
Zusammen mit Robin Trippel entwickelte sie eine speziell auf das Œuvre von Kracauer zugeschnittene personalbibliografische Klassifikation, die den Zugang zur immensen Vielfalt der Texte von und über Kracauer voraussetzungslos ermöglicht und als Browsing-Einstieg auf der Projektseite angeboten wird. Am Ende des Berichtsjahres enthielt die Online-Bibliografie 3.550 Eintragungen, die über den Onlinekatalog des DLA recherchiert werden können. Die öffentliche Bereitstellung der Digitalisate von Kracauers journalistischen Texten und die seitengenaue Verknüpfung mit der Personalbibliografie folgen 2020.

Im Rahmen des MWW-Projektes *Transatlantischer Bücherverkehr* (Laufzeit: 5 Jahre) hat Ilka Schiele im Mai mit der Katalogisierung der umfangreichen Bibliothek von Kurt Pinthus begonnen, die sich seit Pinthus' Rückkehr aus dem US-amerikanischen Exil vor mehr als 50 Jahren in Marbach befindet. Das Ergebnis der Formal- und Provenienzerschließung der rund 10.000 Monografien und Zeitschriften soll ebenfalls im Virtuellen Forschungsraum des Verbundes Marbach Weimar Wolfenbüttel (MWW) präsentiert werden.

Ende August wurde schließlich das Kooperationsprojekt *Werktitel als Wissensraum* von der DFG bewilligt (Laufzeit: 3 Jahre). Ziel des DLA und der Herzogin Anna Amalia Bibliothek Weimar ist es, mehr als 4.000 kanonisierte Werke der deutschsprachigen Literatur von 1700 bis in die Gegenwart in strukturierter Form als Normdaten zu erfassen. Auch Übersetzungen sowie Verfilmungen, Vertonungen und andere Bearbeitungen der ausgewählten Werke werden erfasst. Durch die Bereitstellung der Daten in der GND und in Wikidata ergeben sich Anknüpfungs- und Vernetzungsmöglichkeiten für die Formalerschließung der Bibliotheken allgemein, für bibliografische Arbeiten, für Editions- und Forschungsprojekte sowie für die Digital Humanities. Im Berichtsjahr haben die Erschließungsreferate von Archiv und Bibliothek mit dem Eigenleistungsanteil – der systematischen Bearbeitung von rund 2.400 Grundwerken der Erscheinungsjahre 1915 bis 2005 – begonnen.

Im Rahmen des von der VolkswagenStiftung geförderten Forschungsprojektes *1968. Ideenkonflikte in globalen Archiven* konnte im Herbst 2019 die Bibliothek des Autors und Übersetzers Carl Weissner erschlossen werden. Weissner war zusammen mit Jörg Fauser ein Wegbereiter der Pop-Literatur in Deutschland und übersetzte amerikanische Autoren wie Charles Bukowski und Allen Ginsberg ins Deutsche. Die Katalogisierung seiner rund 1.300 Bände zählenden Bibliothek mitsamt Exemplarspezifika und Provenienzen wurde von Stefanie Höpfner übernommen; Iris Hoffmann katalogisierte den umfangreichen Zeitschriftenbestand.

Das in der Mediendokumentation angesiedelte, BMBF-geförderte Projekt *Autorenlesungen. Digitalisierung, Archivierung, Erschließung und Präsentation von Dokumentaraufnahmen deutschsprachiger Autorenlesungen* konnte bis Ende März

2020 verlängert werden. Seine Ergebnisse wurde u. a. im Rahmen einer Tagung der Arbeitsgemeinschaft der Spezialbibliotheken (ASpB) und im Rahmen einer Seminarveranstaltung an der Universität zu Köln vorgestellt.

Das abteilungsübergreifende Projekt *Neuer Online-Katalog* schreitet mit großem Engagement aller Beteiligten fort. Mit Methoden aus der Usability-Forschung wird versucht, ihn nahe an den Wünschen der Benutzer zu entwickeln. Nach erfolgreichen Präsentationen im Rahmen des 108. Bibliothekartags im März und der ELAG-Konferenz im Mai konnte Ende des Jahres die Testumgebung (Beta-Release) des neuen Katalogs für die Mitarbeiter das DLA freigeschaltet werden. Zudem wurde ein öffentliches Info-Wiki eingerichtet. Das Beta-Release soll im 1. Halbjahr 2020 öffentlich freigeschaltet werden. Die Erweiterung des Lokalsystems um ein Benutzerkonto und eine elektronische Ausleihverbuchung wurden mit der Firma aStec für 2020 ins Auge gefasst.

In personeller Hinsicht stellte das Jahr 2019 für die Bibliothek eine Zäsur dar: Nach 31 Jahren ist Jutta Bendt, Leiterin der Abteilung und des Referats Erwerbung, zum 30. September in den Ruhestand getreten. Weil die Abteilungsleitung einer Entscheidung der Direktion folgend vsl. erst im Herbst 2020 neu besetzt werden soll, wurde die kommissarische Leitung Dr. Dietrich Hakelberg übertragen, seit 2015 stv. Leiter der Bibliothek. Zusammen mit Dr. Julia Maas vertritt er seit Oktober auch die vakante Leitung des Referats Erwerbung. Im Referat Erwerbung wurde auch der langjährige Mitarbeiter Herman Moens in den Ruhestand verabschiedet. Seine Nachfolge (Kaufakzession) hat Katja Buchholz angetreten.

Den Umbrüchen zum Trotz wurden von den Mitarbeitern im Berichtsjahr 7 Projektmitarbeiter und 5 Praktikanten betreut. Von März bis August absolvierte Johannes Gindele im Rahmen seines Bachelorstudiums der Bibliotheks- und Informationswissenschaften an der Hochschule der Medien in Stuttgart ein praktisches Studiensemester in der Bibliothek. Das halbjährige Praktikum wurde zum ersten Mal angeboten; das Angebot soll verstetigt werden. In der hausinternen Fortbildungsreihe *Auf dem Laufenden* wurde über das DFG-Projekt zu Siegfried Kracauer informiert. Bei Fachführungen durch die Bibliothek und die Mediendokumentation nahmen mehr als 600 Personen teil. Mitarbeiter der Bibliothek konzipierten vier Kabinettausstellungen in der *Marbacher Passage*. In bibliothekarischen Gremien engagierten sich Dr. Dietrich Hakelberg (DBV-Kommission für Provenienzforschung und Provenienzerschließung; Fachredaktion der Zeitschrift für digitale Geisteswissenschaften) und Karin Schmidgall (AG Leihverkehr; Anwendergruppe des Südwestverbunds; Vertreterin der Arbeitsgemeinschaft der Spezialbibliotheken in der Expertengruppe Datenformate). Karin Schmidgall wurde ferner in den Beirat der ASpB gewählt.

MUSEUM

1. Ausstellung

1.1 Ausstellungen im Literaturmuseum der Moderne (LiMo)

1.1.1 Dauerausstellung

Die Seele. Ausstellung: Heike Gfrereis, Gestaltung: Diethard Keppler und Demirag Architekten. Seit 7. Juni 2015.

1.1.2 Wechselausstellungen

Die Erfindung von Paris. 13. Juni 2018 bis 31. März 2019. Ausstellung: Susanna Brogi und Ellen Strittmatter mit Veronika Weixler, Marc Wurich und Ines Zahler, Organisation: Annette Rief, Ausstellungsarchitektur und -gestaltung: mm+ Berlin und Stuttgart / Sophie Merz und Daniela Breinig, Ausstellungsgrafik: CLMNZ / Clemens Hartmann. – *Thomas Mann in Amerika.* 22. November 2018 bis 30. Juni 2019. Ausstellung: Ellen Strittmatter und Marc Wurich mit Tamara Meyer, Julia Schneider, Richard Schumm und Michael Woll, Organisation: Annette Rief, Ausstellungsarchitektur und -gestaltung: mm+ Berlin / Sophie Merz, Ausstellungsgrafik: CLMNZ / Clemens Hartmann. – *#LiteraturBewegt 1: Lachen. Kabarett.* 19. Mai bis 15. September 2019. Ausstellung und Bespielungsprogramm: Heike Gfrereis mit Martin Kuhn, Tamara Meyer und Julia Schneider, Ausstellungsgestaltung und -grafik mit Andreas Jung und Diethard Keppler, Organisation: Lea Kaiser und Janina Schindler. – *Hands on! Schreiben lernen, Poesie machen.* 29. September 2019 bis 1. März 2020. Ausstellung: Heike Gfrereis mit Vera Hildenbrandt, Martin Kuhn und Tamara Meyer, Ausstellungsgestaltung und -grafik mit Andreas Jung und Diethard Keppler, Organisation: Lea Kaiser und Janina Schindler, Ausstellungsinstallation »Luftschreiber«: blubb.media. – *Hegel und seine Freunde. Eine WG-Ausstellung.* 6. Oktober 2019 bis 16. Februar 2020. Ausstellung: Heike Gfrereis und Sandra Richter mit Richard Schumm, Gestaltung mit Andreas Jung und Diethard Keppler, Organisation: Lea Kaiser. – *#StepOne: Narrating Africa. Eine Open-Space-Ausstellung.* 10. November 2019 bis 22. November 2020. Ausstellung und Forschungsprojekt: Heike Gfrereis, Anna Kinder und Sandra Richter. Ausstellungsgestaltung und -grafik mit Abdelhamid Ameur und Sonja Schwarz, Organisation: Stefanie Hundehege, Lea Kaiser und Martin Kuhn.

1.2 Ausstellung im SNM

Dauerausstellung im Schiller-Nationalmuseum. Ausstellung: Heike Gfrereis mit Stephanie Käthow, Katharina Schneider, Ellen Strittmatter, Aneka Viering und

Martina Wolff. Gestaltung: space4 (Architektur), Diethard Keppler und Stefan Schmid (Grafik). Seit 10. November 2009.

1.3 Marbacher Passage (Vitrinenausstellungen im Vestibül des Archivs)

100 Jahre Frauenwahlrecht. 30. November 2018 bis 28. Januar 2019. – *Else Lasker-Schüler.* 28. Januar bis 4. März 2019. – *Bernard von Brentano.* 4. März bis 15. April 2019. – *Charles Bukowski.* 15. April bis 27. Mai 2019. – *C. W. Ceram (Kurt W. Marek).* 27. Mai bis 8. Juli 2019. – *Verlagsprospekte Teil 1: bis 1945.* 8. Juli bis 9. September 2019. – *Hesses Lulu-Manuskript.* 9. September bis 21. Oktober 2019. – *Ton-Nachlässe im DLA.* 21. Oktober bis 18. November 2019. – *Übersetzernachlässe.* 18. November bis 16. Dezember. – *100 Jahre Waldorfpädagogik. Rudolf Steiner im DLA.* 16. Dezember 2019 bis 27. Januar 2020.

Die Ausstellungen in der »Passage« wurden 2019 kuratiert von Jutta Bendt, Ulrich von Bülow, Gunilla Eschenbach, Johannes Gindele, Nikola Herweg, Stefanie Höpfner, Caroline Jessen, Marie Luise Knott, Andreas Kozlik, Julia Maas, Douglas Valeriano Pompeu, Julia Schneider, Lorenz Wesemann und der Waldorfschule Ludwigsburg.

1.4 Ausstellungen zu Gast

Dostojewskij und Schiller. 10. November 2019 bis 16. Februar 2020. Ausstellung: Staatliches Literaturmuseum der Russischen Föderation, Begleitfilm: Anastasia Alexandrowa. Organisation und Betreuung: Vera Hildenbrandt und Enke Huhsmann.

1.5 Auswärtige Ausstellungen

Thomas Mann in Amerika. 24. Oktober 2019 bis 19. Januar 2020 im Strauhof in Zürich. Die Inhalte und Materialien der Ausstellung *Thomas Mann in Amerika* im Literaturmuseum der Moderne wurden für die Ausstellung am Strauhof in Zürich neu aufbereitet und den Gegebenheiten angepasst. Ausstellung: Rémi Jaccard und Philip Sippel, Gestaltung: Hubertus Design.

2. Besucherzahlen
2.1 Museen

2010	2011	2012	2013	2014	2015	2016	2017	2018	2019
87.315	86.850	67.092	61.110	63.788	63.338	59.923	62.945	60.771	66.361

2.2 Auswärtige Ausstellungen

Thomas Mann in Amerika. Strauhof, Zürich: 3.456 Besucher (vom 23. Oktober 2019 bis 19. Januar 2020 gezählt).

3. Literaturvermittlung/Museumspädagogik
3.1 Museumsführungen

2010	2011	2012	2013	2014	2015	2016	2017	2018	2019
836	1098	1044	582	549	537	527	523	535	654

3.1.1 Themen der Führungen

LiMo Dauerausstellung *Die Seele* (dt., engl., frz.). – SNM Dauerausstellung *Unterm Parnass* (dt., engl., frz.). – SNM Schillerrundgang. – Rundgang durchs LiMo und SNM mit Diskussion zum Ausstellungskonzept. – Architektur für Literatur: Die beiden Marbacher Museen – LiMo: Wechselausstellung: *Die Erfindung von Paris.* – LiMo: Wechselausstellung: *Thomas Mann in Amerika.* – LiMo: Wechselausstellung: *#LiteraturBewegt 1 – Lachen. Kabarett.* – SNM/LiMo: Wechselausstellung: *Hands on!* – LiMo: Wechselausstellung *Hegel und seine Freunde.* – LiMo: Wechselausstellung *Narrating Africa.* – LiMo: Wechselausstellung *Dostojewskij und Schiller* – LiMo: Erich Kästner. – LiMo: Erinnerungsbilder. – LiMo: Der Essay. – LiMo: Franz Kafka. – SNM: Eduard Mörike. – SNM: Liebe. – SNM/LiMo: Reisen und Reiselyrik. –LiMo: Kurzprosa. – SNM: Schiller – LiMo: Schreibbar. – LiMo: Hermann Hesse. – SNM: Schiller in der Schule. – SNM: Schillers Dramen. – SNM: Schillers Dinge. – SNM: Schiller von Kopf bis Fuß. – SNM: Schiller und die Liebe. – SNM: Natur und Naturlyrik.

3.1.2 Aktionstage mit freiem Eintritt, freien Führungen und Veranstaltungen in den Museen

Finissage *Die Erfindung von Paris* mit Hannelore Schlaffer und Karlheinz Stierle. 31. März 2019. – *Pigor und Eichhorn* und Ausstellungspreview *#LiteraturBewegt 1. Lachen. Kabarett,* in Kooperation mit den Schlossfestspielen Ludwigsburg. 15. Mai 2019. – Internationaler Museumstag und Ausstellungseröffnung *#LiteraturBewegt 1. Lachen. Kabarett* mit Max Goldt. 19. Mai 2019. – *The Erlkings feat. Stihl Chor,* in Kooperation mit den Schlossfestspielen Ludwigsburg. 6. Juni 2019. – Erlebnissonntag *Stimmen im Museum* und Finissage *Thomas Mann in Amerika.* 30. Juni 2019. – Eröffnung *#LiteraturBewegt 1. Lachen. Kabarett* Erweiterung:

Felicitas Hoppe sagt. 14. Juli 2019. – Ausstellungseröffnung *Hands on! Schreiben lernen, Poesie machen* mit Rotraut Susanne Berner. 29. September 2019. – *Der Troubadour-Automat* mit Bryan Benner. 3. Oktober 2019. – Ausstellungseröffnung *Hegel und seine Freunde. Eine WG-Ausstellung* mit Judith Butler. 6. Oktober 2019. – Schillersonntag *Erzähl doch mal!* und Ausstellungseröffnungen *Narrating Africa* und *Dostojewskij und Schiller* sowie Schillerrede von Cem Özdemir. 10. November 2019. – Bundesweiter Vorlesetag *Hands on!* für Noch-Nicht-Leser. 15. November 2019. – Führungsprogramm zwischen Weihnachten und Dreikönig, 21. Dezember 2019 bis 6. Januar 2020.

3.2 Schul- und Vermittlungsprogramm der Museen 2019
3.2.1 Zahl der Veranstaltungen

Veranstaltungen im Schul- und Kinderprogramm insgesamt	196
Besucher im Schul- und Kinderprogramm insgesamt	4582
Seminare, Workshops und Lesungen im Schul- und Kinderprogramm	82
Spezielle Aktionstage für Kinder, Schulen und Familien	3
Mehrtägige Ferienworkshops	5
Seminare für Studenten	13
Lehrerfortbildungen	3

3.2.2 Themen der Kinder- und Schülerführungen

LiMo Dauerausstellung *Die Seele.* – SNM Dauerausstellung *Unterm Parnass.* – SNM Schillerrundgang – LiMo: Wechselausstellung *Die Erfindung von Paris.* – LiMo: Wechselausstellung *Thomas Mann in Amerika.* – LiMo: Wechselausstellung *#LiteraturBewegt 1 – Lachen. Kabarett.* – LiMo: Wechselausstellung *Hands on!* – LiMo: Franz Kafka. – LiMo: Der Essay. – LiMo: Erich Kästner – LiMo: Kurzprosa. – LiMo: Hermann Hesse. – LiMo: Schreibbar. – SNM: Schillers Dinge. – SNM: Schiller in der Schule. – SNM: Schillers Dramen. – SNM: Schiller von Kopf bis Fuß. – SNM/LiMo: Natur und Naturlyrik. – SNM/LiMo: Reisen und Reiselyrik. – Architektur für Literatur: Die beiden Marbacher Museen.

3.2.3 Themen der Seminare und Workshops

Schiller von Kopf bis Fuß. – Schillers Dinge. – Der Essay. – Hermann Hesse – ein Steppenwolf? – Kafkas *Prozess* unter der Lupe. – Schreibbar. – Theater mit Erich

Kästner. – Auf Reisen. – Erinnerungsbilder. – Exponate beschreiben. – Thomas Mann. – Hands on! – Hölderlin lesen. – Literatur und ihre Displays. – Schreiben mit der Hand.

Die Führungen, Seminare und Workshops 2019 wurden durchgeführt von Helga Ament, Johanna Best, Madeleine Brook, Jan Bürger, Sara Dahme, Gunilla Eschenbach, Fabienne Fecht, Heike Gfrereis, Vanessa Greiff, Nikola Herweg, Vera Hildenbrandt, Stefanie Hundehege, Dietmar Jaegle, Anna Kinder, Daniel Knaus, Chris Korner, Andreas Kozlik, Dorit Krusche, Karolina Kühn, Martin Kuhn, Julia Maas, Tamara Meyer, Laura Mix, Fabian Neidhardt, Ursula Parr, Holger Pfeiffer, Caroline-Sophie Pilling, Sandra Richter, Julia Schneider, Richard Schumm, Verena Staack, Elke Wenzel, Lorenz Wesemann, Bettina Wiesenauer, Michael Woll, Marc Wurich und Ines Zahler.

4. Projekte
4.1 LINA. Die Literaturschule im LiMo

Seit September 2008 können Schülerinnen und Schüler im LiMo ein bundesweit einmaliges Pilotprojekt besuchen: die Literaturschule LINA, in der sie durch Originale aus dem Archiv und die Mitwirkung an der Vermittlungsarbeit des Museums einen ungewöhnlichen Zugang zur Literatur kennenlernen. 2019 fand im Rahmen der Wechselausstellung *Hands on!* ein mehrtätiges generationenübergreifendes Projekt mit Grundschülern der Lindenschule Murr und Senioren statt. *Betreuung: Tamara Meyer, Julia Schneider und Verena Staack.*

4.2 LINA in den Ferien

Seit August 2009 findet die Literaturschule LINA auch in den Ferien statt. LINA in den Ferien wendet sich an besonders interessierte Kinder und Jugendliche, die die Ferien nutzen möchten, um ihre sprachlichen Talente und ihr literarisches Interesse weiterzuentwickeln und in kreativer Weise auszudrücken. 2019 fanden drei Ferienworkshops statt: »Figurenpuzzle« (Osterferien), »Lachlabor« (Sommerferien) und »Denken mit der Schreib-Hand« (Herbstferien). Die Ferienworkshops wurden von Gunilla Eschenbach, Tamara Meyer, Julia Schneider und Verena Staack durchgeführt.

4.3 Kulturakademie der Stiftung Kinderland des Landes Baden-Württemberg

Die Kulturakademie richtet sich seit 2010 mit einem bundesweit einmaligen Angebot an alle Schülerinnen und Schüler der Klassenstufen sechs bis acht und neun bis elf (in den Sparten Bildende Kunst, Literatur, MINT und Musik). In den

Faschings- und Sommerferien fanden in den Marbacher Museen zwei einwöchige Schreibseminare mit Matthias Göritz, Nadja Küchenmeister, Verena Reinhardt und Martin Muser statt. Neben freien Texten wurden Kreativaufgaben im Rahmen der Wechselausstellung *#LiteraturBewegt 1 – Lachen. Kabarett* und der Dauerausstellung *Die Seele* bearbeitet.

ENTWICKLUNG

1 Allgemein

Zu den allgemeinen Arbeiten der Entwicklung gehörte die Unterstützung der Direktorin in vielfältigen Angelegenheiten und die Stellvertretung während deren Abwesenheiten. Die Vorstands- und Kuratoriumssitzungen wurden vom Leiter der Entwicklung vorbereitet und betreut.

Die American Friends haben in Champaign, Illinois, einen neuen Vorstand gewählt. Ab 1. Januar 2020 werden Prof. Dr. Meike Werner Präsidentin, Prof. Dr. Johannes von Moltke Vize-Präsident sein. Herr Kamzelak fungiert als »Secretary« des Vereins.

Herr Kamzelak hat zwei Veranstaltungen in der Reihe *Digitale Originale* moderiert: Kurt Gärtner hat anschaulich über Chancen und Probleme in den Anfängen der »Computerphilologie« berichtet und Andreas Kaminski informierte über Grenzen der Künstlichen Intelligenz.

Herr Kamzelak hat zwei Veranstaltungen der internen Fortbildungsreihe Reihe *AdL* (*Auf dem Laufenden*) abgehalten: Zum vom Land Baden-Württemberg geförderten Projekt Science Data Center für Literatur (SDC4Lit) und zusammen mit Anna Kinder zum BMBF-Projekt des Forschungsverbunds Marbach-Weimar-Wolfenbüttel (MWW).

Herr Kamzelak hat vom 3.–6. Oktober 2019 an der 43. Jahreskonferenz der German Studies Association in Portland und dort vor allem an den Veranstaltungen zu Digital Humanities teilgenommen.

2 Strukturplanung

Die Etablierung einer zentralen Adressdatei des DLA auf Basis von Oracle / Apex (Eigenentwicklung) konnte abgeschlossen werden. Für die Benutzung wurden vier Einführungsvideos sowie eine allgemeine Anleitung erstellt. Die Bereinigungen der Adressdatensätze wie z. B. die Dublettenbereinigung werden allerdings noch längere Zeit in Anspruch nehmen. Nachträglich sollen nun die Daten aus VEWA in Cerebro eingespielt werden.

Die hausinternen Formulare werden nach und nach an geltende Konventionen, vor allem den Datenschutz, angepasst.

3 Editionen und Digital Humanities

Ein beim Land Baden-Württemberg in Kooperation mit dem Höchstleistungsrechenzentrum Stuttgart (HLRS), dem Institut für Maschinelle Sprachverarbeitung (IMS) und der Abteilung Digital Humanities der Universität Stuttgart eingereichter Antrag zum Förderprogramm Science Data Centers Baden-Württemberg wurde mit einem Gesamtvolumen von ca. 3 Mio. Euro bewilligt. Ziel des federführend vom DLA betriebenen Projektes ist es, Born-digitals zu sammeln, zu archivieren und Methoden mit Werkzeugen für die Erforschung bereit zu stellen. Das Projekt hat eine Laufzeit von vier Jahren (offizieller Beginn: 1. Juni 2019). Am 9. Juli 2019 fand die 1. Konsortialversammlung des Science Data Center »SDC4Lit – Nachhaltiger Datenlebenszyklus für Literaturforschung und -vermittlung« statt. Begleitet wird das Science Data Center Programm des Landes durch ein Koordinationsprojekt bw2fdm. Eine Mitarbeiterin und ein Mitarbeiter konnten für das Projekt eingestellt werden.

Herr Kamzelak ist Mitglied des Landesnutzerausschusses des Landes Baden-Württemberg, der große Digitalisierungs-Projekte des Landes koordiniert.

Peter Stadler (Detmold) gab dem Editionsteam des DLA einen Einblick in die Editionsarbeit mit der XML-Datenbank eXist. Themen waren u. a. die Optimierung der Dateiverwaltung sowie die automatisierte Kontrolle von Datensätzen.

Die Arbeiten an dem Editionenportal für personenbezogene Materialien (Briefe, Tagebücher und Notizen) EdView konnten weitestgehend abgeschlossen werden. Das Portal ging Ende des Jahres in einer Beta-Version online (https// edview.dla-marbach.de).

Das Tagebuch von Harry Graf Kessler, das von 1994 bis 2018 ediert wurde, steht in EdView Open Access zur Verfügung.

Zwei Stipendiaten des Forschungsverbunds Marbach Weimar Wolfenbüttel aus dem Bereich Digital Humanities wurden vom Leiter der Entwicklung betreut.

Die große Plenartagung der Arbeitsgemeinschaft für Germanistische Editionen, die unter dem Titel *Werk und Beiwerk – Zur Edition von Paratexten* im Februar 2020 im DLA stattfinden wird, wurde vorbereitet.

4 Wissenschaftliche Datenverarbeitung

Im Berichtsjahr wurde die hardware- und softwareseitige Modernisierung der PC-Arbeitsplätze fortgesetzt – zunächst für die 255 Mitarbeiter-PCs, später auch für die 11 OPAC-PCs, die für Benutzer bereitstehen. Die verbliebenen komplexen Fälle mit Spezialinstallationen wurden im Laufe des ganzen Jahres bearbeitet.

Um die Integration des Digitalisierungszentrums und der Kopierstelle in die Digitalisierung/Fotostelle technisch sauber abbilden zu können, wurden die Datei- und E-Mail-Ablagen sowie die Gruppenrechte analysiert, zusammengestellt und neu gefasst.

Zum Ende des bestehenden Wartungsvertrages für die DIN-A3-Multifunktionsgeräte in den Abteilungen wurden technische und organisatorische Anforderungen geklärt und zusammengetragen und eine förmliche Ausschreibung durchgeführt. Von vier Angeboten erhielt die Firma Triumph-Adler den Zuschlag für elf Kyocera-Geräte, die durchgängig farbfähig sind. Auf der PC-Seite waren umfangreiche Einstellungen der neuen Treiber vorzunehmen und zu testen. Die alten Geräte wurden außer Betrieb genommen und entsorgt.

Im Zuge der Renovierung der Direktorinnen-Wohnung Haffnerstr. 26 wurde die neue Netzwerkverkabelung dort konzeptionell und praktisch begleitet.

Ein Installationsworkshop mit Dimension Data diente dazu, einen verschlüsselten VPN-Tunnel zu konfigurieren und aufzubauen. Dieser Tunnel ist für die sichere Datenübertragung der geplanten neuen Zeiterfassungsterminals an die Personalverwaltungssoftware des externen Softwareanbieters Sage vorgesehen. Unser Internet-Provider Belwue hat mit einem Leih-Router kurzfristig die erforderliche Hardware zur Verfügung gestellt.

Die produktive Inbetriebnahme der APEX-Anwendung Cerebro zur Ablösung der AVE-Adresspools erforderte umfangreiche begleitende Arbeiten und zahlreiche Bereinigungsläufe. Einige Funktionen wurden bei einem externen Entwickler beauftragt, darunter die LDAP-Integration und die komfortable Vergabe von Deskriptoren.

Als weitere neue Anwendung erfährt EdView Support im WDV-Referat und wurde im Dezember produktiv installiert.

Auch auf der Serverseite wurden umfangreiche Erweiterungen in Betrieb genommen, die zum Teil anteilig aus Mitteln des MWW-Forschungsverbundes finanziert wurden.

Für den zentralen Massenspeicher wurde ein neues RAID-Array Fujitsu Eternus DX200 S4 in Betrieb genommen. Erstmalig steht damit nun auch im Server-Bereich schneller SSD-Speicher zur Verfügung, wenn auch, aus Kostengründen, zunächst nur im Umfang von netto 3 TB gegenüber netto 87 TB an konventionellem Festplattenspeicher.

Für die Datensicherung wurde ein LTO8-Laufwerk mit einer nativen Kapazität von 12 TB pro Band in die bestehende Bandbibliothek SL150 eingebaut und im SAN zugänglich gemacht. Die Inbetriebnahme erfordert noch eine Aktualisierung des Sicherungssoftware Legato Networker.

Zwei neue Server Proliant DL380 G10 (Optima und Postmodern) wurden mit der neusten Virtualisierungssoftware ESXi bespielt und eingerichtet. Die durch diese neuen Server frei gewordenen Maschinen wurden genutzt, um weitere, noch ältere Server zu modernisieren: insbesondere der Webserver Walnut profitiert so deutlich von mehr CPU-Leistung, mehr RAM-Ressourcen und der Anbindung an das SAN und hat nun auch noch einen baugleichen Stand-By-Host bekommen, der im Falle von Wartungsarbeiten oder Reparaturen kurzfristig einspringen kann.

Im Zuge der Umbauten mit den neuen ESXi-Servern konnte auch ein lange ausstehendes, komplexes Performanceproblem analysiert und gelöst werden.

Die bestehende Redundanz und die Leistungsfähigkeit der neuen Server hat es erlaubt, alle Umbauarbeiten unterbrechungsfrei durchzuführen. Mit einer gewichteten Verfügbarkeit von 99,95 % in der Rahmenarbeitszeit bei nur einem (unangekündigten) Ausfall von 1:45 h erreichte die Stabilität der zentralen Systeme einen neuen Spitzenwert.

Inhaltlich wurde die erneuerte Serverlandschaft auch genutzt, um im MWW-Teilprojekt *Verlässlicher Speicher* gemeinsam mit den Firmen docuteam und ArchivInForm eine Machbarkeitsstudie durchzuführen und zwei neue virtuelle Maschinen (VMs) Diotima und Helvetica einzurichten, die jeweils als Ingest bzw. Repository-Server in der Zusammenarbeit mit der TIB Hannover fungieren sollen.

In der zweiten Förderphase des Forschungsverbundes Marbach Weimar Wolfenbüttel hat uns die Firma Open Culture Consulting mit Sebastian Meyer in einem Workshop zum Teilprojekt *Medienserver* beraten. Während das Haus eine Bestandsaufnahme seiner medienhaltenden und -nutzenden Systeme einbrachte, gab OCC eine fundierte Einführung in die Möglichkeiten des IIIF-Standards und führte einen Prototyp des Cantaloupe-Imageservers vor. Ein Abschlussbericht gibt Empfehlungen zu den nächsten Schritten. Die Vakanz der zuständigen MWW-Projektstelle gegen Ende des Jahres im DLA, aber auch bei den Verbundpartnern, hat jedoch zu einer vorläufigen Unterbrechung der Aktivitäten in diesem Bereich geführt.

Die konkrete Arbeit aufgenommen hat das Projekt *SDC4Lit*, für das im letzten Quartal zwei wissenschaftliche Stellen besetzt werden konnten. Mona Ulrich und Jan Hess wurden vom WDV-Referat mit der relevanten IT-Infrastruktur des Hauses vertraut gemacht und mit allgemeinen und projektspezifischen Arbeitsmitteln ausgestattet, etwa mit einer neuen VM Impact als Workstation und Testumgebung.

Für alle Projektpartner wurde ein Redmine-Projekt mit Wiki und Tickets usw. aufgesetzt und mit einer initialen Struktur gefüllt, das rasch und intensiv für die organisatorische und inhaltliche Arbeit angenommen wurde. Die Öffentlichkeit kann unten den neu eingerichteten Domains sdc4lit.de, .org und .eu einen ersten Webauftritt des Projektes erreichen.

Das Kommunikationsreferat wurde beim Ausbau der Social-Media-Aktivitä-ten unterstützt, etwa durch den Aufbau einer Team-Infrastruktur auf der Basis von Tweetdeck und die Einrichtung eines speziellen Medienpools von geeigneten Fotos. Die Ausschreibung des Kommunikationsreferats für eine professionelle Lösung wurde technisch begleitet.

Die durchschnittlichen monatlichen Seitenaufrufe des öffentlichen Webauf-trittes www.dla-marbach.de sind mit 591.658 gegenüber dem Vorjahr um 6,9 % zurückgegangen.

In Zusammenarbeit der Firma aStec wurde ein Kallías-Releasewechsel auf Version aDIS 8.5.4/2 durchgeführt. Damit war auch die Meldung an den neuen K10Plus-Bibliotheksverbund wieder möglich, und die bestehende Meldelücke lokaler Bestände konnte abgearbeitet werden. Die schreibende Anbindung erforderte einen Austausch der SWB PPNs (Identnummern) zu K10Plus PPNs, die bestandsübergreifend per SQL durchgeführt wurde. Auf der Basis einer Kon-kordanz mit mehreren Millionen Einträgen wurden rund 600.000 Datensätze modifiziert. Für das neue Release mussten kurzfristig die beiden VMs Futura und Sabon auf SLES12 aktualisiert werden.

Das neue Release erforderte auch die Implementierung eines »Hybrid-OPACs«, der bei aStec beauftragt und in der Umsetzung begleitet wurde: Unser »klassischer« OPAC kann so noch eine Weile weiterbetrieben werden, indem eine Parallelumgebung mit der vorherigen aDIS-Plattform vorgehalten wird.

Die Suchanfragen an diesen OPAC sind mit 203.063 gegenüber dem Vorjahr (208.984) leicht um 1,5 % zurückgegangen, die Anzahl der Ausleihvorgänge darüber aber ist um 12,1 % gestiegen.

Parallel lief weiter intensiv das Projekt zur Entwicklung und Einführung eines OPACs der »nächsten Generation« auf der Basis von Open-Source-Komponen-ten.

Im Frühjahr fand ein zweitägiger *Hackathon* in Marbach mit dem Schwer-punkt »Normdaten« statt, der große Fortschritte bei der Eingabeunterstützung für Personen und Werke hervorgebracht hat. Insbesondere wurde der »Norm-datensuchschlitz mit Auto-Vervollständigung« verfeinert, die Detailanzeigen der Normdaten ausgearbeitet und die anspruchsvollen hierarchischen Per-sonenfacetten implementiert. Eine Anreicherung der Normdaten aus Wikimedia Commons mit Portraits, Unterschriftenproben etc. und aus anderen externen Quellen trägt ebenso zur ansprechenden Wirkung des neuen OPACs bei.

Zwei hausinterne Usability-Tests mit Benutzerinnen und Benutzern haben stattgefunden, die von der OPAC-Gruppe durchgeführt und ausgewertet wurden. Vorübergehend war der Prototyp auch externen Fachleuten zugänglich. Neben einem grundsätzlich sehr positiven Eindruck haben die Tests viele nutzbare Anregungen geliefert.

Im Dezember 2019 konnten aus dem vereinbarten Projektplan die internen Test-Releases 1 und 2 abgeschlossen und abgenommen werden und wurden bei einer internen Präsentation für die Geschäftsleitung vorgestellt.

Im Herbst fand ein weiterer *Hackathon* zur Bestandstektonik und zur Systematik statt. Dabei wurde weiter ausgearbeitet, wie neben der Systematik insbesondere die Bestände des Hauses mit einem hierarchischen Browsingeinstieg für den Nutzer zugänglich gemacht werden können.

Unter anderem sind diese Funktionen Gegenstand der Releases 3 und 4, welche die Voraussetzungen für einen öffentlichen Betabetrieb des neuen OPAC bilden. Sie werden im ersten Quartal des neuen Jahres erwartet.

Die Datenprozessierung mit OpenRefine liefert als Nebenprodukt stets auch aktuelle Daten des Archivs im EAD-Format. 4.588 Bestände mit 8.059 Unterbeständen, 53.409 Konvoluten und 851.139 Einzelobjekten wurden über die neue, offene OAI-Schnittstelle für externe Partnersysteme (wie die gemeinsame MWW-Suche) zur Verfügung gestellt wie auch als Offline-Export zur Einspielung in Kalliope der Staatsbibliothek Berlin übersandt.

Die Museen wurden regelmäßig bei ihren Ausstellungen in technischen Fragen unterstützt. Hervorzuheben ist hier vor allem die »Airwriting«-Hardwareinstallation, für die Projektoren und -halterungen an der Decke angebracht und ausgerichtet sowie Steuerungsrechner und Kinect-Sensoren installiert wurden.

Zusammen mit der Bestandserhaltung wurden erstmalig Datenexport, Barcodezettel und Bewertungslisten für die Mengenentsäuerung von Archivalien entwickelt. Die Metadaten der unikalen Bestände werden dabei ebenfalls aus OpenRefine gewonnen und müssen nicht mehr aufwändig aus der Datenbank geholt werden.

Bei der Bearbeitung digitaler Vor- und Nachlässe gab es aufgrund personeller Engpässe nur wenig Fortschritt.

Zwei Festplatten (6 TB) mit Dateien aus dem Nachlass von Rio Reiser wurden übernommen und so aufbereitet, dass eine erste Bewertung durch Archiv und Mediendokumentation erfolgen konnte.

Ein weiterer PC aus dem Nachlass Friedrich Kittlers wurde als Nachzügler an das WDV-Referat übergeben. Er befand sich bisher im Nachlassbüro der HU Berlin und galt als irrelevant, was sich jedoch relativiert hat. Zumindest wurde er von Kittler für Seminare in Computergrafik genutzt, so dass er zwar wenig neue Dokumente, dafür aber Kittler-Quelltexte erwarten ließ.

Auch dieser Kittler Rechner wurde einer detaillierten Hardwareanalyse unterzogen, seine Festplatte gesichert und weitere ca. 886.000 Dateien in den Indexer geladen, wo die Gesamtzahl der Dateien damit auf 4.247.543 steigt.

Zusammen mit dem Computerspielemuseum Berlin und DIGAREC, dem Zentrum für Computerspielforschung Potsdam fand ein erster Workshop zum

Sammeln von Computerspielen in Marbach statt. In der Folge wurden für dieses – auch für die WDV – weitgehend neue Arbeitsgebiet die notwendigen Projektstrukturen (Gruppen, Ablage, Redmine usw.) aufgesetzt. Es wurden prototypisch zwei Windows 98-VMs angelegt und durchkonfiguriert, auf denen, zusammen mit der Mediendokumentation, erste relevante Retro-Spiele exemplarisch installiert wurden.

5 Digitalisierung und Fotostelle

Die Fotostelle hat im Berichtsjahr 780 Aufträge bearbeitet, davon 287 hausinterne und 493 für externe Auftraggeber. Dabei wurden 11.714 Dateien geliefert. Es gingen 118 Belegexemplare ein.

Für die Hauschronik, die Homepage, die Social-Media-Kanäle des DLA und die Pressestelle wurde bei etwa 40 Veranstaltungen fotografiert, unter anderem die Ausstellungseröffnungen #LiteraturBewegt 1: Lachen. Kabarett, Hands On!, Hegel und seine Freunde. Eine WG-Ausstellung sowie Narrating Africa. Auch die Besuche zahlreicher Bundestags- und Landtagsabgeordneter wurden fotografisch dokumentiert.

Drei Marbacher Magazine und zahlreiche weitere Publikationen, Flyer, Werbemittel und Plakate wurden mit Aufnahmen oder Scans der Fotostelle ausgestattet.

Für die Bestandsgruppe Bilder & Objekte wurden weit über 2.000 Archivalien verschiedener Gattungen fotografiert bzw. gescannt. Aus den Beständen der Handschriftensammlungen wurden folgende Konvolute digitalisiert: Die Tagebücher Hermann Stresaus, sämtliche Hölderlin Autografen, die Zeitungsausschnitt-Mappen von Siegfried Kracauer und der Briefwechsel von Ferdinand Gregorovius.

Mit Beginn des Jahres 2019 wurde die Kopierstelle des DLA in das Referat Digitalisierung und Fotostelle (DiFo) eingegliedert. Es werden dort nun auch Arbeitsdigitalisate erstellt. Im 3. Quartal wurde das Referat durch eine 50 % E-2 Stelle verstärkt.

Die technische Ausstattung der Fotostelle wurde um eine Vollformat-DSLR-Kamera und drei hochwertige Bildbearbeitungs- Monitore erweitert.

6 Bestandserhaltung

In den letzten Jahren werden zunehmend Erhaltungsarbeiten an ganzen Beständen ausgeführt. Hierzu zählen in der Konservierung alle Formen der Schutzverpackung und die Bestandspflege, die den status quo der gealterten, mechanisch beschädigten Originale sichern, deren Bereitstellung eröffnen und gleichzeitig Informationsverluste einschränken sollen.

6.1 Bestandspflege

Die Arbeiten der Bestandspflege an Handschriftenbeständen des Archivs sind aus Gründen des Bestandsschutzes an den Standort Marbach gebunden. Auch im Jahr 2019 konnte die Bestandserhaltung der Notwendigkeit, Nachlasseingänge zu reinigen und umzubetten oder zu dekontaminieren nicht routinemäßig nachkommen. Diese konservierenden Bestandsmaßnahmen wurden weiterhin nur unregelmäßig mit Personalkapazitäten innerhalb des Referats bedient, so dass umfängliche Bestände über längere Zeiträume nicht oder nur in kleinen Tranchen für die Erschließung bereitstanden. In einzelnen Arbeitsintervallen hat deshalb die Konservierungsassistentin des Projekts Mengenentsäuerung diese Arbeiten übernommen.

Von den gesichteten neuerworbenen Nachlässen bedürfen in den meisten Fällen nur einzelne Konvolute einer Trockenreinigung in der Bestandspflege. Dazu gehörte der Nachtrag zur Autorenbibliothek von Max Rychner (320 Bücher, Broschuren, Heftchen und Zeitungsausschnitte), die stark verschmutzten und mikrobiell belasteten Materialien der 2015 für die Ausstellung *Das bewegte Buch* erworbenen *Kathmandu-Library* von Eckhart Nickel und Christian Kracht, aus der seinerzeit nur ein Teil für die Präsentation gereinigt wurde und die ebenso erheblich verunreinigten Manuskripte und Notizen des Teilnachlasses zu Ruth Landshoff-Yorck (3 Kisten). Der Nachtrag zum Autorennachlass von Bernard von Brentano (Notizbücher, Zeitungsausschnitte und Manuskripte) wurde entmetallisiert und umgebettet. Mit der externen Auftragsvergabe eines letzten Konvolutes mit schimmelbefallenen gebundenen Archivalien und überformatigen Flurkarten wurden die aufwändigen Reinigungsarbeiten an dem 2016 übernommenen Bestand COTTA: Depositum Hipfelhof im Mai 2019 abgeschlossen. Die extern gereinigten Archivalien sind in archivgerechten Großformatmappen oder aufgerollt auf ummantelte Pappkerne an das Cotta-Archiv übergeben worden.

Die Reinigung der insgesamt 2.295 Bände der bereits magazinierten Autorenbibliothek von Max Rychner konnte mit einem kurzfristig bereitgestellten Stundenkontingent durch eine studentische Hilfskraft Ende Februar 2019 abgeschlossen werden. Die 2017 erworbene Autorenbibliothek von Rudolf Alexander Schröder, mit rund 3.100 stark verschmutzten und mikrobiell belasteten Bänden, konnte aus Kostengründen nicht mehr wie ursprünglich vorgesehen mit externen Dienstleistern in 2019 dekontaminiert werden. Als kleiner Teilbestand sind dafür Bücher aus dem Besitz von Klaus Theweleit trocken gereinigt worden.

Der Bestandspflege werden immer wieder kleinere Konvolute, die u. a. im Zuge von Erschließungsarbeiten auffallen, zur konservatorischen Prüfung vorgelegt. Dazu gehörten beispielsweise zwei Mappen mit Briefen und eine Mappe mit einem umfänglichen Manuskript mit Schimmelschaden aus dem Bestand von Marie Luise Kaschnitz, die blattweise aufbereitet wurden. Aus dem Siegfried Unseld Archiv-Bestand mussten zwei Mappen mit Manuskripten zunächst trocken gereinigt und zusätzlich anhaftende Klebestreifen entfernt werden. Stark verunreinigte Materialien aus Mappen und Ordnern im Bestand von Karlheinz Barck wurden abgesaugt, entklammert und umgebettet. Weitere Bestandszugänge des Archivs wurden in Stapeln oder Einzelblattweise gereinigt, fallweise auch entmetallisiert und umgebettet: Albrecht Schöne (4 UK) und Hans Blumenberg (6 UK mit Sonderdrucken und Zeitungsausschnitten).

Weitere kleine Konvolute waren Handschriften aus dem 2019 erworbenen Vorlass von Christian Kracht. Die ca. 20 Paletten umfassende Ablieferung des nach Berlin umgezogenen Siegfried Unseld-Archivs wurde in Stichproben gesichtet und darauf basierend als uneingeschränkt archivierbar beurteilt.

Aus der 2019 von Bilder & Objekte neu erworbenen Sammlung des Bildhauers Alexander Zschokke wurde eine Büste Friedrich Nietzsches vom Historischen Museum in Basel als Leihgabe angefragt. Die massiven Staubablagerungen auf der zum Teil empfindlichen Farbfassung konnten punktuell mit Hilfe eines feindosierbaren Staubsaugers vorsichtig entfernt werden.

Der Nachlass von Rio Reiser wurde gesichtet, darin Mitschnitte, Korrespondenz und ein Keyboard. Insgesamt drei Umzugskartons mit Tonbändern bzw. Mitschnitten der Band *Ton Steine Scherben* sind durch vorhergehende Einlagerungen bis zum Erwerb mit grobkörnigem Staub belegt. Die Tonbänder wurden intern, in Ermangelung materialgerechter Techniken, nur an den Außenflächen der Spulen abgesaugt.

6.2 Schutzverpackungen

Die in den letzten Jahren übernommenen Bibliotheksbestände zu Erich Auerbach und Paul Hoffmann, inkl. des Teilbestands zu Karl Wolfskehl enthalten zahlreiche beschädigte Einheiten. Die ausgewählten Bände wurden elektronisch vermessen und darauf basierend eine auf die Bestände abgestimmte Kombination von unterschiedlichen Schutzverpackungen extern bestellt. Gleiches gilt für die sukzessive aufgelösten und umgebetteten Cotta-Faszikel mit Verlagskorrespondenz aus 120 Kästen. Aus der Handbibliothek des Lesesaals erhielten 27 Bücher überwiegend eine intern ausgeführte Sicherung mit einfachen PE-Schutzumschlägen. Aus den entsäuerten Beständen der Signaturengruppen K mit KK sowie L mit LL sind bis 2019 insgesamt 263 beschädigte Einbände mit Schutzumschlägen aus PE-Folie ausgestattet.

Mit der Umlagerung der vorhandenen Musikaliensammlung und dem nun verstärkten Sammelauftrag zu vertonter Dichtung benötigt die Bibliothek neue Archivkasten- und Mappenformate. Im Zusammenhang mit der Übernahme der Musikaliensammlung *Günther* wurde mit der Benutzungsreferentin ein Verpackungssystem abgestimmt.

Für den Sonderbestand mit 336 Broschuren von Joseph Meyers Groschenbibliothek der Deutschen Klassiker, erschienen Mitte des 19. Jahrhunderts, wurde eine Sonderverpackung für das Marbacher Archivkastensystem erarbeitet.

6.3 Restauratorische Vorarbeiten für Digitalisierungen

Mit der Umstrukturierung der internen Digitalisierung lief die Stelle der wissenschaftlichen Hilfskraft für die konservatorische Sichtung der ausgewählten Materialien Ende Februar 2019 aus. Zu dem Zeitpunkt waren die laufenden restauratorischen und konservatorischen Arbeiten an den Beständen D:Kippenberg-Archiv°Rilke und A:Mörike I nahezu vollständig abgeschlossen.

6.4 Erhaltungsplan

In Vorbereitung der umfänglichen Archivaliencharge für 2019 sind die Zustandserfassungen zu den Archivbeständen Josef Pieper, Karl Otten und Hermann Claudius im Erhaltungsplan DCO erfolgt. Des Weiteren waren zu sieben Beständen und Konvoluten mit Deposita des Bundes die Zustandssichtungen und -berichte für das Bundesverwaltungsamt nachzureichen. Aus personellen Gründen war das DLA bei der turnusgemäßen Berichterstattung im Rückstand. Für die neu übernommenen 136 Notizbücher von Peter Sloterdijk wurde ein vollumfängliches konservatorisches Zustandsprotokoll erstellt.

6.5 Projekt Mengenentsäuerung

Mit den ab 2019 verfügbaren Haushaltsmitteln für die Papierentsäuerung wurden vier Chargen mit Bibliotheksgut aus der Signaturengruppe L mit LL und den letzten physischen Warteschleifen zu K und L entsäuert. Die Vorselektion von zwei Bibliothekschargen übernahm, unter interner Anleitung und Betreuung, eine externe Firma. Parallel konnte die Projektrestauratorin mit der Auswahl und Prüfung für die Vorbereitung einer erstmalig vollumfänglichen Entsäuerungscharge mit Archivgut beginnen.

Zusätzlich zum Bibliotheksgut wurde 2019 erstmalig eine Charge mit Archivgut für das PaperSave-Verfahren vorbereitet. Zusammen mit dem Benutzungsreferenten des Archivs und den Sammlungsverantwortlichen fand anhand von festgelegten Auswahlkriterien eine Zusammenstellung geeigneter Bestände statt. Für die Archivalienentsäuerung ist dabei u. a. die barcodebasierte Erfassung und Dokumentation der Entsäuerungsmaßnahme für Nachlassbestände zu Autoren und dem Verlagsarchiv von SUA-Insel geprüft worden. Die Produktion und Ausstattung mit Barcodezetteln wurde auf die überwiegend mappenweise erschlossenen Insel-Verlagsbestände beschränkt. Ausgewählt wurden Teilbestände des SUA/ Insel-Verlags, darunter Akten aus der Buchhaltung, Geschäftsführung, Verlagsgeschichte, Vertrieb, Lektorat, Herstellung und Planabteilung. Für die üblichen Nachlassbestände des Archivs, wie der 2019 zur Entsäuerung ausgewählte Bestand zum Autor Karl Otten (1889–1963), können Bestandsmaßnahmen, wegen der nur konvolutweise vorliegenden Katalogisate, lediglich in Mappeneinheiten und über eine fortlaufende Kastennummer, in Einheit mit den darin enthaltenen Einzelmappen erfasst und dokumentiert werden. Die WDV hat, wie bei der Buchentsäuerung, die nötigen Vorarbeiten geleistet und begleitet.

Für die Dauer der Elternteilzeit einer Vollzeitkraft übernahm die befristet beschäftige Projektrestauratorin im Projekt Mengenentsäuerung von Ende April bis Ende September 2019 ein Viertel des Stellenanteils, damit also auch anteilig Arbeiten des Referats. Mit dem Weggang der Mitarbeiterin zum 30. September 2019 musste das Referat die Betreuung der drei verbliebenen Entsäuerungspartien für 2019 auffangen. Bis zum Jahresende wurde die 25-prozentige Elternzeitvertretung in der Restaurierwerkstatt nicht nachbesetzt.

Die zum Jahresende begonnene Qualitätskontrolle der ersten vollumfänglichen Entsäuerungscharge mit 1.981 Mappen, darin Archivalien aus den Beständen Karl Otten und SUA/Insel-Verlag, konnte 2019 personell bedingt noch nicht abgeschlossen werden. Die intern zu leistende Auswertung ist maßgeblich für die zukünftige Auswahl von Beständen und weitere Entsäuerungen von Handschriften im DLA.

Mit der abteilungsintern gestarteten Initiative zum Fundraising für Papierentsäuerung sollen potentiell auch Mittel für das Projekt bzw. vor allem für die verknüpften Stellen eingeworben werden.

Bestandsauswahl: Abt. Bibliothek, Signaturengruppe L / mit LL				
Vertragsjahr	Chargenzahl	Begutachtung insgesamt	davon entsäuert	davon nicht für die Entsäuerung geeignet
2017	8	11.288	93 %	7 %
2018	7	9.954	92 %	8 %
2019	**4**	**5.795**	**92 %**	**8 %**

Bestandsauswahl: Abt. Archiv, 2 Bestände: A:SUA-Archiv / Insel-Verlag und A:Otten, Karl				
Vertragsjahr	Chargenzahl	Begutachtung insgesamt	davon entsäuert	davon nicht für die Entsäuerung geeignet
2019	1	2.154 Mappen	88 %	12 %

6.6 Katastrophenmanagement

Zum Jahreswechsel 2018/2019 drang Sickerwasser in das Archivgebäude ein. Ausgehend vom überdachten Podest der Anlieferung kam es im darunter gelegenen Raum der Bestandspflege und im unteren Magazin des Referats Bilder & Objekte zu einem Wasserschaden. Eine Monumentalbüste ist äußerlich durch Spritzwasser beschädigt. Die zur Reinigung bereitgestellten Archivalien waren sicher auf Paletten gelagert und für die betroffenen Abgusssammlungen konnten noch rechtzeitig, zusammen mit dem Baureferat, Schutzmaßnahmen eingeleitet werden.

6.7 Restaurierwerkstatt

Für die zukünftige Vergabe der Buchbindearbeiten hat sich die Bestanderhaltung mit der Benutzungsreferentin der Bibliothek über Auftragsabwicklung abgestimmt. Zwei externe Buchbinderparteien mit insgesamt 24 Bibliotheksexemplaren für Reparaturen und Bindearbeiten wurden in 2019 vorbereitet und vergeben.

Das DLA konzipiert mit der Arno Schmidt Stiftung eine Kooperationsausstellung zu Peter Rühmkorf. Für die erste Ausstellungsstation in Hamburg-Altona ab August 2019 wurde ein mehrteiliges Bühnenmodell aus dem DLA mit einem Objektrestaurator begutachtet und eine extern durch die Arno Schmidt Stiftung finanzierte Restaurierungsmaßnahme beauftragt.

In der Buch- und Einzelblattrestaurierung im DLA wird in einzelnen Partien über das Jahr verteilt und parallel zu den größeren Projekten gearbeitet. In der Buchrestaurierung wurde zu Jahresbeginn die zweite Charge von 2018 abgeschlossen. Mit der Bearbeitung zweier Jahreschargen in 2019 wurden 23 restaurierte Bücher mit Gewebe-, Papier- und Ledereinbänden wieder zur Benutzung übergeben.

In der Restaurierwerkstatt wurde in der zweiten Jahreshälfte eine interne Evaluation von Maßnahmen zur Konservierung historischer, industriell gefertigter Einbandleder mit dem Schadensbild *Roter Zerfall* bzw. *Red Rot* initiiert. Die Ergebnisse werden im weiteren Verlauf an 12 Bänden zu »Die politischen Reden des Fürsten Bismarck, 1892–1905« mit stark abgebautem, puderndem Leder erprobt. In 2020 werden dazu noch externe Buchrestauratoren und Buchrestauratorinnen befragt.

Die Einzelblattbearbeitung übernimmt die Restaurierung u. a. an Handschriften und Grafiken aus Nachlasszugängen, insbesondere des Referates Bilder und Objekte, aber auch an hauseigenen Exponaten für kommende Ausstellungen und an Archivalien mit Schäden, die auf Abruf in Kallías dokumentiert sind. Die Neuzugänge werden in den meisten Fällen demontiert und passepartouriert, um sie für die Erschließung und Archivierung vorzubereiten. 2019 waren es 12 bearbeitete Archivalien aus Kallías-Abfragen: Brief von Niemöller, Martin an Erb, Adolf; Brief von Jahnn, Hans Henny an Rühmkorf, Peter; Dupont, Paul: Nouveau plan taride. Paris par arrondisment; Brief von Heine, Heinrich an Taillandier, Saint-René; Manuskript von Hesse, Herrmann: Das Glasperlenspiel; Brief von Nietzsche, Friedrich an Andreas-Salomé, Lou; Brief von Lasker-Schüler, Else an Wolfskehl, Karl; Friedrich-Hölderlin-Preis der Stadt Bad Homburg aus dem Besitz von Elisabeth Borchers; Buchschutzumschlag zu *Urworte Deutsch. Das einfallsreiche Rotkäppchen* Collagen von Alfred T. Mörstedt, von Franz Fühmann; *konkret. Unabhängige Zeitschrift für Kultur und Politik* Nr. 10, Oktober 1964 und der Literaturpreis für Poesie *Goldener Kranz* aus dem Besitz von Hans Magnus Enzensberger. Im Zuge der externen Leihanfragen und internen Ausstellungsvorbereitung wurden mehrere Handschriften restauriert und historischen Rahmungen überarbeitet. Darunter sind das Brieffragment (1 Blatt) Friedrich Nietzsches an Lou Andreas-Salomé, Blätter aus dem Manuskript zum *Glasperlenspiel* von Hermann Hesse, ein Brief Heinrich Heines an Saint-René Taillandier, eine Postkarte von Martin Niemöller an Adolf Erb aus dem Bestand Rühmkorf, das Pastellgemälde *Die Dichterin* (Else Lasker-Schüler) des Malers Christian Rohlfs von 1920, Else Lasker-Schülers Collage *Die lyrische Mißgeburt* von 1900 und die Montierung einer Rückwandkartonage am Porträtgemälde zu August Halm.

Für die extern kuratierte Kooperationsausstellung *Laß leuchten! – Peter Rühmkorf zum Neunzigsten* wurden 208 Exponaten (Plakate, Bücher, Lebensdokumente, Zeitschriften und dreidimensionale Stücke) gesichtet. Im Vorfeld der ersten Station sind 66 Exponate, darunter beschädigte Bücher und gebundene Handschriften aus dem Marbacher Bestand, restauriert oder konserviert worden. Dazu wurden markante Einbandschäden und Risse an zahlreichen Einzelblättern geschlossen, um eine Ausweitung des Schadens bei der überwiegend senkrechten Präsentation vorzubeugen.

Für die erste LiMo-Ausstellung in 2019, *#LiteraturBewegt 1 – Lachen. Kabarett,* hat die BE zwölf wertvolle Initialexponate konservatorisch und restauratorisch vorbereitet. Dazu gehört auch das ursprünglich in ein Hufeisen eingebundene Manuskript der *Galgenlieder* von Christian Morgenstern. Anhand von Materialspuren wurde der Gebrauch der Assemblage als einer Art Manuskriptkassette rekonstruiert und die vorhandenen Fragmente restauratorisch zusammengefügt. Eine externe Handbuchbinderei hat für die Direktion ein individuell gestaltetes Gästebuch, in Anlehnung an die grünen Marbacher Archivkästen, gefertigt.

6.8 Ausstellungen

Die konservatorische Begleitung der im DLA gezeigten Ausstellungen umfassen die Vorsichtung des Zustands der Exponate aus den Sammlungen und von den Leihgebern, darauf abgestimmte Absprachen zur Präsentation, im Bedarfsfall eine Restaurierung und schließlich das Montieren oder Rahmen der Einzelstücke. Die Bestandserhaltung ist über den gesamten Ausstellungszyklus intern in die Ausstellungslogistik, u. a. mit Personal- und Zeitplanung, inklusive den Vorgaben zu den Transportleistungen, dem Erstellen von Übergabeprotokollen und den Auf- und Abbau der Exponate mit den Präsentationsmitteln vor Ort eingebunden. In 2019 wurden folgende Kooperationsausstellungen mit konservatorischer Unterstützung in Marbach gezeigt: *Die Erfindung von Paris* (Autorenvitrinen und 10 Fotoserien) mit externen Kooperationspartnern und Leihgebern, wie dem Walter Benjamin Archiv an der Akademie der Künste Berlin, dem Heinrich-Heine-Institut Düsseldorf, dem Roger-Melis-Archiv Berlin, Rilke-Archiv Gernsbach und Georg Stefan Troller; *Thomas Mann in Amerika* mit 155 Leihgaben aus dem Thomas Mann-Archiv an der ETH Zürich, und »Schiller und Dostojewskij« mit 63 Positionen zu Leihgaben des »Staatlichen Wladimir-Dahl-Museums für Geschichte der russischen Literatur«, i. e. S. Staatliches Literaturmuseum der Russischen Föderation.

Mit dem geänderten Ausstellungskonzept, u. a. mit Besucherbeteiligung und der Ausmusterung der beschädigten Standardvitrinen, hat die Museumsabteilung 2019 neue, leichtere Präsentationsformen entwickelt. Die Exponate werden verstärkt als Einzelstücke präsentiert, indem sie gestalterisch individuell inszeniert werden. In der konservatorischen Ausstellungsvorbereitung werden nun alle Exponate, vergleichbar den externen Leihanfragen, individuell montiert bzw. gesichert. Folgende intern konzipierten Ausstellungen sind 2019 betreut worden: *#LiteraturBewegt 1 – Lachen. Kabarett* (9 Exponate); *Narrating Africa* (nur konservatorische Beratung); *Hegel und seine Freunde. Eine WG- Ausstellung* (29 Exponate).

Dazu kamen kleine Präsentationen, wie die zum Jahresprogramm des DLA gehörigen *Marbacher Passagen* mit neun Beiträgen in 2019.

Die BE hat die externen Leihanfragen von folgenden Einrichtungen zu Sammlungsstücken des Archivs und der Bibliothek betreut: Brandenburger Gesellschaft für Kultur und Geschichte zu *Fontane.200*; Haus der Geschichte Baden-Württemberg zu *Kopfbedeckungen*, dazu erfolgte die Vergabe eines Restaurierungsauftrags zum Reisehut Friedrich Schillers, dessen Kosten hälftig vom Leihnehmer übernommen wurden; Hermann-Hesse-Museen in Calw und Gaienhofen zu *Hermann Hesse*; Germanisches Nationalmuseum Nürnberg zu *Wanderland*; Wilhelm-Hack-Museum in Ludwigshafen, Kunstmuseum Albstadt zu *Günther Schöllkopf*, Van-der-Heyd Museum Wuppertal zu *Else Lasker-Schüler* (6 Exponate), Haus der Brandenburgisch-Preußischen Geschichte in Potsdam zu *Fontane*; Historisches Museum in Basel zu *Friedrich Nietzsche*, Hällisch-Fränkisches-Museum in Schwäbisch Hall zu *August Halm*, Museum Georg Schäfer in Schweinfurt zu *Ludovike Simanowiz* und Casa-di-Goethe in Rom zu *Luise Duttenhofer*, Deutsches Historisches Museum Berlin (konservatorische Aufbereitung eines Napoleon-Portraits von 1807, eine sog. Nadelmalerei).

Die kurzfristige Leihanfrage des Berliner *Hauses der Poesie* zu rund 130 kleinformatigen Zeichnungen von Oskar Pastior aus der Sammlung von Bilder & Objekte konnte nur auf der Basis der Kostenübernahme von externen Dienstleistungen seitens des Leihnehmers zugesagt werden. Die Bestandserhaltung koordinierte die Auftragsvergabe, Produktion und Anlieferung der Materialien und die im DLA ausgeführten Arbeiten der externen Restauratorin.

VERWALTUNG

1. Mitarbeiterschaft (Stand: 31. Dezember 2019)

Voll- und Teilzeitstellen	davon Planstellen der DSG	davon Planstellen des Landes	Befristete, projektgebundene Stellen
105,4	103,4	2	34

Die befristeten, projektgebundenen Stellen wurden überwiegend aus Sachbeihilfen der Deutschen Forschungsgemeinschaft und aus Stiftungsmitteln von privater Seite finanziert. Auch 2019 waren zahlreiche wissenschaftliche Hilfskräfte, geringfügig Beschäftigte sowie Praktikanten befristet tätig.

2. Personelle Veränderungen im Jahr 2019
a) Neu eingestellt wurden am

01.03.2019	Julia Schneider	Museumspädagogin
01.03.2019	Martin Kuhn	Volontär
01.03.2019	Lea Kaiser	Museumsassistentin

15.03.2019	Christine Münzing	Bibliotheksassistentin
01.04.2019	Madeleine Brook	wissenschaftliche Mitarbeiterin
01.04.2019	Kyra Palberg	wissenschaftliche Mitarbeiterin
01.05.2019	Katharina Heidecke	Pressereferentin
01.06.2019	Pia Njie	Sekretärin
01.06.2019	Melina Wießler	Volontärin
01.06.2019	Sabine Gurski	Sekretärin
01.09.2019	Sema Tas	Buchhalterin
01.09.2019	Julia Gagelganz	Digitalisiererin
01.10.2019	Yu Gan	Anwendungsentwickler
14.10.2019	Caroline Jessen	wissenschaftliche Mitarbeiterin
04.11.2019	Charline Medernach	Bibliothekarin

b) Ausgeschieden sind am

28.02.2019	Stephanie Kuch	wissenschaftliche Mitarbeiterin
31.03.2019	Caroline Jessen	wissenschaftliche Mitarbeiterin
31.03.2019	Petra Biallaß	Magazinkraft
31.03.2019	Alexandra Mitschang	Magazinkraft
30.04.2019	Eileen Sadlon	Sekretärin
31.05.2019	Martin Frank	Volontär
30.06.2019	Olaf Müller	Digitalisierer
30.06.2019	Julia Gagelganz	Digitalisiererin
30.06.2019	Sema Tas	Digitalisiererin
30.06.2019	Angelika Berger	Digitalisiererin
30.06.2019	Rita Holzwarth	Digitalisiererin
31.08.2019	Richard Schumm	wissenschaftlicher Mitarbeiter
31.10.2019	Katharina Heidecke	Pressereferentin
14.11.2019	Nicolai Riedel	wissenschaftlicher Mitarbeiter
31.12.2019	Sigrun Hof	Magazinkraft

3. Deutsche Schillergesellschaft e.V.

Jahr	2009	2010	2011	2012	2013	2014	2015	2016	2017	2018	2019
Mitglieder	3.409	3.323	3.198	3.077	2.803	2.643	2.507	2.379	2.278	2.177	2.081
Mitglieder mit Jahrbuch	65 %	62 %	61 %	58 %	62 %	59 %	58 %	58 %	58 %	57 %	55 %
neue Mitglieder	133	101	79	148	39	47	39	30	40	28	26
ausgetretene oder verstorbene Mitglieder	146	217	284	315	203	163	170	153	113	152	138
ausländische Mitglieder	12 %	12 %	11 %	11 %	11 %	12 %	11 %	11 %	11 %	11 %	11 %
DSG-Jahresbeitrag (€)	25,–	25,–	25,–	50,–	50,–	50,–	50,–	50,–	50,–	50,–	50,–
DSG-Jahresbeitrag mit Jahrbuch (€)	50,–	50,–	50,–	80,–	80,–	80,–	80,–	80,–	80,–	80,–	80,–
DSG-Jahresbeitrag (€) (Mitgl. in Ausbildung)	12,50	12,50	12,50	20,–	20,–	20,–	20,–	20,–	20,–	20,–	20,–
DSG-Jahresbeitrag (€) (Mitgl. in Ausbildung mit Jahrbuch)	25,–	25,–	25,–	30,–	30,–	30,–	30,–	30,–	30,–	30,–	30,–

Den Bewohnern der neuen Bundesländer und Osteuropas wurden auch 2019 auf Antrag die Mitgliedschaft und das Jahrbuch zur Hälfte des allgemeinen Tarifs angeboten.

ARBEITSSTELLE FÜR LITERARISCHE MUSEEN, ARCHIVE UND GEDENKSTÄTTEN IN BADEN-WÜRTTEMBERG (ALIM)

1 Museen und Dauerausstellungen

An literarische Museen und Gedenkstätten in Baden-Württemberg gingen im Jahr 2019 Zuwendungen in Höhe von € 109.204. Es konnten außerdem literarische Veranstaltungen in diesen Museen mit € 49.766 gefördert werden. Außerhalb von

Marbach wurden mehr als 90 Beratungstermine in 25 Orten wahrgenommen. Wichtige laufende Projekte waren die Neugestaltung des Hölderlinturms in Tübingen (von alim kuratiert), die Einrichtung des Hölderlinhauses in Lauffen a.n., die Mörike-Ausstellungen in Ochsenwang (von alim mitkuratiert) und Cleversulzbach, die Einrichtung des Augusta Bender-Museums in Schefflenz, die Einrichtung der Hölderlin-Ausstellung in Nürtingen, die Neugestaltung des Literaturmuseums in der Stadtbibliothek Baden-Baden sowie die geplante Dauerausstellung im Literaturhaus Heilbronn.

2 Abgeschlossene und betreute Projekte in Museen

Biberach a.d.R., Wieland-Gartenhaus: Videoinstallation *Christoph Martin Wieland als Aufklärer.* – Gaienhofen, Hermann-Hesse-Haus: *Hermann Hesses Lieblingspflanzen – Schätze aus seinem Garten* (Begleitpublikation zur Ausstellung im Hesse-Garten). – Schloss Neuenbürg, Ausstellung *Das kalte Herz*: Faltblatt und Plakat zur Sonderausstellung *Phänomen Universum. Utopie und Wirklichkeit.* – Weinstadt-Schnait, Silcher-Museum: Anschaffung von Archiv-Regalen. – Willstätt, Begleitpublikation zur Ausstellung *Von Willstätt nach Europa. Johann Michael Moscherosch – ein Gelehrter des 17. Jahrhunderts.* – Stuttgart, Hegelhaus: *#geistesblitz und Hegel-WG*, Zwischennutzung des Hegelhauses bis zur Wiedereröffnung. – Pforzheim, Museum Johannes Reuchlin: *Reuchlin digital – Ein Projekt der kulturellen Bildung.*

Darüber hinaus betreute die alim das von der Kulturstiftung des Bundes (TRAFO – Modelle für Kultur im Wandel) und dem EU-LEADER-Programm finanzierte Projekt *LiO – Literaturnetzwerk in Oberschwaben*, das acht literarische Museen und Ausstellungen in Meßkirch, Wilflingen, Obermarchtal, Rottenacker, Oberstadion, Kreenheinstetten, Dieterskirch und Riedlingen in mehreren Veranstaltungsreihen miteinander verband.

3 Publikationen der Arbeitsstelle

Spuren 90 (Thomas Schmidt: *Johann Peter Hebel und der Belchen.* 2., durchgesehene Auflage 2019). – *Spuren 119* (Dietrich Leube: *Schubart in Geislingen*). – Faltblatt *Hölderlin2020. Vorschau auf das Jubiläumsjahr.*

4 Veranstaltungen

Johann Michael Moscheroschs Textwelten. Interdisziplinäre und internationale Konferenz anlässlich seines 350. Todestages, in Verbindung mit dem Germanistischen

Seminar der Universität Heidelberg und der Grimmelshausen-Gesellschaft, Willstätt, 3.–5.4. 2019. – *Arbeitstagung der literarischen Museen Baden-Württembergs*, Warmbronn, 26.6.2019. – *Flagge zeigen. Aktionswochen des Literaturnetzwerkes Oberschwaben*, 17.–31.10.2019.

5 Hölderlinjahr 2020

Im Auftrag des Landes Baden-Württemberg und in Abstimmung mit dem Bund bereitete die alim das Hölderlinjahr 2020 vor. Dazu fanden drei weitere Treffen mit den Hölderlinorten in Marbach und Lauffen a.N. statt. Zudem wurden Abstimmungstermine in Nürtingen, Tübingen, Heidelberg und Stuttgart wahrgenommen. Gemeinsam mit der Stadt Tübingen wurde die Eröffnungsveranstaltung des Jubiläumsjahres in Tübingen und gemeinsam mit Oper, Ballett und Schauspiel des Staatstheaters Stuttgart sowie dem Literaturhaus Stuttgart die Abschlussveranstaltung geplant.

FORSCHUNG

1 Internationale Forschungsbeziehungen: Global Archives

Im Mittelpunkt des vom Auswärtigen Amt geförderten Projekts zur Erschließung und Erforschung deutsch-jüdischer Gelehrtennachlässe in Israel, das in Kooperation mit dem Franz Rosenzweig Minerva Research Center in Jerusalem umgesetzt wird, stand zum Projektabschluss die forschungsbezogene Ergebnissicherung und digitale Dokumentation der Projektarbeit der letzten Jahre. Neben der abschließenden Erschließung von Nachlässen, die im Rahmen des Projekts aufgefunden wurden und bisher noch nicht bearbeitet werden konnten, galt es vor allem, die zahlreichen, seit Beginn des Projekts 2013 erschlossenen Archivbestände als Medien des kulturellen Gedächtnisses und Grundlage historischer Forschung gebündelt sichtbar zu machen und für die internationale Forschung nachhaltig zu dokumentieren. Ein Schwerpunkt der Arbeit lag dabei auf Nachlässen deutsch-jüdischer Orientalisten, Kunsthistoriker und Archäologen, die an die bisherige Erschließung der zahlreichen Orientalisten-Nachlässe anschließt und diese ergänzt. Essentielle Bedingung aller Erschließungsprojekte war, dass die Zugänglichkeit und wissenschaftliche Benutzbarkeit der Bestände über die Projektlaufzeit hinaus gewährleistet sein wird.

Die kontinuierliche Arbeit im Rahmen der Initiative *Global Archives*, die auch 2019 vom Ministerium für Wissenschaft, Forschung und Kunst Baden-Württemberg (MWK) gefördert wurde, hatte im letzten Jahr wesentliche Synergieeffekte zur Folge, die sich in der Genese und den Überschneidungen mit den Projekten *Global agierende Verlage als Literaturvermittler: Von Cotta bis in die Gegenwart des Open Access* und *Literatur im Systemkonflikt* (beide gefördert durch das Auswärtige Amt) zeigen.

Ein Schwerpunkt der Arbeit lag 2019 auf Übersetzernachlässen. Die Förderung von archivbezogenen Forschungsprojekten zu Übersetzerinnen und Übersetzern konnte in Kooperation mit der Robert Bosch Stiftung und dem Deutschen Übersetzerfonds fortgesetzt werden. Durch die Doppeltagung *Übersetzernachlässe in globalen Archiven* (25.–27. November2019, Marbach; 27.November 2019, Paris und 29.–30. November 2019, Caen), die in Kooperation mit dem Projekt *Penser en langues – In Sprachen denken* der Fondation Maison des Sciences de l'Homme, Paris, und dem Institut Mémoires de l'édition contemporaine (IMEC), Paris/Caen, stattfand, wurde der Schwerpunkt in einem internationalen Forschungskontext diskutiert und einer breiten Öffentlichkeit zugänglich gemacht. Mit Blick auf die literarischen Übersetzungen Klara Blums (China), Ludwig Neuländers (Uruguay), Herbert Caros (Brasilien) oder Helmut von den Steinens (Griechenland) bildete der Übersetzerschwerpunkt ebenfalls eine durchgängige Linie bei den Forschungs- und Erschließungsprojekten in den einzelnen regionalen Schwerpunkten.

In Brasilien begann in Zusammenarbeit mit dem Archiv Delfos (Porto Alegre) die Digitalisierung von Materialien zu deutschsprachigen (Exil-)Verlagen und Buchhandlungen, deren Ergebnisse direkt in das Projekt *Globale Verlagsarchive* eingehen.

Während der Tagung des Brasilianischen Germanistenverbandes (27.–30. August 2019, Universidade Federal Fluminense in Niterói) konnten Projektergebnisse diskutiert und wichtige Kontakte mit brasilianischen Partnern geknüpft und gefestigt werden, darunter die Casa de Rui Barbosa, Rio de Janeiro, wo sich das Archiv des Verlags José Olympio befindet. Ebenso wurden zentrale Ergebnisse der Projektarbeit in Publikationen dokumentiert. Mit Blick auf Großbritannien wurde vor allem die Beziehung mit dem Warburg Institute in London fortgesetzt und der bisher unerschlossene Nachlass eines ehemaligen Bibliothekars des Warburg Institutes, des österreichischen Schriftstellers Alphons Barb, katalogisiert.

Im Rahmen von Stipendien wurden zudem Erschließungsprojekte in weiteren Ländern durchgeführt, u. a. in Griechenland und in der Türkei.

2 Internationale Forschungsbeziehungen: Global agierende Verlage als Literaturvermittler: Von Cotta bis in die Gegenwart des Open Access

Im Jahr 2019 startete das gemeinsam mit der Staatsbibliothek zu Berlin und internationalen Partnern durchgeführte Projekt zu global agierenden Verlagen, das aus Mitteln des Auswärtigen Amts gefördert wird. Vor dem Hintergrund des historischen Potentials des Archivs werden empirische Leseforschung und gegenwärtige Verlagspraxis in Dialog gesetzt. Mit den zahlreichen Verlagsarchiven verfügen das DLA Marbach und die Staatsbibliothek zu Berlin über ein großes Spektrum an mehrsprachigen, internationalen Beständen, die in besonderer Weise auf globale literarische Zusammenhänge ver- und über einzelne Landes- und Sprachgrenzen hinausweisen.

Als Auftaktveranstaltung für die internationale Kooperation des Forschungsprojekts in Lateinamerika fand eine Sektion zur Präsentation von Verlagsarchiven im DLA bei der 3. Tagung des Brasilianischen Germanistenverbands (27.–30. August 2019, Universidade Federal Fluminense in Niterói) statt. Im Herbst 2019 richtete das DLA in Kooperation u. a. mit dem Börsenverein des Deutschen Buchhandels und der International Publishers Association auf der Frankfurter Buchmesse verschiedene Panel aus, die Verlagspraktiker und Verlagspraktikerinnen, Autoren und Autorinnen, Übersetzer und Übersetzerinnen und Leseforscher und Leseforscherinnen ins Gespräch brachten und ein großes Lese- wie Verlagspublikum erreichten.

Jungen, internationalen Wissenschaftlerinnen und Wissenschaftlern wurde im Projektrahmen die Möglichkeit gegeben, sich mit Verlagen in einem internationalen Kontext zu befassen und dabei Verlagsarchive weltweit zu konsultieren. Darüber hinaus wurde ein Stipendium für einen jungen Verleger (aus dem traditionellen Verlagswesen oder der Open Access-Branche) vergeben.

Zudem wurden die Projektkontexte auf diversen Veranstaltungen vorgestellt und erste Schritte für die Erstellung einer digitalen Plattform zur Repräsentation von Verlagsarchiven und der Vernetzung der Verlagsarchivforschung diskutiert.

3 Literatur im Systemkonflikt

Das vom Auswärtigen Amt geförderte Forschungsprojekt wurde 2019 durch eine internationale Auftakttagung mit dem Titel *Systemwechsel, literarisch. Ost- und Westdeutschland um 1989 im internationalen Vergleich* (03.–05. Juli 2019, DLA Marbach/Neckar) eingeleitet. Im Fokus der in Kooperation mit der Renmin University of China (Peking), der Duksung Women's University (Seoul), dem Literaturarchiv der Akademie der Künste (Berlin) und der Staatsbibliothek zu Berlin durchgeführten Tagung standen die deutsch-deutschen Literaturbeziehungen vor und nach 1989 und die Frage nach dem Verhältnis von politischem Systemwechsel zum Ästhetisch-Literarischen. Zusammen mit Vertretern der asiatischen Germanistik werden zwei Folgetagungen geplant, die 2020 und 2021 in Asien stattfinden sollen.

In Kooperation mit dem Literaturarchiv der Akademie der Künste fand im Haus für Poesie eine weitere Autorenveranstaltung (3.12.2019, Berlin) statt, in deren Rahmen deutsche und osteuropäische Schriftstellerinnen und Schriftsteller literarische Lyrik- und Prosatexte vortrugen und über System- und Sprachwechsel mit Blick auf Deutschland und Osteuropa diskutierten.

4 Forschungsverbund Marbach Weimar Wolfenbüttel (BMBF)

Nach Abschluss der letzten Arbeiten im Rahmen der ersten Förderphase Anfang des Jahres wurde die Weiterförderung des Forschungsverbunds Marbach Weimar Wolfenbüttel zum 1. März 2019 bewilligt. Der Verbund verfolgt während der zweiten Förderphase das Ziel, die Sammlungsforschung und Sammlungserschließung mit Hilfe der in den Digital Humanities entwickelten Verfahren technisch und methodisch auf neue Fundamente zu stellen. Das Deutsche Literaturarchiv Marbach plant, sowohl den Verlässlichen Speicher um wichtige Komponenten zu erweitern als auch einen Medienserver aufzubauen, mit dessen Hilfe die Bereitstellung, Präsentation und Annotation von Digitalisaten durch die Verwendung aktueller Standards realisiert wird. Um die Erforschung der historischen Sammlungen voranzutreiben, wird das Semantic Web im Rahmen der MWW-Sammlungserschließung zum Einsatz kommen.

Unter dem Dach des Verbunds werden pro Einrichtung jeweils zwei Fallstudien zur historischen Sammlungsforschung realisiert, wobei die Nutzung und Weiterentwicklung von Methoden und Instrumenten der Digital Humanities im Zentrum steht: Die im Deutschen Literaturarchiv Marbach angesiedelte Fallstudie *Transatlantischer Bücherverkehr. Migrationswege und Transferrouten vor und nach 1945* zielt auf eine Rekonstruktion von Handelsrouten und -netzen sowie den Zusammenhang von Antiquariatshandel, Sammlung und Forschung und damit auch auf einen entscheidenden Part der Sammlungsgeschichte großer deutscher Einrichtungen nach 1945. Die Fallstudie *Archivierung, Erschließung und Erforschung von Born-digitals* möchte neue Verfahren zur forschenden Erschließung digitaler Autorennachlässe entwickeln und erproben. Beide Fallstudien werden bibliothekarisch begleitet.

Die Forschungsarbeit der Fallstudien ist eng mit drei geplanten Forschungsgruppen verknüpft, in denen übergeordnete Fragestellungen der Sammlungsforschung diskutiert werden, die für den Umgang mit archivarischen, bibliothekarischen und musealen Sammlungen gleichermaßen relevant sind: Die Forschungsgruppe *Provenienz* wird federführend in Marbach verantwortet, die Forschungsgruppe *Raum* in Weimar und die Forschungsgruppe *Ökonomie* in Wolfenbüttel. 2019 wurden die Konzepte für die Forschungsgruppen erarbeitet, die neben MWW-Mitarbeiterinnen und Mitarbeitern fest angestellte Mitarbeite-

rinnen und Mitarbeiter der Verbundeinrichtungen sowie externe einschlägig ausgewiesene Spezialistinnen und Spezialisten aus den Bereichen der Kulturwissen-
schaften und Digital Humanities umfassen werden.

2019 wurden Gastwissenschaftlerinnen und Gastwissenschaftler aus dem In-
und Ausland zu Forschungsaufenthalten und Vorträgen ins DLA eingeladen, um
die Forschungsgruppe *Provenienz* vorbereitend zu unterstützen und die nationale
wie internationale Sichtbarkeit im Verbund zu verstärken. Gemeinsam mit dem
Oxford German Network und dem Career Service Oxford konnte das Forschungs-
hospitanten-Programm erfolgreich fortgeführt werden. Zudem wurden Bewer-
berinnen und Bewerber im Rahmen des International Internship Program in die
Verbundinstitutionen eingeladen.

5 *1968. Ideenkonflikte in Globalen Archiven*

Im Mittelpunkt des dritten Projektjahres des von der VolkswagenStiftung geförderten Internationalen Archivforschungsprojekts standen zwei modulspezifische
Workshops sowie die Verschriftlichung der Forschungsergebnisse.

Auf dem Forschungsportal des Projekts (http://www.literaturarchiv1968.de/)
wurden weitere Funde aus nationalen und globalen Archiven präsentiert.

Gewinnbringend fortgeführt wurde auch die Erschließung projektrelevanter
Bestände am DLA. In diesem Rahmen wurden die Bestände zu Jörg Fauser und
Werner Hamacher, das Bildkonvolut des Killroy Media-Verlages und das von Peter
Härtling erschlossen, katalogisiert und für die Forschung zugänglich gemacht.
Das im Nachlass von Carl Weissner enthaltene Konvolut mit Materialien von und
zu Charles Bukowski wurde im Rahmen einer Marbacher Passage präsentiert.

Zur Vernetzung und zum Austausch konnten mehrere Gastwissenschaftlerinnen und Gastwissenschaftler mit projektrelevanten Forschungen an das DLA eingeladen werden sowie das Netzwerk von internationalen Kooperationspartnern
weiter ausgebaut werden.

In Kooperation mit der Friedrich Schlegel Graduiertenschule (FSGS) für
literaturwissenschaftliche Studien (FU Berlin) und angeschlossen an die Som-
merschule der FSGS traf sich im Rahmen des Workshops zu Modul 1 (USA) eine
international besetzte Gruppe von Graduierten und Postgraduierten zu einem
intensiven Lektüreseminar unter der Leitung von Robert Kaufman in Leipzig.
Der Workshop zu Modul 2 (Lateinamerika/Karibik) fand am DLA in Kooperation
mit der Universidad de Buenos Aires statt und nahm die Rolle der Verlage beim
südatlantischen Ideentransfer von *1968* in den Blick. Neben der Arbeit an den
Monografien präsentierten die Postdoktoranden weitere Forschungsergebnisse
zu ihrem jeweiligen Modulschwerpunkt auf Tagungen und Workshops im In- und
Ausland sowie in verschiedenen Publikationen. Für die Arbeit an den Mono-

grafien wurden Archivmaterialien in der Biblioteca National Mariano Moreno (Buenos Aires), der Casa Museo Ernesto Sabato (Santos Lugares, Buenos Aires), der Casa de Rui Barbosa (Rio de Janeiro), am IMEC (Caen) und am Getty Center (Los Angeles) gesichtet und ausgewertet.

Stipendiatinnen und Stipendiaten

Im Jahr 2019 erhielten folgende Wissenschaftlerinnen und Wissenschaftler ein Marbach-Stipendium:

Basten, Laura (Berlin, 1 Monat MA-Aufenthaltsstipendium, Projektthema: *Edition und Interface – Entwicklung eines Design- und Editionskonzepts für eine digitale Maria Benemann-Ausgabe*); **Boltenstern**, Katrin von (Berlin, 1 Monat Graduiertenfolgestipendium, Projektthema: *Nachlassformationen – Studien zum literarischen Archiv. Richard Leising und Helga M. Novak*); **Bühler-Dietrich**, Annette (Schorndorf, 1 Monat Stipendium, Projektthema: *Ilse Langners Reise nach Kenia und Uganda – Analyse eines Textes, seiner Kontexte und Entstehungsstufen*); **Costabile-Heming**, Carol Anne (Lantana, Texas, USA, 2 Monate Stipendium, Projektthema: *Market Forces and the Literary Canon. A Theoretical and Practical Examination of the Contemporary German Literature Industry*); **Ebanoidze**, Igor (Moskau, Russland, 2 Monate Stipendium, Projektthema: *Hermann Kasack. Ein Gesamtbild seines Lebenswerkes. Ein Kapitel für eine dreibändige russischsprachige Geschichte der deutschen Literatur des 20. Jahrhunderts*); **Haubenreich**, Jacob (Carbondale, Illinois, USA, 2 Monate Folgestipendium, Projektthema: *Rends in the Page. Rilke, Handke, Bernhard and the Materiality of Textual Production*); **Heyer**, Theresa (Oberhausbergen, Frankreich, 1 Monat Graduiertenstipendium, Projektthema: *Manfred Peter Hein und die bildende Kunst*); **Jost-Fritz**, Jan (Asheville, North Carolina, USA, 2 Monate Postdoktorandenstipendium, Projektthema: *Archeology of Affect. August Langen's Pietism-Book and the Language of Atmosphere*); **Keller**, Claudia (Zürich, Schweiz, 2 Monate Postdoktorandenstipendium, Projektthema: *Lebensform. Epische Essenz der Abweichung bei Peter Handke*); **Lavagetto**, Andreina (Venedig, Italien, 1 Monat Stipendium, Projektthema: *Franz Kafka, ›Der Process‹. Eine italienische Studienausgabe*); **Marafioti**, Rosa Maria (Palmi, Italien, 1 Monat Stipendium, Projektthema: *Heideggers Auffassung des Bösen. Grenze und Reichweite des ›Seinsdenkens‹*); **Martin Gijon**, Mario (Caceres, Spanien, 1 Monat Stipendium, Projektthema: *Stimmen von Extremadura. Iberische Kulturen bei Paul Celan*); **Miodek**, Marcin (Breslau, Polen, 1 Monat Postdoktorandenstipendium, Projektthema: *Gerhart Pohl (1902–1966) – erste wissenschaftliche Gesamtmonographie*); **Molchanov**, Stan (Mount Rainier, Maryland, USA, 1 Monat Graduiertenstipendium, Projektthema: *At the Margins of Modern Form. On Hans Blumenberg's Accounts of Modern Mind*); **Reznychenko**,

Dmytro (Hannover, 1 Monat Graduiertenstipendium, Projektthema: *Die erste deutschsprachige Gesamtausgabe der Werke F. M. Dostoevskijs und die Politisierung der Weltliteratur*); **Sansan**, Bissitena (Kara, Togo, 1 Monat MA-Aufenthaltsstipendium, Projektthema: *Emanzipationsprozesse in Fatou Keitas ›Rebelle‹ und Joana Adesuwa Reiterers ›Die Wassergöttin: Wie ich den Bann des Voodoo brach‹*); **Schmidt**, Jana (Los Angeles, Kalifornien, USA, 2 Monate Postdoktorandenstipendium, Projektthema: *In den Augen der Anderen. Deutsch-jüdische Exilschriftsteller und die ›Negro Question‹*); **Scholz**, Thomas (St. Louis, Missouri, USA, 1 Monat Graduiertenstipendium, Projektthema: *Die Theorie des Weltenbaus am Beispiel von Michael Endes ›Die Unendliche Geschichte‹*); **Sommer**, Loreen (Heidelberg, 1 Monat Graduiertenstipendium, *Projektthema: Konfigurationen des (Neu-) Klassischen um 1900*); **Song**, Xin (Heidelberg, 1 Monat Graduiertenstipendium, Projektthema: *Der deutschsprachige Musikerroman nach 1945*); **Zupancic**, Matteo (Triest, Italien, 1 Monat Graduiertenstipendium, Projektthema: *Jünger und das religiöse Sprachdenken. Quellenforschung und poetologische Auswirkungen auf die literarische Sprachreflexion im ›Abenteuerlichen Herzen‹*).

Für das Jahr 2019 wurden außerdem folgende benannte Stipendien bewilligt:

C.H. Beck-Stipendium für Literatur- und Geisteswissenschaften:

Axtner-Borsutzky, Anna Karina (München, 1 Monat Graduiertenfolgestipendium, Projektthema: *Gegengewichte. Autobiographik und Wissenschaft. Prof. Dr. Dr. Walter Müller-Seidels (1918–2010) autobiographisches Manuskript. Edition und Studien*); **Bierkoch**, Markus (Berlin, 1 Monat Graduiertenstipendium, Projektthema: *Auslandsdeutsche oder US-Staatsbürger? Deutschsprachige Immigranten und ihre Nachkommen in New York City, 1890er–1930er Jahre*); **Da Mata**, Sergio Ricardo (Mariana, Minas Gerais, Brasilien, 1 Monat Stipendium, Projektthema: *Intellectuals, Theory of Modernity and Political Thought in the Federal Republic of Germany. Between Frankfurt and Münster (1960–1990)*); **Dege**, Carmen (New Haven, Connecticut, USA, 1 Monat Graduiertenstipendium, Projektthema: *The Politics of Non-Indifference. Max Weber's Challenge and Karl Jaspers's Response*); **Froböse**, Susanna (Berlin, 2 Monate Graduiertenstipendium, Projektthema: *Autobiographie und Academia. Praktiken des Wissens in Erinnerungstexten emigrierter Germanisten in den USA*); **Hempe**, Felix (Hamburg, 2 Monate Graduiertenstipendium, Projektthema: *›Horror vacui‹ und materiale Ästhetik? Das Spätwerk Siegfried Kracauers im amerikanischen Exil*); **Howard**, Mimi (Cambridge, GB, 2 Monate Graduiertenstipendium, Projektthema: *Early Christianity and German Political Thought after 1945*); **Potapova**, Galina (Hamburg, 2 Monate Postdoktorandenstipendium, Projektthema: *Ein russischer Klassiker im Spiegel der deutschen*

Moderne. Zur Geschichte der Gesammelten Werke Nikolai Leskovs im C.H. Beck Verlag); **Rottmann**, Mike (Leipzig, 1 Monat Graduiertenfolgestipendium, Projektthema: *Erschließungs- und Editionsprojekt: Karl Löwith. Frühe Schriften, Nachlass und Briefe 1918–1936*); **Schwind**, Peter (Würzburg, 1 Monat Graduiertenstipendium, Projektthema: *Die Reflexionsproblematik im Denken Hans Blumenbergs und Edmund Husserls*); **Sieg**, Ulrich (Marburg, 2 Monate Stipendium, Projektthema: *Die ›Konservative Revolution‹ und die Macht hermetischer Rhetorik*).

Cotta-Stipendium:

Boyken, Thomas (Lübeck, 1 Monat Postdoktorandenstipendium, Projektthema: *Cottas ›Morgenblatt‹. Literarische Gegenständlichkeit im Spannungsfeld von Buchhaftigkeit und Journalpoetik*); **Hartmann**, Eva-Maria (Mannheim, 2 Monate Graduiertenstipendium, Projektthema: *Wissen und Innovation zwischen Tradition und Modernität. Johann Georg von Cotta (1796–1863) als Medienunternehmer und Agrarökonom*); **Huo**, Guang (Liaoyang, VR China, 2 Monate Graduiertenstipendium, Projektthema: *Göttliches Schreiben in Hölderlins späten Hymnen (1800–1806) und seine Nachahmer*); **Tunková**, Jana (Znojmo, Tschechien, 2 Monate Postdoktorandenstipendium, Projektthema: *Hermann Sudermann aus der Sicht seiner Zeitgenossen*); **Vero**, Marta (Pisa, Italien, 2 Monate Postdoktorandenstipendium, Projektthema: *Die ›metaphysische Stimmung‹ im Briefwechsel zwischen Hölderlin und Schiller*).

Gerd Bucerius Stipendium der ZEIT-Stiftung Ebelin und Gerd Bucerius:

Degner, Andreas (Leipzig, 1 Monat Graduiertenstipendium, Projektthema: *Kunstschriftstellerei als Kommentar zu den Fortschrittserzählungen des 20. Jahrhunderts. Modernitätskritische Tendenzen bei Wilhelm Hausenstein*); **Ellison**, Ian (Stuttgart, 3 Monate Postdoktorandenstipendium, Projektthema: *Auf der Suche nach verlorenen Verbindungen. Die Übersetzungen von Prousts ›À la recherche‹ ins Deutsche und ihr Beitrag zur Kanonisierung des Romans*); **Hachmann**, Gundela (Baton Rouge, Louisiana, USA, 1 Monat Stipendium, Projektthema: *Projekt Poetik-Vorlesungen*); **Koburger**, Sabine Barbara (Stralsund, 1 Monat Stipendium, Projektthema: *Hans Fallada als Literaturkritiker*); **Stopp**, Kathrin (Berlin, 1 Monat Graduiertenstipendium, Projektthema: *Selbst-Bestimmung unter Zwang. Geschlechterdiskurse in Literatur und Presse im jüdischen Kulturkreis im nationalsozialistischen Deutschland*).

Hilde-Domin-Stipendium für lateinamerikanisch-deutsche Literaturbeziehungen:

Alvarez, Gerardo (Bochum, 1 Monat Folgestipendium, Projektthema: *Geschichte des Transfers der iberoamerikanischen Literatur in Deutschland*); **Marques**, Patrícia (Potsdam, 3 Monate Graduiertenstipendium, Projektthema: *Erich Auerbach und die deutsche Dante-Forschung des 20. Jahrhunderts*).

Kurt Tucholsky-Stipendium für Literatur und Publizistik:

Bessmeltseva, Olesia (Sankt Petersburg, Russland, 1 Monat Graduiertenfolge-stipendium, Projektthema: *Hermann Brochs Romane der 1930–40er Jahre im Kontext der Literatur der Inneren Emigration und des Exils*); **Kick**, Verena (Seattle, Washington, USA, 4 Monate Graduiertenfolgestipendium, Projektthema: *Tucholsky and Photography. ›Bildgedichte‹, Photo Essays and Photo Reportages*); **Schweitzer**, Eva (Berlin, 12 Monate Stipendium, Projektthema: *Das Schicksal der Familie von Kurt Tucholsky auf der Flucht vor den Nazis und danach*).

Norbert Elias Stipendium:

Majastre, Christophe (Paris, Frankreich, 1 Monat Postdoktorandenstipendium, Projektthema: *Norbert Elias as a (German) public intellectual. The inheritance of the Frankfurt School and the ›Terrorismusdiskussion‹ in the 1970s–1980 s*).

S. Fischer-Stipendium für Autoren- und Verlagsgeschichte:

Krause, Henrike (Berlin, 1 Monat Graduiertenstipendium, Projektthema: *›Common Readers‹. Die literarische und politische Rezeption Virginia Woolfs im Werk von Christa Wolf*); **Manova**, Dariya (Berlin, 2 Monate Graduiertenstipendium, Projektthema: *›Sterbende Kohle‹ und ›flüssiges Gold‹. Rohstoffdiskurse der deutschen Zwischenkriegszeit*); **Sabban**, Adela Sophia (München, 1 Monat Graduiertenstipendium, *Randexistenzen in der Literatur der unmittelbaren Nachkriegszeit (1945–48)*).

AUTORENLESUNGEN UND VORTRÄGE

Das Literarische Programm des DLA wurde im Berichtsjahr 2019 von Jan Bürger betreut, das Wissenschaftliche Programm von Anna Kinder.

2019 fanden folgende Veranstaltungen statt:

7.–8. Januar: Tagung: *Material Transfer – Intellectual Transfer. Salman Schocken's Collections between Germany and Israel.* Mit Susanna Brogi, Caroline Jessen, Thomas Sparr, Ada Wardi, Noam Zadoff u. a. *In Kooperation mit dem JTS-Scho-*

cken Institute for Jewish Research, dem Leo Baeck Institute Jerusalem und dem Lehrstuhl für Jüdische Geschichte und Kultur der LMU München. – 22. Januar: Gespräch: *Wilhelm Hausenstein: Diplomatische Mission in Paris.* Mit Frank Baasner und Hélène Miard-Delacroix. *In Verbindung mit dem Deutsch-Französischen Institut.* – 6.–8. Februar: Tagung in Leipzig: ›Das Hebräerland‹. *Else Lasker-Schüler und die deutsch-jüdische Palästina-Dichtung ihrer Zeit.* Mit Dieter Burdorf, Birgit Erdle, Jakob Hessing, Vivian Liska, Yfaat Weiss u. a. *In Verbindung mit dem Institut für Germanistik der Universität Leipzig, dem Simon Dubnow Institut für jüdische Geschichte und Kultur und dem Franz Rosenzweig Minerva Forschungszentrum der Hebräischen Universität Jerusalem. Gefördert durch die DFG.* – 12. Februar: Amtseinführung Sandra Richter: *Öffentliche Urteilskräfte und ihr Literaturarchiv,* mit Theresia Bauer, Sigrid Bias-Engels und Wolfram Ressel. 21.–22. Februar: Tagung: *Thomas Mann und die politische Neuordnung Deutschlands nach 1945.* Mit Tobias Boes, Jens Hacke, Anna Kinder, Sebastian Zilles u. a. *In Verbindung mit der Deutschen Thomas Mann-Gesellschaft und dem Jungen Forum Thomas Mann.* – 21. Februar: Gespräch im Rahmen der Tagung: *Die Manns und ihr langer Weg nach Europa.* Mit Jan Bürger und Tilman Lahme. – 27. Februar: Gespräch: *Liebe, besitzlos. Rainer Maria Rilkes Briefwechsel mit Erika Mitterer.* Mit Katrin Kohl und Michael Lentz, Moderation: Thomas Schmidt. – 6. März: Lesung: *Der Hummelreiter Friedrich Löwenmaul.* Mit Verena Reinhardt. *Im Rahmen der Kulturakademie der Stiftung Kinderland Baden-Württemberg.* – 13. März: Gespräch: *Paris oder die Erfindung des Feuilletons.* Mit Jürgen Kaube und Jan Bürger. – 19. März: Zeitkapsel 54: ›SO ist das Leben‹ – *Fritz J. Raddatz und sein Nachlass.* Mit Joachim Kersten, Thomas C. Garbe, Ulrich von Bülow und Christian Tillinger. – 30. März: Eröffnung des Fontane-Jahres in Neuruppin mit Heike Gfrereis und Sandra Richter. – 31. März: Finissage zur Ausstellung *Die Erfindung von Paris: Paris denken – Penser Paris.* Mit Karlheinz Stierle und Hannelore Schlaffer. – 20.–22. März: Tagung: *Schillers Feste der Rhetorik.* Mit Daniel Hole, Sandra Richter, Sabine Schneider, Alice Stašková, Yvonne Wübben u. a. *Gefördert durch die VolkswagenStiftung.* – 3. April: *Lyrik lesen – Gedichte im Gespräch.* Mit Gregor Dotzauer, Claudia Kramatschek, Birgitta Assheuer und Jan Bürger. Moderation: Barbara Wahlster. *In Kooperation mit DeutschlandfunkKultur.* – 9. April: Gespräch: *Digitale Originale 1. Lesen.* Mit Jo Lendle und Mats Malm. Moderation: Roland S. Kamzelak. – 10. Mai: Verleihung der Literaturpreise der Schillerstiftung von 1859 an Thomas Stangl und Sina Klein. Laudatoren: Norbert Hummelt und Katrin Lange. – 15. Mai: *Pigor & Eichhorn.* Mit Thomas Pigor und Benedikt Eichhorn. *In Kooperation mit den Ludwigsburger Schlossfestspielen.* – 16./17. Mai: Internationaler Ausstellungsworkshop *Die Wörter und die Dinge. Über das Machen von Literaturausstellungen.* Mit Heike Gfrereis, Christiane Holm, Peter Seibert, Verena Staack, Niko Wahl u. a. *In Kooperation mit der Museumsakademie Graz. Konzept: Helmut*

Neundlinger und Eva Tropper. – 19. Mai: Ausstellungseröffnung: *#LiteraturBewegt 1 – Lachen. Kabarett.* Lesung mit Max Goldt. Einführung in die Ausstellung am 42. Internationalen Museumstag mit Sandra Richter und Heike Gfrereis sowie zahlreichen Mitarbeitern des DLA. – 23./24. Mai: Tagung. *Goethe medial.* Mit Sebastian Böhmer, Bernhard Fischer, Alexander Honold, Barbara Naumann, Uwe Wirth u. a. *In Verbindung mit der Goethe-Gesellschaft Schweiz und dem Deutschen Seminar der Universität Zürich.* – 23. Mai: Abendvortrag: *Goethe und die Zeitungen.* Mit Lothar Müller. – 5. Juni: Buchvorstellung: *Wilhelm Emrich. Karrierewege eines Germanisten.* Mit Julia und Karl Pestalozzi, Wolfgang Schieder und Jörg Schönert. Moderation: Andrea Albrecht. – 6. Juni: *The Erlkings feat. Stihl Chor.* Mit The Erlkings und dem Männer-Werkchor der Firma Stihl. *In Kooperation mit den Ludwigsburger Schlossfestspielen.* – 6./7. Juni: *Internationale Forschungswerkstatt: Komik in Text und Ton.* Subversive Sprach- und Sprechformen der zwanziger Jahre. Mit Lucas M. Gisi, Tom Kindt, Andreas Kozlik, Jörg Schönert, Lorenz Wesemann und Marie Wokalek u. a. *In Verbindung mit dem Stuttgart Research Centre for Text Studies.* – 26. Juni: Vortrag: *Mittelalter am Pazifik.* ›Der Erwählte‹ *in Los Angeles.* Mit Heinrich Detering. Moderation: Jan Bürger. – 30. Juni: Literaturmuseum der Moderne: Thementag *Stimmen im Museum. In Zusammenarbeit mit dem Institut für Wissensmedien Tübingen.* – 30. Juni: Finissage der Ausstellung *Thomas Mann in Amerika.* Mit Robert Galitz und Kurt Kreiler. – 30. Juni: Zeitkapsel 55: *Sensationen des Alltags – Wilhelm Genazinos Werktagebücher.* Mit Anna Katharina Hahn, Annette Pehnt und Jan Bürger. – 3.–5. Juli: Tagung: *Systemwechsel, literarisch. Ost- und Westdeutschland um 1989 im internationalen Vergleich.* Mit Jeang-Yean Goak, Yuji Nawata, Leilian Zhao, Chieh Chien u. a. *In Verbindung mit der Literaturarchiv der Akademie der Künste, der Staatsbibliothek zu Berlin, Renmin University of China und der Duksung Women's University Seoul. Gefördert aus Mitteln des Auswärtigen Amtes.* – 4. Juli: Lesung: *Überseezungen.* Mit Yoko Tawada. Moderation Jan Bürger und Sandra Richter. – 7. Juni und 26. Juli: *#LiteraturBewegt 1 – Lachen. Kabarett: Musikalisches Lachkabinett.* Mit Angelika Luz, Theresa Szorek, Inga Schäfer, Kamila Karolina Lopatka und) Cornelis Witthoefft. *In Kooperation mit der Hochschule für Musik und Darstellende Kunst Stuttgart.* – 10. Juli: Lesung: *Noderne Gunst und Ditteratur. Ein Vortrag mit Lichtbildern.* Mit Thomas Kapielski. Moderation: Jan Bürger. – 14. Juli: Matinée: *Felicitas Hoppe sagt.* 3-Kanal-Film von Oliver Held und Thomas Henke. Mit Felicitas Hoppe. Moderation: Heike Gfrereis und Jan Bürger. *Gefördert von der Kulturstiftung des Bundes und dem Ministerium für Wissenschaft, Forschung und Kunst Baden-Württemberg.* – 22.–26. Juli: Internationaler Master-Sommerkurs 2019: *Literatur messen? Das Archiv im Zeitalter der empirischen Literaturwissenschaft.* Mit Masterstudierenden aus Deutschland, Europa und Afrika. Leitung: Christine A. Knoop, Max-Planck-Institut für empirische

Ästhetik, Frankfurt a.M. – 23. Juli: Literatur und Film: *Hans Blumenberg – Der unsichtbare Philosoph.* Mit Christoph Rüter, und Rüdiger Zill. – 21. August: Marbach zu Gast in Frankfurt (Historische Villa Metzler): *Lyrik lesen – Gedichte im Gespräch.* Mit Gregor Dotzauer, Maren Jäger, Birgitta Assheuer und Jan Bürger. Moderation: Barbara Wahlster. *In Kooperation mit DeutschlandfunkKultur und dem Kulturamt Frankfurt am Main.* – 4. September: *#LiteraturBewegt 1 – Lachen. Kabarett: Sachen zum Lachen: Kannawoniwasein.* Mit Martin Muser, Nadja Küchenmeister und Matthias Göritz. *Gefördert von der Stiftung Kinderland Baden-Württemberg.* – 5. September: Soundscape: *Hit the Beat.* Mit dem Verein Hit the Beat und namibischen und deutschen Jugendlichen. Entwicklung einer Performance, die öffentlich vorgestellt und für die Ausstellung *Narrating Africa* aufgezeichnet wurde. – 29. September: Ausstellungseröffnung: *Hands on! Schreiben lernen, Poesie machen.* Mit Heike Gfrereis, Sandra Richter, Rotraut Susanne Berner und Jan Bürger. – 3. Oktober: Begleitveranstaltung zu *Hands on!: Der Troubadour-Automat.* Mit dem Musiker Bryan Benner und dem Poesieautomaten von Hans Magnus Enzensberger. – 6. Oktober: Ausstellungseröffnung: *Hegel und seine Freunde.* Mit Judith Butler, Sandra Richter und Veronika Reichl. – 10.–11. Oktober: Workshop: *Verlage und die Ideengeschichte von ›1968‹.* Organisation: Griselda Mársico (Buenos Aires) und Lydia Schmuck (Marbach). *Gefördert von der VolkswagenStiftung.* – 15. Oktober: Digitale Originale 2: *Von den Anfängen der Computerphilologie bis zum digitalen Wörterbuch der Brüder Grimm.* Mit Kurt Gärtner. Moderation: Roland S. Kamzelak. – 22. Oktober: Zeitkapsel 56: *Theo Lutz oder Die Erfindung der digitalen Poesie.* Mit Toni Bernhart, Nils Reiter, Claus-Michael Schlesinger und Sandra Richter. – 30. Oktober: Digitale Originale 3: *Gründe geben. Maschinelles Lernen als Problem der Moralfähigkeit von Entscheidungen.* Mit Andreas Kaminski. Moderation: Roland S. Kamzelak. – 10. November: Schillersonntag: *Erzähl doch mal!* Kostenlose Führungen in den Museen. – Schillerrede: Cem Özdemir. – Ausstellungseröffnung: *Dostojevskij und Schiller.* Mit Dmitri Bak und Alla Manilowa. *In Zusammenarbeit mit dem Staatlichen Literaturmuseum der Russischen Föderation.* – Ausstellungseröffnung: *Narrating Africa.* Mit Theresia Bauer, Heike Gfrereis und Sandra Richter. – 12. November: Vortrag und Diskussion: *Stimme und Ton im Archiv.* Mit Bernhard Fetz, Sandra Richter, Julia Merril u. a. – 25.–27. November: Tagung: *Übersetzernachlässe in globalen Archiven.* In Verbindung mit dem Projekt *Penser en langues* und dem Institut Mémoires de l'édition contemporaine (IMEC). *Gefördert durch die Robert Bosch Stiftung.* – 26. November: Gespräch im Rahmen der Tagung: *Lateinamerika erzählt.* Mit Michi Strausfeld. Moderation: Jan Bürger und Lydia Schmuck. *Gefördert durch die Robert Bosch Stiftung.* – 3. Dezember: Gastveranstaltung im Haus für Poesie, Berlin: *Systemwechsel als Sprachwechsel: Literatur nach 1989.* Es diskutieren Autorinnen und Autoren mit Wissenschaftlerinnen und Wissenschaftlern. *In Verbindung mit dem*

Literaturarchiv der Akademie der Künste, Berlin. Gefördert durch das Auswärtige Amt. – 4. Dezember: Gespräch: Julia Franck im Gespräch mit Sandra Richter. – 4. Dezember: Gastveranstaltung in Frankfurt a. M. (Historische Villa Metzler): *Marbach am Main VII: Was wollte Peter Suhrkamp mit seinem Verlag?* Mit Jan Bürger. *In Kooperation mit dem Kunstgewerbeverein in Frankfurt a. M.*

KOMMUNIKATION

Presse- und Öffentlichkeitsarbeit: Im Jahr 2019 informierte das Stabsreferat des Deutschen Literaturarchivs Marbach (DLA) mit 75 Pressemitteilungen über die Aktivitäten des DLA, davon entfielen 32 auf die Ankündigung von Veranstaltungen, 10 auf Ausstellungen, 9 auf den Bereich Literaturvermittlung, 9 auf den Bereich Forschung, 7 auf Erwerbungen, 6 auf institutionelle Meldungen und 2 auf Publikationen. Es wurden 5 Pressekonferenzen mit insgesamt 45 Teilnehmerinnen und Teilnehmern organisiert.

Besonders große Aufmerksamkeit im Jahr 2019 erfuhr die Inauguration der neuen Direktorin Sandra Richter. Der Amtsantritt wurde von den Medien vielfach gewürdigt, so u. a. in der *Frankfurter Allgemeinen Zeitung*, im *Focus*, der *Süddeutschen Zeitung* und im *Tagesspiegel*. Große Interviews erschienen u. a. in *Begegnung der Kulturen. Interkultur in Stuttgart* und *Forschung und Lehre*. Ihre Antrittsrede *Öffentliche Urteilskräfte und ihr Archiv* wurde anschließend in der *Zeitschrift für Ideengeschichte* und im *Jahrbuch der Deutschen Schillergesellschaft* abgedruckt. Sandra Richter war zu Gast in der Sendung *Kunscht* (SWR Fernsehen), außerdem auf allen ARD-Hörfunksendern, u. a. im BR 2 Kulturjournal unter dem Titel *Richtungswechsel in Marbach? Sandra Richter will das DLA über Medien-, Milieu- und Landesgrenzen hinaus öffnen.*

Große Beachtung in den Medien erfuhr die Ausstellung *Hands on!* (29.9.19 bis 1.3.20) im Literaturmuseum der Moderne, die *Zeit* widmete ihr das Titelthema *Warum der Mensch eine Handschrift braucht* und drei ganze Seiten – mit Abbildungen aus dem DLA und den Beiträgen *Die Anspitzung des Denkens* von Ulrich Schnabel und Anna-Lena Scholz sowie einem Interview mit Schleswig-Holsteins Bildungsministerin Karin Prien unter dem Titel *Schmerzfrei Schreiben*; außerdem erschien begleitend zur Ausstellung ein großes Interview mit Cornelia Funke (*Spiel mit dem ABC*). Die Ausstellung wurde zudem in der *Frankfurter Allgemeinen Zeitung*, in der *Märkischen Oderzeitung*, dem *Südkurier*, in der *Süddeutschen Zeitung*, der *Südwestpresse*, der *Stuttgarter Zeitung* und in *Neues Deutschland* ausgiebig gefeiert. *Schreiben ist demokratisch* hieß ein Beitrag zur Ausstellung in DLF Kultur, außerdem wurde u. a. ein SWR Forum gesendet: *Hat die Handschrift ausgedient* mit Heike Gfrereis im Gespräch.

Im Frühjahr beherrschte ein besonderes Thema die Feuilletons: *DLA sammelt Computerspiele*. Ausgelöst durch ein Interview von Stefan Dosch mit Sandra Richter (*Augsburger Allgemeine*, 27.2.) erschien bundesweit eine Fülle von Beiträgen, von der *Frankfurter Allgemeinen Zeitung* bis zur *Neuen Zürcher Zeitung*. Es lassen sich rund 50 Artikel und Interviews dazu zählen; die Debatte um Computerspiele in Literaturarchiven erreichte auch Frankreich (ActuaLitté und TV 5 Monde).

Die Direktorin Sandra Richter war u. a. zu Gast in der Sendung *Expedition in die Heimat* (SWR Fernsehen), gab zahlreiche Interviews (u. a. zur Briefkultur *Schreiben Sie, wie Sie sprechen?* im DLF Kultur heute) und verfasste zu verschiedenen Themen Beiträge, u. a. im Programmheft des DLF *Literatur als kulturelles Gedächtnis* und in der *Süddeutschen Zeitung* im Format *Unsere Besten*, zudem kommentierte sie in der *Stuttgarter Zeitung* ein *Bild der Woche*. Ihre Rede zum Grundgesetz, die sie am 23.5.2019 vor dem Landtag von Baden-Württemberg hielt, wurde im Nachgang in der *Stuttgarter Zeitung* abgedruckt.

Die große Wechselausstellung #LiteraturBewegt 1 Lachen. Kabarett. (19.5. bis 15.9.) bildete einen weiteren Schwerpunkt im Ausstellungsbereich; sie erfuhr große Aufmerksamkeit bei den Medien und ein ausgezeichnetes Echo auch beim Publikum. Es erschienen positive Besprechungen in der *Badischen Zeitung*, der *Stuttgarter Zeitung* und der *Südwestpresse*; zudem ein Artikel im Magazin *Titanic*. Interviews erschienen u. a. mit Sandra Richter im DLF *Lachen ist menschlich. Marbacher Ausstellung über das Lachen in der Literatur*; außerdem zahlreiche Hörfunk-Sendungen, u. a. ein Beitrag von Silke Arning *Lachen ist eine ernste Sache*. Der Auftritt der Erlkings im Begleitprogramm der Ausstellung erfuhr besonders viel Aufmerksamkeit, ein Beitrag im SWR Fernsehen *Kunscht!* berichtete. Die amerikanische Philosophin Judith Butler eröffnete die große Ausstellung *Hegel und seine Freunde* (6.10. bis 16.2.) zum 250. Geburtstag von Georg Wilhelm Friedrich Hegel. Sie fand ein überaus großes Medienecho, u. a. berichtete *Der Spiegel*, die *Süddeutsche Zeitung*, die *Tagespost* und die *Welt am Sonntag*, außerdem die *Stuttgarter Zeitung*, die *Südwestpresse* und die *Badische Zeitung*.

Mit *Narrating Africa* begann am 10. November ein außergewöhnliches Ausstellungs- und Forschungsprojekt: Es fand gleich zu Beginn besondere Aufmerksamkeit. *Auf dem Sitzkissen nach Namibia: Narrating Africa* hieß es im SWR2, ein Gespräch mit Sandra Richter im DLF trug den Titel *Narrating Africa in Marbach. Mit Literatur gegen stereotype Afrika-Bilder*. Es erschienen große Beiträge in der *Stuttgarter Zeitung* und *Südwestpresse*; außerdem ein ausführlicher Beitrag von Sandra Richter in der *Welt Das vergessene Kapitel*. Das Projekt wurde über seine Laufzeit hinweg weiterhin medial aufmerksam verfolgt. Schon die Reise der baden-württembergischen Delegation mit Ministerin Theresia Bauer (MWK) nach Namibia Ende Februar 2019 – u. a. mit Direktorin Sandra Richter – zur Rückgabe namibischer Kulturgüter erfuhr ein bundesweites Medienecho. Im Juni 2020 ist ein großes Festival mit vielen afrikanischen Autoren und Autorinnen geplant – als #StepTwo des Projekts.

In der *Ludwigsburger Kreiszeitung* wurde die Reihe *Spaziergänge durch das Literaturmuseum* von Holger Bäuerle in unregelmäßigen Abständen fortgesetzt, u. a. mit Beiträgen zu *Der blaue Engel* von Carl Zuckmayer, *Fabian* von Erich Kästner und *An Anna Blume* von Kurt Schwitters.

Innerhalb des wissenschaftlichen Programms hat die Tagung *Schillers Feste der Rhetorik* (20. bis 22.3.) besondere Aufmerksamkeit erfahren, u. a. erschien ein großer Beitrag in der *Süddeutschen Zeitung* von Johan Schloemann. Die Tagung *Übersetzernachlässe in globalen Archiven* (25. bis 27.11.) erfuhr zudem ein sehr gutes Echo. Außerdem hat die Jahreskonferenz des Dubnow-Instituts, in Kooperation mit dem Institut für Germanistik der Universität Leipzig, dem Deutschen Literarturarchiv Marbach und dem Franz-Rosenzweig-Minerva-Forschungszentrum an der Hebräischen Universität Jerusalem (6. bis 8. Februar) mit ausführlichen Besprechungen in der *Frankfurter Allgemeinen Zeitung* und im MDR-Hörfunk viel Aufmerksamkeit erfahren.

Bundesweit ausgezeichnete Resonanz fanden zudem zahlreiche Erwerbungen: Genannt seien die Briefe an Hannele von Paul Celan, der Vorlass von Peter Sloterdijk, der Nachlass von Rio Reiser, ein Briefkonvolut von Else Lasker-Schüler und nicht zuletzt die Archive von Julia Franck und Christian Kracht. Julia Franck gab ein Interview u. a. im *Spiegel*, das Archiv von Christian Kracht wurde von Jan Küveler in der *Welt* ausführlich vorgestellt. Ulrich von Bülow präsentierte im Interview mit SWR2 die kostbare Else Lasker-Schüler-Sammlung. Die Celan-Briefe wurden insbesondere in der *Frankfurter Allgemeinen Zeitung* besprochen, der Nachlass von Rio Reiser erfuhr ebenso große Aufmerksamkeit: u. a. mit einem Artikel von Marie Schmidt in der *Süddeutschen Zeitung* und zahlreichen ARD-Hörfunk-Beiträgen.

Im Bereich Publikationen fand das Marbacher Magazin *Flieger, Krabbler, Kriechlinge* von Sibylle Lewitscharoff ein besonders schönes Echo, u. a. mit einem Beitrag im SWR Fernsehen. Auch der Abschluss der Tagebuch-Edition von Harry Graf Kessler fand sehr gute Aufmerksamkeit.

Höhepunkt des Veranstaltungsprogramms ist traditionell die Schillerrede, im Jahr 2019 hielt sie Cem Özdemir vor über 600 Gästen: *Ein Schwabe wie ich* mit großem Erfolg. Jan Wiele würdigte u. a. die Rede in der *Frankfurter Allgemeinen Zeitung*, das SWR Fernsehen *Zur Sache! Baden Württemberg* widmete ihr ebenfalls einen Beitrag. Die Rede wurde im Nachgang in der *Welt* publiziert. Unter den vielfältigen Veranstaltungen ist zu nennen: *Die Zeitkapsel 65: Theo Lutz. Oder:*

Die Erfindung der digitalen Poesie; anschließend veröffentlichten Toni Bernhart und Sandra Richter einen Beitrag in der *Süddeutschen Zeitung* zum Thema. Neu eingeführte Veranstaltungsreihen wie *Digitale Originale* mit u. a. Jo Lendle und Mats Malm und *Zwischen den Sprachen* mit Yoko Tawada (*Überseezungen*) erfuhren ebenfalls viel Aufmerksamkeit und Zustimmung. Die Reihe ›Lyrik lesen‹ reiste nach Frankfurt und wurde in der *Frankfurter Allgemeinen Zeitung* und im *Buch-Markt* gewürdigt.

Im Jahr 2018 war der KiKA von ARD und ZDF zu Gast, um eine besondere Sendung zu drehen: *Triff Friedrich Schiller*, die Preview wurde vor Marbacher Schüler/innen im DLA Anfang 2019 gefeiert. Die SWR Ratesendung *Stadt, Land, Quiz* stattete den Marbacher Museen im November 2019 einen Besuch ab.

Zum Ende des Jahres 2019 standen die bewilligten Fördermittel (Personal und Bau) vom Bund im Mittelpunkt des öffentlichen Interesses.

Die Pressereferentin besuchte die Buchmessen in Frankfurt und Leipzig und stellte dort das Programm des DLA vor. Sie unternahm Pressereisen nach Berlin und Hamburg. Bei den Marbacher Veranstaltungen waren zahlreiche Journalisten zu Gast, sie wurden durch die Einrichtungen geführt und führten Gespräche mit der Direktorin und der Pressereferentin.

Öffentlichkeitsarbeit: Anzeigen für aktuelle Ausstellungen wurden u. a. in *Lettre International, Freitag, Magazin 5plus, philosophie Magazin, Lift, Stuttgart fliegt aus!* und im Spiegel-Beihefter *Baden Württemberg. Starkes Land* geschaltet.

Es gab verschiedene Marketingaktionen, wie zum Beispiel die Kooperation mit der Zeitschrift *Brigitte*, das Bonusprogramm für Bahnfahrer *BahnBonus*, den *SWR Kulturservice* und die Teilnahme an *Freizeitreise mit Gutscheinbuch.de Baden Württemberg*. In Zusammenarbeit mit der Stadt Marbach gab es u. a. eine Anzeige im Magazin *Kultursüden*. Neu ist die Kooperation mit den *Freunden der Zeit*, den Abonnenten der Wochenzeitung *Die Zeit*, die u. a. über die Website und einen Newsletter zur Ausstellungseröffnung *Hands on!* und weiteren Großveranstaltungen eingeladen wurden.

Im Bereich Social Media wurden im Frühjahr 2019 zwei neue Kanäle für das DLA eröffnet: Twitter und Instagram. Die Reichweite konnte seither stetig ausgebaut werden. Die Kanäle ergänzen den schon sehr erfolgreich genutzten Kanal Facebook (seit 2014) und werden stetig weiter entwickelt. 2018 hatte die Facebook-Seite der Literaturmuseen Marbach 2.984 »Gefällt mir«-Angaben und damit einen Zuwachs um 153 Likes zum Vorjahr. Die Gesamtzahl der Facebook-Abonnenten betrug 2.942. Reihen wie #Onthisday und #MarbachMonday erfuhren bereits viel Zuspruch. Das Programm des DLA sowie zahlreiche Besuche von Vertreter/innen aus Kultur und Politik wurden auf Social Media angekündigt und dokumentiert. Ein Weblog ist in Vorbereitung.

Das Referat Kommunikation informierte die Mitarbeiterinnen und Mitarbeiter mit insgesamt 296 Meldungen über Mitteilungen der Direktorin, personelle Veränderungen, Veranstaltungen und wichtige Medientermine.

SCHRIFTEN, VORTRÄGE UND SEMINARE

Schriften

Sonja Arnold: [Hg. mit Lydia Schmuck] *Romanisch-Germanische ZwischenWelten. Exilliteratur als Zeugnis und Motor einer vernetzten Welt*, Berlin 2019 (Hispano-Americana 70). – *Einleitung*, in: Romanisch-Germanische ZwischenWelten. Exilliteratur als Zeugnis und Motor einer vernetzten Welt, hg. von Sonja Arnold und Lydia Schmuck, Berlin 2019, S. 7–16. – *Deutschsprachige Literaturen in südbrasilianischen Archiven*, in: Romanisch-Germanische ZwischenWelten. Exilliteratur als Zeugnis und Motor einer vernetzten Welt, hg. von Sonja Arnold und Lydia Schmuck, Berlin 2019, S. 33–49. – [mit Lydia Schmuck] *Globale Archive/ Globale Überlieferung. Exilliteratur und weltliterarische Netzwerke*, in: Archive und Museen des Exils, hg. von Sylvia Asmus, Doerte Bischoff, Burcu Dogramaci, Berlin/Boston 2019 (Exilforschung 37), S. 178–198.

Ulrich von Bülow: *Vorwort*, in: Kulturtransfer um 1900. Rilke und Russland, hg. von Ulrich von Bülow, Dirk Kemper, Jurij Lileev, Paderborn 2019 (Schriftenreihe des Instituts für russisch-deutsche Literatur- und Kulturbeziehungen an der RGGU Moskau 20), S. VII. – *Ikone auf Wanderschaft. Tolstoj, Rilke, der Glaube und die Kunst*, in: ebd., S. 149–163. – *Ein perfekter Archivbenutzer*, in: »In Winkeln spielt sich die Welt ab« Für Roland Berbig – statt einer Festschrift, hg. von Katrin von Boltenstern, Michaela Nowotnick, Tübingen 2019, S. 167–168. – *Das Schweigen*, in: Was macht das Leben philosophisch? Für Günter Figal, hg. von Antonia Egel, Tobias Keiling, Freiburg 2019, S. 18–19. – *Joachim Ritter und das Collegium Philosophicum*, in: Was das Archiv von Hegel weiß, hg. von Heike Gfrereis und Sandra Richter, Marbach am Neckar 2019, S. 20–23.

Jan Bürger: *Max Herrmann-Neißes Postkarten und Briefe über Karl Valentin und Liesl Karlstadt*, in: Lachen. Kabarett, hg. von Heike Gfrereis, Anna Kinder und Sandra Richter, Marbach am Neckar 2019 (Marbacher Magazin 165/166), S. 140. – *Josephine Baker im Deutschen Literaturarchiv Marbach*, ebd., S. 141. – *Kritzeln, schreiben, wischen. Ist die Epoche der Handschrift vorbei? Ein Gespräch zwischen Hans Magnus Enzensberger und Jan Bürger*, in: Hands on! Schreiben lernen, Poesie machen, hg. von Heike Gfrereis und Sandra Richter, Marbach am Neckar

2019 (Marbacher Magazin 167), S. 27–37. – [Nachwort] Paul Celan: *Mohn und Gedächtnis*, 2. Auflage München 2019 [erstmals 2012], S. 79–95. – *Das Attentat als Lauffeuer. Der 20. Juli 1944 in Tagebüchern. Eine Spurensuche*, in: Zeitschrift für Ideengeschichte Heft XIII/3, München 2019, S. 105–110. – *ff oder F.f. Rede zum Abschied von Ulrich Raulff am 28. November 2018*, in: Jahrbuch der Deutschen Schillergesellschaft 63, 2019, S. 483–490. – *Titanic und Tumult: Anmerkungen zu Enzensbergers autobiografischen Spielen*, in: Internationales Archiv für Sozialgeschichte der Deutschen Literatur 44, Heft 2, 2019, S. 425–436. – *»Ein Fest der Sprache«* [Gespräch über Hans Henny Jahnn, Fragen: Frauke Hamann], in: die tageszeitung (Nord), 3.12.2019.

Gunilla Eschenbach: Noten von Willy Prager, in: Lachen. Kabarett, hg. von Heike Gfrereis, Anna Kinder und Sandra Richter, Marbach am Neckar 2019 (Marbacher Magazin 165/66), S. 136–139; [Hg.] *Rudolf Borchardt: Krippenspiel*, München: Claudius 2019.

Heidrun Fink: *Vom Klang des Quellenstudiums. Momentaufnahme aus dem Handschriftenlesesaal*, in:»In Winkeln spielt sich die Welt ab«. Für Roland Berbig – statt einer Festschrift, hg. von Katrin von Boltenstern und Michaela Nowotnick unter Mitarbeit von Felix Latendorf, Tübingen 2019, S. 169–170.

Sabine Fischer: *»Franz Kafka liest den Kübelreiter«. Ein Porträt des Autors als Autorenporträt?*, in: Jahrbuch der Deutschen Schillergesellschaft 63, 2019, S. 119–143. – *Die lyrische Mißgeburt. Else Lasker-Schüler am Scheideweg – ein Selbstporträt*, in: Else Lasker-Schüler,»Prinz Jussuf von Theben«und die Avantgarde, hg. von Antje Birthälmer, Bönen 2019, S. 67–71.

Heike Gfrereis: [Hg.] *fontane.200/Autor. Das Bilder-Wörter-Stimmen-Lesebuch*, Berlin 2019, S. 11–198. – [Hg. mit Anna Kinder und Sandra Richter] *Lachen. Kabarett*, Marbach a.N. 2019, S. 5–216. – [Hg. mit Sandra Richter] *Hands on! Schreiben lernen, Poesie machen*, Marbach a.N. 2019, S. 7–96. – [Hg. mit Sandra Richter] *Was das Archiv von Hegel weiß*, Marbach a.N. 2019, S. 2–47. – [Hg. mit Peer Trilcke] *Wortfächer Theodor Fontane – Wortkreationen*, Berlin/Bern 2019. – *Kafkas Gabel ausstellen / verstehen / sehen*, in: Die Gegenständlichkeit der Welt. Festschrift für Günter Figal zum 70., hg. von Antonia Egel, David Espinet, Tobias Keiling, Bernhard Zimmermann, Tübingen 2019, S. 151–163. – *Wer spricht in einer Literaturausstellung? Überlegungen zum dialogischen Möglichkeitsraum einer Gattung, angestoßen von Helmut Neundlinger*, in: Schauplatz Archiv. Objekt, Narrativ, Performanz, hg. von Klaus Kastberger, Stefan Maurer, Christian Neuhuber, Berlin 2019, S. 31–39. – *Die Phosphorenz der Dinge. Eine Lobrede*, in: Judith Schalansky trifft

Wilhelm Raabe, hg. von Hubert Winkels, Göttingen 2019, S. 15–26. – *Der Papier- und Textarbeiter. Gespräch zur Fontane-Ausstellung in Neuruppin mit Peer Trilcke*, in: Museumsblätter. Mitteilungen des Museumsverbands Brandenburg 34, 2019, S. 24–29. – *Fontane in Neuruppin. Ein Spaziergang durch die Stadt*, in: Unterwegs im Ruppiner Land- Kultur, Natur & Leben in der Region 1, 2019, S. 10–21. – *Lasst die Worte fließen! Gebt ihnen viel Raum. Ein Gespräch mit Burkhard C. Kosminski*, in: arsmondo. Das Kulturmagazin für Baden-Württemberg 1, 2019, S. 46–49. – *Böse Mädchen kommen überall hin. Fontane lesen 1985*, in: Theodor Fontane, text + kritik 2, 2019, S. 98–100. – *»Himmel, was schreibe ich für Sätze!« Astrid Lindgren und Louise Hartung*, in: P.M. History 1, 2019, S. 70–71. – *»Wir gehören nicht in Töpfe hinein«. Wassily Kandinsky und Arnold Schönberg*, in: P.M. History 2, 2019, S. 74–75. – *»Du theurer Herzenfreund!« Otto und Johanna von Bismarck*, in: P.M. History 3, 2019, S. 76–77. – *»Durchlauchtigster Pascha!« Fürst Pückler und Ada von Treskow*, in: P.M. History 4, 2019, S. 72–73. – *»Bekommen Sie keinen Schreck«. Hannah Arendt und Joachim Fest*, in: P.M. History 6, 2019, S. 76–77. – *»Lass uns über Beischlaf reden«. Vita Sackville-West und Nicholas West*, in: P.M. History 7, 2019, S. 72–73. – *»Sie sind kein Pessimist«. Willy Brandt und Heinrich Böll*, in: P.M. History 8, 2019, S. 74–75. – *»Ich bin Dein Kind E.«. Thomas und Erika Mann*, in: P.M. History 9, 2019, S. 72–73. – *»Ich spreche von Liebe«. Anais Nin und Henry Miller*, in: P.M. History 10, 2019, S. 72–73. – *»Wir wollen uns einmal nie trennen«. Jacob und Wilhelm Grimm*, in: P.M. History 11, 2019, S. 74–75. – *»Mein lieber guter August«. August und Julie Bebel*, in: P.M. History 12, 2019, S. 74–75.

Nikola Herweg: [Hg. mit Harald Tausch] *Das Werk von Felix Hartlaub. Einflüsse, Kontexte, Rezeption*, Göttingen 2019 (Marbacher Schriften. Neue Folge 17). – *Ein Buch aus Kurt Tucholskys Bibliothek*, in: Lachen. Kabarett, hg. von Heike Gfrereis, Anna Kinder und Sandra Richter, Marbach am Neckar 2019 (Marbacher Magazin 165/166), S. 111–113. – *Mascha Kaléko: ein Gedicht aus dem Querschnitt von 1930 und eine Postkarte aus Berlin von 1956*, in: ebd., S. 129–132. – *Felix Hartlaub: Der Weihnachtsmann in Abessinien, um 1935/36*, in: ebd., S. 163–165. – *Ilse und Helga Aichinger. Ein Briefwechsel zwischen London und Wien*, in: Der Deutschunterricht 6, 2019, S. 44–51.

Dietmar Jaegle: *Friedrich Hölderlin. 250. Geburtstag*, in: Reclams Literaturkalender 2020, Ditzingen 2019, S. 88–93.

Caroline Jessen: *Kanon im Exil. Lektüren deutsch-jüdischer Emigranten in Palästina/Israel*, Göttingen 2019. – [zus. mit Elisabeth Gallas, Anna Kawalko und Yfaat Weiss] *Contested Heritage. Jewish Cultural Property after 1945*, Göttingen 2019. – [zus. mit Julia Schneidawind] *Bücherspuren. Karl Wolfskehls deutsch-jüdische*

Bibliothek (Münchner Beiträge zur jüdischen Geschichte und Kultur), Heft 2, 13. Jg. (2019). – *An die Deutschen. Wolfskehls Sammlung des Zerstreuten*, in: ebd., S. 14–31. – *Ein Brief von Salman Schocken an Gustav Schocken, Sept. 21, 1948*, in: ebd., S. 100–106. – *Das Gedicht als ›Blütenstrauss‹. Materialität und Poetizität von Überlieferung*, in: »Jude, Christ und Wüstensohn«. Studien zum Werk Karl Wolfskehls, hg. von Davide di Maio, Gabriella Pelloni, Berlin 2019, S. 31–50. – *Berlin – New York – Marbach. Wie Kurt Pinthus' Bibliothek gerettet wurde*, in: Zur politischen Topografie der Literatur im Südwesten (Schriften zur politischen Landeskunde Baden-Württembergs), hg. von Thomas Schmidt, Stuttgart 2019, S. 387–399. – *Affirming ownership, obscuring provenance. Émigré collections in Germany and Israel after 1945*, in: Contested Heritage. Jewish Cultural Property after 1945, hg. von Elisabeth Gallas, Caroline Jessen, Anna Kawalko, Yfaat Weiss, Göttingen 2019, S. 27–41. – *Anti-Thule und Gegen-Atlantis. Karl Wolfskehl und Kurt Singer im Exil*, in: Zeitschrift für Ideengeschichte 13, Heft 2, 2019, S. 107–112. – *Tradition of Loss: Werner Kraft on Franz Kafka*, in: Kafka after Kafka. Dialogical Engagement with His Works from the Holocaust to Postmodernism, hg. von Iris Bruce und Mark Gelber, Rochester (NY) 2019, S. 12–28.

Roland Kamzelak: [zus. mit Vera Hildenbrandt] *Persönliche Schriften: ›Scalable reading‹ für Briefe, Tagebücher und Notizen*, in: editio 33, 2019, S. 114–128.

Martin Kuhn: *Kurt Hiller am 29. September 1911 an Erwin Loewenson über einen nicht für jeden verständlichen Witz*, in: Lachen. Kabarett, hg. von Heike Gfrereis, Anna Kinder und Sandra Richter, Marbach am Neckar 2019 (Marbacher Magazin 165/166), S. 81–83. – *Materialien aus Karl Ottens Nachlass zum politischen Kabarett »Stacheldraht«*, in: ebd., S. 166–171. – *Arbeitsbestätigung der »Schaubude« für Erich Kästner*, in: ebd., S. 181–183. – *Oskar Pastiors Übersetzungsversuche von Hans Arps rire de coquille (eierschalenlachen)*, in: ebd., S. 204–205 – *Emil Kauffmann (1836–1906)*, in: Hands on! Schreiben lernen, Poesie machen, hg. von Heike Gfrereis und Sandra Richter, Marbach am Neckar 2019 (Marbacher Magazin 167), S. 51. – *Ernst Heimeran (1902–1955)*, in: ebd., S. 53–55. – *Erwin Ackerknecht (1880–1960)*, in: ebd., S. 55. – *Ilse Aichinger (1921–2016)*, in: ebd., S. 67. – *Thomas Kästner (geb. 1957 in München)*, in: ebd., S. 86. – *Werner Vordtriede (1915–1985)*, in: ebd., S. 93.

Julia Maas: *Dinge, Sachen, Gegenstände. Spuren der materiellen Kultur Robert Walsers*, Paderborn 2019 (Robert Walser-Studien 2). – *»[M]eine Italienreise an Hand alter Sachen«. Hans Walter und das abgründige Souvenir aus dem Wunschland*, in: Blick nach Süden. Literarische Italienbilder aus der deutschsprachigen Schweiz, hg. von Corinna Jäger-Trees und Hubert Thüring, Zürich 2019, S. 181–196.

Lydia Christine Michel: *Peter Rühmkorf*, in: *Hands On. Schreiben lernen, Poesie machen*, hg. von Heike Gfrereis und Sandra Richter, Marbach a.N. 2019 (Marbacher Magazin 167), S. 81.

Stephanie Obermeier: ›*Im beweglichen Umgang mit den störrischen Fakten‹. Attitudes to Genre in Felicitas Hoppe's Prawda: Eine Amerikanische Reise (2018)*, in: German Life and Letters 72, Heft 3, 2019, S. 378–398.

Sandra Richter: *Blättern oder Wischen?*, in: Süddeutsche Zeitung, 20./21./22.04.2019. –*Das Grundgesetz als Text*, in: Stuttgarter Zeitung, 24.05.2019. – *Die Sammlung der Zukunft*, in: Politik und Kultur. Zeitung des Deutschen Kulturrates, 06/2019. – *Literatur als kulturelles Gedächtnis*, in: Programmheft Deutschlandfunk, 10/2019. – *Maschinen können Gedichte schreiben*, in: Süddeutsche Zeitung, 22.10.2019. – *Das vergessene Kapitel*, in: Die Welt, 14.12.2019. – *Öffentliche Urteilskräfte und ihr Literaturarchiv. Neue Töne*, in: Zeitschrift für Ideengeschichte Heft XIII/3, Herbst 2019, S. 123. – *Öffentliche Urteilskräfte und ihr Literaturarchiv. Neue Töne*, in: Jahrbuch der deutschen Schillergesellschaft Band LXIII, 2019, S. 503–511.

Thomas Schmidt: *Johann Peter Hebel und der Belchen* (Spuren 90; 2., durchgesehene Auflage). – [Hg.] Dietrich Leube: *Schubart in Geislingen* (Spuren 119). – *Der »grobe Bettler« und das »Federgeschmeiß«. Wie Friedrich Ludwig Jahn und Heinrich Heine einander beobachteten*, in: Kunst – Sport – Literatur, hg. von Martin Ehlers u. a., Hildesheim 2019, S. 163–176. – *Netzwerke für Literatur*, in: Projektzeitung der Lernenden Kulturregion Schwäbische Alb, Nr. 4, S. 16 f. – »*Томясь душой по греции любимой ...« Или телом? Непроясненная глава в истории рецепции Винкельмана* (Das Land der Griechen mit dem Körper suchend? Ein abgedunkeltes Kapitel der Winckelmann-Rezeption.), in: ОДИССЕЙ. ЧЕЛОВЕК В ИСТОРИИ (Odysseus. Der Mensch in der Geschichte.), hg. von der Russischen Akademie der Wissenschaften, Institut für Weltgeschichte, Petersburg 2019, S. 287–310.

Lydia Schmuck: [Hg. mit Sonja Arnold]. *Romanisch-Germanische ZwischenWelten. Exilliteratur als Zeugnis und Motor einer vernetzten Welt*, Berlin 2019 (Hispano-Americana 70). – *Einleitung*, in: Romanisch-Germanische ZwischenWelten. Exilliteratur als Zeugnis und Motor einer vernetzten Welt, hg. von Sonja Arnold und Lydia Schmuck, Berlin 2019, S. 7–16. – [mit Sonja Arnold]. *Globale Archive/Globale Überlieferung. Exilliteratur und weltliterarische Netzwerke*, in: Archive und Museen des Exils, hg. von Sylvia Asmus, Doerte Bischoff, Burcu Dogramaci, Berlin/Boston 2019 (Exilforschung 37), S. 178–198.

Verena Staack [zus. mit Sandra Potsch]: *Literaturmuseen des Deutschen Litera-turarchivs Marbach*, in: Außerschulische Lernorte für den Deutschunterricht. Anschlüsse – Zugänge – Kompetenzerwerb, hg. von Dieter Wrobel und Christine Ott, Seelze 2019, S. 104–106.

Michael Woll: *Hofmannsthals »Der Schwierige« und seine Interpreten*, Göttingen 2019. – *Hugo von Hofmannsthal: weggeworfener Szenenentwurf des ›Rosenka-valier‹*, in: Lachen. Kabarett, hg. von Heike Gfrereis, Anna Kinder und Sandra Richter, Marbach am Neckar 2019 (Marbacher Magazin 165/166), S. 84–86. – [Rezension] Egbert Brieskorn und Walter Purkert, Felix Hausdorff. Gesammelte Werke, Bd. 1B: Biographie, Berlin und Heidelberg 2018, in: Scientia Poetica 23 (2019), S. 364–369.

Robert Zwarg: *Fragile Ambivalenzen. Jürgen Habermas im Kontext der amerika-nischen New Left*, in: Habermas global. Wirkungsgeschichte eines Werks, hg. von Luca Corchia/Stefan Müller-Doohm/William Outhwaite, Berlin 2019, S. 394–408. – *Sit-in und Barrikade. Zur geschichtsphilosophischen Dimension zweier Pro-testformen*, in: Versorgerin 121, 2019, S. 18–19.

Vorträge und Seminare

Sonja Arnold: *Thomas Manns brasilianische Mutter. Herbert Caro und die deutsch-brasilianischen Beziehungen in der Exil- und Nachkriegszeit*, Vortrag im Rahmen der Tagung »Thomas Mann und die politische Neuordnung Deutschlands nach 1945«, Deutsches Literaturarchiv Marbach, 21.–22.2.2019. – *Translation, Exile and World Literature: The ›Livraria do Globo‹ in Brazil*, Vortrag im Rahmen der Tagung »World Editors. Dynamics of Global Publishing and the Latin American Case between the Archive and the Digital Age«, Hannover, 1.–3.7.2019. – *João Ubaldo Ribeiro bei Suhrkamp*, Vortrag im Rahmen des Workshops »Verlage und die Ideen-geschichte von ›1968‹«, Deutsches Literaturarchiv Marbach, 10.–11.10.2019. – *Zwei Brasilianer in Berlin. João Ubaldo Ribeiros und Ignácio de Loyola Brandãos literarische Impressionen im Berliner Künstlerprogramm des DAAD*, Vortrag im Rahmen des Workshops »Wir schauen auf diese Stadt! Literarische Begegnungen mit Berlin um 1989«, Berlin, 6.–7.11.2019.

Jutta Bendt: Moderation der Matinee im Hermann Hesse Museum mit der Über-setzerin Margherita Carbonaro, 60. Stipendiatin der Calwer Hermann-Hesse-Stif-tung, Calw, 31. März 2019.

Ulrich von Bülow: [zus. mit Joachim Kersten, Thomas C. Garbe und Christian Tillinger] *»SO ist das Leben!« Fritz J. Raddatz und sein Nachlass*, Vortrag in der Reihe »Zeitkapsel«, Deutsches Literaturarchiv Marbach, 19.3.2019 – [zus. mit Benjamin Balint und Anat Feinberg] *Kafkas letzter Prozess*, Podiumsgespräch, Literaturhaus Stuttgart, 10.5.2019 – *Lesen im Archiv*, Ringvorlesung, Universität Oldenburg, 13.5.2019 – [zus. mit Julia Maas] *Arbeitsbibliotheken von Philosophen im DLA Marbach*, Vortrag im Rahmen der Tagung »Philosophen bei der Arbeit mit Büchern. Digitale Autorenbibliotheken und die Zukunft geisteswissenschaftlicher Methoden«, Goethe- und Schiller-Archiv Weimar, 14.6.2019 – *Autoren und ihre Archive*, Vortrag im Rahmen der »Ausseer Gespräche«, Bad Aussee, 28.6.2019 – *New Acquisitions in Marbach*, Vortrag auf dem Jahrestreffen der American Friends of Marbach in Portland, Oregon, 4.10.2020 – *Writer's archives as a form of expression and tradition*, Vortrag auf der 44. Jahrestagung der German Studie Association in Portland, Oregon, 5.10.2020 – *German Literature in Seven Dates: Kafka*, Seminar mit Thomas Wild am Bard College, Annandale-on-Hudson, NY, 7.–9.10.2019 – *Rainer Maria Rilke*, Vortrag in der Reihe »Erkrankungen berühmter Persönlichkeiten«, Medizinische Gesellschaft Mainz, 27.11.2020.

Jan Bürger: [zus. mit Gregor Dotzauer, Barbara Wahlster u. a.] Sendungen *Lyrik lesen – Gedichte im Gespräch*, Deutschlandradio Kultur, 3.4.2019 und 21.8.2019 (Marbach zu Gast in Frankfurt, Historische Villa Metzler). – *Berufsfelder für Germanisten*. Vorlesung an der Friedrich-Schiller-Universität, Jena, 6.5.2019. – [zus. mit Annette Korolnik] *Alfred Andersch und Max Frisch*. Lesung im Rahmen der Ausstellung der Werke von Gisela Andersch, Antiquariat und Galerie MERIDIAN, Zürich, 11.5.2019. – *Das System Unseld. Das Marbacher Suhrkamp-Archiv als Spiegel des Literaturbetriebs*. Vorlesung, Göttingen, 17.6.2019. – [Vortrag mit Lesung von Siegfried W. Kernen] *Joseph Roth in Paris*. Freie Akademie der Künste in Hamburg, 25.6.2019. – Mitwirkung im Fernsehfilm *Mythos Suhrkamp*, 3sat am 31.8. und 7.9.2019. – *Die einträglichen Geranien. Zu Peter Rühmkorfs Arbeiten über Wolfgang Borchert*. Vortrag im Rahmen der wissenschaftlichen Tagung zu Peter Rühmkorf, Altonaer Museum Hamburg, 27.9.2019. – *»Afrika im Hirn« – Gottfried Benns spätexpressionistische Kolonialphantasie*, Vortrag im Rahmen der Konferenz der German Studies Association, Portland (USA), 4.10.2019. – [zus. mit Meike Werner und Veronika Fuechtner] Podiumsgespräch mit Frido Mann im Rahmen der Konferenz der German Studies Association, Portland (USA), 4.10.2019. – *The German Literature Archive*, Vortrag, Brandeis University, Waltham, MA, 7.10.2019. – *Sternschnuppen und Ausdruckskunst: Peter Rühmkorfs Nachlass im Deutschen Literaturarchiv Marbach als Spiegel seiner Einfallskunde*, Vortrag, Literaturhaus Dortmund, 25.10.2019. – *Ansprache zum 90. Geburtstag von Hans Magnus Enzensberger*, Schumann's Bar, München, 11.11.2019. – Reihe

Marbach am Main: Was wollte Peter Suhrkamp mit seinem Verlag?, Vortrag, Historische Villa Metzler, Frankfurt a.M., 4.12.2019. – *Zum 125. Geburtstag von Hans Henny Jahnn*, Vortrag, Geschichtswerkstatt Eimsbüttel, Hamburg, 10.12.2019.

Gunilla Eschenbach: [zus. mit Verena Staack und Julia Schneider] *Vom Improvisationstheater zum geschriebenen Text*, Schreibwerkstatt, 24.–26.4.2019. – [zus. mit Nikola Herweg] *Pantomime*, Workshop an der Grundschule Marbach, 11.5.2019. – [zus. mit Nikola Herweg] *»Die Flöhe« nach Frank Wedekind*, Pantomime im Rahmen der Eröffnung der Ausstellung »Lachen. Kabarett«, 19.5.2019. – *Marionettenbau*, Workshop im Rahmen des Ferienprogramms der Stadt Marbach, Jugend-Kultur-Haus planet x, 5.–8.8.2019. – *Die narrative Konzeptualisierung von Zeit und Zukunft im Ausgang aus dem Dreißigjährigen Krieg*, Vortrag im Panel »Erlesene Zeiten. Literarische Sozialisation und Zeiterfahrung in der Kinder- und Jugendliteratur«, Deutscher Germanistentag Saarbrücken, 24.9.2019. – *Anweisungen für die klangliche Realisierung von Werken. Sammlungsprofil und Dispositive des DLA*. Workshop auf dem 22. Jahrestreffen des Zentrums für Biographik, Deutsches Literaturarchiv Marbach, 15.11.2019.

Heike Gfrereis: [mit Karolina Kühn] *Literatur und ihre Displays*, Seminar, Universität Stuttgart, Wintersemester 2018/19. – *Warum Künstler von Büchern träumen*, Vortrag im Kulturhaus, Würth /Künzelsau, 3.2.2019. – *Schillers ästhetische Rhetorik im Archiv*, Vortrag im Rahmen der Tagung »Schillers Feste der Rhetorik«, Deutsches Literaturarchiv Marbach, 22.3.2019. – Miteröffnung der für die Brandenburgische Gesellschaft für Kultur und Geschichte kuratierten Ausstellung *fontane.200/Autor*, Museum Neuruppin, 30.3.2019. – *Fontane unter Kritikern*, Moderation eines Gesprächs zwischen Julia Encke, Ijoma Mangold, Lothar Müller und Denis Scheck, Museum Neuruppin, 7.4.2019. – *Wissenslabor für Kinder: Schreib mal wieder von Hand*, Seminar, Universität Stuttgart, Sommersemester 2019. – Verschiedene Vorträge und Podiumsdiskussionen im Rahmen eines Workshops der Museumsakademie Joanneum Graz »Die Wörter und die Dinge. Über das Machen von Literaturausstellungen«, Deutsches Literaturarchiv Marbach, 16.–17.5.2019. – Miteröffnung der Ausstellung »Lachen. Kabarett«, Deutsches Literaturarchiv Marbach, 19.5.2019. –*Literatur ausstellen*, Podiumsdiskussion im Rahmen der Fortbildung »Ausstellungen machen« des Museumsbunds Brandenburg, Altes Gymnasium Neuruppin, 3.6.2019. – *LiteraturBewegt*, Vortrag im Rahmen der Internationalen Forschungswerkstatt »Komik in Text und Ton: Subversive Sprach- und Sprechformen der 20er Jahre«, Deutsches Literaturarchiv Marbach, 7.6.2019. – *Punkt und Linie, Schnitt und Netz. Fontanes Texte ausstellen*, Vortrag im Rahmen des Kongresses »Fontanes Medien«, Universität Potsdam, 15.6.2019. – *Fontane / Hölderlin: From an Easy to a Difficult*

Author, Guest Lecture im Rahmen einer Fellowship im Projekt »TRAUM. Transforming Author Museums«, Universität Oslo, 19.6.2019 – Miteröffnung der für das Literaturhaus München kuratierten Ausstellung »Ins Blaue! Natur in der Literatur«, Buddenbrookhaus Lübeck, 4.7.2019. – Moderation [mit Jan Bürger] eines Gesprächs mit Felicitas Hoppe zur Ausstellungseröffnung »Felicitas Hoppe sagt«, Deutsches Literaturarchiv Marbach, 14.7.2019. – *Literatur und Lachen empirisch*, Gespräch im Rahmen des Internationalen Mastersommerkurs 2019 »Literatur messen. Das Archiv im Zeitalter der empirischen Literaturwissenschaft«, Deutsches Literaturarchiv Marbach, 26.7.2019. – *Narrating Africa als open space Ausstellung*, Vortrag im Rahmen des Workshops »Narrating Africa«, Deutsches Literaturarchiv Marbach, 5.9.2019. – *Fontane gelesen, geflüstert, getastet und gebärdet*, Moderation einer Veranstaltung mit Ottmar Ette, Wolfgang Georgsdorf und Sara Sommerfelt, Museum Neuruppin, 15.9.2019. – Miteröffnung der Ausstellung »Hands on! Schreiben lernen, Poesie machen«, Deutsches Literaturarchiv Marbach, 29.9.2019. – Dankesrede anlässlich der Verleihung des Schinkel-Förderpreises der Karl-Friedrich-Schinkel-Gesellschaft e.V. für die Kuratierung von »fontane.200/Autor«, Schinkelkirche Krangen (Laudatio Alexander Schwarz), 12.10.2019. – Gastvortrag im Rahmen des Seminars »Kolonialismus in der Literatur« (Sigrid Köhler), Universität Tübingen, 30.10.2019. – Miteröffnung der Ausstellung »Narrating Africa«, Deutsches Literaturarchiv Marbach, 10.11.2019. – Statements zum Round table »Literature Museums as Centers of Intellectual Tourism« im Rahmen des Internationalen Kulturforums, Eremitage, Sankt Petersburg, 15.11.2019. – Impulsvortrag zu Fontanes Architekturzeichnungen beim Baukultursalon »Fontane – Skizzen und Reisen zur Baukultur« der Bundesstiftung Baukultur in Kooperation mit Kulturland Brandenburg, Potsdam, 2.12.2019. – *Hölderlin lesen*, Seminar, Universität Stuttgart, Wintersemester 2019/20. – Mitwirkung an der Finissage der Ausstellung »fontane.200/Autor«, Museum Neuruppin, 30.12.2019.

Vanessa Greiff: *Schulisches und Literarisches Schreiben: Einblick in Bildungsstandards, Didaktik, Methodik und Praxis des Deutschunterrichts verschiedener Schularten und Klassenstufen*, Vortrag im Rahmen der Autorentagung »Weltenschreiber«, gefördert von der Robert-Bosch-Stiftung, 3.6.2019 – *Digitalisierung und Medienbildung im Deutschunterricht*, Vortrag im Rahmen der Autorentagung »Weltenschreiber«, gefördert von der Robert-Bosch-Stiftung, 3.6.2019 – *Literarisches Schreiben im Deutsch- und Projektunterricht umsetzen: Herausforderungen und Chancen*, Vortrag und Diskussion im Rahmen der Autorentagung »Weltenschreiber«, gefördert von der Robert-Bosch-Stiftung, 3.6.2019 – *Reisen – eine kulturhistorische Einführung und Reisen in der Lyrik – Facetten, Themenfelder, Vergleichsaspekte*, Vortrag anlässlich der Multiplikatorentagung der Fachberater/innen Deutsch der Beruflichen Gymnasien an der Landesakademie Esslingen,

15.7.2019 – Preisverleihung Landeswettbewerb Deutsch in Ochsenhausen. Rede vor den Preisträgerinnen und Preisträgern 2019, 19.7.2019 – *Ten pieces of German literature: Reading and Discussion*, Führung und Gespräch in englischer Sprache für Schülerinnen und Schüler der »Eynot Jarden«-Schule in Kibbuz Amir, Oberes Galiläa, Israel, 17.9.2019 – *Sprache als Exil: Hilde Domin und Moses Rosenkranz*, Betreuung des Seminarkurses der FOS/BOS Ingolstadt und Einführung in die wissenschaftliche Recherche und Ausstellungsdidaktik, 23.–25.9.2019 – *Lyrische Szenen: Auf Reise: »Dort an der luftigen Spiz'«- (Friedrich Hölderlin)*, Mehrteiliges Schülerseminar mit abschließender Präsentation des Stücks im Rahmen der Schillerfeier des Friedrich-Schiller-Gymnasiums Marbach am Neckar, 30.9./8.10./22.10./11.11.2019 – *Vor mir die Welt – Lyrik-Performance und Sprech-Werkstatt zum Thema Reiselyrik*. Lehrerfortbildung mit Prof. Michael Speer, Institut für Sprechkunst und Kommunikationspädagogik an der Staatlichen Hochschule für Musik und Darstellende Kunst Stuttgart, 1.10.2019 – Moderation im Rahmen der Lesung für Schülerinnen und Schüler mit Hans-Ulrich Treichel: Der Verlorene, Aachen, 28.10.2019 – [zus. mit Johanna Best] *Begegnungen mit Friedrich Hölderlin: Vom Archivmagazin in die Literaturausstellung*, Führung und Gespräch mit Schülerinnen und Schüler der 10b des Christoph-Schrempf-Gymnasiums Besigheim, 7.11.2019 – Autorenseminar mit Kerstin Hensel im Rahmen des Preisträgerseminars des Essay-Wettbewerbs Nordrhein-Westfalen, in Kooperation mit der Klassik Stiftung Weimar, 5.11.2019 – *Friedrich Schiller*, Führung im Schiller Nationalmuseum für Schülerinnen und Schüler der Hohen Landesschule Hanau, 11.11.2019.

Nikola Herweg: *Hermann Adler schreibt an Hilde Domin. Die Bedeutung von Authentizität im Gedicht und der Versuch einer Einordnung der Poetik Hermann Adlers*, Vortrag im Rahmen des Colloquiums »Gewalt und Gesang. Transdisziplinäres Colloquium Hermann Adler«, Vilnius, 28.05.2019. – [zus. mit Gunilla Eschenbach] Schülerprojekt *Pantomime*, Grundschule Marbach, 10.05.2019, mit anschließender Aufführung: *Schattenspiel in Anlehnung an Frank Wedekinds »Die Flöhe oder der Schmerzenstanz« (1897) – ein Projekt von Gunilla Eschenbach und Nikola Herweg mit Marbacher Grundschülern* im Rahmen der Ausstellungseröffnung »Lachen. Kabarett«, 19.05.2019.

Caroline Jessen: *Else Lasker-Schüler. Schrift-Spiel-Räume jüdischer Zugehörigkeit*, Seminar an der Europa-Universität Viadrina, Frankfurt a.d.O., Sommersemester 2019. – *Ein ›portatives Vaterland‹? Diaspora & Buchmetapher*, Seminar an der Europa-Universität Viadrina, Frankfurt a.d.O., Sommersemester 2019. – *Sammlung und Zerstreuung. Karl Wolfskehls Blick auf die Zirkulation von Büchern als Form diasporischer Überlieferung*, Vortrag im Atélier »Diaspora(s): matrice juive –

évolutions contemporaines« am Institut Historique Allemand (DHI), Paris, 1.2.2019. – *Verlust der Tradition – Tradition des Verlusts: Werner Kraft*, Vortrag auf der internationalen Tagung »Das Hebräerland. Else Lasker-Schüler und die deutsch-jüdische Palästina-Dichtung ihrer Zeit« am Leibniz-Institut für jüdische Geschichte und Kultur – Simon Dubnow, Leipzig, 6.2.2019. – *Buch- und Textnetze. Karl Wolfskehls Sammlungen*, Vortrag auf der Tagung »Modélisation sociologique, numérique, historique et herméneutique des réseaux poétiques contemporains« der Université de Lorraine in Metz, 10.5.2019. – *Schattenbilder: Die israelische Graphik-Künstlerin Franzisca Baruch und der Reichskunstwart*, Vortrag am Germanischen Nationalmuseum, Nürnberg, 24.7.2019. – Roundtable-Gespräch im Rahmen der Veranstaltung »*Dein Weg ist nicht mehr der meine...*«. *Ein lyrischer Gesprächsabend zum 150. Geburtstag von Karl Wolfskehl* im »128qm« Darmstadt, 17.9.2019.– *Karl Wolfskehl und das Buch*, Vortrag im Rahmen des Symposiums »Karl Wolfskehl. Jude – Dichter – Exul« am Deutsch-Amerikanischen Institut (DAI) Heidelberg, 5.10.2019. – *Alienation as an Aesthetic Force: World Literature & German-Jewish Readers in Mandate Palestine/Israel*, Vortrag im Rahmen des internationalen Workshops »Literature in the World: Material Networks of Books to and from Goethe's Weimar« am St. John's College Oxford, 7.11.2019. – *Die zerstreute Bibliothek Karl Wolfskehls*, Vortrag im Rahmen des Forschungskolloquiums des Instituts für Buchwissenschaft, München, 22.11.2019.

Roland S. Kamzelak: *Editions at the German Literature Archive*, Vortrag, Georgetown University, Washington D. C., 27.9.2019. – *Diary goes Digital. The Edition of Harry Count Kesslers Diary online*, Vortrag, Northeastern University, Boston, 18.9.2019. – Harry Graf Kessler, Tagebuch 1880–1937, Vortrag im Rahmen der Tagung »Die Brüder Jünger und die Idee des Autobiographischen«, Kloster Heiligkreuztal, 12.–14.4.2019. – *Digitale Originale*, Gespräch mit Mats Malm, Jo Lendle und Roland S. Kamzelak, Moderation Sandra Richter, Deutsches Literaturarchiv Marbach, 9.4.2019. – [zus. mit Vera Hildenbrandt] *Entscheidungsprozesse im Exilbriefnetz33*, Vortrag im SFB 1150 Kulturen des Entscheidens, Münster, 21.3.2019. – *Digitale Edition*, Vortrag im Rahmen des Vanderbilt Hands-on Workshops, Marbach am Neckar, 7.3.2019.

Anna Kinder: *Thomas Mann und Schiller: »Deutscher Geist« 1955*. Vortrag auf der Tagung »Thomas Mann und die politische Neuordnung Deutschlands nach 1945«, Deutsches Literaturarchiv Marbach, 21.–22.2.2019. – *Literaturgeschichte und Verlagspolitik. Korrespondenzen im Siegfried Unseld Archiv*, Vortrag auf der Tagung »Briefe im Netzwerk. Korrespondenzen in Literaturarchiven (20. Jh.)«, Bern, 7.–8.11.2019. – *Forschen und Arbeiten im Archiv*, Seminar, Universität Mannheim, Sommersemester 2019.

Eva Kissel: »*Gesammelt und abgelegt und aufbewahrt.*« *Lenz' Nachlass im Deutschen Literaturarchiv Marbach*, Vortrag im Rahmen der komparatistischen Nachwuchstagung »›Unterm Brennglas‹ – Siegfried Lenz aus neuer Sicht«, Universität Göttingen, 4.–6. Juli 2019.

Martin Kuhn: ›*deformitas‹. Die Ästhetik des Hässlichen in der Komik des expressionistischen Cabarets*, Vortrag im Rahmen der Internationalen Forschungswerkstatt »Komik in Text und Ton: Subversive Sprach- und Sprech-Formen der Zwanziger«, Deutsches Literaturarchiv Marbach, 7.6.2019. – *Reality and Escape. Stereotyping Africa*, Vortrag im Rahmen des Workshops »Narrating Africa«, Deutsches Literaturarchiv Marbach, 5.9.2019.

Heiko Kusiek: *Fußlümmeleien & Standardsituationen. Kurioses und Geschichtliches vom Fußball*, Eine literarisch-musikalische Revue mit Heiko Kusiek (Konzeption und Moderation), Svenja Lubitz und Götz Schneyder (Rezitation und Gesang), Museum im Adler, Benningen, 24.1.2019.

Julia Maas: [zus. mit Ulrich von Bülow] *Arbeitsbibliotheken von Philosophen im DLA Marbach*, Vortrag im Rahmen der Tagung »Philosophen bei der Arbeit mit Büchern. Digitale Autorenbibliotheken und die Zukunft geisteswissenschaftlicher Methoden«, Goethe- und Schiller-Archiv Weimar, 14.6.2019. – *Dinggestützte Heterotopien. Bieler Schaufenster für verlorene Söhne*, Vortrag im Rahmen der »Robert Walser-Sculpture« von Thomas Hirschhorn, Biel/Bienne, 18.7.2019.

Lydia Christine Michel: *Peter Rühmkorf*, in: *Hands On. Schreiben lernen, Poesie machen*, hg. von Heike Gfrereis und Sandra Richter, Marbach a.N. 2019 (Marbacher Magazin 167), S. 81.

Thomas Meyer: *Data processing of ILS data to facilitate a new discovery layer for the German Literature Archive (DLA)*, Vortrag zusammen mit Felix Lohmeier (Open Culture Consulting) im Rahmen der Tagung ELAG2019, Berlin, 9.5.2019.

Sandra Richter: Grußwort im Rahmen der Tagung »*Das Hebräerland*« – *Else Lasker-Schüler und die deutsch-jüdische Palästina-Dichtung ihrer Zeit*, Leipzig, 06.02.2019. – *Öffentliche Urteilskräfte und ihr Literaturarchiv*. Vortrag im Rahmen der Inaugurationsfeier, DLA Marbach, 14.02.2019. – Grußwort im Rahmen der Tagung *Thomas Mann und die politische Neuordnung Deutschlands nach 1945*, DLA Marbach, 21.02.2019. – *Über Fontanes Redekunst*, Eröffnungsvortrag fontane.200/Autor, Museum Neuruppin 30.03.2019. – *How literature originates from translation*, Vortrag im Rahmen der Tagung *To belong or not to belong?*,

Center for Literatur, Burg Hülshoff, 04.04.2019. – *Das Grundgesetz als Text*, Vortrag in der Reihe *Wertsachen – Was uns zusammenhält*, Baden-Württembergischer Landtag, 23.05.2019. – *Die verlorene Heimat. Deutschsprachige Literatur nach 1945*, Montagsforum Dornbirn, 27.05.2019. – *Change of perspectives and dimensions – Was heißt offener Zugang zu Kulturdaten?*, Podiumsdiskussion im Rahmen der Langen Nacht der Ideen, Berlin, 06.06.2019. – *Digitale Archive für Literatur*, Podiumsdiskussion mit Barbara Schneider-Kempf und Peer Trilcke im Rahmen der Tagung *Fontanes Medien (1819–2019)*, Potsdam, 14.06.2019. – *Stuttgarter Wissenschaften für eine smarte Zukunft*, Podiumsdiskussion im Rahmen des 1. Stuttgarter Wissenschaftsfestivals *smart und clever*, Stuttgart, 26.06.2019. – Was ist empirische Literaturwissenschaft?, Tübingen, 03.07.2019. – Bildung und Integration – Die intelligente Kombination für die Stadt der Zukunft. Gespräch mit Verena Andrei im Rahmen der ZEIT Konferenz *Zeit für deine Stadt*, Stuttgart, 25.07.2019. – *Literatur aus dem Archiv. Erforschen, erschließen, ausstellen.* Humboldt-Forum, 19.09.2019. – *Die schöne Kunst der Höflichkeit.* Podiumsgespräch mit Enrico Brissa, Evangelische Akademie Tutzing, 30.09.2019. – *The Tools of Literary Politics in Norway and Germany. How do we support literature best?* Podiumsdiskussion im Rahmen des Ehrengastforums der Frankfurter Buchmesse. The Norwegian Publishers Association und Börsenverein des deutschen Buchhandels. Buchmesse Frankfurt, 16.–18.10.2019. – *The Return of the Lost Reader. On trends in reading and reading incentives in Norway and Germany*. Podiumsdiskussion im Rahmen des Ehrengastforums der Frankfurter Buchmesse. The Norwegian Publishers Association und Börsenverein des deutschen Buchhandels. Buchmesse Frankfurt, 16.–18.10.2019. – *Was wäre die (Welt-)Literatur ohne Übersetzer?* Podiumsdiskussion Forum Weltempfang – Zentrum für Politik, Literatur und Übersetzung des Auswärtigen Amtes, Buchmesse Frankfurt, 16.–18.10.2019. – *Theo Lutz oder Die Erfindung der digitalen Poesie.* Zeitkapsel mit Toni Bernhart, Nils Reiter und Claus-Michael Schlesinger, DLA Marbach, 22.10.2019. – *Wissenschaft im digital-medialen Zeitalter.* Podiumsdiskussion mit Muriel Helbig, Reyhan Şahin und Carolin Sutter. ZEIT-Konferenz Hochschule und Bildung, Berlin, 23.10.2019. – Grußwort im Rahmen der Tagung *Übersetzernachlässe in globalen Archiven.* DLA Marbach, 25.11.2019. – Grußwort im Rahmen der Tagung *Systemwechsel, literarisch. Ost- und Westdeutschland um 1989 im internationalen Vergleich.* DLA Marbach, 03.12.2019. – *Julia Franck im Gespräch.* DLA Marbach, 04.12.2019.

Karin Schmidgall: [zus. mit Felix Lohmeier] *Vom Prototyp zum neuen Onlinekatalog – gute Daten als Schlüssel zu den Quellen der Literaturgeschichte*, Vortrag auf dem »7. Bibliothekskongress«, Leipzig, 18.3.2019.

Thomas Schmidt: *Liebe besitzlos. Rainer Maria Rilkes Briefwechsel mit Erika Mitterer*, Gespräch mit Katrin Kohl und Michael Lentz, DLA Marbach, 27.2.2019. – *Aktuelle Konzepte des Literaturausstellens*, Vortrag beim »Zukunftslab Droste-Museum«, Burg Hülshoff, 26.4.2019. – *Rilkes Russlandbild*, Vorlesung an der Universität Stuttgart, 4.6.2019. – *Zur Zukunft der Erinnerungsorte. Die Beispiele Ernst Jünger und Martin Heidegger*, Podiumsdiskussion mit Franz Schwarzbauer und Holger Zaborowski, Schloss Staufenberg, Wilflingen, 24.6.2019. – *Zur Zukunft des Literaturlandes Baden–Württemberg*, Arbeitstagung der literarischen Museen Baden–Württembergs, Warmbronn, 26.6.2019. – *Tagung »Systemwechsel. Literarisch, Ost– und Westdeutschland um 1989 im internationalen Vergleich«*, Moderation Sektion 1, DLA Marbach, 3.7.2019. – *Das Hölderlinjahr 2020*, Vortrag »Auf dem Laufenden«, DLA Marbach, 10.9.2019. – *»Es feiert ja Jeder seins«. Zur Funktion kalendarischer Effekte in literarischen Texten*, Vortrag im Panel »Poetik des Kalenders«, Germanistentag Saarbrücken, 24.9.2019. – *Kulturpolitik für die Zukunft. Dialog mit dem Ministerium für Wissenschaft, Forschung und Kunst Baden-Württemberg*, Moderation im Forum »Kunst und Kultur in ländlichen Räumen« auf Schloss Kapfenburg, Lauchheim, 21.10.2019. – *Literatur als Lebens- und Gedenkort*, Gespräch mit Arnold Stadler im Rahmen der LiO-Aktionswochen, Schloss Meßkirch, 23.10.2019. – *Archiv, Museum und Bibliothek als Arbeitsfelder für Germanisten. Theorie, Geschichte, Praxis*, Forschungswerkstatt an der Universität Heidelberg, Wintersemester 2018/19. – *Literarisches Kartieren: Das Beispiel Friedrich Hölderlin*, Forschungswerkstatt an der Universität Heidelberg, Sommersemester 2019.

Lydia Schmuck: – *Política editorial, redes intelectuales y literatura mundial: Ernesto Sabato y Manuel Puig en la editorial Suhrkamp*, Vortrag im Rahmen der Tagung »World Editors. Dynamics of Global Publishing and the Latin American Case between the Archive and the Digital Age«, Hannover, 1.–3.7.2019 – *Arquivos editoriais e seu valor para estudos literários: o Siegfried Unseld Archiv em Marbach*, Vortrag im Rahmen der 3. Tagung des Brasilianischen Germanistenverbands (ABEG): »Überquerungen, Begegnungen und Dialoge«, Niterói, Rio de Janeiro, 27.–30.8.2019 – *Severo Sarduy als Kritiker und Lektor bei Seuil*, Vortrag im Rahmen des Workshops »Verlage und die Ideengeschichte von ›1968‹«, Deutsches Literaturarchiv Marbach, 10.–11.10.2019 – *Anneliese Botond als Übersetzerin lateinamerikanischer Literatur und französischer Theorie*, Vortrag im Rahmen der Tagung »Übersetzernachlässe in globalen Archiven/Colloque Internationale: Fonds de traducteurs dans les archives globales«, Marbach/Paris/Caen, 25.–30.11.2019 – [mit Jan Bürger] Lesung/Gespräch mit Michi Strausfeld: Gelbe Schmetterlinge und die Herren Diktatoren. Lateinamerika erzählt seine Geschichte, Deutsches Literaturarchiv Marbach, 26.11.2019.

Verena Staack: *Literatur sichtbar gemacht. Vermittlungsprojekte in den Museen des Deutschen Literaturarchivs Marbach*, Vortrag im Rahmen des Workshops »Bildung und Vermittlung an und mit historischen Textbeständen«, Forschungs-bibliothek Gotha, 25.6.2019.

Christian Tillinger: [zus. mit Joachim Kersten, Thomas C. Garbe und Ulrich von Bülow] *»SO ist das Leben«. Fritz J. Raddatz und sein Nachlass*, Vortrag in der Reihe »Zeitkapsel«, Deutsches Literaturarchiv Marbach, 19.3.2019.

Michael Woll: *Paul Celan und die literarische Tradition*, Seminar, Universität Osnabrück, Wintersemester 2018/19. – Praxisseminar zur Ausstellung »Hölderlin, Celan und die Sprachen der Poesie«, Karlsruher Institut für Technologie, Sommer-semester 2019. – *Friedrich Hölderlin und die lyrischen Gattungen*, Seminar, Univer-sität Osnabrück, Sommersemester 2019. – *Das Prosagedicht in der deutschen und europäischen Literatur*, Seminar, Universität Osnabrück, Wintersemester 2019/20.

Robert Zwarg: *Die Negativität des Alltags: Über einen blinden Fleck moderner Erfahrung*. Vortrag im Rahmen des Kolloquiums des Instituts für Kulturwissen-schaften, Universität Leipzig, 7.5.2019. – *Reflecting (on) Reality: Adorno and Lukács on Realism*, Vortrag im Rahmen der Summer School »The Politics of Lite-rature – Literature and Politics« an der Friedrich Schlegel Graduiertenschule, Freie Universität Berlin, 1.7.2019. – *»How he reads in English«: Adornos Unüber-setzbarkeit*, Vortrag im Rahmen der Tagung »Übersetzernachlässe in globalen Archiven«, Deutsches Literaturarchiv Marbach, 25.–27.11.2019.

ANSCHRIFTEN DER JAHRBUCH-MITARBEITER

Prof. Dr. FRIEDER VON AMMON, Universität Leipzig, Institut für Germanistik, Beethovenstr. 15, 04107 Leipzig

Dr. JOCHEN BEDENK, Reichenaustraße 6d, 78467 Konstanz

Prof. Dr. STEPHANIE CATANI, Lehrstuhl für Neuere deutsche Literaturwissenschaft | Medienwissenschaft, 66123 Saarbrücken

Prof. Dr. HEIKE GFREREIS, Deutsches Literaturarchiv Marbach, Schillerhöhe 8–10, 71672 Marbach am Neckar

Dr. CHRISTIANE HOLM, Martin-Luther-Universität Halle-Wittenberg, Philosophische Fakultät II, Institut für Germanistik, Ludwig-Wucherer-Str. 2, 06108 Halle (Saale)

Dr. PAUL KAHL, Universität Göttingen, Seminar für Deutsche Philologie, Käte-Hamburger-Weg 3, 37073 Göttingen

KORBINIAN LINDEL, FAU Erlangen-Nürnberg, Lehrstuhl für Neuere deutsche Literatur mit historischem Schwerpunkt, Bismarckstraße 1 B, 91054 Erlangen

Dr. ULRIKE LORENZ, Klassik Stiftung Weimar, Burgplatz 4, 99423 Weimar

Prof. Dr. HELMUTH MOJEM, Deutsches Literaturarchiv Marbach, Schillerhöhe 8–10, 71672 Marbach am Neckar

Prof. Dr. MICHAEL MULTHAMMER, Universität Siegen, Neuere deutsche Literatur, Hölderlinstr. 3, 57068 Siegen

CEM ÖZDEMIR, Bundestagsbüro Cem Özdemir MdB, Platz der Republik 1, 11011 Berlin

Prof. Dr. SANDRA RICHTER, Deutsches Literaturarchiv Marbach, Schillerhöhe 8–10, 71672 Marbach am Neckar

Prof. Dr. JÖRG ROBERT, Eberhard Karls Universität Tübingen, Lehrstuhl für Literaturgeschichte der Frühen Neuzeit, Deutsches Seminar, Wilhelmstr. 50, 72074 Tübingen

Dr. THOMAS SCHMIDT, Deutsches Literaturarchiv Marbach, Schillerhöhe 8–10, 71672 Marbach am Neckar

PD Dr. BENJAMIN SPECHT, FAU Erlangen-Nürnberg, Lehrstuhl für Neuere deutsche Literatur mit historischem Schwerpunkt, Bismarckstraße 1B, 91054 Erlangen

Dr. MORITZ STROHSCHNEIDER, Eberhard Karls Universität Tübingen, Deutsches Seminar, Wilhelmstraße 50, 72074 Tübingen

Dr. RONNY TEUSCHER, Hegelstraße 89, 08527 Plauen

Dr. ERIKA THOMALLA, Humboldt-Universität zu Berlin, Institut für deutsche Literatur, Unter den Linden 6, 10099 Berlin

Prof. Dr. CORNELIA ZUMBUSCH, Universität Hamburg, Fakultät Geisteswissenschaften, Institut für Germanistik, Überseering 35, 22297 Hamburg

HELMUTH MOJEM

FRIEDRICH HÖLDERLIN:
MOTTO ZUM *MARBACHER QUARTHEFT*

Nicht nur Bücher, auch Handschriften haben ihre Überlieferungsschicksale, indem sie häufiger den Besitzer wechseln, im Lauf der Zeit Veränderungen erfahren, vielleicht beschädigt, zerschnitten, ja gar zerstört werden. Manchmal prägen solche Überlieferungsschicksale die Manuskripte, die Provenienz wird den Blättern gewissermaßen einbeschrieben und so kann es kommen, dass ein Konvolut Hölderlin'scher Jugendgedichte, die nach ihrem Entstehungsort, einer biografisch bedeutsamen Lebensstation des Dichters, *Maulbronner Gedichte* genannt wurden, den Namen *Marbacher Quartheft* erhielt, weil es, anders als der Hauptteil von Hölderlins Nachlass, frühzeitig ins Marbacher Schillermuseum gelangt ist, ja sogar zu einem Gründungsdokument desselben geworden ist. Allerdings nicht vollständig. Einzelne Blätter daraus sind bereits im 19. Jahrhundert abgetrennt worden und andere Wege gegangen, nach und nach aber über den Autografenhandel doch wieder mit dem ursprünglichen Konvolut in Marbach vereint worden.[1] Dem Deutschen Literaturarchiv ist es nun im Hölderlin-Jubiläumsjahr gelungen, das zwar dem Inhalt nach bekannte, aber bislang fehlende Titelblatt dieses *Marbacher Quarthefts* von Friedrich Hölderlin zu ersteigern. Das Heft versammelt, wie gesagt, das lyrische Jugendwerk des Dichters; auf das bisher verschollene Deckblatt hat Hölderlin als Motto eigenhändig Verse aus der deutschen Ossian-Ausgabe von Michael Denis[2] notiert. Der sagenhafte Sänger Ossian ist eine Erfindung des Schotten James Macpherson (1736–1796), von dem die Dichtungen in Wirklichkeit stammen; sein deutscher Übersetzer, der in Wien lebende Michael Denis (1729–1800), fügte dem noch unter dem Anagramm Sined seine nachempfundenen eigenen Lieder hinzu. Die von Hölderlin aus dieser Ausgabe und aus dem Gedicht *Der Neugeweihte und Sined* übernommene Passage lautet:

---

1   Vgl. Friedrich Hölderlin, Die Maulbronner Gedichte 1786–1788. Faksimile des ›Marbacher Quartheftes‹, hg. von Werner Volke. Marbach am Neckar 1977.

2   [Michael Denis:] Ossians und Sineds Lieder, Vierter Band, Wien 1784.

– Tritt ein schwächerer Versucher auf
Und bringt ein ungereiftes Lied ins Volk
Doch ohne Stolz, bescheiden, schone sein,
Beschimpf' ihn nicht! Er hat es gut gemeint
Er hat gestrebet.
Ossians und Sineds Lieder. Vierter Band. pag. 163.

Die Nachwelt hat diesen Bescheidenheitstopos nur bedingt akzeptiert – immerhin war es Hölderlin, der da um Nachsicht bat – und in den teils noch unselbständigen Jugendgedichten schon vielfach einen neuen lyrischen Ton erkannt. Über die physische Vervollständigung des Manuskripts hinaus bringt das vormals abgetrennte Blatt Hölderlins Poesie auch in literaturgeschichtliche Beziehung zu der wirkungsmächtigen Ossian-Dichtung, die, obwohl es sich dabei um eine Fälschung handelt, europaweit wahrgenommen wurde und etwa in Goethes *Werther* ein wichtige Rolle spielt. Einen weiteren literarhistorischen Kontext des neuerworbenen Blattes eröffnet die an das Motto anschließende Bestätigung Eduard Mörikes: »Friedrich Hölderlins Handschrift. / Die Ächtheit t[estiert]. Dr Eduard Mörike«. Darum hatte Mörike der damalige Eigentümer des späteren *Marbacher Quarthefts* gebeten, der Heilbronner Autografensammler Carl Künzel (1808–1877), von David Friedrich Strauß beziehungsreich »Der Papierreisende« genannt, weil er tatsächlich Agent einer Papierfabrik war und somit den Verkauf neuer mit dem Erwerb alter Papiere kombinierte. Wie Künzel in den Besitz der Hölderlin-Handschriften gekommen ist, bleibt im Dunklen, jedenfalls vererbte er sie seinem Neffen Wilhelm Künzel, von dem sie – bis auf einige Absplitterungen – nach und nach an den Mäzen des Schwäbischen Schillervereins, Kilian von Steiner (1833–1903), gelangten. Dieser stiftete zu Ende des Jahres 1895 dem Verein insgesamt 790 Handschriften als Grundstock des noch zu gründenden Museums – der Marbacher Stadtschultheiß Traugott Haffner notierte, dass er Steiners Hausmeister, der den großen Koffer mit den Papieren überbrachte, 10 Mark Trinkgeld gegeben habe – und dabei befand sich auch das Hölderlin'sche, nunmehr *Marbacher*, Quartheft. Neben einigen anderen Seiten fehlte aber das Deckblatt mit dem Motto. Die Sammlung Künzel war 1896 versteigert worden; spätestens da dürfte das Einzel-Autograf in andere Hände gekommen sein. In welche, ist allerdings nicht bekannt, doch gelangte das Blatt schließlich in den Besitz des berühmten Buchhändlers und Sammlers Pierre Berès (1913–2008), der angab, es kurz vor dem Krieg in Paris erworben zu haben. 2019 tauchte das Autograf bei einer New Yorker Auktion wieder auf, bevor es im März 2020 dem Deutschen Literaturarchiv Marbach gelang, während einer erneuten Versteigerung den Zuschlag zu erhalten. Nun konnte das langvermisste Titelblatt dem Hauptmanuskript des *Marbacher Quarthefts* wieder eingefügt werden. Solche Vervollständigung befriedigt die

Archivare und Philologen, doch kann das Blatt sehr wohl auch alleine für sich einstehen und sprechen. Immerhin erscheinen in den paar Zeilen nicht weniger als drei berühmte Namen, Ossian, Hölderlin und Mörike, ein beziehungsreiches Zitat schafft intertextuelle Verbindungen, eine Provenienznotiz von berufener Hand macht Überlieferungsgeschichte anschaulich – manchmal konzentriert sich Literaturgeschichte eben doch auf kleinstem Raum.

IMPRESSUM

JAHRBUCH DER DEUTSCHEN SCHILLERGESELLSCHAFT
INTERNATIONALES ORGAN FÜR NEUERE DEUTSCHE LITERATUR

Das *Jahrbuch der Deutschen Schillergesellschaft* ist ein literaturwissenschaftliches Periodikum, das vorwiegend Beiträge zur deutschsprachigen Literatur von der Aufklärung bis zur Gegenwart veröffentlicht. Diese Fokussierung entspricht den Sammelgebieten des Deutschen Literaturarchivs Marbach, das von der Deutschen Schillergesellschaft e.V. getragen wird. Arbeiten zu Schiller sind besonders willkommen, bilden aber nur einen Teil des Spektrums. Neben den literaturgeschichtlichen Schwerpunkten gilt ein verstärktes Interesse der Geschichte der Germanistik (der sich auch eine Marbacher Arbeitsstelle widmet) und ab dem Jahrbuch 2020 lädt ein Kapitel *Die Literatur und ihre Medien* dazu ein, über die alten und neuen Medien der Literatur nachzudenken. Darüber hinaus ist es ein Anliegen des *Jahrbuchs der Deutschen Schillergesellschaft*, wichtige unveröffentlichte Texte und Dokumente aus den Archiven in einer eigens dafür eingerichteten Rubrik vorzustellen.

Herausgeber

Prof. Dr. Alexander Honold, Universität Basel, Deutsches Seminar, Nadelberg 4, CH-4051 Basel – Prof. Dr. Christine Lubkoll, Friedrich-Alexander-Universität Erlangen-Nürnberg, Department Germanistik und Komparatistik, Bismarckstraße 1 B, 91054 Erlangen –Prof. Dr. Steffen Martus, Humboldt-Universität zu Berlin, Institut für deutsche Literatur, Unter den Linden 6, 10099 Berlin – Prof. Dr. Sandra Richter, Deutsches Literaturarchiv Marbach, Schillerhöhe 8–10, Postfach 1162, 71666 Marbach am Neckar.

Redaktion

Magdalena Schanz, Deutsches Literaturarchiv Marbach, Schillerhöhe 8–10, 71672 Marbach am Neckar / *Anschrift für Briefpost* Postfach 1162, 71666 Marbach am Neckar / *Tel.* +49 7144 848–149 / *Fax* +49 7144 848–490 / *E-Mail* jahrbuch@dla-marbach.de / *Internet* https://www.dla-marbach.de/ueber-uns/traegerverein-dsg/jahrbuch/.

Allgemeine Hinweise

Redaktionsschluss für Jg. 65/2021: 1. Februar 2021 – Das *Jahrbuch* umfasst in der Regel ca. 500 bis 550 Seiten und erscheint jeweils zum 1. Dezember des laufenden Jahres – Das *Jahrbuch* ist zum Preis von € 29,95 über den Buchhandel zu beziehen, für Mitglieder der Deutschen Schillergesellschaft e. V. (Postfach 1162, 71666 Marbach am Neckar) ist – bei entsprechender Mitgliedsvariante – der Bezugspreis im Mitgliedsbeitrag enthalten. Alle Beiträge werden von der Redaktion anonymisiert an die Herausgeber weitergegeben und im Peer-Review-Verfahren begutachtet.

Hinweise für Manuskript-Einsendungen

Auszüge aus dem *Merkblatt* für die Mitarbeiter des *Jahrbuchs der Deutschen Schillergesellschaft* (kann bei der Redaktion angefordert werden): In das *Jahrbuch* werden nur *Originalbeiträge* aufgenommen, die nicht gleichzeitig anderen Organen des In- oder Auslandes angeboten werden. Für unaufgefordert Eingesandtes kann keine Haftung übernommen werden; eine Rücksendung erfolgt nur, wenn Rückporto beilag. Der Abdruck von Dissertationen oder Teilen von solchen ist grundsätzlich ausgeschlossen. Jeder Verfasser erhält 1 *Belegexemplar* kostenlos.

Das Manuskript ist per *E-mail* oder *CD* (Word-Format) einzureichen. Der *Umfang* des ausgedruckten Manuskripts sollte in der Regel bis zu 25 (maximal 30) Seiten (67.000 bis maximal 81.000 Zeichen) umfassen. In der Rubrik Diskussionen beträgt der Umfang bis zu 15 Seiten (40.500 Zeichen inkl. Leerzeichen). Sind *Abbildungen* gewünscht, sollten die *reprofähigen, digitalisierten Vorlagen* (300 dpi), die *Quellenangaben* und *Bildunterschriften* sowie die *Abdruckgenehmigungen* bis Ende März in der Redaktion vorliegen (evtl. entstehende Kosten für Sonderwünsche und / oder für Rechte gehen zu Lasten des Beiträgers). *Änderungen*, vor allem bei Rechtschreibung, Interpunktion, Literaturangaben, Lesarten oder Abkürzungen, *behält sich die Redaktion aus Gründen der Einheitlichkeit vor.*

Rechtliche Hinweise

Internet

Aktuelle Informationen zur Deutschen Schillergesellschaft, zum Schiller-Nationalmuseum, zum Literaturmuseum der Moderne und zum Deutschen Literaturarchiv sind zu finden unter der Adresse https://www.dla-marbach.de/.